Klaus Honer

MOUNTAINBIKEN SCHWEIZ OST

Traumtouren zwischen Zürich und Tessin, Bodensee und Lago Maggiore

BRUCKMANN

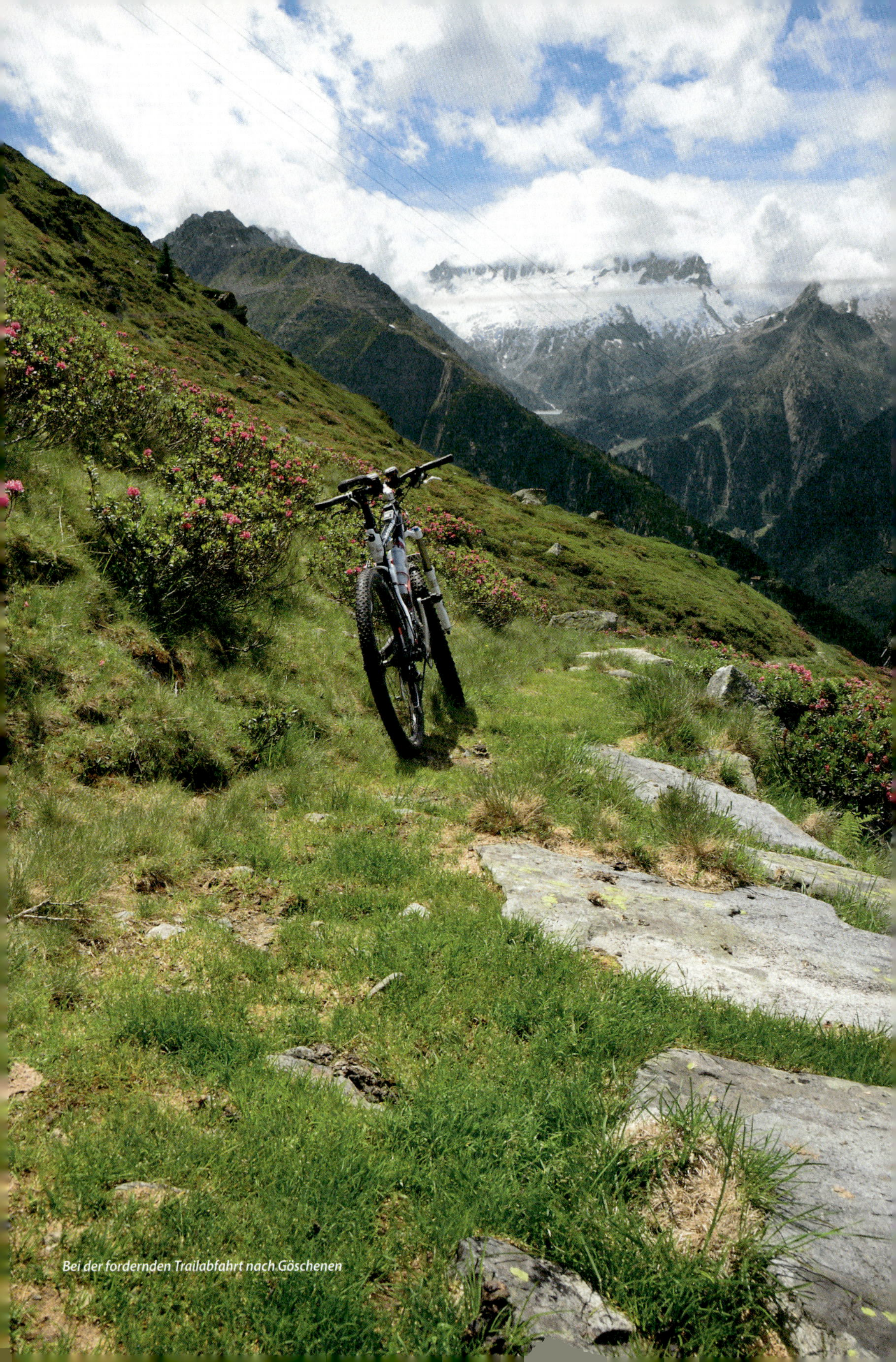

Bei der fordernden Trailabfahrt nach Göschenen

Inhaltsverzeichnis

Inhalt

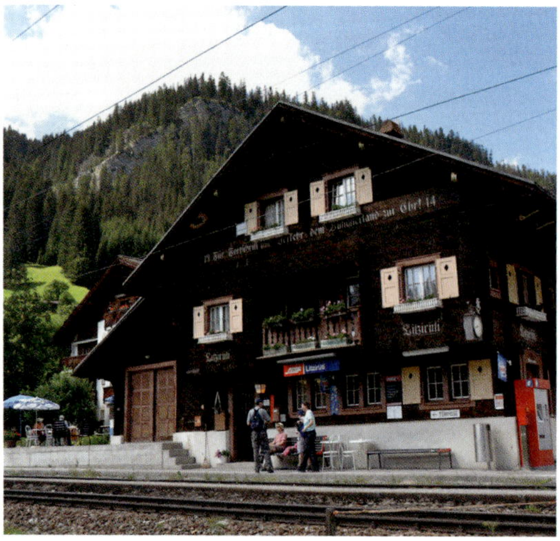

Origineller und typisch Schweizer Bahnhof in Litzirüti

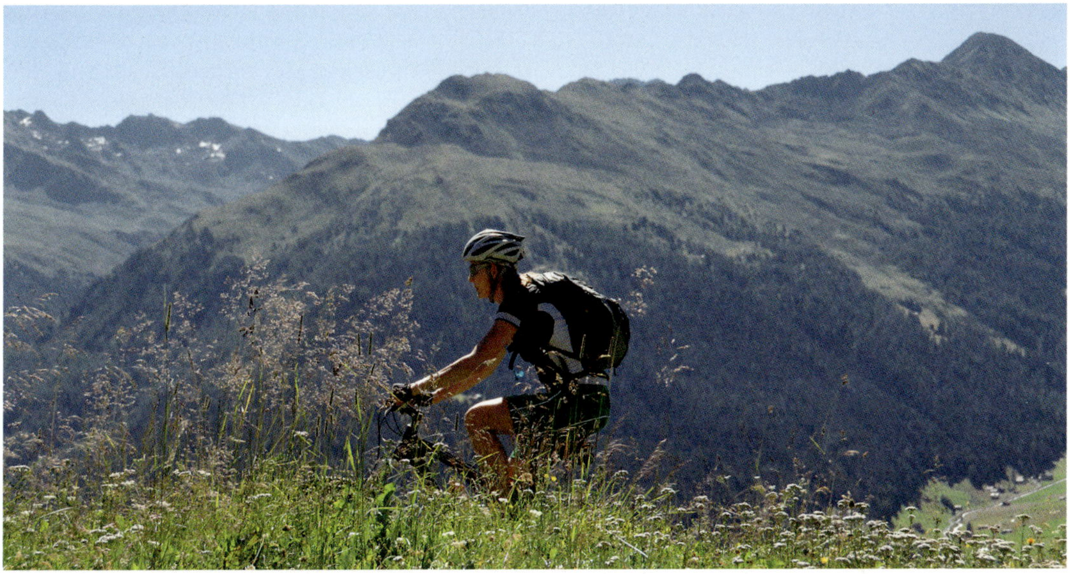

Aussichtsreiche Auffahrt zum Strelapass

Die Ostschweiz zwischen Bodensee und Lago Maggiore

Es freut mich, dass Sie an meinem Mountainbike-Führer Interesse zeigen bzw. diesen schon erworben haben. Dafür möchte ich mich recht herzlich bedanken. Wenn mein Tourenführer Sie dazu motiviert, Touren auch in für Sie noch unbekannten Gebieten der Schweiz zu fahren, dann macht mich das glücklich.

Die 32 Touren dieses Buchs befinden sich zwischen dem Bodensee und dem Lago Maggiore. Bei der Zusammenstellung habe ich mich um eine breite Vielfalt bemüht und die Kantone der Ostschweiz zwischen Zürich und dem Tessin berücksichtigt. Dazu zählen: St. Gallen (SG), Graubünden (GR), Thurgau (TG), Zürich (ZH), Schwyz (SZ), Glarus (GL), Zug (ZG), Appenzell (AI), Uri (UR), Tessin (TI)

Alle Touren liegen im Bereich zwischen 780 und 2340 zu bewältigenden Höhenmetern. Bei der Auswahl der Strecken habe ich großen Wert auf eine abwechslungsreiche Routenführung gelegt. Mit etwas Übung sind 99 Prozent der Strecken wirklich fahrbar, und trotzdem beinhalten sie einen relativ hohen Trail-Anteil.

Geografie und Klima

Es gibt wohl kaum ein anderes Land als die Schweiz, das so eine landschaftliche Vielfalt auf so kleinem Raum aufweisen kann: in kürzester Zeit sind Alpenpanoramen mit schneebedeckten Berggipfeln, überwältigende Gletscher oder traumhafte Seen mit palmengesäumten Ufern erreichbar.

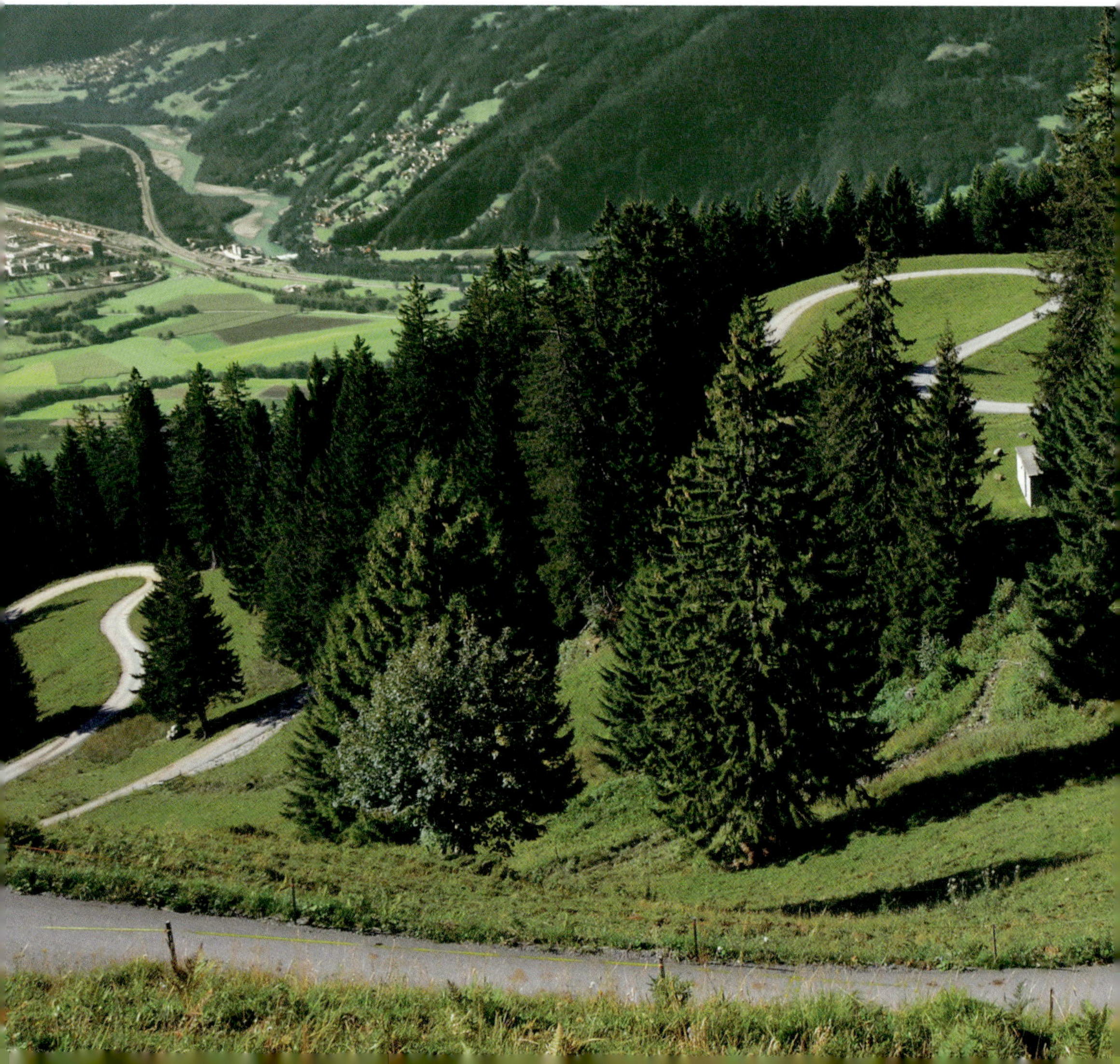

Herrlicher Aussichtspunkt oberhalb der Alpe Untersäss

Die Schweiz grenzt im Süden an Italien, im Osten an Österreich und an das Fürstentum Liechtenstein, im Norden an Deutschland und im Westen an Frankreich, sie liegt somit im mittleren europäischen Alpengebiet.
Wer durch Europa reisen will, kommt nicht darum herum, die Alpen zu überqueren. Seit jeher haben die Menschen Wege gesucht, dieses Hindernis zu überwinden. Entstanden sind Brücken, Passstraßen und Tunnels, die von einer meisterhaften Ingenieursleistung zeugen.
Die Wege nach Süden und nach Norden haben die Schweiz schon immer geprägt. Die Säumer halfen den Händlern, Waren über die schneebedeckten Pässe zu transportieren, und kamen dabei mit anderen Kulturen und neuartigen Produkten in Kontakt. So fanden orientalische Gewürze oder Stoffe ihren Weg in die Schweiz.
Noch heute ist die Schweiz ein wichtiger Ort für den Warentransport und den Handel in Europa. Täglich fahren etwa 20 000 Fahrzeuge durch den 1980 eröffneten Gotthard-Tunnel.
Die Schweizer Landesfläche ist zu 60 Prozent von den Voralpen und den Alpen bedeckt, jedoch nur etwa 20 Prozent der Bevölkerung leben in dieser Gegend.
Die Alpen tragen viel zur Schweizer Identität bei. Meistens aber befinden sich die großen Unternehmen im flachen Mittelland. Die Alpen bilden mit einer Breite von 200 Kilometern ein natürliches Hindernis zwischen Norden und Süden. Die durchschnittliche Höhe beträgt 1700 Meter über dem Meeresspiegel

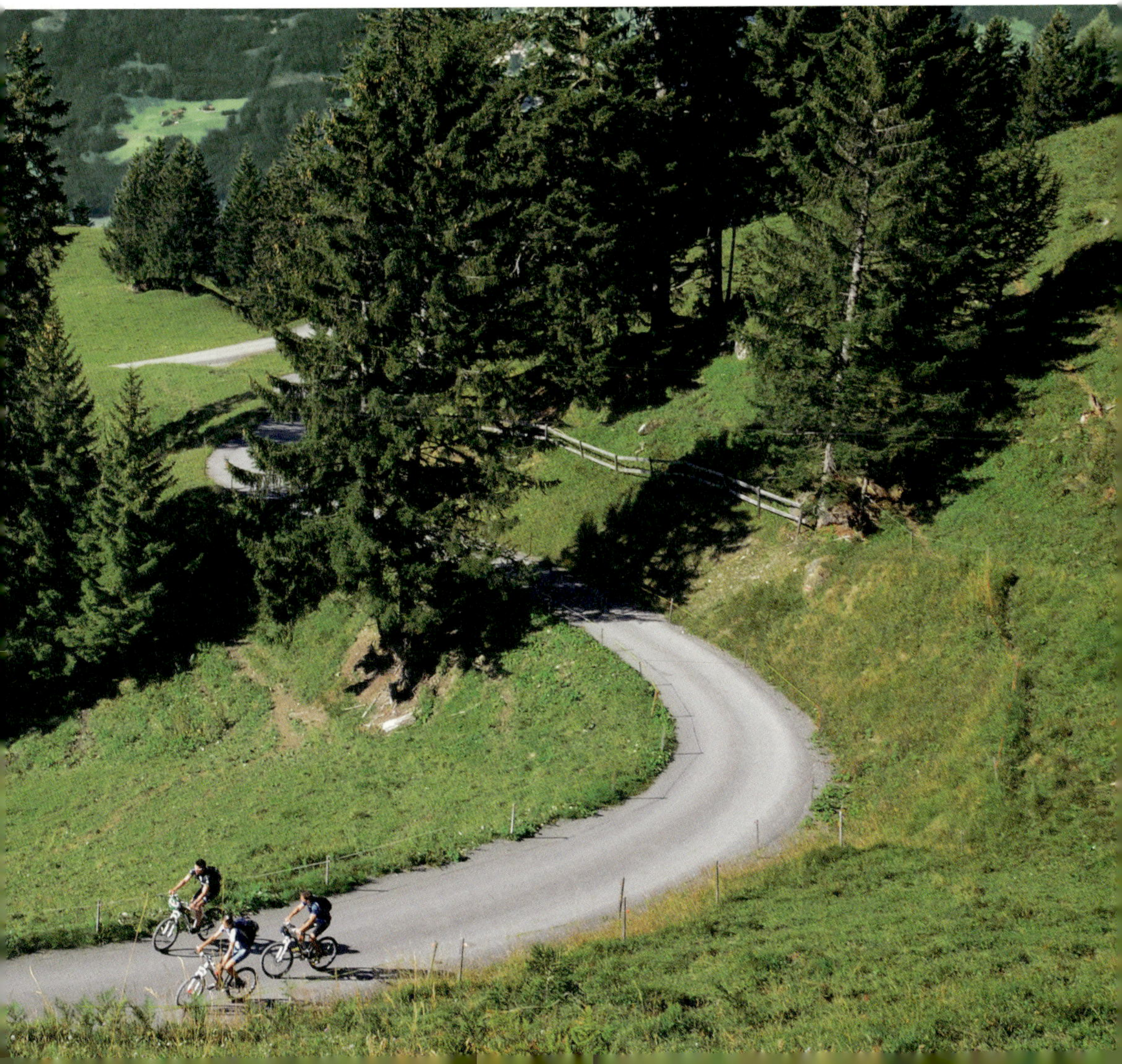

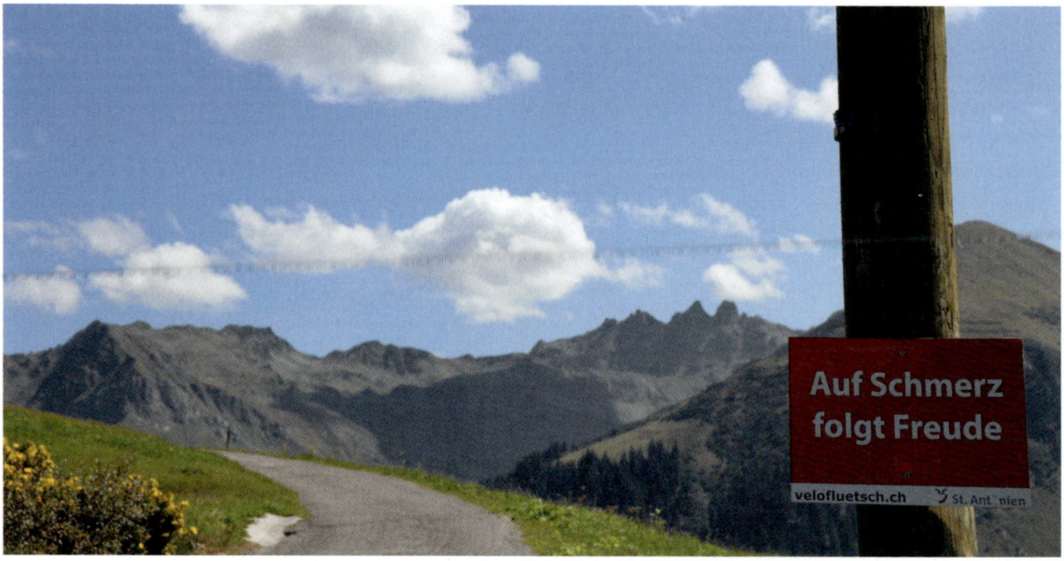

Motivierende Sprüche entlang der langen Auffahrt zum Bärgli

und stellt deshalb für den Verkehr eine große Herausforderung dar.

Mit 4634 Metern Höhe ist die Dufourspitze im Kanton Wallis der höchste Berg der Schweiz. Sie hat 48 Berge aufzuweisen, die über 4000 Meter hoch sind. Die Bergketten des Jura befinden sich im Westen und im Norden. Das hügelige und dicht besiedelte Mittelland liegt dazwischen.

Insgesamt sind ca. 1800 Gletscher in den Schweizer Alpen. Sie bedecken fast drei Prozent der Gesamtfläche des Landes. Zum UNESCO-Weltkulturerbe gehört der größte Schweizer Gletscher, der rund 23 Kilometer lange Aletschgletscher. Gemäßigtes, mitteleuropäisches Klima überwiegt nördlich der Alpen, mediterran geprägtes Klima südlich der Berge. Zwischen Alpennord- und Alpensüdseite unterscheiden sich deshalb die Wetterlagen sehr oft. Auch die Vegetation ist unterschiedlich.

Zur Alpensüdseite werden der Kanton Tessin, die Bündner Südtäler, das Misox, die Calanca, das Bergell, das Puschlav und das Val Müstair sowie das Gebiet südlich des Simplonpasses im Kanton Wallis gezählt. In den Wäldern der Alpen überwiegen Nadelhölzer wie Tannen, Fichten, Lärchen und Arven. Diese haben wichtige Funktionen als Lawinen-Bannwald und im Hochwasserschutz. Laubmischwälder und Laubwälder wachsen im Mittelland, im Jura und auf der Alpensüdseite unterhalb von 1000 Metern Höhe.

Als regionale Besonderheit im Tessin gelten die ausgedehnten Kastanienwälder, die in früheren Zeiten eine Hauptrolle bei der Ernährung der Bevölkerung spielten. Am Ufer des Lago Maggiore und im Süden des Tessins gedeihen sogar Palmen.

Die Schweiz ist mit 41 300 Quadratkilometern etwa zweimal so groß wie das deutsche Bundesland Hessen. In 4,5 Stunden fährt man mit der Bahn von Norden nach Süden – 4 Stunden benötigt man von Westen nach Osten. Ist man mit dem Zug in Locarno angekommen, kann man unter Palmen seinen Cappuccino genießen; macht man in St. Moritz Halt, kann man mit den Skiern die Hänge hinunter fahren.

Schnittpunkt der Kulturen

Die Geschichte und die Entwicklung der Schweiz wurden durch die geografische Lage stark beeinflusst. Immer wieder kämpften benachbarte Völker und Staaten um das Land: Römer, Alemannen, Habsburger, Österreich-Ungarn oder Frankreich unter Napoleon I. Jedes Jahr am 1. August denken die Schweizerinnen und Schweizer an das Jahr 1291 zurück und feiern diesen historischen Tag. Damals schlossen sich die Einwohner von Uri, Schwyz und Unterwalden zum heute aus 26 Kantonen bestehenden Bundesstaat zusammen und schworen sich gegenseitige Unterstützung (Rütlischwur). Aus diesem sagenumwobenen Bündnis hat sich die Schweiz entwickelt.

Spuren, die von menschlicher Existenz in der Schweiz zeugen, sind etwa 150 000 Jahre alt. Das älteste Werkzeug aus Feuerstein wurde etwa vor 100 000 Jahren in der Schweiz gefunden. In Gächlingen, im Kanton Schaffhausen, wurden die ältesten landwirtschaftlichen Siedlungen entdeckt. Es wird angenommen, dass sie bereits 5300 v. Chr. existierten. Um 3800 v. Chr. wurde in der Schweiz das erste

WICHTIGE STATIONEN DER SCHWEIZER GESCHICHTE

1291	Gründung der Eidgenossenschaft / erster überlieferter Bundesbrief
1315	Die Schweiz besteht aus 13 gleichberechtigten Kantonen, deren Abgeordnete sich an wechselnden Orten treffen, um die gemeinsamen Geschäfte zu besprechen (Tagsatzungen).
1515	Schlacht bei Marignano: Die Schweiz unterliegt den Franzosen. Die Eidgenossenschaft beschließt, sich bei außenpolitischen Anliegen zurückhaltend zu verhalten und sich nicht einzumischen.
1523	Reformation in der Schweiz: Sie beeinflusst die Politik und führt zu intereidgenössischen Kriegen und Auseinandersetzungen im noch jungen Staatenbund.
1648	Völkerrechtliche Anerkennung der Schweiz und deren Unabhängigkeit. Die Schweiz ist eine Republik inmitten von Monarchien in Europa, welche im Jahr 1648 Friedensverträge abschlossen (Westfälischer Friede).
1798	Vorübergehender Verlust der Unabhängigkeit: Napoleon erobert die Schweiz. Die Helvetische Republik (1798–1803) wird ausgerufen. Zur ersten Hauptstadt wird Aarau (Kanton Aargau).
1815	Wiener Kongress: Die Schweiz erhält die heutigen Staatsgrenzen. Zudem akzeptieren und erkennen die europäischen Mächte den neutralen Status der Schweiz an.
1847	Beim Sonderbundskrieg treffen liberale protestantische Kreise auf den konservativen Sonderbund (Schwyz, Uri, Unterwalden, Luzern, Zug, Freiburg und Wallis). Henri Dufour, der General der Eidgenossen, bringt den Krieg in nur 27 Tagen zu einem Ende und besiegt den Sonderbund.
1848	Geburtsstunde der heutigen Schweiz: Der Bundesstaat wird gegründet, und die Schweiz erhält erstmals ihre Regierung mit 7 Bundesräten. Ebenfalls wird das System der direkten Demokratie eingeführt.
1914	Die Schweiz schützt die Grenzen während des Ersten Weltkriegs: Mobilmachung.
1939	Zweiter Weltkrieg: Die Schweiz wahrt die Unabhängigkeit und die Neutralität; Mobilmachung.
1960	Die Schweiz ist Gründungsmitglied der Europäischen Freihandelsassoziation (EFTA) und fördert die wirtschaftliche Zusammenarbeit der Mitgliedsstaaten.
1963	Die Schweiz tritt dem Europarat bei und zeigt dadurch, dass sie sich intensiv und engagiert in der Europäischen Gemeinschaft betätigt.
1971	Die Schweizer Frauen erhalten das Stimm- und Wahlrecht.
1972	Die Schweiz schließt das Freihandelsabkommen mit der Europäischen Gemeinschaft ab.
1975	Die Schweiz zeigt weiteres Engagement in der staatenübergreifenden Friedensförderung und tritt der OSZE (Organisation für Sicherheit und Zusammenarbeit in Europa) bei.
1978	Die Schweiz stimmt der Gründung des Kantons Jura zu. Dieser trennt sich vom Kanton Bern. Jetzt besteht die Schweiz aus 26 Kantonen.
1992	Die Schweizer sagen Nein zu einer näheren Bindung an die Europäische Union: Der Beitritt zum Europäischen Wirtschaftsraum (EWR) wird durch die stimmberechtigte Bevölkerung knapp abgelehnt.
1999	Die Schweiz stimmt den Bilateralen Abkommen I zu. Diese Abkommen haben größtenteils marktöffnenden Charakter und vereinfachen den Personenverkehr, den Handel und die Forschungszusammenarbeit zwischen der Schweiz und der Europäischen Union.
2002	Die Schweiz tritt der UNO bei und signalisiert dadurch den festen Willen, international noch aktiver und präsenter zu sein.
2004	Das zweite Vertragspaket, die Bilateralen II, berücksichtigt weitere wirtschaftliche Interessen (Lebensmittelindustrie, Tourismus, Finanzplatz) und erweitert die Zusammenarbeit Schweiz/EU über den bisherigen wirtschaftlichen Rahmen auf neue wichtige politische Bereiche wie Sicherheit, Asyl, Umwelt und Kultur.

Metall (Kupfer) hergestellt; ca. 1500 Jahre später folgte Bronze, und um 800 v. Chr.wurde mit der Eisenverarbeitung begonnen.

Die Schweiz ist aufgrund ihrer zentralen Lage Schnittpunkt unterschiedlicher Kulturen und ebenso Kommunikations- und Transportzentrum zwischen Nord- und Südeuropa. Eindrückliche Landschaften, kulturelle Vielfalt, Mehrsprachigkeit und die Menschen zeichnen die Schweiz aus. Die Mehrheit der Bevölkerung lebt in der deutschsprachigen Schweiz. Überwiegend schweizerdeutsche Dialekte werden in 19 von 26 Kantonen gesprochen. In der »Suisse romande«, im Westen des Landes, spricht man Französisch – vier Kantone sind französischsprachig: Neuenburg (Neuchâtel), Genf (Genève), Waadt (Vaud) und Jura. In Freiburg (Fribourg), in Bern und im Wallis (Valais) spricht man Deutsch und Französisch. In vier südlichen Tälern Graubündens und im Tessin (Ticino) wird Italienisch gesprochen. Im Kanton Graubünden wird sowohl Deutsch, als auch Italienisch und Rätoromanisch gesprochen.

Die Hauptstadt der Schweiz ist seit der Staatsgründung im Jahre 1848 Bern, sie ist zugleich auch die Hauptstadt des gleichnamigen Kantons. Die Altstadt von Bern wurde 1983 in die UNESCO-Liste des Weltkulturerbes aufgenommen.

Die Quellen Europas liegen in der Schweiz

Die Schweiz wird wegen der vielen Seen und Flüsse und weil verschiedene europäische Ströme dort ihren Ursprung haben auch das »Wasserschloss Europas« genannt. In den Schweizer Alpen lagern sechs Prozent der Süßwasservorräte Europas, die als kontinentale Wasserscheide dienen: Der Rhein fließt von der Schweiz bis in die Nordsee, die Rhône ins Westliche Mittelmeer, der Ticino (Po) ins Adriatische Meer und der Inn (Donau) ins Schwarze Meer.

Der einzige Rohstoff des Landes ist das Wasser. Der Anteil der Wasserkraft betrug im Jahr 2000 58 Prozent, gemessen an der gesamten schweizerischen Elektrizitätsproduktion. Der größte Wasserfall Europas, mit einer Breite von 150 Metern und 23 Metern Höhe, ist der Rheinfall, der sich einige Kilometer unterhalb der Kantonshauptstadt Schaffhausen befindet. Die Schweiz hat neben zahlreichen Flüssen über 1500 Seen. Die beiden größten Schweizer Seen teilt sich das Land mit seinen Nachbarn: den Genfer See (Lac Léman) im Südwesten mit Frankreich und den Bodensee im Nordosten mit Deutschland und Österreich. Beide Seen sind wichtige Trinkwasserlieferanten.

Typisch schweizerisch

Schokoladenproduktion: Der Züricher Bürgermeister Heinrich Escher brachte 1697 die Schokolade aus Brüssel in die Schweiz. In der Nähe von Vevey (Vaud/VD) steht die bis heute in Betrieb befindliche älteste Schokoladenfabrik. Sie wurde 1819 von François-Louis Cailler (1796–1852) errichtet. Dieser hatte sich in Turin zum Confiseur ausbilden lassen. Allmählich wurde Schokolade erschwinglicher, weil es Cailler gelang, einige Prozesse in der Schokoladenherstellung zu automatisieren. Die Schweizer Armee war eine der Ersten, die die Schokolade in großen Mengen einkaufte, und die köstliche Süßigkeit gehört bis heute zur Grundverpflegung der Soldaten.

Käse: In der Schweiz hat die Käseherstellung eine jahrhundertelange Tradition. Zu den bekanntesten Käsesorten gehören der Emmentaler, Le Gruyère, Sbrinz, Appenzeller oder Tête de Moine. Über 450 Schweizer Käsesorten werden hergestellt. Etwas weniger als die Hälfte der abgelieferten Milch wird zu Käse verarbeitet. Wesentliche Merkmale des Schweizer Käses sind: hohe Qualität, Naturbelassenheit und guter Geschmack.

Uhrenindustrie: Vor allem in den Wintermonaten, wenn die Bauern Zeit für eine Nebenbeschäftigung hatten, wurden früher die Uhren hergestellt. In ländlichen Gebieten wie dem Vallée de Joux im Waadtländer Jura, werden bis heute viele Luxusuhren produziert. Die Schweiz ist eine der größten Uhrenhersteller der Welt. Sie produziert sowohl Luxus- als auch die meist verkaufte Billiguhr »Swatch«.

Johanna Spyri (1827–1901): Johanna Spyri war die Schriftstellerin, die die Kultfigur »Heidi« schuf. Das gleichnamige Buch wurde in viele Sprachen übersetzt und auf der gan-

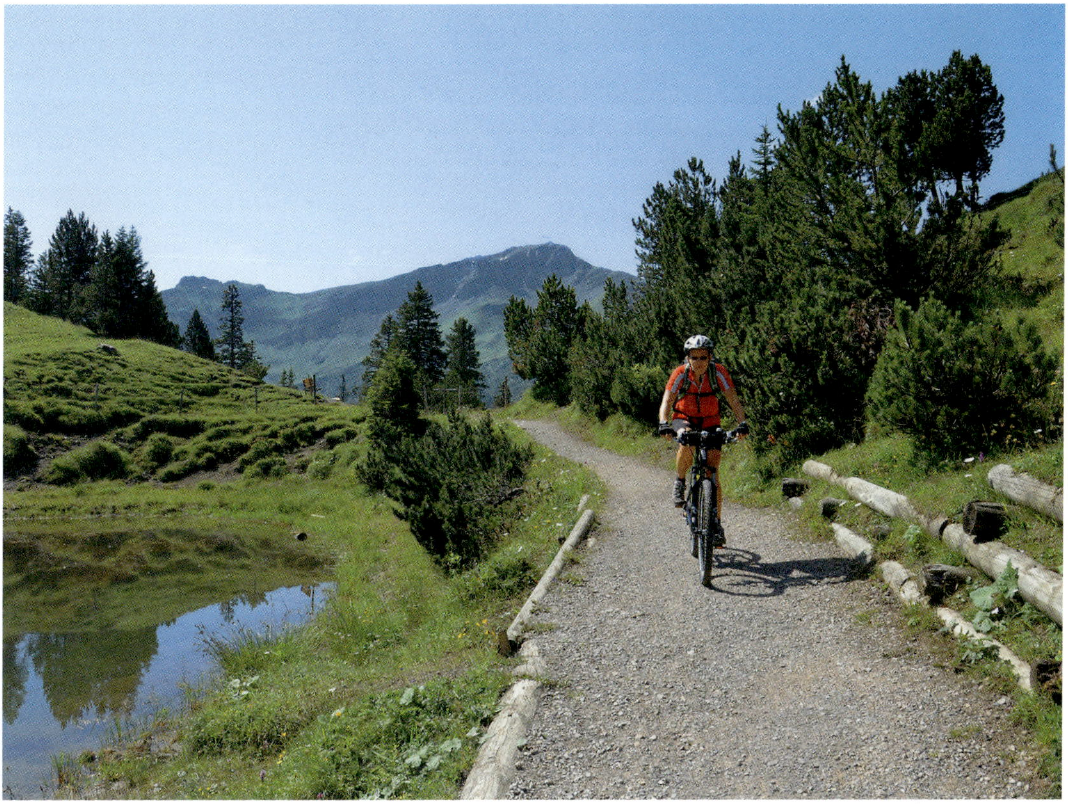

Ein großartiger Singletrail von Malbun Richtung Sassfürkle

zen Welt bekannt. Das Mädchen »Heidi« steht stellvertretend für die Berge und die Natur und ist somit für den Tourismus von großer Bedeutung.

Volksmusik: Oft wird das Jodeln und Alphornblasen mit typisch Schweizer Musik in Verbindung gebracht, obwohl weder das eine noch das andere seine Wurzeln (ausschließlich) in der Schweiz hat. Aus der Kommunikation über lange Distanzen von Hügel zu Hügel und aus den Rufen, mit denen man die Kühe zusammentrieb, entwickelte sich das »Schweizer Jodeln«. Das Alphorn wird erst seit Ende des 18. Jahrhunderts als Musikinstrument eingesetzt. Dessen ursprüngliche Funktion bestand darin, Signale zu senden. Das »Schwyzerörgeli« (eine spezielle Handorgel), das Hackbrett und das »Trümpi« (Maultrommel) sind u. a. weitverbreitete Volksmusikinstrumente.

Alpsommer: Das Vieh im Sommer auf die Weide zu treiben, nennt man »das Sömmern« der Kühe. Bei diesem alten Brauch sind normalerweise die Sennen während des Sommers auf der Alp für das Vieh verschiedener Bauern verantwortlich. Zu ihren Aufgaben gehören unter anderem, das Vieh auf die Weiden zu treiben, zweimal täglich zu melken und aus der gewonnenen Milch Käse herzustellen. Ins Tal zurück kehren Kühe und Sennen erst wieder Ende September. Die Arbeit ist schlecht bezahlt, und während vier Monaten wird täglich rund 14 Stunden gearbeitet. Es gibt praktisch keine freien Tage, denn auch an den Wochenenden wollen die Kühe gemolken werden. Auch die Milch muss täglich zu Käse verarbeitet werden. Für immer mehr Stadtbewohner ist die reine Luft, die schöne Bergwelt und der Abstand vom Alltagsstress von so großer Bedeutung, dass die schlechte Bezahlung in Kauf genommen wird. Es kommt vor, dass auch Juristen, Lehrer, Ärzte oder Künstler den Sommer über Vieh hüten. Um eine Alp führen zu dürfen, muss ein spezieller Kurs absolviert werden, und man muss bereits eine Saison als Hirt auf einer Alp verbracht haben.

DIE SCHWEIZ UND IHRE BERGREKORDE

- Die höchste Bahnstation Europas: Jungfraujoch, 3454 m (Kanton Bern)
- Die höchst gelegene ständig bewohnte Siedlung in Europa: Juf, 2126 m (Kanton Graubünden)
- Die höchst gelegene Brauerei Europas: Monstein, 1600 m (Kanton Graubünden)
- Die höchst gelegene Straßenbahn Europas: in Zermatt, 2222 m (Kanton Wallis)
- Längster frei stehender Personenlift Europas: Hammetschwandlift, mit einer Länge von 153 m, am Bürgenstock (Kanton Nidwalden)
- Die steilste Zahnradbahn der Welt: Pilatus-Bahn mit 48 % Steigung (Kanton Luzern)
- Die steilste Standseilbahn der Welt: Gelmerbahn mit 106 % Steigung, im Grimselgebiet (Kanton Bern)
- Die steilste Postautostrecke in Europa: die Strecke von Tschingelalp nach Griesalp mit 28 % Steigung, Kiental/Berner Oberland (Kanton Bern)
- Der längste Gletscher Europas: der große Aletschgletscher mit 23 km Länge, im Aletschgebiet (Kanton Wallis)

Geheimnisvolles Schwyzerdütsch

Die Schweiz ist in vieler Hinsicht etwas ganz Besonderes – nicht nur wegen ihrer Vielfalt und Schönheit der Landschaft und der erhaltenen Urtümlichkeit, sondern auch wegen der Menschen und ihrer Sprache.

Es ist nicht immer leicht, das sogenannte Schwyzerdütsch (Schweizerdeutsch) zu verstehen. Im Folgenden werden einige typische Schweizer Ausdrücke und ihre Bedeutung aufgelistet:

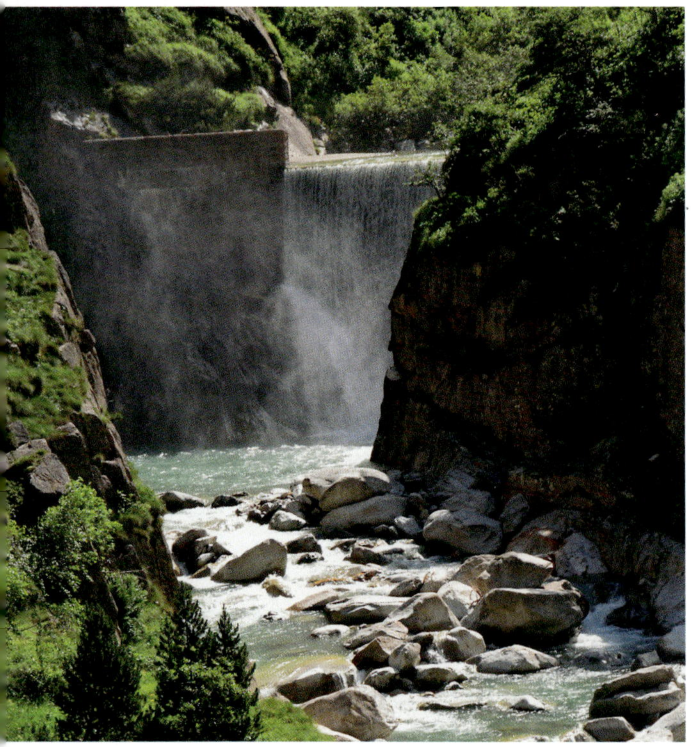

Der tosende Wasserfall in der Reuss

Velo = Fahrrad
Natel = Mobiltelefon
gottfridschtutz = empörend (= Schimpfwort)
glatt = lustig
gäch = steil
Fastäneetli = Taschentuch
Café crème = Kaffee mit Sahne
Cervelat = kurze, dicke Brühwurst
Bise = kalter, trockener Nordostwind
Plausch = Vergnügen
Heugümper = Grashüpfer

Die Pflicht, sich im Auto anzuschnallen, heißt *Gurtenobligatorium*.

Die *Ständerlampe* ist eine Stehlampe und keine Genitalbeleuchtung.

Ein *Harass* ist kein Schäferhund, sondern ein Getränkekasten.

Chriesi sind keine Krisen, sondern Kirschen.

Und wer Sie fragt, ob Sie ein *Zältli* möchten, der will Ihnen keine kleine Campingausrüstung aufschwätzen, sondern ein Bonbon anbieten.

Wenn die Schweizer jemanden anrufen, dann »machen« sie ein »Telefon«: »I gib dr de später no es Telefon (Ich ruf dich dann später nochmals an).«

Und: Lassen Sie's bleiben! Was Sie zu beherrschen glauben, klingt in Schweizer Ohren übel: Grützi, grüüzi oder grüzzi – bleiben Sie beim »Guten Tag«, bis Ihnen jemand für Ihr »Grüezi« die Prüfung abgenommen hat. Oder wenden Sie den Verschlucktrick an und sagen Sie »…zi«. Das machen auch viele Schweizer so.

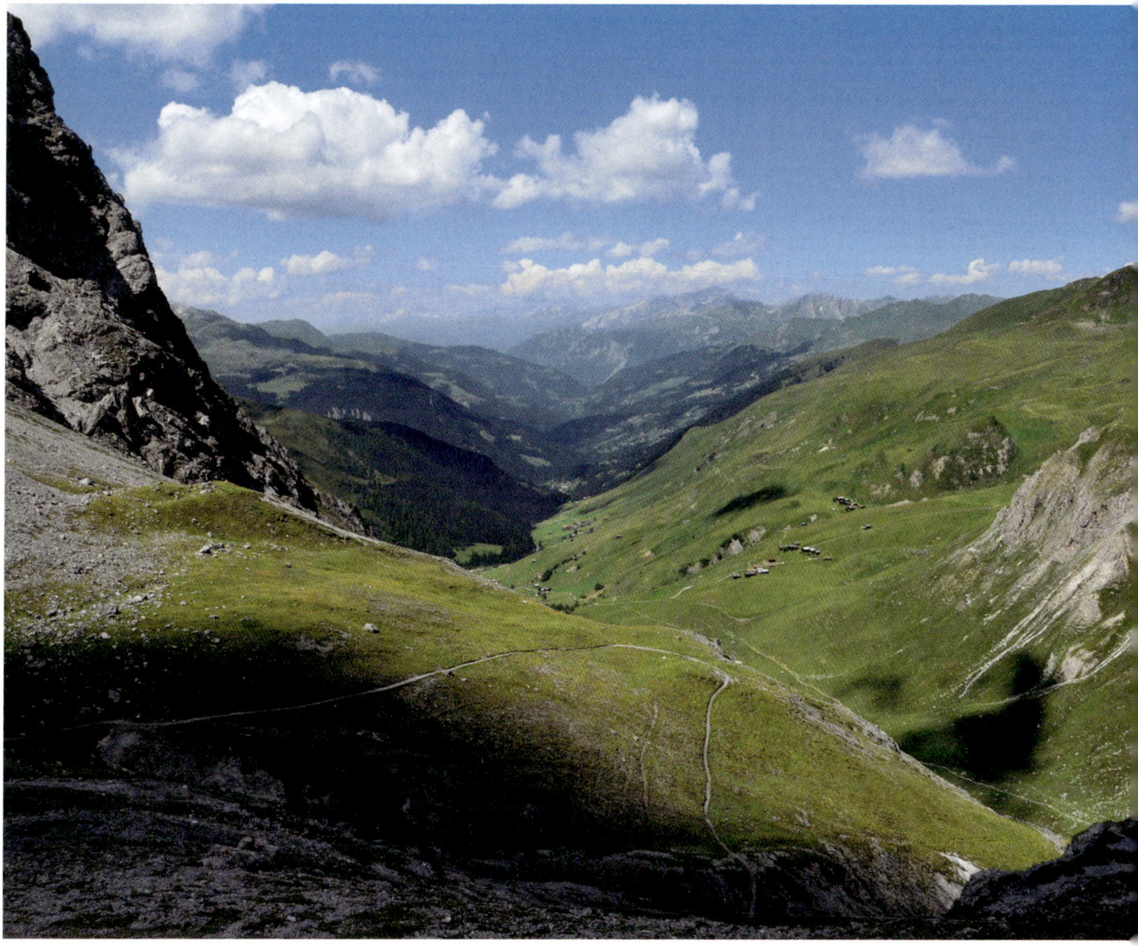

Blick vom Strelapass in Richtung Langwies

Allgemeine Hinweise

Als Zahlungsmittel dient der Schweizer Franken (CHF, 1 Franken = 100 Rappen). Je nach SFR-Kurs ist in der Schweiz meist alles etwas teurer. Selbstverpflegung aus dem Rucksack schont also den Geldbeutel.

Die internationale Telefonvorwahl für die Schweiz lautet 0041.

Um die Autobahnen zu befahren, benötigen FahrzeuglenkerInnen eine gültige Autobahnvignette. Sie ist bei den Zoll-, Post- und Tankstellen erhältlich und gilt jeweils für das laufende Jahr.

Die maximal zulässige Geschwindigkeit auf den Autobahnen beträgt 120 km/h. Wer bei einer Verkehrsübertretung ertappt wird, muss mit Strafen in ungewohnter Höhe rechnen!

Notfallnummern: Internationale Notrufnummer: 112; Rettung: 144; Polizei: 117; Feuerwehr: 118; Rega (Rettungsflugwacht): 1414; Straßen-Pannenhilfe: 140

Besonderheiten zu diesem Mountainbikeführer

Größtmöglichen Spaß erzielt man, wenn man die Touren mit einem GPS-Gerät abfährt. Die Tracks sind alle mit modernsten GPS-Geräten aufgezeichnet worden und garantieren eine optimale Orientierung. Auch mittels Roadbook ist eine Navigation möglich, denn ich habe jede Abzweigung mit Kilometer- und Höhenangaben dokumentiert. Da ich bestrebt war, die Routenführung so abwechslungsreich wie möglich zu gestalten, waren je nach Geländebeschaffenheit viele Wegpunkte erforderlich.

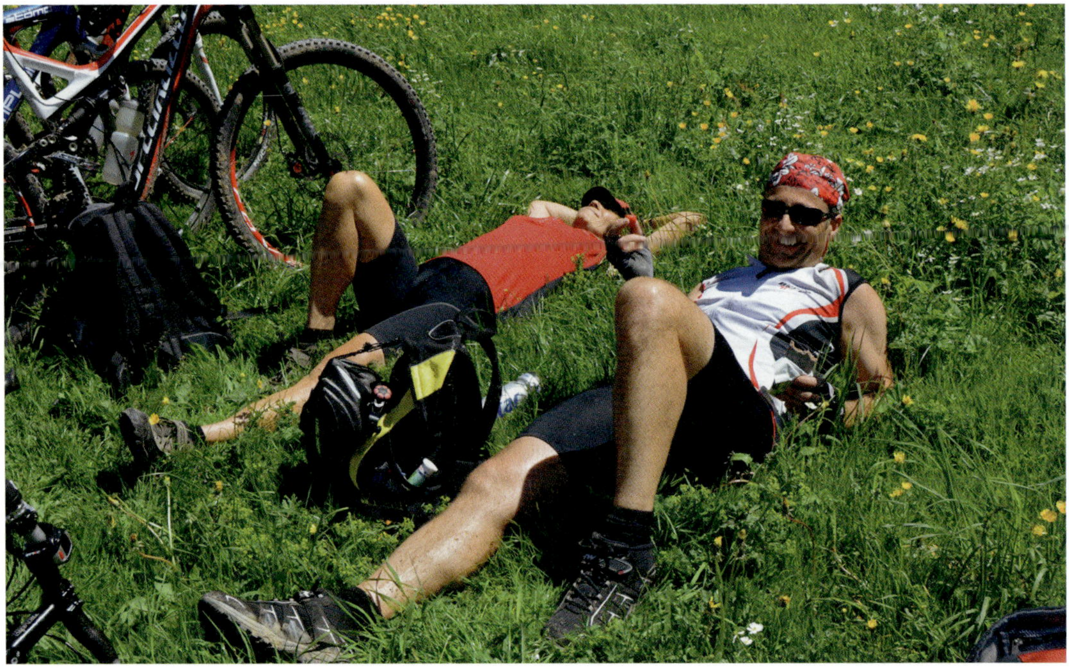

Auf der Potersalp – gezeichnet von den bisherigen Strapazen

Wichtig: Auch bei der Navigation mit einem GPS-Gerät zur Sicherheit immer das Roadbook und das Kartenmaterial der betreffenden Gegend mitführen!

Ebenso ist ein Radcomputer mit Roadbook-Funktion unumgänglich. Die zurückgelegten Kilometer müssen immer wieder an markanten Punkten dem Roadbook angepasst werden. Diese Funktion bitte vor Tourenantritt mittels der Bedienungsanleitung testen oder beim Kauf des Radcomputers im Fachhandel erklären lassen!

Den jeweiligen Track habe ich zum einen als Gesamttrack mit vielen Trackpunkten abgespeichert und zum anderen auch jeden Track in Trackteile mit maximal 500 Tracks aufgeteilt. Dies ist für GPS-Geräte von Vorteil, die nur Tracks bis zu 500 Trackpunkten speichern können. Durch die Aufteilung bleibt die Trackgenauigkeit erhalten. Es werden lediglich mehrere Tracks zu jeweils 500 Trackpunkten auf das GPS-Gerät übertragen.

Alle in diesem Mountainbikeführer beschriebenen Strecken wurden mit größter Sorgfalt recherchiert, beschrieben und bebildert. Auf potenzielle Gefahrenstrecken wird im Text hingewiesen. Die Klassifizierung der Schwierigkeit der zu befahrenden Teilstrecken geschah nach sorgfältiger Abwägung und nach bestem Wissen und Gewissen. Dennoch sind alle Angaben ohne Gewähr.

Zudem ist Mountainbiken ein nicht ungefährlicher Sport, bei dem eine realistische Einschätzung des eigenen Könnens und der aktuellen Situation über die Sicherheit entscheidet. Es ist für mich daher unmöglich, für Nachteile oder Schäden, die aus den gemachten praktischen Hinweisen resultieren, eine Haftung zu übernehmen!

Ich habe mich bemüht, die vielen Wegpunkte fehlerfrei zu erfassen, und hoffe, dass jeder ohne unfreiwillige Umwege ans Ziel kommt.

Tipps vor dem Start der Tour

- Grundsätzlich eher mit weniger Luft in den Reifen fahren; das erhöht die Sicherheit und den Bremsweg auf Schotterstraßen. Ebenso ist der Grip bei Trails uphill und downhill um ein Vielfaches besser. Lediglich bei langen Asphaltstrecken bringt mehr Luft in den Reifen Vorteile.
- Vor den Touren bitte Bremsen und Bremsbeläge checken bzw. checken lassen!
- Immer Ersatzschlauch, Flickzeug, Werkzeug,

Erste-Hilfe-Set, Luftpumpe, Kartenmaterial, Proviant und Getränk(e) mitführen.

- Für anspruchsvolle Trail-Abfahrten sind Langfingerhandschuhe, Knie- und Ellenbogenschoner zu empfehlen.
- Die Helmpflicht ist obligatorisch!

Und nun noch ein paar persönliche Anliegen

Mountainbiken ist für mich die schönste Art, meine Freizeit sportlich und sinnvoll zu nützen. Während einer Tour können viele positive Eindrücke gesammelt werden. Man ist dabei der Natur sehr nahe und kann mit viel Spaß auch noch seinem Körper etwas Gutes tun. Damit dies auch möglich ist, sollten die Touren an den jeweiligen Fitnesszustand und den möglichen Schwierigkeitsgrad angepasst ausgewählt werden.

Mein ganz persönlicher Wunsch ist es, dass jeder Biker besonders rücksichtsvoll mit der Natur und mit seiner Umgebung umgeht. Nur wenn wir den anderen Wanderwegbenützern mit Respekt und Rücksicht begegnen, werden auch in Zukunft Wanderwege für uns nicht gesperrt werden!

Ein absolutes »no go« ist das Zurücklassen von Verpackungen oder Müll in jeglicher Form sowie das Fahren abseits von Forststraßen und Wanderwegen! Ein wildes Durch-die-Wälder-fahren ist absolut nicht im Sinne eines wertschätzenden Umgangs mit der Natur – es gibt genügend gekennzeichnete Wanderwege, die auch fahrbar sind!!

Wenn wir alle in dieser Richtung unseren positiven Beitrag leisten, werden wir mit dem Mountainbiken noch lange viel Freude haben.

Auf der Pfälzerhütte neigt sich der Tag dem Ende zu.

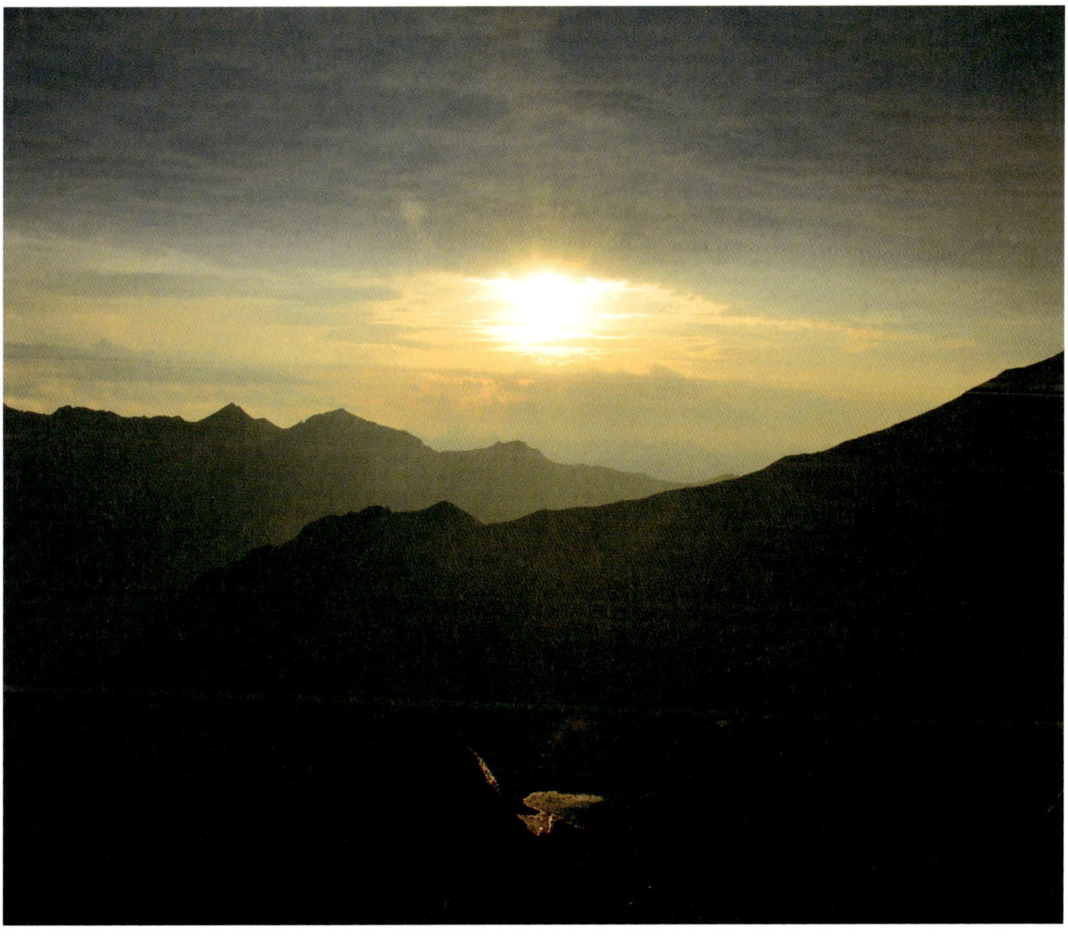

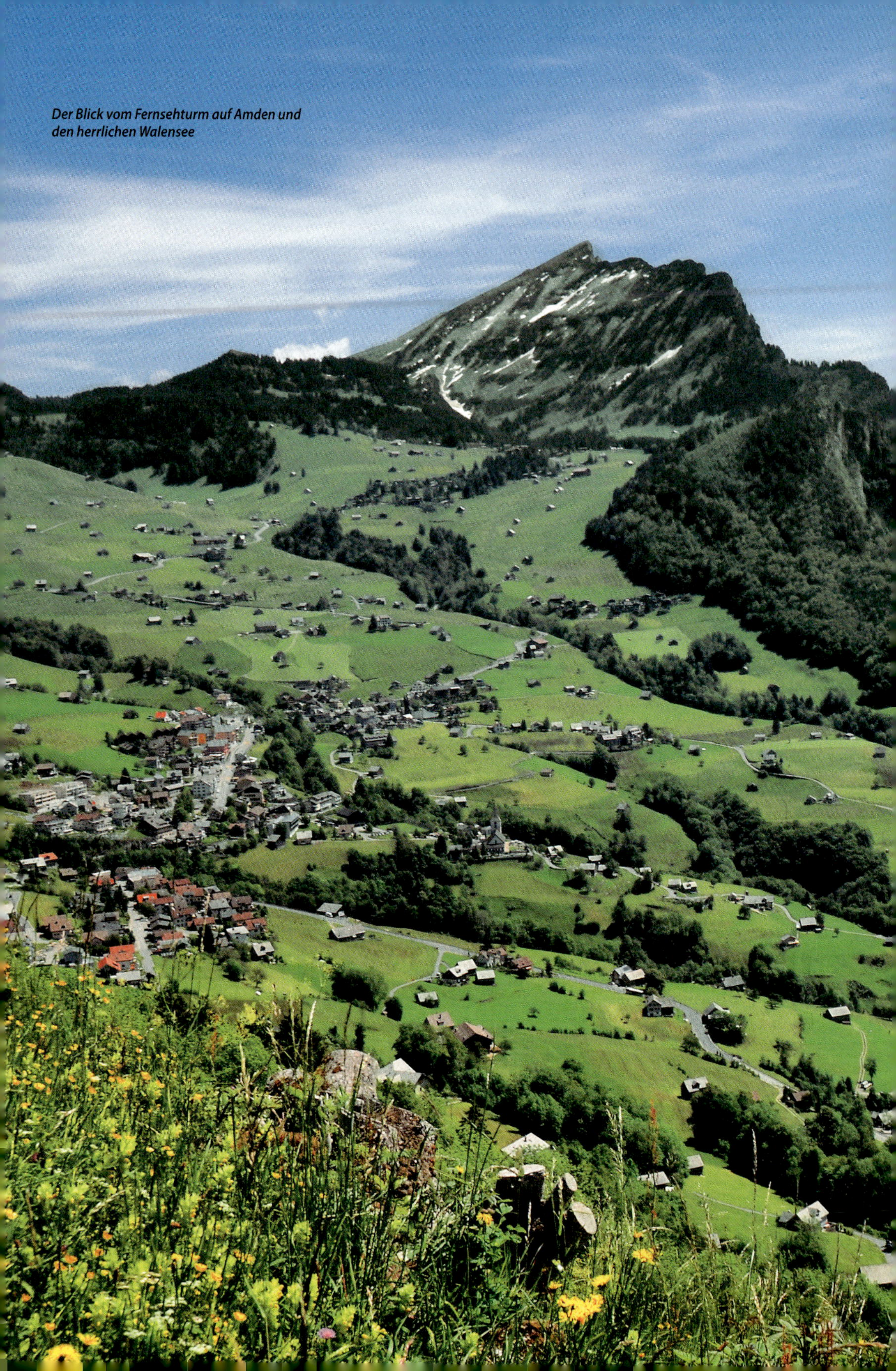

Der Blick vom Fernsehturm auf Amden und den herrlichen Walensee

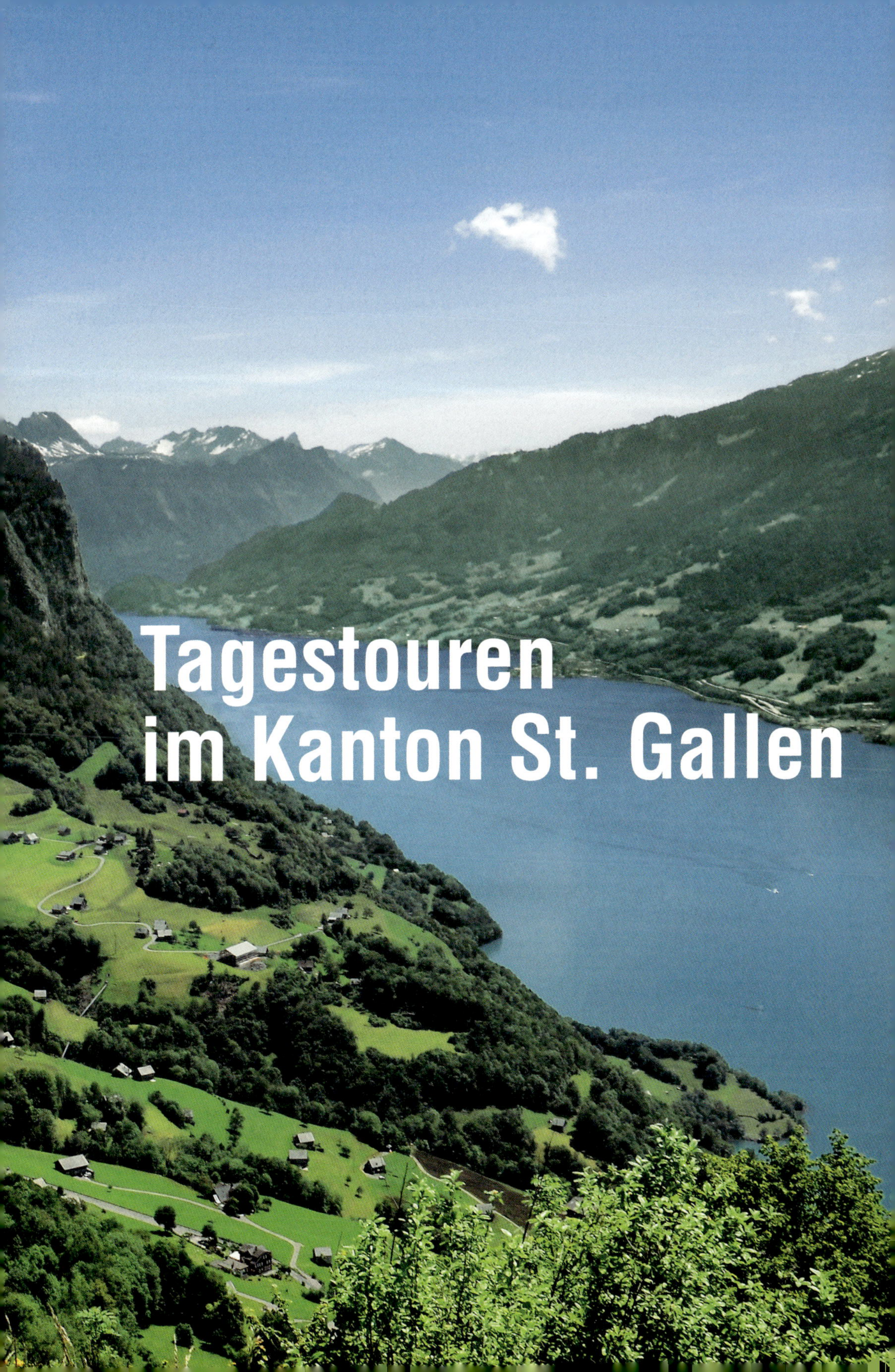
Tagestouren
im Kanton St. Gallen

1 Schweizerberg

Auf entlegenen Wegen zum »Appenzeller Witzweg«

Schwierigkeit	Erlebniswert	Höhenmeter (in m)	Streckenlänge (in km)	Zeit (in h)
2	✪✪✪✪✪	834	27	3

TOURENCHARAKTER

AUSGANGS-/ENDPUNKT
E 43-Ausfahrt Au, beim Kreisverkehr neben der AVIA-Tankstelle

ANFAHRT
Über die Schweizer Autobahn E 43 bis Ausfahrt Au und zum Kreisverkehr mit Kunstwerk neben der AVIA-Tankstelle; oder von Österreich kommend direkt über die Grenze »Au« und in ca. 500 m zum Startpunkt

KONDITION
✪✪✪✪✪

FAHRTECHNIK
✪✪✪✪✪

ERLEBNISWERT
Fahrspaß: ✪✪✪✪✪ – flowige Trailabschnitte ab Schönenbühl und entlang des »Witzwegs«
Landschaft: ✪✪✪✪✪ – während der gesamten Tour immer wieder schöne Aussichtspunkte; liebliche, urtümliche, für die Schweiz typische Gegend
Kultur und Geschichte: ✪✪✪✪✪ – der Auer Baumweg

EINKEHRMÖGLICHKEITEN
Restaurant Meldegg, CH-9428 Walzenhausen, Tel. +41/(0)71/888 15 92, www.meldegg.ch; Aussichtsrestaurant Sonne-Blatten, CH-9413 Oberegg, Tel. +41/(0)71/891 15 85; Schiiterbiigi – Bäsebeiz im Högli, Högli 671, CH-9427 Wolfhalden, Tel. +41/(0)71/888 36 15, www.schiiterbig.ch

STRECKENPROFIL
Am Schweizerberg durchqueren wir eine liebliche, urtümliche Landschaft. Die gesamte Tour verläuft auf sehr abwechslungsreichen Wegabschnitten und ist einfach zu fahren. Dennoch beinhaltet sie einige flowige Trails. Auch eine kurze Schiebepassage von 5–8 Min. ist zu absolvieren.

HÖCHSTER PUNKT
942 m, kurz vor dem Gasthaus Sonne-Blatten

NIEDRIGSTER PUNKT
405 m, Au

TOURIST-INFO
Ostschweiz-Tourismus, Fürstenlandstr. 53, CH-9000 St. Gallen, Tel. +41/71/274 99 00, info@ostschweiz.ch, www.ostschweiz.ch

LANDKARTEN
Swisstopo 5014 St. Gallen–Appenzell, Landeskarte 1:50 000 (Zusammensetzungen)

GPS/ROADBOOK
Tour 01 Schweizerbergrunde.gpx;
Tour 01 Schweizerbergrunde 500.gpx

Die äußerst abwechslungsreiche und interessante Tour kann schon zeitig im Frühjahr gefahren werden. Sie ist fahrtechnisch sehr einfach und eignet sich auch ausgezeichnet als Nachmittagstour.

Diese Tour befindet sich im Grenzgebiet zu Vorarlberg, in der Nähe des Bodensees im Kanton St. Gallen mit der gleichnamigen Hauptstadt. Die Stadt St. Gallen ist das wirtschaftliche Zentrum der Ostschweiz. Sie ist auch ein wichtiger Verkehrsknotenpunkt zwischen den Verbindungen nach Zürich, Bern, Genf, ins Rheintal zum Bodensee und in die Zentralschweiz. Ein kulinarisches Highlight dieser Region ist die St. Galler Kalbsbratwurst – am liebsten essen die Schweizer ihren Liebling braun gebrannt vom Grill mit einem knusprigen »Bürli« (Brötchen).

Die Mountainbikestrecke ist sehr abwechslungsreich und führt uns durch Gegenden weit ab von Ortschaften und Ballungszentren. Lediglich Walzenhausen werden wir am Ortsrand tangieren. Nur kurze Abschnitte fahren wir auf asphaltierten, verkehrsarmen Straßen. Größtenteils verläuft die Tour auf Schotterstraßen und Wanderwegen sowie auf kurzen, gut befahrbaren Trails. Auch ein kurzes Schiebestück von etwa fünf Minuten gehört dazu – wie zu jeder ordentlichen Biketour.

Der Start erfolgt in der Gemeinde Au, direkt beim Kreisverkehr neben der AVIA-Tankstelle. Zu Beginn der Tour fahren wir auf der asphaltierten Straße ein kurzes Stück bergauf Richtung Walzenhausen. Immer wieder biegen wir auf Nebenwege ab und können die liebliche Landschaft in vollen Zügen genießen. Bereits nach 4,5 Kilometern haben wir auf der Sonnenterrasse des Gasthauses Meldegg die erste Gelegenheit, eine faszinierende Aussicht ins Rheintal und auf den Bodensee zu genießen. Während der gesamten Tour bieten sich uns dann immer wieder wunderschöne Ausblicke auf den Bodensee, hinüber nach Deutschland und auf das Pfändergebiet bzw. auf den Säntis.

27 km	834 Hm	Tagestour

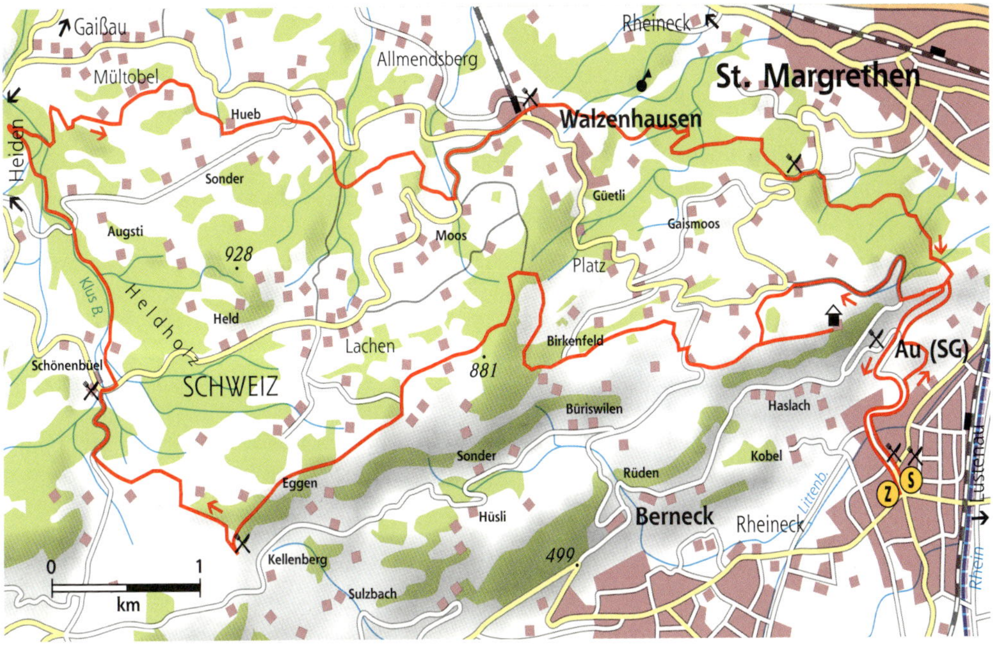

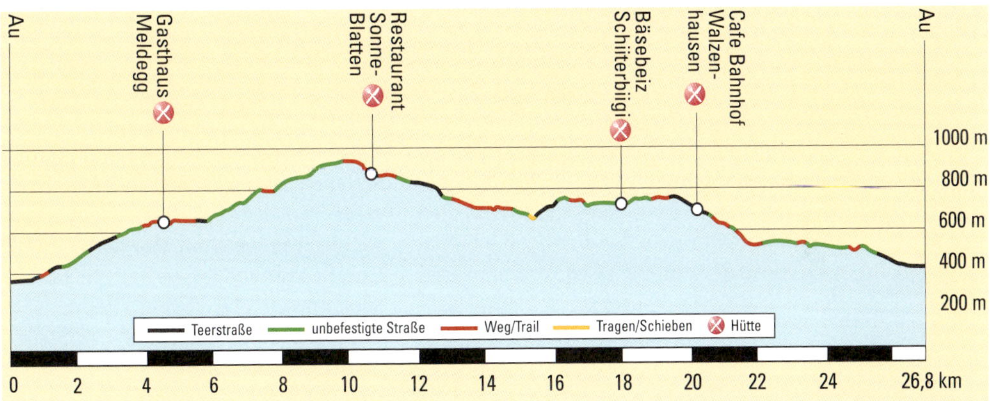

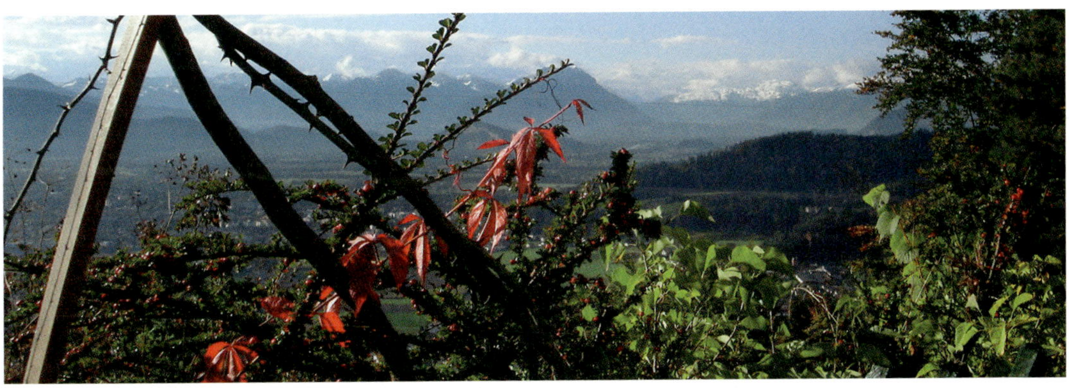

Blick vom Gasthaus Meldegg in Richtung Vorarlberg

AUER BAUMWEG

Der Auer Baumweg gibt einen Überblick über die heimische Baumvielfalt. Manche Arten sind ursprünglich aus dem Ausland eingeführt worden, gelten aber mittlerweile als einheimisch. Beim Park vor der katholischen Kirche beginnt der Rundgang, führt via Littenbach ins Bahnhofsquartier und über den Kreuzweg, Haslach und Gässeli zum Ausgangspunkt zurück. Eine Infotafel ist bei ausgewählten Bäumen angebracht.

Bild rechte Seite: Flowiger Singletrail auf einem urtümlichen Wegabschnitt unterhalb von Walzenhausen

Die Tour führt uns an mehreren einzelnen Gehöften und Häusern vorbei. Die Beschaffenheit der Wege wechselt ständig zwischen Schotter- und Wiesenwegen sowie kurzen Trails. Die Streckenführung verläuft sehr abwechslungsreich, mit nur kurzen Anstiegen bis zum höchsten Punkt der Tour auf 942 Metern.

Sind wir an diesem Platz angekommen, erreichen wir kurz darauf das Gasthaus Sonne-Blatten in der idyllischen Hügellandschaft um die Gemeinde Oberegg. Von der Sonnenterrasse aus sind bei guter Sicht Diedamskopf, Mörzelspitze, Damülser Mittagsspitze, Winterstaude, Zimba und neben vielen anderen Bergen auch die Schesaplana erkennbar.

Weiter geht es abwechslungsreich bis Schönenbühl. Dort zweigen wir ab und fahren auf einem genussvollen, romantischen Wanderweg am Klusbach entlang, bis wir in den »Witzweg« einfahren. Diesen Weg, der in Heiden beginnt und bis nach Walzenhausen führt, nennt man deshalb so, weil immer wieder Tafeln mit mehr oder weniger lustigen Witzen aufgestellt sind. Da das »Schwyzerdütsch« nicht jedermanns Sache ist, sind die Witze auch in Hochdeutsch hingeschrieben. Auf diesem Abschnitt ist vermehrt mit Wanderern und Kindern zu rechnen, deshalb bedarf es besonderer Rücksichtnahme!

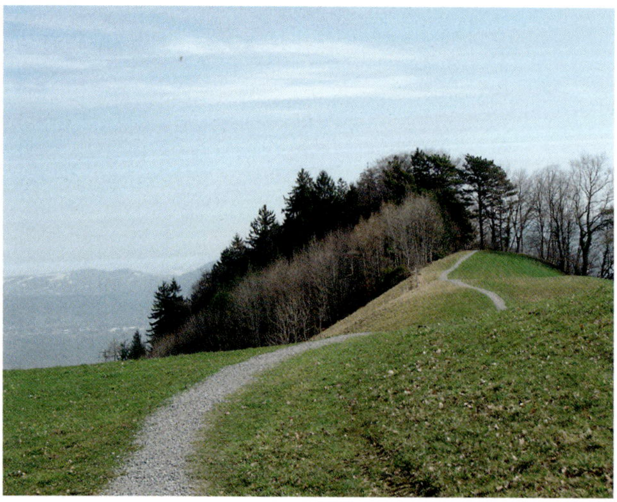

Ein schöner Panoramatrail Richtung Meldegg

Dieser »Witzweg« ist ein flowiger Trail mit zwei kurzen steilen Anstiegen. Nach einer Brückenüberquerung erreichen wir das etwa fünfminütige Schiebestück. Wir fahren einen kurzen Abschnitt über eine asphaltierte Straße, die bald in eine Schotterstraße übergeht. Der Trail, der von dieser Straße abzweigt, führt bei Kilometer 16,67 über ein Privatgrundstück. Das ausgeschilderte Bike-Fahrverbot, betreffend eine Streckenlänge von etwa 30 Metern, sollte respektiert werden!

Abwechslungsreich und mit herrlichen Aussichten auf den Bodensee geht es weiter Richtung Walzenhausen. Bei Kilometer 18 erreichen wir die äußerst originelle Bäsebeiz (= Gelegenheitswirtschaft) »Zur Schiiterbig« (Besenwirtshaus zur Holzbeige) mit ihrer Wirtin »Schiiterbiigi«. Ragt vor dem Haus der Besen himmelwärts, ist die Wirtschaft für Kunden offen. »D'Schiiterbiigi« überrascht neben einer originellen Herberge auch mit einem respektablen Sortiment an verschiedenen Kaffeesorten.

Weiter auf dem »Witzweg« fahrend, nähern wir uns Walzenhausen. Wer noch einmal eine Einkehr ins Auge fassen möchte, könnte bei Kilometer 20,26 im Café-Restaurant Bahnhof in Walzenhausen einkehren – es bietet gutbürgerliche Küche mit täglich günstigem Menü. Die feine Patisserie, die Torten und das »Glacé« (Eis) aus der eigenen Konditorei sollte man sich nicht entgehen lassen.

Nach der letztmöglichen Einkehr vor Tourende befahren wir wieder einen Wanderweg, der durch ein Privatgrundstück führt. Hier ist erneut besondere Rücksichtnahme geboten! Wir überqueren dann eine Wiese; der Weg führt uns jetzt entlang zweier großer Pferde- bzw. Alpakakoppeln und anschließend in eine Schotterstraße. Nur von drei kurzen Trailstücken unterbrochen, erreichen wir ohne größere Anstrengungen den Schäflisberg und in weiterer Folge beim WP 66 wieder den Auffahrtstrack. Diesem abwärts folgend, gelangen wir zum Startpunkt der Tour in Au zurück.

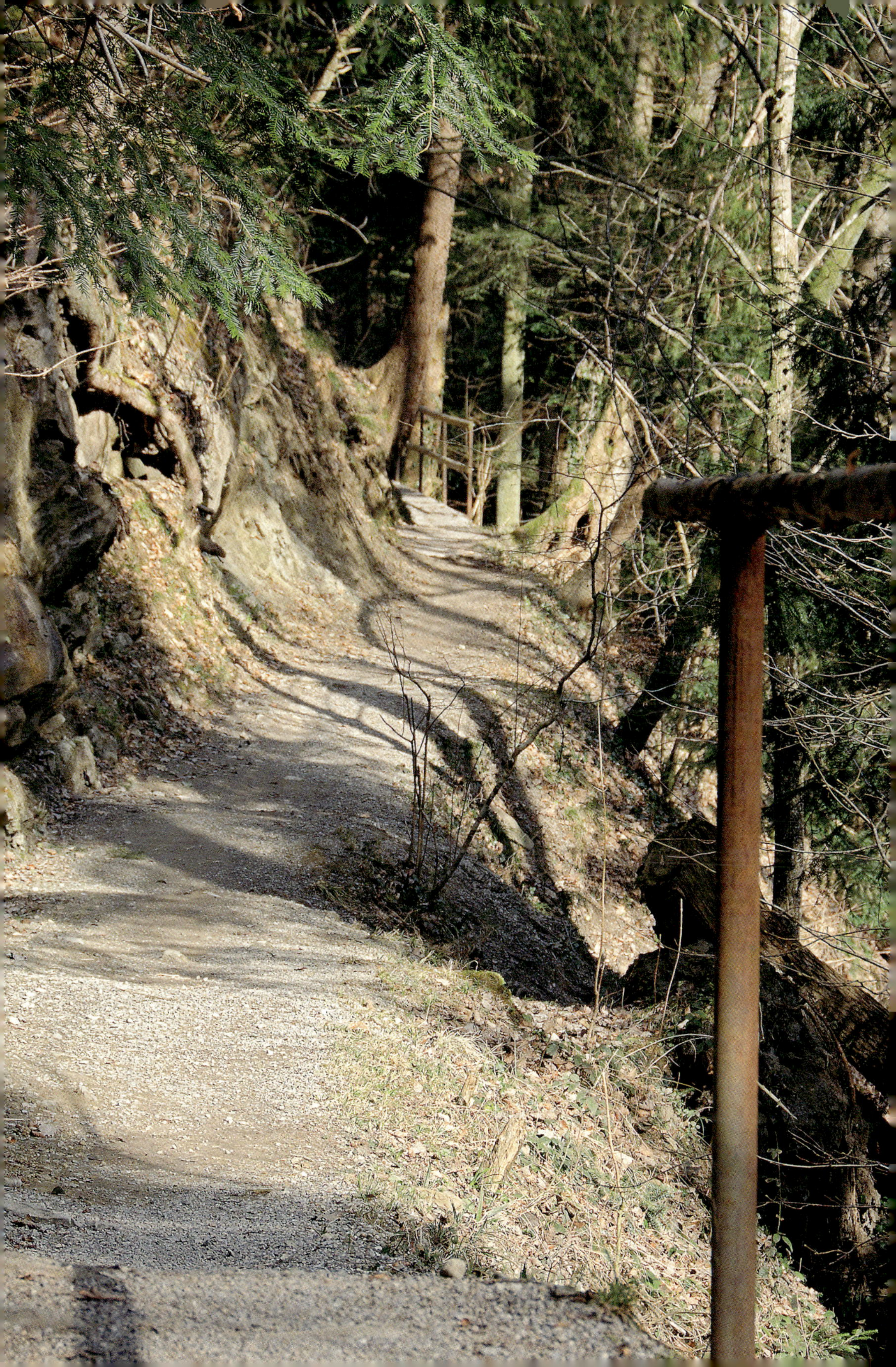

Routenbeschreibung

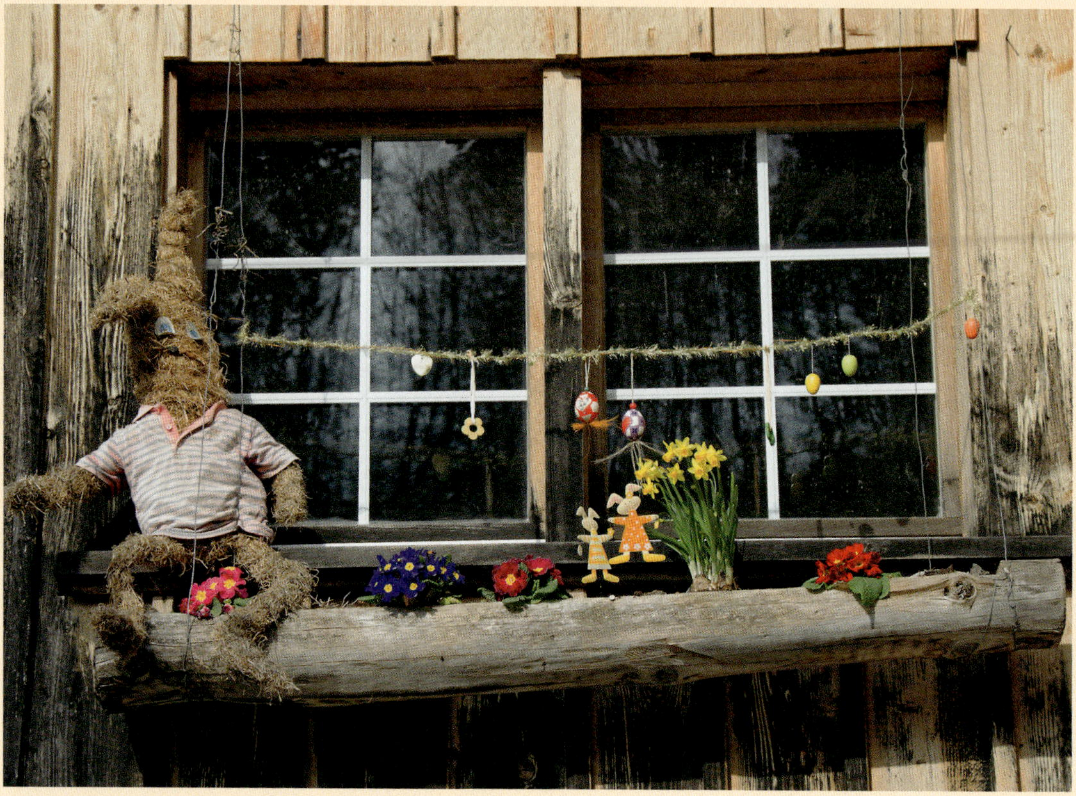

Alte Schweizer Bauernhäuser geschmückt mit origineller Osterdekoration

Tour 01 Schweizerbergrunde.gpx

WP | km | Hm | Route

1 | 0,00 | 405 | Start in Au beim Kreisverkehr – in der Mitte steht das Kunstwerk »Lebensknotenpunkt«; wir starten direkt bei der AVIA-Tankstelle und fahren entlang der Hauptstraße Richtung Rorschach.

2 | 0,10 | 405 | Abzweigung halb links Richtung Walzenhausen (Hinweistafel »Burg, Restaurant«).

3 | 0,89 | 430 | Rechts steil aufwärts; Abzweigung in den Mennweg.

4 | 1,15 | 454 | Weiter auf dem Mennweg links aufwärts; der Weg wird zum Asphaltweg, und wir erreichen bald wieder die Hauptstraße Richtung Walzenhausen.

5 | 1,41 | 460 | Rechts auf der Hauptstraße aufwärts.

6 | 1,51 | 466 | Rechts in den Rotweg; der Weg zieht sich am Hang entlang aufwärts.

7 | 1,95 | 507 | Links aufwärts Richtung Lachen und Meldegg.

8 | 2,31 | 545 | Rechts aufwärts auf die Hauptstraße Richtung Walzenhausen.

9 | 3,12 | 601 | Leuchen – links auf den Wanderweg »Chum und luag«.

10 | 3,46 | 619 | Links aufwärts auf dem Schotterweg Richtung Meldegg; der Schotterweg geht zuerst in einen Bewirtschaftungsweg und dann in einen Wanderweg über, der über eine Wiese verläuft.

11 | 4,00 | 652 | Links auf aussichtsreichem Wanderweg Richtung Meldegg.

12 | 4,41 | 656 | Schöner Rastplatz; auf dem Trail geradeaus weiter bis zum Gasthaus Meldegg, kurzer verwurzelter Trail (Trainingsstrecke).

13 | 4,50 | 643 | Gasthaus Meldegg – Einkehrmöglichkeit auf der Sonnenterrasse, tolle Aussicht; Rückfahrt auf dem Hinweg bis zum WP 11 und dort auf dem Wanderweg geradeaus weiterfahren.

14 | 5,47 | 653 | Auf der Hauptstraße Richtung Walzenhausen.

15 | 5,66 | 654 | Links aufwärts auf dem Wanderweg »Chum und luag«.

16 | 5,75 | 665 | Rechts um die Kurve aufwärts – schöne Aussichtspunkte; die asphaltierte Straße geht in einen Schotterweg über.

17 | 6,73 | 740 | Birkenfeld – die Querstraße kreuzen und geradeaus weiter auf dem Wanderweg »Chum und luag«.

18 | 6,95 | 771 | Geradeaus auf dem Schotterweg bleiben (nicht links der markierten Bike-Beschilderung folgen!).

19 | 7,22 | 802 | Links um die Kurve und am nächsten Hof links auf dem Wanderweg vorbei.
20 | 7,41 | 795 | Der Schotterweg mündet in einen schmalen Wiesenwanderweg.
21 | 7,51 | 792 | Zauberhafter Rastplatz mit toller Aussicht; der Wanderweg geht in einen Schotterweg über; immer aufwärts halten.
22 | 7,82 | 821 | Geradeaus auf dem Schotterweg weiter.
23 | 7,98 | 843 | Links Feuerstelle mit Blick ins Rheintal; danach auf dem Waldweg geradeaus weiter.
24 | 8,19 | 857 | Steigbüchel – geradeaus auf dem Hauptweg bleiben.
25 | 8,57 | 863 | Die Querstraße kreuzen und geradeaus über die Wiese hinauffahren.
26 | 8,93 | 911 | Links auf der Schotterstraße weiter.
27 | 9,12 | 921 | Geradeaus weiter Richtung Heiden; auf dieser Schotterstraße bleiben, vorbei an zwei mit Wurzeln übersäten Bäumen in den Wald hinein.
28 | 9,92 | 938 | Ende des Waldes – geradeaus und quer über die Wiese fahren.
29 | 10,23 | 925 | Auf dem Wanderweg geradeaus Richtung Restaurant Sonne-Blatten (aussichtsreiche Einkehrmöglichkeit).
30 | 10,76 | 868 | Asphaltstraße kurz vor dem Restaurant Sonne-Blatten; im spitzen Winkel rechts.
31 | 10,97 | 870 | Links auf den Wiesenweg und über kurzen Trail leicht abwärts.
32 | 11,46 | 839 | Links auf der Schotterstraße Richtung Wolfhalden.
33 | 11,87 | 830 | Nach dem Pflege- bzw. Altersheim auf der Asphaltstraße rechts leicht abwärts.
34 | 12,22 | 812 | Geradeaus – kurvenreiche Straße mit 34 % Gefälle.
35 | 12,71 | 752 | Rechts Richtung Walzenhausen.
36 | 12,79 | 753 | Links Richtung Wolfhalden und Klusmühltobel.
37 | 13,83 | 699 | Die Fahrstraße überqueren und in den »Witzweg« einfahren.
38 | 14,82 | 670 | Rechts im spitzen Winkel Richtung Gaiswies und Zelg
39 | 15,10 | 655 | Geradeaus; der Schotterweg wird ruppiger.
40 | 15,24 | 638 | Nach der Brücke links steil aufwärts; kurzes Schiebestück (5–8 Min.); der Weg führt zuerst durch den Wald, dann an einen Zaun entlang über eine Wiese.
41 | 15,52 | 681 | Rechts auf der Asphaltstraße weiter.
42 | 15,77 | 694 | Auf der Asphaltstraße Richtung Walzenhausen bleiben.
43 | 16,17 | 740 | Geradeaus, leicht abwärts.
44 | 16,49 | 729 | Rechts auf den Wanderweg.
45 | 16,67 | 728 | Der Wanderweg führt über ein Privatgrundstück – allgemeines Fahrverbot bitte beachten!
46 | 16,84 | 703 | Rechts aufwärts Richtung Sonder, Lachen und Oberegg.
47 | 16,93 | 717 | Links auf den Wanderweg; dieser mündet in eine Zufahrtstraße; auf dieser Straße bleiben, vorbei an einer großen Koppel mit herrlicher Aussicht.
48 | 17,77 | 713 | Links abwärts; nach 50 m geradeaus leicht aufwärts auf dem »Witzweg«.

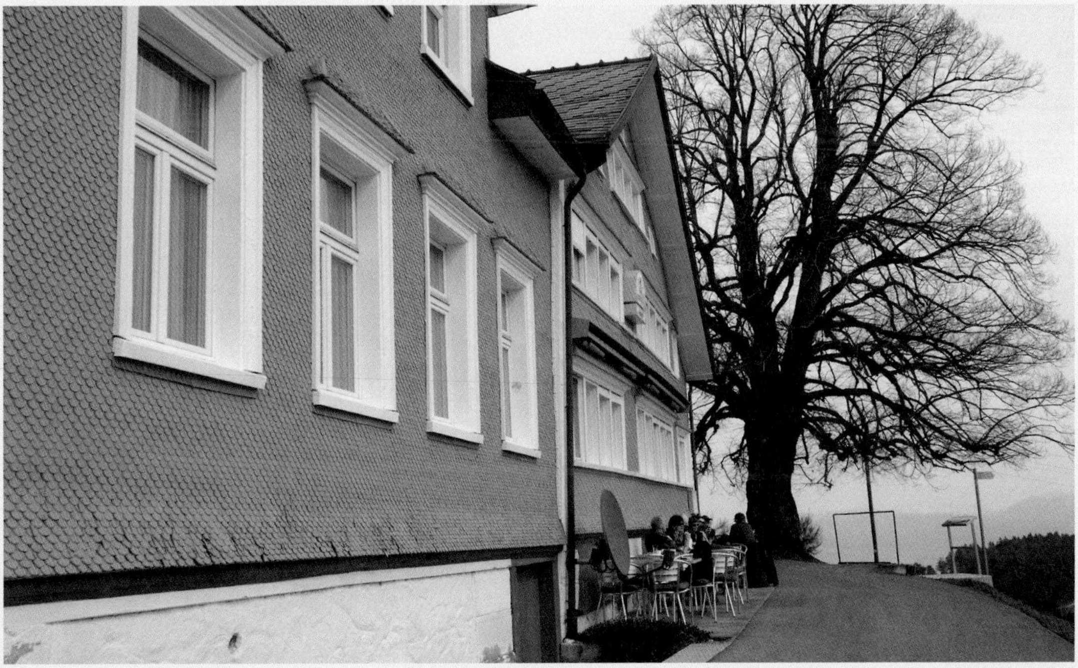

Das Restaurant Sonne-Blatten

49 | 17,91 | 713 | Rechts auf dem »Witzweg«.

50 | 18,00 | 716 | Originelle »Bäsebeiz«; danach geradeaus auf der Schotterstraße weiter.

51 | 18,39 | 735 | Links auf dem »Witzweg«.

52 | 18,90 | 738 | Hostet – geradeaus auf den Wanderweg »Chum und luag«.

53 | 18,92 | 738 | Geradeaus Richtung Rosenberg; der Wanderweg führt durch ein Privatgrundstück – besondere Rücksichtnahme!

54 | 19,45 | 741 | Links abwärts auf der Hauptstraße.

55 | 20,11 | 674 | Rechts Richtung Zentrum Walzenhausen.

56 | 20,26 | 668 | Links Richtung Rheineck – Café-Restaurant Bahnhof (leckere Kuchen).

57 | 20,35 | 659 | Die Straße überqueren, geradeaus fahren.

58 | 20,60 | 650 | Rechts Schild »Geschenksládili«; der Weg führt hinter dem Wohnhaus wieder durch ein Privatgrundstück – besondere Rücksichtnahme! Quer über die Wiese, die Wanderwegbeschilderung beachten; dann links Richtung Koppel.

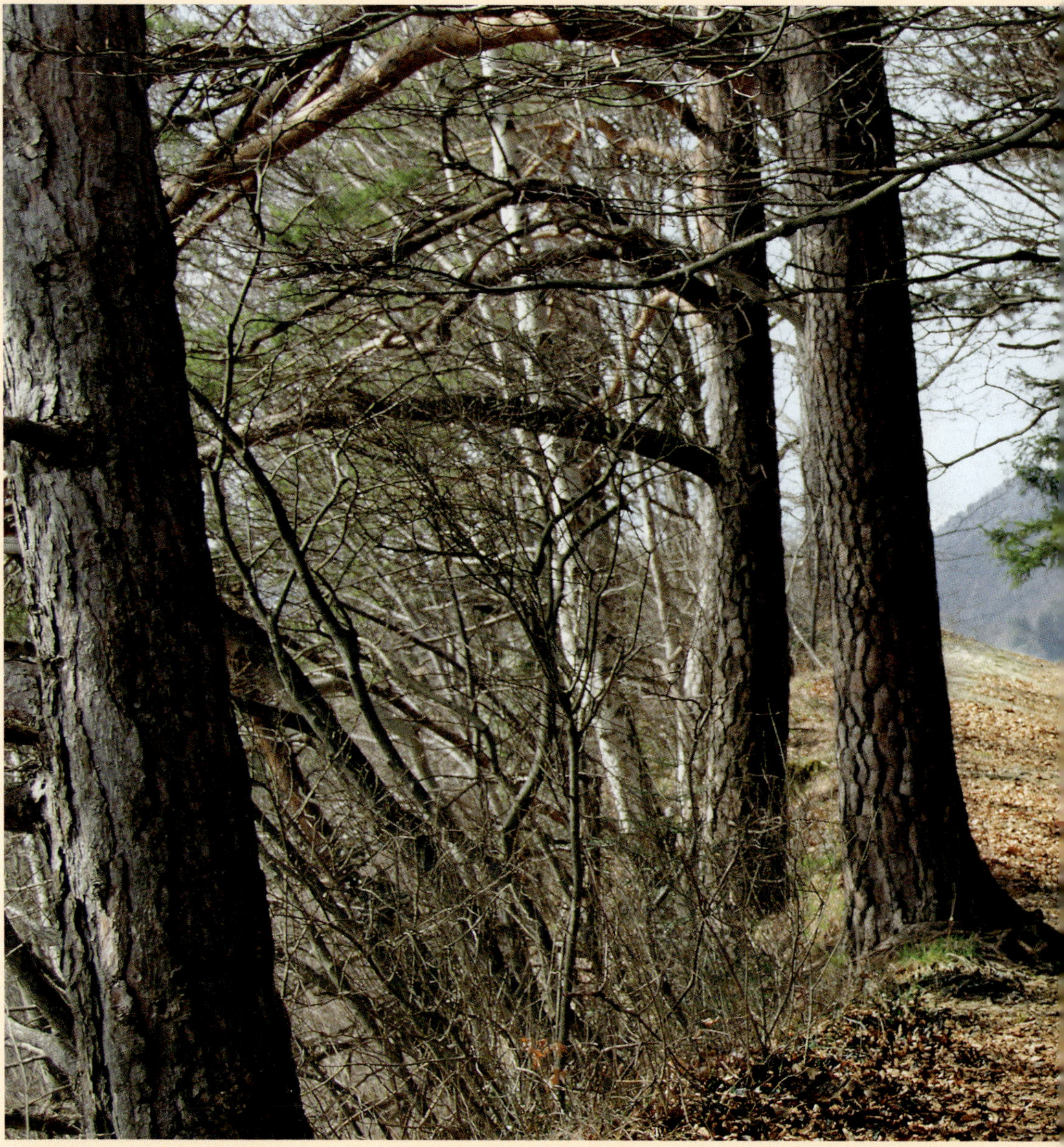

Flowiger Waldtrail Richtung Meldegg

59 | 20,91 | 607 | Direkt vor der Koppel rechts Richtung Gaismoos; über eine kleine Brücke und entlang der nächsten Koppel.

60 | 21,22 | 582 | Links hinunter.

61 | 21,62 | 517 | Rechts im spitzen Winkel weiter; der Weg mündet in einen interessanten Trail und bei km 22,18 wieder in einen Schotterweg.

62 | 23,24 | 519 | Die Straße überqueren; über eine kleine Stiege hinauf zum kurzen Trail; dieser führt parallel zur Straße zum Schäflisberg; alternativ kann auch auf der Straße zum nächsten WP gefahren werden.

63 | 23,49 | 500 | Rechts Richtung Ottersbach; am Ende der Schotterstraße bei km 24,73 links hinunterfahren.

64 | 24,79 | 482 | Rechts auf dem Wanderweg Richtung Au und Berneck.

65 | 25,07 | 498 | Auf der Schotterstraße rechts.

66 | 25,12 | 501 | Links abwärts Richtung Au (Auffahrtstrack).

67 | 25,57 | 459 | Die Hauptstraße links hinunter.

68 | 26,06 | 422 | Geradeaus weiter.

69 | 26,84 | 399 | Auf der Hauptstraße rechts.

70 | 27,00 | 399 | Ende der Tour.

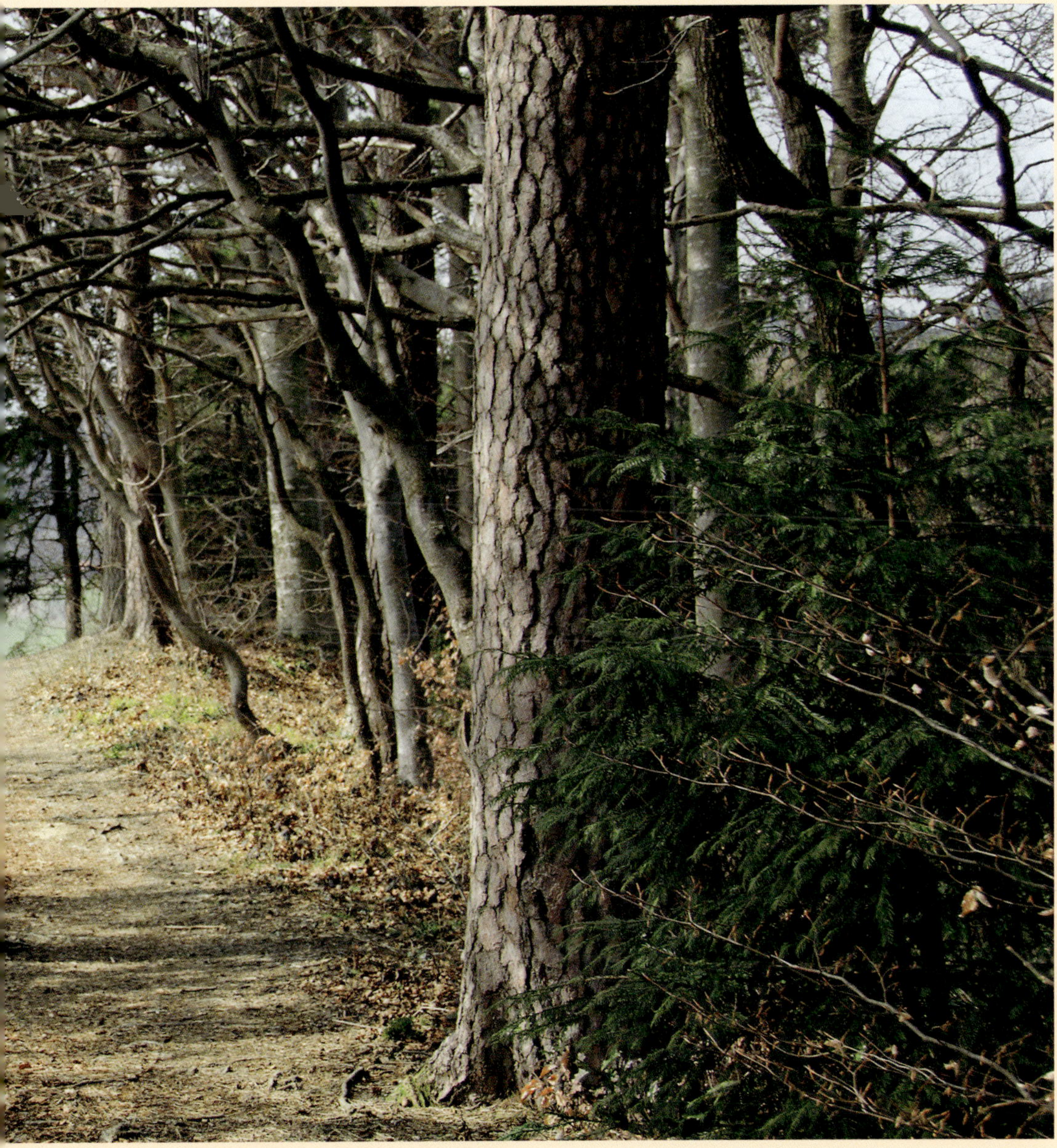

2 Sommersberg

Über den Sommersberg nach St. Anton

3	✪✪✪✪✪	1097	31	3–4
Schwierigkeit	Erlebniswert	Höhenmeter (in m)	Streckenlänge (in km)	Zeit (in h)

TOURENCHARAKTER

AUSGANGS-/ENDPUNKT
Ortsrand von Altstätten

ANFAHRT
Über die Autobahn E 43 bis Ausfahrt Kriessern, direkt nach dem Grenzübergang die Lehenstraße bis zum Kreisverkehr, geradeaus auf der Kriessernstraße bis Altstätten, rechts in die Bahnhofstraße, dann die Trogenstraße links aufwärts und rechts in die Heidenerstraße; nach ca. 800 m gebührenfreie Parkplätze

KONDITION
✪✪✪✪✪

FAHRTECHNIK
✪✪✪✪✪

ERLEBNISWERT
Fahrspaß: ✪✪✪✪✪ – bei den immer steiler werdenden Auffahrten auf den Sommersberg und zum Ferienheim Schwäbrig können die eigenen Grenzen ausgelotet werden; die Streckenführung wird öfter durch flowige Trailabschnitte aufgelockert
Landschaft: ✪✪✪✪✪ – liebliche, abwechslungsreiche Landschaft mit vielen faszinierenden Aussichten
Kultur und Geschichte: ✪✪✪✪✪ – ein Rundgang durch Altstätten; das Weinbaugebiet um Altstätten; ein Rundgang durch Gais; die Schlachtkapelle am Stoss

EINKEHRMÖGLICHKEITEN
Restaurant Sommersberg, Sommersberg 708, CH-9056 Gais (AR), Tel. +41/(0)71/793 11 31; Restaurant St. Anton, CH-9413 Oberegg (AI), Tel. +41/(0)71/891 24 42, www.st-antonoberegg.ch; Restaurant Bruggtobel, Bruggtobel 330, CH-9437 Marbach/St. Gallen, Tel. +41/(0)71/777 15 55

STRECKENPROFIL
Abwechslungsreiches Auf und Ab; 2–3 kurze steile Anstiege und 2–3 kurze Schiebepassagen – je nach Kondition und Fahrkönnen; einige kurze, gut fahrbare und flowige Trailabschnitte, die teilweise umfahren werden können

HÖCHSTER PUNKT
1181 m, kurz vor Landmark

NIEDRIGSTER PUNKT
450 m, Altstätten

TOURIST-INFO
Tourismusbüro Altstätten, Breite 9, CH-9450 Altstätten, Tel. +41/(0)71/750 00 23, reisetreff.steiger@bluewin.ch; Museums-Gesellschaft Altstätten, Gerbergasse 2, CH-9450 Altstätten, Tel. +41/(0)71/755 20 20, info@museum-altstaetten.ch

LANDKARTEN
Swisstopo 5014 St. Gallen–Appenzell, Landeskarte 1:50 000 (Zusammensetzungen)

GPS/ROADBOOK
Tour 02 Sommersberg.gpx; Tour 02 Sommersberg 500.gpx

Da diese Tour keine langen Anstiege beinhaltet, ist sie sehr angenehm zu fahren. Jeder kann bei den Uphills die eigenen Grenzen ausloten und bei den kurzen, fahrbaren Trailabschnitten seine Fahrtechnik trainieren.

Der Start dieser Tour ist in Altstätten mit seinen ca. 11 000 Einwohnern. Seit jeher bildet die historische Marktstadt das Zentrum der Region. Altstätten bietet vielfältige Kulturangebote und zahlreiche Einkaufsmöglichkeiten. Das weitläufige Stadtgebiet ist umgeben von großzügiger Natur.

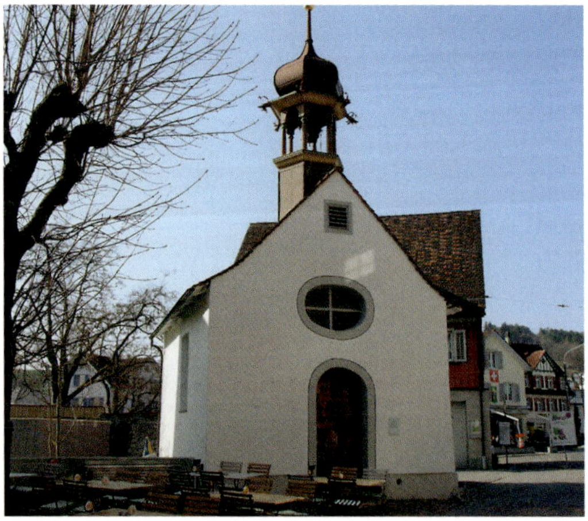

Unser Ausgangspunkt befindet sich am Ortsrand von Altstätten, Richtung Mohren im Ortsteil Blatten. Zunächst halten wir uns auf der Heidenstraße Richtung Zentrum von Altstätten und befahren die verkehrsberuhigte Marktgasse, bevor wir Richtung Rebhalden die Stadt verlassen. Schon bald erreichen wir die mittelalterliche Kapelle Forst mit Glasgemälden von Ferdinand Gehr und blicken auf Altstätten, das direkt unter uns liegt. Weiter geht es auf dem »Rheintaler Höhenweg«.

31 km	1097 Hm	Tagestour

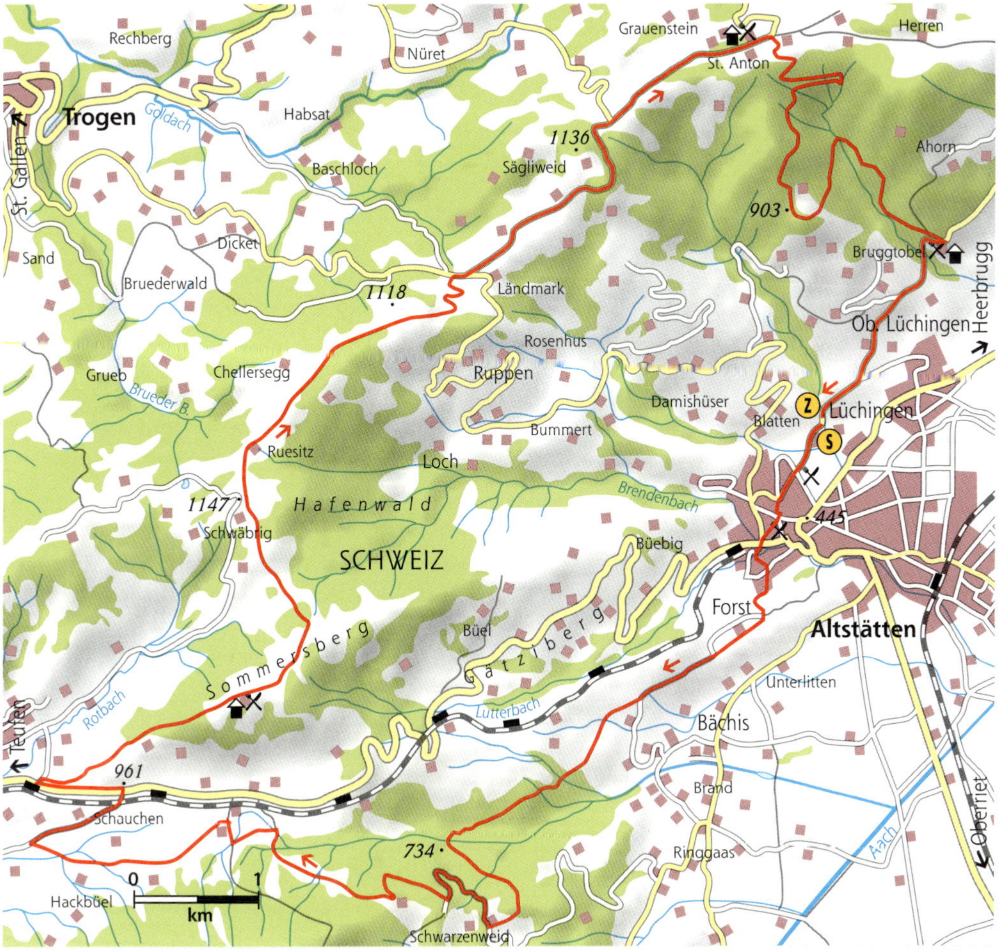

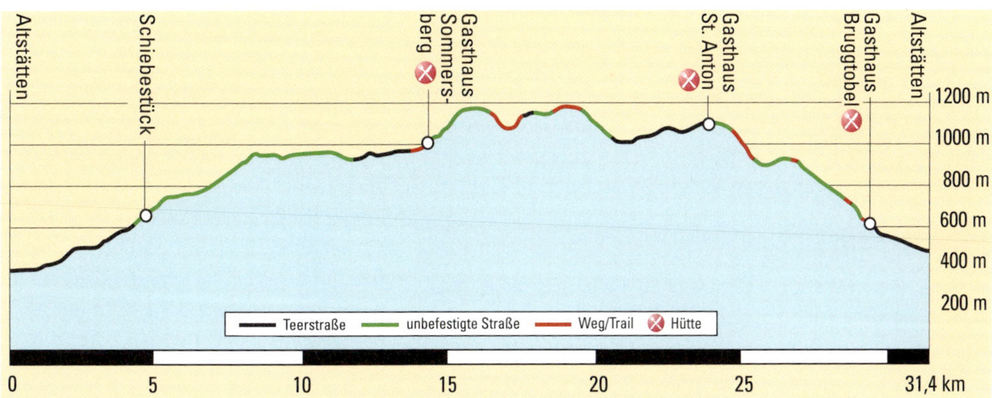

Eine Kapelle im schönen Altstätten

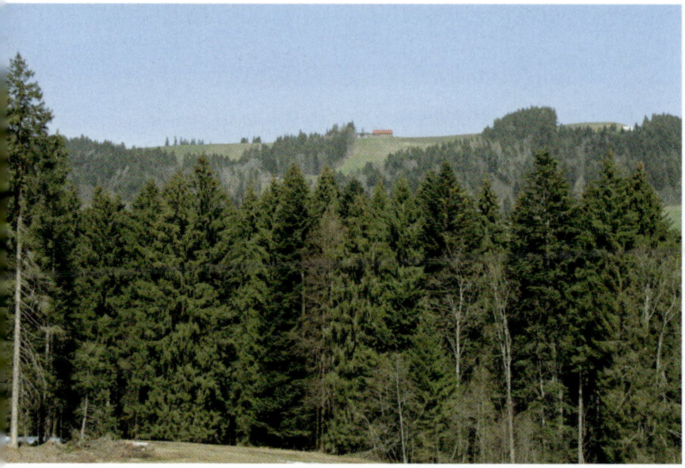

Das Gasthaus Sommersberg auf dem gleichnamigen Kamm ist bereits von Weitem erkennbar.

ALTSTÄTTEN

Ein Rundgang durch die Altstadt von Altstätten ist sehr empfehlenswert, um die gut erhaltenen Stadtpalais und Herrschaftshäuser, das Stadttor und die dekorierten Brunnen zu bewundern. Die historischen Bauten sind jeweils mit einem kleinen Schild gekennzeichnet, auf dem ihre Geschichte näher beschrieben ist. Stadtführungen der Museums-Gesellschaft können gebucht werden beim Tourismusbüro Altstätten, Breite 9, CH-9450 Altstätten, Tel. +41/71/750 00 23, reisetreff.steiger@bluewin.ch.

An Weinreben vorbei, zieht sich der Höhenweg als kurzer Trail Richtung Widentobel und Gais. Kurz vor dem bewaldeten Widentobel beginnt ein kurzes Schiebestück von etwa fünf bis zehn Minuten.

Anschließend überqueren wir eine kleine Brücke und fahren dann auf einer gut ausgebauten Forststraße weiter bis zum WP 18. Hier können wir die traumhafte Aussicht ins Rheintal, zum Hohen Kasten und in die Vorarlberger Bergwelt genießen.

Nach einem kurzen steileren Anstieg radeln wir in flotter Fahrt Richtung Stoss und Gais weiter. Parallel zur Hauptstraße zieht sich der Wanderweg in welligem Auf und Ab durch eine herrliche Wiesenlandschaft. Kurz vor dem Ort Gais treten wir aufwärts bis zum Bahnhof Hebrig und biegen dort in den Wanderweg zum Sommersberg ein.

Dieser Weg hat es in sich – er fordert uns sowohl konditionell als auch fahrtechnisch, denn er wird konstant steiler. Nur die wenigsten werden dieses Stück bis zum Gasthaus Sommersberg ohne Absteigen und Schieben bewältigen.

Bild rechte Seite: Wo diese Tür wohl hinführt?

Zur Belohnung haben wir dann aber die Möglichkeit, im Wirtshaus den Flüssigkeits- und Kalorienhaushalt wieder in Balance zu bringen. Im sonnigen Garten lässt es sich sehr gut regenerieren, und nebenbei können wir auch noch die herrliche Aussicht auf uns wirken lassen.

Nach der wohlverdienten Pause fahren wir auf einer Panoramaschotterstraße weiter Richtung Gäbris. Schon bald biegen wir in einen gut fahrbaren, kurzen Singletrail ein. Dieser Wanderweg führt am Ende des Waldes über ein immer steiler werdendes Wiesenstück gerade hinauf zum Ferienheim Schwäbrig. Bei dieser Auffahrt müssen wir kurzfristig alle zur Verfügung stehenden Kraftreserven mobilisieren und darauf hoffen, dass diese ausreichen. Ansonsten schieben wir ein kurzes Stück.

Wir durchfahren das Gelände des Ferienheims und folgen der Beschilderung »Landmark«. An der privaten Wetterstation von Jörg Kachelmanns »Meteomedia« vorbei, biken wir immer Richtung Landmark.

Ein schöner abwechslungsreicher Panoramatrail führt uns bis kurz vor das Gasthaus Landmark. Die Landmark liegt nicht nur am alten Römerweg auf dem Ruppen – der Verbindung vom Rheintal nach St. Gallen –, sondern auch an einem idealen Ausgangspunkt für kleinere und größere Wanderungen. Auf der asphaltierten Straße fahren wir Richtung St. Anton. Der schon von weitem sichtbare Sendemast zeigt uns das Zwischenziel St. Anton an.

REBEN UND WEIN

Mit seinen hervorragenden klimatischen Verhältnissen ist das Rheintal das größte Weinbaugebiet im Kanton St. Gallen. In Altstätten sind mehrer Weinproduzenten und Anbaugebiete angesiedelt, die sich vor allem am Forst, bei der Burg Neu-Altstätten sowie am Huberberg befinden. Auf dem Forst lädt ein kurzer Wein-Wanderweg zum Entdecken ein. Umfassende Informationen zu den Winzern und Kellereien gibt es unter www.rheintal-wein.ch/weingueter/altstaetten, www.stgaller-weine.ch.

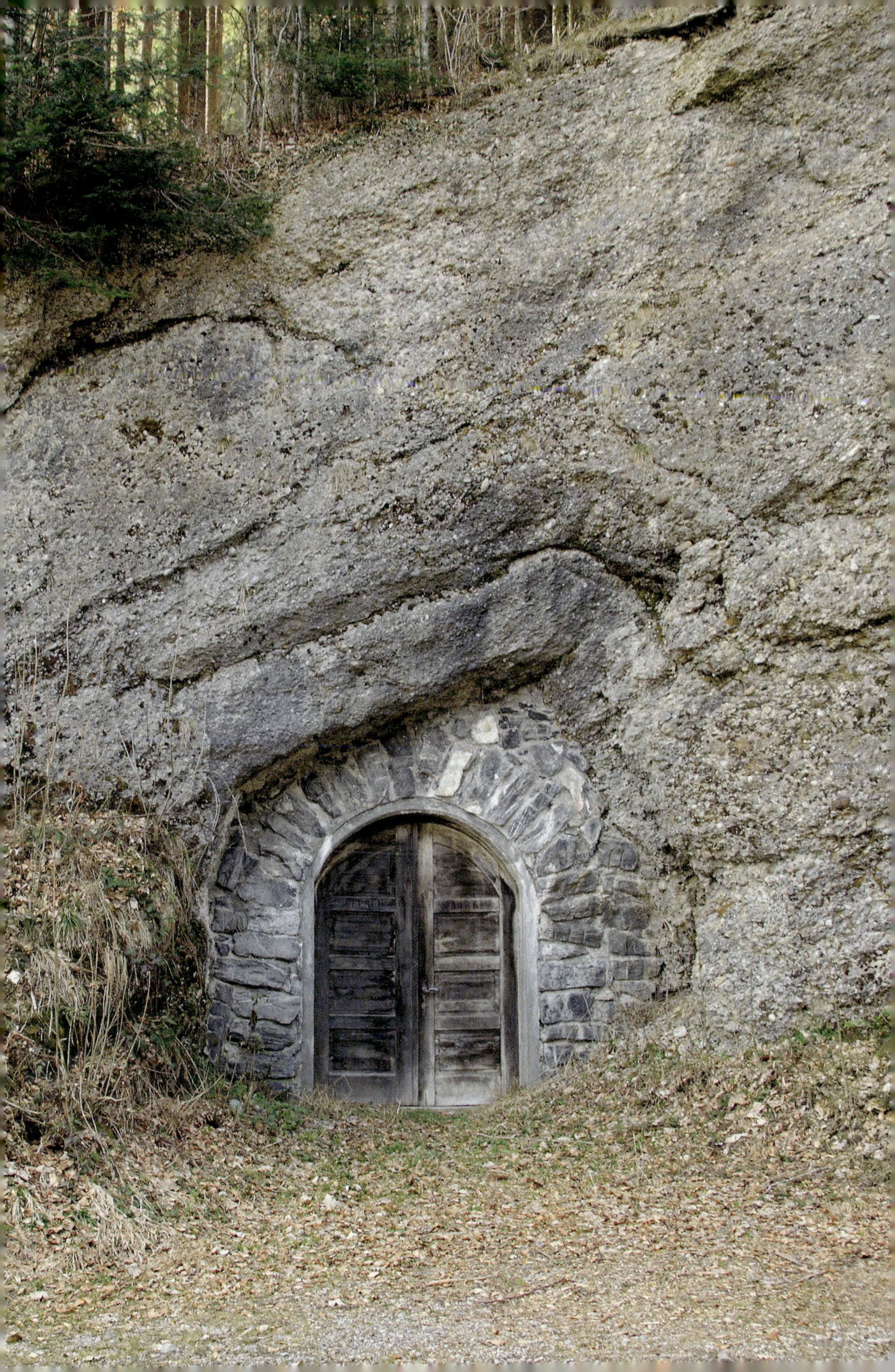

Bild rechte Seite: Wiesentrail im Kanton St. Gallen

St. Anton ist ein Pass mit 1110 Metern Höhe auf dem Gebiet der Gemeinde Oberegg im Kanton Appenzell Innerrhoden. Er ist der höchste Punkt einer Höhenstraße, die das Appenzeller Vorderland mit dem St. Galler Rheintal verbindet. Diese Straße beginnt in Oberegg und endet auf dem Ruppenpass. Der Aussichtspunkt, von den Einheimischen »Töni« genannt, wird von Motorradfahrern, Bikern und Wanderern als Ausflugsziel besucht. Auf der Passhöhe steht eine dem heiligen Antonius von Padua geweihte Kapelle. Nicht zu verwechseln ist der Pass mit St. Anton am Arlbergpass in Tirol.

Bis auf einen kleinen Gegenanstieg, geht es von dort aus nur mehr bergab. Deshalb können wir auf der Sonnenterrasse des Gasthauses St. Anton in aller Ruhe noch einmal die gegenüberliegende Vorarlberger Bergwelt, den Kronberg und den Säntis bewundern.

Die Routenführung ab St. Anton ist so gewählt, dass immer wieder kurze, gut fahrbare Singletrails die Abfahrt abwechslungsreich gestalten. Lediglich der erste Trail ist nicht umfahrbar. Bei allen weiteren Abschnitten ist es möglich, mit den Varianten A und B auf der Forststraße zu bleiben.

Gasthaus Sommersberg – eine Einkehrmöglichkeit mit herrlichem Panorama

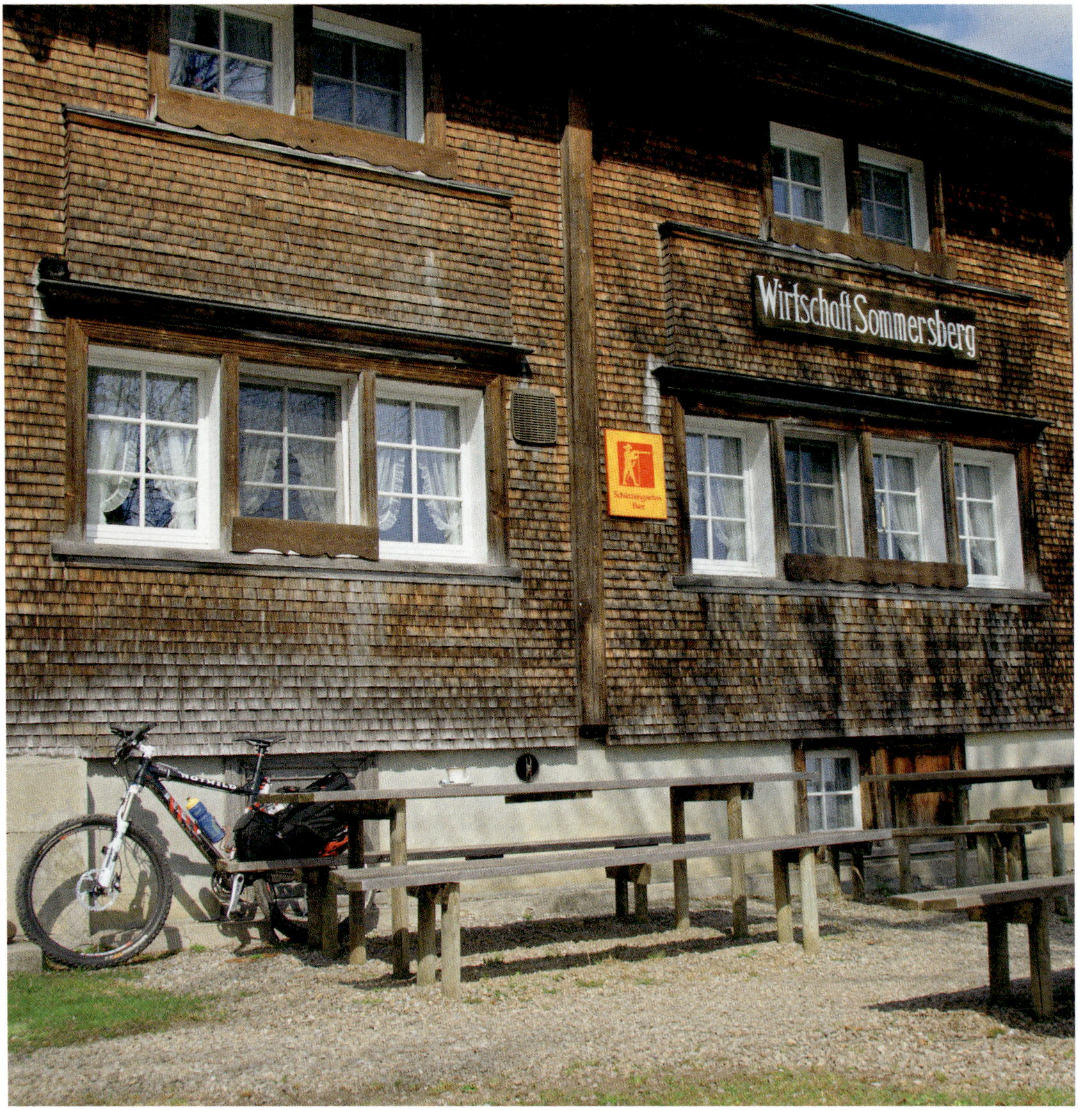

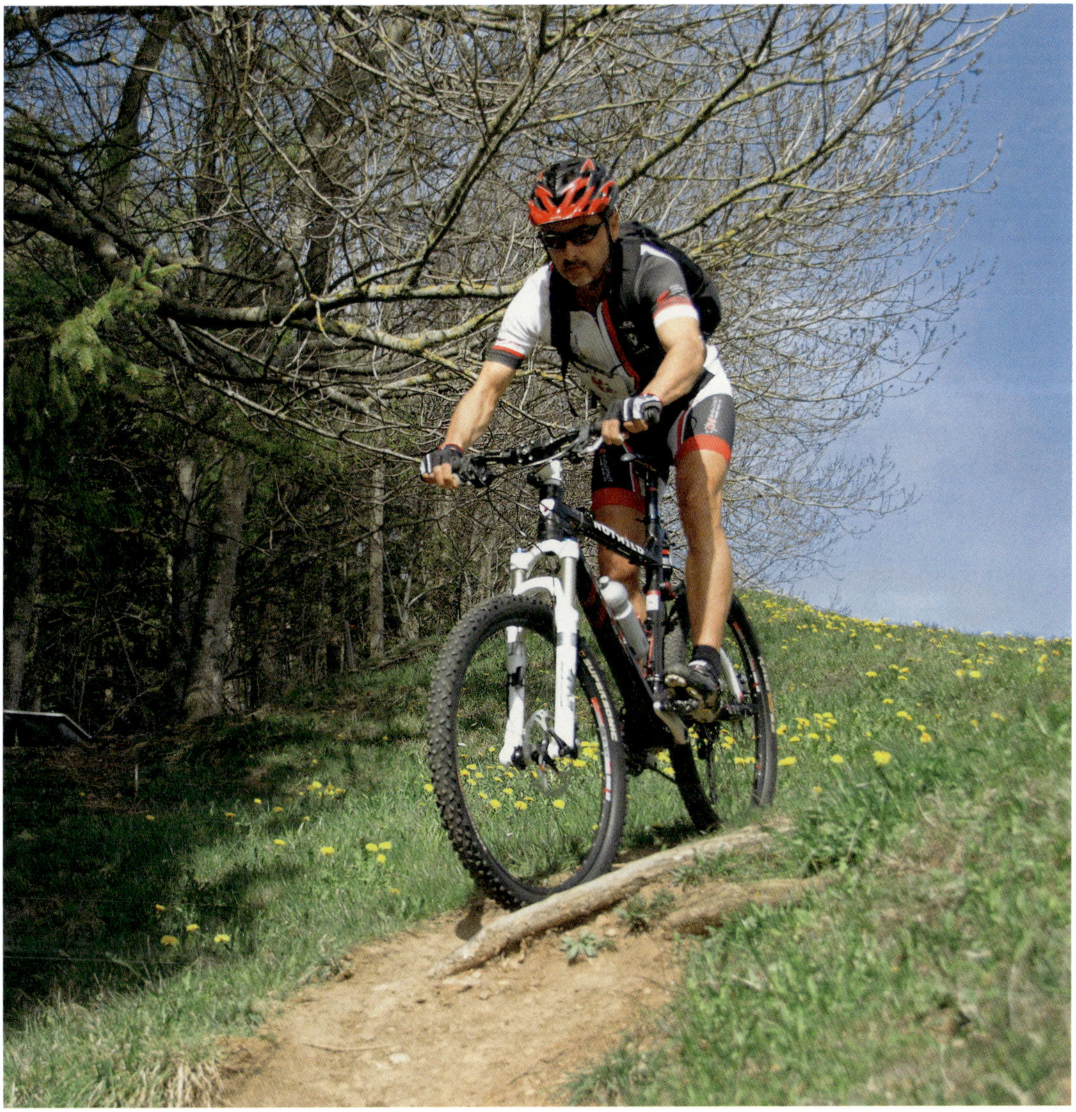

Die ausgewählten Singletrails sind nicht sonderlich schwierig und befinden sich nicht in abschüssigem Gelände. Jeder kann sie befahren, denn die jeweiligen Abschnitte sind relativ kurz und somit als Training ideal.

Am Ende des letzten Trails erreichen wir die asphaltierte Hauptstraße und befinden uns schräg vis-a-vis des Gasthauses Bruggtobel. Von hier aus rollen wir entspannt auf der asphaltierten Hauptstraße nach Altstätten hinunter. Dabei genießen wir noch einmal die Aussicht ins Rheintal. Nach wenigen Minuten haben wir den Ausgangspunkt in Altstätten wieder erreicht.

DER STOSS

Dieser Passübergang im Schweizer Kanton Appenzell Ausserrhoden verbindet das Appenzellerland mit dem St. Galler Rheintal. Der Stoss liegt auf 943 m Höhe, östlich des Dorfes Gais. Hier fand am 17. Juni 1405 die »Schlacht am Stoss« statt: 400 Appenzeller schlugen eine Truppe von 1200 berittenen äbtischen und habsburgischen Soldaten. Bei diesem Kampf gelang die Loslösung des alten und damals noch ungeteilten Landes Appenzell von der Hoheit des Fürstabtes von St. Gallen. Ein Denkmal erinnert an diesen Tag. Die Schlachtkapelle am Stoss wurde im 15. Jh. erbaut und 1955 von Johann Hugentobler umgestaltet.

Routenbeschreibung

Tour 02 Sommersberg.gpx

WP | km | Hm | Route

1 | 0,00 | 470 | Start am Ortsrand von Altstätten – Gratisparkplätze; Fahrt auf der Heidenstraße Richtung Zentrum von Altstätten.

2 | 0,78 | 450 | Auf der Hauptstraße links abwärts.

3 | 0,82 | 450 | Rechts in die verkehrsberuhigte Innenstadtzone.

4 | 1,11 | 455 | Die Straße überqueren und ein kurzes Stück links fahren.

5 | 1,13 | 455 | Die Straße überqueren und geradeaus in die kleine Nebenstraße einfahren.

6 | 1,24 | 469 | Links in die kleine Nebenstraße.

7 | 1,39 | 472 | Rechts – Beschilderung »Bikeroute Eichberg«.

8 | 1,98 | 508 | Kapelle Forst – rechts steil aufwärts.

9 | 2,47 | 521 | Die Treppe hinunter, auf der asphaltierten Straße nach links; Beschilderung »Stoss, Gais«.

10 | 2,94 | 523 | Halb rechts aufwärts fahren.

11 | 3,68 | 571 | Geradeaus fahren.

12 | 4,28 | 615 | Geradeaus fahren; der Schotterweg wird steiler; immer auf dem Hauptweg bleiben.

13 | 4,69 | 654 | Beginn des kurzen Schiebestücks (ca. 5–8 Min.)

14 | 4,92 | 686 | Ende des Schiebestücks; rechts aufwärts, über die kleine Brücke; der Weg geht in einen steileren Forstweg über.

15 | 6,24 | 760 | Querstraße – rechts aufwärts fahren.

16 | 7,22 | 827 | Rechts aufwärts fahren.

17 | 7,86 | 895 | Links aufwärts halten.

18 | 8,06 | 915 | Im spitzen Winkel rechts steil aufwärts; Beschilderung »Gais, Hirschberg«.

19 | 8,34 | 950 | Halb rechts abwärts fahren; Beschilderung »Stoss, Gais«.

20 | 9,38 | 937 | Links aufwärts halten.

21 | 9,71 | 949 | Rechts leicht abwärts fahren.

22 | 9,97 | 953 | Im spitzen Winkel links leicht aufwärts; Beschilderung »Gais«.

23 | 11,73 | 928 | Asphaltierte Querstraße; rechts aufwärts fahren.

24 | 12,05 | 934 | Geradeaus fahren.

25 | 12,75 | 959 | Die Hauptstraße überqueren und auf dem Radweg links Richtung »Gais« fahren.

26 | 13,40 | 969 | Vis-à-vis des Bahnhofs Hebrig im spitzen Winkel rechts aufwärts fahren; Beschilderung »Sommersberg«.

27 | 13,75 | 984 | Links auf dem Wanderweg Richtung Sommersberg und rechts von der Bewirtschaftungshütte steil aufwärts; der Wanderweg wird teilweise sehr steil und führt über eine Wiese hinauf; kurze Schiebepassage!

28 | 14,23 | 1035 | Geradeaus über die Wiese steil bergauf Richtung Gasthaus Sommersberg, der Weg führt in ein kleines Waldstück mit kurzer Schiebepassage; nach dem Waldstück über die Wiese zum Gasthaus Sommersberg; nach dem Gasthaus auf der Panoramastraße weiter Richtung Gäbris.

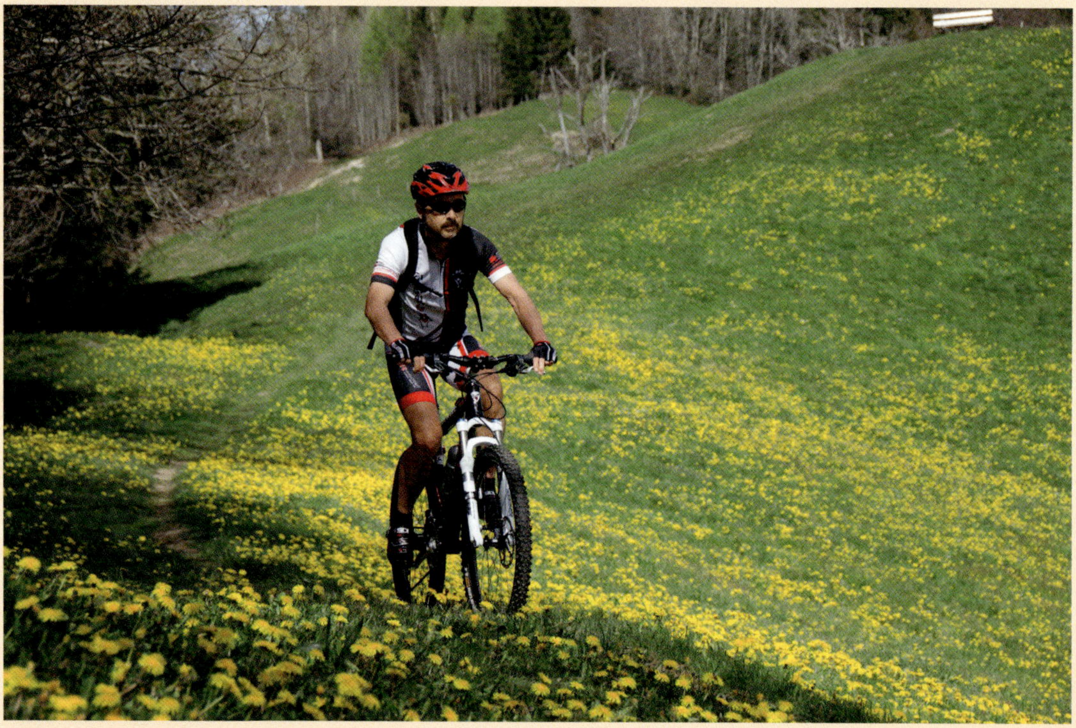

Durch ein Meer von gelb leuchtendem Löwenzahn zum Gasthaus Sommersberg

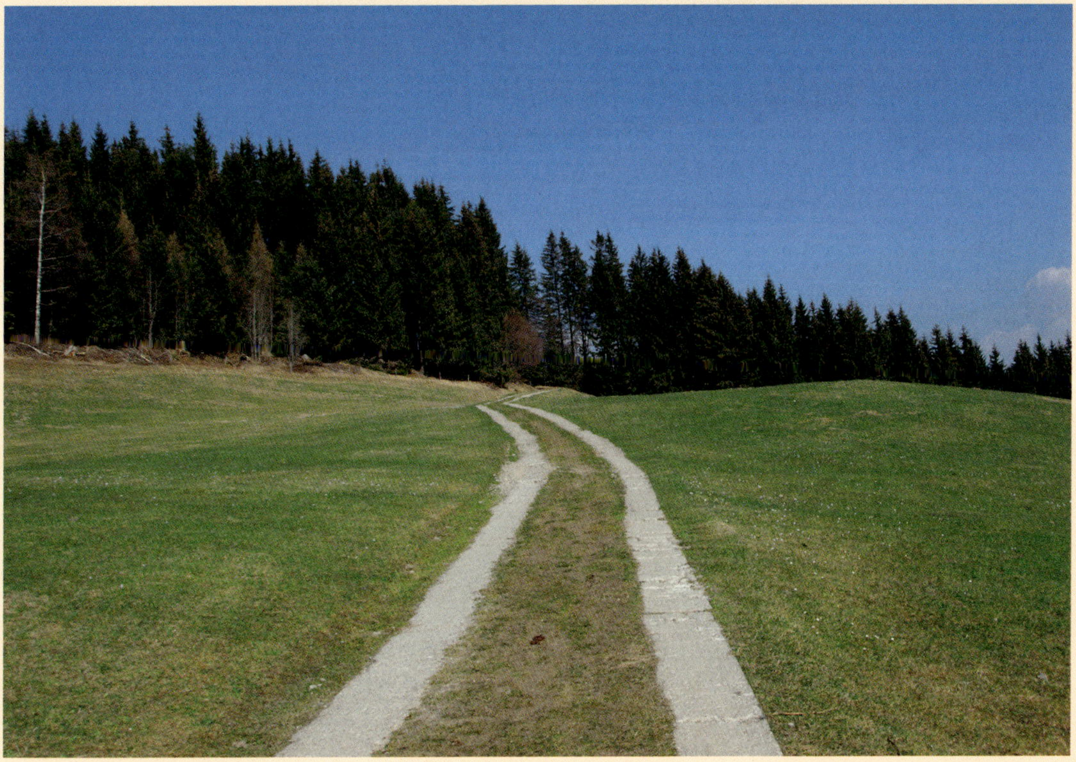

Ein Güterweg Richtung Landmark

29 | 16,40 | 1107 | Rechts auf den Wanderweg Richtung Gäbris; abwechslungsreicher kurzer Singletrail! Der Weg führt nach dem Wald wieder über ein Wiesenstück steil bergauf; beim Ferienheim Schwäbrig durchqueren wir noch zwei Wegkreuze.

30 | 17,50 | 1149 | Geradeaus auf Asphalt; nach 30 m geradeaus Beschilderung »Landmark, Hohe Buche, Heiden, Trogen«; vorbei an der privaten Wetterstation »Meteomedia« von Jörg Kachelmann.

31 | 17,90 | 1146 | Geradeaus Richtung Landmark; der Schotterweg geht in einen Wiesenweg und später in einen flowigen Trail über.

32 | 18,89 | 1177 | Geradeaus auf dem Panoramatrail weiterfahren; der Trail führt über eine Wiese hinunter.

33 | 19,51 | 1129 | Wegkreuz – geradeaus fahren.

34 | 20,05 | 1057 | Rechts abwärts auf Asphalt.

35 | 20,55 | 1014 | Auf der Hauptstraße rechts bis zum Gasthaus Landmark.

36 | 20,60 | 1013 | Vor dem Gasthaus Landmark links aufwärts bis St. Anton; ein von Weitem schon sichtbarer Sendemast steht in St. Anton.

37 | 23,77 | 1110 | St. Anton; auf der Hauptstraße weiter bis zum nächsten WP; Einkehrmöglichkeit im Gasthaus St. Anton.

38 | 24,00 | 1092 | Geradeaus auf der Schotterstraße fahren.

39 | 24,10 | 1087 | Rechts halten – Beschilderung »Marbach, Rebstein«.

40 | 24,20 | 1078 | Im spitzen Winkel links abwärts fahren.

41 | 24,40 | 1058 | Links abwärts fahren.

42 | 24,60 | 1017 | Bei der Bewirtschaftungshütte den Zaun überqueren und rechts auf dem Wiesenweg abwärts fahren.

43 | 24,85 | 985 | Den Zaun überqueren; anfangs steiler verwurzelter Trail, bald flacher und flowig.

44 | 25,40 | 893 | Ende des Trail; rechts leicht aufwärts fahren.

45 | 26,69 | 907 | Links auf den unscheinbaren Trail (kann auch auf Forststraße umfahren werden).

46 | 26,86 | 875 | Ende des Trails; auf der Forststraße geradeaus abwärts; die Schotterstraße geht in eine asphaltierte Straße über.

47 | 28,51 | 700 | Rechts in den Trail einbiegen; Beschilderung »Laugenwegli, Marbach«.

48 | 28,75 | 646 | Ende des Trails; auf der Schotterstraße links abwärts.

49 | 29,08 | 613 | Halb rechts auf dem Trail fahren.

50 | 29,33 | 567 | Hauptstraße; rechts abwärts bis nach Altstätten (links befindet sich das Gasthaus Bruggtobel – Einkehrmöglichkeit).

51 | 31,20 | 470 | Ende der Tour.

3 Fernsehturm und Hintere Höhi

Panoramatour hoch über dem nordwestlichen Walenseeufer

3	✪✪✪✪✪	1550	38	4
Schwierigkeit	Erlebniswert	Höhenmeter (in m)	Streckenlänge (in km)	Zeit (in h)

TOURENCHARAKTER

AUSGANGS-/ENDPUNKT
Bahnhof von Weesen

ANFAHRT
Von der A 3 bei der Ausfahrt Weesen ausfahren, Richtung Weesen und kurz vor der Linthbrücke rechts Richtung Bahnhof. Kurz vor dem Bahnhof befinden sich gebührenpflichtige Parkplätze.

KONDITION
✪✪✪✪✪

FAHRTECHNIK
✪✪✪✪✪

ERLEBNISWERT
Fahrspaß: ✪✪✪✪✪ – angenehme Auffahrten, größtenteils asphaltiert; flowige Trails mit schöner Aussicht; gut fahrbare Wanderwege über weitläufige Almwiesen; anspruchsvoller Trail bis nach Betlis
Landschaft: ✪✪✪✪✪ – immer wieder tolle Blicke auf den Walensee und die umliegenden Berge; liebliche Almlandschaften und ein Hochmoor auf der Hinteren Höhi
Kultur und Geschichte: ✪✪✪✪✪ – Museum, Galerie und Dominikanerinnenkloster Maria Zuflucht in Weesen; das Museum »Amden«; der »Erdgeschichtliche Erlebnispfad«; eine Schifffahrt auf dem wunderschönen Walensee (www.walenseeschiff.ch); der Seerenbach-Wasserfall und die Kapelle in Betlis

EINKEHRMÖGLICHKEITEN
Bergrestaurant Holzstübli, CH-8873 Amden, Tel. +41/(0)55/611 19 29, www.holzstuebli.ch; Landgasthof-Hotel Paradiesli, Oberbetliserstrasse, CH-8872 Weesen, Tel. +41/(0)55/611 11 79, www.paradiesli-betlis.ch

STRECKENPROFIL
Diese Tour kennzeichnen zwei längere, großteils angenehm zu fahrende Steigungen, ebenso ein flowiger Höhensingletrail und Abfahrtsabschnitte auf Wanderwegen quer durch Almwiesen. Schwierige Streckenabschnitte befinden sich bei der Auffahrt direkt vor der Alpe Unterbütz und bei der Abfahrt zwischen Amden und Betlis; sie dauern jedoch nicht allzu lange und können alternativ Bike-schiebend bewältigt werden.

HÖCHSTER PUNKT
1487 m, kurz nach der Hinteren Höhi

NIEDRIGSTER PUNKT
423 m, Weesen

TOURIST-INFO
Amden & Weesen Tourismus, Dorfstr. 22, CH-8873 Amden, Tel. +41/(0)58/228 28 30, www.amden.ch

LANDKARTEN
Swisstopo 237 Walenstadt, Landeskarte 1:50 000

GPS/ROADBOOK
Tour 03 Fernsehturm und Hintere Höhi.gpx; Tour 03 Fernsehturm und Hintere Höhi 500.gpx

Diese Tour beschert uns faszinierende Aussichten auf den Walensee und die umliegenden Berge. Aufgrund der beiden längeren Anstiege ist eine gewisse Grundkondition notwendig.

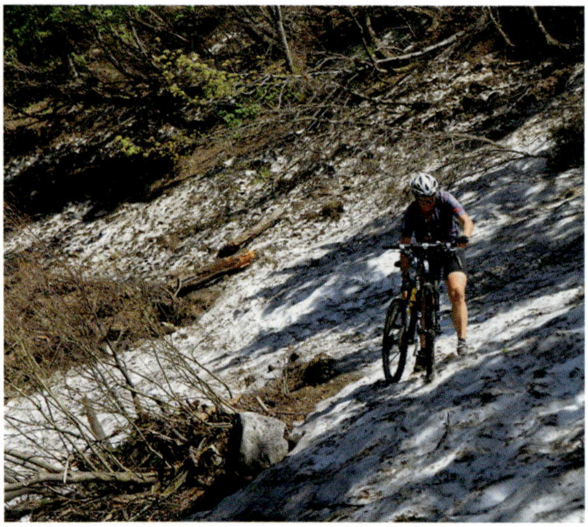

Letzte Schneefelder auf dem Weg zum Fernsehturm

Die Tour befindet sich im Kanton St. Gallen; gestartet wird in Weesen, der »Riviera am Walensee«, am Westufer des Sees am Linthkanal. Nördlich des Sees erheben sich die sieben imposanten Churfirsten – wie Haifischzähne reihen sich Chäserrugg, Hinterrugg, Schibenstoll, Zuestoll, Brisi, Frümsel und Selun aneinander.

Wir beginnen die Biketour am Bahnhof in Weesen und überqueren die Linth, ehe wir auf eine verkehrsarme Straße Richtung Amden abbiegen. Die Auffahrt zu unserem ersten Zwischenziel, dem Fernsehturm, ist asphaltiert. Die Steigung ist sehr angenehm und gleichbleibend. Die Straße schlängelt sich am Hang entlang und eröffnet immer wieder tolle Aussichten auf den Walensee und auf die gegenüberliegenden Berge. Der Fernsehturm kommt rechts oben schon in

38 km	1550 Hm	Tagestour

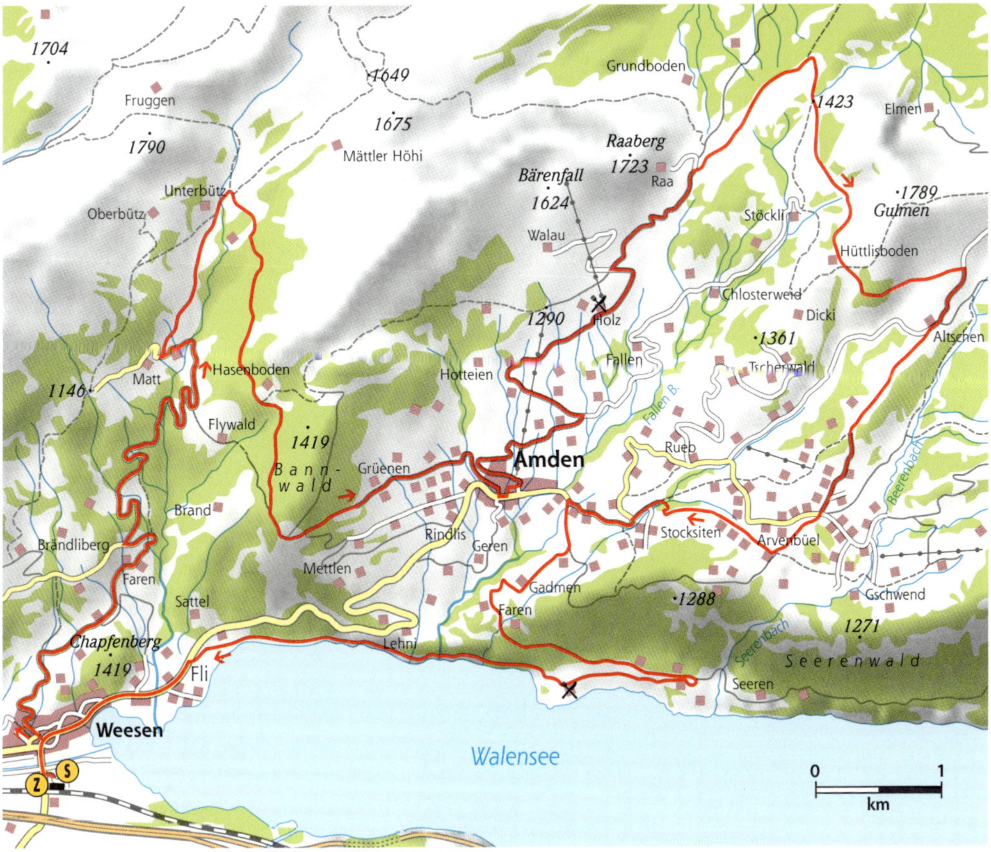

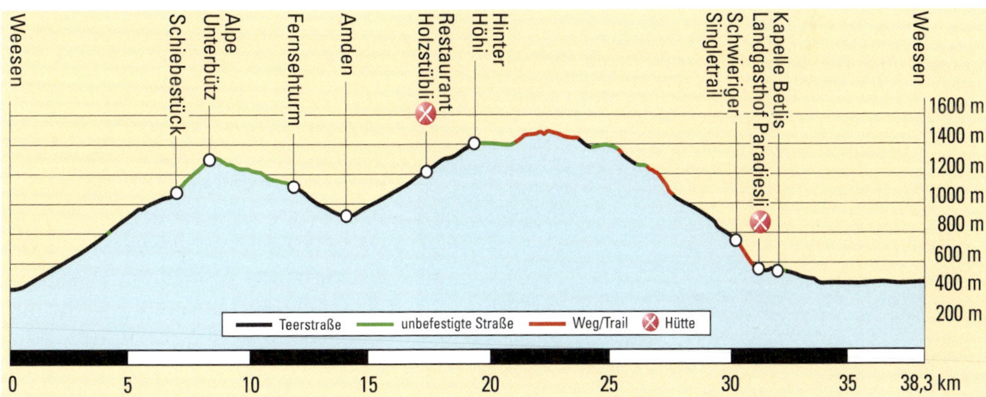

Sicht. Bis zur Alpe Matt zieht sich die Straße asphaltiert und gleichmäßig aufwärts.

Unmittelbar danach zweigen wir auf einen Schotterweg Richtung Alpe Unterchäseren ab. Hier geht es gleich ordentlich zur Sache: Es erwartet uns ein sehr steiler Anstieg bis zur Alpe Unterbütz. Er erstreckt sich über eine Länge von etwa einem Kilometer und kann somit auch ohne Weiteres schiebend bewältigt werden.

Ab der Alpe Unterbütz müssen wir noch eine kurze Auffahrt bis kurz vor die Alpe Unterchäseren in Angriff nehmen. Dann jedoch rollen wir leicht abwärts Richtung Zwischenziel Fernsehturm.

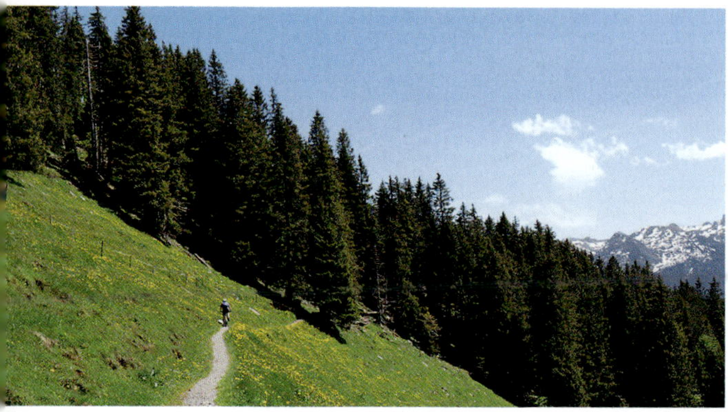

MUSEUM »AMDEN«

Die BesucherInnen können sowohl Land und Leute von Amden und deren Geschichte kennenlernen. Ein großer Teil der Dauerausstellung ist geologischen Themen wie dem Gebirgsbau, der Rinquelle und der Erforschung des riesigen Karstsystems sowie dem Bergsturz von 1974 gewidmet. Zudem finden viermal im Jahr Wechselausstellungen mit verschiedenen Künstlerinnen und Künstlern statt.

Flow pur auf dem Singletrail ab Hüttlisboden

Abfahrt vom Fernsehturm nach Amden

Dort angelangt, sollten wir die Gelegenheit für eine Pause nützen und die herrliche Aussicht genießen. Der Walensee liegt uns buchstäblich zu Füßen. Unterhalb der blühenden Wiesenmatten erblicken wir das Dorf Amden, gegenüber sehen wir die umliegenden Berge, wie z.B. den Mattstock, den Gulmen, den Mürtschenstock und viele mehr. Ein idealer Platz, um für den nächsten Aufstieg wieder Kraft zu sammeln.

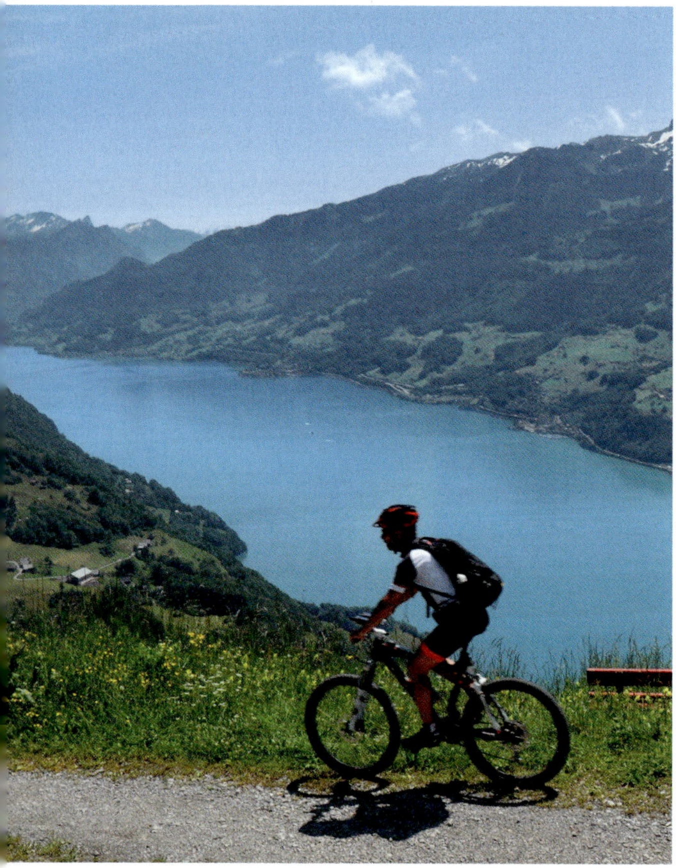

Nach einer kurzen Abfahrt bis zum Ortsanfang von Amden nehmen wir den zweiten längeren Anstieg Richtung Hintere Höhi in Angriff. Wiederum auf einer asphaltierten, absolut verkehrsarmen Nebenstraße mit angenehmer, gleichmäßiger Steigung queren wir mehrmals den Sessellift Mattstock und erreichen bald schon die nächste Einkehrmöglichkeit, das Bergrestaurant Holzstübli.

Nach einer kurzen Stärkung treten wir weiter aufwärts bis zum Strichboden und in weiterer Folge bis zur Hinteren Höhi. Dort angekommen, durchfahren wir das wunderschöne, geschützte Ammler Hochmoor und eine sumpfige, mit Leg- bzw. Zwergföhren überwachsene Naturlandschaft mit interessanter Flora. Auf diesem nassen, sauren und kargen Boden gedeihen nur Überlebenskünstler, wie etwa der insektenfressende Sonnentau, das Wollgras oder die unscheinbare Segge. Im etwas trockeneren Randgebiet, der sogenannten Heide, setzen sich Heidelbeeren und Alpenrosen durch. Das Ammler Hochmoor liegt auf dem »Amdener Höhenweg«, welcher von der Bergstation der Sesselbahn Mattstock über die Hintere Höhi ins Arvenbüel führt. Hier gedeiht nicht nur eine reichhaltige Flora, man sagt sich auch, dass luftige Moorelfen das Gebiet bewohnen würden. Diese tauchen im Moor und den angrenzenden Gebieten als »Nebelschwaden-Elfen« auf – in lang gezogenen, meterlangen Schichtungen schweben sie knapp über dem Boden.

Nach diesem landschaftlichen Genuss kommen wir zum nächsten Highlight dieser Tour:

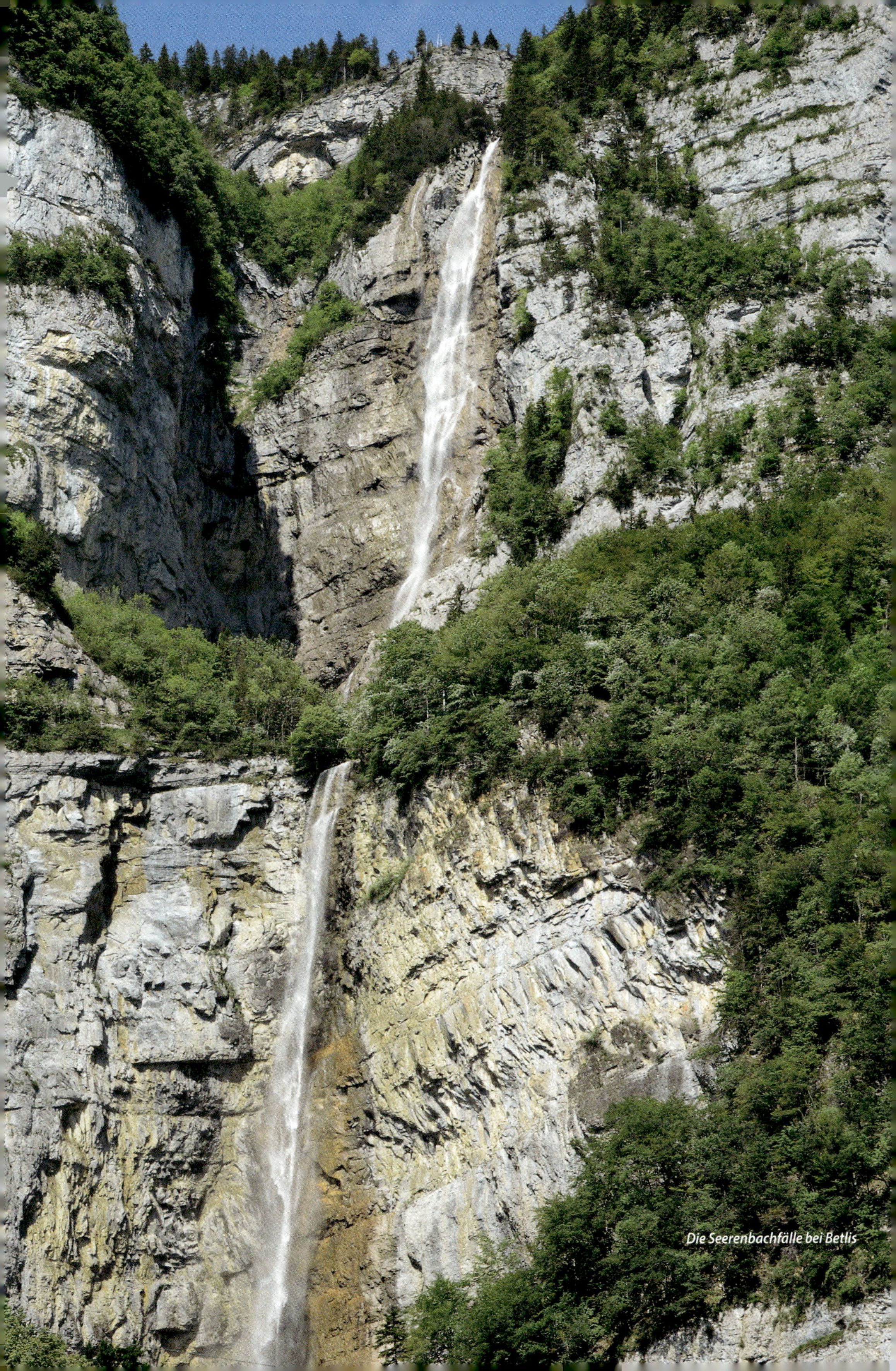
Die Seerenbachfälle bei Betlis

MUSEUM UND GALERIE IN WEESEN

Beide befinden sich nur zwei Gehminuten vom Hafen entfernt. Im Erdgeschoss kann man sich über die Römer am Walensee oder auch über das älteste Lastsegelschiff der Ostschweiz informieren. Im 1. Obergeschoss befindet sich der mittelalterliche Marktplatz, wo man einiges über das Leben der Menschen im 14. Jh. erfahren kann. Sechs verschiedene Rundgänge laden dazu ein, die Ausstellung auf eine ganz besondere Art zu erleben.

dem Panorama-Singletrail über den Hüttlisboden bis etwas unterhalb der Vorderen Höhi. Der Trail führt teilweise entlang des »Alpenpanoramawegs«. Dieser Name verspricht nicht zu viel – es wartet ein flowiger Singletrail mit herrlichen Ausblicken auf uns. Mountainbikerherz, was willst du mehr! Aber bitte trotz erheblichem »Flowfaktor«: Unbedingte Rücksichtnahme auf die Wanderer, die diesen schönen Weg natürlich auch gern begehen!

Nach dem Erreichen der Asphaltstraße fahren wir auf dieser ein kurzes Stück bis nach Altschen. Dort wechseln wir auf eine Schotterstraße, die uns sehr angenehm bis nach Arvenbüel führt.

Bald danach, bei der Wegmarkierung »Fürlegi«, biegen wir in einen Wiesenwanderweg ein. Dieser bringt uns im Sinkflug über mehrere Wiesen und Felder bis kurz vor Amden. Sehr gut fahrbare Singletrails, quer durch hohes Wiesengras, findet man glücklicherweise in der Schweiz noch an verschiedenen Orten. Einfach super!

Kurz vor Amden biegen wir links ab und fahren über Hofstetten und Gadmen Richtung Betlis. Bei der Wegmarkierung »Fahren« biegen wir rechts in einen anspruchsvollen Singeltrail ein, der uns direkt zum »Paradiesli« bringt. Sozusagen eine Fahrt ins Paradies!

Beim Landgasthof-Hotel »Paradiesli« haben wir uns auf jeden Fall eine Einkehr verdient. Die sollte man sich auf keinen Fall entgehen lassen, denn das »Paradiesli« und eigentlich die ganze Gegend zwischen Hinter- und Vorderbetlis haben wirklich etwas Paradiesisches an sich. Deshalb drehen wir auch noch eine kleine Schleife über die Obere Betliser Strasse bis zur Kapelle Betlis.

Die Kapelle Betlis gehört zur Gemeinde Amden. Bereits um 1300 stand direkt am See eine Kapelle, die dem heiligen Nikolaus von Myra

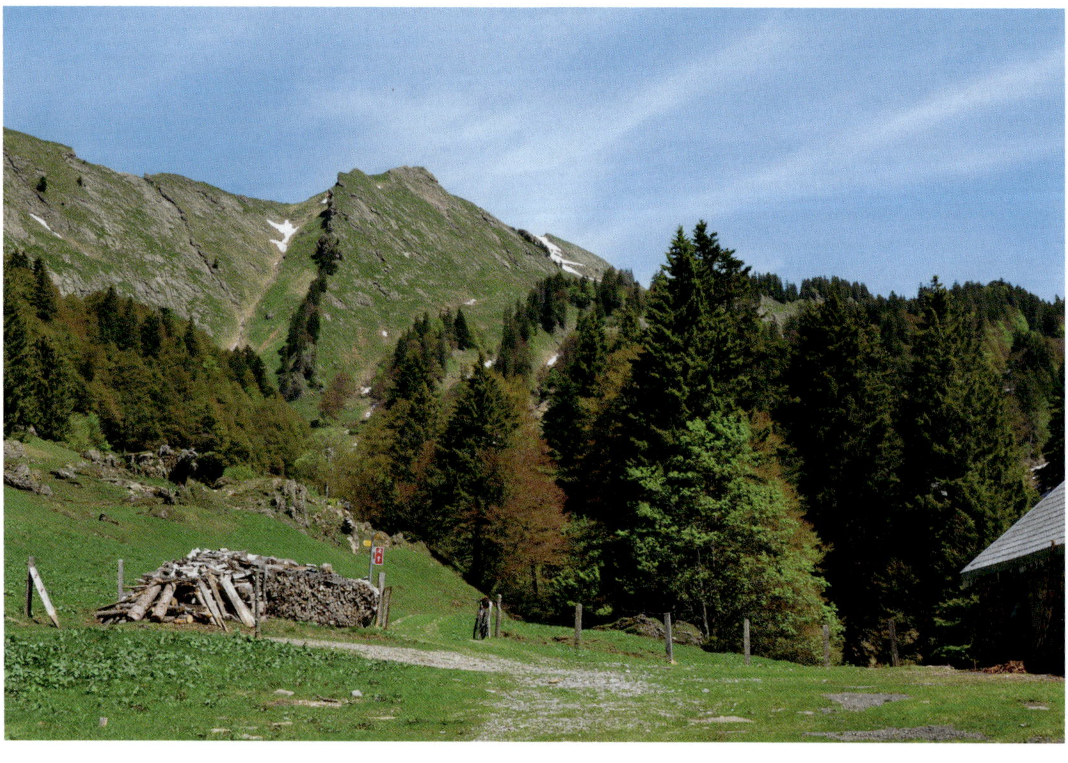

Die Alpe Unterbütz mit Blick auf den Speer

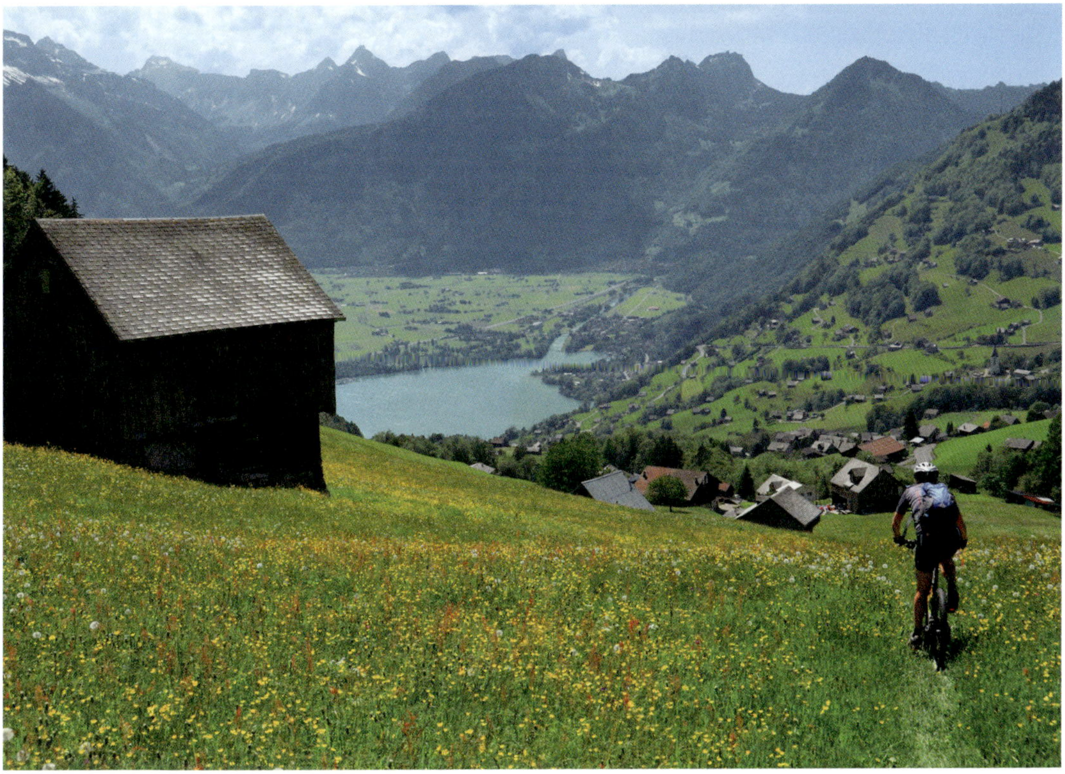

Typisch für die Schweiz: Trails mitten durch Alpwiesen und ein unbeschreiblicher Blick auf den Walensee

geweiht war. Sie wurde 1773 aufgegeben und abgetragen, weil sie vom Wasser unterspült wurde. Erst 1889 entstand am heutigen Standort ein neues Gotteshaus, das der »Muttergottes von der immerwährenden Hilfe« geweiht wurde. Im Jahr 2002 wurde die Kapelle restauriert.

Von der Kapelle aus können wir uns den Seerenbach-Wasserfall aus der Nähe betrachten. Die Seerenbachfälle bilden eine Kaskade von drei Wasserfällen mit einer Gesamthöhe von 585 Metern. In der Schlucht, in der die Seerenbachfälle imposant in die Tiefe stürzen, tritt auch die Rinquelle ans Tageslicht. Aus einem unterirdischen Höhlensystem ergießen sich gigantische Wassermassen in einen 22 Meter tiefen Abgrund. Mit 305 Metern ist der Seerenbachfall in Betlis einer der höchsten Wasserfälle in der Schweiz.

Über die Untere Betliser Strasse, am Gasthaus Stralegg vorbei, fahren wir auf einer wildromantischen Seeuferstraße nach Weesen. Da diese Straße und die Tunnels stellenweise sehr schmal sind, muss man die zeitlich begrenzten Einfahrtszeiten beachten. Die Zufahrt nach und von Betlis ist nur im Halbstundentakt möglich – entsprechende Hinweistafeln bitte unbedingt beachten!

Wer noch genügend Zeit zur Verfügung hat, kann sich im Strandbad am Walensee noch erfrischen. Von dort aus erreichen wir bald das Gemeindezentrum von Weesen, fahren an der Seepromenade vorbei und gelangen danach in wenigen Minuten zu unserem Ausgangspunkt am Bahnhof zurück.

ERDGESCHICHTLICHER ERLEBNISPFAD

Der GeoWeg startet in Schänis und führt über Brändliberg und Schafbett nach Amden und über Speer bis ins Arvenbüel. Wer weiß denn, dass in dieser Gegend früher einmal ein warm gemäßigtes bis subtropisches Klima herrschte? Oder wie es kommen konnte, dass Gesteinsblöcke aus den Bündner Bergen am Walensee und in der Linthebene liegen? Und dass zur Römerzeit Walenstadt und Zürich per Schiff miteinander verbunden waren? An den einzelnen Stationen erfährt man auch mehr über die Bauelemente der umliegenden Gebirge und deren Verformungen sowie über die Wirkung der Erdkräfte.

Routenbeschreibung

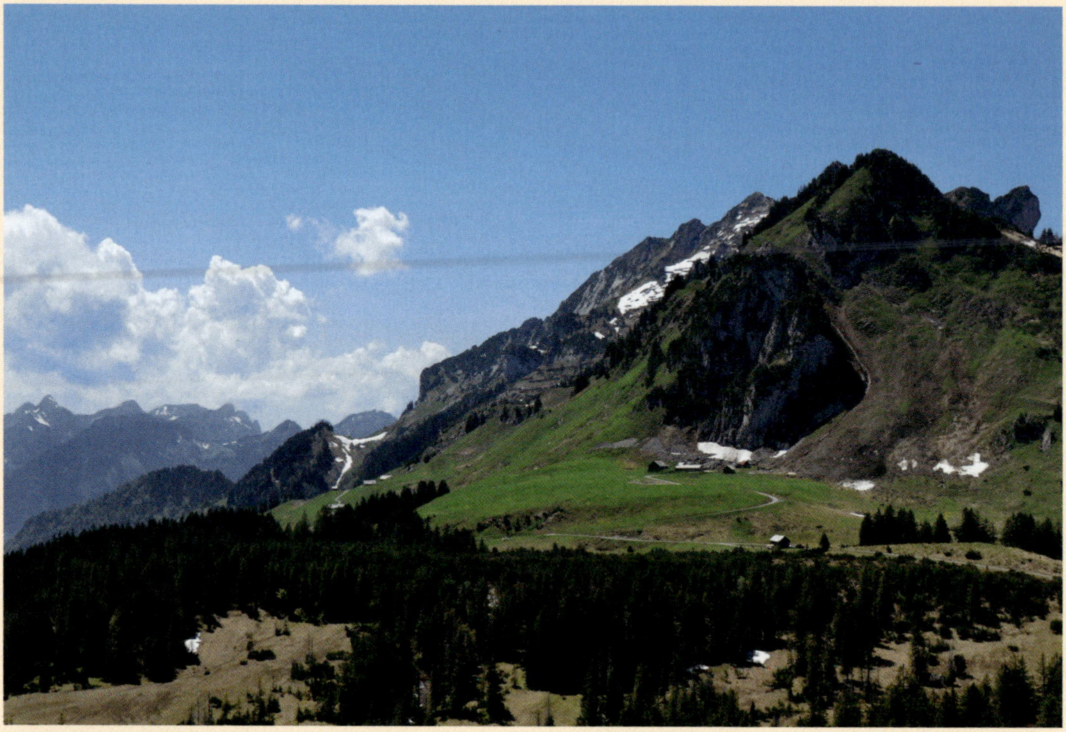

Blick zurück auf die Hinter Höhi

Tour 03 Fernsehturm und Hintere Höhi.gpx

WP | km | Hm | Route

1 | 0,00 | 423 | Start in Weesen beim Parkplatz direkt vor dem Bahnhof; links Richtung Weesen fahren.

2 | 0,09 | 426 | Rechts Richtung Weesen halten und die Brücke über die Linth überqueren.

3 | 0,28 | 427 | Direkt beim Hotel »Bahnhof« links; beim Zebrastreifen die Straße überqueren.

4 | 0,31 | 427 | Auf der anderen Straßenseite geradeaus am Parkplatz vorbei Richtung Amden leicht aufwärts; bis zum nächsten WP auf der Höfenstraße bleiben.

5 | 0,84 | 470 | Geradeaus fahren.

6 | 1,91 | 575 | Links halten; Markierung »MTB-Route«.

7 | 3,16 | 697 | Rechts fahren; Markierung »MTB-Route 472«.

8 | 6,94 | 1080 | Matt; rechts auf dem Schotterweg steil aufwärts fahren Richtung Unterchäseren.

9 | 8,30 | 1301 | Alpe Unterbütz – geradeaus der MTB-Markierung folgen.

10 | 8,49 | 1317 | Rechts leicht abwärts Richtung Amden; links sehen wir die Alpe Unterchäseren.

11 | 9,25 | 1273 | Blaggenboden – geradeaus fahren.

12 | 10,48 | 1214 | Rechts leicht abwärts halten.

13 | 11,84 | 1128 | Fernsehturm – geradeaus auf der asphaltierten Straße abwärts.

14 | 12,87 | 1006 | Rechts abwärts fahren.

15 | 14,03 | 916 | Hauptstraße in Amden; links aufwärts fahren.

16 | 14,06 | 918 | Links leicht aufwärts halten.

17 | 14,10 | 920 | Rechts leicht aufwärts fahren.

18 | 14,20 | 928 | Links aufwärts fahren.

19 | 15,01 | 1000 | Rechts aufwärts fahren.

20 | 15,67 | 1056 | Links aufwärts – durch die Hinterbergstraße fahren.

21 | 16,30 | 1115 | Geradeaus halten.

22 | 17,57 | 1251 | Restaurant Holzstübli – geradeaus aufwärts fahren.

23 | 18,11 | 1310 | Strichboden – rechts Richtung Hintere Höhi fahren.

24 | 19,31 | 1413 | Rechts auf dem Schotterweg fahren.

25 | 19,44 | 1413 | Hintere Höhi – rechts Richtung Vorder Höhi halten

26 | 20,67 | 1403 | Rechts halten.

27 | 21,07 | 1419 | Links auf dem Singletrail steil aufwärts fahren.

28 | 22,52 | 1507 | Hüttlisboden – geradeaus und links an der Alphütte vorbei auf dem Singletrail weiterfahren.

29 | 23,70 | 1448 | Rechts auf der asphaltierten Straße abwärts.

30 | 24,21 | 1390 | Geradeaus auf der Schotterstraße Richtung Amden und leicht aufwärts.

31 | 25,31 | 1378 | Bei der Weggabelung auf dem Wanderweg links kurz aufwärts.
32 | 25,47 | 1347 | Geradeaus auf der asphaltierten Straße abwärts.
33 | 26,07 | 1279 | Halb links die Chapfstrasse leicht abwärts Richtung Amden fahren.
34 | 26,52 | 1256 | Fürlegi – rechts auf dem Wanderweg über die Wiese abwärts.
35 | 26,87 | 1220 | Direkt vor der Scheune rechts fahren.
36 | 26,91 | 1216 | Links im spitzen Winkel unterhalb der Scheune entlangfahren.
37 | 26,98 | 1213 | Rechts auf dem Wanderweg über die Wiese abwärts.
38 | 27,43 | 1099 | Auf der Zufahrtsstraße rechts abwärts.
39 | 27,64 | 1061 | Auf der asphaltierten Straße rechts abwärts fahren.
40 | 27,95 | 1015 | Geradeaus halten.
41 | 28,13 | 1008 | Links abwärts auf der Hauptstraße Richtung Amden fahren.
42 | 28,72 | 950 | Links abwärts Richtung Quinten und Hinterbetlis fahren.
43 | 29,10 | 910 | Rechts abwärts halten.
44 | 29,64 | 830 | Rechts abwärts fahren.
45 | 30,25 | 750 | Fahren – rechts auf dem Singletrail steil abwärts Richtung Betlis.
46 | 31,17 | 510 | Hinterbetlis, Landgasthof »Paradiesli« (Einkehrmöglichkeit) – links Richtung Vorderbetlis fahren.

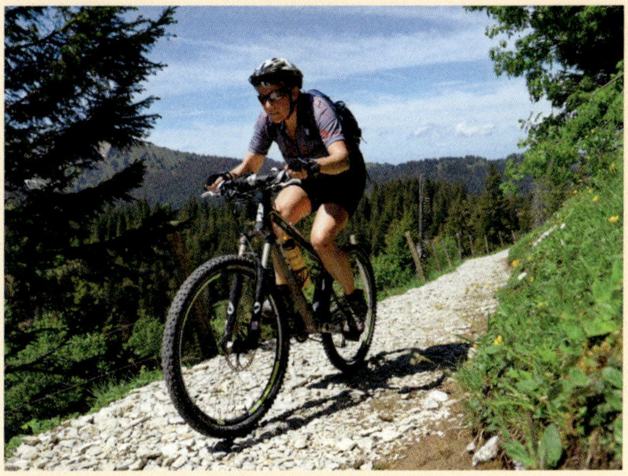

Genialer Trailuphill Richtung Hüttlisboden

47 | 32,04 | 532 | Rechts Richtung Kapelle Betlis halten.
48 | 32,12 | 528 | Kapelle Betlis – links über die Wiese leicht aufwärts fahren.
49 | 32,19 | 531 | Links auf der Schotterstraße abwärts.
50 | 32,30 | 528 | Links auf der Unteren Betliser Strasse bergab fahren.
51 | 36,50 | 452 | Links Richtung Weesen halten.
52 | 37,93 | 436 | Links Richtung Bahnhof fahren.
53 | 38,15 | 436 | Links Richtung Bahnhof halten und sofort rechts zum Ausgangspunkt – Ende der Tour.

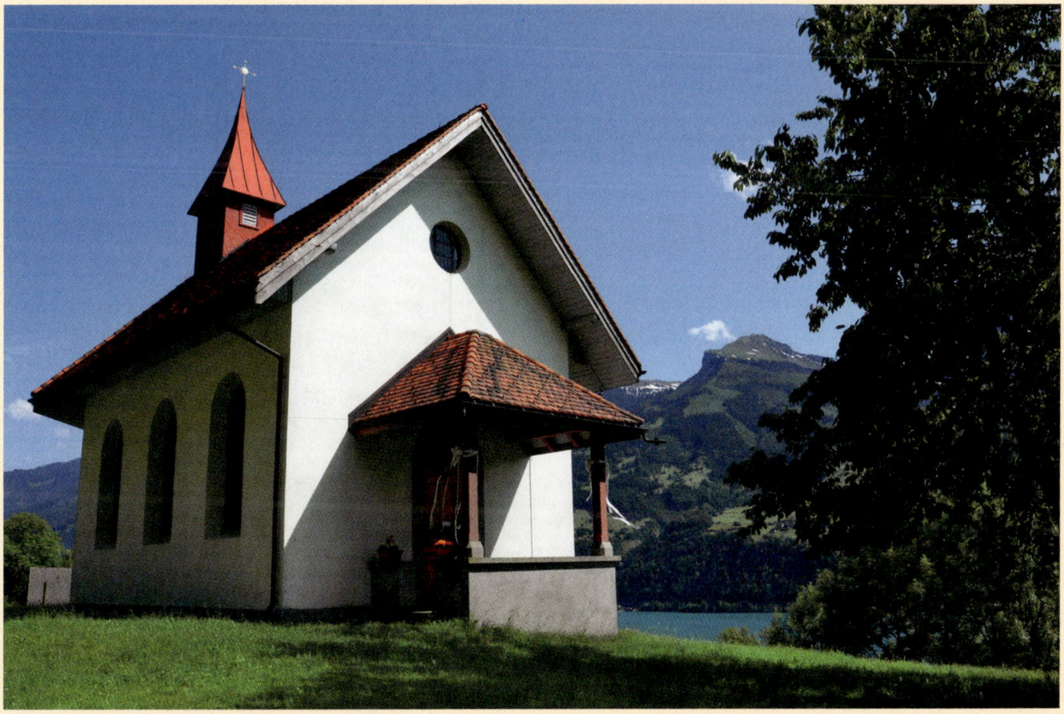

Die märchenhaft gelegene Kapelle Betlis am Walensee

4 Walensee

Eine Seeumrundung mit zwei Gesichtern

5	✪✪✪✪✪	1350	46	5
Schwierigkeit	Erlebniswert	Höhenmeter (in m)	Streckenlänge (in km)	Zeit (in h)

TOURENCHARAKTER

AUSGANGS-/ENDPUNKT
Bahnhof von Weesen

ANFAHRT
Von der A3 bis Ausfahrt Weesen, dann Richtung Weesen und kurz vor der Linthbrücke rechts Richtung Bahnhof. Kurz vor dem Bahnhof gibt es gebührenpflichtige Parkplätze.

KONDITION
✪✪✪✪✪

FAHRTECHNIK
✪✪✪✪✪

ERLEBNISWERT
Fahrspaß: ✪✪✪✪✪ – reizvoller Seeradweg südseitig entlang des Walensee; unproblematische Auffahrt zur Alp Schwaldis; 5 km Trailstrecke teils technisch, teils flowig; entspanntes Ausrollen direkt am Seeufer von Betlis bis Weesen
Landschaft: ✪✪✪✪✪ – immer faszinierende Ausblicke auf den Walensee und die gegenüberliegenden imposanten Churfirsten; Fahrt durch eine urtümliche, wilde Gegend mit steil aufragenden Felswänden
Kultur und Geschichte: ✪✪✪✪✪ –: das »Paxmal« bei Walenstadtberg; die Kapelle St. Wolfgang in Walenstadt; die Seebühne Walenstadt

EINKEHRMÖGLICHKEITEN
Sagibeiz »Alte Spinnerei«, CH-8877 Murg, Tel. +41/(0)81/710 30 60; Getränkestützpunkt auf der Alp Schrina (während der Alpsaison; Abzweigung bei WP 31); Landgasthof-Hotel Paradiesli, CH-8872 Betlis am Walensee, Tel. +41/(0)55/611 11 79, www.paradiesli-betlis.ch

STRECKENPROFIL
Angenehmes Einradeln entlang des Südufers auf reizvollen Radwegen bis nach Walenstadt. Danach werden die gesamten Höhenmeter bis zur Laubegg gemacht; größtenteils auf verkehrsarmen Asphaltstraßen; ab der Alp Schwaldis angenehme Schotterstraße direkt unter den Churfirsten entlang. Ab Säls auf einem Trail im Auf und Ab; da die Abhänge sehr steil sind und einige sehr ausgesetzte Passagen enthalten, ist der Trail in diesem Abschnitt äußerst anspruchsvoll. Ab Laubegg wird der Trail sehr steil und führt auch durch abschüssiges Gelände; er wird aber zunehmend flowiger und bereitet viel Spaß. Ab Betlis wieder angenehmes Ausrollen am Seeufer bis nach Weesen

HÖCHSTER PUNKT
1540 m, zwischen Säls und Laubegg

NIEDRIGSTER PUNKT
422 m, Weesen

TOURIST-INFO
Amden-Weesen, Dorfstr. 22, CH-8873 Amden, Tel. +41/(0)55/611 14 13

LANDKARTEN
Swisstopo 237 Walenstadt, Landeskarte 1:50 000

GPS/ROADBOOK
Tour 04 Rund um den Walensee.gpx; Tour 04 Rund um den Walensee 500.gpx

Diese Biketour ist sowohl während der Auffahrt als auch auf dem Trail durchaus fordernd, für Trailliebhaber aber ein Hochgenuss und landschaftlich absolut erstklassig.

Wir starten die Biketour um den Walensee in Weesen. So mancher wird sich fragen, wie angesichts der steil aufragenden Churfirsten eine Seeumrundung überhaupt möglich ist ... Der fjordähnliche Walensee verbindet die beiden Kantone St. Gallen und Glarus. Die steil und teilweise über 1000 Meter aus dem See ragenden Felswände machten den Walensee seit der Antike verkehrstechnisch zu einer großen Herausforderung. Daher sind die Straßen entlang des Seeufers heute größtenteils in die Felswände gehauen, führen durch Galerien und Tunnels und bieten überraschende Ausblicke.

Zuerst rollen wir auf beeindruckenden Radwegen fast ständig direkt am Südufer des Sees entlang – mit herrlichem Blick auf die imposanten, gegenüberliegenden Churfirsten. Durch parkähnliche, schattige Abschnitte fahren wir am Badestrand »Gäsi« und an einem kleinen Hafen vorbei. Der Radweg führt auch quer durch den sehr urig gehaltenen Campingplatz und über die alte Eisenbahnbrücke. Rechts erheben sich steile Felswände.

Wir durchfahren zwei gut ausgebaute, beleuchtete Radwegtunnel. Am Ende des zweiten Tunnels befinden wir uns auf der rechten Seite der Autobahn und treten direkt hinter dem Restaurant Walensee über eine kurze sehr steile Rampe aufwärts.

Am Scheitelpunkt angelangt, führt der Höhenweg am See entlang – mit eindrucksvollen Ausblicken auf die gegenüberliegenden felsigen Berge, an denen kein Weg zu erkennen ist.

46 km	1350 Hm	Tagestour

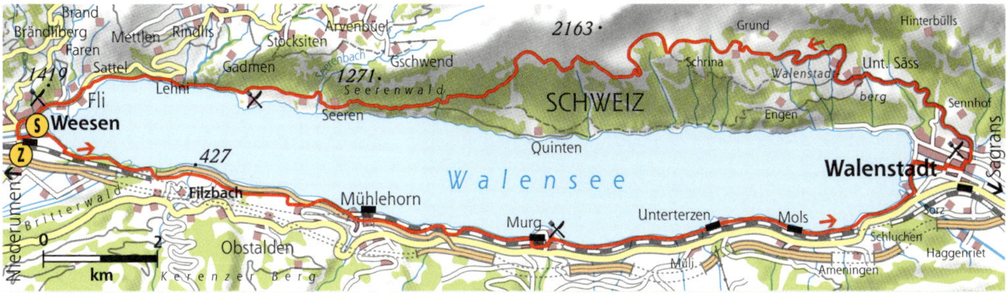

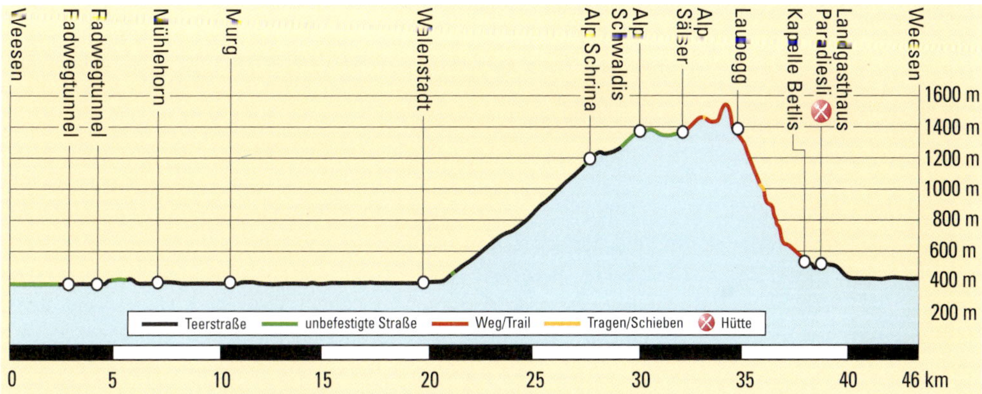

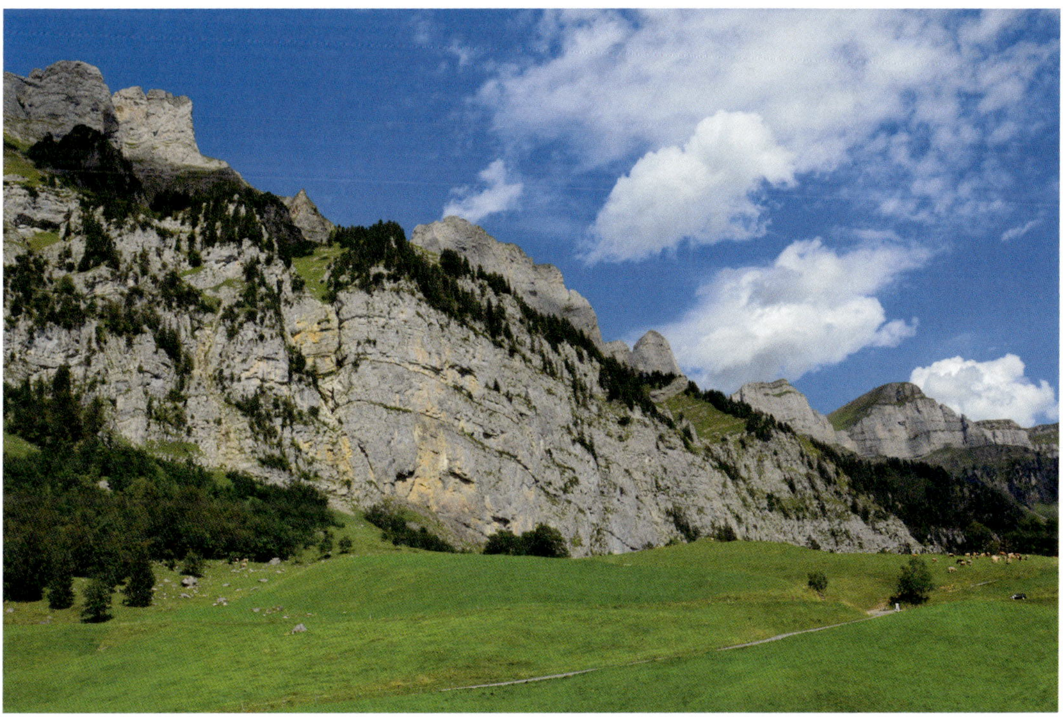

Die Bikeroute führt direkt unter den imposanten Churfirsten entlang.

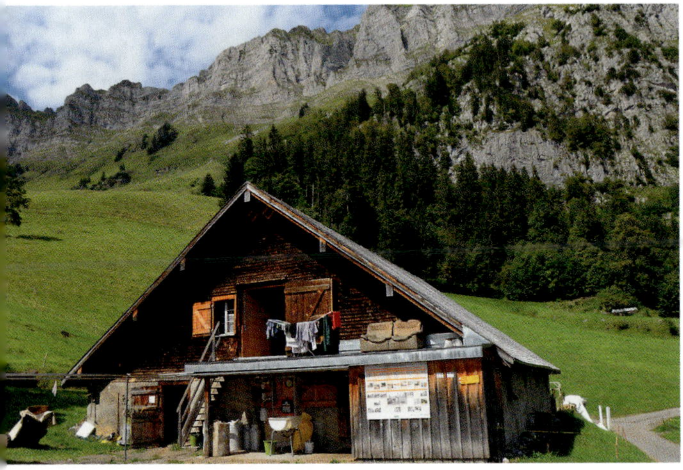

Nebengebäude mit bequemen Polstersesseln auf der Alp Schrina

Bild rechte Sete: Der technisch anspruchsvolle Singletrail Richtung Walensee fordert alle Sinne und höchste Konzentration.

Herrlicher Ausblick Richtung Seeztal

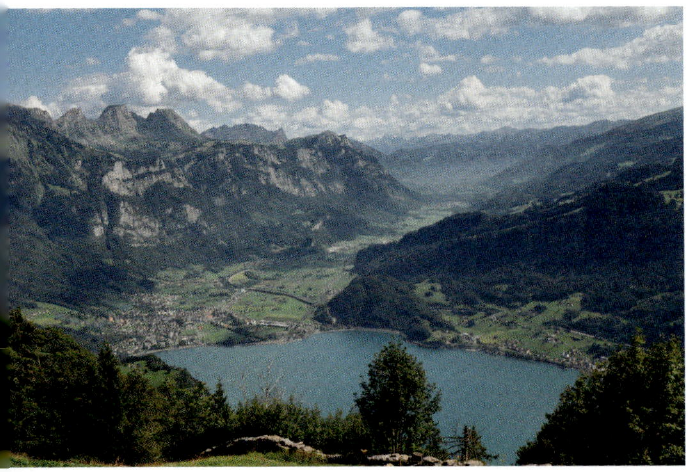

Bald führt der Radweg wieder direkt am Seeufer entlang. Zügig fahren wir an der »ARA-Mittensee« vorbei und können schon bald wieder die frische Seeluft genießen. Türkis schimmert das glasklare Wasser in der Morgensonne. Auf der gegenüberliegenden Seeseite sehen wir das besondere Örtchen Quinten. Dieses malerische Dörfchen ist – für die Schweiz einmalig – nur per Schiff oder zu Fuß zu erreichen. Es ist mit der »Außenwelt« über zwei kleine Schiffsanlegestellen in Quinten und in Au verbunden, welche regelmäßig vom Kursschiff Murg–Au–Quinten sowie auch von den Längsfahrten der Schiffsbetriebe Walensee AG bedient werden. (Diese Schiffe transportieren im Übrigen keine Bikes!) Die Südlage unter den steilen Felswänden der Churfirsten beschert dem Ort ein derart mildes Klima, dass sowohl die Trauben für einen ausgezeichneten Wein als auch Feigen und Kiwis hier reifen können. Rund um den gesamten Walensee wachsen außerdem Kastanien- und Lindenmischwälder.

Der Radweg führt uns an liebevoll gepflegten Häusern und Gärten und an der Casa und Piazza Grunz vorbei, deren Besitzer ein besonderes Faible für Schweine und lustige Grabsteinsprüche hat. Kurz danach gelangen wir zu einem beschilderten Radwegabschnitt, der nur an Werktagen und am Samstagvormittag für Fahrräder freigegeben ist. Wer außerhalb dieser Zeit fährt, sollte diesen Abschnitt auf der parallel führenden Autostraße zurücklegen, was allerdings sehr schade wäre, denn der Uferweg ist in diesem Bereich sehr reizvoll.

Am Ostufer des Walensees erreichen wir die Gemeinde Walenstadt. Diese gehört zum Kanton St. Gallen und umfasst die vier Ortsgemeinden Walenstadt, Tscherlach, Berschins und Walenstadtberg. Sie gehört zu den flächenmäßig größeren Gemeinden des Kantons. Bei Walenstadt münden die Seez und der Binnenkanal in den Walensee.

Wir biegen in eine verkehrsarme asphaltierte Bergstraße Richtung Walenstadtberg ein und treten auf dieser stetig aufwärts. Bald gelangen wir zum Sanatorium Walenstadt, und kurz danach führt uns die schmale Ruggstraße immer näher an die Felswände der Churfirsten heran. Bei Hochrugg erblicken wir bereits die Alp Schrina, die während der Alpzeit ein willkommener »Getränkestützpunkt« ist.

FASNACHT IN WALENSTADT

»Rölli Bölli, Suppächnölli, uusä mit dä Butzi, hojä, hojä, hoi! Hauärä mit dä Tuurätee, hauärä mit dä Toorä, einä, einä Butzibuäb, einä einä Höösi! Jöö – huttoo!« Mit diesem Fasnachtsruf werden die »Rölli« von den Kindern zum Rennen aufgefordert. Am Fasnachtssonntag um zwölf Uhr stürmen die »Rölli« aus dem alten Rathaus und rennen den Kindern hinterher. Die »Rölli« von Walenstadt sind traditionelle Narrenfiguren, die ein buntes Fetzenkleid tragen, das vermutlich auf eine ältere Fellbekleidung zurückgeht.

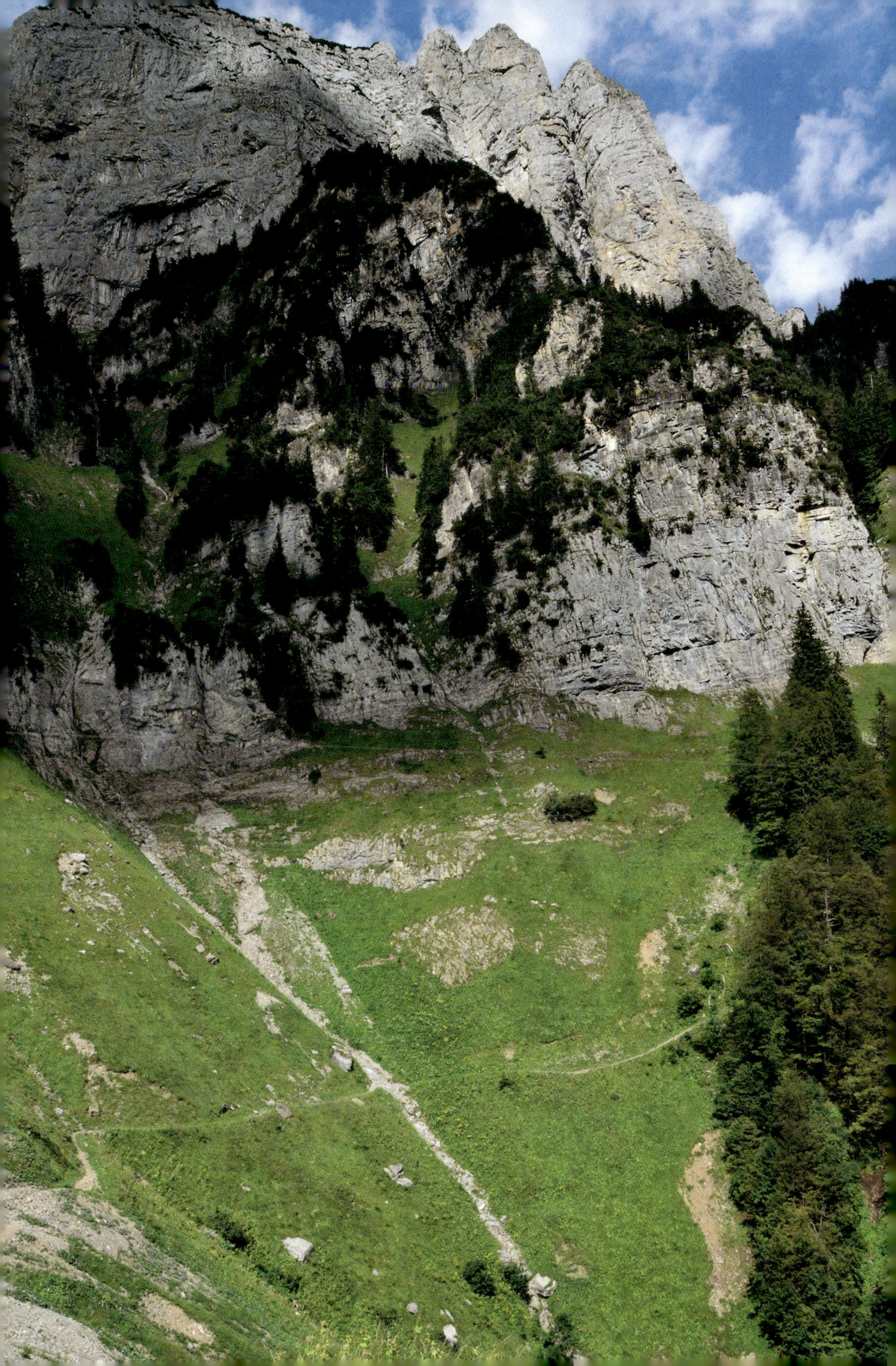

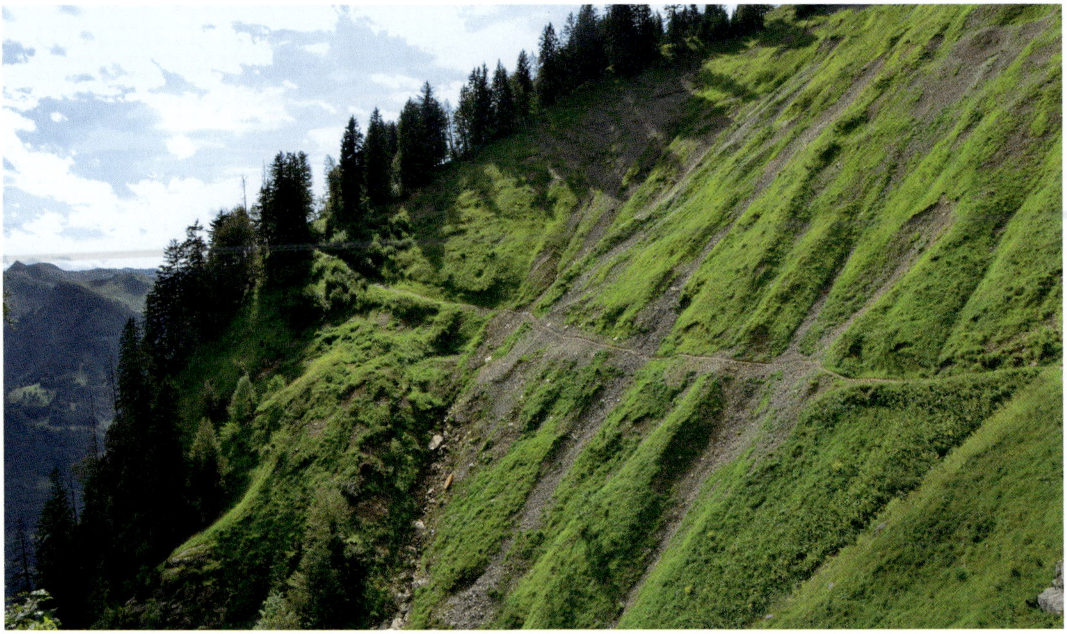

Singletrail in abschüssigem Gelände hoch über dem Walensee

Wer hier nicht einkehren möchte, fährt ohne Zwischenstopp geradeaus weiter – direkt unter den Felswänden der Churfirsten – sehr beeindruckend, denn es eröffnen sich fantastische Tiefblicke ins Tal!

Vorbei an der Alp Schwaldis, erreichen wir die Alp Sälser. Dort ist auf einer Hinweistafel Folgendes vermerkt: »Aus Gründen des Wildschutzes ist der Abschnitt zwischen Alp Säls und Betlis nur ab Anfang Mai bis Ende November zwischen frühestens 9 Uhr morgens bis spätestens 15 Uhr nachmittags zu befahren«. Bitte dieser Anordnung auch Folge leisten!

Bis zur Wegmarkierung »Säls« führt eine grobe Schotterstraße steil aufwärts. Atemberaubende Ausblicke auf die nahen Felswände und auf den Walensee begleiten uns ständig. Jetzt genießen wir das »Sahnestück« dieser Tour: Der Singletrail bis zur Laubegg ist schmal, stellenweise ausgesetzt und technisch anspruchsvoll. Es erwarten uns zwei kurze Schiebestücke und einige Stellen, die aus Sicherheitsgründen besser schiebend überwunden werden sollten.

Nach der ersten Schiebestelle haben wir den höchsten Punkt dieser Tour auf 1540 Metern erreicht. Das Panorama, sowohl in Richtung Churfirsten als auch in Richtung Walensee, bleibt unvergesslich.

Bei der Laubegg führt der Weg zunächst steil über eine Wiese, bis wir an einer Ruine vorbei zu einer Materialseilbahn gelangen. Nun ist noch einmal kurzes Schieben angesagt, dann wird der Trail wieder fahrbar, führt aber erneut durch sehr abschüssiges Gelände. Es folgt die letzte kurze Schiebestelle durch einen schattigen Buchenwald. Danach verläuft die Strecke

DAS »PAXMAL«

Das Friedensdenkmal wurde 1924–49 durch Karl Bickel erdacht und erstellt. Es befindet sich bei Walenstadtberg auf 1300 m Höhe. Mit dem »Paxmal«, dessen Grundgedanke der Frieden für alle ist, wurde ein Ort der inneren Einkehr, der Meditation über den Menschen und seine Ziele, seine Lebens- und seiner Gesellschaftsformen geschaffen.

SEEBÜHNE WALENSTADT

Seit dem Sommer 2005 werden auf der »Walensee-Bühne« in unregelmäßigen Abständen Musicals zu Schweizer Themen aufgeführt, z. B. das »Heidi-Musical«, »Die Schwarzen Brüder« oder »Tell – Das Musical«.

wunderbar flowig und führt uns, teilweise auf weichem Waldboden, durch helle Buchenwälder Richtung Betlis. Bei einer Wanderweggabelung fahren wir durch saftige Wiesen rechts aufwärts – mit herrlicher Aussicht auf den See, vorbei an tosenden Bächen und Wasserfällen. Kurz nach einer Brücke haben wir die Möglichkeit, das Bike abzustellen und per »hike« in etwa zehn Minuten den Seerenbach-Wasserfall und die Rinquelle zu erreichen. Die Seerenbachfälle bilden eine Kaskade von drei Wasserfällen mit einer Gesamthöhe von 585 Metern. Gleichzeitig gilt die mittlere Stufe mit einer Fallhöhe von 305 Metern als eine der höchsten frei fallenden Wasserfälle der Schweiz. Während der Schneeschmelze und nach ergiebigen Niederschlägen krachen bis zu 40 000 Liter Wasser pro Sekunde in die Seerenbachschlucht. In dieser Schlucht tritt auch die Rinquelle ans Tageslicht. Aus einem unterirdischen Höhlensystem ergießen sich beachtliche Wassermassen in einen 22 Meter tiefen Abgrund.

Wieder auf unserer Bikestrecke, erwartet uns jetzt noch eine extrem steile Uphill-Singletrail-Passage, bevor wir die idyllisch gelegene Kapelle Betlis erreichen. Der Seeuferort Betlis ist ein kleines Juwel.

Bei der nächsten Weggabelung halten wir uns rechts leicht aufwärts Richtung Hinterbetlis und erreichen den Landgasthof »Paradiesli«, der seinem Namen alle Ehre macht – ein wahrhaft paradiesisches Plätzchen! Nicht nur für die Gäste des Landgasthofs, sondern auch für die Hühner, Katzen und was sonst noch so herumläuft. Eine Einkehr kann ich nur jedem empfehlen. Auch deshalb, weil die Ausfahrt bis nach Weesen zeitlich geregelt ist: Die Straße entlang des Sees ist nämlich sehr schmal und darf deshalb jeweils nur 15 Minuten nach und 15 Minuten vor jeder vollen Stunde Richtung Weesen befahren werden.

Auf der landschaftlich herrlichen Seeuferstraße rollen wir durch urige, beleuchtete Tunnels und in weiterer Folge am Strandbad Weesen vorbei. Wer noch Zeit hat, kann sich mit einem Sprung in den Walensee erfrischen. Wenige Minuten später genießen wir die Fahrt durch das kleine Örtchen Weesen mit seiner wunderschön angelegten Seepromenade und erreichen kurz darauf wieder unseren Ausgangspunkt beim Bahnhof Weesen.

Der Trail zur Stäfeli

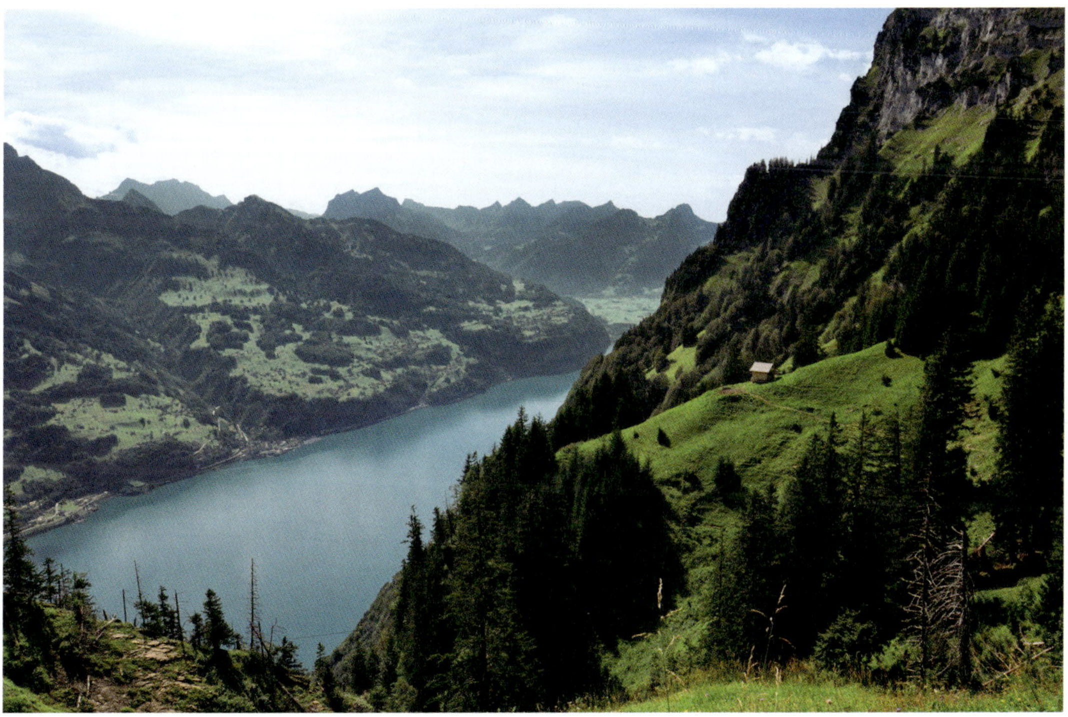

Routenbeschreibung

Tour 04 Rund um den Walensee.gpx

WP | km | Hm | Route

1 | 0,00 | 422 | Parkplatz am Bahnhof Weesen; links Richtung Zentrum Weesen fahren.

2 | 0,04 | 424 | Vor der Brücke rechts über die Stiege hinunter Richtung Walenstadt; am Ende der Stiege geradeaus bis zum Radweg direkt am Ufer des Linthkanals.

3 | 0,06 | 424 | Rechts am Ufer des Linthkanals entlang; asphaltierter Radweg.

4 | 0,11 | 424 | Geradeaus auf dem Radweg Richtung Gäsi und Mühlehorn.

5 | 1,12 | 424 | Nach der kleinen Brücke rechts auf dem Radweg weiter.

6 | 2,25 | 424 | Direkt nach der Schranke kurz rechts leicht aufwärts und dann links über die alte Eisenbahnbrücke Richtung Filzbach.

7 | 2,33 | 424 | Direkt nach der alten Eisenbahnbrücke links Richtung Mühlehorn; nach ca. 50 m auf der asphaltierten Straße geradeaus; es folgen zwei gut ausgebaute, beleuchtete Tunnel; der Radweg führt hinter dem Restaurant Walensee kurz steil aufwärts.

8 | 6,03 | 422 | Rechts auf der Nebenstraße parallel zur Autobahn; bei der Autobahnunterführung durch und auf der anderen Seite zwischen See und Autobahn entlang.

9 | 7,06 | 436 | Direkt bei der Kirche in Mühlehorn bei der Straßengabelung links abwärts Richtung Murg; nach ca. 60 m bei der nächsten Straßengabelung wieder links und nach ca. 10 m auf dem markierten Radweg ein kurzes Stück rechts aufwärts.

10 | 7,24 | 436 | Auf dem markierten Radweg rechts steil aufwärts und an der Autobahn entlang.

11 | 8,19 | 427 | Links bei der Bahnunterführung durch und auf der anderen Seite rechts; Radwegmarkierung »Murg«, »Walenstadt«.

12 | 10,25 | 425 | Murg-West – geradeaus weiter.

13 | 10,34 | 427 | Rechts durch die Bahnunterführung und der Radwegmarkierung folgen.

14 | 10,42 | 430 | Auf der anderen Seite links der Alten Staatsstrasse folgen; in Murg auf der Hauptstraße der Radwegmarkierung durch das kleine Örtchen folgen.

15 | 10,80 | 429 | Nach der Bahnunterführung rechts der Radwegmarkierung folgen.

16 | 11,00 | 436 | Links halten und der Radwegmarkierung folgen.

17 | 14,19 | 430 | Auf dem Uferweg geradeaus fahren.

18 | 16,53 | 438 | Links auf der Hauptstraße Richtung Walenstadt.

19 | 17,83 | 434 | Vor der Firma Jörimann links auf der rechten Seite des Bachs entlang; nach ca. 60 m halb rechts fahren.

20 | 18,56 | 432 | Rechts und nach 50 m auf dem Radweg Richtung Kirche Walenstadt; an der Kaserne vorbei; bei km 18,87 die Straße überqueren und geradeaus fahren.

21 | 19,19 | 434 | Links Richtung Altersheim in die Escherfeldstrasse biegen.

22 | 19,25 | 434 | Direkt vor dem Kanal rechts in den Stickereiweg abbiegen.

23 | 19,51 | 434 | Links und auf der Hauptstraße durch Walenstadt fahren.

24 | 19,70 | 434 | Rathausplatz – direkt beim Brunnen rechts fahren.

25 | 19,80 | 437 | Links Richtung Rehab-Klinik; Mountainbikerouten-Beschilderung »Walenstadtberg«.

26 | 21,13 | 553 | Direkt vor dem Schattenbachtunnel links der Mountainbikerouten-Beschilderung folgen.

27 | 21,31 | 573 | Auf der Asphaltstraße links aufwärts.

28 | 23,50 | 794 | Rechts fahren.

29 | 24,88 | 946 | Nach dem Sanatorium Walenstadt rechts in die Ruggstraße –Mountainbikerouten-Beschilderung.

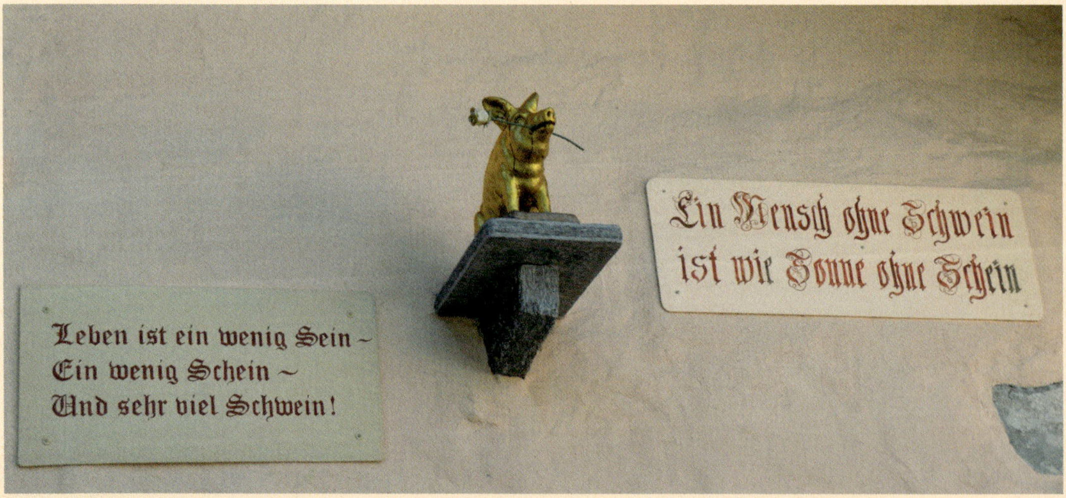

Casa Grunz: »Schweineliebhaberei«

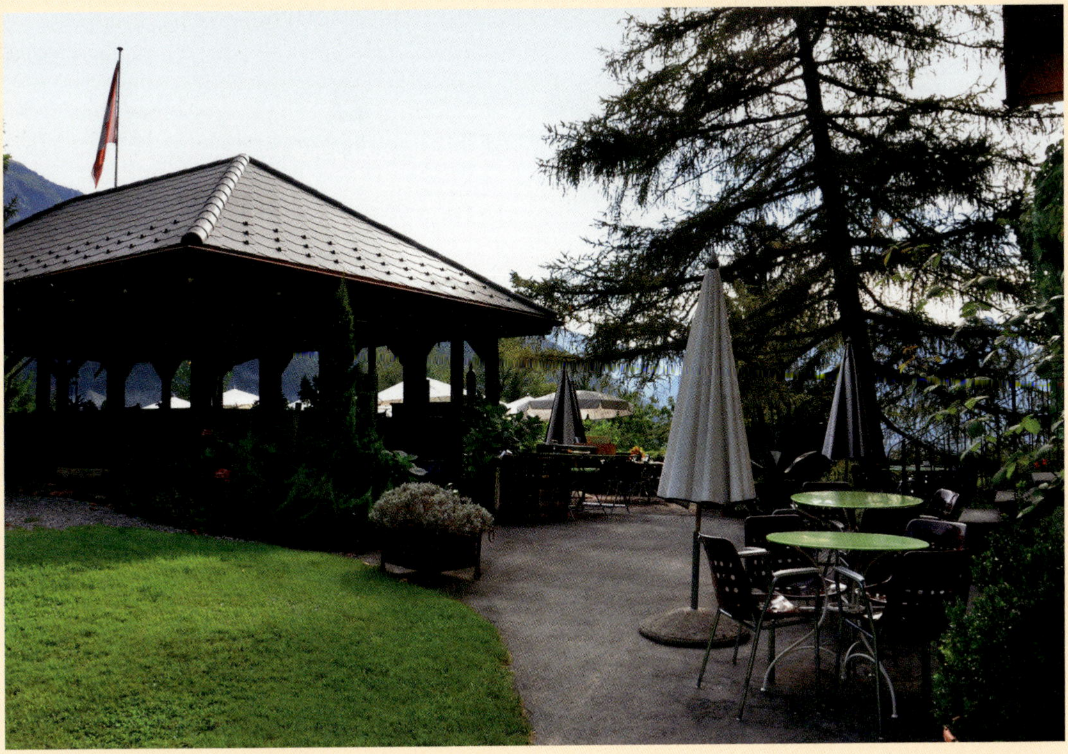

Der Landgasthof mit Hotel Paradiesli in Betlis

30 | 27,33 | 1290 | Hochrugg – geradeaus Richtung Laubegg fahren.

31 | 27,43 | 1290 | »Getränkestützpunkt« – links zur Alp Schrina, dann auf dem Zufahrtsweg zurück zur Straße.

32 | 27,98 | 1290 | Links Richtung Obersäss fahren.

33 | 29,66 | 1440 | Alp Schwaldis – links an der Alpe vorbei.

34 | 31,40 | 1405 | Alp Sälser – rechts steil aufwärts; der Wegabschnitt zwischen Alp Säls und Betlis darf nur von Anfang Mai bis Ende Nov. frühestens 9 Uhr bis spätestens 15 Uhr befahren werden!

35 | 32,22 | 1527 | Säls – geradeaus auf dem Trail fahren; bei km 33,30 höchster Punkt der Tour auf 1540 m.

36 | 34,21 | 1373 | Laubegg – links abwärts der Mountainbikerouten-Beschilderung folgen; durch die Ruine bis zur Materialseilbahn, danach ein kurzes Stück sehr technisch, dann fahrbar weiter.

37 | 35,43 | 933 | Bidem – rechts der Mountainbikerouten-Beschilderung folgen.

38 | 35,70 | 928 | Auf dem Singletrail rechts im spitzen Winkel in den Wald hinein.

39 | 37,29 | 551 | Bei der Wanderweggabelung rechts aufwärts – Mountainbikerouten-Beschilderung.

40 | 37,79 | 524 | Kurz nach der Brücke haben wir die Möglichkeit, den Seerenbach-Wasserfall und die Rinquelle zu besichtigen; Bike abstellen und ca. 10 Min. zu Fuß gehen.

41 | 38,05 | 534 | Bei der Straßengabelung rechts in die Obere Betliser Strasse und Richtung Hinterbetlis fahren.

42 | 38,72 | 527 | Landgasthof »Paradiesli« – geradeaus fahren. Achtung: Ausfahrtszeiten nach Weesen beachten: Jeweils 15 Min. nach und 15 Min. vor der vollen Stunde ist für jeweils 15 Min. die Ausfahrt frei.

43 | 39,17 | 450 | Höfli – geradeaus abwärts fahren.

44 | 41,56 | 448 | Auf der Hauptstraße links nach Weesen; an der schönen Seepromenade vorbei und durch die Ortschaft fahren.

45 | 42,67 | 437 | Links Richtung Bahnhof halten.

46 | 42,73 | 437 | Direkt nach der Brücke über den Linthkanal links Richtung Bahnhof fahren und nach ca. 10 m rechts zum Parkplatz – Ende der Tour

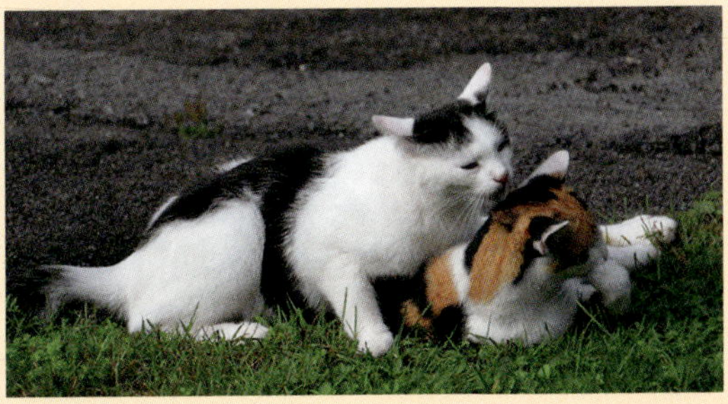

Auch die Tiere fühlen sich wie im »Paradies(li)«.

5 Palfries

Panoramatour unterhalb des Alvier

2	●●●●●	1420	44	4
Schwierigkeit	Erlebniswert	Höhenmeter (in m)	Streckenlänge (in km)	Zeit (in h)

TOURENCHARAKTER

AUSGANGS-/ENDPUNKT
Bahnhof von Sargans

ANFAHRT
Autobahn A 3 bis Ausfahrt Sargans, auf der Neuen Wangserstrasse geradeaus Richtung Zentrum von Sargans, dann rechts in die Bahnhofstrasse abbiegen und geradeaus bis zum Bahnhof. Kostenpflichtige Parkplätze sind in der näheren Umgebung des Bahnhofs leider nur begrenzt verfügbar.

KONDITION
●●●●○

FAHRTECHNIK
●●○○○

ERLEBNISWERT
Fahrspaß: ●●●●● – anstrengende, aber einfache Auffahrt mit herrlichem Panoramaweg zwischen Palfries und Kurhaus Sennis
Landschaft: ●●●●● – unbeschreiblich schöne Landschaften und Ausblicke; Panoramaweg direkt unter dem Alvier
Kultur und Geschichte: ●●●●○ – das Gonzenbergwerk (www.bergwerk-gonzen.ch); der Sarganser Kulturpfad; die landschaftlich wunderbare Umgebung von Sargans in den Schweizer Voralpen; der römische Gutshof in Sargans und Schloss Sargans (www.schlosssargans.com)

EINKEHRMÖGLICHKEITEN
Hotel zum Ritterhof, Bahnhofstr. 12, CH-7320 Sargans, Tel. +41/(0)81/710 68 30, www.hotel-ritterhof.ch; Berggasthaus Palfries, CH-9478 Asmoos, Tel. Berghaus +41/(0)81/783 12 24, Tel. Gipfelhütte Alvier +41/(0)79/681 81 82, www.palfries.ch; Bergrestaurant Stralrüfi, Stralrüfiweg 3, CH-9475 Sevelen, Tel. +41/(0)81/783 11 60, www.stralruefi.ch; Hotel Kurhaus Sennis-Alp, CH-8892 Berschis, Tel. +41/(0)81/733 12 29 oder 733 35 34, www.sennis-alp.ch

STRECKENPROFIL
Eine lange, jedoch unkomplizierte und einfache Auffahrt bringt uns auf die Aussichtsterrasse Palfries, direkt unter dem Alvier gelegen. Fantastische Panoramablicke und eine Postkartenlandschaft erwarten uns auf dieser Tour. Auch die Abfahrt ist sehr interessant und fahrtechnisch einfach.

HÖCHSTER PUNKT
1711 m, kurz vor dem Berghaus Palfries

NIEDRIGSTER PUNKT
485 m, Sargans

TOURIST-INFO
Sargans Tourismus, Postfach 220, CH-7320 Sargans, Tel. +41/(0)81/723 53 30, info@sargans-tourismus.ch

LANDKARTEN
Swisstopo 237 Walenstadt, Landeskarte 1:50 000

GPS/ROADBOOK
Tour 05 Palfries.gpx; Tour 05 Palfries 500.gpx

Die unkomplizierte, fahrtechnisch leichte Tour überrascht mit einem unübertroffenen Panorama. Es sollte jedoch bedacht werden, dass etwa 1200 Höhenmeter am Stück bewältigt werden müssen und deshalb eine gewisse Ausdauer vorausgesetzt wird.

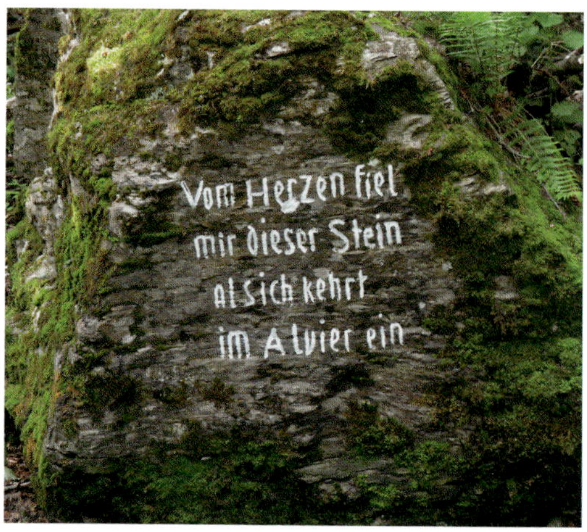

Wir starten diese Tour beim Bahnhof Sargans. Da es in der näheren Umgebung des Bahnhofs leider nur begrenzt Parkplätze gibt, hier ein Tipp: Wer sich vor der Tour im Hotel zum Ritterhof (beim Bahnhof) noch mit z. B. einem »Znüni-Hit« stärkt, erhält vielleicht von der sehr freundlichen Bedienung die Erlaubnis, auf dem Hotelparkplatz kostenfrei zu parken. Außerdem wäre nach der Tour die Hausspezialität »Fleisch auf heißem Stein« sehr zu empfehlen. Es können somit die leeren Energiespeicher wieder aufgefüllt werden.
Sargans (ca. 5500 Einwohner) ist seit 1803 der Hauptort des Sarganserlandes im Kanton St. Gallen. Um 1250 gegründet, behielt es über Jahrhunderte seine privilegierte Stellung bei. Die wichtigste Sehenswürdigkeit ist das Schloss Sargans. 1811 brannten fast alle Gebäude

44 km	1420 Hm	Tagestour

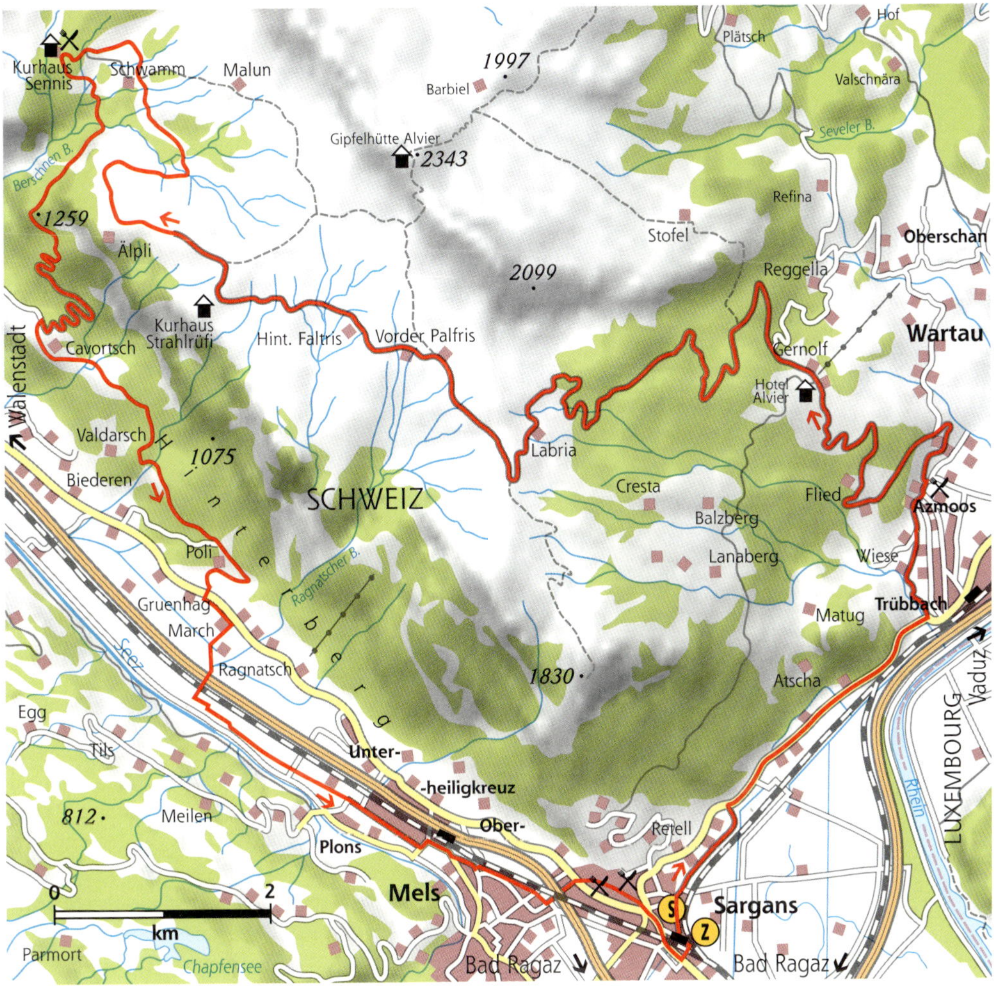

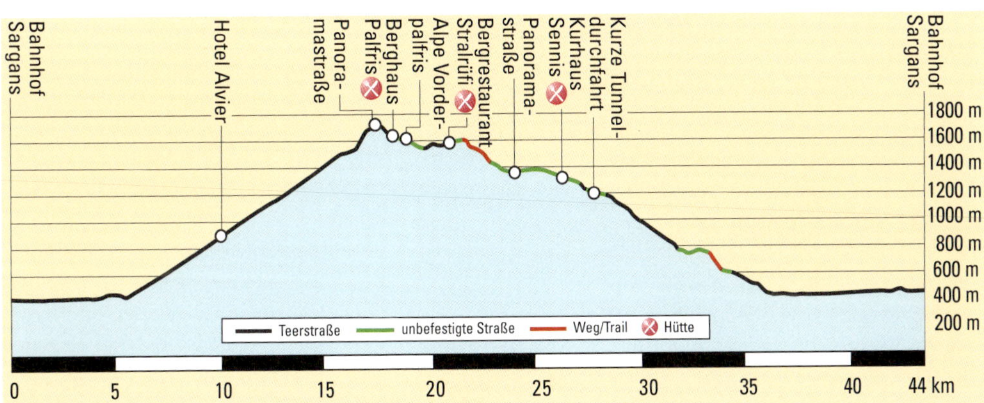

Originelle Aufforderung zur Einkehr im Hotel Alvier

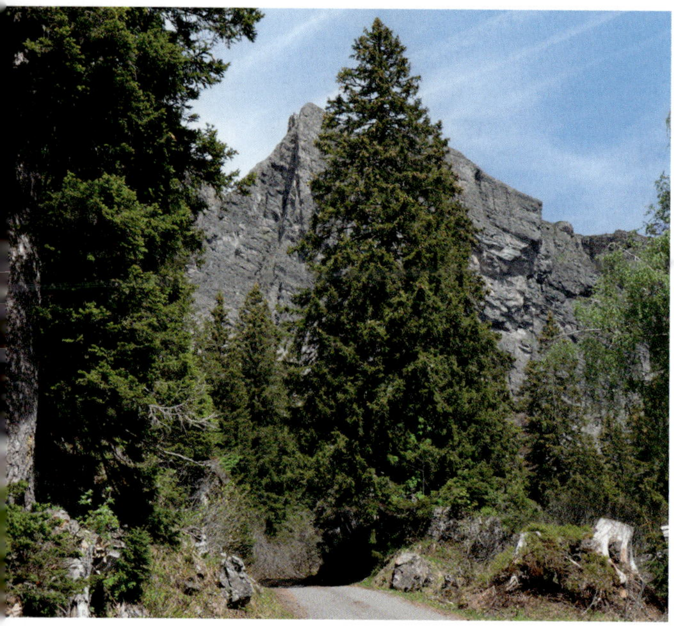

Die wildromantische Gegend vor Palfries

SARGANSER KULTURPFAD

Sargans ist reich an Geschichte und Kultur. Von vergangenen Tagen erzählen Häuser und Weiler, Kirchen und Kapellen, Plätze und Industriedenkmäler. Der »Sarganser Kulturpfad« verbindet die Vergangenheit mit der Zukunft. Geführte Rundgänge durch das im 13. Jh. gegründete Städtchen werden angeboten. Infotafeln sind an jedem Objekt des »Sarganser Kulturpfads« angebracht und selbstständig zu begehen. Einen Wegplan kann man unter www.sargans.ch herunterladen bzw. im Museum Sarganserland erhalten. Anmeldungen für geführte Rundgänge und weitere Infos gibt's unter kulturpfad@sargans.ch. Museum Sarganserland, Schloss Sargans, CH-7320 Sargans, Tel. +41/(0)81/723 65 69, www.sargans-tourismus.ch

dieses Ortes nieder, wurden aber am alten Platz wieder aufgebaut. Ein Spaziergang durch die verwinkelten und romantischen Gassen kann man nur empfehlen.

Der Verkehr ist mit der Geschichte Sargans stark verbunden. Es wird auch das »Doppeltor zu den Alpen« genannt, weil sich hier die zwei Täler Seez- und Rheintal vereinigen. Auf engem Raum vereint, finden sich urgeschichtliche, römische, mittelalterliche und neuzeitliche Siedlungsspuren. Moderne Straßen, Autobahnen und die 1858/59 gebaute Eisenbahn tragen zur guten Verkehrslage bei.

Bereits vom 1.–3. Jahrhundert wurde am Gonzen Erz abgebaut. Rund 2,7 Millionen Tonnen Eisenerz wurden durch die Eisenbergwerk Gonzen AG aus dem Gonzen gefördert. Aus wirtschaftlichen Gründen kam es 1966 zur Schließung des Bergwerks. Der Verein »Pro Gonzenbergwerk« bietet Besichtigungen der stillgelegten Grube an.

Bild rechte Seite: Entspannte Abfahrt entlang des Unterberges

DER RÖMISCHE GUTSHOF IN SARGANS

Leider heute nur noch in Teilen erhalten ist der römische Gutshof von Sargans. Er wurde entweder durch einen Bergsturz vom Gonzen her teilweise zerstört, oder er fiel im Jahre 270 oder 288 einem Alemannensturm zum Opfer. Weitere Auskünfte bzw. Infos über Führungen erhält man beim Verkehrs- und Verschönerungsverein Sargans, Herr Ruedi Gloor, Tel. +41/(0)79/236 54 30, info@sargans-tourismus.ch

Zum Einradeln rollen wir zu Beginn der Tour von Sargans nach Trübbach. Dort verlassen wir nach ca. 3,5 Kilometern die Hauptstraße, um auf Nebenstraßen Richtung Palfries zu fahren.

Nun beginnt der sehr lange, aber gleichbleibend angenehme Anstieg auf einer asphaltierten Straße bis kurz vor dem Berggasthaus Palfries. Wir gewinnen rasch an Höhe und haben bald eine großartige Aussicht auf das Schloss Sargans und auf den gegenüberliegenden, bereits in Liechtenstein stehenden Triesnerberg. Auf dem überwiegenden Teil des Auffahrtswegs spenden uns Bäume wohltuenden Schatten. Erst kurz vor der Alpe Labria verlassen wir den Wald und haben eine ungehinderte Sicht auf eine malerische Landschaft.

Ein einzigartiger Höhenweg führt direkt unter der imposanten Alvierkette entlang. Vorbei am Berggasthaus Palfries, der Alpe Vorderpalfries und der Alpe Hinterpalfries gelangen wir zum Bergrestaurant Stralrüfi, das auf eine über 100 Jahre alte Geschichte zurückblickt.

Im Jahr 1906 bereits wurde im Kurhaus Stralrüfi der Kurbetrieb aufgenommen. Es war dies zur Zeit der Molkenkuranstalten; diese ist jetzt

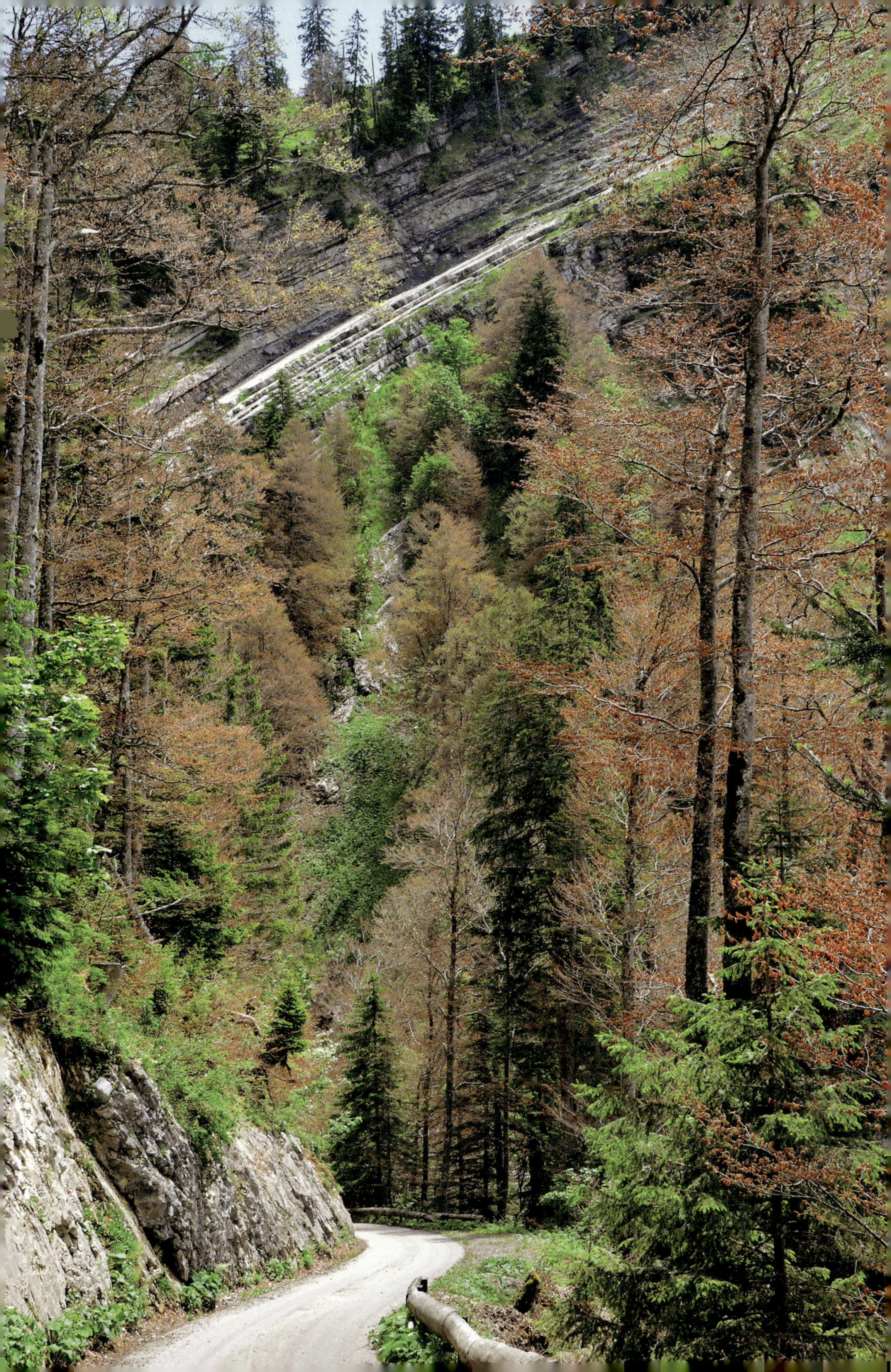

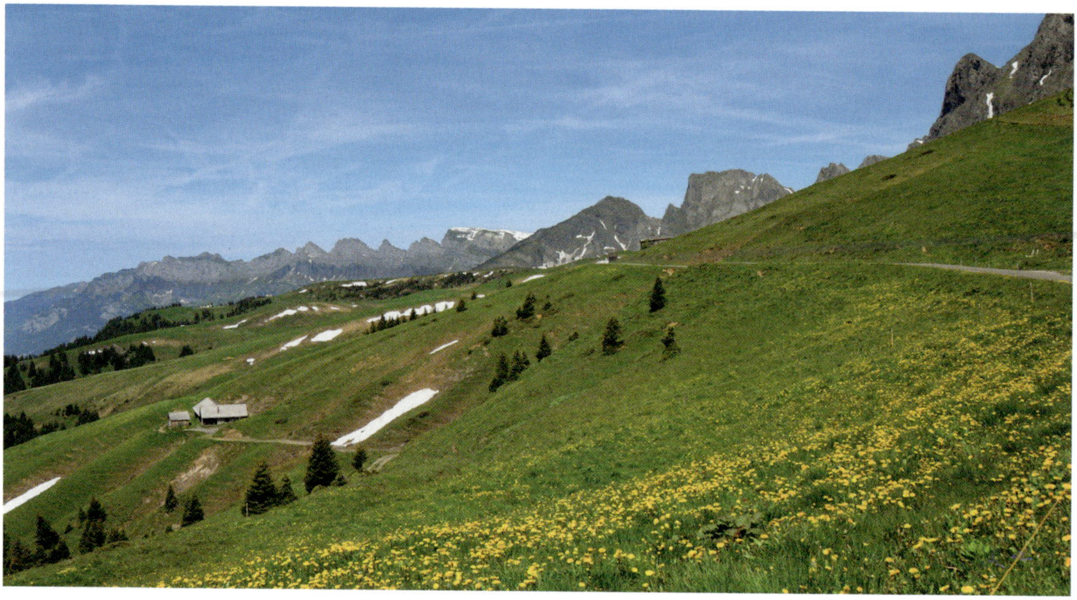

Bilderbuchlandschaft auf Palfries

Die imposante Alvierkette mit ihren hohen, meist Schnee bedeckten Bergen

aber längst vorbei. Hier werden seit Jahrzehnten keine Kühe mehr gesömmert, nur noch Rinder. Und aus der einstigen Kuranstalt ist eine einfache Bergwirtschaft geworden, die seit 1945 der Ortsgemeinde Wartau gehört. Gebäude und Anlagen sind mit der Zeit in die Jahre gekommen, und so wurde im Sommer 2009 mit den Bauarbeiten für einen kompletten Neubau, etwas oberhalb des alten Gebäudes, begonnen. Das neu erstellte und im Jahr 2011 eröffnete Bergrestaurant Stralrüfi steht an einem prachtvollen Aussichtspunkt mit herrlicher Rundumsicht bis zum Walensee.

Nach einer erfrischenden Rast fahren wir noch ein kurzes Stück weiter aufwärts. Schon bald mündet die Schotterstraße in einen wunderschönen Wiesenweg. Immer den markierten Pfosten in der Wiese folgend, gleiten wir auf einem Rasenteppich abwärts. Im »Bikers Paradise« kann es nicht schöner sein!

Nachdem wir ein Gatter mit Zaungeflecht passiert haben, halten wir uns weiterhin an die Markierung. Bei der Alpe Gastilun erreichen wir eine Schotterstraße, auf der wir –

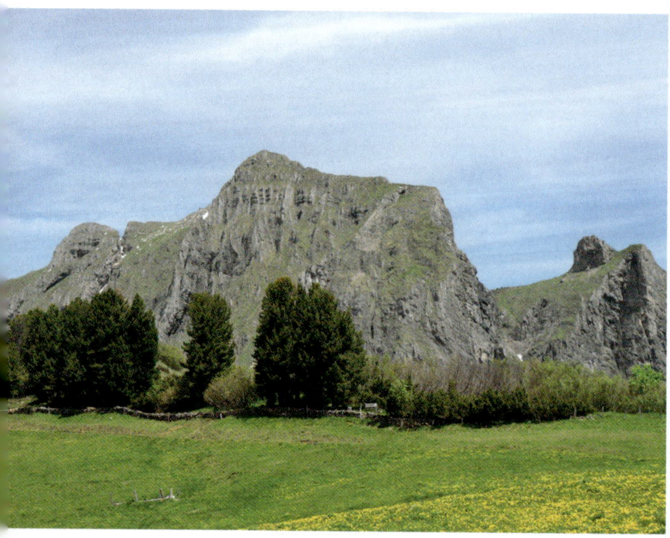

WEINANBAU

Wenn es die Sonnenhänge mit den Rebbergen in der Sarganser Gegend nicht gäbe, würde dem Sarganserland etwas Wichtiges fehlen. Die Rebberge werden, mit Ausnahme des Weinguts »Gonzen«, von RebbäuerInnen im Nebenerwerb bewirtschaftet. Die rote Sorte Blauburgunder wird auf 90% der gesamten Rebberge bestockt. Auf den restlichen Flächen werden die weißen Sorten Müller-Thurgau mit den Spezialitäten Chardonnay, Maréchal Foch, Pinot gris, Sauvignon blanc, Seyval blanc und Syrah angebaut. Der 2,5 km lange »Weinbau-Weg« von Sargans nach Mels, auf dem man viel über den Wein erfahren kann, wurde im Jahr 2003 eröffnet.

stets von wundervoller Landschaft umgeben – abwärts fahren.

Beim Kurhaus Sennis-Alp bietet sich uns wiederum eine lohnenswerte Möglichkeit eine Pause einzulegen. Das familienfreundliche Hotel wurde 1911 als Oase für die gehetzten Menschen der damaligen Zeit gebaut. Die Sennis-Alp ist heute ein gut eingerichtetes Kurhotel mit einem freundlich hellen Speisesaal, schönen Gästezimmern und zweckmäßigen Familienzimmern mit einer verträumten Veranda – ein versteckt liegendes, über 100-jähriges Ferienidyll in dritter Generation, auf der windgeschützten sonnigen Süd-Terrasse der Alvierkette in 1400 Metern Höhe. Wo einst die Kurgäste im Reigen tanzten, lädt heute die große Gartenwirtschaft zum Verweilen ein. Lohnenswert ist auch ein kurzer Abstecher zum Sennis-See.

Gestärkt rollen wir auf der Schotterstraße weiter abwärts und passieren einen kurzen Tunnel. Danach durchfahren wir den wildromantischen Hinterschindlenwald. Über einige Kehren führt der gut ausgebaute Weg entlang des Unterbergs an Forggels, Valaschga und Langwisen vorbei, bis wir bei March das Seeztal erreichen.

BRAUCHTUM IN SARGANS

Alpabfahrt – Heimkehr von der Alp: Normalerweise ziehen im September die gealpten Tiere stolz durch die Altstadt. Sie sind mit kunstvollen »Tschäppeln« geschmückt und tragen laut schallende »Plümpen« am Hals. Begleitet werden sie von ihren Sennen und Hirten, die ein dargebotenes Glas »Sarganser« nach ihrer langen Alpzeit nicht verschmähen. Die Bevölkerung steht im Städtchen Spalier und begutachtet die prächtigen Vierbeiner.

Fasnacht: Die Fasnacht in Sargans ist eine turbulente Zeit, und es herrscht an drei Tagen Narrenfreiheit. Der Fasnachtsumzug in Sargans ist einer der buntesten in dieser Region. Tausende von Zuschauern aus nah und fern säumen die Straßen. Am Aschermittwoch ist dann der Spuk für ein Jahr vorbei (www.fasnacht-sargans.ch).

Neujahrssingen: Um Mitternacht des 31. Dezember auf den 1. Januar bringt die Knabengesellschaft in der Altstadt singend die Neujahrswünsche dar. Danach ziehen die ledigen Burschen in verschiedenen Gruppen in die Außenquartiere und singen vor jedem Haus.

Wir überqueren die Autobahn und treten entspannt parallel zu dieser bis nach Mels. Noch einmal passieren wir die Autobahn bei einer Unterführung und fahren auf einer Nebenstraße durch Sargans. Entspannt und glücklich erreichen wir wieder unseren Ausgangspunkt beim Bahnhof Sargans.

Blick auf den Walensee

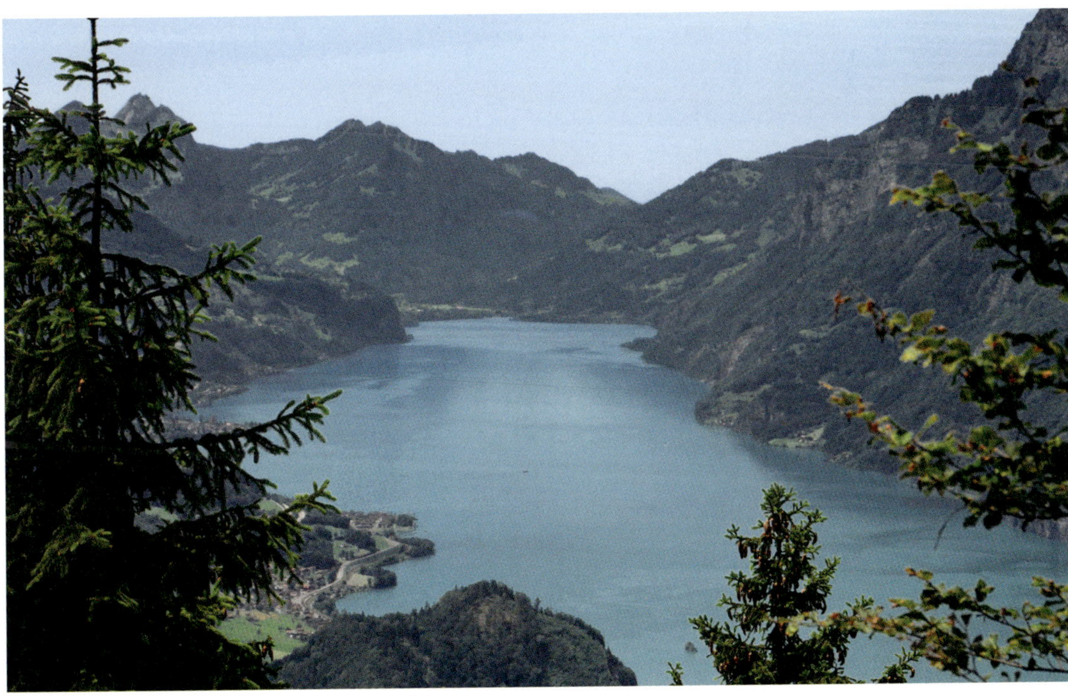

Routenbeschreibung

Tour 05 Palfries.gpx

WP | km | Hm | Route

1 | 0,00 | 485 | Start in Sargans beim Bahnhof; links am Bahnhofgebäude entlang und parallel der Geleise auf dem Stockbrüelweg bis zur Querstraße.

2 | 0,44 | 485 | Rechts fahren.

3 | 0,58 | 485 | Links in die Rheinstrasse; auf der linken Seite, parallel zu den Gleisen, weiter.

4 | 1,58 | 485 | Rechts auf der St.-Gallerstrasse Richtung Trübbach fahren.

5 | 4,12 | 494 | Links in den Mühliweg – wir verlassen die Hauptstraße; leicht aufwärts fahren wir durch das Firmengelände der Firma Bärtsch bis zur nächsten Querstraße.

6 | 4,41 | 505 | Links leicht aufwärts fahren.

7 | 4,55 | 518 | Rechts aufwärts in die Obere Gamsabeta.

8 | 5,40 | 504 | Atzmoos – links am Brunnen vorbei und geradeaus Richtung Fontnas.

9 | 5,50 | 502 | Links leicht aufwärts (direkt beim Restaurant »Höfli«).

10 | 6,31 | 575 | Geradeaus Richtung Palfries – auf der asphaltierten Straße aufwärts bis zum nächsten WP.

11 | 10,05 | 963 | Seminar- und Ferienhotel Alvier – auf der Auffahrt links bergan.

12 | 10,43 | 1003 | Geradeaus aufwärts Richtung Palfries.

13 | 12,52 | 1222 | »Hübschen Waldboden« – rechts aufwärts Richtung Palfries.

14 | 13,87 | 1355 | Rechts aufwärts Richtung Palfries.

15 | 18,20 | 1643 | Berghaus Palfries – geradeaus weiter

16 | 20,85 | 1675 | Bergrestaurant »Stralrüfi« – rechts aufwärts fahren.

17 | 21,21 | 1683 | Links steil aufwärts fahren.

18 | 21,48 | 1701 | Rechts – beschilderte Bikeroute; auf dem Wiesenweg abwärts und dabei den markierten Pfosten in der Wiese folgen.

19 | 22,36 | 1610 | Durch das Gatter und auf einem schönen Wiesentrail abwärts; Wegmarkierung beachten!

20 | 22,81 | 1530 | Vor der Alphütte auf der Schotterstraße rechts abwärts.

21 | 25,20 | 1474 | Links abwärts Richtung Kurhaus Sennis.

22 | 26,21 | 1408 | Kurhaus Sennis – links abwärts fahren.

23 | 31,79 | 859 | Links im spitzen Winkel leicht abwärts Richtung Sargans.

24 | 33,30 | 825 | Rechts auf dem Singletrail abwärts – Markierung der Mountainbikeroute.

25 | 33,48 | 775 | Rechts abwärts fahren.

26 | 33,81 | 707 | Links abwärts fahren.

27 | 33,88 | 695 | Links auf der Schotterstraße bergab.

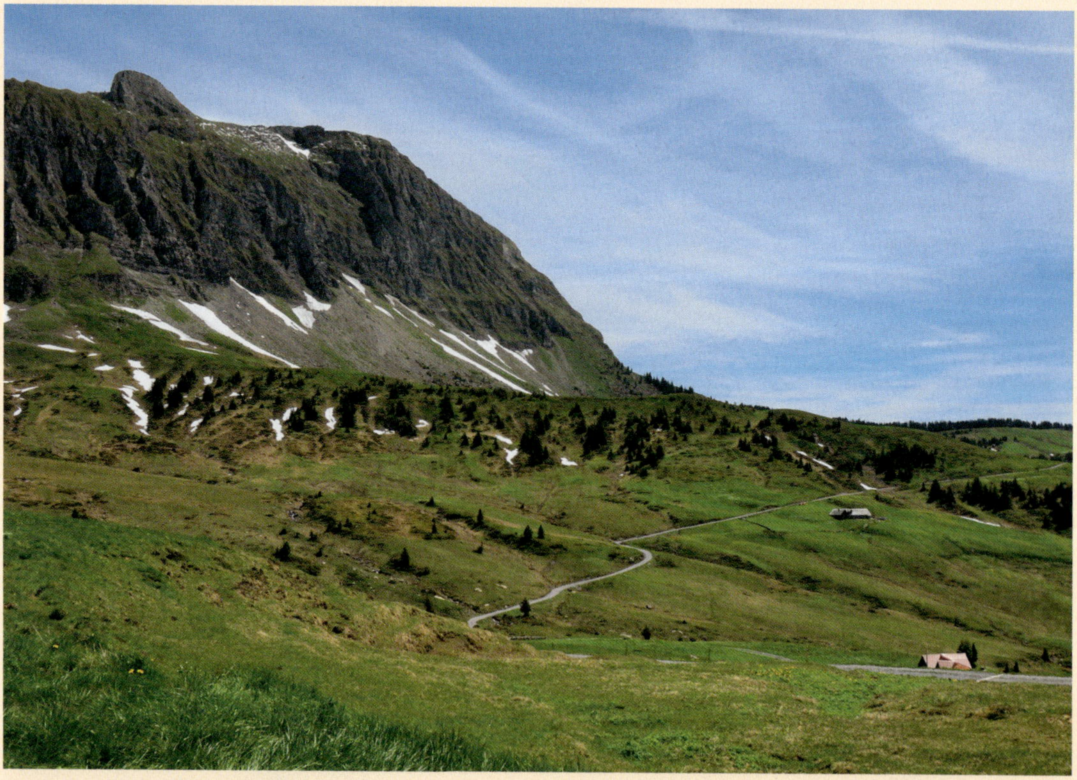

Der Blick zurück auf das liebliche Palfries

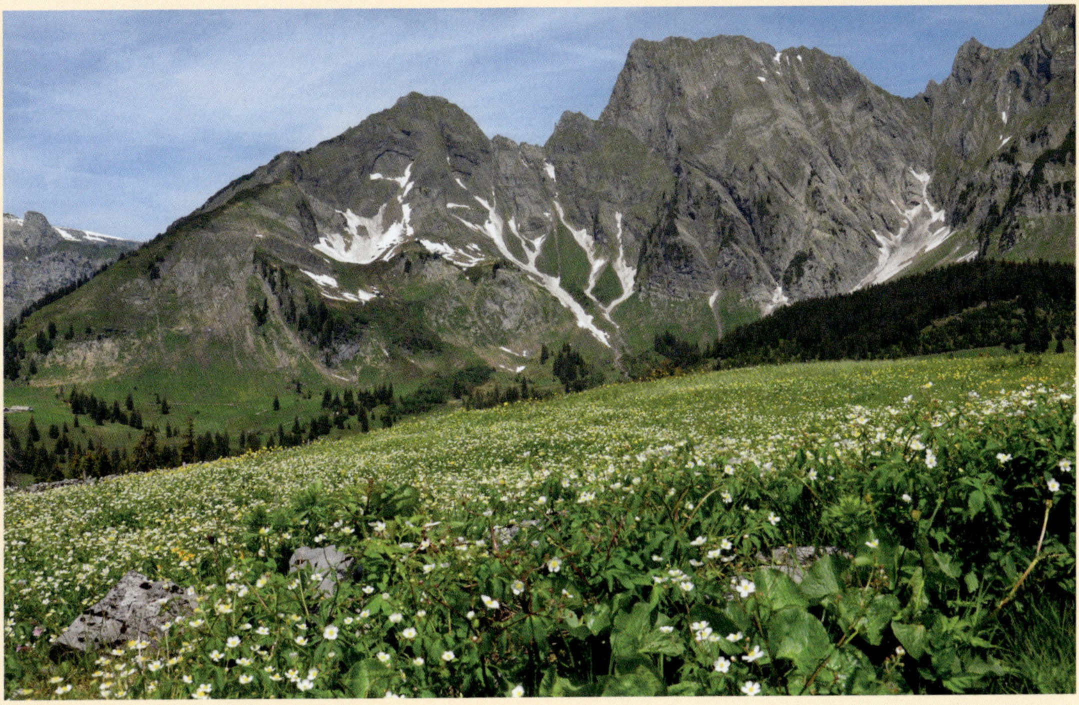

Frühlingserwachen: der Eisenhutblättrige Hahnenfuß

28 | 34,28 | 683 | Geradeaus – der Markierung der Mountainbikeroute folgen.
29 | 35,25 | 599 | Links im spitzen Winkel auf der Schotterstraße abwärts – Markierung Mountainbikeroute.
30 | 36,45 | 501 | Auf der Hauptstraße links.
31 | 36,86 | 512 | Rechts in die Marchrietstrasse.
32 | 37,25 | 494 | Links halten.
33 | 37,43 | 495 | Nach der Brücke rechts – Markierung Mountainbikeroute – und die Autobahn überqueren.
34 | 37,78 | 494 | Links halten.
35 | 39,54 | 502 | Geradeaus fahren.
36 | 40,37 | 507 | Links fahren.
37 | 40,44 | 507 | Rechts auf dem Radweg fahren.
38 | 40,64 | 509 | Die Straße überqueren und links Richtung Bahnhof Mels fahren.
39 | 40,88 | 511 | Links halten – Markierung der Fahrrad- und Bikeroute.
40 | 41,72 | 509 | Beim Kreisverkehr links fahren – durch die Bahnunterführung.
41 | 41,99 | 507 | Die Straße überqueren und geradeaus fahren
42 | 42,82 | 502 | Die Straße überqueren und geradeaus bleiben.
43 | 43,00 | 501 | Durch die Bahnunterführung fahren.
44 | 43,35 | 499 | Links Richtung Bahnhof; durch die Bahnunterführung zu den Gleisen durch und rechts aufwärts zum Bahnhof fahren.
45 | 43,58 | 485 | Bahnhof Sargans – Ende der Tour.

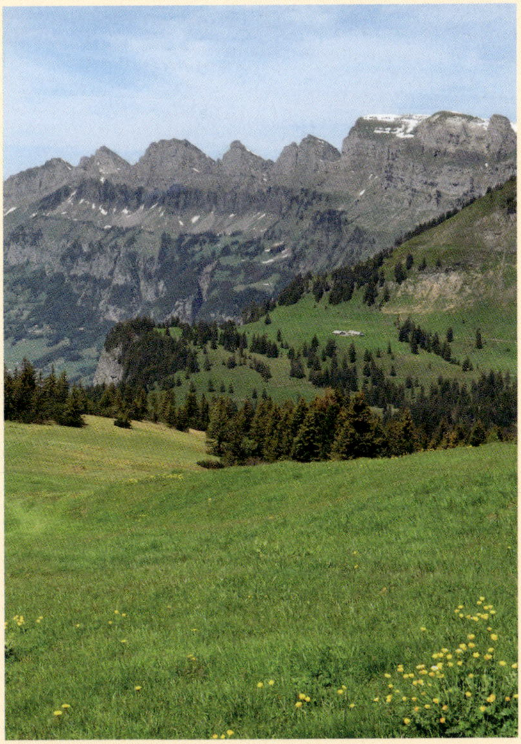

Wunderbarer Wiesenweg durch saftige Schweizer Almwiesen

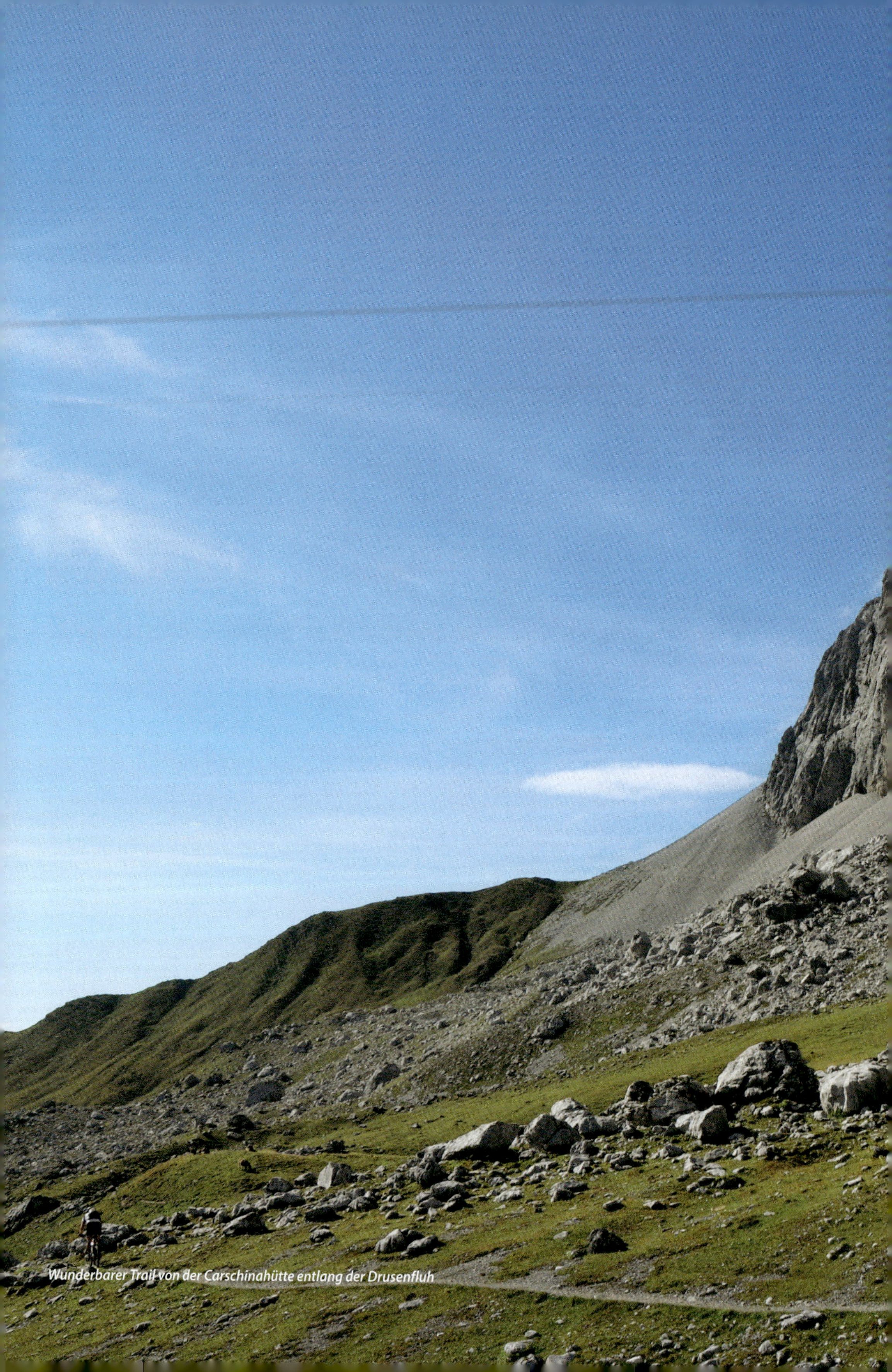

Wunderbarer Trail von der Carschinahütte entlang der Drusenfluh

Tagestouren im Kanton Graubünden

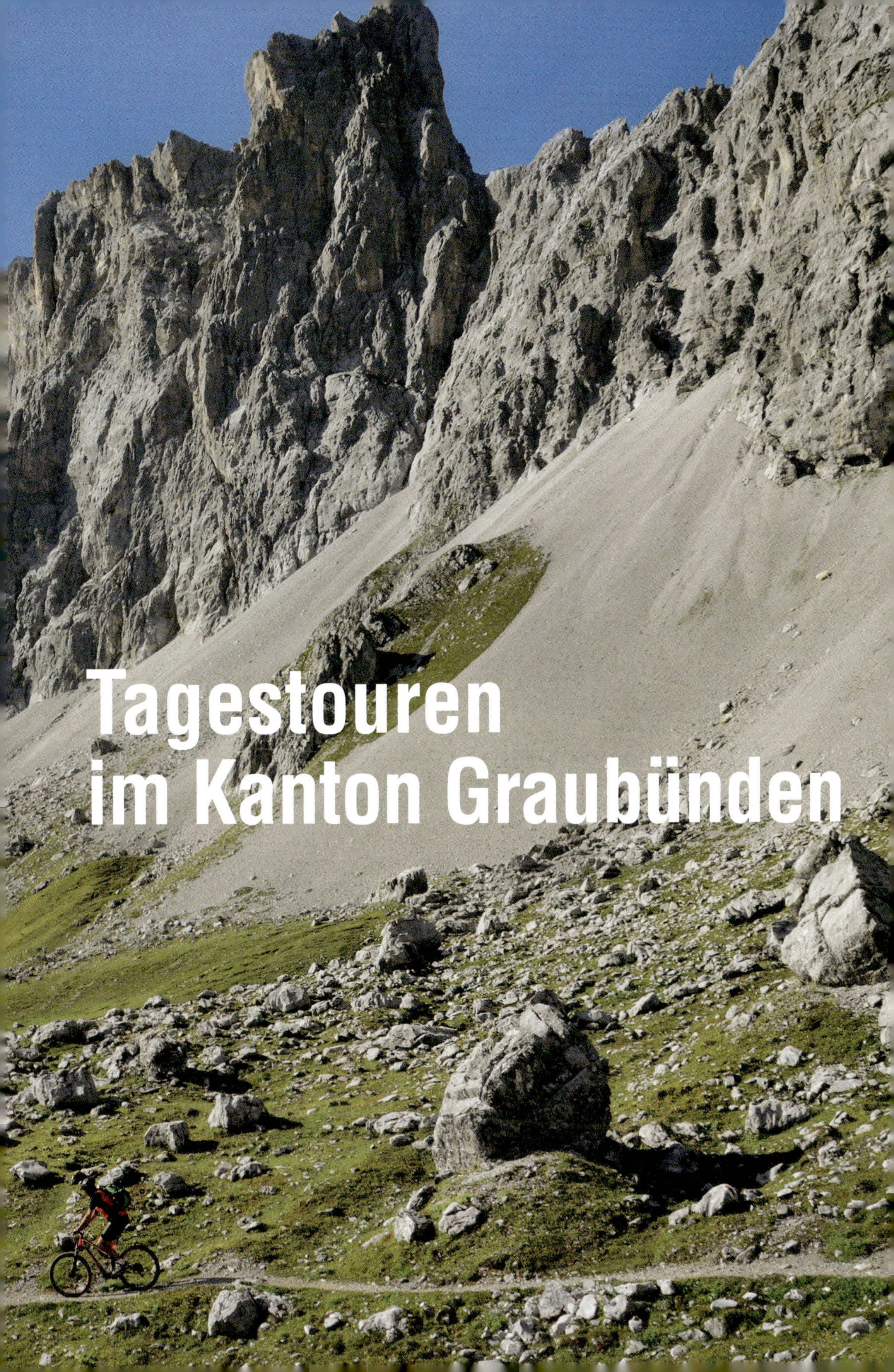

6 Heidiland

Durch die märchenhafte Landschaft von Heidi, Geißen-Peter und Alm-Öhi

2	✪✪✪✪✪	805 bzw. 1405	52 bzw. 63	4 bzw. 5.30
Schwierigkeit	Erlebniswert	Höhenmeter (in m)	Streckenlänge (in km)	Zeit (in h)

TOURENCHARAKTER

AUSGANGS-/ENDPUNKT
Untervaz, Parkplatz beim Hotel- und Sportcenter

ANFAHRT
A 13 von Sargans kommend bis Ausfahrt 15/Untervaz, dann Abzweigung rechts Richtung Untervaz, bei der Beschilderung »Bahnhof, Untervaz, Trimmis« rechts und nach 20 m wieder rechts zum großen Parkplatz beim Hotel- und Sportcenter

KONDITION
✪✪✪✪✪

FAHRTECHNIK
✪✪✪✪✪

ERLEBNISWERT
Fahrspaß: ✪✪✪✪✪ – flowige und abwechslungsreiche Trail- und Wegabschnitte
Landschaft: ✪✪✪✪✪ – eine märchenhafte, liebliche Landschaft während der gesamten Tour; auffallend viele alte, knorrige und weiß-rosa blühende Bäume
Kultur und Geschichte: ✪✪✪✪✪ – das Heidiland; die Älplibahn Malans, die erste konzessionierte Luftseilbahn Graubündens; der St. Luzisteig; Fläsch; Schloss Bothmar; der Weinwanderweg

EINKEHRMÖGLICHKEIT
Weinstube »Alter Torkel«, Jeninserstr. 3, CH-7307 Jenins, Tel. +41/(0)81/302 36 75, www.torkel.ch

STRECKENPROFIL
Wir durchqueren das gesamte Heidiland-Gebiet zwischen Chur und Fläsch. Die Tour verläuft auf sehr abwechslungsreichen Wegabschnitten und ist einfach zu fahren. Dennoch beinhaltet sie einige flowige Trails.

HÖCHSTER PUNKT
844 m, kurz nach Trimmis bei km 40,5

NIEDRIGSTER PUNKT
500 m, kurz vor Fläsch bei km 14,9

TOURIST-INFO
Graubünden Ferien, Alexanderstr. 24, CH-7001 Chur, contact@graubuenden.ch, www.graubuenden.ch

LANDKARTEN
Swisstopo 5012 Sarganserland–Prättigau, Landeskarte 1:50 000 (Zusammensetzungen)

GPS/ROADBOOK
Tour 06 Heidiland.gpx; Tour 06 Heidiland 500.gpx

Die äußerst abwechslungsreiche Tour zeigt ihre landschaftliche Schönheit besonders im Frühjahr und im Herbst. Sie kann schon zeitig im Frühjahr und bis spät in den Herbst hinein gefahren werden. Fahrtechnisch einfach hat sie doch interessante Trailabschnitte.

Diese Tour führt uns durch den Kanton Graubünden, genauer gesagt durch das Bündner Rheintal bzw. durch die Bündner Herrschaft, und verläuft zwischen Fläsch und Chur.

Die Bündner Herrschaft (rund 5800 Einwohner) ist der nördlichste Teil des Kantons Graubünden und umfasst die vier Gemeinden Fläsch, Maienfeld, Jenins und Malans. Die Herrschaft liegt rechtsrheinisch zwischen der Landquart im Süden, dem Rhein und dem St. Galler Oberland mit Bad Ragaz im Westen, dem Rätikon mit Vilan und Falknis im Osten und dem St. Luzisteig und Liechtenstein mit Balzers im Norden.

Als »Herrschaftler« bezeichnet man nicht die Bewohner der Region, sondern den hervorragenden Wein aus diesem Gebiet. Hier läuft der Blauburgunder zur schweizerischen Höchstform auf.

Wir durchqueren bei dieser Routenführung die märchenhafte Landschaft der weltbekannten Heidi, des Geißen-Peters und des Alm-Öhis.

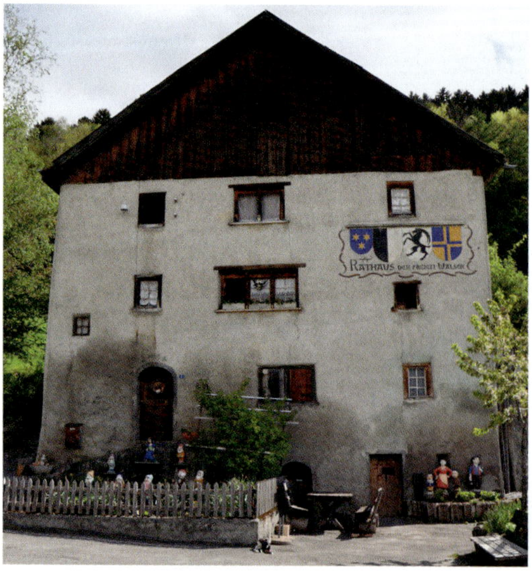

Das Rathaus im Sagen umwobenen »Heididorf«

52/63 km	805/1405 Hm	Tagestour

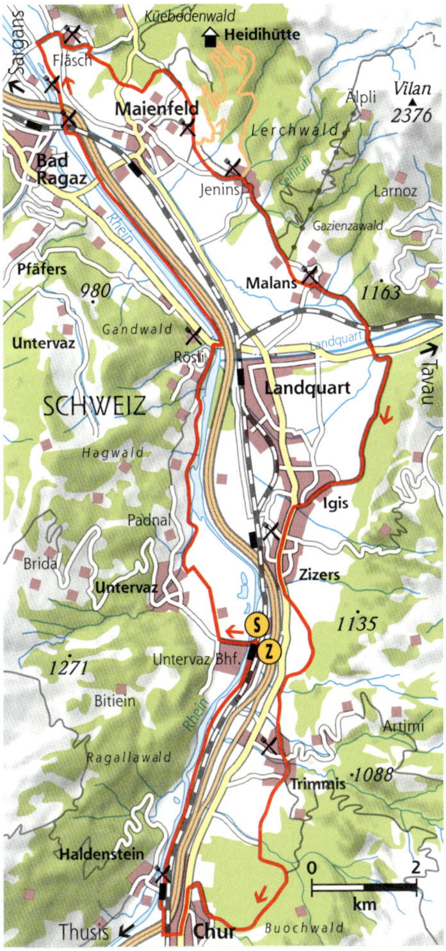

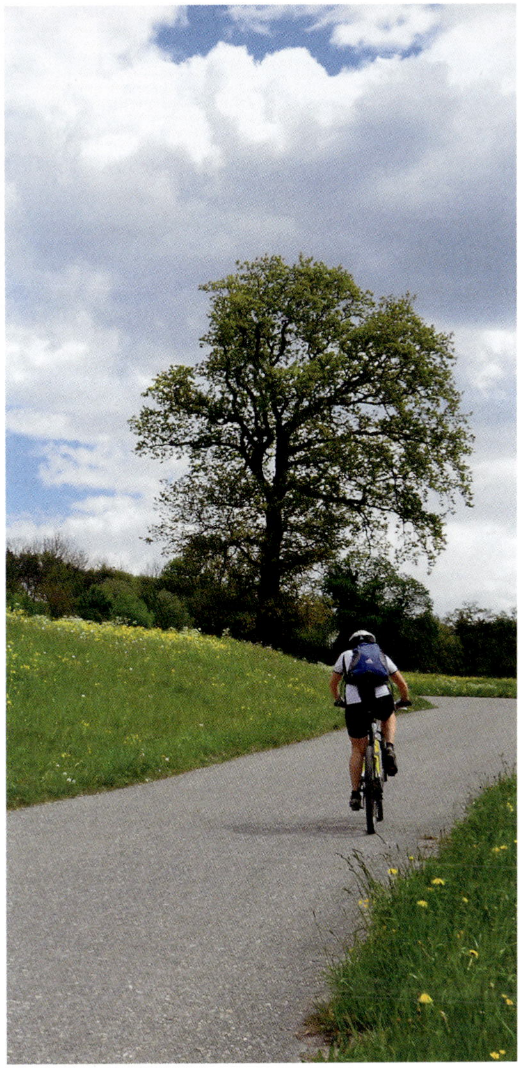

Angenehme Auffahrt zur Heidialm

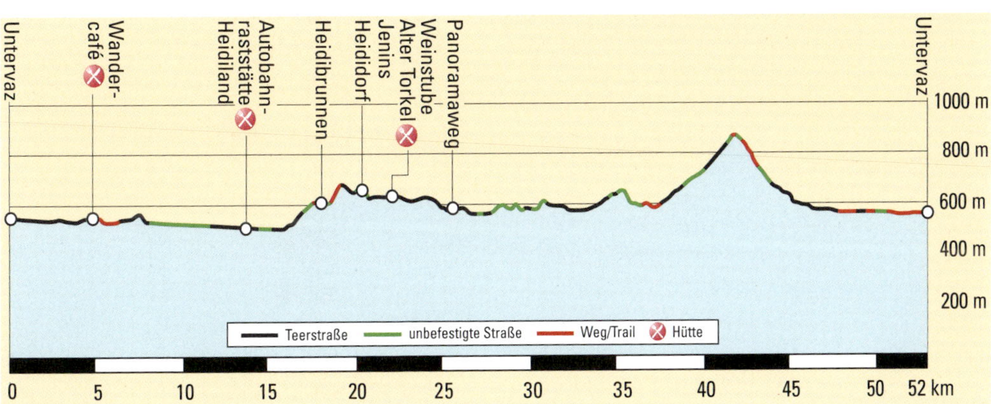

DER WEIN DER BÜNDNER HERRSCHAFT

Die Gemeinden Fläsch, Maienfeld, Jenins und Malans gehören zur »Bündner Herrschaft«. Als »Herrschaft« sind nicht die Bewohner gemeint, sondern der erstklassige Wein. Dort wird vor allem Pinot noir, neben Chardonnay und Müller-Thurgau angebaut. Insgesamt befinden sich in Fläsch 14 Selbstkelterungsbetriebe, die vom Rebschnitt bis zur Weinvermarktung alle Arbeitsgänge selbst ausführen. Weinbauverein Fläsch, CH-7306 Fläsch, Tel. +41/(0)81/302 32 62, www.wein-flaesch.ch

Der Weinwanderweg in der Bündner Herrschaft führt von der Kantonshauptstadt Chur bis nach Fläsch. An mehreren Stellen ist er als Rundwanderweg angelegt. Es werden auch Weindegustationen angeboten. Der Weinwanderweg ist leicht zu begehen und in ein bis zwei Tagestouren zu bewältigen.

Der Start für diese Tour befindet sich kurz nach der Autobahnausfahrt Untervaz, direkt beim Hotel- und Sportzentrum. Durch landwirtschaftliches Gebiet und an weidenden Kühen vorbei radeln wir Richtung Untervaz. Wir biegen in einen Nebenweg ein, der uns in angenehmem Auf und Ab auf der linken Seite des Rheins zur ersten Einkehrmöglichkeit, dem Wandercafé, führt.

Von dort weg zieht sich nun entlang des linken Rheinufers ein flowiger und abwechslungsreicher Singletrail bis nach Mastrils. Kurz vor Landquart überqueren wir den Rhein und fahren entlang des rechten Rheinufers auf dem Radweg Richtung Bad Ragaz und in weiterer Folge bis nach Fläsch. Am Rand dieses

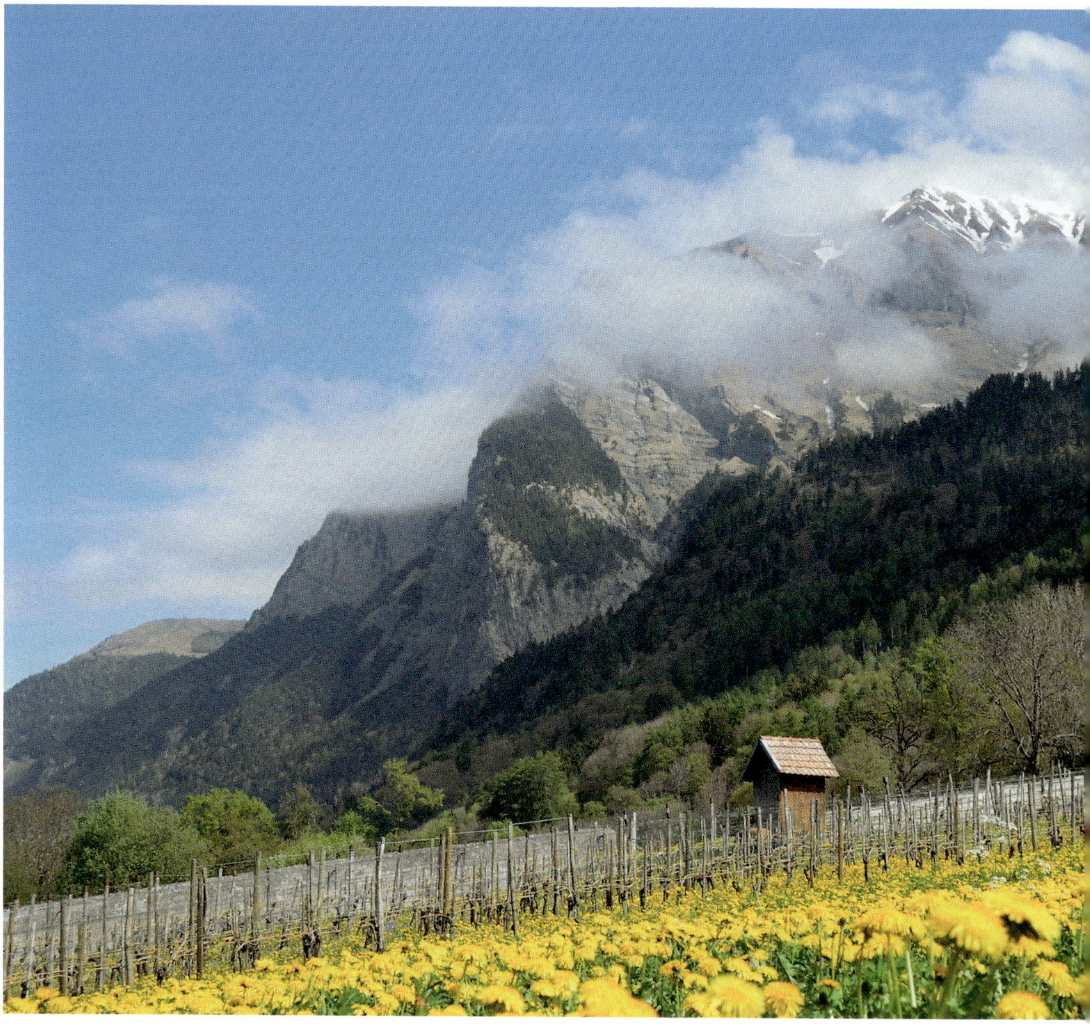

Weges stehen hoch gewachsene Kiefern, die in der Frühe kühlenden Schatten spenden. Nachdem wir die Ortschaft Fläsch hinter uns gelassen haben, biegen wir Richtung St. Luzisteig ab. Kurz darauf verlassen wir die asphaltierte Straße und durchfahren bis zum »Heididorf« eine richtige Märchenlandschaft, wo wir mehrere Blumenwiesen und zahlreiche alte, verwitterte Buchen bestaunen können. Auf diesen Wegabschnitten wechseln sich Trails, Wiesendurchquerungen und Wanderwege ab. Als kulturellen Höhepunkt erreichen wir das »Heididorf«, wo wir das originale »Heidihaus« besuchen und besichtigen können (auf Wunsch mit geführtem Rundgang). Ebenso finden wir eine Poststelle mit speziellem »Heididorf«-Sonderstempel für Briefmarkenliebhaber und Heidi-Fans sowie einen Dorfladen mit Souvenirartikeln vor. Holztische und -bänke laden zu einer kurzen Rast ein. Kinder können die Geißen füttern und mit etwas Glück auch streicheln. Wir staunten über den sogenannten Hen-Coop (= Hühnerstall).

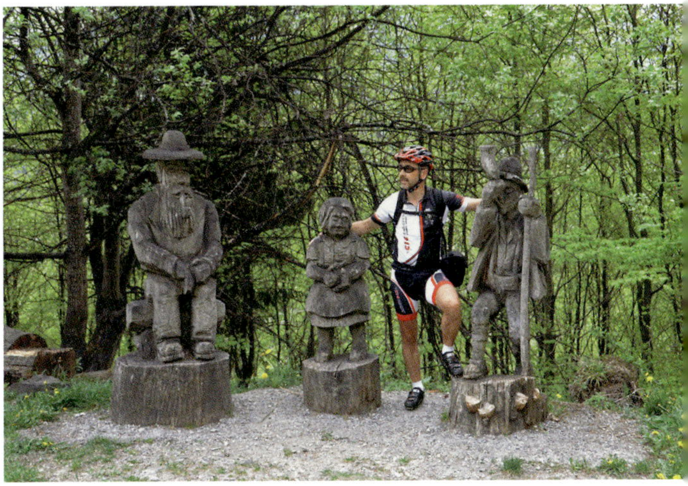

Hier bin ich in bester Gesellschaft: Almöhi, Heidi und der Gaißenpeter

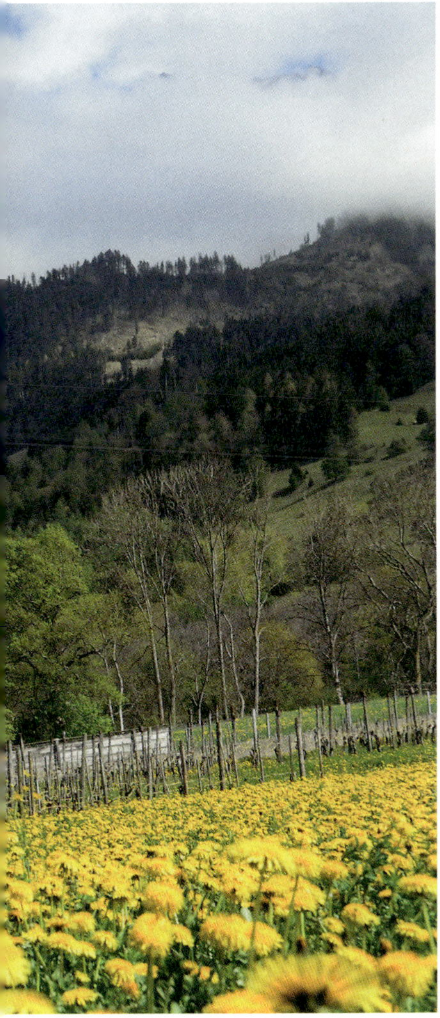

Bild links: Die Landschaft um Jenins ist wahrlich paradiesisch.

Schon bald nach dem »Heididorf« können wir uns entscheiden, ob wir über die »Heidialm« nach Jenins radeln (Variante A mit zusätzlichen 600 Hm) oder den direkten Weg wählen. Wie auch immer, es lohnt sich eine Einkehr im Gasthaus »Alter Torkel« am nördlichen Dorfrand von Jenins. Inmitten der Rebberge der Bündner Herrschaft liegt der wunderschöne, mit zahlreichen Blumen geschmückte Gastgarten.

Sehenswert ist in Jenins die Reformierte Kirche, die unter dem Denkmalschutz des Kantons Graubünden steht. Der schmale Turm mit zweigeschossiger Glockenstube, Aufsatz und Zwiebelhaube prägt das Dorfbild.

Wenn wir die zusätzliche Variante A befahren, erreichen wir entlang des »Heidi-Erleb-

ST. LUZISTEIG

Auf der Passhöhe St. Luzisteig (713 m) stehen die historisch wichtige Festung der Schweizer Armee mit einem Torgebäude von 1702 und ein kleines Armeemuseum. Die kleine gotische Kirche von 831 war bis Anfang des 15. Jh. die Mutterkirche von Fläsch und Maienfeld.

HEIDILAND

Ihren Namen erhielt diese Gegend durch die weltberühmte Kinderbuchfigur »Heidi«. Johanna Spyri, 1827 in Hirzel im Kanton Zürich geboren, schrieb zwei Bücher über das Mädchen: »Heidis Lehr- und Wanderjahre« und »Heidi kann brauchen, was es gelernt hat«. Diese wurden in mehr als 50 Sprachen übersetzt und mehrfach verfilmt. Wer kennt nicht den Alm-Öhi und den Geißen-Peter? 1977 wurde in diesem Gebiet eine »Heidi«-Fernsehserie gedreht. Hanspeter Danuser, damals Marketingdirektor von St. Moritz, wollte mit dem Namen »Heidiland« an diese Serie anknüpfen und so das Sommergeschäft beleben. Heidiland ist eine touristische Wortmarke. Sie kennzeichnet u. a. seit 1989 eine Autobahnraststätte bei Maienfeld und seit 1997 eine Ferienregion zwischen dem westlichen Walensee und Bad Ragaz in der Ostschweiz.

niswegs« verschiedene Stationen, die das Leben von Heidi, dem Geißen-Peter und dem Alm-Öhi erzählen: z. B. der Geißen-Peter-Platz, der Aussichtsturm, der »Blick zum Adlerhorst«, der Alm-Öhi-Platz, die »Holztöne« und noch einige mehr. Auf der »Heidialm« können wir die Aussicht auf Landquart und auf u. a. die Berge Calanda, Pizol und Alpstein genießen.

Von Jenins aus radeln wir auf asphaltierten Nebenstraßen nach Malans. Auf einer landschaftlich schönen, schmalen Panoramastraße durchqueren wir dieses malerische Dörfchen. Nachdem wir den Fluss Landquart überquert haben, fahren wir in weiterer Folge am ehemaligen Wasserschloss Marschlins vorbei nach Igis und Zizers. Auf Forstwegen und Nebenstraßen erreichen wir das Örtchen Trimmis und nähern uns der Stadt Chur, dem Hauptort des Kantons Graubünden.

Chur gilt als älteste Stadt der Schweiz und liegt am rechten Ufer des Rheins. Sie war vermutlich schon in der Jungsteinzeit (ca. 3000 v. Chr.) besiedelt, wie Ausgrabungsfunde beweisen. Als erstes Bistum nördlich der Alpen wurde bereits im 4. Jahrhundert das Bistum Chur gegründet. Im Mittelalter kam Churs großer Vorteil zum Tragen: die günstige Lage an einer der wichtigsten Nord-Süd-Routen Europas. Die Churer Bevölkerung spricht Deutsch, Italienisch und Rätoromanisch. Alle drei Sprachen sind in Graubünden gleichberechtigt. Als vierte Schweizer Amtssprache ist das Rätoromanische seit 1938 anerkannt.

Kurz vor dem Ortsteil Malans fahren wir rechts Richtung Rhein. Nun erwartet uns ein abwechslungsreicher, leicht zu befahrender Singletrail direkt auf dem rechten Rheindamm bis nach Untervaz, wo wir wieder unseren Ausgangspunkt erreichen.

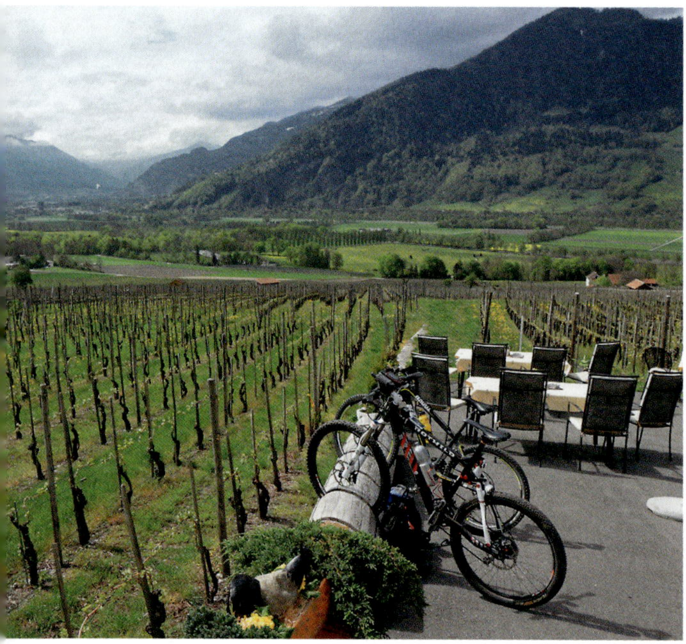

Die Weinstube Alter Torkel inmitten einer großartigen Weinrebenlandschaft

SEHENSWERTES IN DER UMGEBUNG

In Fläsch gibt es die größte Schweizer *Mausohrenkolonie (Kirchenfledermäuse)*. Im Turm der Kirche leben während des Sommers mehr als 1500 Fledermausmütter mit ihren Jungen. Auf Knopfdruck kann man die Jungenaufzucht per Live-Kamera beobachten.

Die *Älplibahn Malans* liegt auf 1800 m.ü.M.. Die Luftseilbahn eröffnet einen herrlichen Ausblick auf das Bündner Rheintal und die Bündner Herrschaft. Telefonische Reservierung unbedingt empfehlenswert (Tel. +41/(0)81/322 47 64, www.aelplibahn.ch).

Schloss Bothmar ist seit 1760 im Besitz der Familie Salis-Seewis. In mehreren Phasen entstanden, beherbergt es prachtvolle Täferstuben und Stuckzimmer aus verschiedenen Epochen. Das Schloss besitzt eine bedeutende barocke Gartenanlage. Besichtigungen auf Voranmeldung werden angeboten.

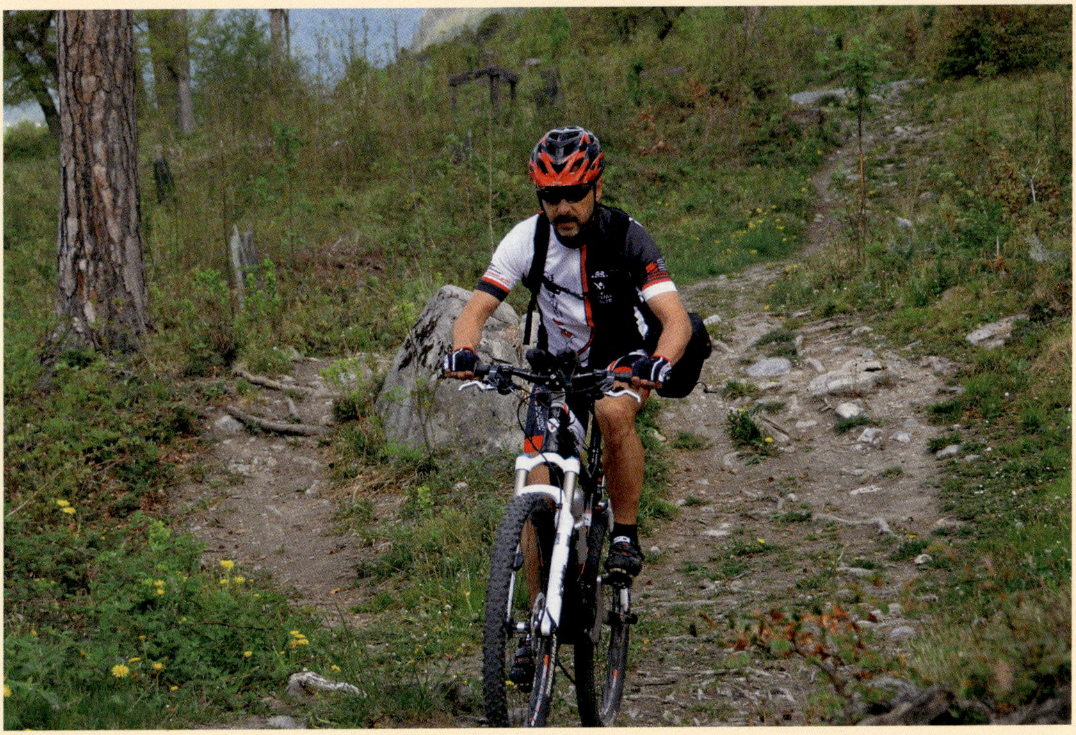

Kurzer Trailabschnitt zwischen Fläsch und Maienfeld

Tour 06 Heidiland.gpx

WP | km | Hm | Route

1 | 0,00 | 539 | Start in Untervaz beim Hotel- und Sportzentrum.

2 | 0,10 | 539 | Links Richtung Hauptstraße fahren.

3 | 0,15 | 539 | Rechts Richtung Untervaz und die Brücke überqueren; auf der Hauptstraße bleiben.

4 | 0,96 | 538 | Rechts auf den asphaltierten Bewirtschaftungsweg einbiegen; auf diesem bis zum nächsten WP immer geradeaus fahren.

5 | 2,49 | 533 | Links auf der asphaltierten Nebenstraße leicht aufwärts fahren.

6 | 2,70 | 539 | Rechts auf der asphaltierten Nebenstraße fahren.

7 | 4,81 | 537 | »Wandercafé« – Einkehrmöglichkeit.

8 | 5,37 | 540 | Auf dem Trail rechts abwärts.

9 | 6,35 | 534 | Rechts auf der asphaltierten Straße weiterfahren.

10 | 6,72 | 548 | Rechts abwärts auf der asphaltierten Straße.

11 | 7,57 | 562 | Rechts abwärts auf der asphaltierten Straße.

12 | 7,92 | 523 | Hauptstraße Richtung Landquart – auf dieser nach rechts und über die Rheinbrücke fahren.

13 | 8,14 | 524 | Direkt nach der Rheinbrücke links auf den Radweg »Sargans, Bad Ragaz«; auf der rechten Seite des Rheins abwärts Richtung Bad Ragaz fahren.

14 | 12,24 | 514 | Die Straße überqueren und geradeaus auf dem Radweg weiter; nach 30 m rechts auf dem asphaltierten Radweg bleiben.

15 | 14,23 | 505 | Nach dem Überqueren einer kleinen Brücke links auf einer asphaltierten Nebenstraße leicht abwärts; wir nehmen nicht (!) den Wanderweg direkt entlang des Rheindamms.

16 | 14,47 | 504 | Geradeaus weiter und auf eine Schotterstraße.

17 | 15,20 | 500 | Links auf der asphaltierten Nebenstraße weiterfahren.

18 | 15,48 | 500 | Rechts auf der asphaltierten Straße aufwärts in die Ortschaft Fläsch.

19 | 16,10 | 512 | Rechts Richtung St. Luziensteig und Maienfeld.

20 | 16,38 | 522 | Links aufwärts Richtung St. Luziensteig.

21 | 16,58 | 542 | Halb rechts aufwärts fahren.

22 | 16,99 | 576 | Rechts in einen geschotterten Wanderweg einbiegen.

23 | 17,06 | 573 | Links über die Brücke und auf dem geschotterten Wanderweg weiter.

24 | 17,56 | 605 | Rechts in einen verwurzelten, spaßigen Singletrail einbiegen.

25 | 17,82 | 602 | Bei der Weggabelung links leicht aufwärts; danach die Wiese überqueren und bis zum »Heidibrunnen« fahren.

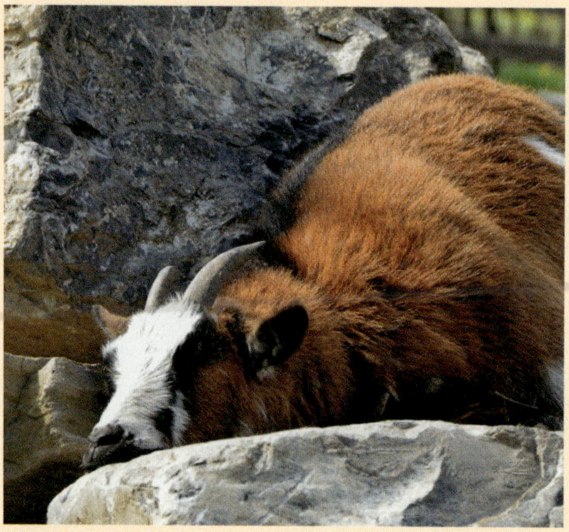

Ohne Worte – Genuss pur

26 | 18,04 | 596 | Wenn wir beim »Heidibrunnen« die Hauptstraße erreichen, überqueren wir diese schräg aufwärts und biegen in den geschotterten Wanderweg ein.

27 | 18,50 | 604 | Der Weg führt links steiler aufwärts und geht in einen Wanderweg und schlussendlich in einen Singletrail über; immer geradeaus steil bergauf fahren.

28 | 19,18 | 677 | Asphaltierte Nebenstraße – rechts leicht abwärts und bis zum nächsten WP auf dieser Straße bleiben.

29 | 19,82 | 644 | Geradeaus auf dem »Heidiweg« bleiben Richtung Rofelshof, Ochsenberg und Jenins.

30 | 20,39 | 654 | »Heididorf« mit Rathaus, Museum, »Heidihaus«, Souvenirladen mit Poststelle, Geißen und Hühnerstall.

31 | 20,74 | 622 | Rechts abwärts fahren.

32 | 20,75 | 619 | Links leicht aufwärts fahren.

33 | 21,02 | 626 | Für die Variante A bei der Abzweigung links hoch; sonst geradeaus weiterfahren und bis zum nächsten WP auf der asphaltierten Nebenstraße bleiben.

34 | 21,89 | 617 | Auf der Asphaltstraße links leicht aufwärts Richtung Jenins.

35 | 22,10 | 680 | Weinstube »Alter Torkel« in Jenins – Einkehrmöglichkeit mit herrlicher Aussicht.

36 | 22,33 | 632 | Im Zentrum von Jenins rechts auf der Asphaltstraße Richtung Malans.

37 | 22,51 | 626 | Links auf der Ortsdurchfahrtsstraße bleiben.

38 | 22,86 | 612 | Bei der Weggabelung links; nach 50 m bei der nächsten Weggabelung wieder links.

39 | 23,35 | 611 | Hier kann man über den kurzen Wanderweg links von der Fahrstraße fahren.

40 | 24,53 | 608 | Bei der Weggabelung rechts leicht abwärts; wir befinden uns in Malans.

41 | 25,34 | 570 | Links beim Brunnen vorbei und direkt nach dem Lebensmittelgeschäft rechts durch die Ortschaft – Panoramaweg.

42 | 26,85 | 557 | Bei der Weggabelung rechts und die Bahngleise überqueren.

43 | 26,98 | 554 | Geradeaus auf der geschotterten Nebenstraße fahren.

44 | 27,10 | 551 | Geradeaus über die Brücke und nach der Brücke rechts; nach 10 m links auf der geschotterten Nebenstraße weiterfahren; Beschilderung »Chur, Ilanz, Grüsch«.

45 | 27,31 | 553 | Links auf der asphaltierten Straße abwärts und nach 20 m rechts durch die Unterführung Richtung Landquart und Grüsch; nach der Unterführung auf der asphaltierten Straße weiter Richtung Grüsch.

46 | 27,50 | 555 | Links auf der asphaltierten Straße Richtung Grüsch.

47 | 27,59 | 555 | Links auf der asphaltierten Straße weiterfahren.

48 | 27,84 | 559 | Rechts auf dem Wanderweg aufwärts.

49 | 28,00 | 572 | Rechts auf der Schotterstraße leicht aufwärts, am Spielplatz vorbei.

50 | 28,12 | 579 | Bei der Weggabelung rechts auf der Forststraße bleiben.

51 | 28,68 | 572 | Die Straße überqueren und geradeaus auf der Forststraße leicht ansteigend weiterfahren.

52 | 30,80 | 606 | Bei der Weggabelung rechts abwärts.

53 | 31,28 | 583 | Geradeaus auf dem asphaltierten Rebhaldenweg weiter; bis zum nächsten WP auf diesem Weg bleiben.

54 | 32,22 | 567 | Links auf der Unterdorfstrasse weiterfahren.

55 | 32,37 | 563 | Auf der Hauptstraße (Kantonsstrasse Richtung Zizers-Zentrum) nach links weiterfahren.

56 | 33,07 | 565 | Direkt beim Rathaus links leicht aufwärts durch die Vialstrasse; bis zum nächsten WP auf dieser Straße bleiben.

57 | 33,57 | 574 | Bei der Weggabelung links die Ochsenweidstrasse aufwärts; bis zum nächsten WP auf dieser Straße bleiben.

58 | 34,04 | 594 | Geradeaus durch die Ochsengasse weiterfahren.

59 | 34,79 | 627 | Geradeaus auf Asphalt weiterfahren.

60 | 35,40 | 646 | Rechts auf dem geschotterten Wanderweg abwärts.

61 | 35,83 | 589 | Links am Hof vorbeifahren und den Vorplatz überqueren.

62 | 36,43 | 582 | Bei der Weggabelung rechts auf dem Schotterweg leicht aufwärts und geradeaus über die Wiese; der Weg geht in einen kurzen Singletrail über, es folgt eine Bachüberquerung.

63 | 37,52 | 592 | Geradeaus auf der asphaltierten Straße weiter.

64 | 37,69 | 594 | Links leicht aufwärts fahren.

65 | 38,06 | 615 | Links aufwärts fahren.

66 | 38,30 | 636 | Die Brücke überqueren und geradeaus weiterfahren.

67 | 38,61 | 644 | Links leicht aufwärts fahren.

68 | 38,70 | 653 | Rechts auf der asphaltierten Straße weiter.

69 | 38,87 | 660 | Links auf dem Schotterweg Richtung Waisenhaus Chur und Fürstenwald.

70 | 40,14 | 727 | Nach dem Überqueren der kleinen Brücke links auf Asphalt aufwärts.

71 | 41,36 | 830 | Rechts Richtung Campodels.

72 | 41,65 | 865 | Rechts in den Singletrail einbiegen.

73 | 41,80 | 861 | Der Singletrail mündet in eine Schotterstraße; geradeaus leicht abwärts weiterfahren.

74 | 42,17 | 845 | Rechts parallel zur Schotterstraße in den kleinen Singletrail einbiegen.

75 | 42,87 | 767 | Rechts in den schmalen Singletrail einbiegen.

76 | 43,13 | 736 | Ende des Singletrails; auf der Schotterstraße rechts abwärts.

77 | 43,75 | 682 | Links Richtung Chur fahren.

78 | 43,89 | 673 | Rechts auf der asphaltierten Waisenhausstrasse abwärts.

79 | 44,12 | 669 | Rechts auf der Waisenhausstrasse weiter.

80 | 44,79 | 634 | Direkt nach dem Therapiehaus Fürstenwald links abwärts.

81 | 45,15 | 598 | Auf der Hauptstraße, der Deutschen Strasse, links Richtung Chur.

82 | 45,75 | 586 | Beim Kreisverkehr auf der Masanserstrasse Richtung Chur-Zentrum.

83 | 46,06 | 589 | Rechts über den Reitnauerweg abwärts; durch die Eisenbahnunterführung und dem Reitnauerweg weiter folgen.

84 | 46,86 | 571 | Beim Kreisverkehr in die Haldensteinstrasse Richtung Haldenstein.

85 | 46,92 | 571 | Direkt nach der Autobahnbrücke links in einen kleinen Wanderweg einbiegen.

86 | 47,26 | 567 | Wir erreichen wieder die Haldensteinstrasse, überqueren diese und fahren auf dem Dornenäuliweg auf der rechten Rheinseite entlang.

87 | 47,48 | 566 | Geradeaus auf dem geschotterten Wanderweg weiter.

88 | 47,75 | 560 | Links in den Singletrail einbiegen; bei der Weggabelung links auf dem Singletrail weiterfahren.

89 | 48,85 | 560 | Auf dem asphaltierten Radweg links weiterfahren.

90 | 49,43 | 556 | Links auf dem Singletrail direkt am Rheinufer entlangfahren.

91 | 49,93 | 555 | Auf dem Schotterweg geradeaus weiter.

92 | 50,64 | 553 | Links auf dem Singletrail direkt am Rheinufer weiter.

93 | 51,30 | 546 | Links auf dem Singletrail direkt am Rheinufer weiter.

94 | 52,03 | 545 | Die kleine Brücke überqueren; kurze Schiebepassage, danach links auf dem Singletrail parallel zur Straße weiter.

95 | 52,74 | 545 | Auf der Asphaltstraße links durch die Unterführung.

96 | 52,92 | 545 | Links auf den Parkplatz beim Hotel- und Sportzentrum einbiegen – Ende der Tour.

Variante A: Tour 06 Heidiland.gpx

A01 | 0,00 | 626 | Beim WP 33 links aufwärts.

A02 | 0,31 | 664 | Links fahren.

A03 | 3,45 | 946 | Geradeaus Richtung »Heidihütte« fahren.

A04 | 4,80 | 1084 | Links zur »Heidihütte« fahren.

A05 | 5,06 | 1111 | »Heidialp« – retour auf dem Auffahrtsweg bis zum nächsten WP.

A06 | 5,26 | 1088 | Links aufwärts fahren.

A07 | 6,43 | 1205 | Rechts aufwärts halten.

A08 | 6,69 | 1228 | Geradeaus auf dem Trail über die Wiese.

A09 | 6,83 | 1231 | Im spitzen Winkel auf der Schotterstraße rechts abwärts fahren.

A10 | 8,60 | 941 | Links abwärts Richtung Jenins.

A11 | 8,78 | 913 | Die Straße überqueren und geradeaus weiter.

A12 | 10,06 | 720 | Links halten.

A13 | 10,43 | 685 | Geradeaus fahren.

A14 | 10,56 | 667 | Links abwärts fahren.

A15 | 10,77 | 643 | Ende der Variante A – links weiterfahren. Die Trackvariante A kommt kurz nach dem WP 37 wieder auf den Originaltrack, und es muss nach links dem Originaltrack gefolgt werden.

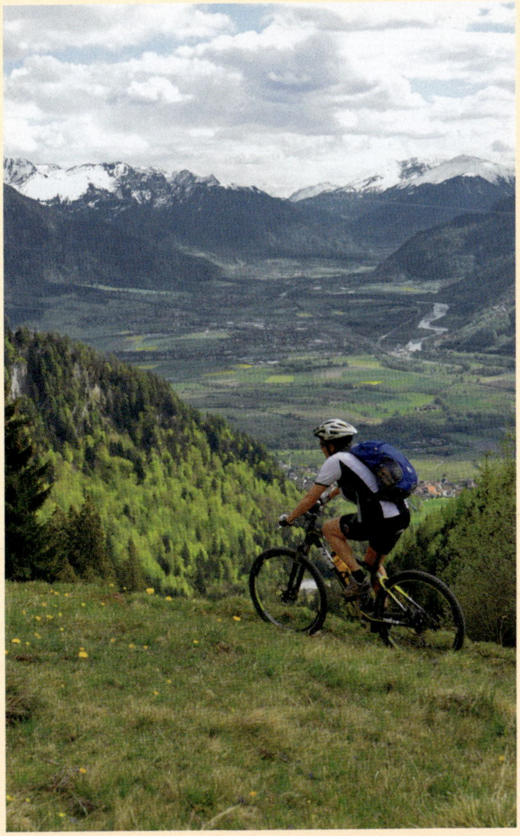

Singletrail mit Blick auf Landquart, Alpstein u.v.m.

7 Um den Vilan und zur Schesaplanahütte

Rund um den imposanten Riesen oberhalb von Landquart

5	✪✪✪✪✪	2340	48	6
Schwierigkeit	Erlebniswert	Höhenmeter (in m)	Streckenlänge (in km)	Zeit (in h)

TOURENCHARAKTER

AUSGANGS-/ENDPUNKT
Jenins, Parkplatz beim Feuerwehrhaus und Werkhof

ANFAHRT
Über die A 13 bis Ausfahrt 13/Maienfeld, weiter Richtung Maienfeld und ca. 1,2 km auf dieser Straße bleiben, durch Maienfeld und am Ortsende links in die Falknisstrasse, nach ca. 500 m am Ende der Straße rechts leicht aufwärts, nach ca. 1,3 km in Jenins bis zur Kirche und davor im spitzen Winkel links zum Feuerwehrhaus und Werkhof; kostenfreie Parkplätze

KONDITION
✪✪✪✪✪

FAHRTECHNIK
✪✪✪✪✪

ERLEBNISWERT
Fahrspaß: ✪✪✪✪✪ – herausfordernde Auffahrt bis zum Kamm; abwechslungsreiche, technische Trailabschnitte mit kurzen Schiebestellen; herrliche Abfahrten; geniale Trailabfahrt vom Fadärastein bis Malans. Hinweis: Diese Tour bitte nur nach einer längeren Schönwetterperiode fahren!
Landschaft: ✪✪✪✪✪ – prächtige Almlandschaft mit imposanter Bergkulisse vom Falknis bis zum Alpstein; großartige Landschaft und Aussicht auf der Schesaplanahütte; abwechslungsreiche Gegend bis Malans und Jenins
Kultur und Geschichte: ✪✪✪✪✪ – die reizvollen Weindörfer Malans und Jenins; die hochmittelalterliche Burgruine Neu-Aspermont

EINKEHRMÖGLICHKEITEN
Schesaplanahütte, Tel. +41/(0)81/325 11 63, Mobil +41/(0)79/647 66 80, www.schesaplana-huette.ch; Bistro Bazarino del Riposo, Bed & Breakfast, Degenstr. 46, CH-7208 Malans, Tel. +41/(0)81/322 44 18, www.bazarino-riposo.ch

STRECKENPROFIL
Anstrengende Auffahrt bis zum Kamm mit 1400 Hm auf 10,5 km; abwechslungsreiche Abfahrt mit technischem Singletrail bis zum nächsten Anstieg; angenehme Auffahrt zur Schesaplanahütte. Die folgende Abfahrt ist eine bunte Mischung aus Trails, Forststraßen und kurzen, teils heftigen Gegenanstiegen; am Ende erwarten uns ein langer Singletrail Richtung Malans und ein entspanntes Ausrollen bis nach Jenins.

HÖCHSTER PUNKT
2035 m, am Kamm

NIEDRIGSTER PUNKT
635 m, Jenins

TOURIST-INFO
Heidiland Tourismus AG, CH-7304 Maienfeld, Tel. +41/(0)81/330 18 00, maienfeld@heidiland.com, www.heidiland.com

LANDKARTEN
Swisstopo 238 Montafon, Landeskarte 1:50 000

GPS/ROADBOOK
Tour 07 Um den Vilan und zur Schesaplanahütte.gpx; Tour 07 Um den Vilan und zur Schesaplanahütte 500.gpx

Die abwechslungsreiche und interessante Tour setzt einiges an Kondition und Fahrtechnik voraus. Dafür begleiten uns aber auch herrliche Tiefblicke und ein imposantes Panorama.

Wir starten diese Tour im wunderschön gelegenen Weindorf Jenins, das zur Bündner Herrschaft gehört und etwa 2200 Einwohner zählt. Dieses Gebiet ist klimatisch bevorzugt und wird deshalb auch als »Garten Graubündens« bezeichnet. Fläscherberg, Falknis, Glegghorn und Vilan halten die kalten Winde wie eine Spalierwand ab. Der Föhn bestreicht das ganze Tal und insbesondere die Talflanken. Von den Bergen bringen die Flüsse fruchtbare kalk- und tonhaltige Erde mit. Andererseits bilden sie auch eine Gefahr wegen Muren und Überschwemmungen. Deshalb sind die Dörfer etwas erhöht über der Talebene erbaut.

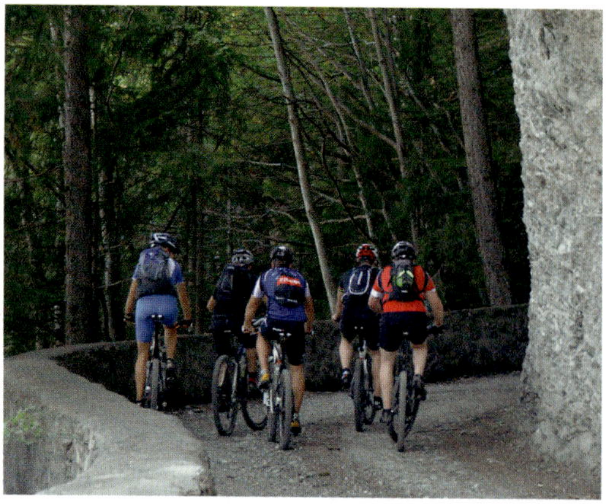
Die lange und fordernde Auffahrt zum Kamm

Direkt bei der Kirche biegen wir in die Kreuzgasse ein und beginnen unsere lange Auffahrt. Das schmale Sträßchen führt uns zwischen den Häusern hindurch

48 km	2340 Hm	Tagestour

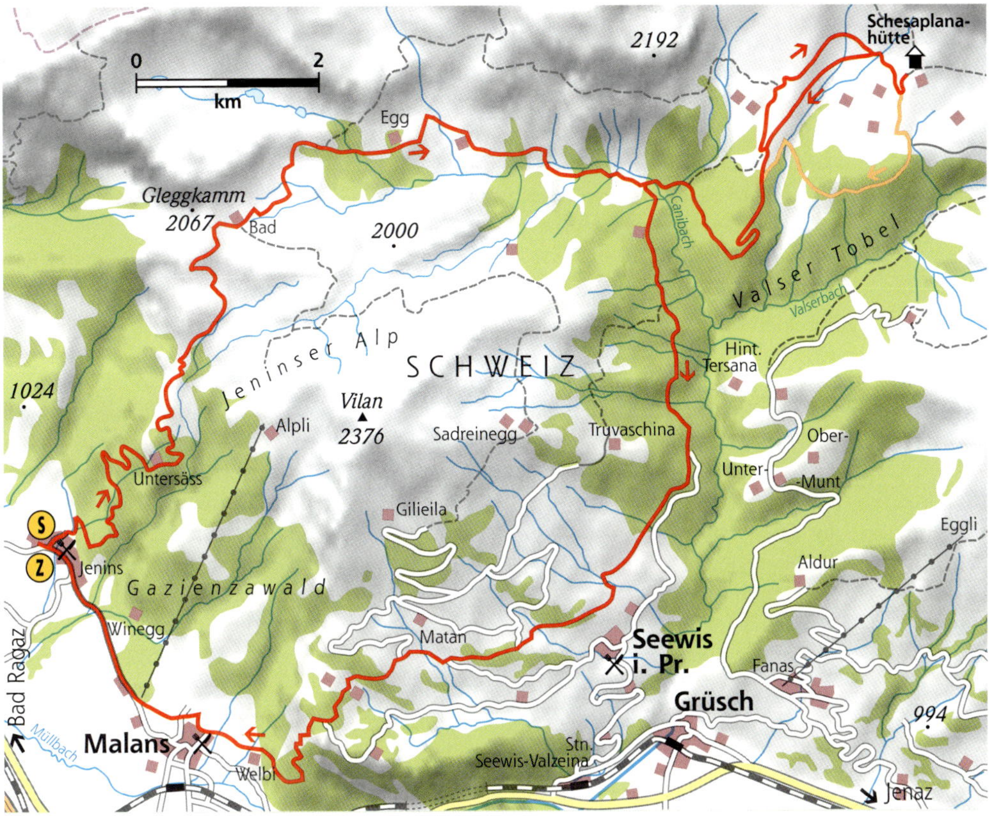

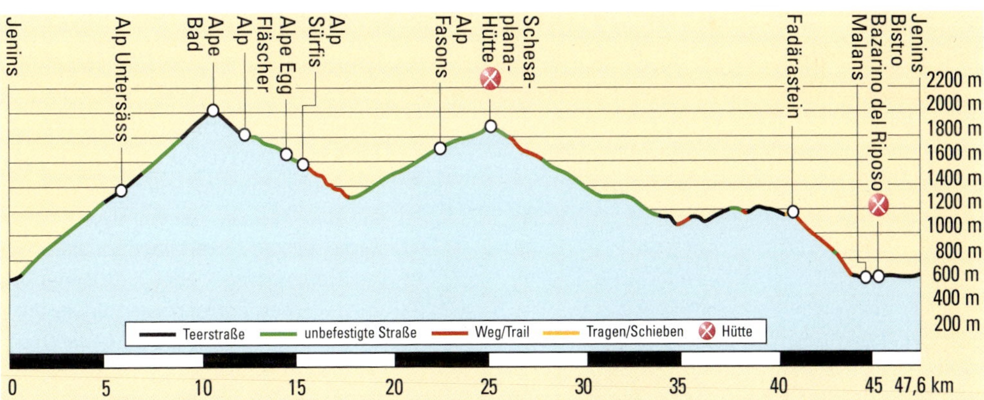

und an einer alten, noch in Betrieb befindlichen Säge vorbei. Es geht ordentlich zur Sache – die durchschnittliche Steigung pendelt sich bei etwa 15 Prozent ein. Da die nächste Einkehrmöglichkeit erst auf der Schesaplanahütte ist, sollte man unbedingt bei den Brunnen am Wegesrand die Trinkflaschen immer wieder nachfüllen! Unser Weg führt direkt an der hochmittelalterlichen Burgruine Neu-Aspermont vorbei. Die ältesten Bauteile der Anlage, der Turm und der südliche Teil des Wohntrakts stammen aus der ersten Hälfte bzw. aus der Mitte des 13. Jahrhunderts. Vom 14. bis etwa zur Mitte des 17. Jahrhunderts wurden Aus- und Umbauten vorgenommen. Heute ist die Anlage in einem relativ schlechten Zustand und teilweise von Gebüsch überwuchert.

Nach wenigen Kilometern fahren wir rechts auf einem asphaltierten Straßenstück an der Alpe Untersäss vorbei und dann in Serpentinen aufwärts. Am Ende der Asphaltstrecke befindet sich links auf dem kleinen Hügel ein Aussichtsbänklein mit grandiosem Blick ins Tal und auf die gegenüberliegenden Berge – ein idealer Ort, um eine kleine Pause einzulegen, zumal die Schotterstraße ab hier wieder etwas an Steilheit zulegt.

Nach einigen Kehren öffnet sich das Gelände, und wir durchqueren ein prächtiges Alpgebiet. Vorbei an der Abzweigung zur Alpe Mittelsäss fahren wir durch das Vorderalpgebiet immer stetig aufwärts, bis wir den höchsten Punkt dieser Tour erreichen. Auf dem Kamm angelangt, nützen wir den dortigen Rastplatz für eine wohlverdiente Pause und genießen die herrliche Sicht auf die Maienfelder Alpen, auf Glegghorn und Sunnenspitz.

Die nun folgende Abfahrt ist anfangs unproblematisch befahrbar. Ganz entspannt rollen wir an der Alpe Bad und an der Fläscher Alp vorbei und können das wunderbare Panorama so richtig genießen. Auch durch die Alpe Egg führt unser Weg. Ein beeindruckender Wasserfall und die imposanten Berge rücken immer näher.

Am Ende erreichen wir nach der langen Auffahrt doch den Kamm.

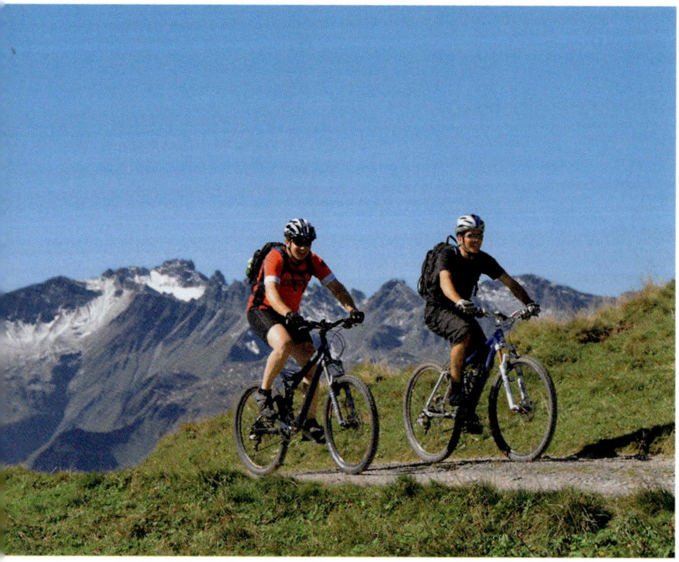

Kurz nach dem Stallgebäude zweigen wir halb rechts auf einen Singletrail ab. Dieser ist anfangs durch zahlreiche kurze und tiefe Bodenwellen sehr unangenehm zu befahren. Der Wanderweg führt über die Wiese abwärts und ist leider nicht immer deutlich erkennbar – daher immer auf die Wanderwegmarkierung achten!

Nun erwarten uns zwei Bachüberquerungen mit zwei kurzen Schiebepassagen, befahrbare Bretterstege und einige Stellen, bei denen man kurz vom Rad steigen muss.

Ein technischer, nur bei absolut trockenen (!) Wetterperioden vernünftig fahrbarer Wanderweg führt uns auf die Schotterstraße Richtung Schesaplanahütte. Auf dieser fahren wir dann mit angenehmer Steigung aufwärts und erreichen die Alp Fasons. Kurz danach erleben wir ein unbeschreibliches Panorama: Sattgrüne Almwiesen, aufragende Bergflanken und die schon sichtbare Schesaplanahütte erweisen sich als eine prächtige Mischung. Zudem führt der Weg unter den Felswänden des Alpsteins entlang.

Noch ein kurzer heftiger Schlussanstieg, dann erreichen wir die Schesaplanahütte, mit dem gleichnamigen Berg im Hintergrund. Die Schesaplana ist mit einer Höhe von 2965 Metern der höchste Berg im Rätikon. Über ihren Gipfel verläuft die Staatsgrenze zwischen dem österreichischen Bundesland Vorarlberg und dem schweizerischen Kanton Graubünden. Am Nordhang befindet sich der Brandner Gletscher, am Ostfuß liegt der Lünersee, einer der größten Bergseen Vorarlbergs.

Nach einer wohlverdienten Stärkung und einer ausgedehnten Panoramabesichtigung mit u.a. Piz Julier, Tambo, Beverin, Calanda, Ringelspitz und Pizol fahren wir über den steilen Auffahrtsweg wieder zurück. Hier können wir zwischen der normalen Route auf dem Singletrail und der Variante A, die über eine Schotterstraße verläuft, wählen. Die Variante führt nach links über eine gut fahrbare Schotterstraße. Zwischen WP 21 und WP 22 erreichen wir wieder die Standardroute.

Wer lieber auf Singletrails fährt, biegt hier rechts und bald danach links in einen Wanderweg ein. Immer der rot-weiß-roten Wegmarkierung folgend, führt uns der größtenteils gut fahrbare Weg Richtung Seewis. Nur zwei kurze Schiebestellen und ein zu überquerendes Geröllfeld zwingen uns vom Bike.

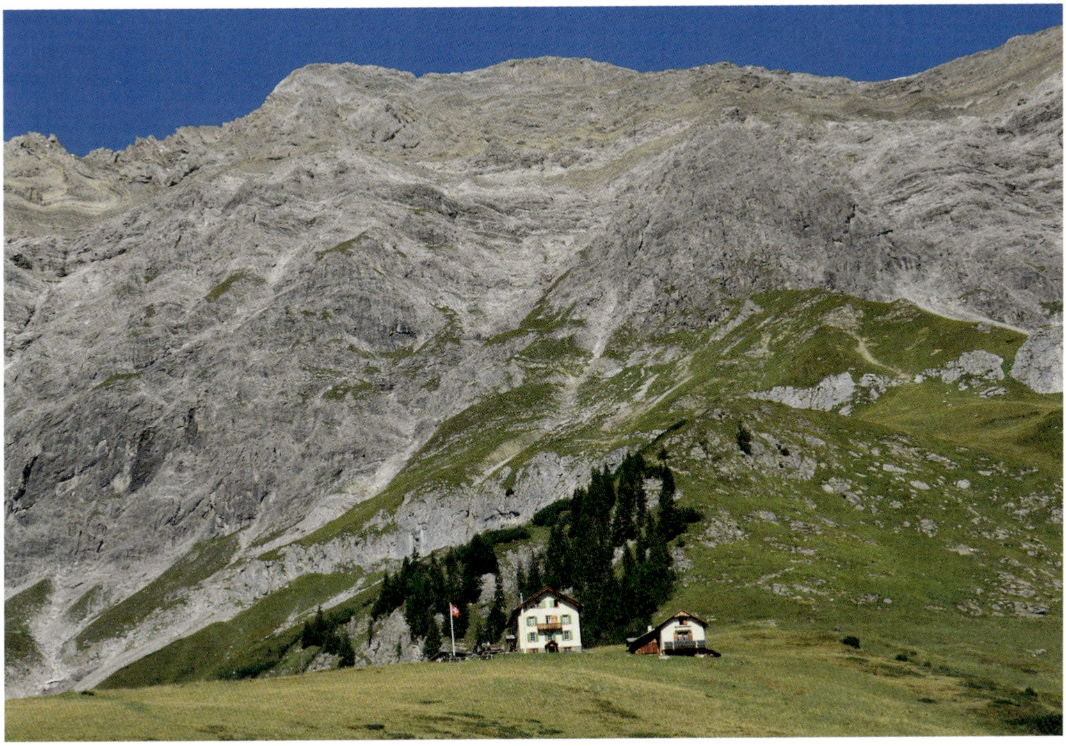

Die Schesaplanahütte mit dem imposanten Alpsteinmassiv

Nach dem Erreichen der Aufstiegsroute rollen wir auf einer Schotterstraße abwärts. Sehr abwechslungsreich fahren wir über Trails, Waldwege, schmale Schotter- und Asphaltstraßen in wechselndem Auf und Ab immer oberhalb von Seewis bis zum Fadärastein. Dort genießen wir die großartige Aussicht ins Prättigau und auf den gegenüberliegenden Calanda. Wir tanken noch etwas Energie aus dem Rucksack und bereiten uns auf den folgenden, absolut genialen Singletrail vor.

Der Einstieg in diesen ist schon sehr faszinierend. Aus Sicherheitsgründen sollten gleich zu Beginn einige Meter schiebend zurückgelegt werden, denn das Gelände ist hier sehr abschüssig, und ein Sturz könnte schlimme Folgen haben! Danach lässt sich der grandiose Trail durchgängig und größtenteils sehr flowig befahren. Lediglich durch ein kurzes asphaltiertes Zwischenstück unterbrochen, führt er über eine Länge von mehr als drei Kilometern direkt nach Malans hinunter.

Über eine reizvolle Höhenstraße erreichen wir das von Weinreben umgebene Örtchen Malans. Am Ortsende befindet sich das Bistro Bazarino del Riposo in ruhiger, sonniger Lage und direkt an unserer Route gelegen – ein perfekter Ort, um bei einem kleinen Imbiss diese Tour ausklingen zu lassen. Von der Chefin Elisabeth höchstpersönlich und sehr freundlich bedient, können wir uns noch einmal an die vielfältigen Eindrücke erinnern. Dabei sind die Strapazen des Tages schnell vergessen, zurück bleiben Glücksgefühle, Zufriedenheit und Freude an der Natur. Wer Zeit hat zu bleiben, kann das Bed & Breakfast-Angebot von Elisabeth in Anspruch nehmen und den Aufenthalt in dieser lieblichen Gegend auf angenehme Art und Weise verlängern.

Den letzten Abschnitt fahren wir auf einem Waldwanderweg parallel zur Straße Richtung Jenins. Sobald wir den Wald verlassen, eröffnet sich uns noch einmal ein zauberhaftes Panorama: Weintraubenfelder, das prächtig gelegene Jenins und die Burg Neu-Aspermont, die von der gelben Abendsonne angestrahlt wird, liefern uns ein wunderbares Abschiedsbild. Genussvoll radeln wir zur Kirche in Jenins und zu unserem Ausgangspunkt beim Feuerwehrhaus zurück.

Routenbeschreibung

Tour 07 Um den Vilan und zur Schesaplanahütte.gpx

WP | km | Hm | Route

1 | 0,00 | 635 | Jenins, Parkplatz beim Feuerwehrhaus und Werkhof; vorfahren bis zur Kirche.

2 | 0,08 | 635 | Direkt zwischen dem Gasthaus Rätia und der Kirche links aufwärts und nach ca. 10 m bei der Weggabelung rechts in die Kreuzgasse.

3 | 0,21 | 642 | Platz – direkt beim Brunnen links aufwärts Richtung Vadella und Jeninser Mittelsäss; auf der Sägenstrasse immer aufwärts haltend weiter.

4 | 0,51 | 672 | Bei der Wanderwegbeschilderung auf dem Mühleweg rechts aufwärts Richtung Vilan.

5 | 5,00 | 1268 | Rechts auf der Asphaltstraße aufwärts; an der Alpe Untersäss vorbei.

6 | 7,70 | 1621 | Bei der Wanderwegmarkierung links Richtung Seewis.

7 | 9,00 | 1804 | Abzweigung zur Alpe Mittelsäss – geradeaus aufwärts fahren.

8 | 10,65 | 2035 | Kamm – auf der Schotterstraße abwärts, an der Alpe Bad und an der Fläscher Alp vorbei.

9 | 13,10 | 1780 | Wanderwegbeschilderung »Messhalden« – rechts abwärts Richtung Seewis; bei km 14,43 durch die Alpe Egg und weiter auf der Schotterstraße abwärts; bei km 15,30 durch die Alp Sürfis.

10 | 15,36 | 1574 | Bei der Wanderwegbeschilderung ca. 50 m nach der Alp Sürfis halb rechts auf einem Wiesentrail leicht abwärts; Wanderwegmarkierung »Schesaplana«, »Seewis-Dorf«; über die Wiese ist der Weg nicht immer klar erkennbar.

11 | 15,84 | 1517 | Wanderwegmarkierung – der Weg führt links zwischen den Bäumen hindurch.

12 | 16,35 | 1483 | Bei der Wanderwegmarkierung rechts Richtung Seewis und dem Wanderweg folgend bis zum Bach hinunter; den Bach über eine schmale Brücke überqueren und auf der anderen Seite auf dem markierten Wanderweg weiter; zwei kurze Schiebepassagen, dann noch eine Bachüberquerung.

13 | 17,70 | 1297 | Auf der Schotterstraße links Richtung Schesaplanahütte.

14 | 20,80 | 1549 | Bei der Wanderwegmarkierung links Richtung Schesaplanahütte und Alp Fasons; der Mountainbikemarkierung folgen.

15 | 22,37 | 1715 | Alp Fasons – Mountainbikemarkierung; der Weg führt oberhalb der Alpe weiter.

16 | 24,71 | 1842 | Links steil aufwärts zur Schesaplanahütte.

17 | 25,05 | 1908 | Schesaplanahütte – auf der Auffahrtsroute wieder zurück.

18 | 25,38 | 1845 | Rechts auf der Auffahrtsroute zurück.

19 | 26,02 | 1803 | Bei der Wanderwegmarkierung links auf dem Singletrail abwärts Richtung Seewis.

20 | 26,95 | 1674 | Bei der Weggabelung links leicht abwärts, der Wanderwegmarkierung folgen.

21 | 27,73 | 1616 | Ende des Singletrails; auf der Schotterstraße links abwärts und auf der Auffahrtsroute zurück.

22 | 28,19 | 1555 | Rechts auf der Auffahrtsroute zurück.

23 | 30,94 | 1299 | Geradeaus auf der Schotterstraße Richtung Seewis.

24 | 33,97 | 1127 | Bei der Wegmarkierung rechts auf der Schotterstraße leicht aufwärts Richtung Seewis und Marnei.

25 | 34,67 | 1061 | Auf der Asphaltstraße rechts ca. 10 m bis zur Wanderwegmarkierung.

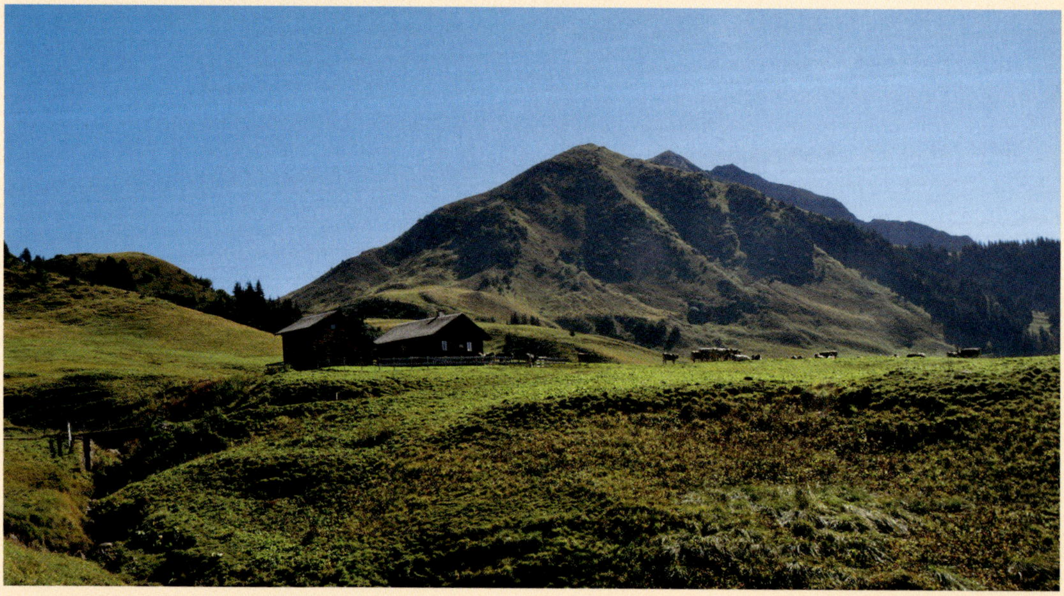

Schönes Panorama bei der Abzweigung zum Mittelsäss

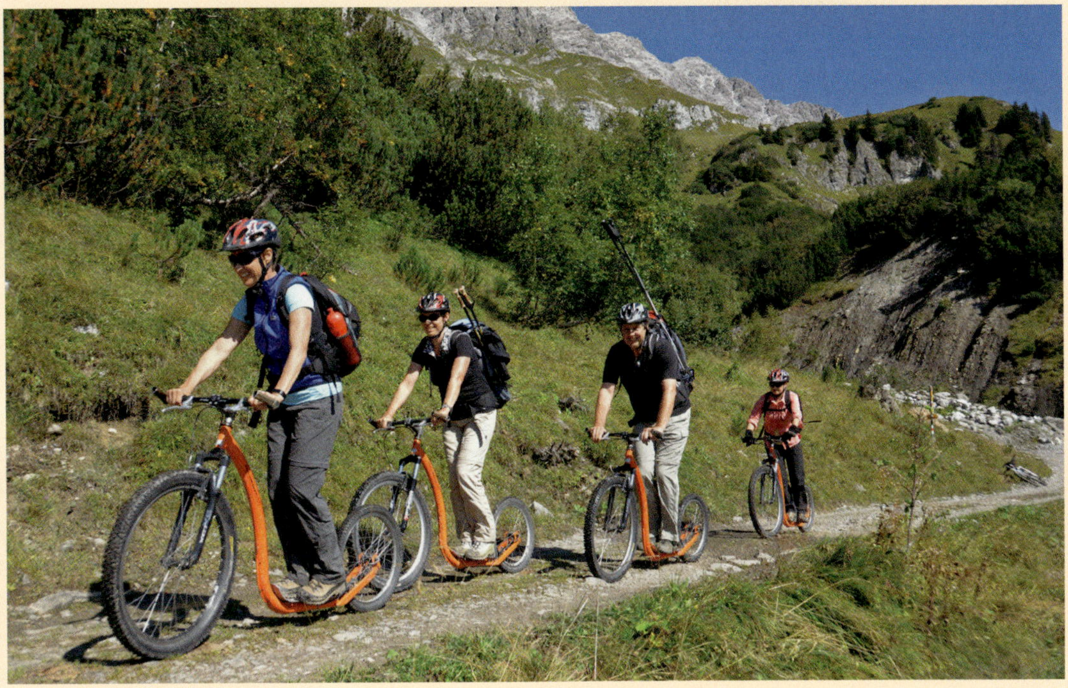

Eine Alternative für gehfaule Wanderer

26 | 34,68 | 1043 | Gandawald – rechts auf dem Wanderweg Richtung Jerplan (Waldlehrpfad).

27 | 35,36 | 1131 | Beim Bauernhaus erreichen wir die Asphaltstraße und fahren links.

28 | 36,14 | 1090 | Bei der Weggabelung rechts aufwärts Richtung Matan und Valcaus; Wegmarkierung »Jugendhaus«.

29 | 37,44 | 1195 | In der Rechtskurve nach dem Queren der Liftanlage links auf der Schotterstraße in den Wald hinein.

30 | 38,32 | 1160 | Auf der schmalen Asphaltstraße rechts aufwärts.

31 | 38,90 | 1208 | Wegmarkierung »Fulli« – bei der Weggabelung links Richtung Fadärastein.

32 | 38,41 | 1189 | Geradeaus auf Asphalt leicht abwärts.

33 | 40,32 | 1135 | Rechts auf dem Wanderweg Richtung Fadärastein und Malens.

34 | 40,46 | 1151 | Nach der Wiesenauffahrt bei der Wanderwegmarkierung links Richtung Fadärastein und Malans – kurze Schiebepassage.

35 | 40,67 | 1163 | Fadärastein – links einige Meter bis zum Aussichtspunkt bzw. dann rechts auf dem Singletrail abwärts.

36 | 42,95 | 810 | Rechts im spitzen Winkel auf dem Singletrail abwärts.

37 | 43,85 | 630 | Auf der Asphaltstraße rechts leicht abwärts.

38 | 44,05 | 625 | Links halten.

39 | 44,22 | 614 | Bei der Wegkreuzung geradeaus auf der Schermengasse fahren und links am Brunnen vorbei.

40 | 44,36 | 600 | Geradeaus auf der Schermengasse weiter.

41 | 44,41 | 598 | Rechts die Mostgasse aufwärts; nach ca. 50 m an der Weggabelung links.

42 | 44,55 | 613 | Links fahren – Markierung »Weinwanderweg«.

43 | 44,70 | 607 | Auf dem Bothmarweg links bis zur Stoppstraße.

44 | 44,74 | 606 | Bei der Stoppstraße halb rechts in die Degenstraße biegen.

45 | 44,97 | 614 | Rechts über die Degenstrasse weiter Richtung »Älplibahn« fahren.

46 | 45,16 | 614 | Bistro Bazarino del Riposo – Einkehrmöglichkeit.

47 | 45,24 | 613 | Geradeaus auf der Jeninserstrasse Richtung Jenins – rechts im Wald parallel zur Straße auf einem fahrbaren Wanderweg weiter, dann geradeaus durch Jenins.

48 | 47,21 | 628 | Beim Gasthaus »Zur Traube« links Richtung Maienfeld fahren.

49 | 47,39 | 635 | An der Kirche vorbei und geradeaus zum Parkplatz beim Werkhof und bei der Feuerwehr von Jenins.

50 | 47,47 | 635 | Parkplatz in Jenins – Ende der Tour.

Variante: Tour 07 Um den Vilan und zur Schesaplanahütte.gpx

A01 | 25,38 | 1845 | Beim WP 18 links auf der Schotterstraße bis zum WP A02; der Schotterstraße folgen bis zum WP A02 (wieder auf der Auffahrtsroute), dann links auf der Auffahrtsroute abwärts (kurz vor WP 22).

8 Carschinahütte

Ein unvergessliches Erlebnis in der grandiosen Prättigauer Bergwelt

5	✪✪✪✪✪	1970	52	6
Schwierigkeit	Erlebniswert	Höhenmeter (in m)	Streckenlänge (in km)	Zeit (in h)

TOURENCHARAKTER

AUSGANGS-/ENDPUNKT
Schiers, Parkplatz direkt bei der Ortseinfahrt

ANFAHRT
Über die A 13 bis Ausfahrt 14/Landquart, weiter Richtung Davos fahren und nach ca. 11 km links in die Ortschaft Schiers abbiegen; direkt bei der Einfahrt befindet sich auf der linken Seite ein kostenfreier Parkplatz.

KONDITION
✪✪✪✪✪

FAHRTECHNIK
✪✪✪✪✪

ERLEBNISWERT
Fahrspaß: ✪✪✪✪✪ – sehr angenehme Auffahrt auf schmalen Schotter- bzw. Asphaltstraßen; herrliche, fahrbare, endlose und fordernde Singletrails auf genialen Höhenwegen; sehr lange, kurvenreiche Speed-Abfahrt hinunter nach Schiers
Landschaft: ✪✪✪✪✪ – unübertroffenes grandioses Panorama in der eindrucksvollen Prättigauer Bergwelt, etwas vom Schönsten in den Alpen
Kultur und Geschichte: ✪✪✪✪✪ – die Salginatobelbrücke; die Reformierte Kirche St. Johann in Schiers

EINKEHRMÖGLICHKEITEN
Panorama-Berggasthaus Michelshof, CH-7246 St. Antönien, Tel. +41/(0)81/330 56 56, www.michelshof.ch; SAC Carschinahütte, CH-7246 St. Antönien, Tel. +41/(0)76/311 18 70, Hüttentelefon: +41/(0)79/418 22 80, www.carschina.ch; Restaurant-Gasthaus Gaisschära, CH-7228 Schuders, Tel. +41/(0)81/328 17 40, www.thoeny.org

STRECKENPROFIL
Die Höhenmeter werden auf sehr angenehmen, schmalen Asphalt- bzw. Schotterstraßen absolviert, unterbrochen durch einen genial flowigen Singletrail Richtung St. Antönien. Ab dem Bärgli folgt, vorbei am Carschinasee bis zur Carschinahütte, ein leicht ansteigender, fordernder, aber erstklassiger Singletrail. Weiter geht's auf einem Höhenweg, der bei allen Trail-Liebhabern Glücksgefühle auslösen wird. Die Abfahrt führt über eine endlose, prächtige Schotter- bzw. Asphaltstraße bis direkt zu unserem Ausgangspunkt in Schiers zurück.

HÖCHSTER PUNKT
2236 m, Carschinahütte

NIEDRIGSTER PUNKT
650 m, Schiers

TOURIST-INFO
Prättigau Tourismus GmbH, Sand 151, CH-7214 Grüsch, Tel. +41/(0)81/325 11 11, info@praettigau.info, www.praettigau.info

LANDKARTEN
Swisstopo 248 Prättigau, Landeskarte 1:50 000

GPS/ROADBOOK
Tour 08 Carschinahütte.gpx; Tour 08 Carschinahütte 500.gpx

Diese absolute Traumtour lässt alle Bikerherzen höher schlagen: eine überwältigende Landschaft, geniale, beinahe endlos scheinende Singletrails auf fahrbaren Höhenwegen und eine genussvolle Abfahrt.

Diese Tour befindet sich im Bezirk Prättigau/Davos im Kanton Graubünden und beginnt im kleinen Örtchen Schiers. Dieses liegt im vorderen Prättigau, an der Mündung des Schraubachs in die Landquart. Zu Beginn können wir uns locker einradeln. Gemütlich fahren wir durch das urige Örtchen, dann immer parallel etwas oberhalb der Hauptstraße und der Landquart entlang. Auf verkehrsarmen Nebenstraßen beginnen wir die Auffahrt mit angenehmer Steigung.

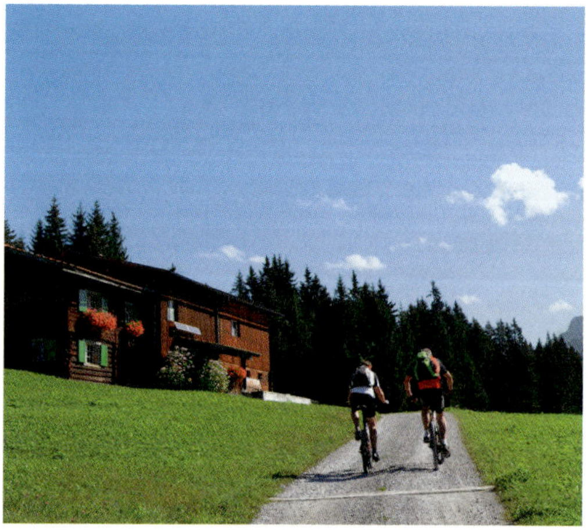

Durch eine liebliche, landwirtschaftlich genutzte Gegend führt uns der Weg über Buchen bis zur Alp Tratza. Auf dieser schön gelegenen Alpe können wir unsere Trinkflaschen auffüllen.
Der Weg führt nun über zwei kurze steile Rampen und eine Wiesenauffahrt weiter bergan. Unterhalb der Par-

52 km	1970 Hm	Tagestour

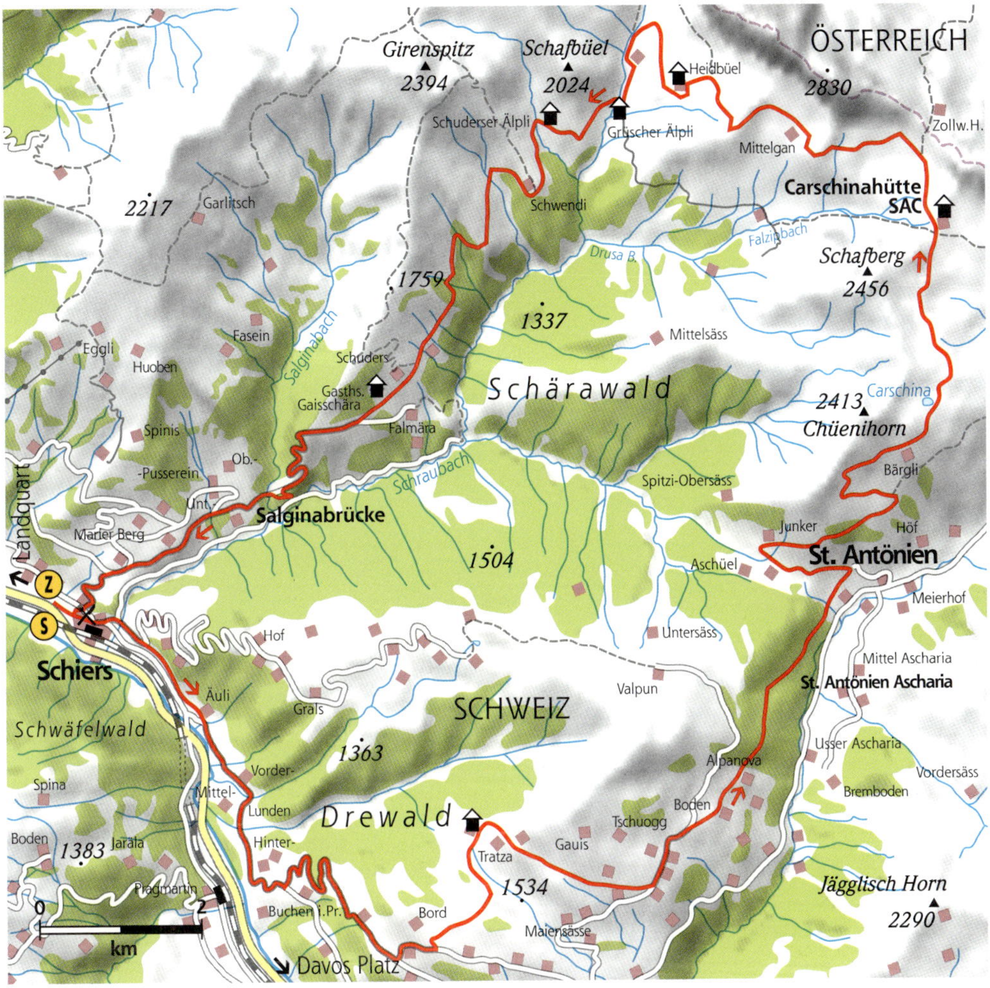

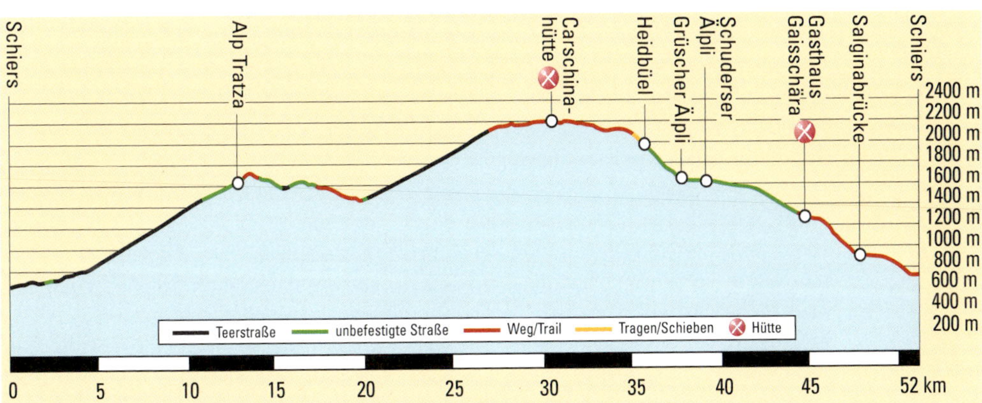

Der Auffahrtsweg zur Alp Tratza

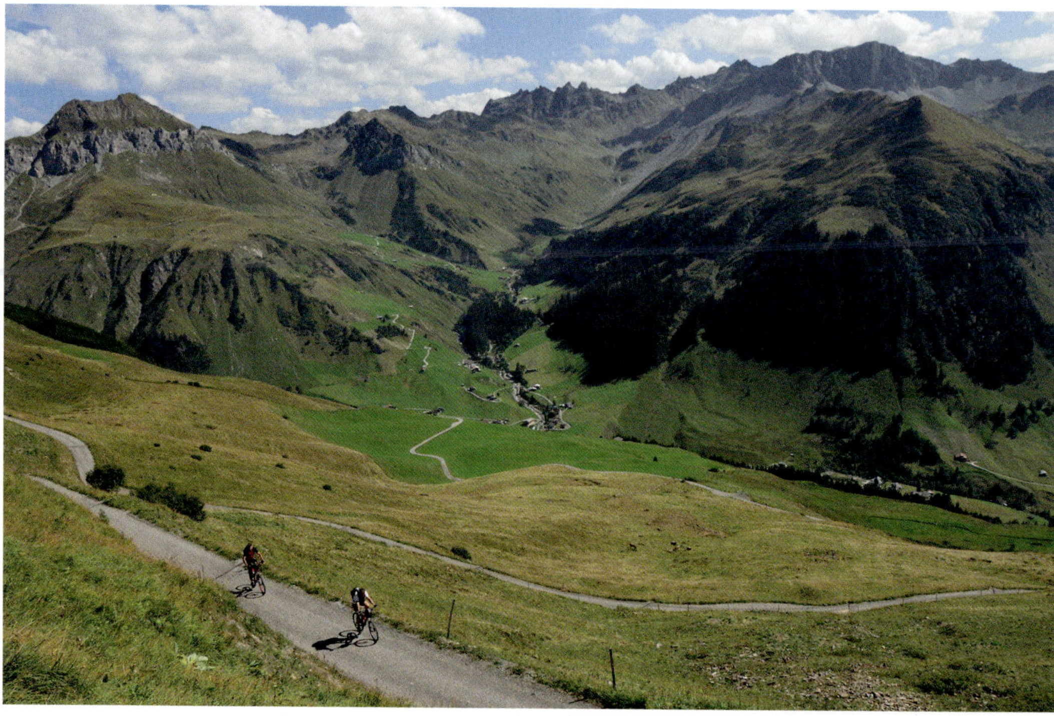

Serpentinenartige Auffahrt zum Bärgli mit überwältigendem Panorama

zelle Säss erreichen wir wieder die Auffahrtsstraße und zweigen nach einem kurzen Stück rechts Richtung Boden ab. Begleitet von einer prächtigen Aussicht, fahren wir auf einer Schotterstraße Richtung St. Antönien und biegen bald darauf links in einen Singletrail ein. Dieser entwickelt sich als wahres »Prachtstück«: Sehr gut fahrbar und größtenteils flowig, zieht sich der Trail parallel und oberhalb der Zufahrtsstraße dahin.

Am Ende wird er etwas breiter, und in zügigem Auf und Ab erreichen wir St. Antönien, eine typische Walsersiedlung im St. Antöniental, einem nördlichen Seitental des Prättigaus. Diese Streusiedlung besteht aus einer Vielzahl von Einzelgehöften.

Etwas oberhalb von St. Antönien-Platz, dem etwas verdichteteren Dorfzentrum, führt unsere Route vorbei am Panoramaberg-Gasthaus Michelshof. Auf schmalen, beinahe verkehrsfreien Asphaltsträßchen fahren wir sehr angenehm Richtung Bärgli weiter aufwärts. Immer wieder sehen wir am Wegesrand kleine Tafeln mit wahrhaft motivierenden Sprüchen (z. B.: »Ist es zu steil, bist du zu schwach!«).

Die Aussicht während dieser Auffahrt ist beeindruckend. Die Holzhütten der Wildbach- und Lawinenverbauung sind schon von Weitem sichtbar. In Serpentinen schlängelt sich das schmale Sträßchen den Hang hinauf.

Beim Bärgli biegen wir in einen genialen Singletrail ein, der immer leicht ansteigend direkt am Carschinasee vorbei zur Carschinahütte führt. Er ist beinahe durchgehend fahrbar und ein absolutes Highlight. Die Landschaft ist einfach unbeschreiblich. Da dieser Trail die Konzentration sehr beansprucht, sollte man sich öfters Zeit nehmen, um kurz anzuhalten und die Eindrücke in vollen Zügen zu genießen.

Schon nach wenigen Minuten auf dem Trail zeigt sich mit der Schijenflue bis hinüber zur imposanten Sulzfluh ein geniales Bergpanorama. Farblich sehr gut getarnt, ist die Carschinahütte direkt unter der mächtigen Sulzfluh schon von Weitem erkennbar.

Immer näher kommen wir der eindrucksvollen Bergkette mit Sulzfluh, Drusenfluh und den Kirchlispitzen. Über diese Grenzkette verläuft die österreichisch-schweizerische Grenze. In der Sulzfluh liegt ein Höhlensystem mit mehreren Eingängen. Seit Ende der 1970er-Jahre sind die rund vier Kilometer langen Gänge im Kalkgestein vermessen. Dabei wurden Knochen und Zähne des Höhlenbären, die ein Alter von 80 000–120 000 Jahren aufweisen, gefunden. Die Sulzfluh, mit einer Höhe von 2818 Metern, und die Drusenfluh (2827 m) gehören zu den zehn höchsten Gipfeln von Rätikon, Graubünden und Vorarlberg.

Am Ende dieses erstklassigen Trails erreichen wir die Carschinahütte, bei der eine Einkehr sehr zu empfehlen ist. Auf der Sonnenterrasse kann man das Panorama in vollen Zügen genießen. Außerdem wird man vom Team sehr freundlich bedient und kulinarisch absolut verwöhnt. Die selbst gemachten »Wähen« haben uns ganz vorzüglich geschmeckt.

Die Carschinahütte wurde im Jahr 1968 erbaut und 1993 erweitert. Sie ist eine Schutzhütte des Schweizer Alpen-Clubs (SAC), Sektion Rätia.

Nach einer ausgiebigen und genussvollen Rast setzen wir unsere Tour gestärkt fort; fahren zunächst einige Meter die Zufahrtsstraße zurück und biegen dann bereits wieder auf einen Höhenweg ein. Es folgt ein wiederum nicht minder genialer Singletrail – ebenfalls beinahe vollständig fahrbar, aber technisch immer fordernd.

Vom Drusentor bis kurz vor dem Schweizertor zieht sich dieser Höhenweg etwas unterhalb der Drusenfluh entlang. Die direkt über uns aufragenden Bergspitzen lassen uns ehrfurchtsvoll staunen. Ein einzigartiges Erlebnis und unvergessliche Eindrücke!

Beim Wanderwegweiser zwischen der Drusenfluh und den Kirchlispitzen stehen wir beinahe direkt unterhalb des Schweizertors, einem der Grenzübergänge von Vorarlberg in die Schweiz. (Als Kirchlispitzen werden die sieben Gipfel der Kirchlispitzengruppe bezeichnet, die sich westlich vom Schweizertor befinden.)

Kurz vor dieser Wanderwegmarkierung beginnt die kurze Schiebepassage bis zur links unter uns liegenden Alpe Heidbüel; es ist eine weiß-rot-weiße Wegmarkierung erkennbar – sonst geradeaus hinunter bis zur bald erkennbaren Alpe schieben. Zwischendurch kann man immer wieder einige Meter über die Almwiese und zwischen den Steinen hindurch fahren. Das maximale Schiebestück beträgt etwa 500 Meter.

Ab der Alpe Heidbüel führt dann eine ziemlich grobe Schotterstraße abwärts. An einer parkplatzähnlichen Fläche fahren wir direkt unterhalb des Schweizertors vorbei bis zum Grüscher Älpli. Wir überqueren den Älplibach, passieren eine riesige Hangrutschung und biken unter der Schuderser Älpli vorbei. Das Schottersträßchen ist jetzt sehr gut fahrbar und macht richtig Spaß. Wir verlieren kaum an Höhe und können doch sehr zügig den Stä-

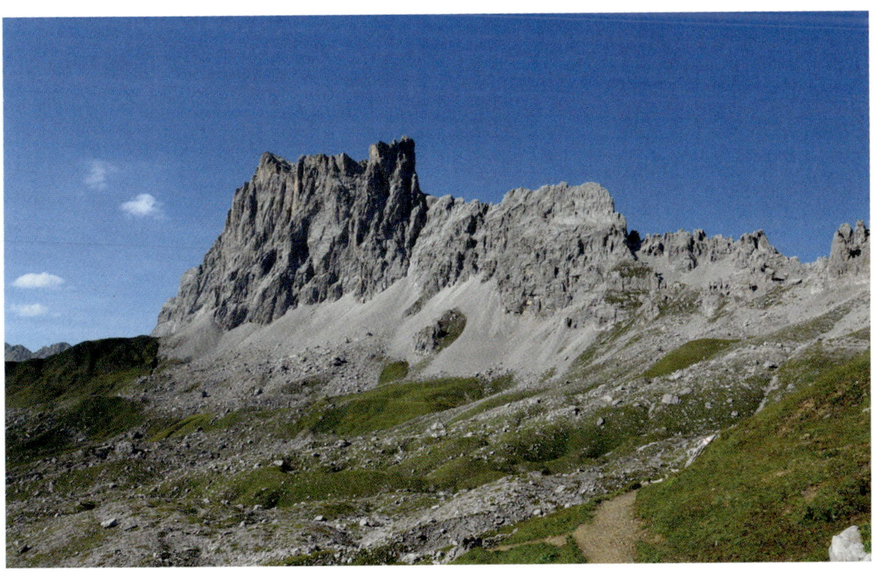

Wunderbarer Trail von der Carschinahütte entlang der Drusenfluh

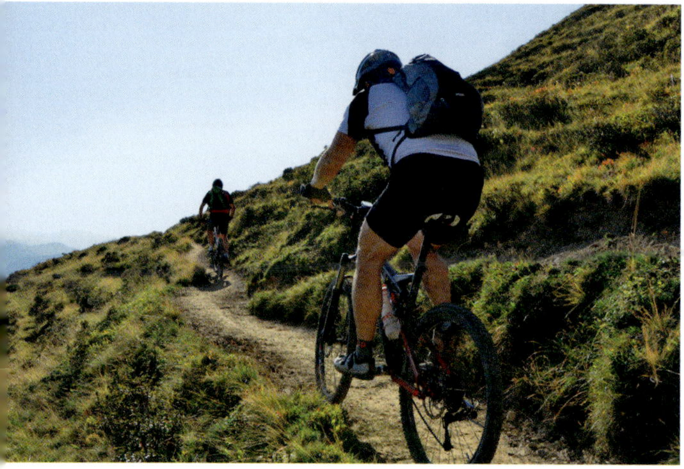

ST. JOHANN IN SCHIERS

Die Mutterkirche des Prättigaus ist die Reformierte Kirche St. Johann. Sie steht unter Denkmalschutz des Kantons Graubünden und wurde 1101 erstmals erwähnt. Das Kircheninnere zeigt ein Langhaus, auf dessen linker Seite sich eine Empore befindet. Der Chor ist mit einem Netzgewölbe bedeckt, was typisch für Graubünden ist. Die Kanzel mit Schalldeckel und die Glocke an der südlichen Außenmauer, die an den Dorfbrand erinnert, stammen aus dem Jahr 1768. Die monumentale Orgel wurde 1926 in den Chor eingebaut.

Flowiger Trail Richtung Schweizertor

gentobel und den Farsätschtobel passieren. Ab und zu ein Blick zurück auf ein immer noch überwältigendes Panorama lohnt sich auf jeden Fall! Wieder einmal wird uns bewusst, welche Distanzen und was für ein Höhenunterschied mit dem Bike an einem Tag zurückgelegt werden können.

Das Sträßchen wird jetzt etwas steiler, und wir erreichen die als walserisches Dorf angelegte Hangsiedlung Schuders. Wer sich in der glücklichen Lage befindet und noch genügend Zeit zur Verfügung hat, sollte unbedingt im Gasthaus Gaisschära am Ortsende einkehren. Dieses absolut sehenswerte, romantische Kleinhotel und Restaurant wird von der Porzellanmalerin Elke und ihrem Lebensgefährten Otto seit ihrer Pensionierung geführt. Die vorzüglichen Speisen (wenn man Glück hat, gibt es frische Eierschwammerl) und Getränke werden in handbemalten Tellern und Tassen serviert. Auch der Espresso kommt hier eleganter als im nobelsten Luxushotel auf den Tisch – in goldgeränderten Tassen. Wenn man Glück hat, bekommt man auch eine Führung durch das Atelier der Künstlerin.

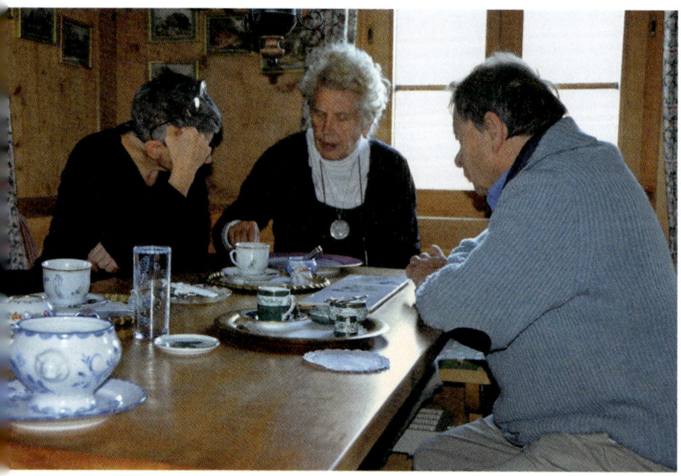

Die Wirtsleute vom Gasthaus Gaisschära – das Porzellan hat Elke von Hand bemalt.

Nach dieser außergewöhnlichen Rast führt uns die schmale asphaltierte Straße weiter abwärts. Durch eine wildromantische Gegend und über eine mit 20 Kehren großartig angelegte Bergstraße vernichten wir viele Höhenmeter. Es macht ungeheueren Spaß, und mit einem breiten Grinsen im Gesicht erreichen wir die Salginatobelbrücke. Bitte unbedingt in der Mitte anhalten und 93 Meter in die Tiefe blicken!

Die Brücke wurde in den Jahren 1929/30 erbaut. Die dreigelenkige Hohlkastenbogen-Konstruktion in Stahlbeton wurde als Internationales Historisches Denkmal der Ingenieurbaukunst (World Monument) ausgezeichnet. Über einen Fußpfad, der am oberen Brückenende beginnt, gelangt man zu einer tiefer gelegenen Plattform und hat so die Möglichkeit, die Brücke und die Schlucht aus der Nähe zu betrachten.

Etwas unspektakulärer, aber nicht weniger schön, führt uns dann die Straße über Montagna weiter abwärts bis ins Zentrum von Schiers. Direkt im Ort stoßen wir wieder auf unsere Auffahrtsroute und erreichen bald unseren Ausgangspunkt am Ortsende von Schiers.

Tour 08 Carschinahütte.gpx

WP | km | Hm | Route

1 | 0,00 | 650 | Beim Parkplatz rechts, nach ca. 20 m geradeaus und durch die Ortschaft Schiers.

2 | 0,41 | 667 | Rechts und weiter durch die Ortschaft.

3 | 0,65 | 670 | Links in die Farbstrasse, den Schraubach überqueren und eine steile Rampe hinauf.

4 | 1,12 | 693 | Rechts in die Rossgasse.

5 | 1,60 | 863 | Links auf dem Wanderweg direkt am Haus entlang; am Ende des kurzen Wanderwegs wieder auf der schmalen Asphaltstraße geradeaus.

6 | 2,60 | 702 | Links auf der Asphaltstraße leicht aufwärts.

7 | 5,59 | 917 | Rechts aufwärts.

8 | 5,97 | 963 | Links der Mountainbikemarkierung folgen.

9 | 9,62 | 1341 | Links Richtung Tratza fahren.

10 | 10,62 | 1450 | Börtji – links aufwärts Richtung Tratza.

11 | 10,83 | 1470 | Rechts Richtung Tratza fahren.

12 | 12,81 | 1633 | Alp Tratza – der Schotterstraße aufwärts folgen.

13 | 12,89 | 1641 | Bei der Wanderwegbeschilderung rechts Richtung Chrüz.

14 | 14,09 | 1678 | Auf der Schotterstraße geradeaus abwärts.

15 | 14,66 | 1662 | Bei der Weggabelung rechts abwärts.

16 | 15,43 | 1575 | Auf der Asphaltstraße links aufwärts fahren.

17 | 16,32 | 1640 | Bei der Weggabelung rechts der Mountainbikemarkierung folgen.

18 | 16,97 | 1611 | Geradeaus steil aufwärts fahren.

19 | 17,32 | 1600 | Links auf den Singletrail fahren.

20 | 19,88 | 1461 | Auf der Asphaltstraße links aufwärts – Mountainbikemarkierung.

21 | 20,02 | 1466 | Halb links auf Schotterstraße bergan Richtung Carschinasee.

22 | 20,24 | 1488 | Rechts auf der Asphaltstraße aufwärts.

23 | 20,45 | 1504 | Links aufwärts fahren.

24 | 21,45 | 1592 | Bei der Straßengabelung rechts Richtung Carschinahütte.

25 | 22,07 | 1647 | Rechts Richtung Carschinahütte; immer dieser Asphaltstraße und der Mountainbikemarkierung 333 folgen.

26 | 26,97 | 2137 | Bärgli – links auf dem Singletrail Richtung Carschinahütte.

27 | 30,41 | 2236 | Carschinahütte – ca. 20 m auf dem Aufstiegsweg retour.

28 | 30,45 | 2224 | Rechts auf den Singletrail abbiegen.

29 | 34,64 | 2142 | Rechts auf dem Singletrail weiter; ab km 35,22 Schiebestück (max. 500 m).

30 | 35,39 | 2055 | Bei der Wanderwegmarkierung links Richtung Grüscher Älpli; über die Almwiese der Markierung folgend abwärtsschieben – einige kurze fahrbare Stellen.

31 | 35,75 | 1975 | Heidbüel – links und auf der Schotterstraße abwärts.

32 | 36,93 | 1748 | Nach der parkplatzähnlichen Fläche links auf der Schotterstraße abwärts.

33 | 37,81 | 1639 | Grüscher Älpli – rechts im spitzen Winkel auf der Schotterstraße abwärts.

34 | 43,98 | 1382 | Links abwärts Richtung Schuders.

35 | 48,66 | 864 | Geradeaus abwärtsfahren.

36 | 50,76 | 695 | Schiers – rechts fahren.

37 | 50,81 | 693 | Links fahren.

38 | 50,88 | 691 | Rechts auf der Auffahrtsroute abwärts bis zum Parkplatz am Ortsende.

39 | 51,14 | 652 | Geradeaus zum Parkplatz fahren.

40 | 51,22 | 650 | Parkplatz Schiers – Ende der Tour.

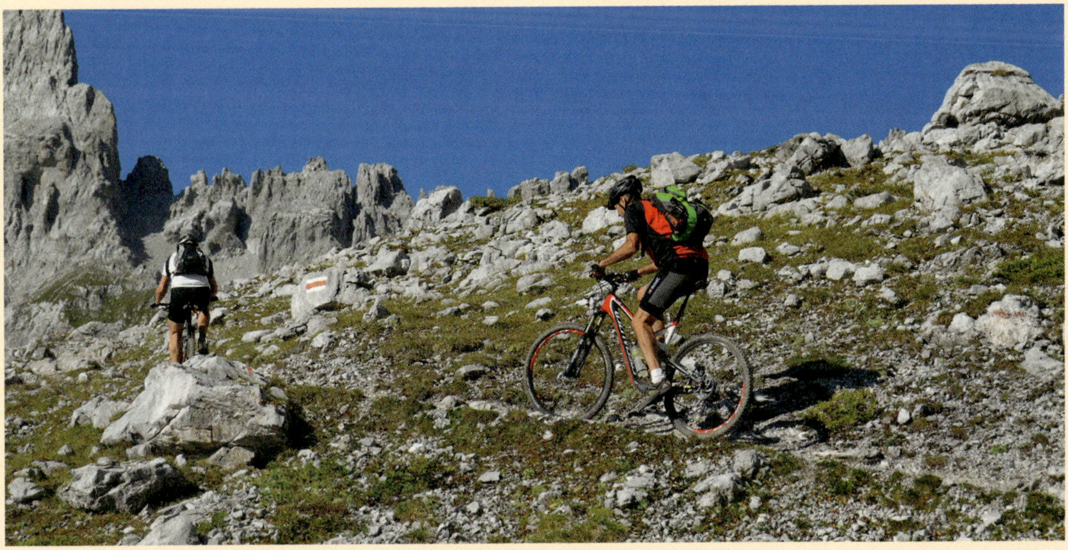

Abwechslungsreiche Trailpassagen

9 Glaspass

Über den Glaspass ins Safiental

3	✪✪✪✪✪	1660	61	5
Schwierigkeit	Erlebniswert	Höhenmeter (in m)	Streckenlänge (in km)	Zeit (in h)

TOURENCHARAKTER

AUSGANGS-/ENDPUNKT
Rothenbrunnen, Parkplatz am Ortsrand

ANFAHRT
Über die A 13 von Chur kommend bis Ausfahrt 20/Rothenbrunnen–Cazis, am Ende der Straße links abbiegen und nach 200 m rechts in eine Nebenstraße fahren (Beschilderung »Kiesgrube Teleu«); nach ca. 100 m gibt es einige gebührenfreie Parkplätze.

KONDITION
✪✪✪✪✪

FAHRTECHNIK
✪✪✪✪✪

ERLEBNISWERT
Fahrspaß: ✪✪✪✪✪ – angenehme Auffahrt auf asphaltierter Nebenstraße; eindrückliche Landschaft bis zum Glaspass; kurzer Trail in wildromantischem Gelände; genussvolle Abfahrt durchs Safiental bis zur Ruinaulta

Landschaft: ✪✪✪✪✪ – einzigartige Aussichten Richtung Domleschg; Maiensässen und Alpweiden mit bunten Blumenwiesen in reizvoller Umgebung; liebliche Almlandschaft und wildromantisches Safiental; imposante Rheinschlucht (Ruinaulta)

Kultur und Geschichte: ✪✪✪✪✪ – die Burgruinen Ober- und Niederjuvalta in Rothenbrunnen; das spätgotische Haus Tscharner mit den Fassadenmalereien von Hans Ardüser; das Kurhaus Bad Rothenbrunnen; Schloss Rhäzüns; die Pfarrkirche Nossadunna (Maria Geburt) in Rhäzüns; die Mineralquellen von Rhäzüns

EINKEHRMÖGLICHKEITEN
Berg- und Skihaus Obergmeind, CH-7428 Tschappina, Tel. +41/(0)81/651 13 22, www.berghaus-obergmeind.ch; Berggasthaus Beverin, CH-7428 Glas/Tschappina, Tel. +41/(0)81/651 13 23, Mobil +41/(0)79/541 51 48, www.berggasthaus-beverin.com; Gasthaus Rathaus Safien, Tel. +41/(0)81/647 11 06

STRECKENPROFIL
Unkomplizierte, sehr angenehme, aber lange Auffahrt von Rothenbrunnen zum Glaspass; kurzer interessanter Singletrail; einfache, sehr schöne Fahrt durchs wildromantische Safiental bis zur Ruinaulta

HÖCHSTER PUNKT
1831 m, kurz nach dem Glaspass

NIEDRIGSTER PUNKT
625 m, Rothenbrunnen

TOURIST-INFO
Chur Tourismus, Bahnhofplatz 3, CH-7001 Chur, Tel. +41/(0)81/252 18 18, info@churtourismus.ch

LANDKARTEN
Swisstopo 247 Sardona und 257 Safiental, Landeskarten 1:50 000

GPS/ROADBOOK
Tour 09 Glaspass.gpx; Tour 09 Glaspass 500.gpx

Die interessante Ausdauertour verläuft auf einfach zu fahrenden Straßen und Wegen und bietet eine kurze Singletraileinlage sowie eine entspannte Fahrt durchs wildromantische Safiental bis zur Ruinaulta.

Wir starten die Tour am Ortsrand von Rothenbrunnen. Das Dorf ist die am nördlichsten gelegene Gemeinde im Domleschg und mit 625 Metern die am niedrigsten gelegene von den Domleschger Gemeinden. Das Domleschg ist ein Tal im Kanton Graubünden mit Thusis als Hauptort der Talschaft. Die nördlichste Ortschaft ist Rothenbrunnen, die südlichste Sils.

Rothenbrunnen, auch als das »Tor zum Domleschg« bezeichnet, liegt als erste Siedlung zwischen den Burgen Ober- und Niederjuvalta. Die Talenge, die in früheren Jahren eine Zollstation (heute zur Ruine verfallen) zur Kontrolle der Hauptverbindungsstraßen zu den Alpenpässen beherbergte, trägt den gleichen Namen wie die Gemeinde. Rothenbrunnen profitiert, genauso wie die anderen Domleschger Gemeinden, von dem vorzüglichen Klima. Trotzdem gibt es nur noch wenige Land-

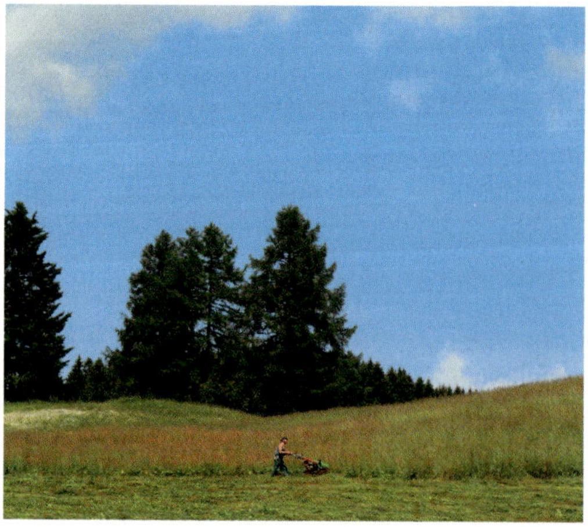

»Wiesenpflege«

61 km	1660 Hm	Tagestour

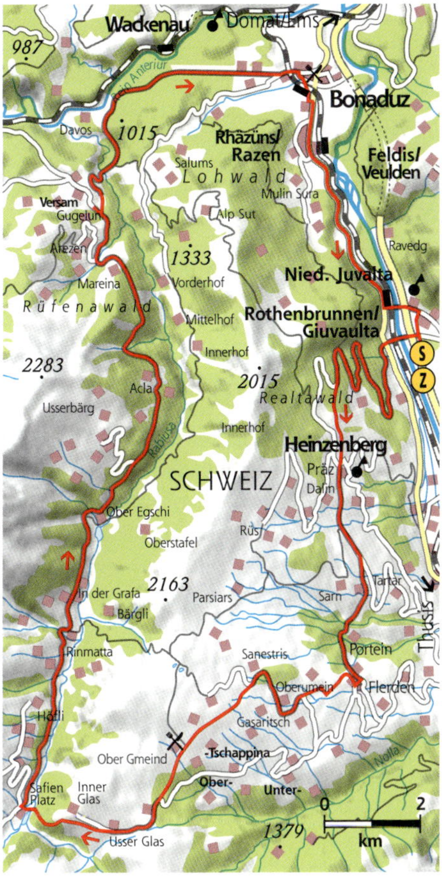

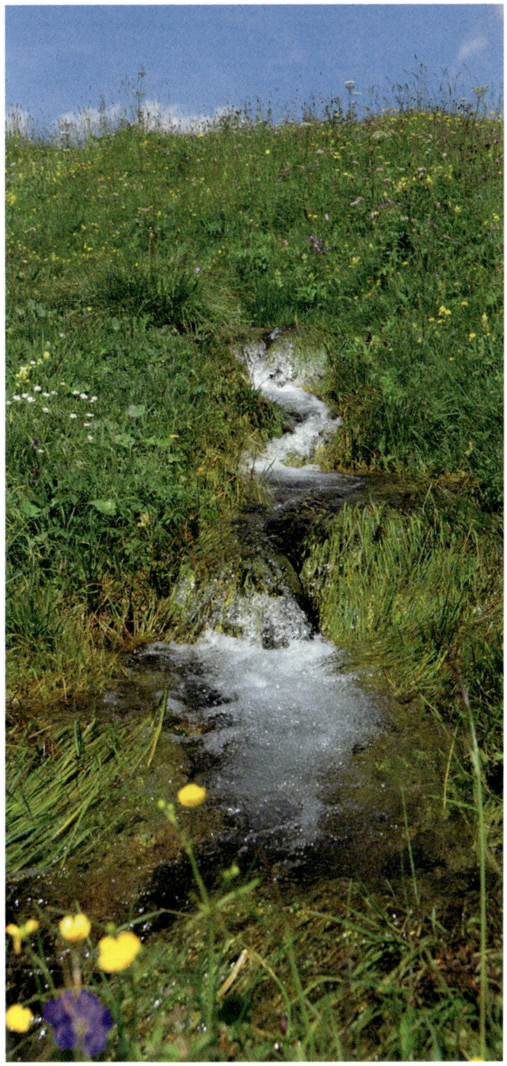

Glasklare Bäche fließen durch die Almwiesen.

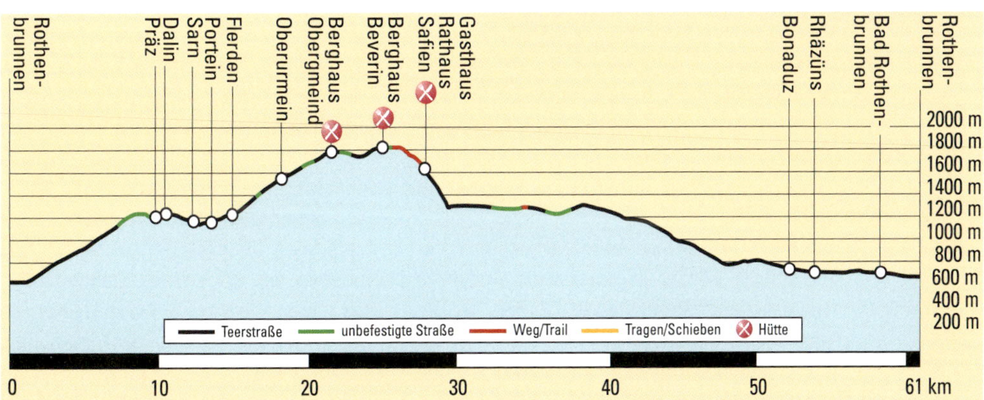

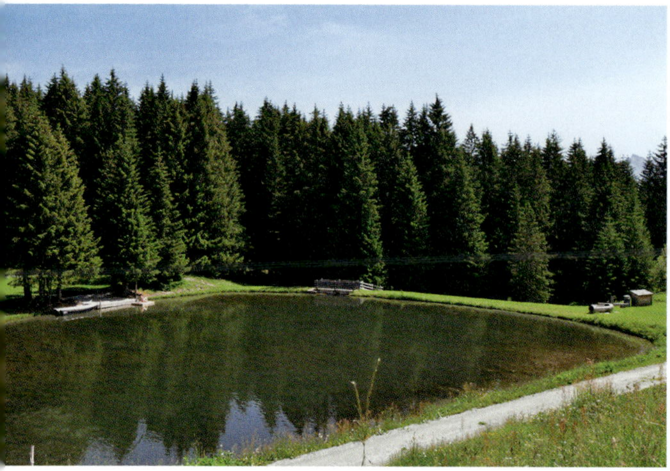

Der Patrutgsee bei Oberurmein

wirtschaftsbetriebe im Dorf. Der hier geerntete Spargel gilt als weit bekannte Spezialität. Der heutige Name »Rothenbrunnen« gibt keine Rätsel auf: Er rührt von der Heilquelle her, die am Fuß des steil aufsteigenden Felsens hervorgeht und ein jod- und eisenhaltiges rotes Wasser führt. Der dem Dorf als Namenszeichen dienende Brunnen ist noch heute in Betrieb, sodass alle Einwohner das gesunde Wasser nutzen können.

Direkt am Ortsende von Rothenbrunnen fahren wir auf einer asphaltierten Nebenstraße, die eine sehr angenehme Steigung aufweist, auf den sonnigen Heinzenberg. Er bezeichnet die westliche Seite des Hinterrheintals zwischen der Viamala und der Talenge bei Rothenbrunnen. Die Region ist nach der Burg Heinzenberg nahe dem Dorf Präz benannt.

Schon nach etwa vier Kilometern haben wir eine tolle Aussicht auf das gegenüberliegende Örtchen Tumegl-Tomils, im Domleschg gelegen. Auf einer Höhe von ca. 1140 Metern erreichen wir das kleine Dorf Präz. Die Höhenstraße führt sehr angenehm durch die kleinen Orte Dalin, Sarn, Portein und Flerden, bevor der nächste Anstieg hinauf zum Glaspass auf uns wartet.

Wir fahren am Heinzenberg entlang und dürfen immer wieder eindrucksvolle Ausblicke auf das gegenüberliegende Domleschg genießen. Die Landschaft ist gepflegt, geprägt durch eine gesunde Landwirtschaft, und bietet viele Möglichkeiten für Erholungssuchende.

Bild rechte Seite: Beeindruckende Trailpassage Richtung Safiental

Beständig auf einer asphaltierten, verkehrsarmen Nebenstraße fahrend, kommen wir vorbei an dem Maiensäss-Dörfchen Aclas Heinzenberg und erreichen Oberurmein mit dem schön gelegenen Patrutgsee. Oberurmein liegt auf einer Höhe von 1579 Metern. Nach einer kurzen Abkühlung im kühlen Nass geht es teilweise asphaltiert und teils auf geschottertem Untergrund weiter.

Wenn wir die Baumgrenze verlassen, eröffnet sich uns ein Ausblick auf eine unübertroffen weitläufige Landschaft. Durch farbenprächtige Blumenwiesen führt das Sträßchen hinauf nach Obergmeind, auf einer Höhe von 1813 Metern gelegen. Im Berg- und Skihaus Obergmeind, direkt an der Straße, lässt es sich auf der Sonnenterrasse gut verweilen. Vom sehr freundlichen Wirt bedient und mit Blick auf den Piz Beverin genießen wir einen Milchkaffee und einen kleinen Imbiss.

Da wir hier den höchsten Punkt unserer Tour schon bald erreicht haben, lassen wir uns etwas Zeit, bevor wir bis zum Glaspass weiterkurbeln. Dieser ist ein unscheinbarer Passübergang, der auf dem Gebiet der politischen Gemeinde Tschappina auf einer Höhe von 1846 Metern liegt. Er ist der wichtigste Ausgangspunkt für die Besteigung des Piz Beverin. Während vieler Jahrhunderte war der Glaspass zwischen Heinzenberg und Piz Beverin die wichtigste Verbindung von Thusis ins abgeschiedene Safiental. Via den Glaspass wanderten die Walser Richtung Osten, und somit kamen Waren und Menschen ins Tal.

Inmitten von Bergwiesen gelegen, bietet uns das Berggasthaus Beverin noch einmal die Möglichkeit zur Einkehr, bevor wir uns auf die Trailabfahrt ins Safiental vorbereiten. Bis Usser Glas können wir es noch ein kurzes Stück gemütlich angehen. Nach einer kurzen Abfahrt und einem darauf folgenden Kurzanstieg zieht sich die Schotterstraße einige Meter am Hang entlang. An einer mit zahlreichen bunten Blumen übersäten Wiese vorbeifahrend, erreichen wir ein kleines Stallgebäude. Ab jetzt sollten alle Sinne auf höchste Konzentration eingestellt werden, denn nun beginnt der fahrtechnisch durchaus interessante, aber auch anspruchsvolle Singletrail. Die Gesamtlänge des Trails beträgt knapp zwei Kilometer,

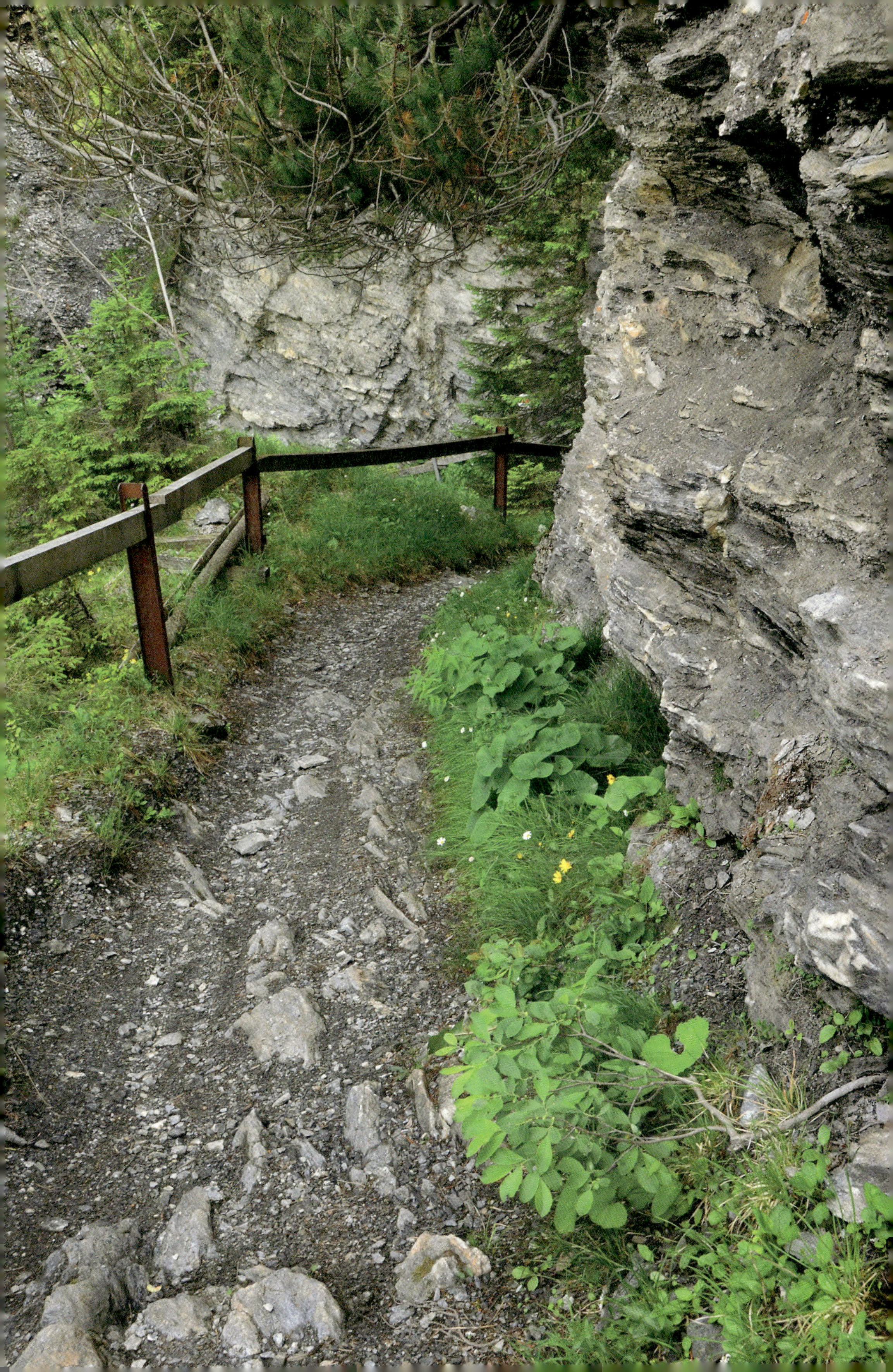

RHÄZÜNS

Das heutige Siedlungsbild von Rhäzüns wird wesentlich durch die mitten im Dorf stehende katholische *Pfarrkirche Nossadunna* (Maria Geburt) geprägt. Der Kirchturm ragt weit über alle Dächer – ein weithin sichtbares Wahrzeichen.

Seit Ende des 18. Jh. ist bekannt, dass es in Rhäzüns *Mineralquellen* gibt, seit 1850 werden sie genutzt. Der Ort ist berühmt für dieses Wasser, das eine reiche, ausgewogene Mineralisation aufweist. Am linken Ufer des Hinterrheins in der Nähe des sogenannten Rhäzünsersteins liegt die Quelle. Diese wird in einer Tiefe von 50 m gefasst. Das Wasser selbst tritt nach rund 18 Jahren in Rhäzüns an die Oberfläche.

Schloss Rhäzüns: Bis 1139 gehen die ersten Eintragungen der Rhäzüns-Familie zurück. Die Eigentümer der Burg wechselten ständig, nachdem die Linie der Rhäzün im 15. Jh. ausgestorben war. 1814 wurde die Burg durch den »Wiener Kongress« an die Verantwortlichen der »Grauen Bünde« abgegeben und später von den »Plantas« übernommen. Heute befindet sich die Burg im Besitz der Emser-Werke AG.

wobei einige Stellen aus Sicherheitsgründen ein Absteigen erfordern werden. Es ist ein alter Handelsweg, der in engen Serpentinen nach Safien Platz führt. Der Weg ist streckenweise sehr imposant in den Felsen gehauen, die Aussicht auf die unter uns liegenden Serpentinen faszinierend. Auch wenn man diesen Streckenabschnitt schiebend bewältigt, ist das kein Nachteil, denn die wilde, romantische Gegend betrachtet man gern in aller Ruhe. Der Trail endet beim Ausgleichsbecken in Safien Platz im Safiental.

Zum Safiental gehören die bis zum 31. Dezember 2012 eigenständigen vier Gemeinden Valendas, Versam, Tenna und Safien; ab 2013 ist eine Fusionsgemeinde aus diesen vier Gemeinden geplant. Durch das Safiental fließt die Rabiusa. Das Gebiet wurde ursprünglich von Romanen bewirtschaftet, was sich in den alten Flurnamen zeigt. Ab dem Ende wurde das Safiental von den Walsern besiedelt. In den Jahren nach 1523 bekannten sich die vier Talgemeinden nach und nach zum reformierten Glauben. Die Bevölkerung des Safientals ist heute fast ausschließlich evangelisch-reformiert.

In den beiden letzten Jahrhunderten wanderte ein großer Teil der Bevölkerung aus. 1850 lebten in den vier Gemeinden insgesamt 1798 Personen, 1980 nur noch 994. Inzwischen hat sich die Bevölkerungszahl bei über 1000 Personen eingependelt.

Im hinteren Safiental bei Thalkirch liegt das Ausgleichsbecken Wanna, welches zum Einzugsgebiet der Kraftwerke Zervreila AG gehört und durch einen Überleitstollen mit dem Zervreilasee im Valsertal verbunden ist. Dieses Nutzwasser gelangt danach in das tiefer gelegene Ausgleichsbecken bei Safien Platz und wird anschließend in die Zentrale Rothenbrunnen übergeleitet, wo Strom erzeugt wird. Die zum Einzugsgebiet gehörenden Flüsse Rabiusa und Carnusa sowie der Stausee Egschi wurden ebenfalls in die Werkgruppe integriert. Nach der Verarbeitung in Rothenbrun-

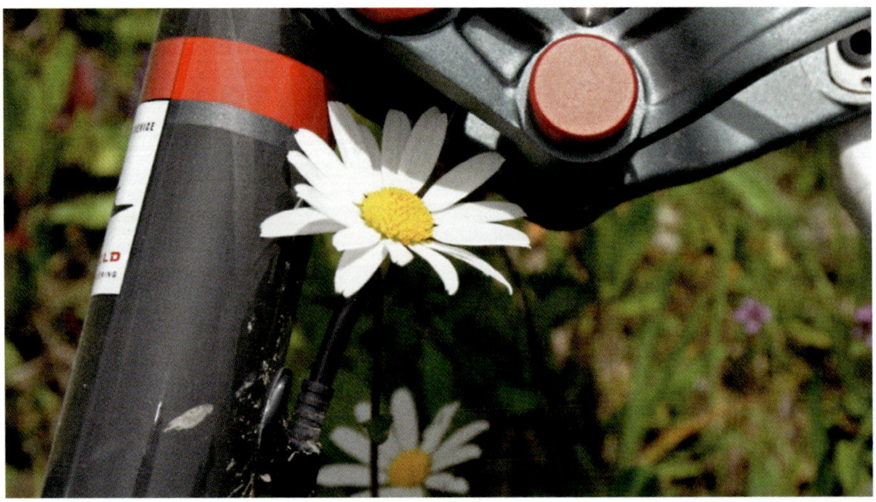

Natur und Technik vereint

nen wird das Nutzwasser dem Hinterrhein zugeführt.
Die Fettwiesen im Safiental beherbergen eine Vielzahl von Blumen wie die Trollblume, aber auch Anemonen, verschiedene Orchideenarten und Enziane.
Die Talstraße, vor mehr als hundert Jahren gebaut, vermag den heutigen Bedürfnissen kaum mehr zu genügen. Die abenteuerliche Zufahrt macht das Safiental zu einer der abgelegendsten Regionen im Kanton Graubünden. Die 25 Kilometer lange Safierstraße schlängelt sich von der Rheinschlucht hinauf zum Talende, nach Z'hinderst auf fast 1700 Metern Höhe. Die Naturstraße wird vom Kanton etappenweise ausgebaut.
Wir konzentrieren uns nun auf die lange Abfahrt bis nach Bonaduz. Dabei durchfahren wir drei Tunnels und erreichen nach einigen Kilometern Versam. Die Gemeinde liegt am Eingang zum Safiental auf einer Terrasse rechts über dem Vorderrhein und links über der Rabiusa. Sie zählt etwa 240 Einwohner.
Im Norden des Gemeindegebiets liegt die Rheinschlucht Ruinaulta. Sie ist eine bis zu 400 Meter tiefe und rund 13 Kilometer lange Schlucht des Vorderrheins zwischen Ilanz und der Mündung des Hinterrheins bei Reichenau. Der rätoromanische Name »Ruinaulta« ist zusammengesetzt aus den beiden Wörtern »ruina« (= Geröllhalde, Steinbruch) und »aulta« (= hoch).
Nach dem Flimser Bergsturz vor beinahe 10 000 Jahren, entstand die Ruinaulta. Dabei brachen 10 000 Millionen Kubikmeter Fels zwischen dem Flimserstein und dem Piz Grisch ab. Das gesamte Vorderrheintal zwischen den heutigen Dörfern Castrisch und Reichenau war unter einer mehrere Hundert Meter dicken Schuttmasse begraben. Auf einer Länge von etwa 25 Kilometern wurde ein See aufgestaut, weil der Vorderrhein nicht mehr abfließen konnte. Im Lauf der Zeit schnitt sich der Fluss tief in die Bergsturzmassen ein, und der Ilanzer See floss ab. Zurück blieb die Ruinaulta mit ihren steilen Kalksteinklippen und imposanten Felsformationen.
Durch die Ruinaulta fährt nur die Rhätische Bahn, und es verläuft hier streckenweise ein Wanderweg. Seit Herbst 2010 ist die Ruinaulta durch die Punt Ruinaulta auch für Fußgänger zu überqueren. In der Schlucht liegt der Bahnhof Versam-Safien.

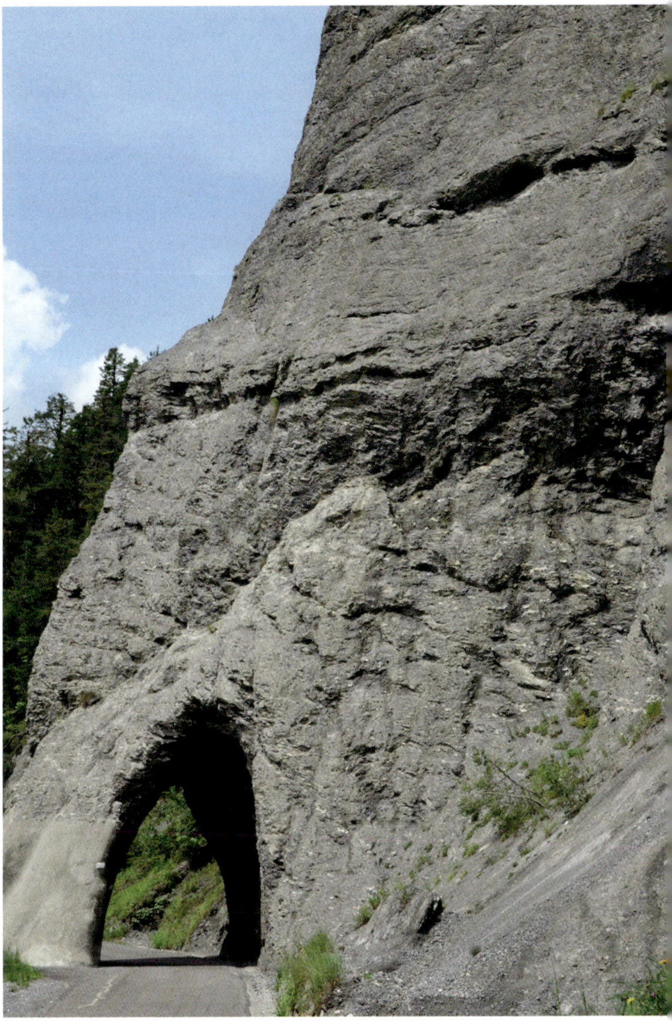

»Naturtunnel«

Von der 2010 vor Bonaduz erstellten Aussichtsplattform Zault bietet sich eine gute Übersicht. Auf der gegenüberliegenden Seite steht die Aussichtsplattform Il Spir bei Flims-Conn. Schlussendlich zieht sich die Straße schnurgerade Richtung Bonaduz und in weiterer Folge nach Rhäzüns. Bekannt ist dieser Ort vor allem durch sein Rhäzünser Mineralwasser. Auf der Hauptstraße fahren wir den letzten Teil dieser Tour bis nach Rothenbrunnen. Vorbei am Bad Rothenbrunnen radeln wir durch den Ort und gelangen wieder zu unserem Ausgangspunkt zurück.

Routenbeschreibung

Tour 09 Glaspass.gpx

WP | km | Hm | Route

1 | 0,00 | 626 | Gemeinde Rothenbrunnen; beim Parkplatz links Richtung Hauptstraße fahren.

2 | 0,10 | 627 | Links Richtung Thusis und Chur; wir überqueren die Autobahn und den Hinterrhein.

3 | 0,53 | 631 | Direkt nach der Brücke rechts auf dem Fußweg abwärts; Beschilderung »Station Rothenbrunnen«.

4 | 0,60 | 620 | Rechts durch die Unterführung; auf der rechten Seite des Hinterrheins entlang; durch das Industriegebiet und am Driving-Testcenter vorbei.

5 | 1,10 | 624 | Rechts aufwärts.

6 | 1,19 | 630 | Vor dem Firmengelände rechts, asphaltiert aufwärts und bis zum nächsten WP auf dieser Straße bleiben – Beschilderung »Höhenweg Präz«.

7 | 3,88 | 849 | Geradeaus Richtung Präz fahren.

8 | 5,70 | 1003 | Rechts aufwärts fahren.

9 | 6,99 | 1123 | Tschitga – geradeaus Richtung Präz halten.

10 | 8,15 | 1236 | Links im spitzen Winkel Richtung Präz fahren.

11 | 9,00 | 1249 | Links leicht abwärts fahren.

12 | 9,58 | 1204 | Präz – geradeaus durch die Ortschaft.

13 | 9,69 | 1205 | Präz – rechts aufwärts Richtung Dalin.

14 | 9,91 | 1225 | Geradeaus Richtung Dalin fahren.

15 | 10,31 | 1238 | Dalin – geradeaus durch die Ortschaft.

16 | 10,95 | 1239 | Geradeaus Richtung Sarn fahren.

17 | 11,44 | 1202 | Rechts auf der asphaltierten Nebenstraße aufwärts – Beschilderung der Mountainbikeroute.

18 | 12,18 | 1180 | Sarn – geradeaus durch die Ortschaft.

19 | 12,22 | 1178 | Beim Brunnen links vorbei, leicht abwärts.

20 | 12,28 | 1170 | Links abwärts fahren.

21 | 12,32 | 1165 | Rechts Richtung Portein fahren.

22 | 12,55 | 1147 | Bei der Weggabelung rechts Richtung Portein; Beschilderung der Mountainbikeroute.

23 | 13,44 | 1167 | Portein – rechts Richtung Porteiner Alp; Beschilderung der .Mountainbikeroute

24 | 14,40 | 1227 | Links fahren.

25 | 14,88 | 1231 | Flerden – geradeaus Richtung Glaspass halten.

26 | 15,06 | 1240 | Rechts aufwärts Richtung Glaspass.

27 | 15,61 | 1300 | Links aufwärts fahren.

28 | 16,55 | 1400 | Links Richtung Oberurmein fahren.

29 | 16,86 | 1439 | Geradeaus aufwärts.

30 | 17,64 | 1520 | Rechts aufwärts fahren.

31 | 18,16 | 1579 | Oberurmein – links aufwärts.

32 | 18,20 | 1581 | Rechts Richtung Patrutgsee halten.

33 | 18,30 | 1586 | Patrutgsee – weiter aufwärts fahren.

34 | 18,80 | 1638 | Links fahren – Beschilderung der Mountainbikeroute.

35 | 19,54 | 1703 | Links Richtung Ober Gmeind.

36 | 21,50 | 1813 | Ober Gmeind – Einkehrtipp Berghaus Obergmeind.

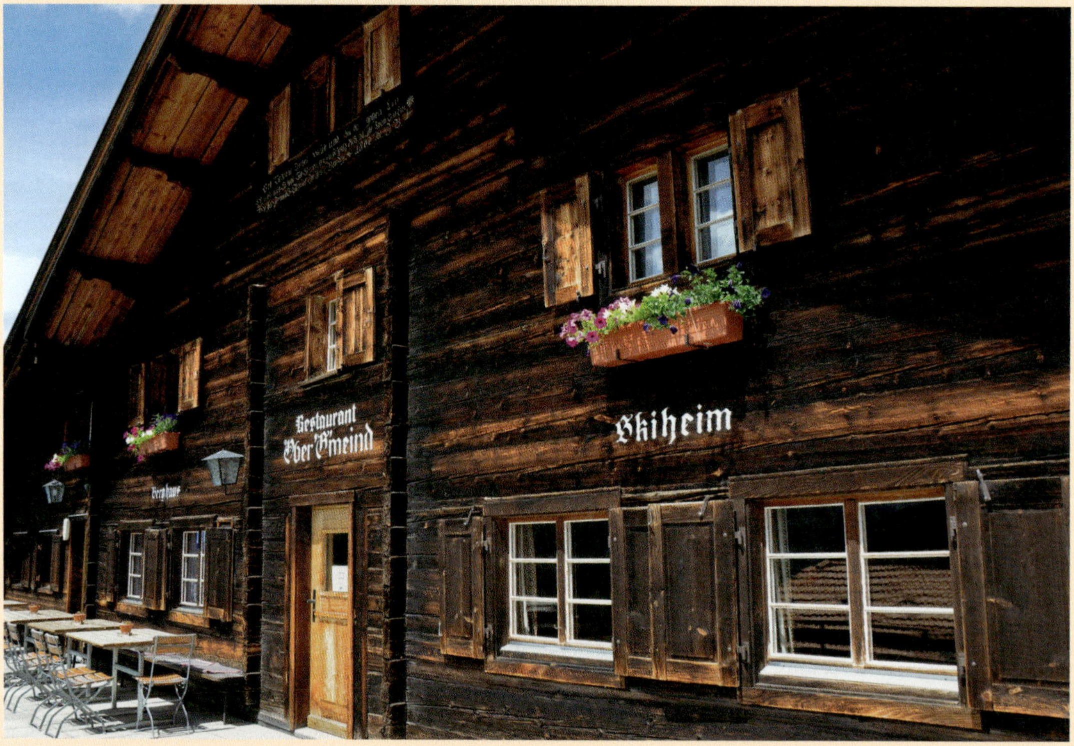

Das Berg- und Skihaus Obergmeind

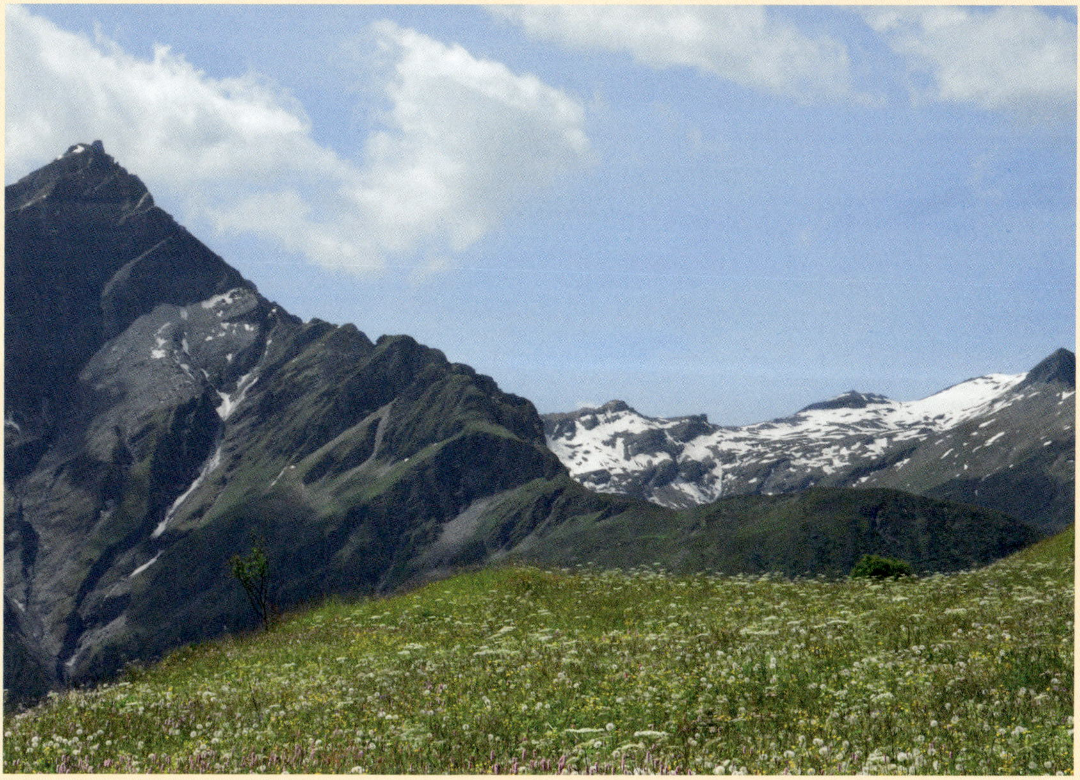

Farbenprächtige Blumenwiese mit dem Piz Beverin im Hintergrund

37 | 21,63 | 1820 | Piz Beverin – alternative Einkehrmöglichkeit.
38 | 21,70 | 1816 | Auf der Asphaltstraße rechts fahren. Wenn nicht zum Gasthaus Piz Beverin rechts abgezweigt wurde, bei WP 36 geradeaus fahren.
39 | 22,35 | 1776 | Rechts Richtung Glaspass fahren – Markierung der Mountainbikeroute.
40 | 22,92 | 1778 | Rechts aufwärts fahren.
41 | 23,67 | 1846 | Glaspass – geradeaus Richtung Safien Platz.
42 | 23,75 | 1847 | Berggasthaus Beverin – Einkehrtipp.
43 | 23,97 | 1846 | Usser Glas – rechts Richtung Safien Platz.
44 | 24,47 | 1848 | Links abwärts Richtung Safien Platz.
45 | 24,97 | 1770 | Rechts steil aufwärts Richtung Safien Platz.
46 | 25,51 | 1742 | Links abwärts Richtung Safien Platz – links am Stallgebäude vorbei; Singletrail.
47 | 25,71 | 1705 | Rechts auf dem Singletrail abwärts.
48 | 27,58 | 1309 | Ende des Singletrails – die Brücke überqueren.
49 | 27,70 | 1317 | Links und entlang des Staubeckens fahren.
50 | 27,82 | 1317 | Direkt nach dem Gasthaus »Rathaus« rechts fahren.
51 | 28,00 | 1333 | Safien Platz – rechts fahren.
52 | 34,50 | 1239 | Links fahren.
53 | 39,11 | 1198 | Beleuchtete Tunneldurchfahrt – es kann im Tunnel nass und kalt sein!
54 | 44,12 | 920 | Rechts Richtung Chur fahren.
55 | 52,03 | 679 | Bonaduz – direkt nach den Bahnschranken rechts fahren.
56 | 52,36 | 681 | Durch die Bahnunterführung und am Ende rechts hinauf.
57 | 52,43 | 680 | Nach der Bahnunterführung links und entlang den Bahngleisen.
58 | 52,55 | 680 | Geradeaus in die Via Sableun fahren.
59 | 52,80 | 679 | Links fahren.
60 | 52,88 | 679 | Rechts und entlang der Hauptstraße fahren.
61 | 53,89 | 676 | Rhäzüns – halb links auf der Hauptstraße leicht abwärts und immer auf der Hauptstraße bleiben, vorbei an der Firma Rhäzünser.
62 | 57,86 | 640 | Links über die Brücke und danach geradeaus über die Überführung.
63 | 58,38 | 634 | Geradeaus am Kurhaus Bad Rothenbrunnen vorbei.
64 | 58,64 | 637 | Rechts Richtung Chur und Thusis fahren.
65 | 59,09 | 641 | Die Straße überqueren und geradeaus zum Ausgangspunkt fahren.
66 | 59,22 | 640 | Parkplatz in Rothenbrunnen – Ende der Tour.

10 Cufercalhütte

Über den traumhaft gelegenen Lai da Vons zur Cufercalhütte

Schwierigkeit	Erlebniswert	Höhenmeter (in m)	Streckenlänge (in km)	Zeit (in h)
2	✪✪✪✪✪	1510	34	3–4

TOURENCHARAKTER

AUSGANGS-/ENDPUNKT
Andeer

ANFAHRT
Von Thusis kommend auf der A 13 Richtung San Bernardino bis Ausfahrt 24/ Zillis–Andeer, durch Zillis fahren und weiter nach Andeer; am Ortsanfang befindet sich direkt vor dem »Mineralbad Andeer« rechts ein gebührenfreier Parkplatz.

KONDITION
✪✪✪✪✪

FAHRTECHNIK
✪✪✪✪✪

ERLEBNISWERT
Fahrspaß: ✪✪✪✪✪ – herausfordernde, durch urige Landschaft führende Auffahrt über Plan Tranter Tschainghels; angenehme Weiterfahrt durch bezaubernde Almlandschaften bis zur Cufercalhütte; prächtige, unkomplizierte Abfahrt durch eine paradiesisch imposante Gegend
Landschaft: ✪✪✪✪✪ – während der Auffahrt durch einen steinzeitlich anmutenden Wald; etwas weiter oben Almfläche mit paradiesischen Almwiesen und einer unberührten Bergwelt bis zur wilden Rofflaschlucht
Kultur und Geschichte: ✪✪✪✪✪ – der grüne »Andeerer-Orthogneis«; die Sennerei / »Stizun da Latg« in Andeer; Mineralquelle und Mineralbad »Aquandeer«; das Festungsmuseum Chrestawald; die Rofflaschlucht

EINKEHRMÖGLICHKEITEN
Hotel Fravi, Veia Granda 1, CH-7440 Andeer, Tel. +41/(0)81/660 01 01, www.fravi-hotel.ch; Cufercalhütte, CH-7433 Mathon, Tel. +41/(0)81/661 10 29, Mobil +41/(0)79/344 13 18, www.cufercal.ch; Hotel-Restaurant Rofflaschlucht, Felsengalerie zum Wasserfall, CH-7440 Andeer, Tel. +41/(0)81/661 11 97, www.rofflaschlucht.ch; Bäckerei Konditorei-Café Iselin, Postplatz, CH-7440 Andeer, Tel. +41/(0)81/661 11 06

STRECKENPROFIL
Von Andeer aus fordernde, steile Auffahrt auf einem Forstweg bis zur Straßenauffahrt; weniger steilere Weiterfahrt über wunderbares, weitläufiges Almgelände bis zur Cufercalhütte; unkomplizierte Abfahrt auf Forst- und Asphaltstraßen bis Andeer

HÖCHSTER PUNKT
2385 m, Cufercalhütte

NIEDRIGSTER PUNKT
977 m, Andeer

TOURIST-INFO
Gästeinformation Viamala, Bodenplatz, CH-7435 Splügen, Tel. +41/(0)81/650 90 30, www.viamala.ch

LANDKARTEN
Swisstopo 257 Safiental, Landeskarte 1:50 000

GPS/ROADBOOK
Tour 10 Cufercalhütte.gpx; Tour 10 Cufercalhütte 500.gpx

Die konditionell fordernde Tour führt in eine märchenhafte Almlandschaft. Ein paradiesisch gelegener Bergsee auf einem Hochplateau, eingebettet in eine eindrucksvolle Bergkulisse, und eine bezaubernde Berghütte – Bikerherz, was willst du mehr!

Wir starten diese Tour in Andeer, im Bezirk Hinterrhein im Kanton Graubünden. Noch vor wenigen Jahrzehnten war Andeer ein Bauerndorf mit einer romanisch sprechenden Bevölkerung. Auf vielen Häuserfronten ist dies durch die romanische Beschriftung noch ersichtlich. Diese Gemeinde blieb von verheerenden Feuersbrünsten verschont und konnte so, im Gegensatz zu manch anderen Ortschaften, ihr ursprüngliches Antlitz weitgehend bewahren.
Direkt vom »Mineralbad Andeer« fahren wir bis zur Hinterrheinbrücke, die über den Rhein führt. Diese alte Brücke wurde bereits im Jahr 1856 erbaut. An Mulegn vorbei, steigt der Forstweg von Beginn an steil aufwärts und bringt unseren Kreislauf gleich ordentlich in Schwung. In gleichbleibender Steigung führt der Waldweg durch Schatten spendenden Wald und eröffnet uns ab und zu einen Blick auf das unter uns liegende Andeer und auf die nähere Umgebung.
Wir queren ein Geröllfeld, das aus größeren Steinbrocken besteht, und hoffen, dass über uns alles ruhig bleibt. Die Gegend wird sehr urig und mutet steinzeitlich an. Stark bemooste, große Steine säumen den Weg. Dunkle Waldabschnitte wechseln sich mit lichtdurchfluteten Stellen ab – märchenhaft! Auf diesem Forstweg legen wir auf einer Länge von ca. 4,35 Kilometern einen Höhenunterschied von 660 m zurück – dies ergibt eine durchschnittliche Steigung von etwas mehr als 15 Prozent.
Nach etwa fünf Kilometern kurbeln wir auf der Asphaltstraße weiter aufwärts. Das Almgelände öffnet sich, und mit angenehmer Steigung fahren wir durch ein

34 km	1510 Hm	Tagestour

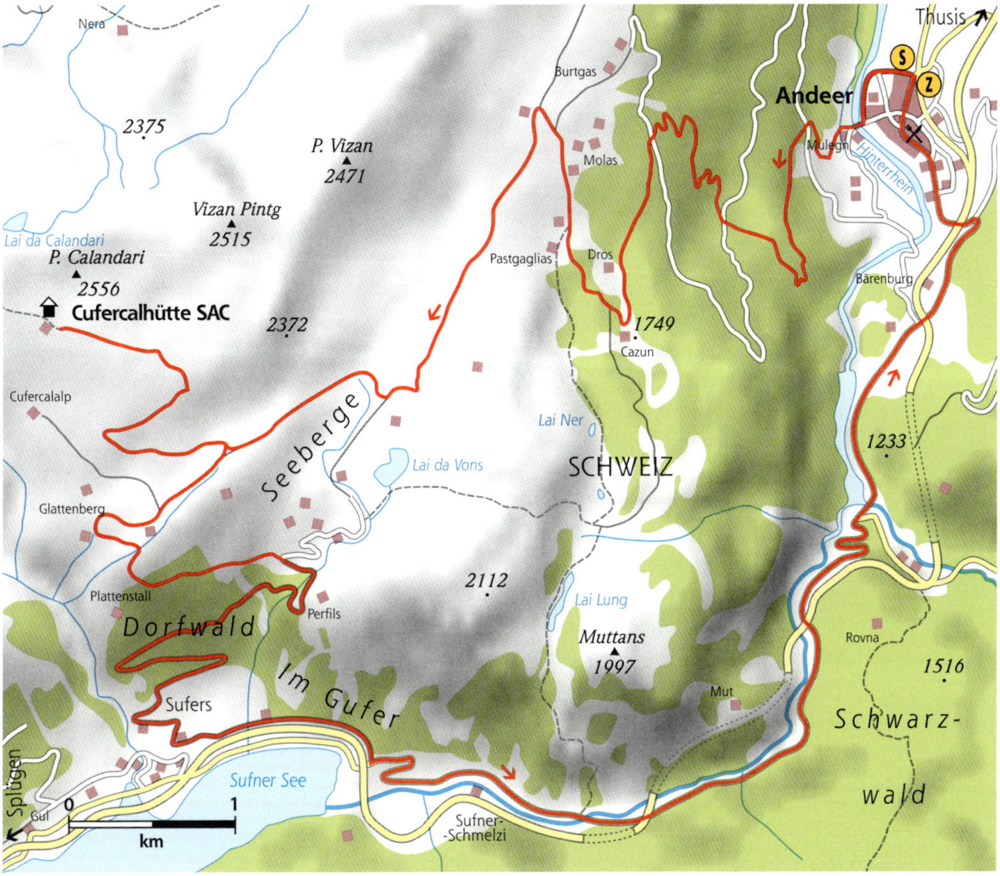

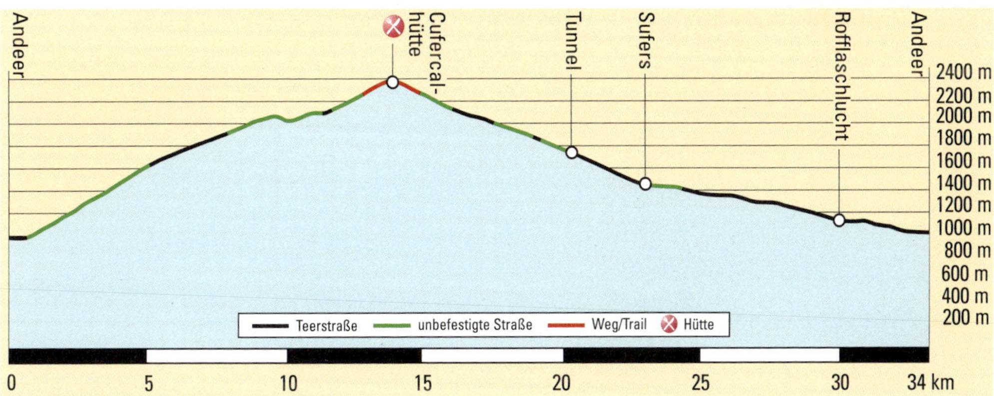

zauberhaftes und urtümliches Gebiet, bereits nahe der Waldgrenze. Wir durchqueren die Maiensäss-Siedlung Pastgaglias und biegen kurz danach links in eine Schotterstraße ein. Diese führt direkt unter dem Piz Vizan und unter dem Roten Turra vorbei.

Sobald die Straße leicht abwärts führt, erblicken wir auch schon das malerisch gelegene Seelein Lai da Vons vor uns. Das Hochplateau mit diesem zauberhaften Gebirgssee und der Blick auf den Piz Tambo sind ein wahrer Genuss und lassen uns die Strapazen des Aufstiegs schnell vergessen.

ANDEERER-ORTHOGNEIS

Andeer ist bekannt für seinen grünen »Orthogneis«. Am Dorfrand sind zwei Betriebe angesiedelt, die den Granit abbauen und verarbeiten. Verwendet wird der Verde Andeer vor allem für Grabsteine und -platten sowie in der Innenausstattung. Der typische grüne Farbton stammt von den Mineralien Phengit und Chlorit und ist unter den Natursteinen nahezu konkurrenzlos.

Beim WP 17 biegen wir rechts ab Richtung Cufercalhütte. Bis hierher müssen wir den jetzt folgenden Abschnitt auf der Aufstiegsroute später wieder abfahren. Da ja jede Strecke aus der entgegenkommenden Perspektive ganz anders aussieht und dieses Panorama so wunderbar ist, spielt das aber überhaupt keine Rolle.

Vor dem letzten Wegabschnitt zur Cufercalhütte zweigen wir noch einmal links ab und fahren sehr steil über einen Wiesenwanderweg aufwärts, bis wir zum bereits sichtbaren Wegweiser gelangen. Von dort aus führt ein fahrbarer Wanderweg über eine Almwiese bis zum höchsten Punkt dieser Tour, der Cufercalhütte auf 2385 Metern Höhe.

Die Berghütte liegt auf einer Weideterrasse am Südfuß des Piz Calandari und wurde im Jahr 1937 aus Bruch-Mauerwerk erstellt. Von den Hüttenwirten Maria und Gerd werden wir sehr herzlich empfangen und ausgezeichnet verköstigt. Mit hausgemachtem Kuchen, Kaffee, Speck, Käse und Most geben wir unserem Körper wieder, was wir während der Auffahrt von ihm abverlangt haben. Und dies inmitten der grandiosen Aussicht auf die Berge Namenlos, Grauhörner, Cufercalhorn, Alperschällihorn, Steilerhorn, Teurihorn, Pizzo Tambo, Pizzo Ferrè, Surettahorn und Piz Calderas bis hin zum Piz Curvèr!

Eine Hausführung durch die heimeligen Wohn- und Schlafräume überzeugt uns endgültig davon, dass Maria und Gerd für diese Hütte genau die richtigen Wirte sind. Die Stube ist aus massivem Arventäfer, und auch Küche und Schlafräume sind sehr gemütlich eingerichtet. Die Cufercalhütte wird äußerst sauber und auf Vertrauensbasis geführt. Der Zugang zur Küche bleibt offen, auch wenn die Hütte nicht besetzt ist, und die »Zeche« für die konsumierten Getränke kann in einer »Kassa«

Eine angenehme Auffahrt direkt unter der Cufercalhütte

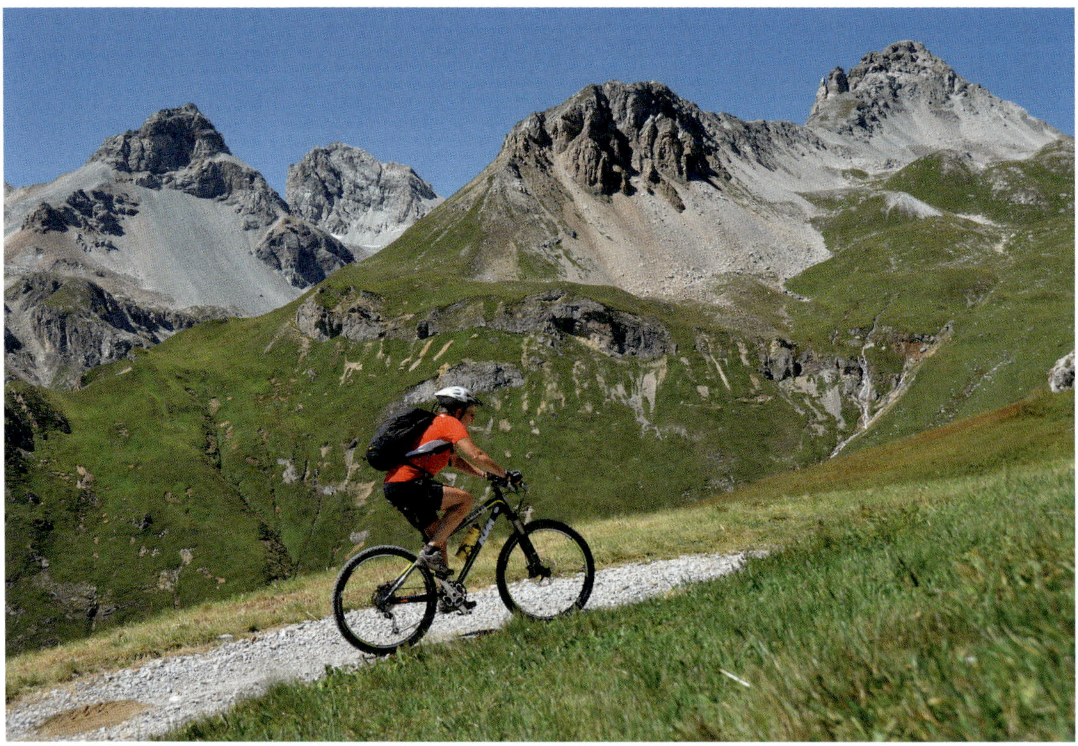

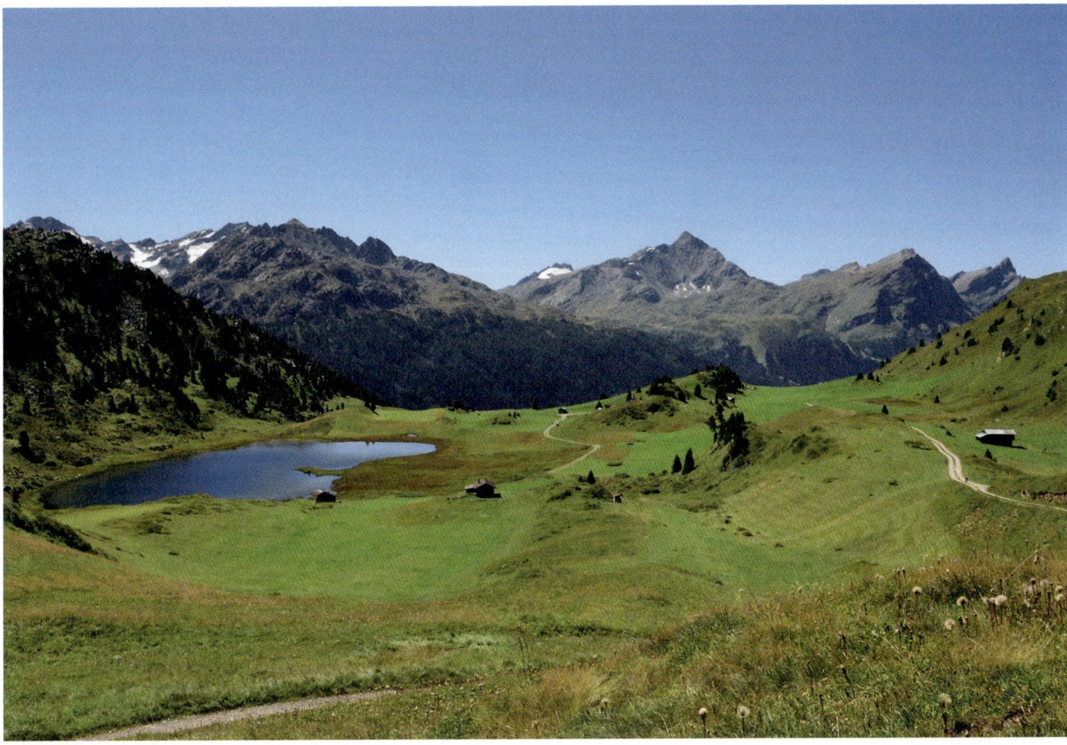

Malerisch gelegener Lai da Vons

beglichen werden. Denjenigen, die genügend Zeit zur Verfügung haben, kann ich eine Übernachtung auf dieser Hütte nur wärmstens empfehlen.

Leider kommt für uns die Zeit des Abschieds. Auf dem Anstiegsweg biken wir bis zum WP 22 zurück. Wiederum durch exzellent bewirtschaftete Almwiesen, vorbei an klaren, plätschernden Gebirgsbächen führt uns der Weg abwärts. Schotterwege und asphaltierte Streckenabschnitte, ständig von einem grandiosen Panorama begleitet, wechseln sich ab.

Die genussvolle Abfahrt bringt uns ins kleine Örtchen Sufers im Bezirk Hinterrhein am Sufnersee, einem Speichersee der Kraftwerke Hinterrhein, dessen Staumauer eine Höhe von 58 Metern aufweist. Etwas oberhalb des Stausees rollen wir auf einer Schotterstraße bis zur verkehrsarmen Asphaltstraße, die uns entlang des Hinterrheins abwärts führt.

Der Hinterrhein ist einer der Quellflüsse des Rheins; er entspringt an den Hängen von Rheinwaldhorn, Güferhorn und Rheinquellenhorn und vereinigt sich bei Reichenau mit dem Vorderrhein zum Rhein.

Wir radeln am Festungsmuseum Crestawald vorbei. Diese Festungsanlage ist zu den offiziellen Öffnungszeiten frei zu besichtigen. Wer mehr darüber erfahren möchte, kann eine Führung buchen.

Weiter geht's nun auf dieser leicht abwärts führenden Straße Richtung Rofflaschlucht. Nach einigen Serpentinen erreichen wir das Gasthaus Rofflaschlucht. Direkt durch das Restaurant führt die Felsengalerie zum Rofflafall und unter dem Hinterrhein hindurch. Dieser Weg in die Schlucht wurde in den Wintern

SENNEREI ANDEER

Mitten im alten, von herrlichen Häusern geschmückten Dorfkern von Andeer liegt die Sennerei oder die »Stizun da Latg«, wie sie im Rätoromanischen genannt wird. Fünf ortsansässige Bauern liefern jährlich 400 000 l Biomilch, die mit handwerklichen Produktionsmethoden zu Rahm, Butter und verschiedenen Käsesorten verarbeitet werden und sogar in die USA exportiert werden. Die Bio-Käseprodukte aus der Sennerei Andeer sind mehrfach preisgekrönt und gehören zur internationalen Spitzenklasse. Sennerei Andeer, CH-7440 Andeer, Tel. +41/(0)81/661 13 15, www.sennerei-andeer.ch

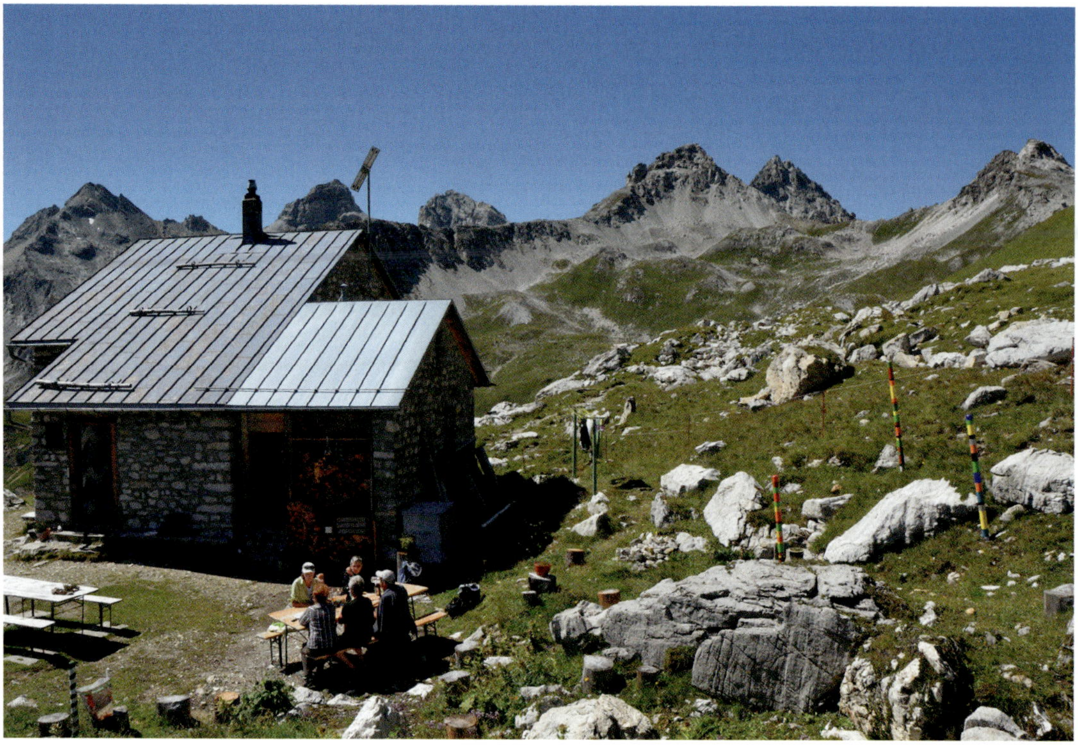

»Kunst am Berg« auf der Cufercalhütte

1907–1914 von Christian Pitschen-Melchior erbaut. Die Geschichte zu diesem Lebenswerk kann im Hausmuseum besichtigt werden.

Weiter abwärts führt uns die gut ausgebaute Asphaltstraße durch die kleine Ortschaft Bärenburg. Hoch über diesem Weiler und der tief eingeschnittenen Schlucht des Hinterrheins liegen die Ruinen der gleichnamigen Burg auf einem bewaldeten Hügel.

Diese Talburg diente zur Sicherung des Passwegs und des Herrschaftsgebiets, aber auch zum Schutz der Talbewohner. Hinter ihren Mauern fanden die Dörfler bei feindlichen Einfällen einen sicheren Fluchtort. Hier hauste der Vogt als Vertreter der Feudalherren. Er sprach Recht, sorgte für Ruhe und Ordnung, zog Abgaben ein, überwachte die Frondienste und betreute mit seinem Gesinde die Bewirtschaftung der zur Burg gehörenden Eigengüter. Die Burg oberhalb einer Rodungslandschaft ist über einen Fußweg in zehn Minuten gut zu erreichen.

Kurz nach Bärenburg fahren wir durch die Autobahnunterführung und geradewegs nach Andeer hinein. Wir durchqueren die Ortschaft und erreichen beim »Mineralbad Andeer« wieder unseren Abfahrtspunkt.

Im »Mineralbad Andeer« kann man laut dem Slogan die »Kraft des Wassers« spüren – und zwar innerlich und äußerlich. Im Mineralhallenbad mit Außenbad und bei einer Wassertemperatur von 34 °C können wir unsere Muskeln nach dieser eindrucksvollen Biketour regenerieren. Auch die Möglichkeit einer wohltuenden Massage ist gegeben. Ich finde, idealer kann ein wundervoller Biketag nicht zu Ende gehen!

MINERALQUELLE UND MINERALBAD »AQUANDEER«

Bekannt ist Andeer auch für seine Heilquelle. Zu den touristischen Hauptanziehungspunkten zählt das Mineralbad mit Wellnessbereich. Das Quellwasser hat beim Austritt eine Temperatur von 18 °C. Dann wird es für das Mineralbad auf 34 °C erwärmt. Das Heilwasser weist eine hohe Mineralisation an Kalzium, Magnesium und Sulfaten auf – ein leicht eisenhaltiges Gipswasser mit bemerkenswertem Magnesiumgehalt. Beim Trinken hat das Wasser entzündungshemmende und entquellende Wirkung auf die Gewebe, und es bewirkt eine verstärkte Harnausscheidung. Schamser Heilbad Andeer AG, CH-7440 Andeer, Tel. +41/(0)81/661 18 78, www.mineralbadandeer.ch

Tour 10 Cufercalhütte.gpx

WP | km | Hm | Route

1 | 0,00 | 980 | Vom großen Parkplatz neben dem »Mineralbad Andeer« rechts; links am »Casa Rondella« vorbei.

2 | 0,18 | 977 | Bei der Wegkreuzung geradeaus.

3 | 0,52 | 981 | Rechts über die Holzbrücke; nach der Brücke rechts und der Wanderwegmarkierung folgen.

4 | 0,69 | 981 | Bei der Wegverzweigung halb links steil aufwärts Richtung Cufercalhütte – Schotterstraße.

5 | 0,92 | 1018 | Direkt vor dem Samariterposten rechts aufwärts Richtung Promischur.

6 | 1,30 | 1069 | Die Asphaltstraße überqueren und geradeaus steil aufwärts – Bergwanderweg.

7 | 1,91 | 1157 | Links Richtung Cufercalhütte fahren.

8 | 3,03 | 1320 | Bei der Wegkreuzung geradeaus halten.

9 | 3,20 | 1346 | Die Asphaltstraße überqueren und geradeaus steil aufwärts –Wanderwegmarkierung.

10 | 5,04 | 1640 | Auf der Asphaltstraße geradeaus aufwärts Richtung Cufercalhütte.

11 | 6,46 | 1775 | Rechts Richtung Piz Vizan fahren

12 | 7,14 | 1847 | Wanderwegmarkierung »Pastgaglias«; geradeaus Richtung Cufercalhütte fahren.

13 | 7,90 | 1920 | Links Richtung Cufercalhütte.

14 | 8,34 | 1961 | Geradeaus aufwärts Richtung Cufercalhütte; bis zum nächsten WP auf dieser Straße bleiben.

15 | 9,34 | 2050 | Rechts aufwärts Richtung Sufers.

16 | 10,11 | 2030 | Rechts aufwärts Richtung Cufercalhütte.

17 | 11,35 | 2096 | Rechts aufwärts auf der schmalen Asphaltstraße Richtung Cufercalhütte.

18 | 12,88 | 2269 | Nach einer einzeln stehenden Hütte links steil über Wiese aufwärts; Wanderwegbeschilderung etwas weiter oben sichtbar.

19 | 13,08 | 2301 | Links auf dem Wiesentrail Richtung Cufercalhütte.

20 | 13,88 | 2385 | Cufercalhütte – auf der Auffahrtsroute retour bis zum WP 17.

21 | 14,86 | 2269 | Rechts auf der Schotterstraße abwärts.

22 | 16,39 | 2096 | Rechts auf der Asphaltstraße leicht abwärts.

23 | 16,95 | 2072 | Links abwärts Richtung Sufers.

24 | 18,94 | 1889 | Bei der Straßengabelung rechts abwärts.

25 | 22,75 | 1478 | Rechts abwärts fahren.

26 | 22,95 | 1446 | Sufers – beim Brunnen links Richtung »Staumauer Seerundgang« und Rofflaschlucht.

27 | 24,27 | 1416 | Auf der Asphaltstraße links abwärts Richtung Rofflaschlucht und Andeer.

28 | 28,88 | 1198 | Die Straße überqueren und auf der Fahrstraße der Radwegbeschilderung geradeaus abwärts folgen.

29 | 29,87 | 1140 | Links abwärts Richtung Rofflaschlucht; bei km 30,03 Ankunft bei der Rofflaschlucht; weiter abwärts Richtung Andeer und durch Bärenburg.

30 | 32,17 | 1035 | Links Richtung Andeer und durch die Autobahnunterführung.

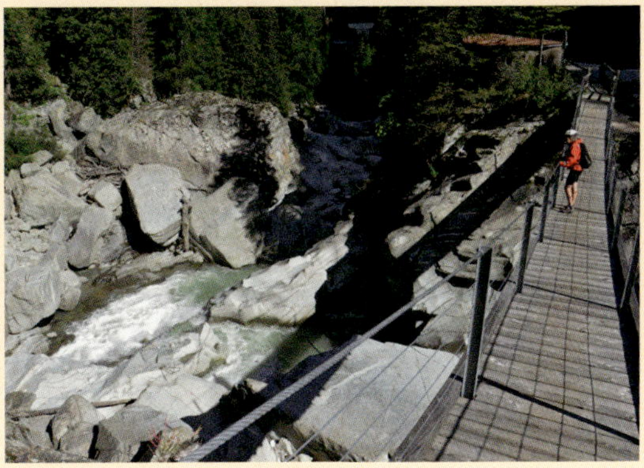

Eine kleine Hängebrücke über den Hinterrhein

31 | 32,73 | 989 | Andeer – durch die Ortschaft und bei der Weggabelung links Richtung Chur und Via Spluga.

32 | 32,91 | 985 | Beim Brunnen rechts Richtung »Camping« und »Information«.

33 | 33,26 | 980 | Nach dem »Mineralbad Andeer« links zur Parkplatzeinfahrt

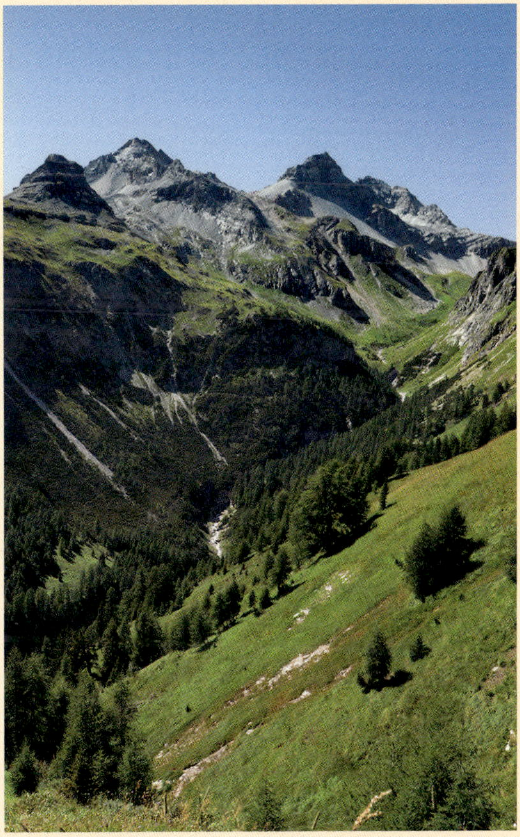

Faszinierende Berglandschaft um das Cufercalhorn

11 Lag da Laus

Rundtour in der Surselva zu einem außergewöhnlichen Bergsee

Schwierigkeit	Erlebniswert	Höhenmeter (in m)	Streckenlänge (in km)	Zeit (in h)
2	✪✪✪✪✪	1170	35	3.30

TOURENCHARAKTER

AUSGANGS-/ENDPUNKT
Trun, Parkplatz vis-à-vis der Shell-Tankstelle

ANFAHRT
A 13 bis Ausfahrt 18/Reichenau, dann Richtung Disentis/Mustér und weiter auf der Straße 19, beim nächsten Kreisverkehr an der 2. Ausfahrt Richtung Disentis/Mustér fahren, durch die Ortschaft Schluein und nach Trun; dort nach ca. 300 m auf der rechten Seite eine Shell-Tankstelle – genau gegenüber dieser Tankstelle befinden sich gebührenfreie Parkplätze.

KONDITION
✪✪✪✪✪

FAHRTECHNIK
✪✪✪✪✪

ERLEBNISWERT
Fahrspaß: ✪✪✪✪✪ – wunderbare, verkehrsarme Straßen und Wege; alle sehr gut und angenehm fahrbar; äußerst abwechslungsreich
Landschaft: ✪✪✪✪✪ – prächtige, liebliche Landschaft; der romantische Lag da Laus inmitten einer unberührten Naturlandschaft; immer wieder urtümliche, kleine Dörfer mit sehr alten Häusern entlang der Route
Kultur und Geschichte: ✪✪✪✪✪ – die Burgruinen Cartatscha und Ringgenberg; das Museum Sursilvan Cuort Ligia Grischa in Trun; die Wallfahrtskirche Maria Licht

EINKEHRMÖGLICHKEITEN
Auf dieser Tour ist Selbstverpflegung das Thema – bitte eine Jause im Rucksack mitführen; keine besonderen Möglichkeiten für eine Einkehr; ein Gasthaus im Startort Trun

STRECKENPROFIL
Die Tour verläuft sehr angenehm durch die Surselva; in leichtem Auf und Ab sind alle Wege sehr gut fahrbar; ein Schiebestück von ca. 1 km mit steilen Abschnitten ist zu bewältigen; auch die Abfahrt vom Lag da Laus bis nach Trun gestaltet sich sehr einfach und angenehm.

HÖCHSTER PUNKT
1661 m, kurz vor dem Lag da Laus

NIEDRIGSTER PUNKT
852 m, Trun

TOURIST-INFO
Surselva Tourismus, Tel. +41/(0)81/920 11 00, info@surselva.info

LANDKARTEN
Swisstopo 256 Disentis/Mustér, Landeskarte 1:50 000

GPS/ROADBOOK
Tour 11 Lag da Laus.gpx; Tour 11 Lag da Laus 500.gpx

Bis auf eine Schiebestelle von etwa einem Kilometer ist dies eine fahrtechnisch einfache und abwechslungsreiche Tour, die durch eine urtümliche Gegend führt.

Die Tour startet in der Gemeinde Trun im Kanton Graubünden, einer politischen Gemeinde im Kreis Disentis im Bezirk Surselva mit ca. 1230 Einwohnern. Die Gemeinde liegt in der Cadi (bezeichnet die Landschaft beidseits des Vorderrheins) in der Surselva (rätoromanisch für »ob dem Wald«) auf der linken Seite des oberen Vorderrheins. Sie erstreckt sich vom Oberalppass im Westen bis vor das Bergsturzgebiet von Flims im Osten. Ihre Hauptorte sind Ilanz und Disentis/Mustér.

Der obere Teil der Surselva (um Disentis) heißt Cadi, der untere (um Ilanz) Gruob (rät. Foppa). Der 2001 neu gebildete Bezirk Surselva umfasst neben dem Haupttal die vier rechten Seitentäler Val Medel, Val Sumvitg, Val Lumnezia und das Safiental.

Die (geografische) Surselva wird auch Bündner Oberland bzw. von den deutschsprachigen Einheimischen Oberland genannt. Der Vorderrhein (Rein Anteriur) durchfließt, überwiegend nach Ostnordost orientiert, die Surselva. Dessen Nordseite ist steil mit kurzen Tälern, die Südseite hingegen durch teils längere Seitentäler gegliedert. Daher münden die wichtigsten Nebenflüsse Rein da Sumvitg, Glogl/Glenner und Rabiusa alle von Süden ein. In seinem Unterlauf durchfließt der Vorderrhein die vom Flimser Bergsturz herrührende Schluchtlandschaft der Ruinaulta. Bei Reichenau vereinigt er sich mit dem Hinterrhein zum (Alpen-)Rhein.

Sehenswert in und um Trun sind die beiden Burgruinen Cartatscha – oberhalb von Trun – und Ringgenberg, das etwas oberhalb von Zignau liegt. Trun war 1424 Gründungsort des »Grauen Bundes«, bis 1798 dessen Gerichts- und bis 1814 dessen Tagungsort. Der »Graue Bund« war einer von drei Bünden, die zusammen einen Freistaat im Gebiet des heutigen Kantons Graubünden bildeten, welcher bis zum Zusammenbruch der Alten Eidgenossenschaft 1798 existierte. Bis 1912 beherbergte Trun zudem eine wichtige Pferdepoststation.

35 km	1170 Hm	Tagestour

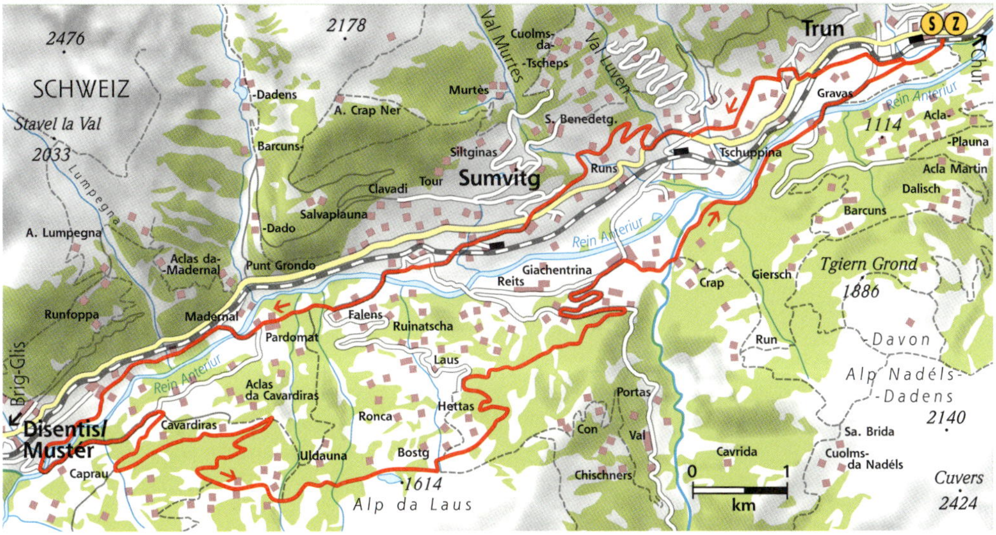

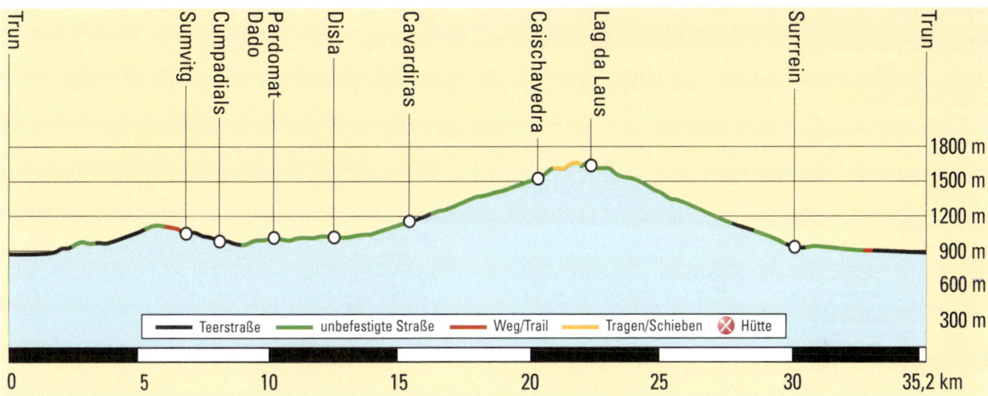

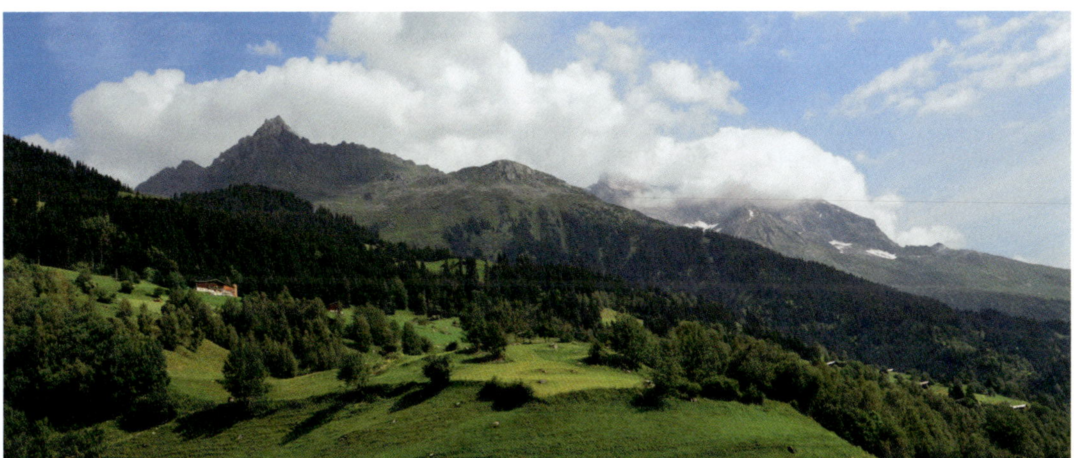

Blick zurück auf den Piz Ner

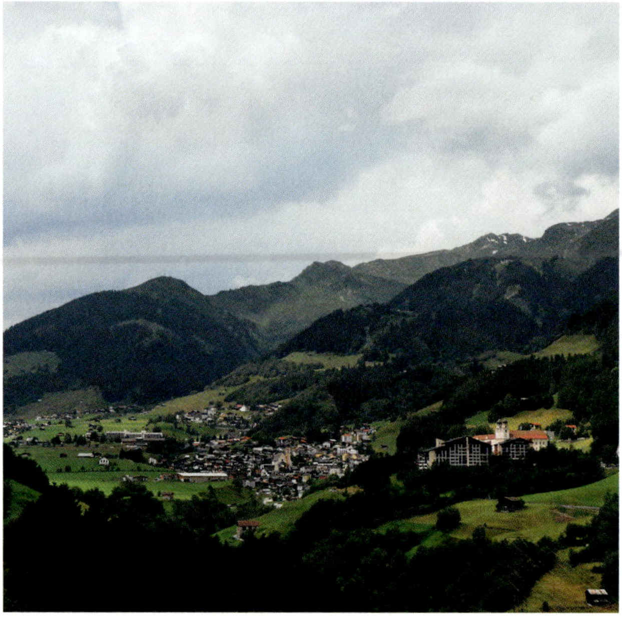

Das Bergdorf Disentis/Mustér

CARTATSCHA UND RINGGENBERG

Oberhalb von Trun, im Süden einer alten Häusergruppe der Kapelle St. Valentin, liegt die *Burgruine von Cartatscha*. Sowohl ein massiver Turm mit einem quadratischen Grundriss von 10,5 m und einer Mauerstärke von ca. 2,8 m als auch ein einzelner Konsolstein (ein aus der aus der Wand herausragender, tragender Vorsprung) sind noch erhalten.

Die *Burg Ringgenberg*, ein imposantes Bauwerk, liegt oberhalb des Ortes Zignau auf einem länglichen Moränenhügel. Sie ist bergwärts durch einen natürlichen Einschnitt vom Hang abgetrennt. Die Anlage wurde 1946–49 renoviert und steht unter Denkmalschutz. Damit verbunden war eine Notgrabung. Die dabei gemachten Funde liegen im Rätischen Museum in Chur.

Bild rechte Seite: Ein wilder Gebirgsbach unter der Bahn- und Straßentrasse

Amts- und Schulsprache ist das rätoromanische Idiom Sursilvan.

Neben der sehenswerten Kapelle St. Anna liegt seit 1701 ein Ehrenhof des »Grauen Bundes«. Im ehemaligen Klosterhof Cuort Ligia Grischa, in dem von 1428 an der Bundestag des »Grauen Bundes« abgehalten wurde, ist heute das Museum Sursilvan untergebracht, zu dessen Sehenswürdigkeiten der Wappensaal und die Große Bibliothek der Surselva gehören.

Schon von Beginn der Tour an fahren wir durchwegs auf verkehrsarmen Nebenstraßen mit angenehmen Steigungen. Dabei passieren wir mehrere kleine Ortschaften mit vielen urtümlichen, alten Holzhäusern. Wir durchfahren Rabius, eine der vier Fraktionen der Gemeinde Sumvitg, auf ca. 950 Metern Höhe, das etwa 480 Einwohner zählt. Dort befahren wir kurz die Hauptstraße, bevor wir diese nach etwas mehr als einem halben Kilometer in Richtung Runs schon wieder verlassen.

Ab WP 18 (Fanels) erwartet uns ein besonders reizvoller Wegabschnitt. Die Schotterstraße geht in einen gut fahrbaren Wiesentrail über und führt an einem Hang entlang leicht abwärts. Ein Teil dieses Abschnitts ist ein gepflegter Rasenweg.

Wir rollen an herrlichen Wiesenblumen vorbei immer abwärts bis nach Sumvitg. Diese Gemeinde besteht aus zahlreichen Dörfern und Weilern, die in die vier Fraktionen Sumvitg, Cumpadials, Rabius und Surrein gruppiert werden. Sumvitg zählt zu den Gemeinden, welche die angestammte romanische Sprache bis heute bewahren konnten. Im Juli 2000 fand der Goldsucher René Reichmuth im Val Sumvitg Gold im Gesamtgewicht von 1,4 Kilogramm. Ein Stück von 400 Gramm vom »Sumvitger Gold« ist heute im Bündner Naturmuseum in Chur ausgestellt. Von Sumvigt ist auch noch die imposant anmutende Kirche zu erwähnen, die sich etwas oberhalb der Straße befindet.

Weiter führt uns die Tour links abwärts durch die Örtchen Cumpadials, Dader-Falens, Pardomat Dado und Pardomat Dadens. Wir überqueren das erste Mal den Fluss Rein Anteriur, fahren durch Madernal und biegen kurz da-

MUSEUM SURSILVAN CUORT LIGIA GRISCHA

Am Westende von Trun ist das Museum, das eines der schönsten und auffälligsten historischen Gebäude der Surselva ist. Im ehemaligen Klosterhof befinden sich der Ratsaal des »Grauen Bundes«, eine Waffen- und folkloristische Sammlung sowie alte und zeitgenössische Bilder von den einheimischen Künstlern Alois Carigiet, Mattias Spescha, Gieri Schmed und Sr. Gielia Degonda. Museum Sursilvan Cuort Ligia Grischa, Via Principala, CH-7166 Trun, Tel. +41/(0)81/943 11 39, www.trun.ch

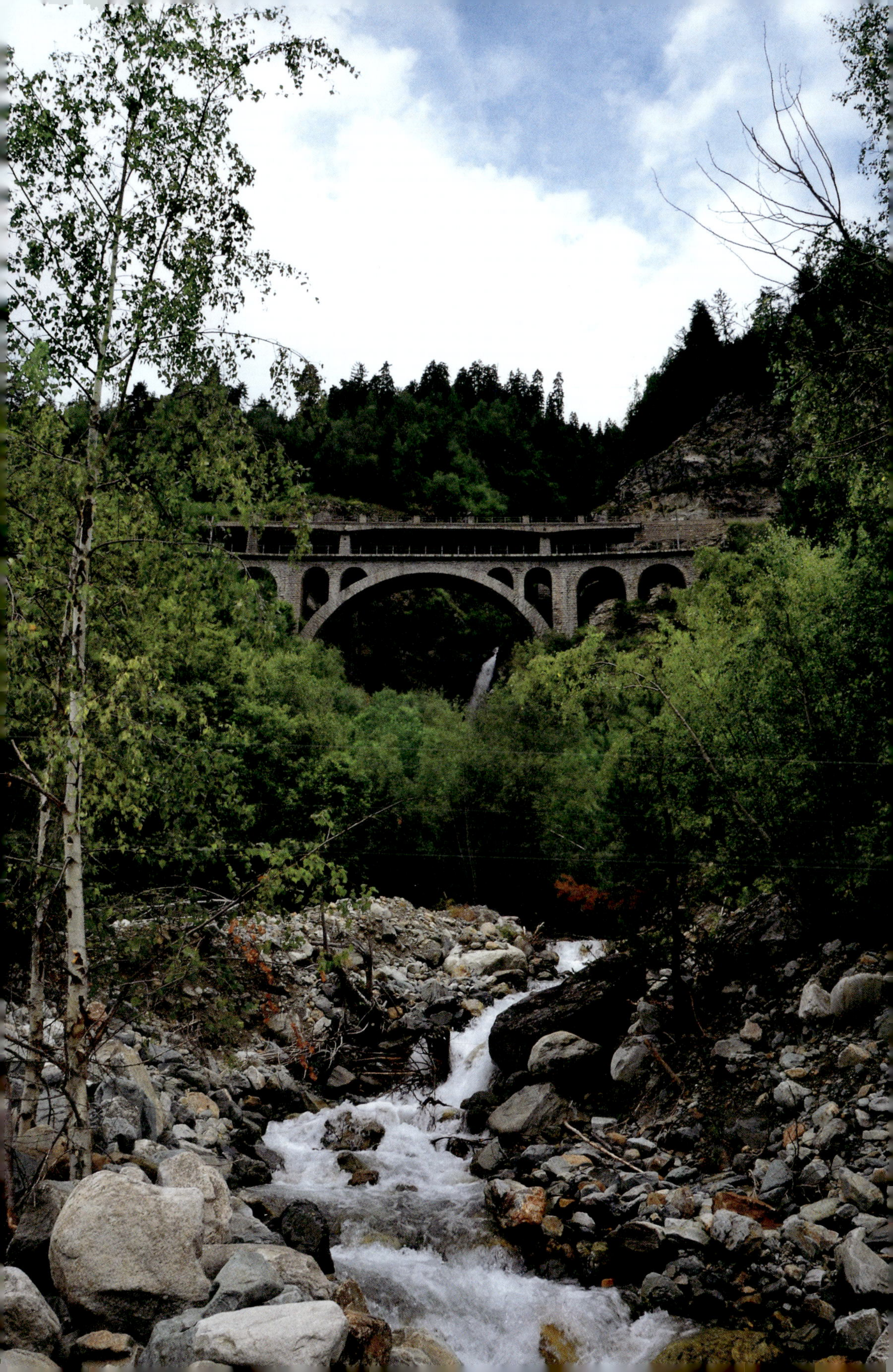

nach links auf einen abwechslungsreichen Schotterweg ab. Schon bald erblicken wir rechts oben ein eindrucksvolles Viadukt, über welches die Straße und die Geleise der Rhätischen Bahn führen. Der berühmteste Zug, der täglich Disentis/Mustér passiert, ist der »Glacier Express«. Er ist der langsamste Schnellzug der Welt, aber er fährt auf einer der reizvollsten Bahnstrecken überhaupt.

Wir durchqueren den Ort Disla und wechseln kurz vor Disentis/Mustér zum zweiten Mal über den Rein Anteriur auf die gegenüberliegende Talseite. Wer möchte, kann beim WP 33 rechts abbiegen, bis nach Disentis/Mustér fahren und sich die Gemeinde ansehen. Mit etwa 1,5 Kilometern und 100 Höhenmetern zusätzlich ist zu rechnen. Ich habe den Track

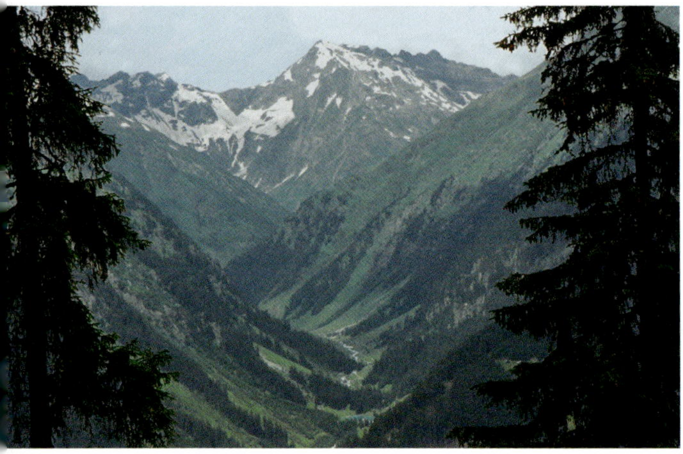

Val Russein mit kleinem Stausee bei der Alp Barcuns-Dadens

nicht eingezeichnet, weil ein Falschfahren unmöglich ist und ich den Mehraufwand an Höhenmetern und Kilometern nicht empfehlen kann – außer, der Körper reagiert bereits auf ein »Kaffeedefizit« ...

Wie auch immer – wir kommen dann wieder zum WP 33, wechseln auf die andere Talseite und fahren auf angenehmen Nebenstraßen weiter bis nach Cavardiras. Ab hier beginnt der längste Anstieg: 500 Höhenmeter an einem Stück sind nun zu bewältigen. Zuerst radeln wir auf einer schmalen asphaltierten Nebenstraße, danach auf einer Schotterstraße. Immer wieder können wir wunderbare Ausblicke auf die gegenüberliegenden Almweiden und die darüber emporragenden Dreitausender genießen.

Bild rechte Seite: Türkis schimmernder Lag da Laus

Die Gegend und die Straße werden »rustikaler«, die Steigung nimmt kurz vor dem Schiebestück noch etwas zu. Da auch dieses sehr steile Stellen beinhaltet, sollte man sich die Kraft gut einteilen und diesen Streckenabschnitt mit Bedacht unter die Räder bzw. unter die Radlerschuhe nehmen.

Kurz nach dem Schiebestück können wir noch eine kurze Strecke bis zum naturbelassenen Lag da Laus (wörtlich »Traubenkirschsee«) fahrend zurücklegen. Dieser Bergsee liegt in einer wunderschönen Naturlandschaft an der Südflanke des Vorderrheintals über dem Weiler Laus. Die großartige Aussicht auf das Tal und das Hochgebirge vom Oberalpstock über die Tödikette bis zu den Birgelshörnern ist überwältigend. Der idyllische Waldsee ist umgeben von viel Jungwald und bestoßener Alpweide (der Viehbesatz einer Alm/Alp wird als »Bestoßung« bezeichnet). Seine Entstehung geht auf einen Bergsturz zurück, dessen Elemente von »Disentis« aus gut sichtbar sind. Er wird aus unterirdischen Quellen gespeist und ist im Norden von lockerem Alp-Wald umgeben. Auf der Nordseite liegt der Abfluss, welcher sich nach dem Überfließen der Schwelle im Untergrund verliert. Hier ist ein idealer Platz, um die mitgebrachte Verpflegung in unberührter Natur zu genießen. Wir lassen nicht nur die Seele, sondern auch die Füße ins Wasser baumeln.

Gestärkt, entspannt und glücklich machen wir uns wieder auf den Weg. Dieser führt bis auf ganz wenige Höhenmeter nur noch abwärts. Anfangs ist die Schotterstraße noch etwas grob, wird aber schon bald besser und problemlos fahrbar. An mehreren Weilern fahren wir vorbei, bis wir an der Talsohle die Ortschaft Surrein erreichen. Sie hat sich bis heute den bäuerlichen Charakter erhalten.

Von hier aus gelangt man ins Val Sumvitg. Hinter Surrein fahren wir teilweise durch eine reizvolle Uferlandschaft, bevor uns ein letzter, kurzer Singletrail erwartet. Wir überqueren noch einmal den Rein Anteriur und erreichen beim Fußballplatz von Trun einen Streckenabschnitt, den wir schon kurz nach Beginn der Tour befahren haben. Auf demselben Wegabschnitt radeln wir wieder zurück bis zu unserem Parkplatz in Trun.

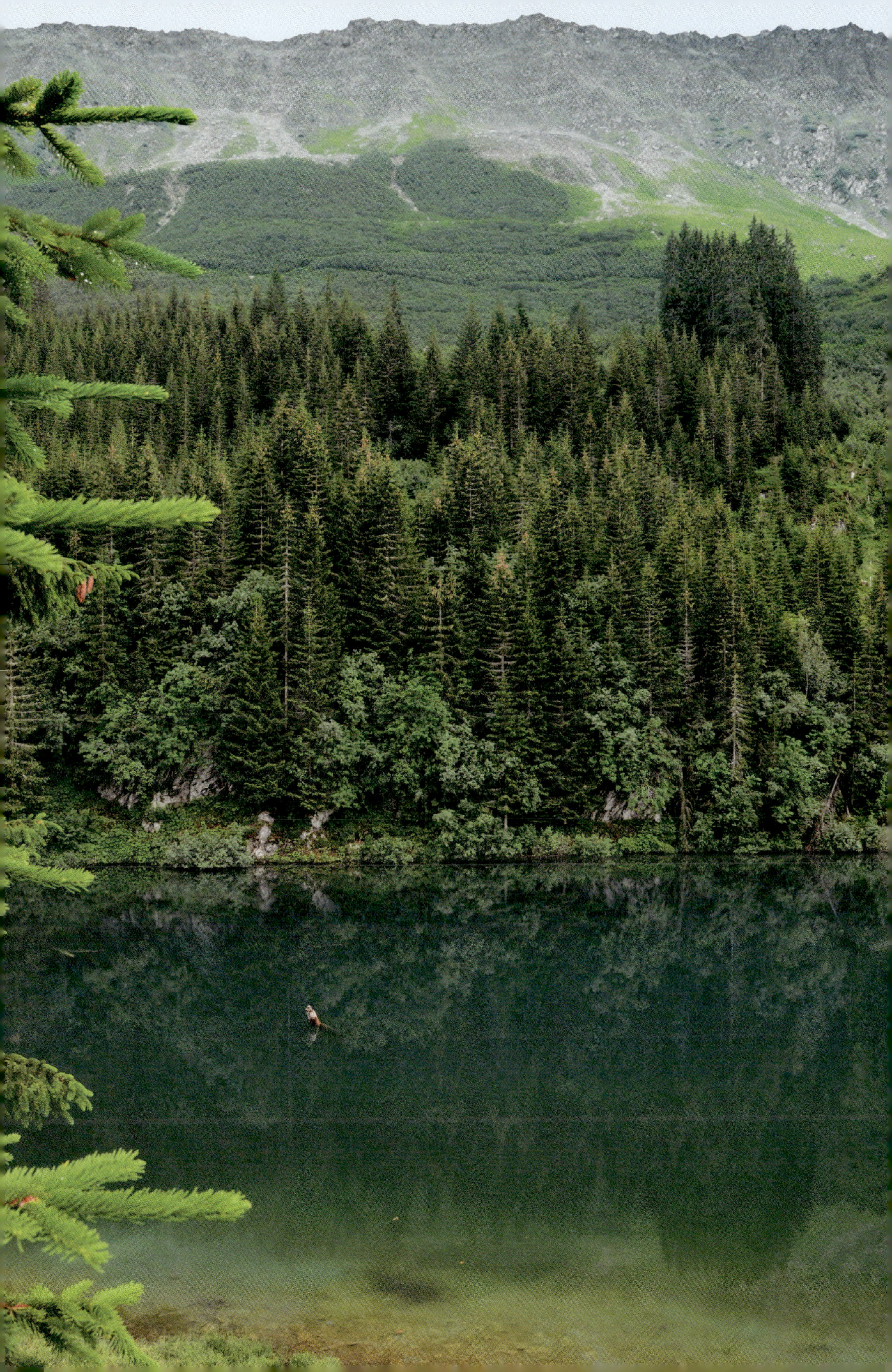

Routenbeschreibung

Tour 11 Lag da Laus.gpx

WP | km | Hm | Route

1 | 0,00 | 857 | Start beim Parkplatz direkt vis-à-vis der Shell-Tankstelle, kurz vor dem Bahnhof; Fahrt Richtung ortseinwärts.

2 | 0,08 | 857 | Links über die Bahngleise in die Via Campadi.

3 | 0,21 | 852 | Die kleine Brücke überqueren und danach rechts fahren.

4 | 0,65 | 856 | Direkt vor dem Fußballplatz rechts halten.

5 | 0,71 | 856 | Geradeaus fahren.

6 | 0,80 | 858 | Links direkt vor den Bahngleisen einbiegen und auf der Via Pustget links an den Bahngleisen entlang.

7 | 1,04 | 859 | Rechts fahren.

8 | 1,17 | 859 | Links in die Via Gravas.

9 | 1,96 | 899 | Die Hauptstraße überqueren und geradeaus aufwärts durch die Via Campliun.

10 | 2,10 | 918 | Links Richtung Rabius auf der Via Plaun.

11 | 2,31 | 918 | Rechts Richtung Rabius fahren.

12 | 2,35 | 920 | Links steil aufwärts Richtung Rabius auf der Via Péra.

13 | 2,60 | 959 | Links Richtung Rabius fahren.

14 | 3,64 | 960 | Auf der Hauptstraße direkt bei der Kirche weiter und rechts leicht aufwärts.

15 | 4,22 | 978 | Rechts aufwärts auf der asphaltierten Nebenstraße – Beschilderung »Runs«.

16 | 4,28 | 980 | Runs – geradeaus Richtung Rabius.

17 | 4,36 | 985 | Links Richtung Cresta fahren.

18 | 5,62 | 1120 | Fanels – geradeaus leicht abwärts Richtung Sumvitg.

19 | 6,25 | 1097 | Rechts leicht abwärts Richtung Sumvitg.

20 | 6,52 | 1074 | Links leicht abwärts fahren.

21 | 6,73 | 1010 | Links direkt unterhalb der Kirche abwärts.

22 | 6,76 | 1044 | Rechts leicht aufwärts fahren.

23 | 7,03 | 1047 | Links abwärts Richtung Valens.

24 | 8,25 | 972 | Rechts Richtung Valens fahren.

25 | 8,26 | 970 | Links Richtung Valens.

26 | 8,49 | 968 | Links leicht abwärts fahren – wir überqueren den Rein Anteriur und fahren geradeaus leicht aufwärts.

27 | 8,97 | 942 | Geradeaus leicht aufwärts.

28 | 9,51 | 991 | Rechts Richtung Disentis/Mustér fahren.

29 | 10,22 | 990 | Pardomat Dado – rechts leicht abwärts halten.

30 | 11,09 | 993 | Links im spitzen Winkel aufwärts Richtung Disentis/Mustér.

31 | 11,73 | 1000 | Rechts aufwärts fahren.

32 | 12,51 | 1020 | Disla – links leicht abwärts und durch die kleine, urige Ortschaft.

33 | 13,75 | 1024 | Brulf – links abwärts und über die Brücke.

34 | 13,87 | 1025 | Auf der anderen Seite des Rein Anteriur links leicht aufwärts.

35 | 14,92 | 1111 | Geradeaus fahren.

36 | 15,42 | 1132 | Cavardiras – rechts aufwärts Richtung Lag da Laus.

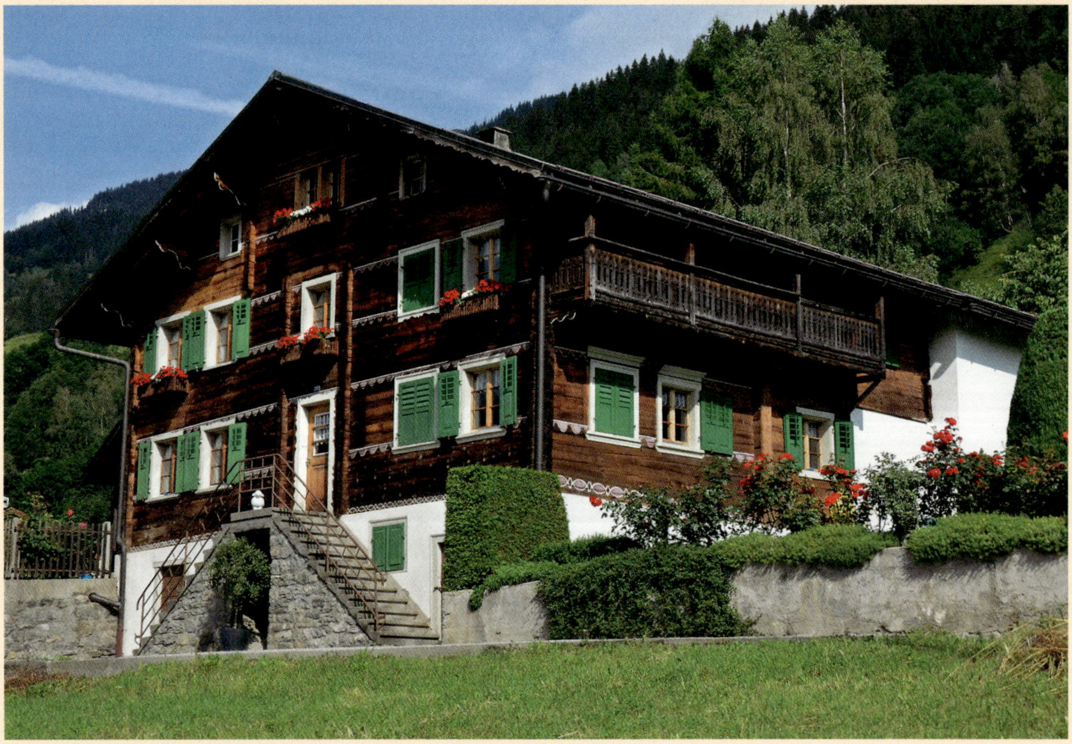

Liebevoll gepflegt – ein Schweizer Berghaus, wie man es noch von früher kennt.

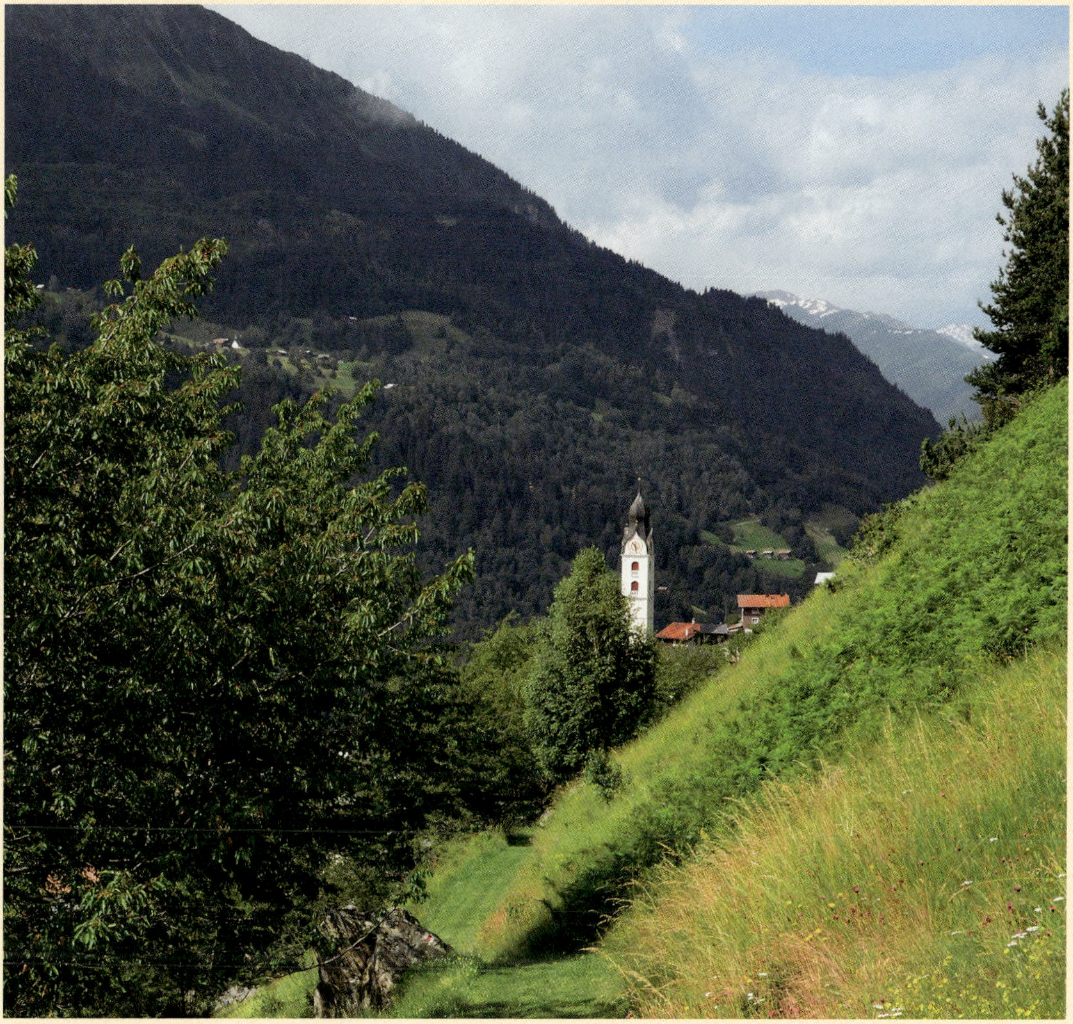

Zauberhafte Wiesenabfahrt Richtung Sumvitg

37 | 16,51 | 1239 | Links aufwärts Richtung Lag da Laus.
38 | 19,01 | 1440 | Links aufwärts fahren.
39 | 19,14 | 1448 | Rechts Richtung Lag da Laus halten.
40 | 20,23 | 1530 | Caischavedra – geradeaus fahren.
41 | 20,90 | 1616 | Rechts Richtung Lag da Laus – der Weg leitet unter der Steinmauer vorbei; Beginn des Schiebestücks (Ende bei km 21,87).
42 | 22,34 | 1614 | Lag da Laus – über die kleine Holzbrücke und dann links.
43 | 22,74 | 1608 | Links abwärts fahren.
44 | 22,99 | 1556 | Rechts abwärts halten.
45 | 23,05 | 1547 | Rechts abwärts Richtung Laus.
46 | 25,02 | 1349 | Rechts abwärts fahren.
47 | 25,25 | 1320 | Schetga – rechts leicht aufwärts Richtung Surrein.
48 | 27,72 | 1105 | Links abwärts fahren.
49 | 28,60 | 1015 | Puzzasgt – rechts im spitzen Winkel abwärts Richtung Surrein.
50 | 29,78 | 928 | Rechts auf der asphaltierten Straße weiter.
51 | 30,14 | 895 | Surrein – rechts Richtung Trun fahren.
52 | 30,25 | 922 | Rechts fahren.
53 | 30,53 | 910 | Encarden – links Richtung Trun.
54 | 30,73 | 929 | Rechts Richtung Trun fahren.
55 | 32,78 | 890 | Links auf dem Singletrail Richtung Trun.
56 | 33,19 | 884 | Links auf der asphaltierten Straße weiter.
57 | 34,00 | 876 | Bei der Weggabelung rechts.
58 | 34,38 | 871 | Rechts am Fußballplatz vorbei – auf dem Track zurück bis zum Ausgangspunkt.
59 | 35,03 | 871 | Rechts der Parkplatz, unser Ausgangspunkt – Ende der Tour.

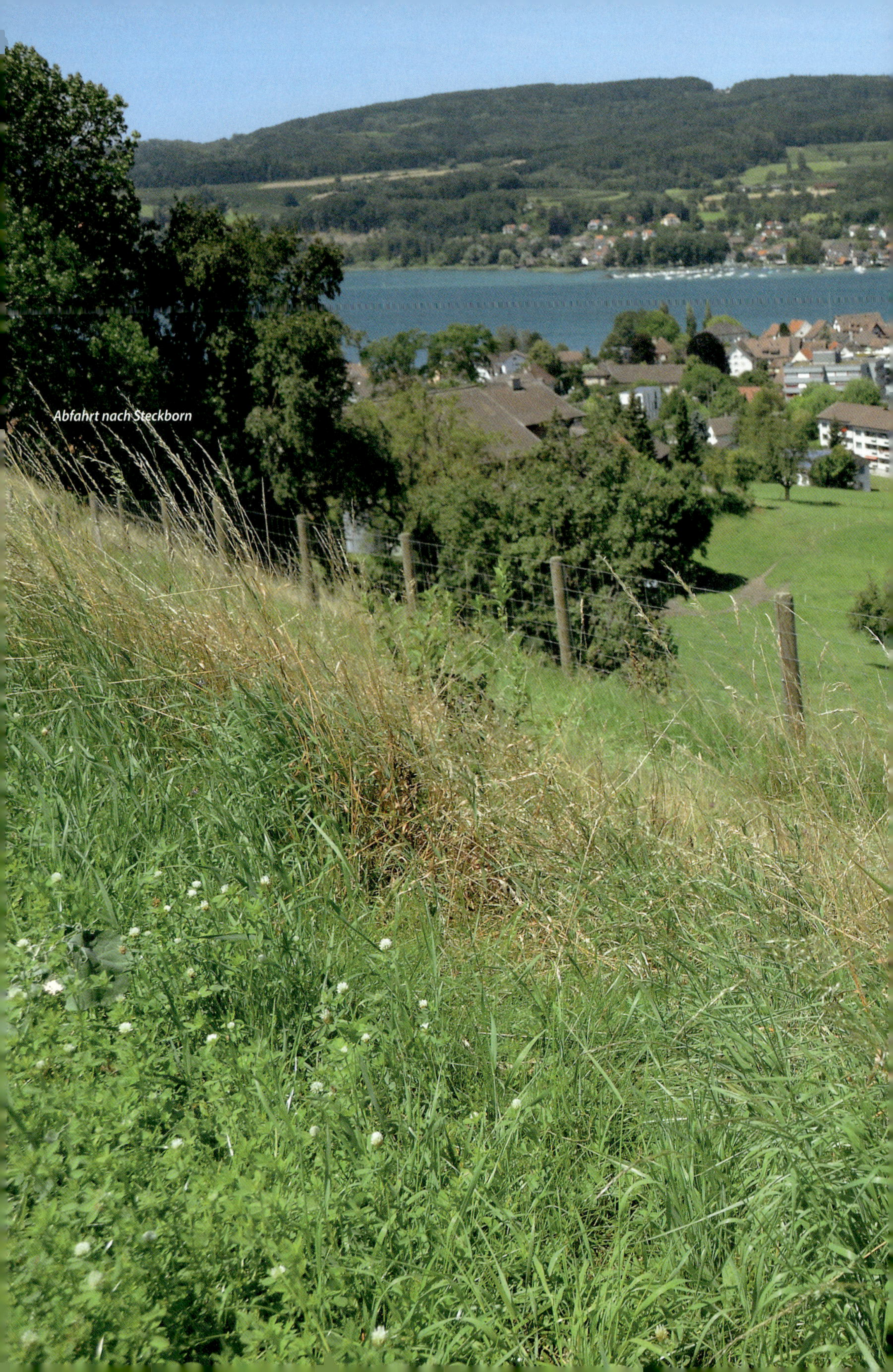
Abfahrt nach Steckborn

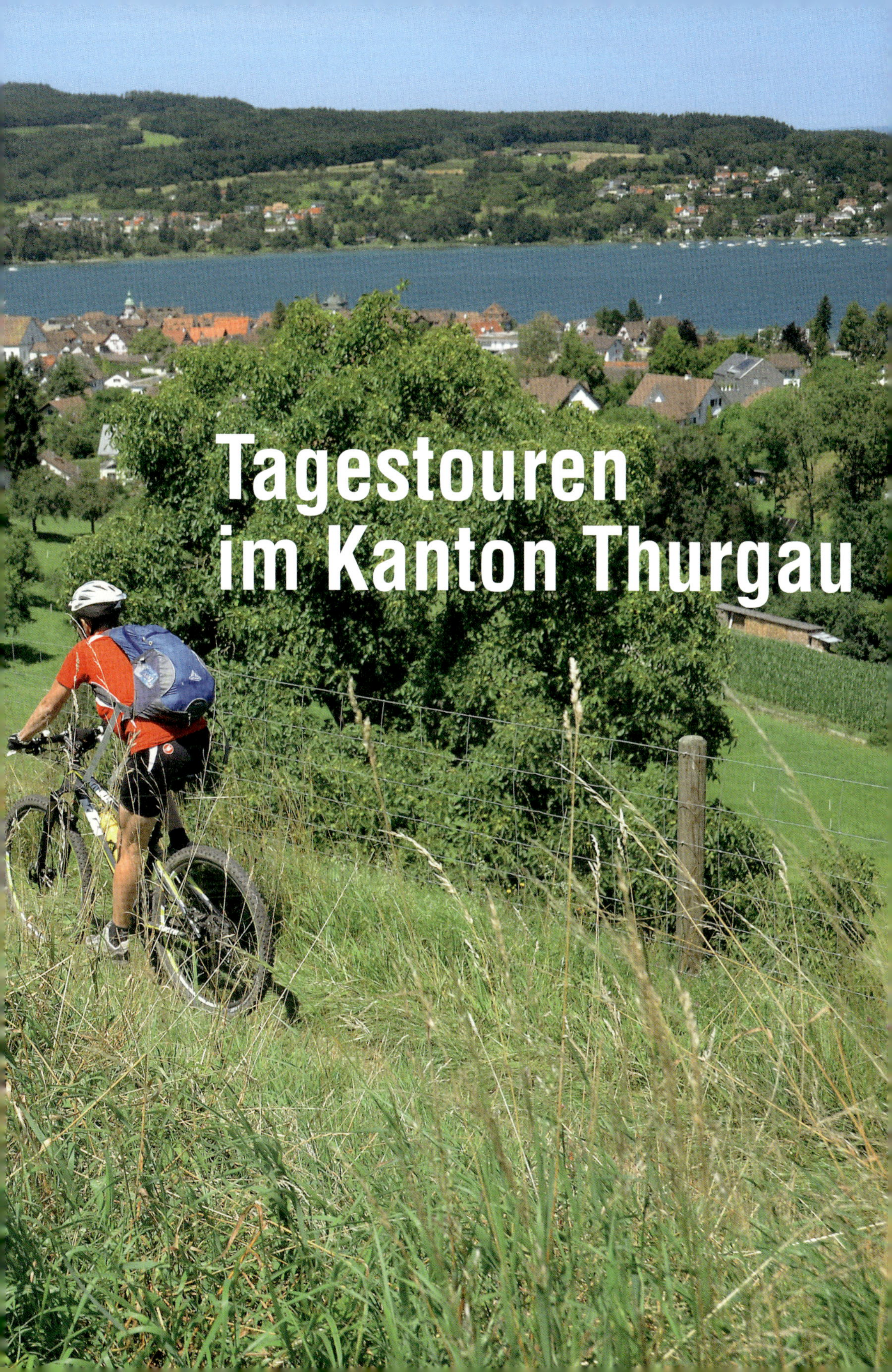

Tagestouren im Kanton Thurgau

12 Hulftegg

Der Thurgau von seiner schönsten Seite

2	●●●●○	1180	42	3–4
Schwierigkeit	Erlebniswert	Höhenmeter (in m)	Streckenlänge (in km)	Zeit (in h)

TOURENCHARAKTER

AUSGANGS-/ENDPUNKT
Fischingen, Gratisparkplätze hinter dem Benediktinerkloster Fischingen

ANFAHRT
Von St. Gallen oder Winterthur kommend auf der E60 bis Ausfahrt 76/Münchwilen, danach Richtung Sirnach, beim nächsten Kreisverkehr die 2. Ausfahrt geradeaus, beim nächsten Kreisverkehr die 2. Ausfahrt in die Winterthurerstrasse, dann rechts in die Fischingerstrasse und später über die Hauptstrasse bis nach dem Benediktinerkloster in Fischingen, gleich nach dem Kloster links in die Murgstrasse und sofort rechts zu den kostenfreien Parkplätzen

KONDITION
●●●●○

FAHRTECHNIK
●○○○○

ERLEBNISWERT
Fahrspaß: ●●●●○ – flowige Trailabschnitte und prächtige Höhenwege mit herrlichem Panorama
Landschaft: ●●●●○ – immer wieder grandiose Aussichten während der gesamten Tour
Kultur und Geschichte: ●●●○○ – das Benediktinerkloster Fischingen; die Schreinerei Kloster Fischingen; die Förderschule Fischingen; Burg Tannegg

EINKEHRMÖGLICHKEITEN
Konditorei Voland, Tösstalstr. 83, CH-8496 Steg, Tel. +41/(0)55/265 11 20, www.baumerfladen.ch; Restaurant Tierhag, Am Schnebelhorn, CH-8496 Steg, Tel. +41/(0)55/245 12 23, www.ohrueti.ch/tierhag; Panorama-Restaurant Hotel Hulftegg, CH-9613 Mühlrüti, Tel. +41/(0)71/983 33 66

STRECKENPROFIL
Abwechslungsreiche Tour im Thurgau mit zwei steilen, langen Anstiegen und schönen Panoramahöhenwegen; auch drei kurze Schiebepassagen sind zu absolvieren. Fahrtechnisch nicht sehr anspruchsvoll – lediglich vom Grat Richtung Holestei ist der Trail etwas steil und technisch. Durch die zwei steilen Anstiege ist die Tour konditionell nicht zu unterschätzen – darum vielleicht nicht gleich im Frühjahr fahren, sondern an einem kühleren Sommertag, wenn bereits einige Höhenmeter in den Beinen stecken.

HÖCHSTER PUNKT
1156 m, kurz nach dem Restaurant Tierhag

NIEDRIGSTER PUNKT
576 m, Fischingen

TOURIST-INFO
Verkehrsbüro,CH-8374 Dussnang, Tel. +41/(0)71/978 70 10, dussnang-fischingen@raiffeisen.ch, www.fischingen-tourismus.ch

LANDKARTEN
Swisstopo 226 Rapperswil, Landeskarte 1:50 000

GPS/ROADBOOK
Tour 12 Hulftegg.gpx; Tour 12 Hulftegg 500.gpx

Die konditionell fordernde Tour ist sehr abwechslungsreich und bietet herrliche Aussichten auf den Thurgau, außergewöhnlich schöne Panoramawege auf Trails und über Wiesen- und Bewirtschaftungswege sowie drei Einkehrmöglichkeiten.

Während dieser Tour lernen wir die herrliche Landschaft des Kantons Thurgau kennen. Der Thurgau setzt sich aus 80 Gemeinden zusammen und zählt ca. 241 000 Einwohner. Die Hauptstadt ist Frauenfeld mit ca. 22 500 Einwohnern. Der Kanton grenzt im Norden an das deutsche Bundesland Baden-Württemberg sowie an den Kanton Schaffhausen.

Startpunkt dieser Tour ist Fischingen, eine politische Gemeinde im Bezirk Münchwilen und die südlichste Gemeinde im Thurgau. Der südlichste Punkt der Gemeinde und somit auch des Kantons ist der Grenzstein (Dreiländerstein) zwischen den Kantonen Thurgau, St. Gallen und Zürich. Etwas östlich davon, auf dem Grat, befindet sich mit 991 Metern die höchste Erhebung dieses Kantons.

Fischingen liegt im sogenannten Tannzapfenland, welches seine Bezeichnung von den in diesem Gebiet reichlich vorhandenen Fichtenwäldern erhalten hat. Durch die topografische und geologische Gestalt ist die Gemeinde ein Naturparadies. Zahlreiche Wander- und Radwege führen durch Wiesen und Wälder und eröffnen immer wieder neue Aussichten auf die Alpen und den Bodensee.

Beim 1138 gegründeten imposanten Benediktinerkloster St. Johann steigen wir auf unsere Sättel.

Das Kloster sollte Pilgern auf dem Weg von Konstanz nach Einsiedeln Obdach und Zuflucht bieten. Es ist das einzige Kloster im Thurgau, in welchem heute wieder Mönche wirken. Im 17. und 18. Jahrhundert wurde die

42 km	1180 Hm	Tagestour

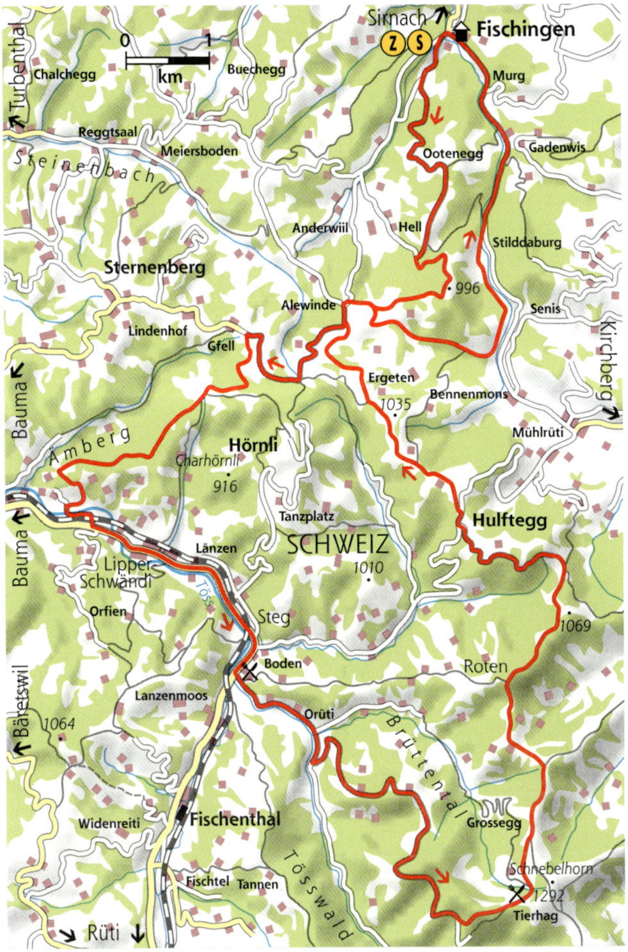

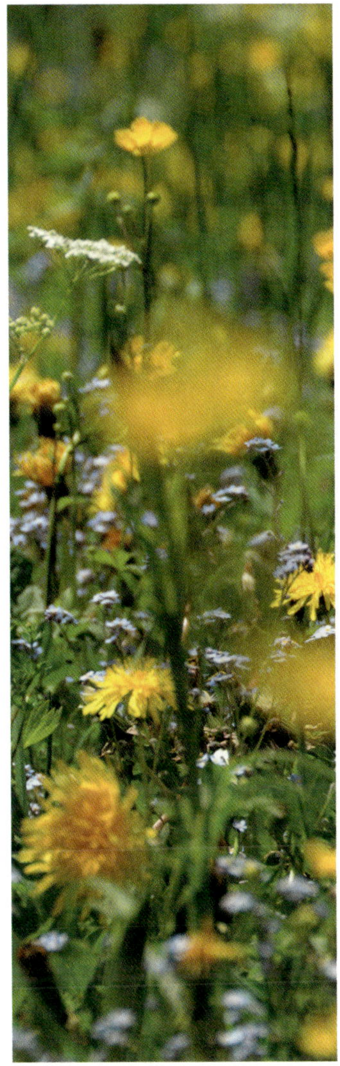

Natur pur: Vergissmeinnicht, Hahnenfuß und Löwenzahn am Wegesrand

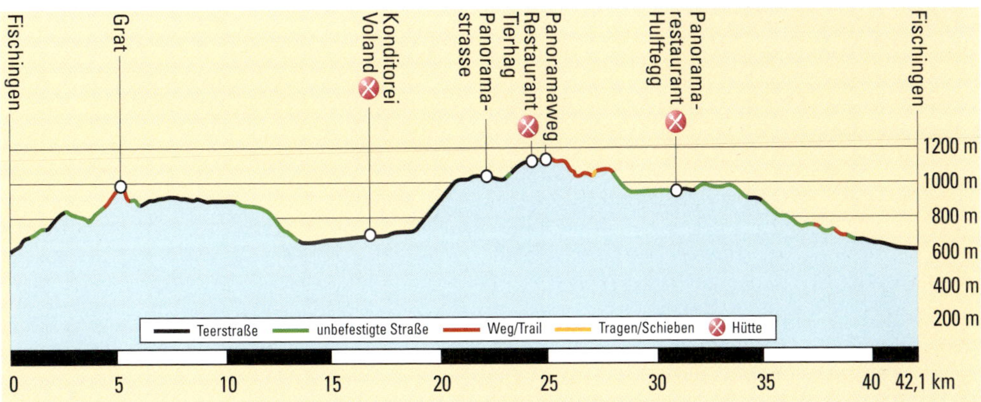

Klosteranlage im Barock- und Rokokostil umgebaut und erweitert. 1685–87 wurde eine neue Klosterkirche, 1705 eine der heiligen Idda geweihte Kapelle errichtet. Das Sandstein-Grabmal der schlafenden Heiligen stammt aus dem Jahr 1496.

Auf steilen Nebenstraßen treten wir Richtung Ootenegg in die Pedale. Obwohl wir zu Beginn der Tour auf Asphalt fahren, erreicht unser Körper durch die Steilheit einzelner Streckenabschnitte ziemlich schnell erhöhte »Betriebstemperatur«.

Nach Ootenegg führt unser Weg über eine grüne, satte Almwiese. Den Sendemast auf dem beliebten Aussichtsberg Hörnli (1133 m) erblicken wir schon von weiter Ferne. Dieser Mast wird im Lauf dieser Tour stets in unserem Blickwinkel bleiben. Links des Wegs genießen wir die traumhafte Sicht auf den Säntis.

Nach etwas mehr als vier Kilometern erreichen wir den verwurzelten Trail auf den Grat. Dieser ist ziemlich steil und beinhaltet eine kurze Schiebepassage, ist aber ansonsten gut fahrbar.

Landschaftspflege bei Ootenegg

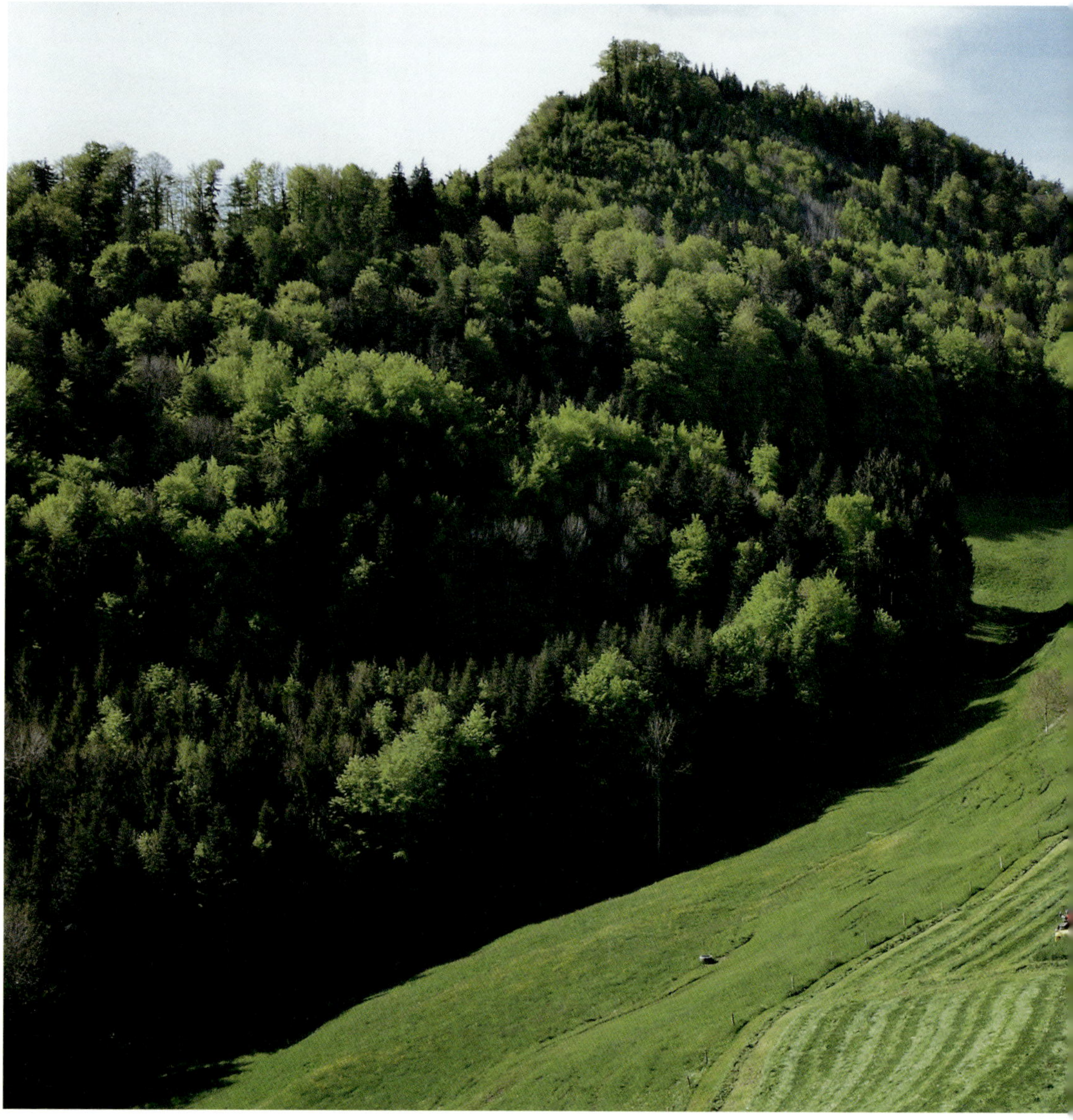

Die Tatsache, dass der Grat der höchste Punkt des Kantons Thurgau ist, garantiert uns einen atemberaubenden Fernblick auf den Säntis, den Alpstein und die Churfirsten – bei guter Sicht erkennen wir sogar den Bodensee.

Ganz unscheinbar, zwischen Bäumen eingebettet, können wir die Wallfahrtskirche St. Idaburg erblicken. Über das Leben der heiligen Idda wurde Folgendes überliefert: Sie stammte aus dem adeligen Geschlecht der Grafen von Kirchberg bei Ulm in Schwaben. Von ihren frommen Eltern wurde das Mädchen christlich erzogen – gemäß ihrem Stand. Daher lässt es sich leicht denken, dass die Hochzeit mit dem Grafen Diethelm IV. in Pracht und Herrlichkeit gefeiert wurde. Der Legende nach trug ein Rabe den kostbaren Hochzeitsring der Idda fort. Ein Jäger soll ihn gefunden und an seinen Finger gesteckt haben. Als ein Knecht den Ring der Gräfin erkannte, wurde sie von ihrem Ehemann des Ehebruchs mit dem Jäger verdächtigt. Im Jähzorn ließ Diethelm IV. den Jäger zu Tode schleifen. Die unschuldige Idda stürzte er

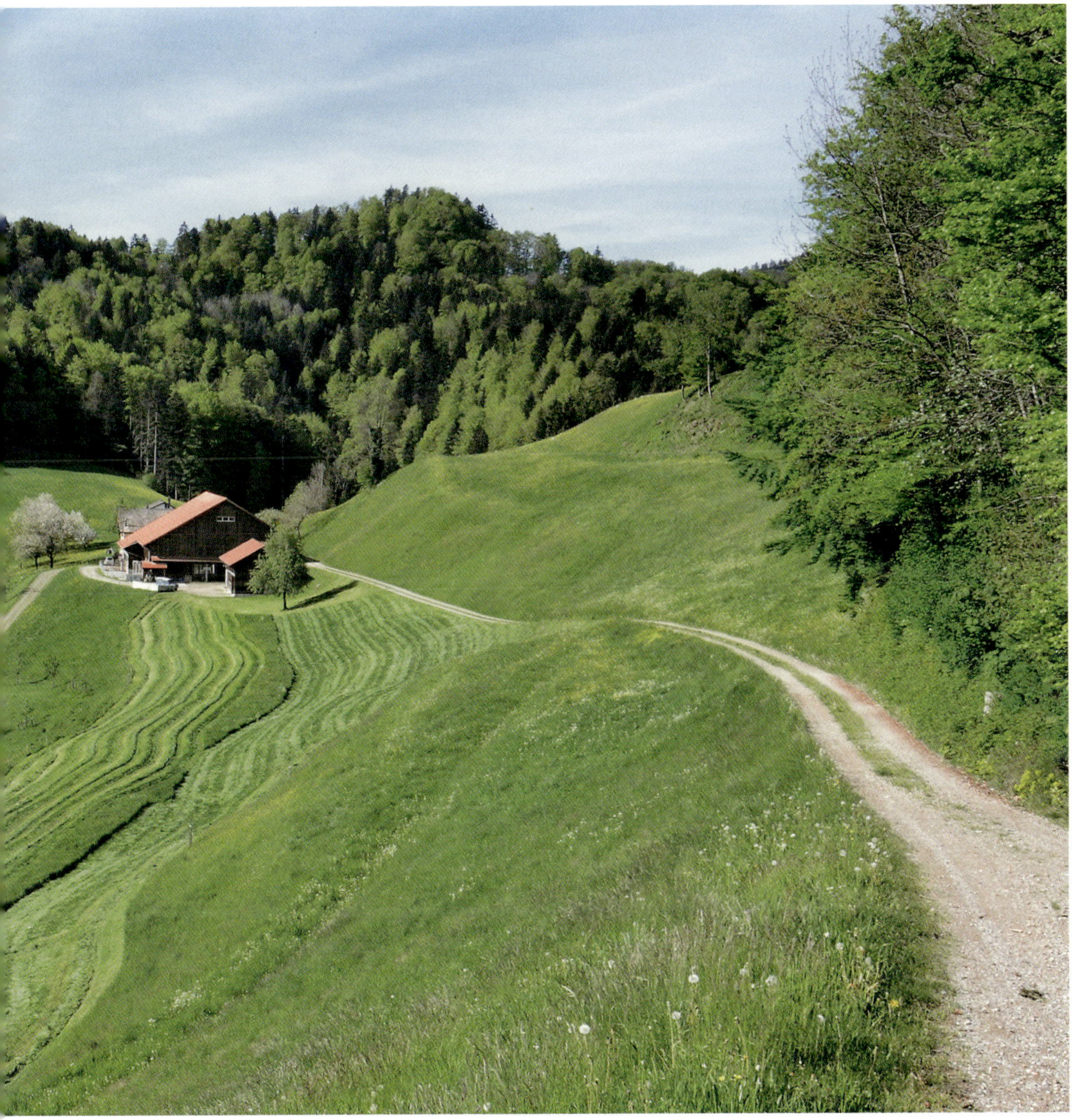

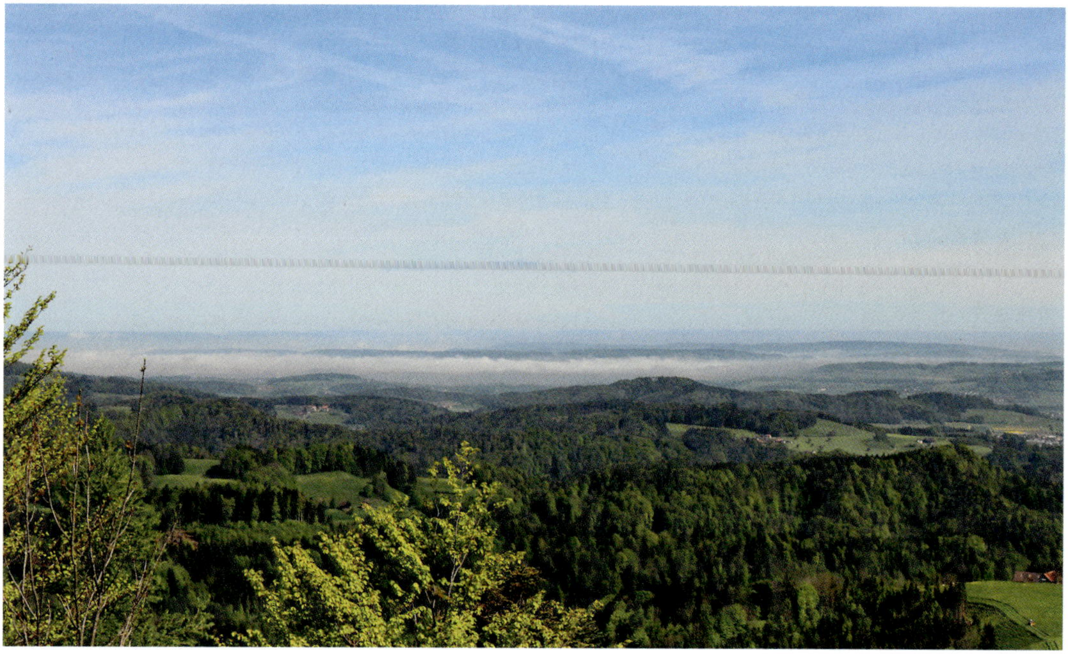

Weitläufiger Blick in den Thurgau vom Grat aus

über die Burgzinne in die tiefe Schlucht. Auf wundersame Weise soll sie den Absturz unversehrt überstanden haben. Sie entschloss sich, ihr Leben von nun an allein Gott zu weihen, und lebte 17 Jahre als Einsiedlerin in einer Höhle. Auch als sie, die schon längst für tot gehalten wurde, entdeckt wurde, wollte sie ihr einsames Leben mit Gott nicht mehr aufgeben. Dies musste auch ihr einsichtiger Ehemann respektieren. So ließ der Graf eine Klause in der Au, in der Nähe des Klosters Fischingen, für sie bauen. Heute ist die Iddaburg Treffpunkt und Begegnungsstätte für zahlreiche Menschen.

Der Abfahrtstrail vom Grat ist bald geschafft und bis auf zwei oder drei Spitzkehren auch gut fahrbar. Nach Schaltenbrunnen biken wir auf einer asphaltierten, verkehrsarmen Nebenstraße Richtung Gfell und weiter nach Heiletsegg. Entlang einer Baumzeile tauchen wir wieder in den Wald ein, fahren zuerst auf Forststraßen, danach auf einer asphaltierten Straße, bis wir zur Töss gelangen.

Nach dem Überqueren des Flusses rollen wir ein kurzes Stück auf einer Nebenstraße dahin und erreichen schon bald die Hauptstraße. Auf dieser fahren wir bis nach Steg, wo wir in der dortigen Konditorei Voland unbedingt der süßen Versuchung nachgeben sollten – Freunde guten Kaffees und frischen, selbst gebackenen Kuchens sollten sich diese Möglichkeit nicht entgehen lassen. Eine Spezialität des Hauses ist der sogenannte Baumerfladen. Die original »Baumer-Lebkuchen« werden hier traditionell nach dem über 100-jährigen Rezept von Rudolf Bär gebacken. Köstlich! Problemlos können die Lebkuchen auch in den Bike-Rucksack gepackt werden – somit sind wir in der glücklichen Lage, die Delikatesse noch während der gesamten Tour genießen zu dürfen.

Nach diesem kulinarischen Höhepunkt fahren wir am Schwimmbad in Steg vorbei und biegen bald Richtung Stralegg ab. Spätestens hier könnte es sich negativ auswirken, wenn man in der Konditorei Voland zu viel von den Köstlichkeiten genossen hat: Die Auffahrt zur Stralegg ist zwar asphaltiert, aber recht steil und zieht ordentlich in die Wadln.

Dieser Abschnitt zieht sich über eine Strecke von zwei Kilometern bis kurz vor dem Bärloch hinauf. Nach dem Steilstück führt uns die Tour auf eine asphaltierte Nebenstraße, und bis nach Hinterstralegg dürfen wir faszinierende Panoramablicke genießen.

In Hinterstralegg biegen wir links Richtung Tierhag ab. Der Weg ist geschottert, und die ersten 100 Meter sind wiederum recht steil. Dann flacht der Weg ab, und wir treten gemütlich weiter bis zum Gasthaus Tierhag. Die Alpwirtschaft befindet sich auf 1140 Metern Höhe am höchsten Berg im Kanton Zürich, dem Schnebelhorn (1292 m). Hier bietet sich uns wiederum die Gelegenheit, den Flüssigkeitshaushalt ins Gleichgewicht zu bringen – die Wirtschaft ist ganzjährig geöffnet.

Hinter dem Gasthaus Tierhag nehmen wir unsere Fahrt wieder auf. Ziemlich parallel und oberhalb des Brüttentals fahren wir auf beeindruckenden Panoramawegen und -trails Richtung Hulftegg. Beim WP 37 erleben wir einen wunderschönen, flowigen Singletrail mit grandioser Aussicht. Bitte beim Genießen der Aussicht unbedingt stehen bleiben, sonst ist die Gefahr sehr groß, dass man vom schmalen Weg abkommt!

Nach diesem »Bikegenuss« rollen wir völlig unspektakulär auf Forststraßen weiter bis zur Hulftegg, einem schweizerischen Passübergang in den Voralpen auf 954 Metern Höhe zwischen Mühlrüti und Steg. Die Passstraße verbindet seit 1867 das Toggenburg im Kanton St. Gallen mit dem Tösstal im Kanton Zürich. Der Pass bildet die Wasserscheide zwischen den Flusssystemen der Töss und der Thur. Auf seiner Passhöhe, die zur Gänze im Kanton St. Gallen liegt, befindet sich das bei Fahrrad- und Motorradfahrern beliebte gleichnamige Ausflugsrestaurant. Außerdem ist die Hulftegg Ausgangspunkt für den ca. 20 Minuten dauernden »Witzspazierrundweg«. An schönen Tagen ist hier reges Treiben angesagt.

Direkt vor dem Gasthaus Hulftegg biegen wir links auf die asphaltierte Nebenstraße Richtung Winterthur ab. Nun befahren wir einen kurzen Wegabschnitt, der bereits Teil unserer Hinfahrt war. Ab Holenstein dürfen wir wieder uns unbekanntes Gelände erkunden. Auf Schotterwegen geht es weiter abwärts Richtung Tobel; von dort aus fahren wir wiederum auf Kieswegen parallel zur Hauptstraße, welche auf die Hulftegg führt. Diese Strecke erweist sich als sehr abwechslungsreich, weil sie sowohl kurze Trails als auch zwei Bachdurchquerungen beinhaltet.

Etwa zwei Kilometer vor dem Tourenende gelangen wir auf eine asphaltierte Straße, rollen auf dieser leicht abwärts nach Fischingen und erreichen somit wieder unseren Ausgangspunkt beim Benediktinerkloster.

Kontrast zwischen grünen Wäldern, Wiesen und schneebedeckter Berglandschaft

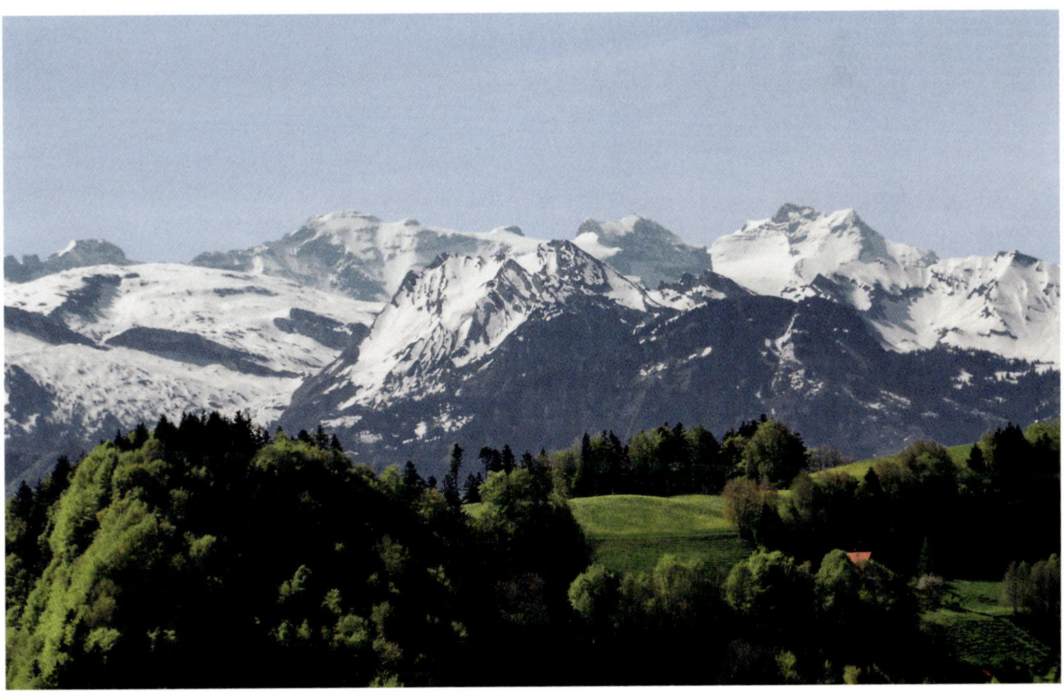

Routenbeschreibung

Tour 12 Hulftegg.gpx

WP | km | Hm | Route

1 | 0,00 | 616 | Start in Fischingen hinter dem Benediktinerkloster – dort Gratisparkplätze; Fahrt leicht abwärts zur Hauptstraße.

2 | 0,06 | 614 | Auf der Hauptstraße links und nach 20 m halb links in die Hinterdorfstrasse einbiegen in die asphaltierte Nebenstraße.

3 | 0,74 | 677 | Nach dem Hof links fahren, Beschilderung »Waldkapelle Ottenbeck«.

4 | 0,95 | 695 | Geradeaus weiter; die asphaltierte Straße wechselt zu einer Schotterstraße.

5 | 1,49 | 737 | Geradeaus weiter; Beschilderung »Bleiken, Ootenegg«.

6 | 1,93 | 760 | Links aufwärts Richtung Ootenegg.

7 | 2,55 | 840 | Rechts der Beschilderung »Grat, Allenwinden« folgen.

8 | 3,45 | 804 | Nach der Häusergruppe Hell geradeaus; Beschilderung »Au«.

9 | 3,67 | 783 | Links auf der Schotterstraße aufwärts fahren.

10 | 4,01 | 820 | Rechts um die Kurve auf dem Hauptweg bleiben, die Abzweigung unbeachtet lassen.

11 | 4,29 | 857 | Links in den markierten Wanderweg einbiegen.

12 | 4,37 | 864 | Im spitzen Winkel rechts auf den markierten, verwurzelten Wanderweg abzweigen.

13 | 5,10 | 991 | Grat – höchster Punkt des Kantons Thurgau, schöner Aussichtspunkt.

14 | 6,09 | 892 | Holenstein – rechts Richtung Allenwinden fahren.

15 | 6,63 | 912 | Links auf der Straße Richtung Sternenberg und Bauma.

16 | 6,93 | 925 | Schaltenbrunnen – rechts auf der Hauptstraße Richtung Bauma bleiben.

17 | 9,11 | 905 | Kurz vor der Ortschaft Gfell links aufwärts Richtung Heiletsegg.

18 | 10,30 | 910 | Heiletsegg – nach dem Haus rechts auf der Schotterstraße abwärts.

19 | 10,83 | 858 | Links weiterfahren.

20 | 11,92 | 860 | Links leicht abwärts fahren.

21 | 13,44 | 681 | Wellenau – links asphaltiert leicht abwärts; wir überqueren die Töss und fahren auf der anderen Seite des Baches Richtung Steg.

22 | 14,02 | 675 | Nach der Bahnunterführung erreichen wir die Hauptstraße; wir überqueren diese und fahren auf dem Radweg links weiter.

23 | 15,75 | 693 | Links durch die Bahnunterführung und danach gleich rechts; Radwegbeschilderung bis nach Steg.

24 | 16,50 | 701 | Auf der Hauptstraße links; bei km 16,75 die Konditorei Voland (Einkehrmöglichkeit).

25 | 17,13 | 710 | Links Richtung Stralegg, vorbei am Schwimmbad Steg und bis zum nächsten WP auf dieser Straße bleiben.

26 | 18,41 | 728 | Rechts fahren.

27 | 18,77 | 733 | Links steil aufwärts Richtung Stralegg und Schnebelhorn.

28 | 20,51 | 992 | Rechts um die Kurve und auf der asphaltierten Straße bleiben; bis km 20,77 steil aufwärts.

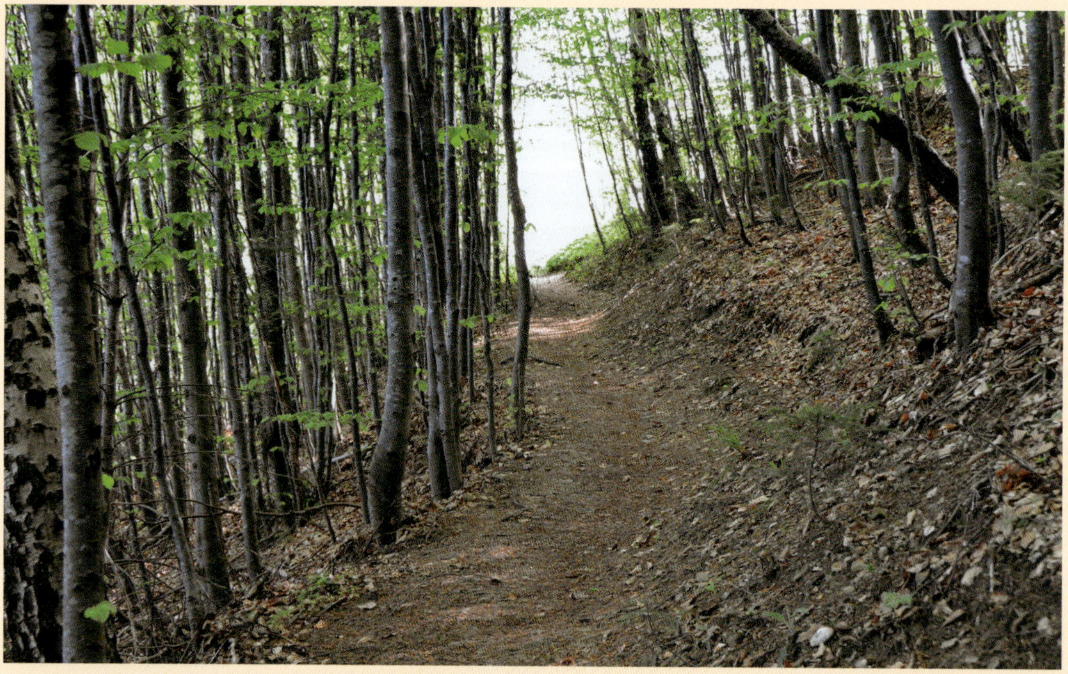

Der Waldtrail Richtung Grat

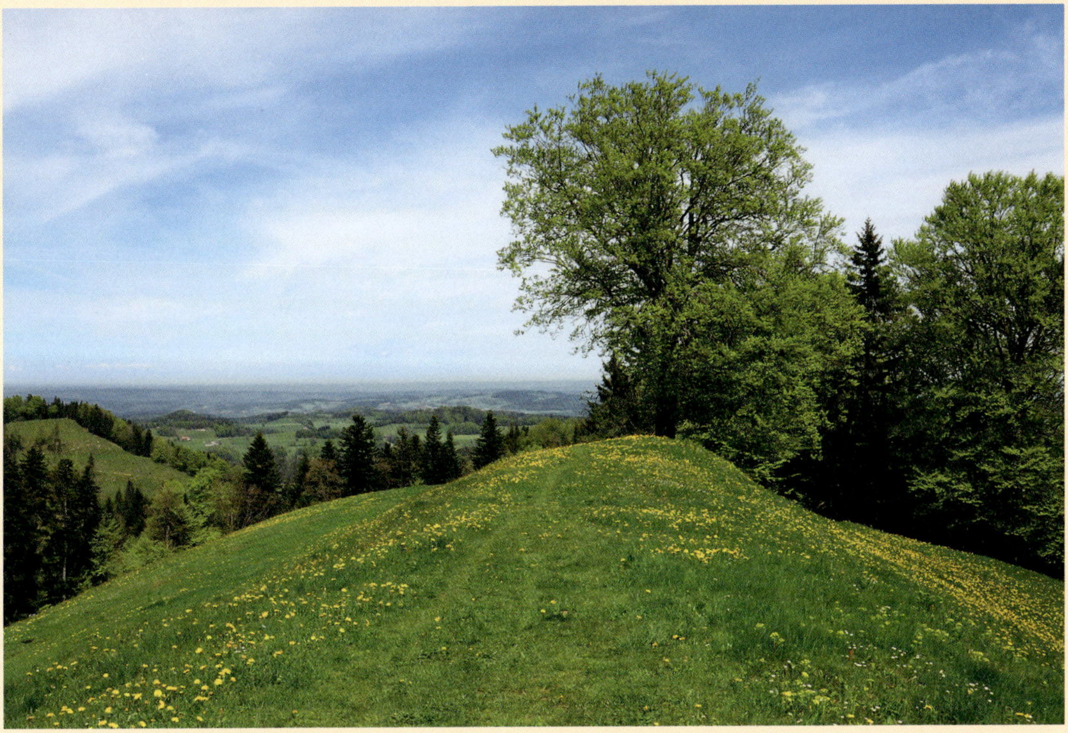

Ein schöner Rücken kann auch entzücken ...

29 | 21,36 | 1050 | Bärloch – auf der asphaltierten Straße geradeaus; bei km 22,10 erreichen wir Vorderstralegg.

30 | 22,95 | 1034 | Auf dem asphaltierten Weg links fahren.

31 | 23,03 | 1033 | Hinterstralegg – links steil aufwärts Richtung Tierhag.

32 | 24,22 | 1138 | Restaurant Tierhag – hinter dem Restaurant links; Wegmarkierung Hulftegg.

33 | 24,38 | 1138 | Rechts aufwärts fahren.

34 | 24,49 | 1147 | Links fahren; flacher Wander-/Panoramaweg.

35 | 25,15 | 1156 | Links fahren; der Wanderweg führt leicht abwärts Richtung Hulftegg.

36 | 26,03 | 1090 | Auf dem Trail links weiter Richtung Hulftegg.

37 | 26,45 | 1048 | Durch das Drehkreuz und über die Wiese steil aufwärts Richtung Hulftegg.

38 | 27,11 | 1066 | Auf dem rechten Weg geradeaus und steil aufwärts.

39 | 27,19 | 1094 | Roten Süd – auf dem Weg rechts Richtung Hulftegg.

40 | 28,04 | 1060 | Auf dem Weg links abwärts.

41 | 28,60 | 966 | Auf dem Weg geradeaus fahren.

42 | 28,87 | 956 | Links weiter – der Weg führt durch einen Hof.

43 | 30,80 | 952 | Wir erreichen die Hauptstraße kurz vor Hulftegg.

44 | 30,87 | 954 | Auf der asphaltierten Nebenstraße direkt vor dem Gasthaus Hulftegg links aufwärts – Beschilderung »Winterthur, Turbental«.

45 | 31,80 | 965 | Links aufwärts fahren.

46 | 34,14 | 924 | Rechts am Hof vorbei zur asphaltierten Hauptstraße.

47 | 34,24 | 917 | Asphaltierte Hauptstraße – rechts fahren.

48 | 34,43 | 914 | Rechts fahren.

49 | 34,48 | 915 | Rechts leicht aufwärts Richtung Fischingen halten.

50 | 34,98 | 890 | Holenstein – rechts auf der Schotterstraße abwärts Richtung Bechten

51 | 35,19 | 871 | Bei der Weggabelung links leicht abwärts – Wanderwegmarkierung.

52 | 36,84 | 757 | Links vor dem Haus in einen Bewirtschaftungsweg einbiegen.

53 | 37,37 | 763 | Der Bewirtschaftungsweg mündet in einen Trail – auf diesem quer durch die Wiese.

54 | 37,97 | 727 | Auf der Zufahrtsstraße links aufwärts.

55 | 38,25 | 739 | Nach dem Hof links auf dem Bewirtschaftungsweg weiter – Wiesentrail.

56 | 39,21 | 683 | Asphaltierte Straße – links leicht abwärts fahren.

57 | 41,17 | 616 | Fischingen, unser Ausgangspunkt, ist wieder erreicht – Ende der Tour.

13 Seerücken

Verzweigte Wege und Trails hoch über dem Untersee und der Insel Reichenau

Schwierigkeit	Erlebniswert	Höhenmeter (in m)	Streckenlänge (in km)	Zeit (in h)
2	✪✪✪✪✪	850	49	4.30

TOURENCHARAKTER

AUSGANGS-/ENDPUNKT
Bahnhof Kreuzlingen-Hafen

ANFAHRT
Zufahrt auf der B 13 aus Richtung Romanshorn, in Kreuzlingen beim Kreisverkehr Richtung Konstanz abbiegen (Seetalstrasse), beim nächsten Kreisverkehr bei der 2. Ausfahrt (Seetalstrasse) Richtung Schaffhausen/Frauenfeld, beim nächsten Kreisverkehr in der Hafenstraße 1. Ausfahrt ausfahren (Hafenstrasse) und beim nächsten Kreisverkehr 1. Ausfahrt rechts direkt zum Bahnhof am Hafen

KONDITION
✪✪✪✪✪

FAHRTECHNIK
✪✪✪✪✪

ERLEBNISWERT
Fahrspaß: ✪✪✪✪✪ – abwechslungsreiche Wegabschnitte in einem verzweigten Wegenetz in den Wäldern des Seerückens; immer wieder durch gut fahrbare und spaßige Singletrails unterbrochen
Landschaft: ✪✪✪✪✪ – die abgelegenen Gegenden des Seerückens; während der gesamten Tour fantastische Aussichten auf den Untersee, die Insel Reichenau, auf die fernen Alpen und das nahe deutsche Ufer; endlos scheinende Sonnenblumen- und Kornfelder an vielen Stellen dieser Tour
Kultur und Geschichte: ✪✪✪✪✪ – die spannende und vielfältige Museenlandschaft in der Region Kreuzlingen; das Naturschutzgebiet Lengwiler ca. 2 km südöstlich von Kreuzlingen (www.lengwilerweiher.ch); die Sternwarte Kreuzlingen (www.planetarium-kreuzlingen.ch); Schloss Girsberg; die Stadtkirche von Steckborn; Schloss Turmhof mit Heimatmuseum

EINKEHRMÖGLICHKEITEN
Restaurant Haidenhaus, CH-8507 Salen-Reutenen, Tel. +41/(0)52/761 15 30, www.haidenhaus.ch; Gottlieber Seecafé, Espenstr. 9, CH-8274 Gottlieben, Tel. +41/(0)71/667 01 77, www.gottlieber.ch

STRECKENPROFIL
Wir überqueren ohne längere, steile Anstiege den gesamten Seerücken. Immer wieder befahren wir flowige Waldtrails, sowohl Uphill wie auch Downhill, überwiegend in den schattigen Wäldern oberhalb des Untersees mit grandiosen Aussichten auf die wunderschöne Seenlandschaft. Der Seerücken ist von einem unüberschaubaren Wanderwege- und Forststraßennetz durchzogen, die Orientierung ohne GPS ist sehr aufwendig. Empfehlung: Diese Tour nur mit GPS-Gerät fahren! Die Möglichkeiten, sich zu verfahren, sind in diesen Wäldern sehr groß. Ohne markante Orientierungspunkte fahren wir mit vielen Abzweigungen durch dichten Wald.

HÖCHSTER PUNKT
706 m, Haidenhaus

NIEDRIGSTER PUNKT
399 m, Steckborn

TOURIST-INFO
Kreuzlingen Tourismus, Sonnenstr. 4, CH-8280 Kreuzlingen, Tel. +41/(0)71/672 38 40, www.kreuzlingen-tourismus.ch

LANDKARTEN
Swisstopo 5021 Weinfelden–Bodensee, Landeskarte 1:50 000

GPS/ROADBOOK
Tour 13 Seerücken.gpx;
Tour 13 Seerücken 500.gpx

Die äußerst abwechslungsreiche und interessante Aussichtstour verläuft über den Seerücken. Da der höchste Punkt dieser Tour nur auf ca. 700 Metern liegt, kann sie beinahe ganzjährig gefahren werden. Trotz zahlreicher kürzerer Trailabschnitte ist sie fahrtechnisch einfach; die Trails verlaufen überwiegend auf befestigtem, gut fahrbarem Waldboden. Empfehlung: unbedingt GPS-Gerät verwenden!

Diese Tour im Kanton Thurgau zieht sich über den gesamten Seerücken zwischen Kreuzlingen und Steckborn. Wir starten am Bahnhof beim Hafen in der Stadt Kreuzlingen, die am Ufer des Bodensees südöstlich der deutschen Stadt Konstanz liegt. Sie ist mit ca. 20 000 Einwohnern die zweitgrößte Stadt des Kantons und die größte Schweizer Stadt am Bodensee.
Über den Ortsteil Emmishofen fahren wir an den Schlössern Granegg und Girsberg vorbei Richtung Tägerwiler Wald. Beinahe während der gesamten Tour befinden wir uns oberhalb des Untersees. Waldabschnitte wechseln sich mit offenem Gelände ab, sodass wir immer wieder in den Genuss großartiger Weitblicke auf den Untersee, die Insel Reichenau, die fernen Berge der Alpen und auf Deutschland kommen.
Mit zahlreichen Richtungswechseln durchfahren wir die Wälder des Seerückens und gelangen erst bei Kilometer 20,37 zur ersten Einkehrmöglichkeit, dem Gast-

49 km	850 Hm	Tagestour

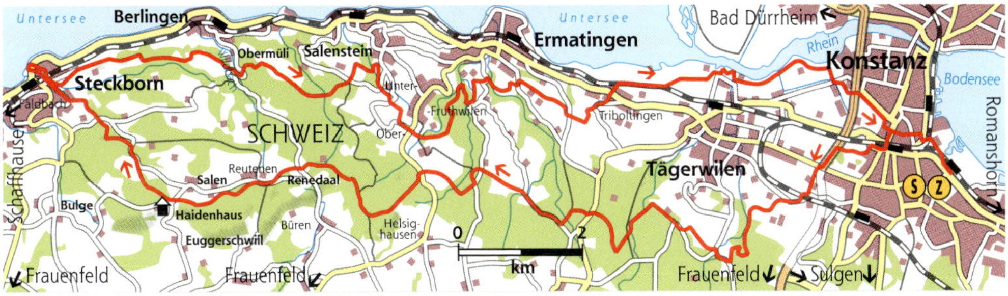

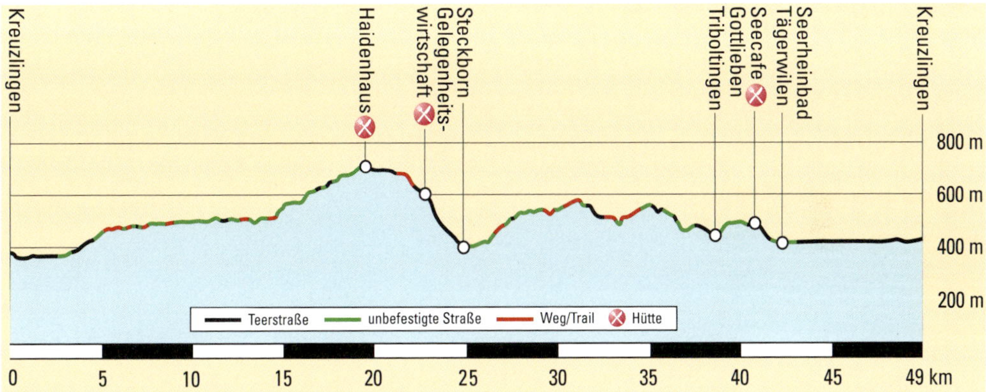

haus Haidenhaus. Auch danach sind wir stets auf Nebenwegen unterwegs.

Steckborn ist die erste Ortschaft, die wir anfahren. Sie hat etwa 3500 Einwohner und liegt am Südufer des Untersees. In den Gassen sind überall Zeugen vergangener Epochen zu entdecken; Überreste der Stadtmauern mit Pulvertürmen und sehenswerte Altstadthäuser mit dem renovierten Rathaus können im Ortskern bewundert werden. Direkt am See befindet sich das in eine herrliche Parklandschaft eingebettete Feldbachareal. Eine kurze Besichtigungstour am Seeufer entlang bis zur Schiffsanlagestelle ist lohnenswert; zudem bieten sich hier mehrere Einkehrmöglichkeiten.

Durch den Torbogen im Rathaus verlassen wir das Seeufer und radeln weiter. Von den Birnen- und Apfelplantagen sowie von den weiten, leuchtend gelben Sonnenblumenfeldern sind wir total fasziniert. Mit dem Untersee im Hintergrund ergibt diese Kombination einen farblichen Hochgenuss. Auch der Blick auf die unter uns liegende Insel Reichenau mit der 1300 Meter langen Pappelallee ist großartig.

Die Reichenau ist eine bewohnte Insel in Deutschland und seit dem Jahr 2000 mit dem Kloster Reichenau auf der UNESCO-Liste des Welterbes verzeichnet. Durch die temperaturausgleichende Wirkung des Bodensees, die positiven Auswirkungen des Alpenföhns und die daraus resultierende hohe Zahl an Sonnentagen ist das Klima auf der Reichenau besonders mild. Hiervon profitiert der Gemüseanbau mit bis zu drei Freilandernten pro Jahr. Etwa 160 Hektar der Insel werden landwirtschaftlich genutzt, mehr als 25 Prozent der Anbaufläche befindet sich

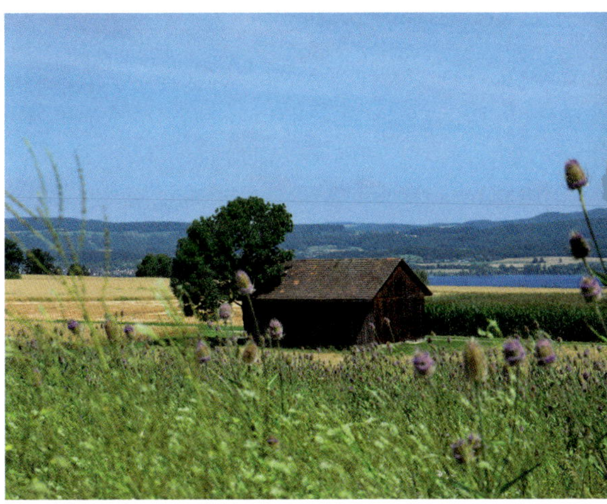

Weitläufige Felder mit Blick auf den Untersee

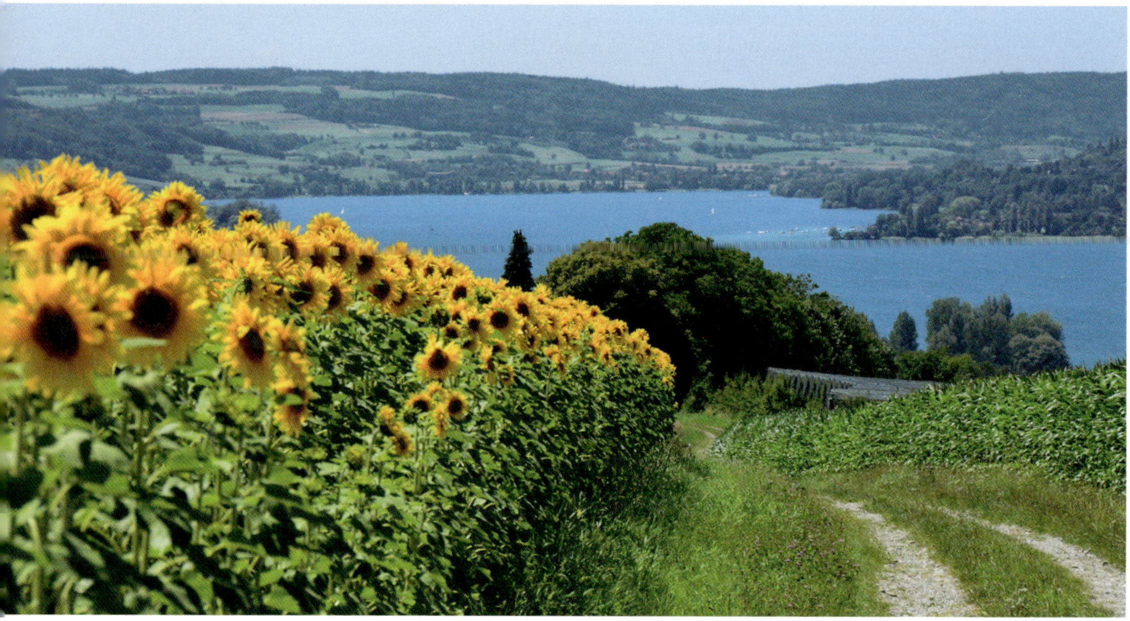

Endlose Sonnenblumenfelder

in Gewächshäusern. Zudem ist der Tourismus neben dem Gemüseanbau die Haupteinnahmequelle der Insel.

Unsere abwechslungsreichen Wege und Trails führen an Salenstein, Ober- und Unterfruthwilen sowie an Ermatingen vorbei, bevor wir über Triboltingen nach Gottlieben gelangen. Der Ort liegt an der unverfälschten Riedlandschaft am Ufer des Seerheins, der die beiden Teile des Bodensees (Ober- und Untersee) verbindet. Die Lage an der Schifffahrtslinie und das malerische Ortsbild, das von Fachwerkhäusern geprägt ist, machen die Gemeinde im Sommer zu einem beliebten Tourismusziel. Der Ort ist außerdem Haltestelle der »Weißen Flotte« (Bodensee). Im Seecafé Gottlieben bietet sich uns eine Möglichkeit, auf der schön angelegten Seeterrasse eine Pause zu machen und den Schiffsverkehr zu beobachten. Die leckeren, selbst gebackenen Kuchen sind sehr zu empfehlen. Im Café befindet sich auch ein eigener Manufakturladen, in dem man die bekannten Gottlieber Spezialitäten wie »Hüppen«, »Truffes« und Schokolade kaufen kann.

Bild rechte Seite: Interessanter Tobelweg

Nach der Rast radeln wir im Schritttempo durch Gottlieben und am Gasthaus Waghaus sowie am Hotel Drachenburg vorbei. Nach der Abzweigung erblicken wir auf der linken Seite das Schloss Gottlieben, ein ehemaliges Wasserschloss mit zwei Türmen.

Nun führt uns der Weg direkt am See entlang, bis wir das Seerheinbad Tägerwilen erreichen. Wer noch Lust hat, kann kurz vor Ende der Tour noch ein kühlendes Bad im See nehmen. Achtung: Bitte durch den Badebereich das Bike schieben!

Von hier aus fahren wir auf Nebenstraßen bis zum Zollamt und auf dem Hinfahrtsweg zurück zum Ausgangspunkt am Bahnhof Kreuzlingen-Hafen.

SCHLOSS GIRSBERG

Schloss Girsberg wurde von den Gyren, die ihren Stammsitz in der Nähe von Stein am Rhein haben, erbaut. Ferdinand Adolf August Heinrich von Zeppelin verbrachte hier seine Jugend. Bereits damals experimentierte er mit Luftballons, bis sich dann am 2. Juli 1900 in Manzell am Bodensee das erste lenkbare Luftschiff LZ 1 in die Lüfte erhob. Auf Schloss Girsberg leben seit 1984 bereits drei Generationen der Familie Schmid-Andrist, die das Gut als lebendigen Ort der Kultur und der Begegnung erhalten. In der Kulturscheune finden während des ganzen Jahres Veranstaltungen statt, wie z. B. Sommertheater oder Konzerte. Es ist aber auch möglich, die Scheune für Hochzeiten, Geburtstage, Firmenessen usw. zu mieten. Schloss Girsberg, CH-8280 Kreuzlingen, Tel. +41/(0)71/672 46 55, telefonische Kartenreservation +41/(0)71/671 23 92, www.schloss-girsberg.ch

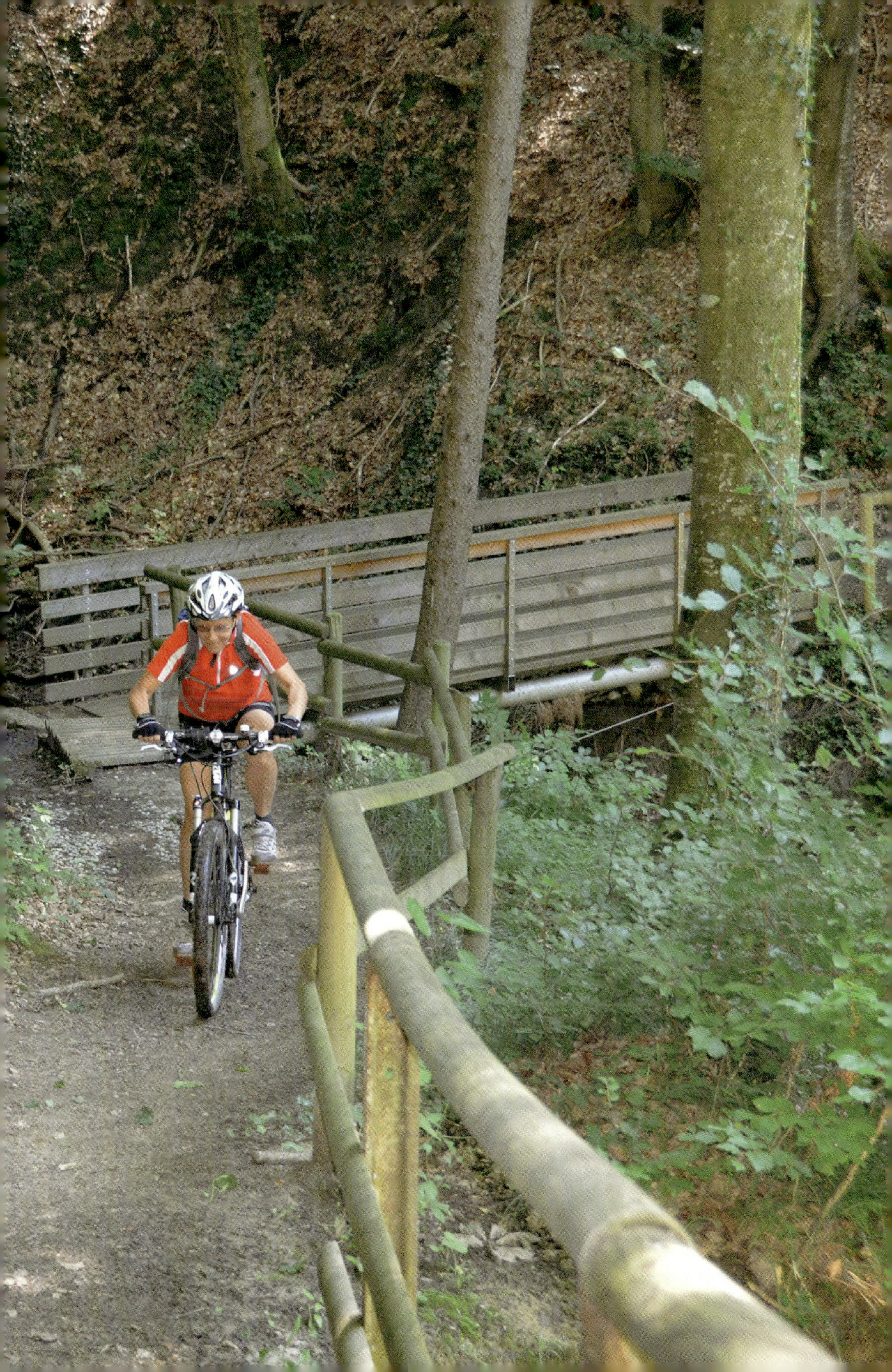

Routenbeschreibung

Tour 13 Seerücken.gpx

WP | km | Hm | Route

1 | 0,00 | 398 | Bahnhof Kreuzlingen-Hafen; nach rechts Richtung Kreisverkehr und dort auf dem Radweg durch die Bahnunterführung; dahinter dem Radweg rechts leicht aufwärts folgen.

2 | 0,25 | 398 | Auf dem Radweg rechts Richtung Konstanz und Hafen; über die Brücke fahren.

3 | 0,43 | 398 | Links auf der Straße Richtung Konstanz.

4 | 0,85 | 398 | Links Richtung Stein am Rhein und die Bahngleise überqueren.

5 | 1,00 | 398 | Rechts in die Wiesenstrasse; dem Radweg folgen.

6 | 1,15 | 398 | Links in die Zollstrasse einbiegen.

7 | 1,30 | 398 | Direkt beim Zollamt die Straße überqueren und geradeaus der Radwegbeschilderung folgen.

8 | 1,54 | 398 | Rechts der Fahrradmarkierung folgen.

9 | 1,73 | 398 | Direkt beim Zollamt links auf der Hauptstraße weiter.

10 | 2,00 | 398 | Direkt vor dem »City-Imbiss« die Straße auf dem Zebrastreifen überqueren und auf der anderen Seite durch die Bahnunterführung.

11 | 2,15 | 398 | Nach der Bahnunterführung links über den Zebrastreifen und die Straße überqueren; der Radwegbeschilderung folgen.

12 | 2,17 | 398 | Auf der anderen Straßenseite rechts und gleich noch einmal beim nächsten Zebrastreifen die Straße überqueren; dann geradeaus die Rheinstrasse entlang und parallel zu den Bahngleisen weiter.

13 | 2,40 | 398 | Links auf der Weststrasse weiter.

14 | 2,61 | 398 | Rechts fahren.

15 | 2,84 | 398 | Halb links auf dem Schotterweg weiterfahren.

16 | 3,59 | 408 | Links in die Straße und geradeaus Richtung Schloss Brunegg und Schloss Girsberg; bei km 4,09 der Radwegbeschilderung auf der Asphaltstraße folgen; Bahnüberführung.

17 | 4,49 | 465 | Pfaffenbühl – beim Schild »Sackgasse« geradeaus; Wanderwegmarkierung »Weinfelden«.

18 | 4,88 | 465 | Bei der Weggabelung rechts auf den Schotterweg.

19 | 5,39 | 498 | Direkt nach der Linkskurve, ca. 30 m nach der Feuerstelle mit Bank, halb rechts auf den unscheinbaren Singletrail einbiegen; nach ca. 10 m auf dem Singletrail geradeaus fahren und nicht rechts abwärts abbiegen; bis zum nächsten WP immer auf diesem Singletrail bleiben.

20 | 6,14 | 510 | Wir erreichen eine Lichtung und biegen rechts ab; der mit Gras bewachsene Weg mündet nach wenigen Metern wieder in einen Singletrail.

21 | 6,40 | 510 | Wir erreichen wieder einen schmalen Waldweg und fahren auf diesem nach rechts weiter.

22 | 6,66 | 507 | Vor einer Waldlichtung liegt bei einer Abzweigung ein größerer Stein; wir biegen links in einen Singletrail ein.

23 | 6,94 | 521 | Auf der Schotterstraße nach rechts abbiegen; nach ca. 30 m erreichen wir eine Asphaltstraße und fahren geradeaus weiter; wir kommen aus dem Wald heraus und fahren zwischen Mais- und Zuckerrübenfeldern durch.

24 | 7,35 | 514 | Zwischen Wald und Feld nach links in eine Schotterstraße einbiegen (5 m vorher ist auch eine Abzweigung in eine Asphaltstraße); ab km 7,53 geht die Schotterstraße in einen Wiesenweg über.

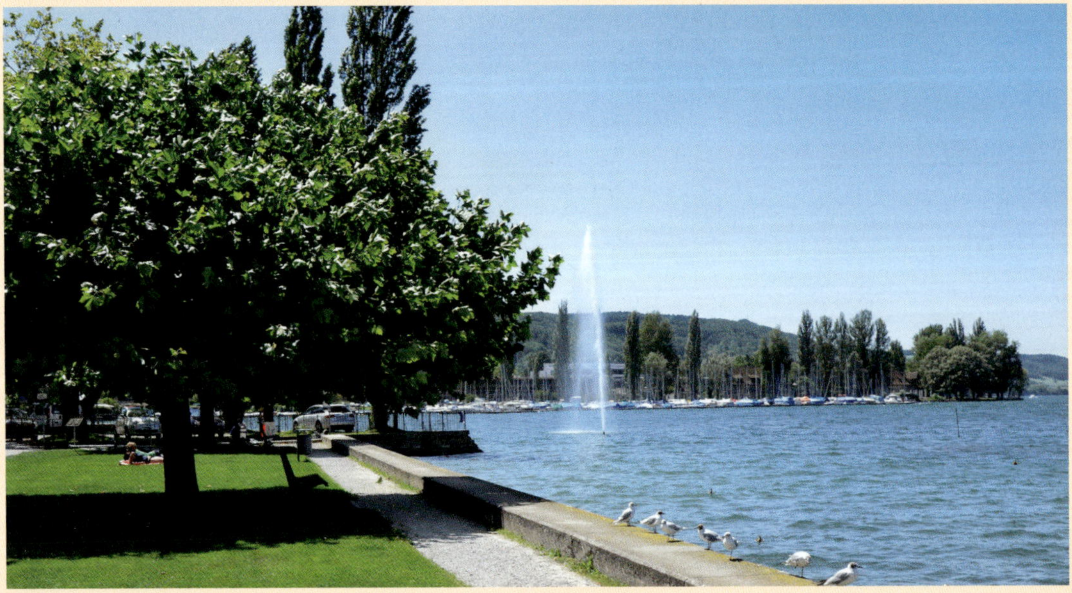

Die Uferpromenade von Steckborn

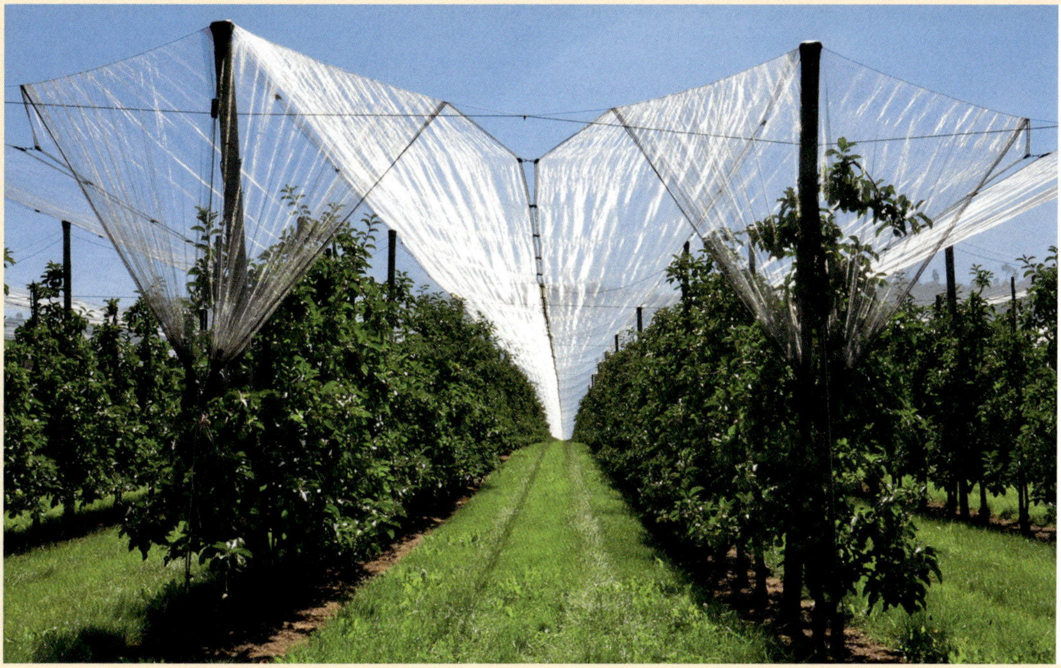

Kunst in der Obstplantage in der Nähe von Oberfruthwilen

25 | 7,95 | 526 | Auf der Schotterstraße links fahren.
26 | 8,12 | 533 | Beim Wegkreuz rechts auf der Schotterstraße weiter; bis zum nächsten WP auf dieser Schotterstraße bleiben.
27 | 8,67 | 531 | Beim Wegkreuz geradeaus.
28 | 8,84 | 532 | Links in den Waldweg einbiegen – halb links vor uns sehen wir einen alten Bunker; der Weg wird nach wenigen Metern zum Singletrail.
29 | 8,93 | 532 | Dem Singletrail nach links folgen.
30 | 9,44 | 538 | Auf der Schotterstraße rechts aufwärts.
31 | 9,57 | 539 | Geradeaus fahren.
32 | 9,93 | 558 | Rechts auf der Schotterstraße leicht abwärts.
33 | 10,12 | 553 | Rechts halten; weiter abwärts fahren.
34 | 10,41 | 544 | Links in den Waldweg einbiegen.
35 | 10,83 | 548 | Auf der Asphaltstraße ein kurzes Stück nach links fahren.
36 | 10,92 | 547 | Beim nächsten Bewirtschaftungsweg rechts abbiegen; Weg mit Fahrverbotsschild für motorisierte Fahrzeuge.
37 | 11,19 | 544 | Bei der Schotterstraße links.
38 | 11,50 | 552 | Auf der Schotterstraße rechts und nach ca. 10 m wiederum rechts halten; die Schotterstraße führt danach leicht abwärts; ab km 12,13 ist die Straße asphaltiert; wir verlassen den Wald und bleiben bis zum nächsten WP auf dieser Straße.
39 | 12,38 | 537 | Links auf der Schotterstraße aufwärts.
40 | 13,20 | 553 | Die Asphaltstraße überqueren und geradeaus auf dem Singletrail in den Wald hinein – als Wanderweg beschildert; nach ca. 100 m erreichen wir eine Schotterstraße, überqueren diese und fahren auf einem Singletrail weiter.
41 | 13,32 | 542 | Sangentobel – links auf dem ersten Singletrail leicht aufwärts Richtung Gunterschwil.
42 | 13,52 | 561 | Auf der Asphaltstraße wenige Meter aufwärts und nach ca. 30 m rechts in eine Schotterstraße einbiegen; gleich nach der Abzweigung sehen wir eine Holzfigur mit dem Schild »Waldreservat Egghau-Brugghau«.
43 | 13,83 | 582 | Auf der Schotterstraße rechts; Fahrradroutenbeschilderung »Station 33«; bis zum nächsten WP auf dieser Schotterstraße bleiben; bei km 14,15 verlassen wir den Wald.
44 | 14,69 | 579 | Wir erreichen eine Asphaltstraße und fahren auf dieser links aufwärts; nach ca. 10 m biegen wir rechts in einen Waldweg ein – Fahrverbotsschild für motorisierte Fahrzeuge; ab km 14,80 wird der Weg zum Singletrail, führt ein kurzes Stück steil aufwärts und ist teilweise mit Holzknüppeln ausgelegt.
45 | 15,06 | 618 | Bei einer kleinen Lichtung geradeaus auf dem Singletrail wieder in den Wald hinein.
46 | 15,23 | 619 | Auf der Schotterstraße rechts und bei der Weggabelung nach 10 m links leicht aufwärts; kurz danach fahren wir am Waldrand entlang leicht aufwärts.
47 | 16,43 | 663 | Beim Wegkreuz geradeaus; bis zum nächsten WP auf dieser Schotterstraße bleiben.
48 | 17,44 | 689 | Beim Wegkreuz links; wir sehen vor uns einen großen Bauernhof.

49 | 17,62 | 692 | Auf der Asphaltstraße rechts; nach ca. 10 m links in eine Nebenstraße; rechts am Bauernhof vorbei.

50 | 18,22 | 717 | Auf der Asphaltstraße rechts leicht abwärts.

51 | 18,49 | 715 | Vor der Ortschaft Reutenen links in einen Bewirtschaftungsweg; am Waldrand entlang.

52 | 18,95 | 701 | Beim Wegkreuz rechts auf die Schotterstraße.

53 | 19,17 | 703 | Links auf der Schotterstraße am Waldrand entlang.

54 | 19,44 | 703 | Bei der Weggabelung geradeaus und auf Waldweg leicht aufwärts.

55 | 19,72 | 703 | Rechts auf die Schotterstraße; nach ca. 20 m geradeaus auf der Schotterstraße weiter.

56 | 20,17 | 691 | Die Asphaltstraße überqueren und geradeaus weiter.

57 | 20,37 | 691 | Gasthaus Haidenhaus; geradeaus am Gasthaus Haidenhaus vorbei; am Ende des Gasthauses halb rechts in den Wald hinein; bis zum nächsten WP auf dieser Schotterstraße bleiben; ab km 20,80 ist die Straße asphaltiert.

58 | 21,43 | 620 | Schoren – links auf der Schotterstraße Richtung Steckborn.

59 | 22,18 | 570 | Links auf dem Singletrail abbiegen; kurz danach die Schotterstraße überqueren und auf dem Singletrail weiterfahren.

60 | 22,43 | 529 | Wir überqueren die Asphaltstraße und fahren geradeaus auf den Wanderweg.

61 | 22,55 | 526 | Links auf dem Singletrail abwärts; der Wanderwegmarkierung folgen.

62 | 22,82 | 483 | Die Schotterstraße queren und über einen Wiesentrail der Wanderwegmarkierung folgen.

63 | 23,18 | 461 | Auf der Asphaltstraße rechts abwärts und nach ca. 20 m wieder rechts abwärts.

64 | 23,59 | 421 | Links fahren – der WP 68 liegt ca. 20 m rechts von uns (wer nicht nach Steckborn hineinfahren möchte, kann vom WP 64 gleich rechts zum WP 68 fahren).

65 | 23,68 | 420 | Rechts auf der Hauptstraße abwärts und nach ca. 5 m rechts in die Nebenstraße einbiegen – 30 km/h-Zone; abwärts Richtung Kirche fahren.

66 | 23,90 | 412 | Gelegenheitswirtschaft Ciquita; geradeaus weiter.

67 | 24,03 | 406 | Links an der Kirche vorbei, danach geradeaus am Bach entlang zum See.

68 | 25,26 | 415 | Links die Mühlhofstrasse aufwärts (WP 64 liegt ca. 20 m rechts von uns).

69 | 25,82 | 455 | Rechts aufwärts; nach ca. 20 m links der Wanderwegmarkierung folgen; ab km 25,88 Schotterstraße – bis zum nächsten WP auf dieser Straße bleiben.

70 | 26,87 | 505 | Rechts auf der Schotterstraße steil aufwärts Richtung Ermatingen.

71 | 27,77 | 534 | Links auf den Wiesenweg mit Wanderwegmarkierung abbiegen; links vom Sonnenblumenfeld am Waldrand entlang.

72 | 28,34 | 540 | Auf der Schotterstraße links weiter am Waldrand entlang.

73 | 28,79 | 534 | Auf der Asphaltstraße links abwärts.

74 | 28,96 | 526 | Rechts auf der Schotterstaße aufwärts – Wanderwegmarkierung.

75 | 29,34 | 541 | Links auf der Schotterstraße abwärts.

76 | 29,43 | 538 | Burst – rechts auf der Schotterstraße aufwärts Richtung Ermatingen.

77 | 30,40 | 575 | Geradeaus der Wanderwegmarkierung folgen.

78 | 30,69 | 567 | Links abwärts in den Singletrail einbiegen.

79 | 30,82 | 555 | Auf dem Singletrail rechts leicht aufwärts; wir fahren rechts an einem kleinen Teich vorbei; direkt nach dem Teich überqueren wir eine schmale Asphaltstraße und fahren auf einem Trail geradeaus weiter.

80 | 31,26 | 544 | Auf der Schotterstraße links abwärts.

81 | 31,36 | 531 | Auf der Asphaltstraße geradeaus und leicht abwärts; nach 50 m geradeaus auf der Schotterstraße weiter.

82 | 31,65 | 513 | Rechts auf dem Wiesenweg am Waldrand entlang – Wanderwegbeschilderung.

83 | 31,87 | 512 | Links abwärts in den Singletrail einbiegen – direkt bei der kleinen Hütte; Wanderwegbeschilderung.

84 | 32,17 | 496 | Rechts steil aufwärts der Wanderwegmarkierung folgen bis zur asphaltierten Querstraße.

85 | 32,35 | 513 | Direkt nach dem Feuerwehrhaus auf dem Wanderweg quer über die Wiese; bei km 32,69 erreichen wir eine Asphaltstraße und fahren auf dieser ca. 30 m weiter; dann über die Brücke und gleich danach in einen Schotterweg einbiegen.

86 | 32,77 | 517 | Links auf dem Schotterweg aufwärts; nach dem Erreichen der Asphaltstraße fahren wir auf dieser rechts aufwärts.

87 | 33,12 | 532 | Bei der Weggabelung links aufwärts.

88 | 33,36 | 541 | Rechts aufwärts fahren.

89 | 33,58 | 532 | Links Richtung Oberfruthwilen fahren.

90 | 33,81 | 532 | Oberfruthwilen – die Asphaltstraße überqueren und geradeaus auf dem schmalen Bewirtschaftungsweg weiter.

91 | 34,02 | 553 | Links auf dem Wanderweg weiter.

92 | 34,11 | 549 | Rechts auf dem Fußweg nach Wolfsberg – »Romantischer Tobelweg«; direkt vor dem Wohnhaus vier Stufen hinunter; im spitzen Winkel führt der Wiesentrail unter den Kirsch- und Walnussbäumen durch; links unten sieht man die Wanderwegmarkierung.

93 | 34,31 | 532 | Über die kleine Brücke und auf dem Singletrail aufwärts.

94 | 34,42 | 539 | Geradeaus und auf diesem Trail bleiben, den Wald nicht verlassen; ab km 34,75 geht der Trail in einen breiteren Waldweg über.

95 | 35,01 | 517 | Direkt nach einer alten Hütte links in den Singletrail einbiegen.

96 | 35,39 | 501 | Auf der Schotterstraße links abwärts.

97 | 35,48 | 493 | Links im spitzen Winkel in den Singletrail einbiegen; alternativ auf der Forststraße weiter.

98 | 35,73 | 451 | Direkt vor der kleinen Brücke rechts auf dem Singletrail aufwärts.

99 | 36,16 | 474 | Auf der Schotterstraße links abwärts.
100 | 36,37 | 470 | Links auf der Schotterstraße abwärts.
101 | 36,86 | 457 | Auf der Asphaltstraße links abwärts Richtung Ermatingen.
102 | 37,08 | 433 | Rechts im spitzen Winkel in die Neugutgasse einbiegen; Wanderwegmarkierung »Kreuzlingen«.
103 | 37,41 | 443 | Auf der Schotterstraße links vom Parkplatz aufwärts – »Wildrosenpfad Ermatingen«.
104 | 37,95 | 481 | Rechts auf der Schotterstraße weiter.
105 | 38,07 | 483 | Links auf der Asphaltstraße abwärts; direkt nach dem Ortschild »Ermatingen« bei der Wanderwegbeschilderung rechts hinein.
106 | 38,17 | 477 | Rechts auf dem Schotterweg Richtung Kreuzlingen; geradeaus der Wanderwegmarkierung folgen.
107 | 39,26 | 480 | Klingler – wir überqueren die Asphaltstraße; weiter geradeaus Richtung Kreuzlingen.
108 | 39,63 | 487 | Links abwärts fahren.
109 | 40,23 | 443 | Links auf dem Wanderweg abwärts; nach ca. 20 m die Straße überqueren und auf der Schotterstraße weiter abwärts.
110 | 40,41 | 417 | Auf der Hauptstraße ein kurzes Stück rechts; nach ca. 20 m links in den Wanderweg einbiegen.
111 | 40,44 | 416 | Links in den Schulhausweg einbiegen; am Bahnhof Triboltingen vorbei.
112 | 40,69 | 409 | Links über die Bahngleise und nach 10 m rechts in eine Schotterstraße abbiegen; weiter Richtung Kreuzlingen.
113 | 41,58 | 406 | Links abbiegen – Wanderwegbeschilderung.
114 | 42,32 | 405 | Links in die Weiherstrasse einbiegen.
115 | 42,58 | 406 | Links fahren.
116 | 42,68 | 406 | Seecafé Gottlieben – rechts in die Kirchstrasse Richtung Zentrum.
117 | 42,80 | 406 | Links in die Kronengasse und Richtung Rhein fahren; vor dem Gasthaus Waghaus rechts und vorbei am Hotel Drachenburg.
118 | 43,15 | 399 | Links in eine schmale Asphaltstraße Richtung Kreuzlingen; am See entlang; Seerheinbad Tägerwilen – im Badebereich bitte das Bike durchschieben!
119 | 45,00 | 405 | Rechts fahren.
120 | 45,24 | 405 | Auf der Asphaltstraße links und sofort auf den Fahrradweg auf der rechten Seite fahren.
121 | 45,42 | 405 | Rechts Richtung Kreuzlingen.
122 | 45,65 | 405 | Links fahren und durch die Autobahnunterführung.
123 | 46,48 | 405 | Rechts und dann gleich links der Fahrradmarkierung »2« folgen; in die Töbelistrasse einbiegen und weiter der Radwegmarkierung folgen.
124 | 46,72 | 407 | Auf der Hauptstraße links und vor dem Zollamt rechts; auf dem Hinfahrtsweg bis zum Bahnhof Kreuzlingen-Hafen fahren; immer den Radwegmarkierungen folgen.
125 | 49,00 | 398 | Bahnhof Kreuzlingen-Hafen – Ende der Tour.

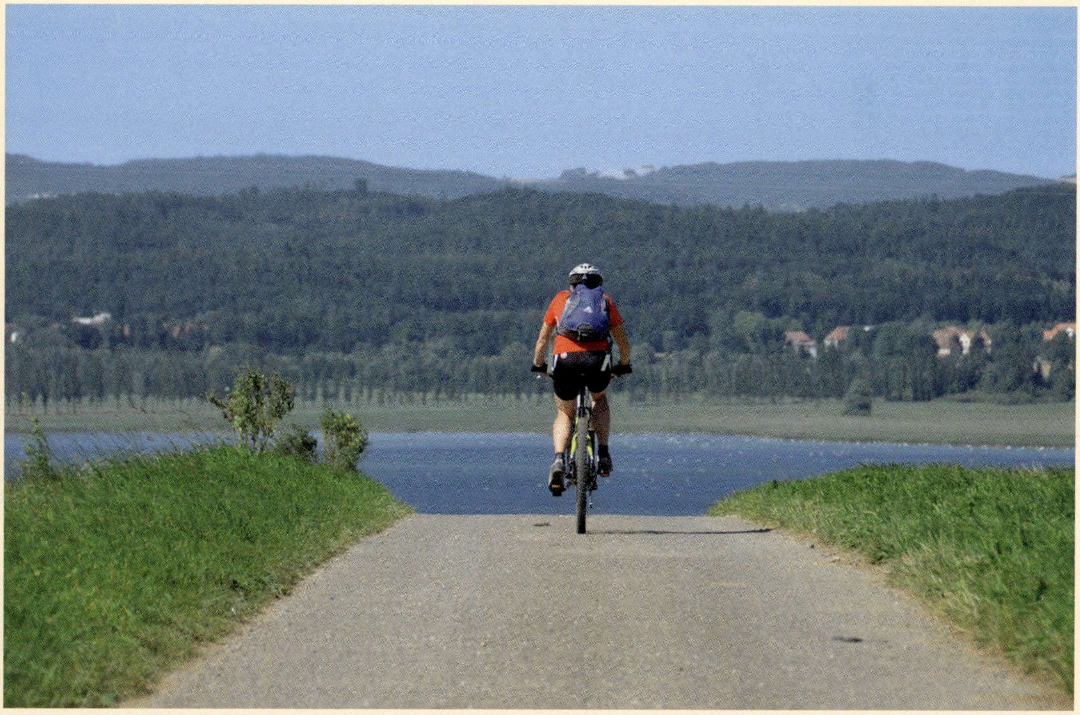

Fahrt ins Blaue (Wasser)

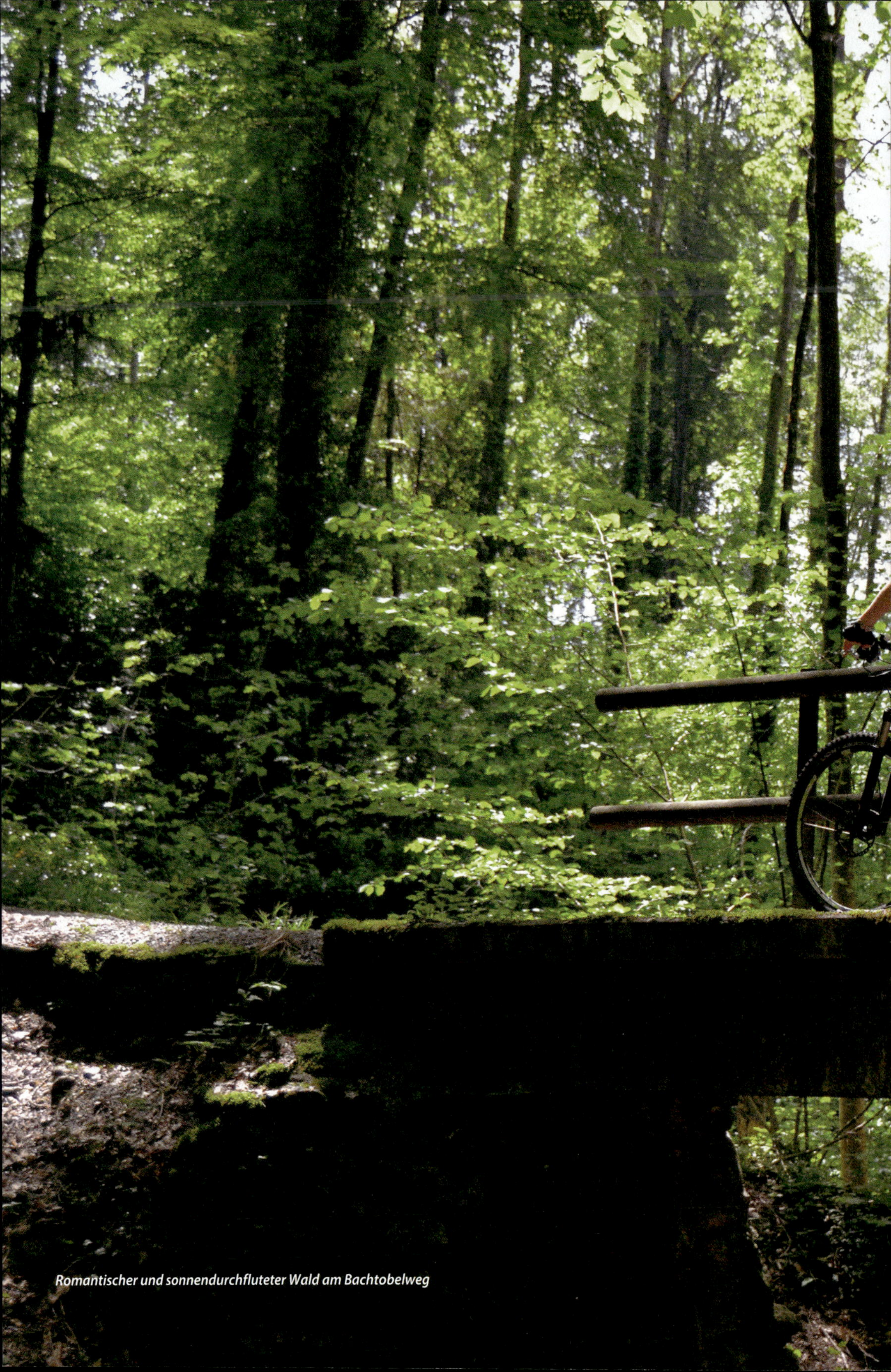

Romantischer und sonnendurchfluteter Wald am Bachtobelweg

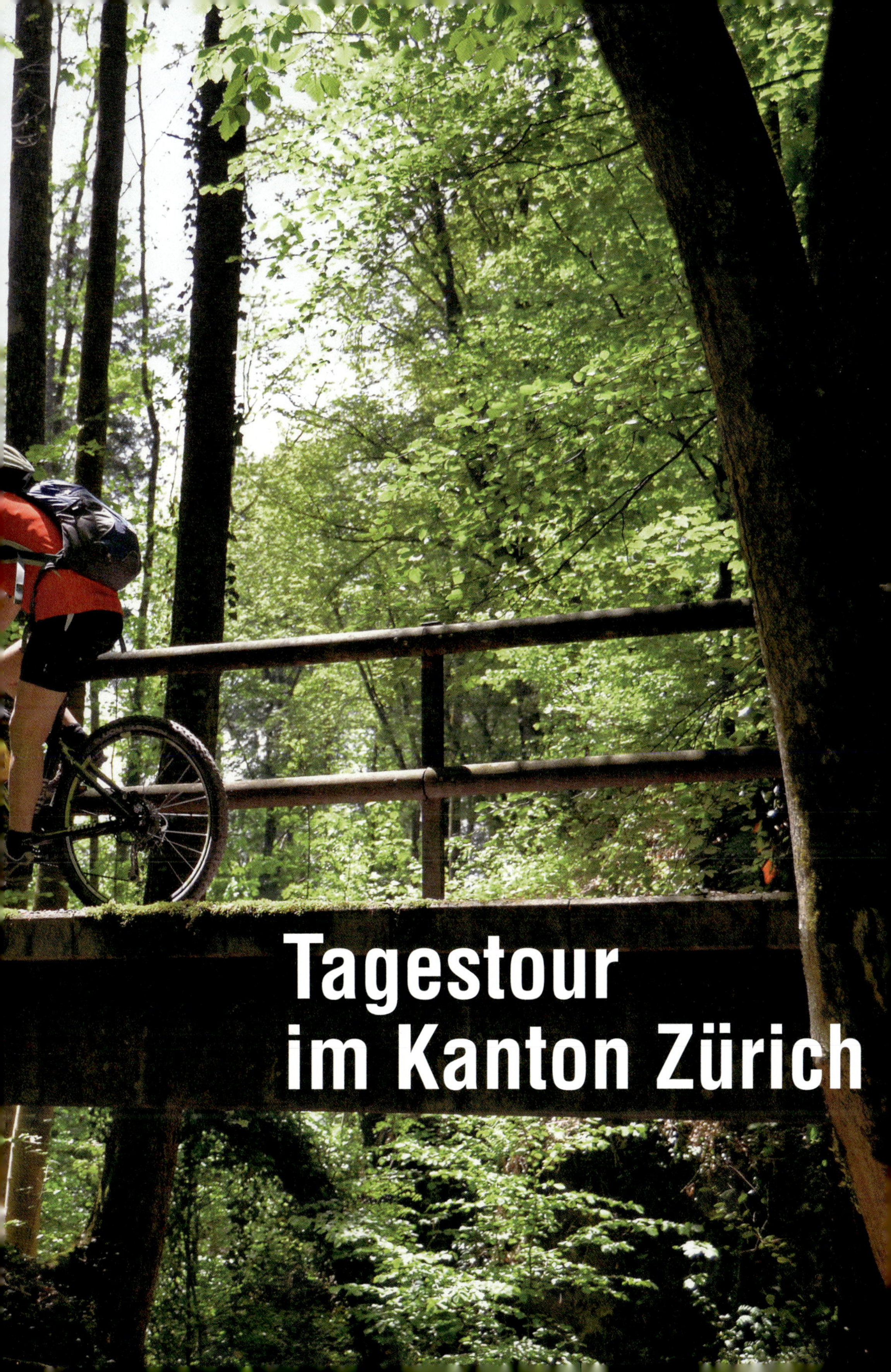

Tagestour im Kanton Zürich

14 Pfannenstiel

Abwechslungsreiche Panoramatour auf dem Höhenzug bei Zürich

Schwierigkeit	Erlebniswert	Höhenmeter (in m)	Streckenlänge (in km)	Zeit (in h)
1	4 von 5	965	44	3–4

TOURENCHARAKTER

AUSGANGS-/ENDPUNKT
Zürich, Botanischer Garten (Zollikerstr. 107)

ANFAHRT
Auf der E 60 von St. Gallen bis Ausfahrt 64/Zürich-Ost, links Richtung Zürich-City, auf der A1L bei Ausfahrt Unterstrass Richtung Zürich-Luzern und auf die Hirschwiesenstrasse, die Auffahrt Richtung Schaffhauserstraße nehmen, links auf die Schaffhauserstraße, dann links auf die Irchelstraße, rechts ab auf die Winterthurerstraße, ca. 3 km auf dieser, der Universitätsstraße und der Rämisstraße, dann links in den Zeltweg, rechts auf die Merkurstraße, link auf die Kreuzbühlstraße, rechts auf die Zollikerstraße, nach ca. 1 km scharf links zum Botanischen Garten (für den öffentlichen Durchgang gesperrte Straße)

KONDITION
1 von 5

FAHRTECHNIK
1 von 5

ERLEBNISWERT
Fahrspaß: 4 von 5 – wunderschöne, flowige Trailabschnitte und urige Waldwege
Landschaft: 4 von 5 – während der gesamten Tour immer wieder reizvolle Aussichten
Kultur und Geschichte: 4 von 5 – unzählige Möglichkeiten für Kultur- und Geschichtsinteressierte in der Stadt Zürich, der größten Tourismus-Destination der Schweiz

EINKEHRMÖGLICHKEITEN
Restaurant Hochwacht, Hochwacht-Pfannenstiel, CH-8132 Egg, Tel. +41/(0)44/984 02 55; Restaurant Alpenblick, CH-8706 Meilen/Toggwil, Tel. +41/(0)44/923 04 02; Restaurant Blüemlisalp, CH-8704 Herrliberg, Tel. +41/(0)44/915 34 90

STRECKENPROFIL
Die Strecke führt über den Höhenzug zwischen Greifen- und Zürichsee. In stetigem Auf und Ab durchfahren wir ländliches Gebiet in unmittelbarer Umgebung von Zürich, der größten Stadt in der Schweiz. Die Routenführung verläuft abwechslungsreich, ohne lange Anstiege. Immer wieder können wir flowige Trailabschnitte entlang von urigen Tobeln befahren.

HÖCHSTER PUNKT
840 m, kurz vor dem Restaurant Hochwacht

NIEDRIGSTER PUNKT
435 m, Botanischer Garten in Zürich

TOURIST-INFO
Stadt Zürich, Allgemeine Verwaltung, Stadthausquai 17, CH-8001 Zürich, Tel. +41/(0)44/412 11 11, www.stadt-zuerich.ch

LANDKARTEN
Swisstopo 5011 Zürichsee–Zug, Landeskarte 1:50 000 (Zusammensetzungen)

GPS/ROADBOOK
Tour 14 Pfannenstiel.gpx;
Tour 14 Pfannenstiel 500.gpx

Die abwechslungsreiche Tour kann schon bald im Frühjahr und an nicht so heißen Tagen gefahren werden kann. Sie ist fahrtechnisch sehr einfach.

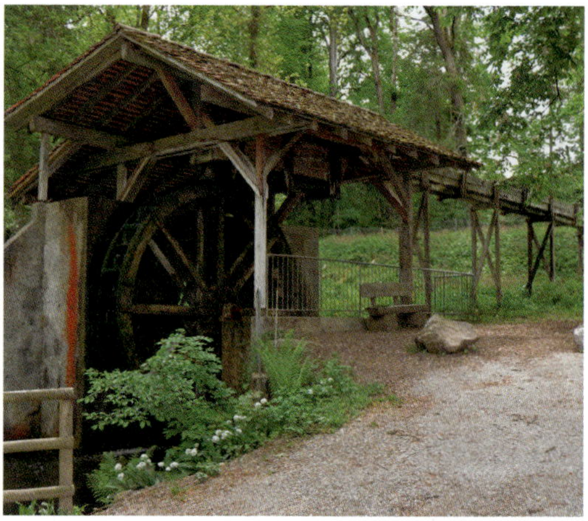

Der Start dieser Tour erfolgt beim Botanischen Garten in der Zollikerstrasse in Zürich. Bereits das erste Stück ist landschaftlich ein Leckerbissen. Ein schmales Gässchen führt uns auf der rechten Seite am Botanischen Garten vorbei, auf der linken Seite plätschert der Wehrenbach. Bereits nach kurzer Zeit erreichen wir das Restaurant Trichtenhausermühle, nach dessen Garten ein altes, noch funktionstüchtiges Wasserrad aufgestellt ist.

Kurz nach der Jaguar-Werkstätte in Burgwies biegen wir rechts in den Pfadiweg ein, der am Wehrenbach entlang durch das Wehrenbachtobel führt. Er ist ca. 2,4 Kilometer lang und überwindet eine Höhendifferenz von etwa 120 Metern. Auf dieser Strecke fühlt man sich in die Zeit der Dinosaurier zurückversetzt. Überall

44 km	965 Hm	Tagestour

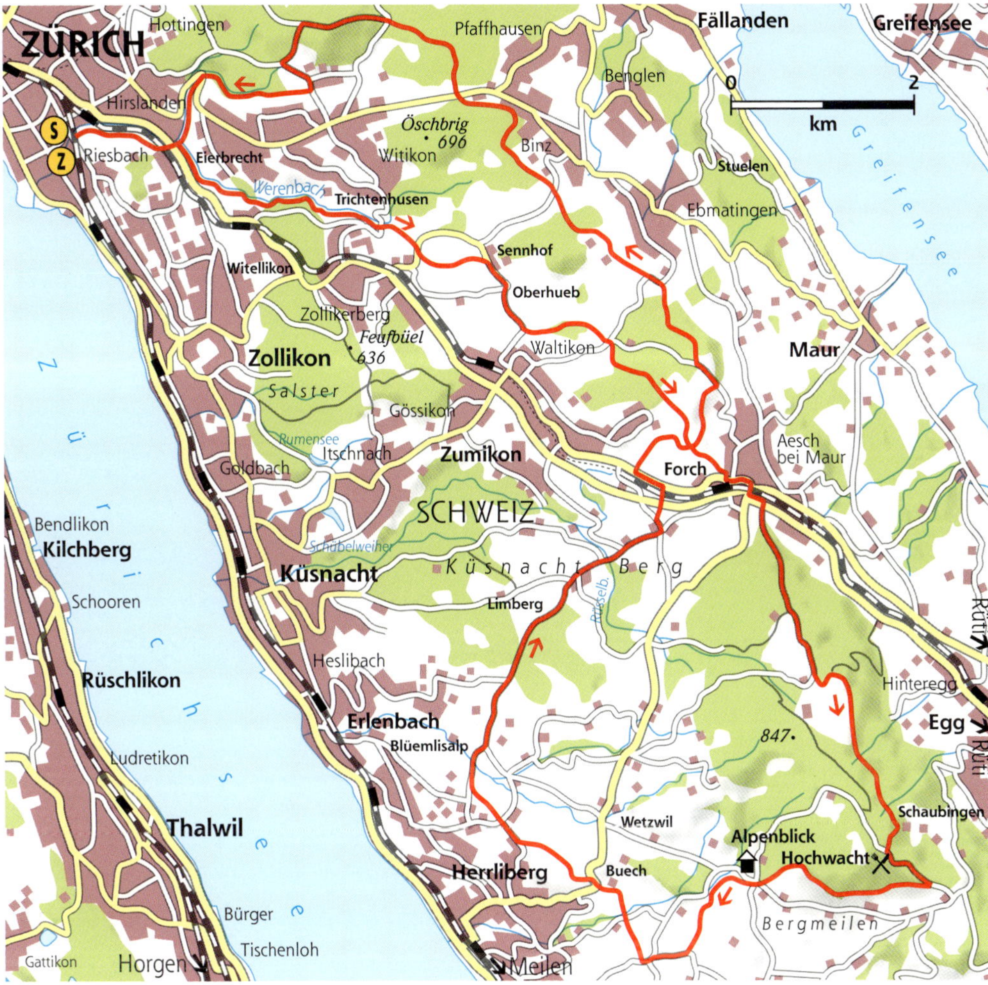

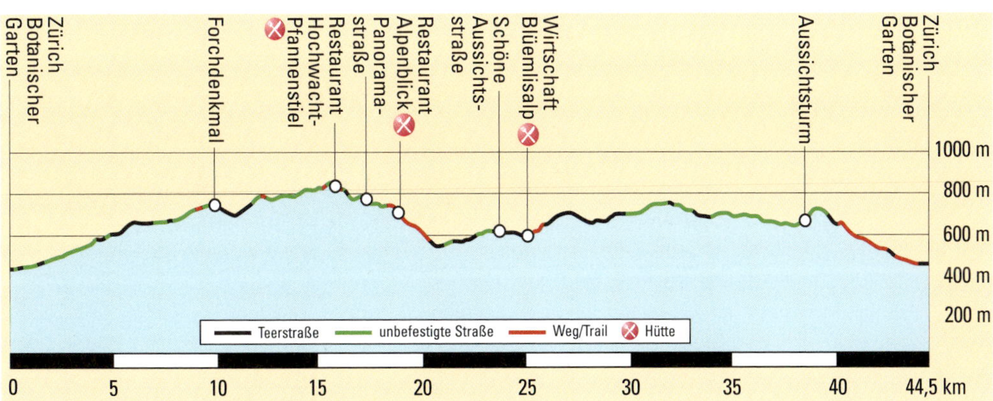

Ein Wasserrad bei der Trichtenhauser Mühle

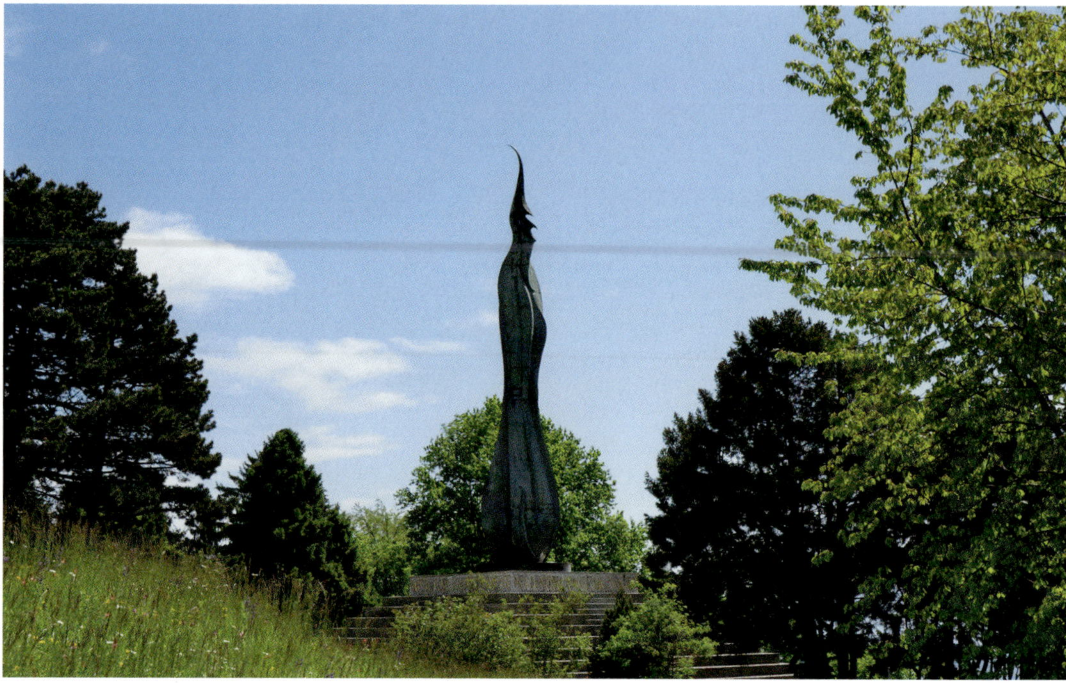

Das Forchdenkmal – Bronzeplastik in Form einer Flamme

liegen mit Moos und Efeu bewachsene vermoderte Baumstämme und allerlei sonstiges Geäst, das wahrscheinlich schon seit Jahrzehnten vor sich hin rottet. Farne und Schachtelhalme säumen den Wegrand. Die Steine des Bachs sind durch das stete Fließen des Wassers teilweise ganz glatt geschliffen. An den tiefen Furchen des Gesteins kann man erkennen, wo sich das Wasser im Lauf der Jahre seinen Weg gebahnt hat.

Der »Pfadiweg« stellt sich für uns als flowiger Singletrail dar, der auch von vielen Wanderern begangen wird. Es ist deshalb eine erhöhte Rücksichtnahme geboten!

Die folgenden Wege führen in ständigem Auf und Ab durch das weitläufige Gelände des Golf- und Country Clubs Zumikon, durch Schatten spendende Wälder, an den unterschiedlichsten Getreidefeldern vorbei.

Schließlich erreichen wir die Forch, eine Ortschaft und ein Übergang über den zwischen Zürich- und Greifensee gelegenen Höhenzug Pfannenstiel im Kanton Zürich; ihr Name leitet sich vom lateinischen »furca« ab, was für Passübergang oder eine Weggabelung steht. Die Passhöhe liegt auf 682 Metern Höhe zwischen dem Wassberg im Norden und dem eigentlichen Pfannenstiel im Süden. Ursprünglich wurde mit Forch ein Weiler an der Straße am Passübergang bezeichnet, der über einen Gasthof und acht weitere Häuser – darunter eine Pferdewechselstation – verfügte. Heute zählt die ganze zusammengewachsene Siedlung rund um den Pass zur Forch. Den ländlichen Charakter konnte sich das Gebiet rund um die Forch bewahren.

Am Aufstieg zum Wassberg, nordwestlich der Ortschaft Forch, steht das Wehrmännerdenkmal, im Volksmund »Forchdenkmal« genannt. Dort steigen wir von unseren Bikes, um uns die Gedenkstätte genauer anzusehen und die Inschriften zu lesen. Die 18 Meter hohe Bronzeplastik in Form einer Flamme erinnert an die Zürcher Soldaten, die im Ersten Weltkrieg im Aktivdienst starben.

Nach dieser kurzen Pause fahren wir in leichtem Auf und Ab auf Schotterstraßen und kurzen Singletrails weiter und gelangen zum Pfannenstiel, einem Hügel zwischen Meilen und Egg und ein populäres Naherholungsgebiet. Die höchste Erhebung misst 853 Meter. Im Südosten steht oberhalb des Gasthauses Hochwacht, nahe beim höchsten Punkt, ein Aussichtsturm. Im Winter wird bei genügend Schnee eine Langlauf-Loipe angelegt.

Der Begriff »Pfannenstiel« bezeichnet auch oft den ganzen Höhenzug zwischen dem rechten Ufer des Zürichsees (Hombrechtikon bis Zürich) und dem Aabach, dem linken Greifenseeufer und der Glatt bis etwa Dübendorf. Das Wort »Pfannenstiel« wird oft zur Bezeichnung der ganzen Region südöstlich der Stadt Zürich zwischen den beiden Seen verwendet. Wem im Restaurant Hochwacht zu viel Trubel herrscht, dem kann ich nach einem kurzen Singletrail und einem abwechslungsreichen Panoramaweg die Terrasse des Gasthauses Alpenblick empfehlen. Von dort aus überqueren wir die Straße und biegen gleich rechts in den Bachtobelweg ein – auch wieder ein super fahrbarer Singletrail mit viel Flowpotenzial! Da dieser tolle Waldweg natürlich auch von vielen Familien und Wanderern begangen wird, bitte unbedingt auf ein moderates Tempo achten! Die Strecke ähnelt sehr dem »Pfadiweg« am Anfang der Tour.

Weiter führt unser Weg oberhalb von Feldmeilen und Herrliberg entlang. Mit schönen Ausblicken auf den Zürichsee erreichen wir die urige Blüemlisalp. Im schattigen, liebevoll angelegten Gastgarten trinken wir einen Kaffee im Glas und stärken uns mit einer hausgemachten Nussstange.

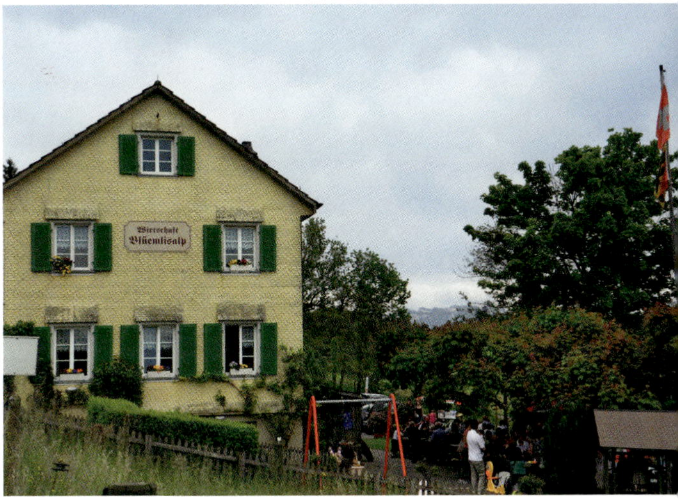

Die Wirtschaft Blüemlisalp mit gemütlichem Gastgarten

Mit neuen Kräften schieben wir unser Bike dann einige Stufen den Hügel hinauf und fahren auf einer verkehrsarmen Asphaltstraße weiter bis nach Limberg. Wir durchqueren diesen Ort und erreichen nach einer kurzen Abfahrt und einem darauf folgenden Gegenanstieg Wangen am Küsnachter Berg. Das Restaurant Neue Forch und die Haltestelle »Forch« lassen wir hinter uns. Bei den Findlingen, die am Wegesrand liegen, steigen wir vom Bike. Ein Findling, auch »Erratischer Block» oder »Erratiker« genannt, ist ein heute meist einzeln liegender sehr großer Stein, der

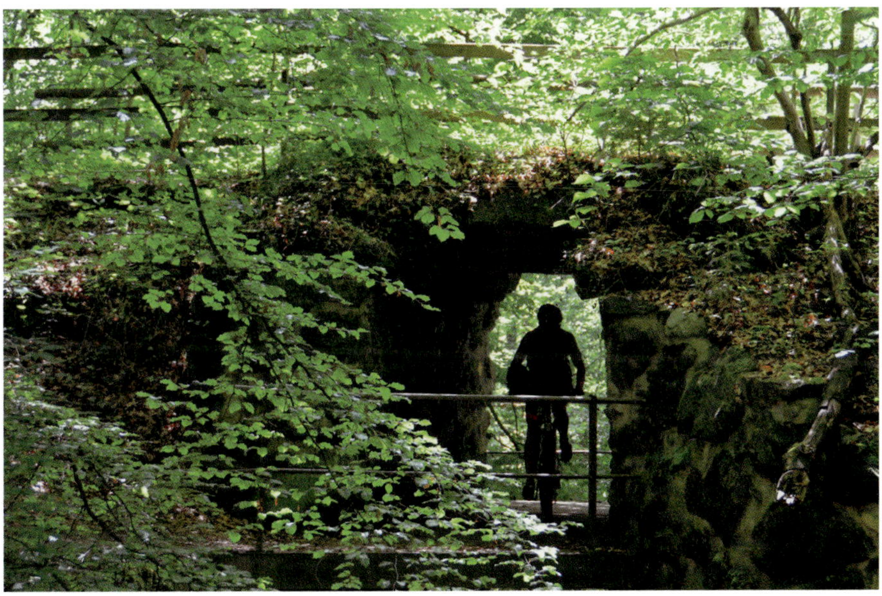

Urige Tunneldurchfahrt

durch Gletscher während der Eiszeiten in seine heutige Lage transportiert und abgelegt wurde. Neugierig, warum diese großen Steine so angeordnet sind, lesen wir deren Bezeichnungen und Fundorte. Am meisten beeindruckt sind wir von ihrem Alter. Sie wurden im Sommer 2000 bei der Renaturierung des Vogelbächlis an diesen Platz verlegt.

Nun zieht sich der Weg in angenehmer Steigung aufwärts. An der höchsten Stelle angekommen, kreuzen wir unseren Track etwas oberhalb des Forchdenkmals wieder und »zischen« geradeaus weiter. In ständigem Auf und Ab rollen wir durch Wälder und an Mais-, Urdinkel- und Weizenfeldern vorbei. Gestaunt haben wir darüber, dass in den Wäldern die Wege mit Namen angeschrieben sind – so gingen wir z. B. in der »Hohlen Gasse« aus dem Sattel.

Der Aufstieg zum Aussichtsturm hat es in sich: Er ist sehr steil, und wenn man dann schlussendlich noch den Turm besteigt, geht das ganz schön in die Beine. Aber die Anstrengung wird mit einer traumhaften Rundumsicht belohnt.

Nachdem wir den Wald verlassen haben, befahren wir kurz eine asphaltierte Straße, bevor wir im spitzen Winkel in den Stöckentobelweg einbiegen. Die wenigen Stufen zu Beginn des Weges umfahren wir. Wieder rollen wir durch einen Wald, neben uns fließt der Elefantenbach. Plötzlich erblicken wir eine Menschentraube – und wir glauben unseren Augen nicht zu trauen: Mitten im Bach steht ein Elefant (bereits seit 1989) aus Beton, der aus seinem Rüssel Wasser spritzt. Eine Attraktion für alle Wanderer und Biker! Auch wir holen unseren Fotoapparat heraus.

Dann rollen wir über den Waldweg am Elefantenbach weiter und erreichen bald eine Brücke. Jetzt sind wir wieder bei unserem Auffahrtsweg angelangt, der uns zum Ausgangspunkt beim Botanischen Garten bringt.

Angenehm fahrbarer Weg Richtung Forch

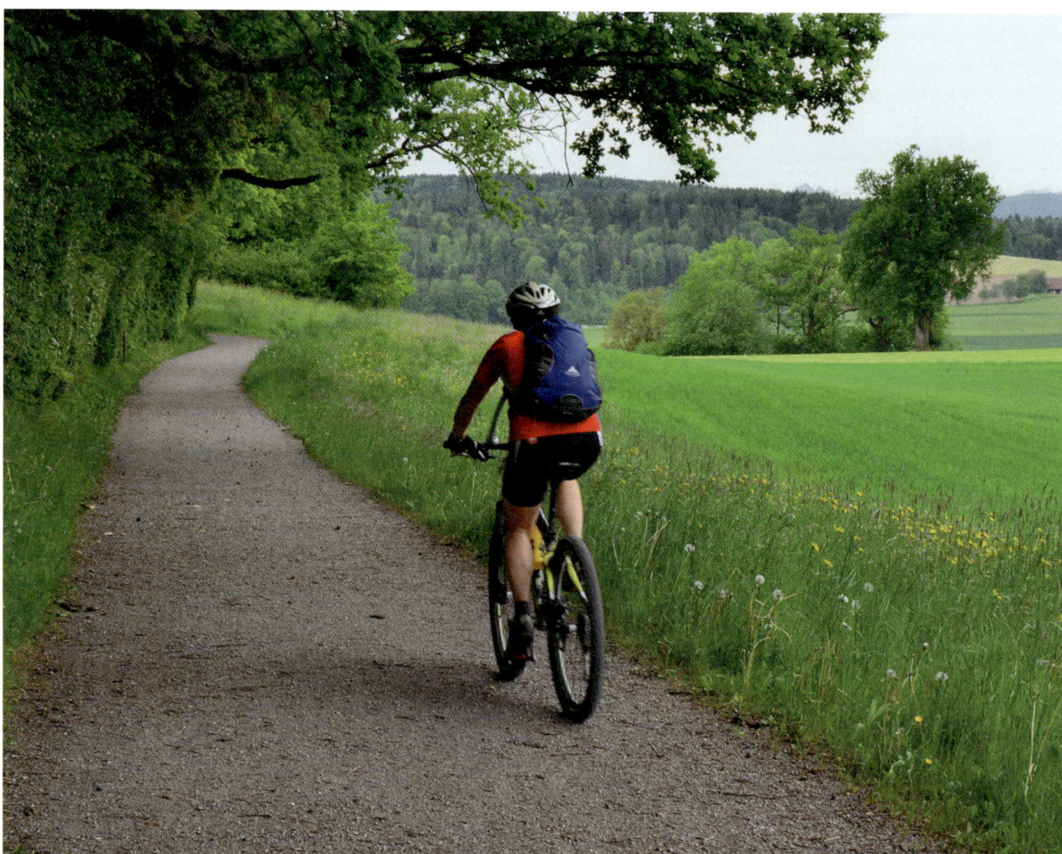

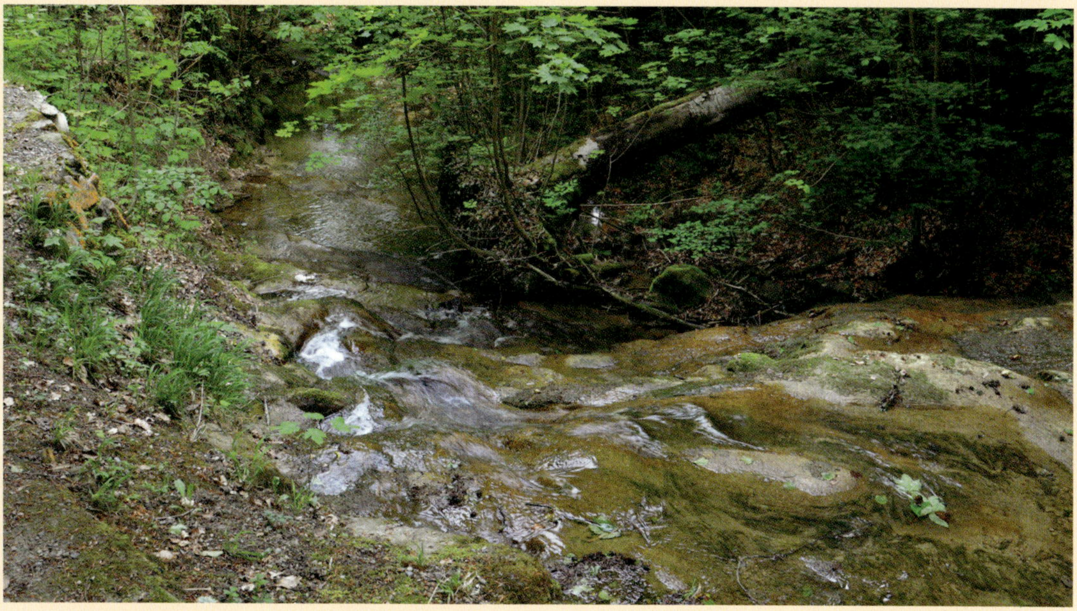

Der Lauf der Zeit – abgeschliffene Steinplatten im Wehrenbach

Tour 14 Pfannenstiel.gpx

WP | km | Hm | Route

1 | 0,00 | 435 | Start in Zürich beim Botanischen Garten direkt vor der Stiege beim Haupteingang – über die Hammerstrasse leicht abwärts fahren.

2 | 0,04 | 433 | Nach der Trichtenhausermühle rechts in den Burgweg einbiegen.

3 | 0,16 | 435 | Links über die Brücke und danach gleich rechts.

4 | 0,36 | 436 | Halb rechts in die Drahtzugstrasse einbiegen.

5 | 0,63 | 441 | Geradeaus auf dem Schotterweg.

6 | 0,74 | 445 | Rechts über die Brücke und auf dem Wanderweg weiter.

7 | 1,04 | 447 | Direkt am Brunnen vorbei, geradeaus auf dem Schotterweg weiter.

8 | 1,11 | 451 | Links über die Brücke und auf dem Schotterweg weiter; bei km 1,30 durch die Unterführung.

9 | 1,36 | 458 | Rechts über die Brücke und danach links an der Jaguar-Werkstätte Burgwies vorbei; Beschilderung des Wanderwegs und Straßenschild »Sackgasse«.

10 | 1,46 | 459 | Rechts in den »Pfadiweg« einbiegen.

11 | 1,88 | 472 | Geradeaus auf dem Wanderweg weiter – »Pfadiweg« Richtung Rehalp.

12 | 2,90 | 510 | Geradeaus auf dem Wanderweg weiter – »Pfadiweg« Richtung Segetenhaus.

13 | 3,34 | 531 | Geradeaus auf dem Wanderweg weiter – »Pfadiweg«.

14 | 4,16 | 575 | Asphaltstraße – links leicht abwärts Richtung Trichtenhausen.

15 | 4,31 | 569 | Rechts aufwärts fahren.

16 | 4,63 | 581 | Direkt nach der kleinen Brücke links auf der Schotterstraße leicht aufwärts.

17 | 4,73 | 590 | Rechts auf der Schotterstraße weiter, leicht aufwärts.

18 | 4,82 | 595 | Asphaltstraße – rechts leicht aufwärts.

19 | 4,87 | 595 | Beim Zebrastreifen die Straße überqueren und auf den Wanderweg parallel zur Hauptstraße einbiegen; der Wanderweg wird zum kleinen Singletrail.

20 | 5,34 | 605 | Links auf dem geteerten Wanderweg weiter; steiler Anstieg.

21 | 5,58 | 635 | Auf der asphaltierten Hanflandstrasse geradeaus weiter.

22 | 5,68 | 642 | Rechts auf der Asphaltstraße weiter.

23 | 6,09 | 647 | Die Sennhofstrasse geradeaus weiter.

24 | 6,62 | 642 | Links leicht aufwärts fahren.

25 | 6,96 | 646 | Geradeaus auf der Schotterstraße weiter Richtung Wassberg und Forchdenkmal.

26 | 7,12 | 649 | Bei der Weggabelung rechts Richtung Rütiweg.

27 | 7,39 | 653 | Rechts auf der Schotterstraße weiter – leicht aufwärts.

28 | 7,68 | 663 | Wir überqueren die asphaltierte Querstraße und fahren auf der asphaltierten Straße leicht aufwärts Richtung Hotel Wassberg.

29 | 7,81 | 667 | Rechts in eine Schotterstraße einbiegen – Richtung Heerenbreitiweg.

30 | 8,57 | 711 | Rechts Richtung Forch fahren.

31 | 8,64 | 716 | Links auf der Schotterstraße weiter.

32 | 8,85 | 728 | Die Querstraße überqueren und geradeaus auf dem kurzen Singletrail weiter.

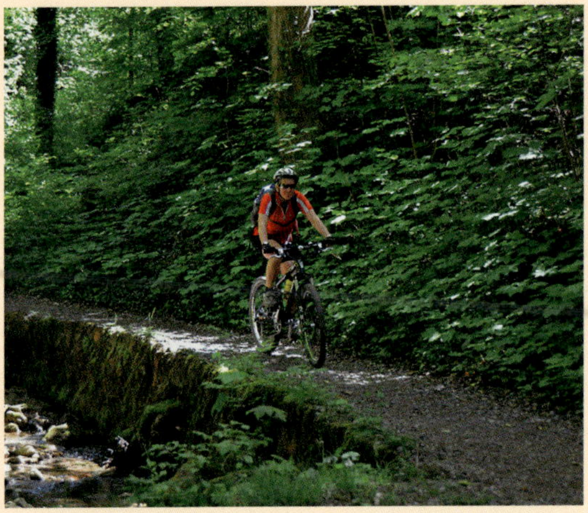

Großartiger Bachtobelweg

33 | 8,89 | 728 | Auf der Schotterstraße links leicht aufwärts.

34 | 8,97 | 728 | Rechts auf den Singletrail parallel zur Forststraße.

35 | 9,27 | 739 | Auf der Schotterstraße rechts weiter.

36 | 9,50 | 732 | Bei der Wegkreuzung geradeaus auf der Schotterstraße weiter.

37 | 9,85 | 722 | Nach der Besichtigung des Forchdenkmals fahren wir auf der asphaltierten Straße links Richtung Forch und Pfannenstiel weiter.

38 | 10,21 | 696 | Beim Brunnen links – asphaltierte Straße.

39 | 10,37 | 688 | Hauptstraße Alte Forchstrasse; auf dieser links weiter; wir überqueren die Autobahn.

40 | 10,49 | 686 | Links Richtung Rüti, Egg und Scheuren fahren.

41 | 10,52 | 685 | Rechts die Guldenenstrasse Richtung Guldenen leicht aufwärts; bei km 11,10 auf der asphaltierten Straße bleiben.

42 | 11,63 | 770 | Rechts auf den parallel zur Fahrstraße verlaufenden Wanderweg einbiegen.

43 | 11,88 | 775 | Geradeaus auf dem Wanderweg Richtung Pfannenstiel weiter; die Straße überqueren.

44 | 12,08 | 767 | Die asphaltierte Straße schräg überqueren und auf dem Wanderweg weiter.

45 | 12,13 | 767 | Rechts auf den Wanderweg einbiegen; parallel zur Fahrstraße weiter.

46 | 12,35 | 758 | Die Forststraße überqueren und auf dem Wanderweg Richtung Pfannenstiel geradeaus weiter.

47 | 12,70 | 737 | Links auf dem Trail weiter.

48 | 12,75 | 776 | Links auf der Schotterstraße weiter.

49 | 13,05 | 774 | Rechts auf der Schotterstraße weiter.

50 | 13,52 | 771 | Bei der Wegkreuzung geradeaus.

51 | 14,40 | 795 | Auf der Schotterstraße rechts aufwärts.

52 | 15,24 | 840 | Links auf der Schotterstraße leicht abwärts.

53 | 15,28 | 837 | Rechts auf den Singletrail abbiegen.

54 | 15,42 | 817 | Auf der Schotterstraße links abwärts fahren.

55 | 15,62 | 799 | Links auf der asphaltierten Straße, leicht aufwärts Richtung Restaurant Hochwacht.

56 | 15,76 | 802 | Restaurant Hochwacht–Pfannenstiel; danach links Richtung Hinterer Pfannenstiel.

57 | 15,81 | 800 | Kurz nach dem Restaurant Hochwacht rechts auf einen Panoramaweg fahren.

58 | 15,95 | 800 | Links auf dem Trial abwärts.

59 | 16,19 | 761 | Rechts auf dem Schotterweg abwärts.

60 | 16,31 | 745 | Rechts im spitzen Winkel auf der asphaltierten Straße aufwärts.

61 | 16,45 | 754 | Links auf dem Wanderweg parallel zur Straße.

62 | 16,74 | 758 | Links leicht abwärts.

63 | 17,28 | 732 | Geradeaus auf der Schotterstraße weiter; Panoramastraße.

64 | 18,04 | 726 | Bei der Wegkreuzung geradeaus.

65 | 18,27 | 722 | Links auf den Wanderweg einbiegen.

66 | 18,85 | 648 | Gasthaus Alpenblick – die Straße überqueren Richtung Meilen.

67 | 18,90 | 646 | Rechts in den kleinen Wanderweg Bachtobelweg einbiegen, Achtung auf Wanderer!!

68 | 19,44 | 608 | Geradeaus auf dem Trail weiter und über die Brücke; Wegbeschilderung »Meilen«.

69 | 20,34 | 538 | Asphaltstraße; rechts Richtung Herrliberg.

70 | 20,80 | 545 | Die Straße überqueren; geradeaus Richtung Feldmeilen.

71 | 20,93 | 546 | Rechts auf der Schotterstraße Richtung Wetzwil.

72 | 21,41 | 545 | Die Straße überqueren und geradeaus weiter Richtung Wetzwil – bis zum nächsten WP auf der asphaltierten Straße bleiben.

73 | 21,98 | 564 | Rechts aufwärts fahren.

74 | 22,16 | 582 | Links nach dem Restaurant Buech auf der asphaltierten Nebenstraße weiter.

75 | 22,51 | 589 | Rechts auf der Schotterstraße aufwärts.

76 | 22,75 | 596 | Links auf der Schotterstraße weiter.

77 | 23,26 | 597 | Links auf der asphaltierten Straße leicht abwärts.

78 | 23,34 | 590 | Wängi – rechts Richtung Erlenbach.

79 | 23,69 | 585 | Die Straße überqueren und geradeaus leicht aufwärts.

80 | 24,22 | 578 | Rechts fahren.

81 | 24,62 | 566 | Rechts die Lindenstrasse aufwärts fahren.

82 | 24,77 | 578 | Geradeaus auf die Blüemlistrasse.

83 | 25,07 | 599 | Wirtschaft Blüemlisalp – bei der Wirtschaft im spitzen Winkel links aufwärts Richtung Erlenbachertobel.

84 | 25,26 | 610 | Rechts auf den Wanderweg – das Bike aufwärts über die Stufen schieben; bei km 25,31 Ende des Schiebestücks.

85 | 25,75 | 633 | Rechts auf der asphaltierten Straße aufwärts.

86 | 27,12 | 658 | Rechts Richtung Forch.

87 | 27,24 | 655 | Links leicht abwärts.

88 | 28,30 | 642 | Links Richtung Zumikon fahren.

89 | 28,53 | 654 | Rechts auf der asphaltierten Straße aufwärts – durch die Autobahnunterführung.
90 | 28,93 | 679 | Die Bahngleise überqueren und auf der Hauptstraße nach links.
91 | 29,81 | 676 | Rechts auf der Schotterstraße aufwärts.
92 | 29,88 | 680 | Links auf der Schotterstraße weiter; bei km 30,08 beginnt ein Wanderweg bzw. Trail; auf dem Weg immer aufwärts bis zum nächsten WP.
93 | 30,37 | 701 | Rechts auf dem Schotterweg aufwärts.
94 | 30,47 | 707 | Rechts auf dem Schotterweg aufwärts.
95 | 30,54 | 714 | Rechts auf dem Schotterweg aufwärts.
96 | 30,76 | 721 | Links auf dem Schotterweg aufwärts.
97 | 30,89 | 730 | Bei der Wegkreuzung geradeaus; den Auffahrtstrack queren.
98 | 31,05 | 729 | Links fahren.
99 | 31,74 | 720 | Links auf der asphaltierten Straße weiter.
100 | 32,06 | 719 | Direkt nach dem Pfadiheim rechts auf der Schotterstraße leicht abwärts.
101 | 32,66 | 701 | Rechts auf der Schotterstraße leicht abwärts – »Hohle Gasse«.
102 | 32,92 | 673 | Geradeaus auf der Schotterstraße weiter.
103 | 33,15 | 669 | Links auf der asphaltierten Straße weiter.
104 | 33,24 | 669 | Beim Parkplatz rechts in die Süessblätzstrasse.
105 | 33,78 | 679 | Geradeaus aufwärts.
106 | 33,88 | 688 | Rechts auf der Schotterstraße weiter.
107 | 33,97 | 689 | Links auf der Schotterstraße und entlang der Buchenhecke weiter.
108 | 34,57 | 672 | Geradeaus auf der Schotterstraße weiter.
109 | 34,82 | 668 | Die Straße überqueren und den Schotterweg leicht aufwärts.
110 | 34,99 | 674 | Halb rechts auf den geschotterten Oetlisbergweg.
111 | 35,64 | 670 | Rechts auf die Schotterstraße.
112 | 36,04 | 649 | Links nach dem Israelischen Friedhof die Weidstrasse leicht abwärts.
113 | 36,20 | 647 | Links auf die Schotterstraße; bei km 36,28 geradeaus auf dem Alten Zürichweg.
114 | 36,83 | 637 | Die Straße überqueren und auf der Schotterstraße geradeaus.
115 | 36,94 | 635 | Bei der Weggabelung links; bis zum nächsten WP auf dem Lybensteinweg bleiben.
116 | 37,67 | 629 | Rechts auf der Schotterstraße aufwärts.
117 | 38,13 | 649 | Die Straße überqueren und geradeaus steil aufwärts; bei km 38,22 den Weg überqueren und geradeaus steil aufwärts.
118 | 38,34 | 680 | Ende des Steilstücks; geradeaus weiter Richtung ZKB Rastplatz Milan.
119 | 38,51 | 696 | Aussichtsturm; geradeaus weiter.
120 | 39,13 | 693 | Links auf dem Schotterweg abwärts.
121 | 39,29 | 671 | Die Straße überqueren und geradeaus weiter.
122 | 39,64 | 626 | Links auf der asphaltierten Straße leicht aufwärts.
123 | 39,83 | 633 | Rechts die Loorenstrasse abwärts fahren.
124 | 40,20 | 607 | Rechts im spitzen Winkel auf den Wanderweg Stöckentobelweg und abwärts – einige Stiegen können am Rand umfahren werden; der flowige Trail verleitet zum schnellen Fahren – Achtung auf Fußgänger!
125 | 40,94 | 558 | Links dem Bach entlang.
126 | 41,23 | 543 | Links abwärts am Bach entlang.
127 | 42,01 | 509 | Die Straße überqueren und halb links auf dem Schotterweg abwärts.
128 | 42,66 | 475 | Auf der Asphaltstraße rechts abwärts.
129 | 42,78 | 460 | Restaurant Burgwies – Auffahrtstrack; rechts über die Brücke und gleich links in den Wanderweg einbiegen; durch die Unterführung.
130 | 43,54 | 441 | Geradeaus weiter.
131 | 43,80 | 435 | Die Straße überqueren und auf dem Fußweg geradeaus weiter.
132 | 44,14 | 430 | Links fahren.
133 | 44,18 | 430 | Ausgangspunkt Botanischer Garten – Ende der Tour.

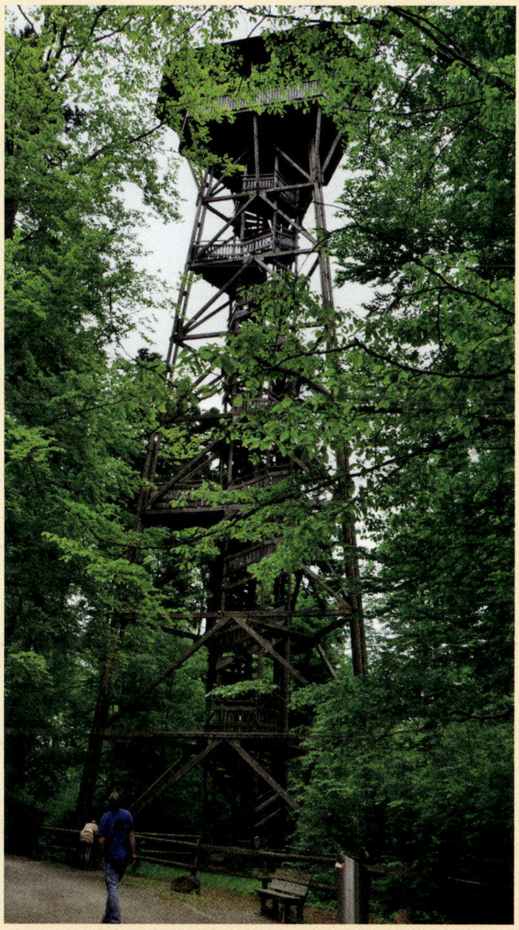

Aussichtsturm beim ZKB Rastplatz Milan

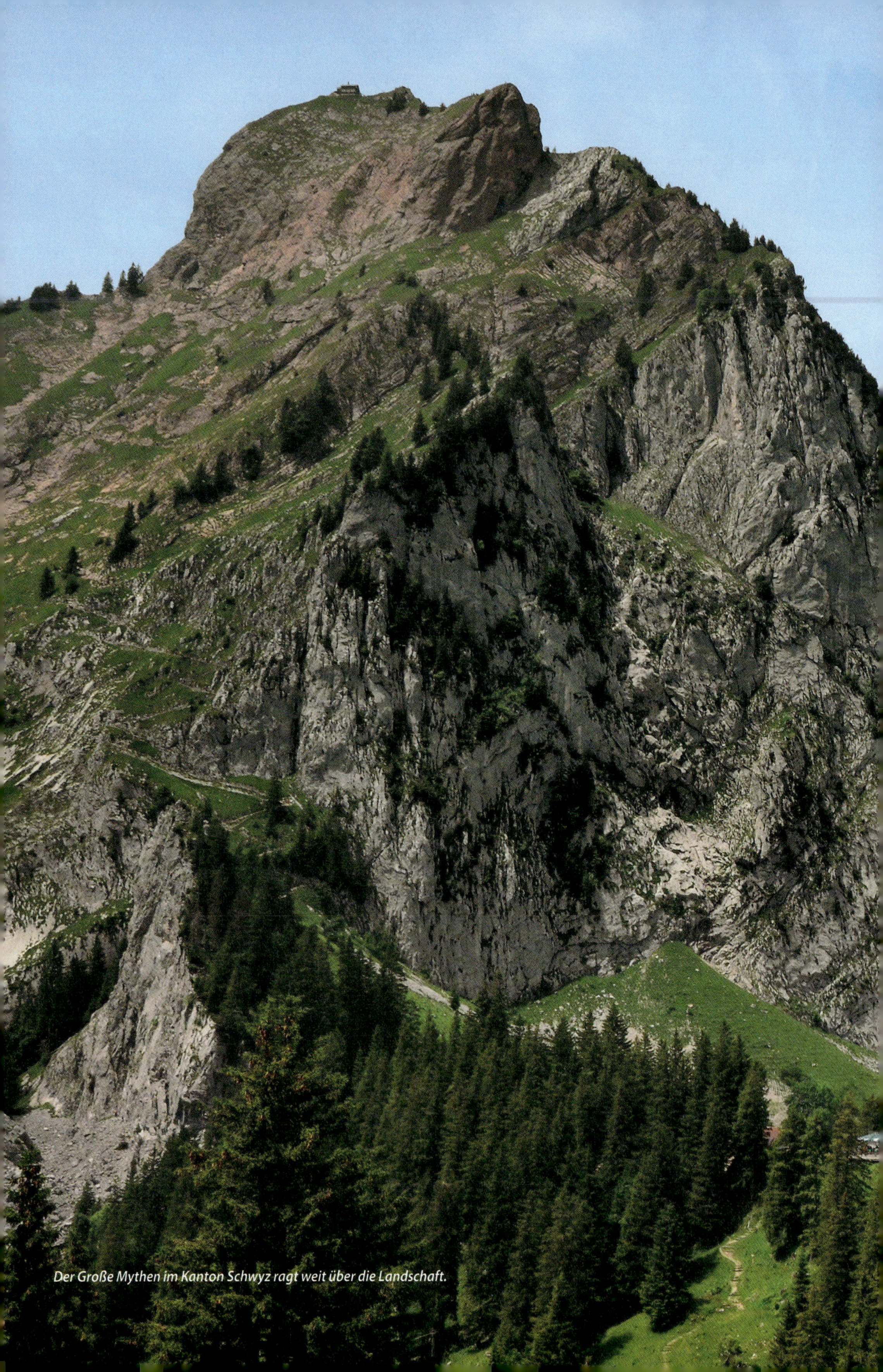

Der Große Mythen im Kanton Schwyz ragt weit über die Landschaft.

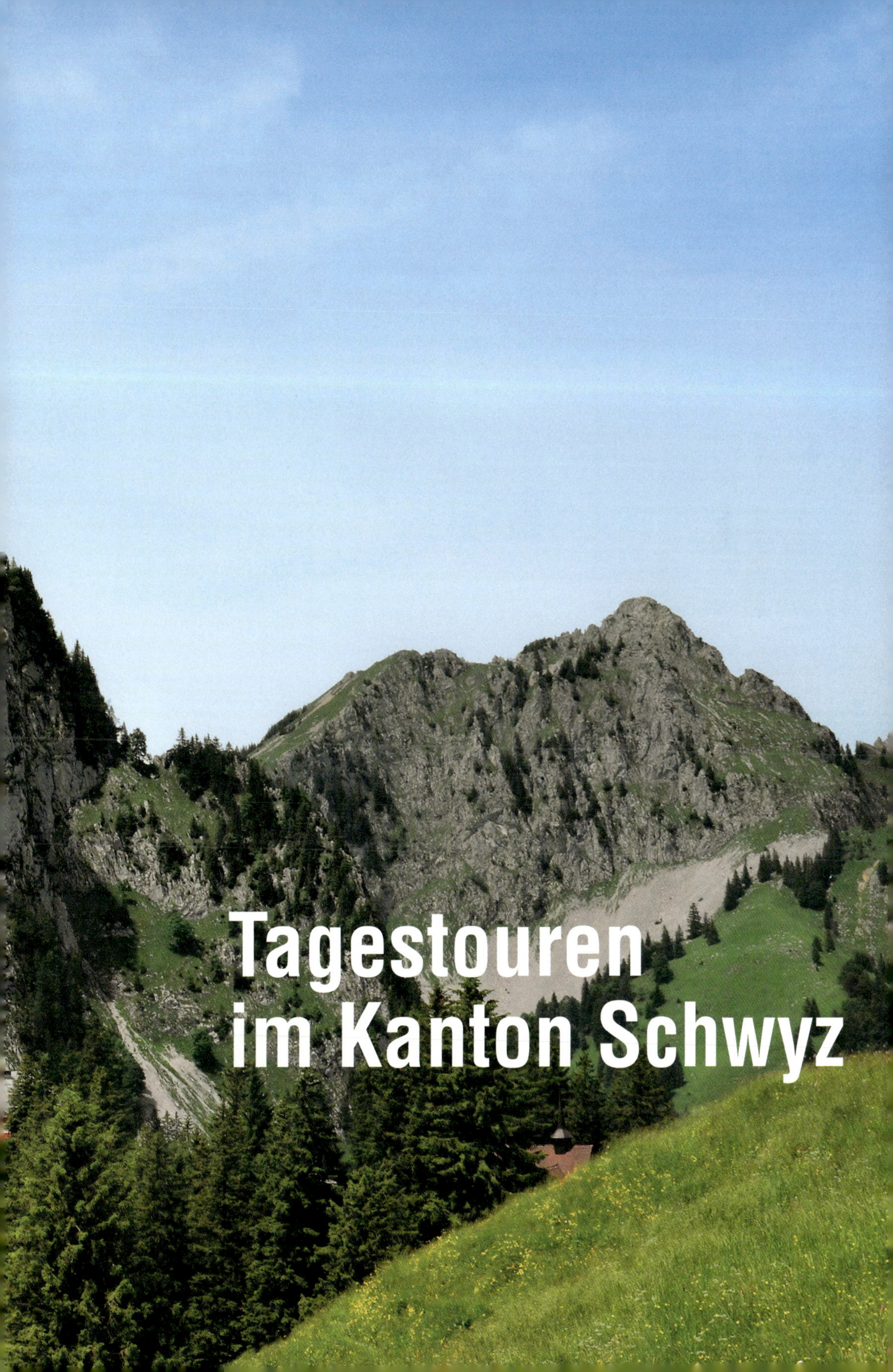

Tagestouren im Kanton Schwyz

15 Gueteregg

Auf abenteuerlichen Wegen um den nördlichen Sihlsee

1	★★★☆☆	780	35	2.30–3
Schwierigkeit	Erlebniswert	Höhenmeter (in m)	Streckenlänge (in km)	Zeit (in h)

TOURENCHARAKTER

AUSGANGS-/ENDPUNKT
Bahnhof von Einsiedeln

ANFAHRT
Von St. Gallen auf der E 60 Ri. Zürich/Herisau bis Ausfahrt Will, auf der Wilerstrasse (später Landstraße) Ri. Wattwil, durch Aeuli und Steinegg, weiter auf der Umfahrungsstraße, durch den Wattwiltunnel auf die Rickenstrasse, weiter auf der Wattwilerstrasse, rechts auf die Rapperswilerstrasse, weiter auf der Rickenstrasse, links halten und auf der Uznacherstrasse weiter, die Auffahrt Ri. A 53 nehmen, bei der Gabelung links halten, der Beschilderung »Chur, Glarus, Pfäffikon SZ. Schmerikon« folgen und auf die A 53, bei Ausfahrt 42/Reichenburg auf die A 3 Ri. Basel/Zürich/Luzern, bei Ausfahrt 39/Schindellegi Ri. Gotthard/Einsiedeln fahren, links abbiegen und auf der Schindellegistrasse, dann auf der Pfäffikonerstrasse weiter, nach dem Kreisverkehr über die Einsiedlerstrasse, dann auf der Kantonsstrasse weiter, rechts halten und auf der Zürichstrasse weiter, beim Kreisverkehr die 4. Ausfahrt zur Hauptstrasse nehmen und links auf den Bahnhofplatz

KONDITION
★☆☆☆☆

FAHRTECHNIK
★☆☆☆☆

ERLEBNISWERT
Fahrspaß: ★★★☆☆ – verkehrsarme Nebenstraßen in herrlicher Landschaft mit vielen wunderbaren Aussichtspunkten
Landschaft: ★★★★☆ – reizvolle, liebliche Landschaft; von mehreren Aussichtspunkten sind gleichzeitig Sihl-, Ober- und Zürichsee zu sehen
Kultur und Geschichte: ★☆☆☆☆ – Kloster Einsiedeln, meistbesuchter Wallfahrtsort der Schweiz (www.kloster-einsiedeln.ch)

EINKEHRMÖGLICHKEITEN
Alpwirtschaft Gueteregg, CH-8846 Willerzell, Tel. +41/(0)55/422 13 89, www.gueteregg.ch; Bergrestaurant Sattelegg, CH-8846 Willerzell, Tel. +41/(0)55/412 51 55

STRECKENPROFIL
Sehr einfach zu fahrende Tour; überwiegend auf asphaltierten Neben- und auf Schotterstraßen ohne lange, steile Anstiege

HÖCHSTER PUNKT
1277 m, Rinderweidhorn

NIEDRIGSTER PUNKT
838 m, Tüfelsbrugg

TOURIST-INFO
Einsiedeln Tourismus,Hauptstr. 85, CH-8840 Einsiedeln, Tel. +41/(0)55/418 44 88, info@einsiedeln-tourismus.ch

LANDKARTEN
Swisstopo 236 Lachen, Landeskarte 1:50 000

GPS/ROADBOOK
Tour 15 Gueteregg.gpx; Tour 15 Gueteregg 500.gpx

Die sehr angenehm zu fahrende Tour zwischen Sihl- und Obersee ermöglicht wunderschöne Ausblicke auf Seenlandschaft. Ohne fahrtechnische Schwierigkeiten führt sie überwiegend auf asphaltierten Neben- und auf Schotterstraßen zwischen 838 und 1277 Metern Höhe dahin und ist damit ideal für Frühsommer-, Herbst- und nicht zu warme Sommertage.

Die Tour um den nördlichen Sihlsee befindet sich im Kanton Schwyz zwischen Sihl-, Ober- und Zürichsee. In diesem Kanton hat nicht nur das Traditionsunternehmen Victorinox (Schweizer Taschenmesser) seinen Hauptstandort, in dieser Region wird auch der Extra-Hartkäse Sbrinz hergestellt.
Wir starten beim Bahnhof in Einsiedeln, einem Kopfbahnhof der Schweizerischen Südostbahn, mitten im Dorfzentrum. Einsiedeln ist eine politische Gemeinde und der meistbesuchte Wallfahrtsort der Schweiz. Sie liegt südlich des Zürichsees auf einer Hochebene auf 882 Metern Höhe und zählt ca. 14 300 Einwohner.
Bekannt ist Einsiedeln durch die barocke Klosterkirche, den bedeutendsten Barockbau der Schweiz. In ihr be-

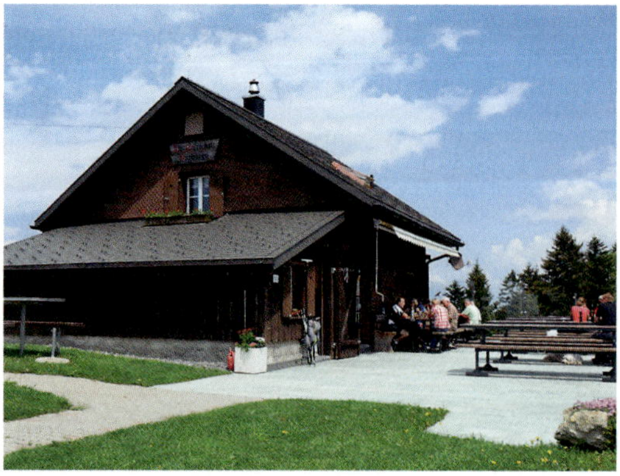

Alp-Wirtschaft Gueteregg

35 km	780 Hm	Tagestour

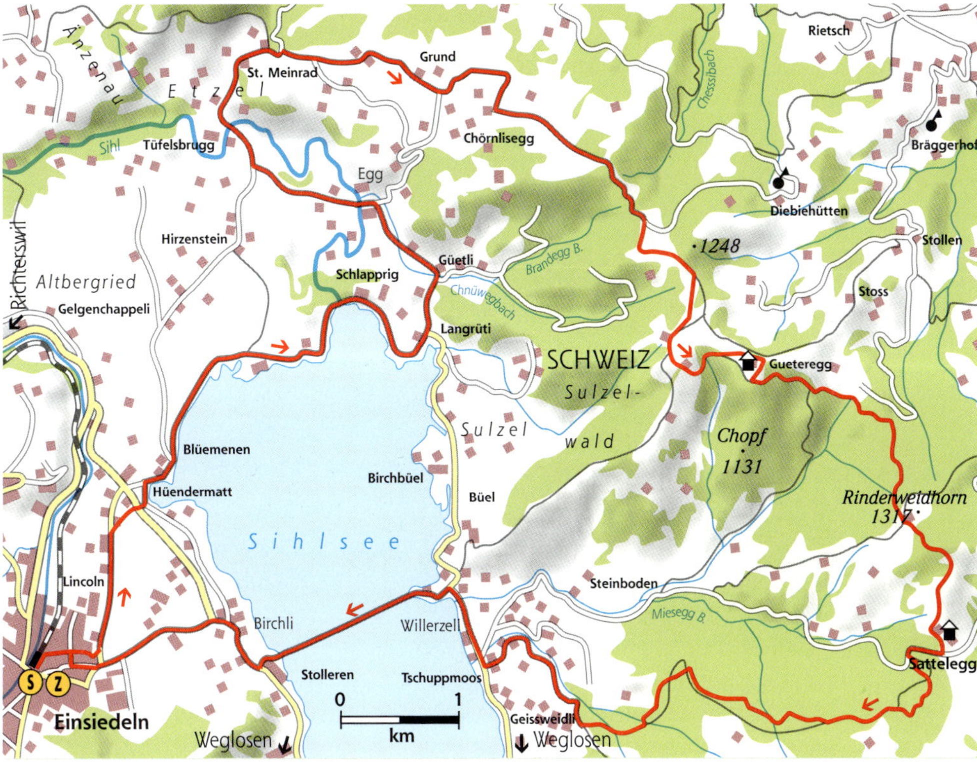

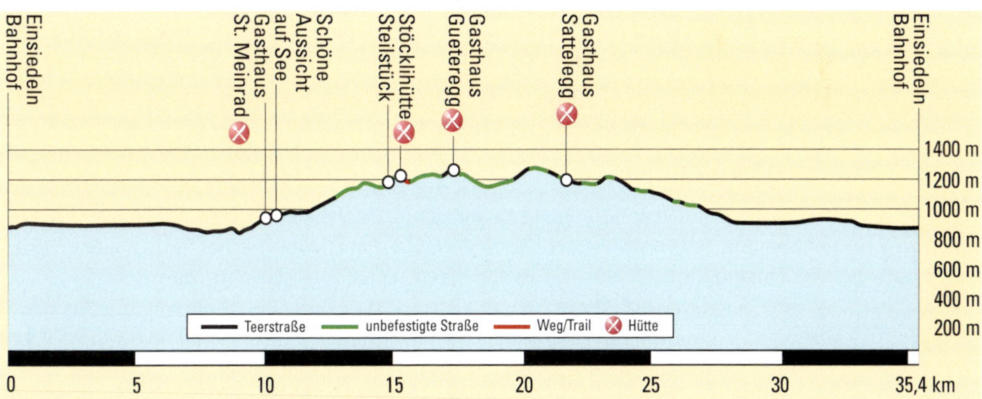

finden sich die Gnadenkapelle und die berühmte Figur der »Schwarzen Madonna«, ein spätgotisches Gnadenbild aus der Mitte des 15. Jahrhunderts, das unter Katholiken großes Ansehen genießt und Anziehungspunkt für Pilger und Touristen ist. Die Figur ersetzte das ursprünglich romanische Gnadenbild, das bei einem Brand 1465 zerstört wurde. Die schwarze Gesichtsfarbe stammt vom Ruß der Kerzen und Lampen, die vor der Figur brannten. Als sie 1803 in Österreich restauriert wurde, legte der Künstler die ursprüngliche Farbe frei und bemalte sie wieder fleischfarben. Diese Änderung stieß in der Bevölkerung auf Unmut, und so wurde die Madonna schwarz übermalt.

Das Kloster ist eine bedeutende Station auf dem Jakobsweg und selbst Ziel zahlreicher Pilger. Seit seiner Gründung im Jahr 1130 gehört das Benediktinerinnenkloster

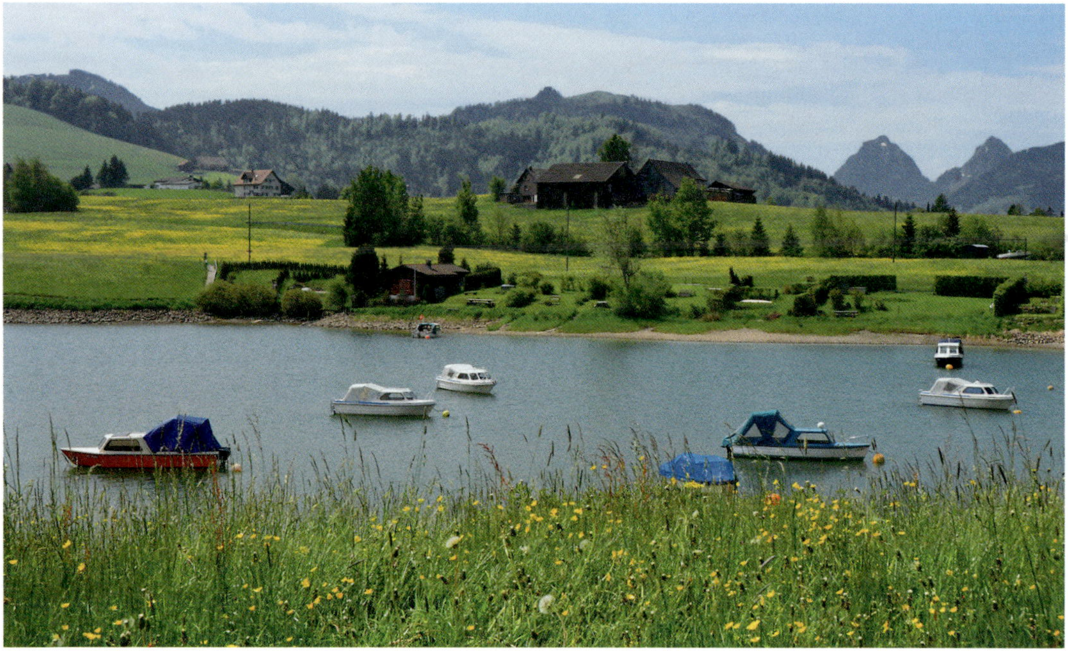

Idyllisch gelegener Sihlsee

Fahr bei Zürich zur Abtei Einsiedeln; dadurch ist der Abt von Einsiedeln auch derjenige des Klosters Fahr. Zusammen bilden sie das weltweit einzige noch erhalten gebliebene Doppelkloster im Benediktinerorden (der Begriff »Doppelkloster« kennzeichnet eine klösterliche Gemeinschaft von Mönchen und Nonnen bzw. Chorherren und Chorfrauen am gleichen Ort oder in großer räumlicher Nähe unter einem gemeinsamen Oberen, allerdings bei strenger Trennung und Teilkonverte).

Nach gut drei Kilometern erreichen wir den Sihlsee und fahren etwa zwei Kilometer am Ufer entlang bis zur Staumauer In den Schlagen mit dem Etzelwerk. Dabei können wir immer wieder reizvolle Ausblicke auf den Sihlsee und auf die dahinter liegende Landschaft sowie die Bergwelt genießen. In leichtem, angenehmem Auf und Ab durchfahren wir eine liebliche, wenig besiedelte Gegend.

Auf dem Weg nach St. Meinrad überqueren wir die Sihl über die Tüfelsbrugg. Die holzgedeckte Steinbrücke am Jakobsweg wurde 1699 durch Caspar Moosbrugger errichtet, damit die Steine für den Klosterneubau aus dem Steinbruch am Etzel nach Einsiedeln transportiert werden konnten. Die »Teufelsbrücke« ist ein wesentlicher Bestandteil des alten Pilgerwegs. Ganz in der Nähe wurde 1493 der berühmte Arzt Paracelsus geboren.

Nach einem kurzen heftigen Anstieg erreichen wir den Etzelpass. Auf der Passhöhe stehen die nach Meinrad von Einsiedeln benannte Kapelle St. Meinrad und das gleichnamige Gasthaus. Sie liegen ebenfalls an der Pilgerroute des Jakobswegs.

Der heilige Meinrad von Einsiedeln, ein Mönch, Priester und Lehrer, wurde um 800 geboren. Meinrads großer Wunsch war es, als Einsiedler Gott ganz allein dienen zu können. Mit Erlaubnis seines Abtes baute sich Meinrad auf dem Etzelpass seine erste Klause. Später, da zu viele Besucher zu ihm kamen, zog Meinrad noch tiefer in den finsteren Wald; am Ort seiner zweiten Klause steht heute das Kloster Einsiedeln. An einem Wintertag, dem 21. Januar 861, kamen zwei Räuber zu Meinrad. Sie glaubten, bei ihm Schätze zu finden, und erschlugen ihn. Die beiden zahmen Raben, die immer in Meinrads Nähe waren, verfolgten nach dem Mord an Meinrad die Mörder, die daraufhin in Zürich festgenommen und hingerichtet wurden. Meinrad wurde von seinen Mitbrüdern im Kloster Reichenau beerdigt. Später wurden seine Reliquien nach Einsiedeln zur Einweihung des Klosters überführt.

Dort fand der heilige Meinrad seine endgültige Ruhe. Die beiden Raben Meinrads zieren als Erinnerung an ihn noch heute das Wappen des Klosters, des Dorfes und des Bezirkes Einsiedeln.

Die Etzelkapelle (Kapelle St. Meinrad) wird im 13. Jahrhundert erstmals urkundlich erwähnt. 1698 wurde sie abgebrochen und nach Plänen von Caspar Moosbrugger neu aufgebaut. Die Stuckatur schuf Pietro Neuroni aus Lugano, die Fresken Francesco Antonio Giorgioli aus Meride. Im Jahr 1960 wurde die Kapelle restauriert und unter den Schutz der Schweizer Eidgenossenschaft gestellt. Die letzte Renovation erfolgte in den Jahren 2010/11. Das ursprünglich hölzerne Pilgerhaus geht auf das 14. Jahrhundert zurück. Nach einem Brand wurde 1759 das heutige Gasthaus nach Plänen von Bruder Kaspar Braun errichtet. 1983 wurde das Gebäude grundlegend restauriert.

Mit unseren Bikes geht es nun weiter Richtung Gueteregg. Schon bald können wir faszinierende Ausblicke – links auf den Ober-, rechts auf den Sihlsee – genießen.

Beim WP 19 sollten wir uns die Möglichkeit nicht entgehen lassen, zum Aussichtspunkt Stöcklichrüz auf 1248 Metern Höhe zu gehen (kurze Hike-Strecke – das Bike lassen wir zurück). Die Gehzeit beträgt etwa fünf Minuten. Dafür werden wir auch mit einem überwältigenden Ausblick belohnt: Bei guter Sicht können wir neben Sihl-, Ober- und Zürichsee den Mürtschenstock, den Bächistock und neben vielen anderen Bergen auch den Tödi erkennen. Kurz gesagt: eine grandiose Rundumsicht!

Beim Auf- und beim Abstieg kommen wir an der Stöcklihütte vorbei, bei der auch eine Einkehr möglich ist.

Auf einem kurzen Singletrail geht es weiter Richtung Alpwirtschaft Gueteregg (1275 m), welche wir nach etwa zwei Kilometern erreichen. Uns erwartet ein traumhafter Ausblick auf die Schweizer Alpen. Hier sollte man sich

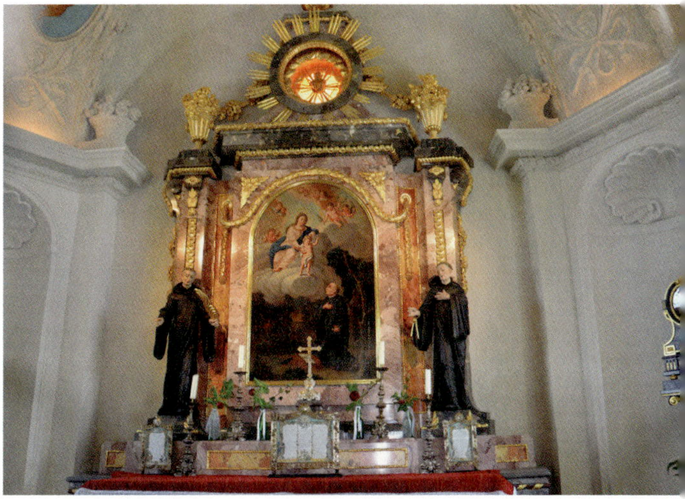

Der glanzvolle Altar in der Kapelle St. Meinrad

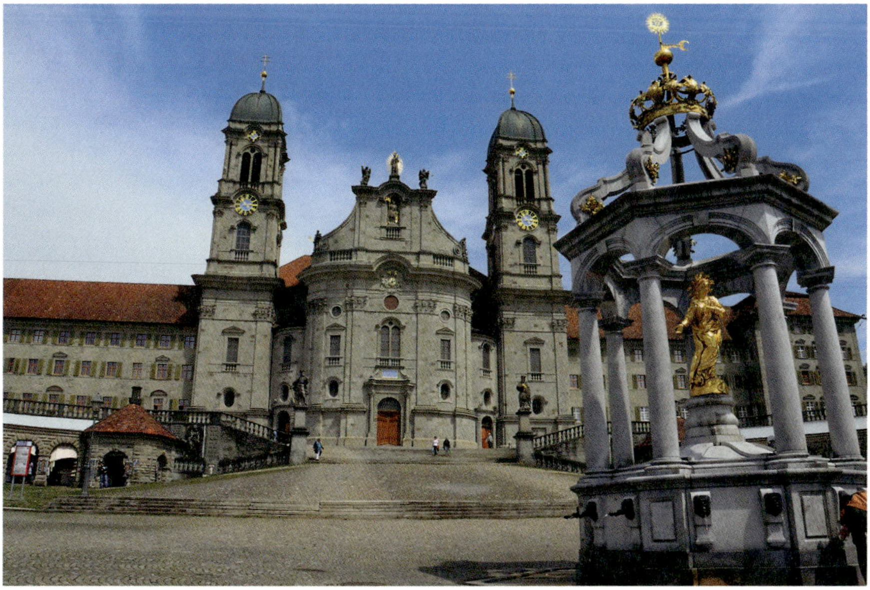

Das mächtige Kloster Einsiedeln

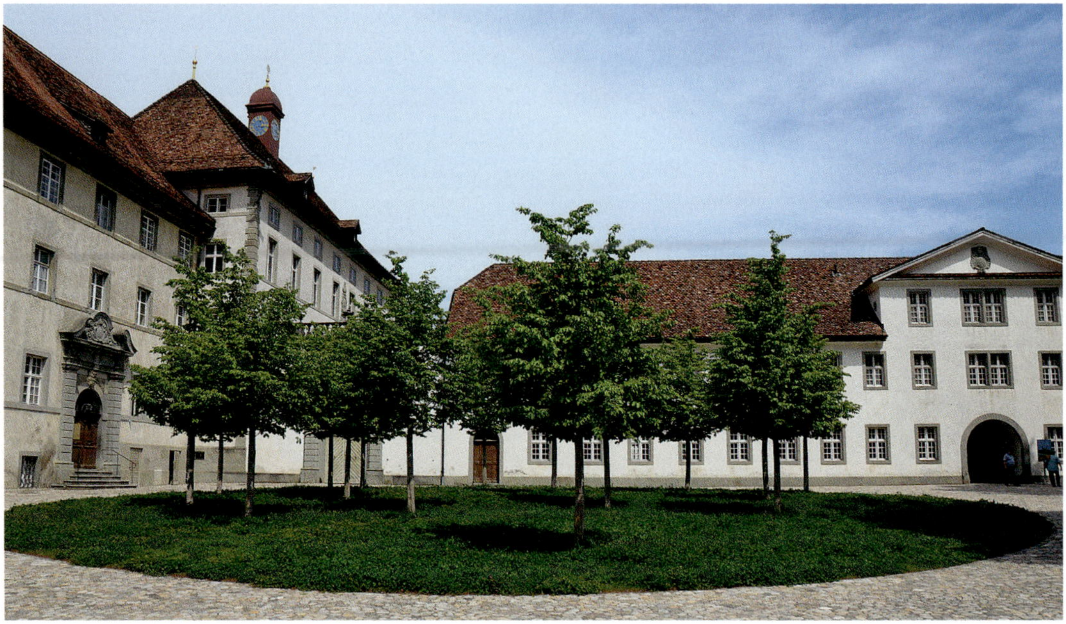

Klosterpark Einsiedeln

auf jeden Fall Zeit für eine Einkehr und einen Besuch in der daneben befindlichen Muttergottes- und Bruderklausenkapelle mit wunderschönem Steingarten nehmen. Diese ist ein Kleinod am alten Pilgerweg vom Wägital nach Einsiedeln.

Nach der wohlverdienten Pause rollen wir weiter über das Rinderweidhorn bis zum Gasthaus Sattelegg auf dem gleichnamigen Passübergang (1190 m), der sich zwischen den Orten Vorderthal im Bezirk March und Willerzell im Bezirk Einsiedeln befindet.

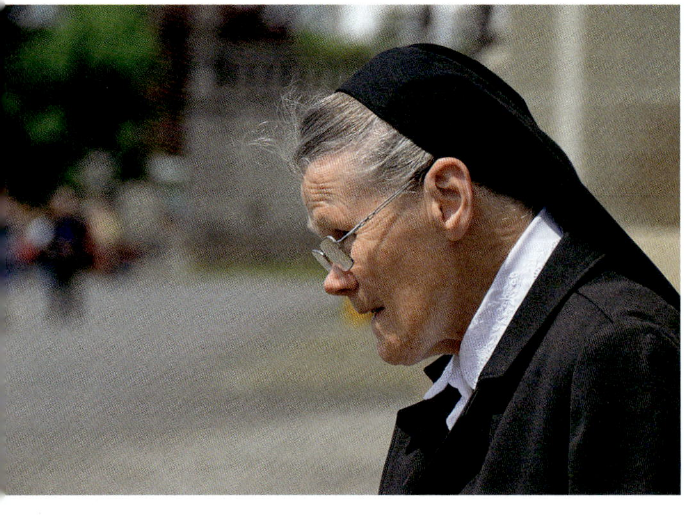

Auf der Wallfahrt im Kloster Einsiedeln

Auf gut fahrbaren und abwechselnden Schotter- und Asphaltstraßen führt unsere Route nun bis nach Willerzell. Der Ort wird in einem Spruchbrief aus dem Jahr 1319 als »Vilercella« erstmals urkundlich erwähnt. Der Ortsname wird als kleine klösterliche Niederlassung mit einem kleinen Gotteshaus in einem Weiler gedeutet. Dabei soll es sich um eine Niederlassung von Waldbrüdern gehandelt haben, die schon im 11. Jahrhundert in den Wäldern des Sihltals das Leben der ersten Klosterbewohner um Abt Eberhard erfolgreich nachahmten.

Wir erreichen bald darauf wieder das Ufer des Sihlsees und dann das Willerzeller Viadukt, mittels dem wir den See überqueren. Dieses Viadukt weist eine Länge von 1115 Metern auf und verbindet Willerzell mit dem zu Einsiedeln gehörenden Ortsteil Birchli. Von Birchli fahren wir ins Ortszentrum von Einsiedeln und kommen an der bereits erwähnten Klosterkirche vorbei. Bei der Gelegenheit kann diese Tour noch mit einer Wallfahrt ergänzt werden; auf jeden Fall lohnt sich eine Besichtigung – auch Klosterführungen werden angeboten.

Abschließend rollen wir gemütlich in Richtung Bahnhof und somit zum Ausgangspunkt dieser Tour zurück.

Tour 15 Gueteregg.gpx

WP | km | Hm | Route

1 | 0,00 | 873 | Bahnhof Einsiedeln – auf der Bahnhofplatzstrasse links, dann auf der Eisenbahnstrasse am »Migros« vorbei und leicht aufwärts.

2 | 0,64 | 900 | Links in die Etzelstrasse biegen.

3 | 1,70 | 895 | Halb rechts Richtung Sihlsee fahren; nach Erreichen des Sihlsees links am Ufer entlang.

4 | 2,30 | 888 | Rechts Richtung Etzel am Seeufer entlang.

5 | 2,54 | 889 | Rechts Richtung Egg.

6 | 6,13 | 892 | Links Richtung Etzel und Egg.

7 | 6,62 | 882 | Links leicht abwärts; bei km 7,00 erreichen wir Egg bei Einsiedeln und fahren auf der Eggerstrasse durch Egg Richtung Etzel.

8 | 8,64 | 869 | Rechts Richtung Etzel; bei km 9,00 erreichen wir die Tüfelsbrugg und überqueren die Sihl; danach steil aufwärts.

9 | 9,63 | 897 | Geradeaus fahren.

10 | 10,09 | 948 | Direkt nach dem Gasthaus St. Meinrad zwischen Kapelle und Gasthaus rechts auf dem schmalen Weg weiter.

11 | 10,11 | 947 | Vor dem Stallgebäude links auf der asphaltierten Nebenstraße leicht aufwärts.

12 | 10,49 | 972 | Geradeaus auf der asphaltierten Nebenstraße weiter.

13 | 11,75 | 988 | Oberegg – links auf der asphaltierten Nebenstraße aufwärts Richtung Gueteregg und Sattelegg.

14 | 12,14 | 1024 | Geradeaus Richtung Gueteregg und Sattelegg.

15 | 12,79 | 1085 | Links aufwärts Richtung Gueteregg und Sattelegg.

16 | 13,85 | 1186 | Geradeaus fahren.

17 | 14,59 | 1155 | Bei der Weggabelung Mühligassegg rechts; über den Schotterweg steil aufwärts.

18 | 14,68 | 1161 | Links steil aufwärts.

19 | 15,22 | 1213 | Rechts auf dem Singletrail Richtung Gueteregg und Sattelegg.

20 | 15,54 | 1197 | Rechts fahren.

21 | 15,59 | 1192 | Links auf dem Schotterweg aufwärts fahren.

22 | 16,10 | 1235 | Links am Stallgebäude vorbei.

23 | 16,19 | 1233 | Links aufwärts weiter.

24 | 16,86 | 1229 | Bei der Weggabelung links auf der asphaltierten Straße aufwärts.

25 | 17,32 | 1268 | Gasthaus Gueteregg.

26 | 17,33 | 1271 | Zwischen Gasthaus und Nebengebäude rechts im spitzen Winkel auf dem Schotterweg abwärts Richtung Stallgebäude; direkt am Stallgebäude links vorbei und auf dem Wiesenweg abwärts.

27 | 17,59 | 1234 | Auf der Schotterstraße links Richtung Sattelegg.

28 | 18,28 | 1182 | Bei der Weggabelung links Richtung Sattelegg.

29 | 19,05 | 1181 | Geradeaus Richtung Sattelegg.

30 | 20,23 | 1277 | Rinderweidhorn – geradeaus Richtung Sattelegg.

31 | 21,70 | 1190 | Sattelegg – Einkehrmöglichkeit; rechts auf der asphaltierten Straße abwärts.

32 | 22,13 | 1171 | In der ersten Linkskurve links auf die Forststraße; Beschilderung »Bikeroute 2«.

33 | 23,28 | 1217 | Rechts abwärts fahren.

34 | 23,82 | 1178 | Rechts abwärts fahren.

35 | 24,17 | 1137 | Links abwärts fahren.

36 | 28,38 | 903 | Rechts Richtung Willerzell; an der Kirche vorbei.

37 | 29,05 | 903 | Links Richtung Einsiedeln; am Ufer des Sihlsees entlang; in weiterer Folge überqueren wir den Silhsee über das Viadukt.

38 | 30,93 | 918 | Rechts Richtung Einsiedeln.

39 | 31,51 | 933 | Links Richtung Einsiedeln.

40 | 32,64 | 915 | Links Richtung Kloster Einsiedeln.

41 | 32,73 | 913 | Rechts fahren.

42 | 32,91 | 903 | Rechts fahren.

43 | 33,02 | 898 | Links abwärts und geradeaus zum Bahnhof bzw. Ausgangspunkt.

44 | 33,37 | 891 | Bahnhof Einsiedeln – Ende der Tour.

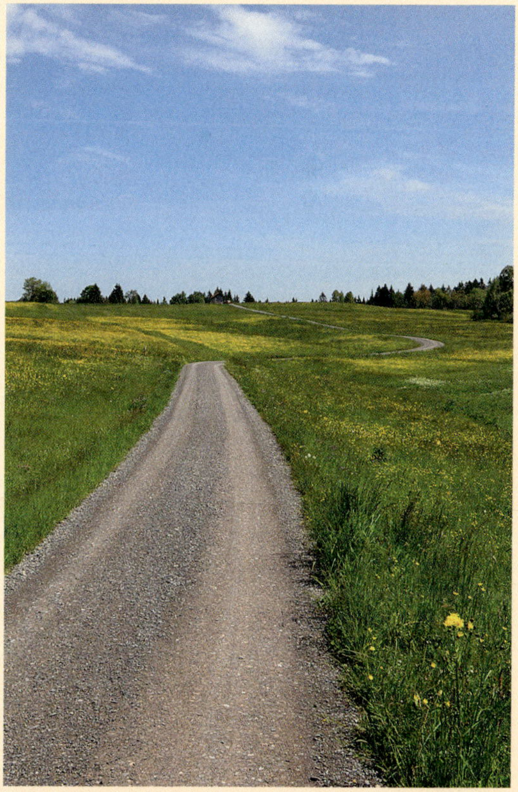

Lieblich, hügelige Landschaft mit farbenprächtigen Wiesenblumen

16 Mythen-Massiv

Schöne Mythen-Umrundung in urtümlicher Schwyzer Landschaft

3	✪✪✪✪✪	1280	40	3–4
Schwierigkeit	Erlebniswert	Höhenmeter (in m)	Streckenlänge (in km)	Zeit (in h)

TOURENCHARAKTER

AUSGANGS-/ENDPUNKT

Brunnen, direkt beim Hafen am See

ANFAHRT

A 3 bis Ausfahrt 39/Schindellegi, links Ri. Gotthard/Schindellegi, beim Kreisverkehr geradeaus Ri. Hoch-Ybrig/Einsiedeln/Schwyz, beim nächsten Kreisverkehr die 2. Ausfahrt Ri. Hoch-Ybrig/Einsiedeln/Gotthard nehmen, nach 3 km geradeaus Ri. Schwyz/Gotthard/Luzern, nach 18 km rechts Ri. Gotthard/Luzern/Ibach/Muotathal, bei Seewen den Kreisverkehr an der 1. Ausfahrt verlassen Ri. Zürich/Luzern, auf der A4 bei Ausfahrt 40/Brunnen ausfahren, bei der nächsten Abzweigung rechts Ri. Brunnen, geradeaus durch Brunnen, über die Bahngleise, am Bahnhof vorbei immer geradeaus Ri. Hafen am Vierwaldstättersee; mehrere kostenpflichtige Parkplätze in der Nähe

KONDITION

✪✪✪✪✪

FAHRTECHNIK

✪✪✪✪✪

ERLEBNISWERT

Fahrspaß: ✪✪✪✪✪ – angenehmer Auffahrtsweg; landschaftlich schöner Höhenweg zwischen Ibergeregg und Haggenegg; genussvolle Abfahrt nach Schwyz

Landschaft: ✪✪✪✪✪ – während der gesamten Tour immer wieder überwältigende Aussichtspunkte; auf Tuchfühlung mit den imposanten Mythen; urtümliche, für die Schweiz typische Gegend

Kultur und Geschichte: ✪✪✪✪✪ – die schönen Orte Brunnen und Schwyz; die Bruder-Klaus-Kapelle; Holzegg; die Haggeneggkapelle; Haggenegg

EINKEHRMÖGLICHKEITEN

Bergbeizli Sonnenhütte, Mangelegg 98, CH-6430 Schwyz, Tel. +41/(0)79/201 04 04, www.sonnenhuette.ch; Skihaus Holzegg, Holzegg, CH-6430 Schwyz, Tel. +41/(0)811/23 48, www.skihaus-holzegg.ch; Berggasthaus Holzegg, Postfach 164, CH-8840 Einsiedeln, Tel. +41/(0)811/12 34, www.holzegg.ch; Alpwirtschaft Zwüschet Mythen, Stelzliweg 4, CH-6430 Schwyz, Tel. +41/(0)811/15 60, www.genossame-schwyz.ch; Berggasthaus Haggenegg, Haggenegg, CH-6430 Schwyz, Tel. +41/(0)811/17 74, www.HRl.ch/6430-haggenegg

STRECKENPROFIL

Der Aufstieg nach der Stoosbahn zum Ibergeregg ist bis auf ein kurzes Stück (bei der Luftseilbahn Sankt-Karl) asphaltiert und weist eine sehr angenehme Steigung auf. Es folgt ein genialer Höhenweg, der bis zur Alpe Zwüschet Mythen gut befahrbar ist; von diesem Punkt bis zum Berggasthaus Haggenegg größtenteils Singletrail, der nur einige ganz kurze Schiebepassagen beinhaltet. Die Abfahrt von der Haggenegg nach Brunnen ist wunderschön und kann ganz entspannt genossen werden, da bis auf kurze Stücke alles asphaltiert ist.

HÖCHSTER PUNKT

1460 m, zwischen Ibergeregg und Holzegg

NIEDRIGSTER PUNKT

450 m, Brunnen

TOURIST-INFO

Brunnen Tourismus, Bahnhofstr. 15, CH-6440 Brunnen, Tel. +41/(0)41/825/00 40, info@brunnentourismus.ch

LANDKARTEN

Swisstopo 5008 Vierwaldstätter See, Landeskarte 1:50 000 (Zusammensetzungen)

GPS/ROADBOOK

Tour 16 Mythen.gpx; Tour 16 Mythen 500.gpx

Die herrliche, leicht zu fahrende Tour um die imposanten Mythen bietet uns neben einem genialen Panorama einen Höhenweg, der seinesgleichen sucht.

Die Umrundung des Mythen-Massivs beginnen wir im schönen Örtchen Brunnen, direkt am Vierwaldstättersee gelegen. Brunnen ist eine Ortschaft der politischen Gemeinde Ingenbohl im Bezirk und Kanton Schwyz. Der Ortsname leitet sich vom mittelhochdeutschen »bronn/bronnen« ab, was Quelle oder Quellen bedeutet. Mit einer beeindruckenden Wassermenge entspringt in der Ebene oberhalb von Brunnen aus artesischen Quellen das Leewasser. Dieses Phänomen ist der Ursprung für »Brunnen« als Name für die Gemeinde.

In Brunnen schlossen die Kantone Uri, Schwyz und Unterwalden am 9. Dezember 1315, nach der »Schlacht am Morgarten«, den zweiten Bund der Eidgenossen. In Erinnerung daran wurde die 1635 eingeweihte Dreifaltigkeitskapelle als »Bundeskapelle« bezeichnet. Die Dampfschiffe – das erste fuhr 1837 –, der Bau der Axenstraße 1863/64 und die Eröffnung der Gotthardbahn 1882 sind für die Entwicklung des Ortes von großer Bedeutung. Im letzten Drittel des 19. Jahrhunderts wandelte sich Brunnen zunehmend zum Fremdenverkehrsort, in jüngster Zeit zum Industrie- und Gewerbestandort. Der Vierwaldstättersee hat seinen Namen von den

40 km	1280 Hm	Tagestour

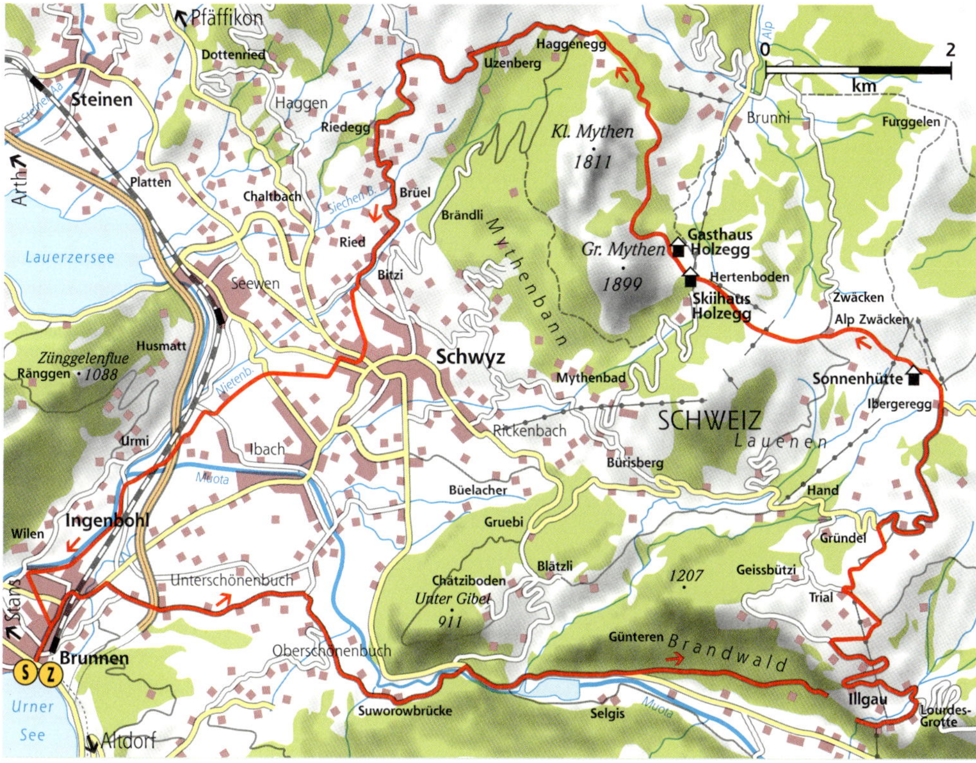

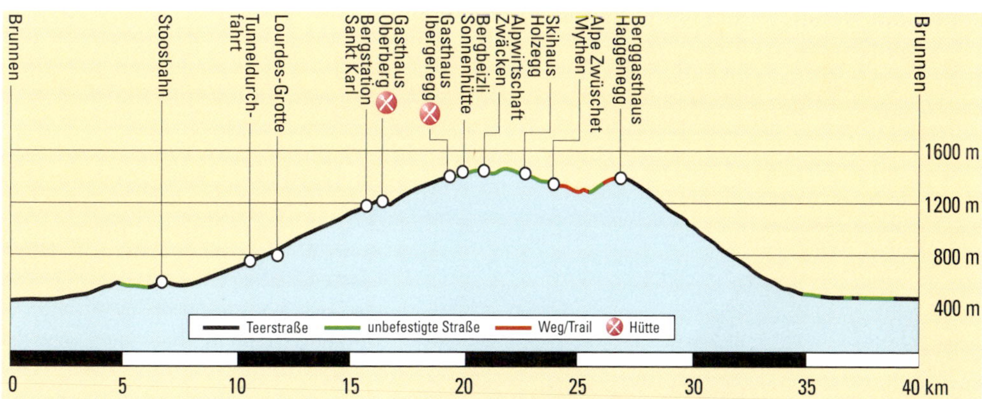

vier hier angrenzenden Waldstätten: den Kantonen Uri, Unterwalden, Schwyz und Luzern. Er wird vom Föhn begünstigt und von den umliegenden Bergen geschützt. Deshalb ist das Klima im Vergleich zu anderen Regionen der deutschsprachigen Schweiz relativ mild; teilweise gleicht die Vegetation der des Kantons Tessin. Auf dem Vierwaldstättersee verkehrt mit fünf Dampfschiffen eine der größten Dampfschiffflotten Europas.

Unsere Tour startet direkt beim Bahngelände in Brunnen. Zunächst radeln wir durch Unter- und Oberschönenbuch. Nach ca. 6,5 Kilometern gelangen wir auf Nebenstraßen, die sehr angenehm zu fahren sind, zur Hauptstraße und nach Muotathal, unmittelbar vor der Standseilbahn Stoos. Diese führt zum autofreien Dorf und Skigebiet Stoos, auf eine Höhe von 1305 Metern. Das Skigebiet liegt auf einem Hochplateau und reicht bis in eine

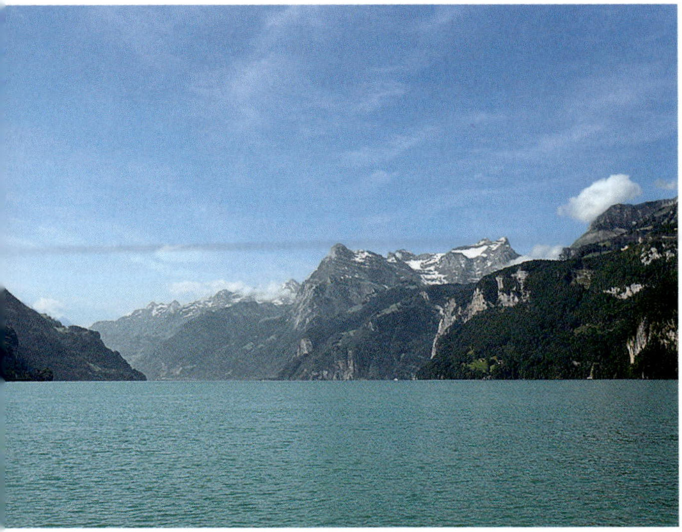

Blick vom Hafen in Brunnen auf den Vierwaldstättersee

Bild rechte Seite: Der Panoramaweg in Richtung Zwüschet Mythen

Das Bergmassiv der imposanten Mythen

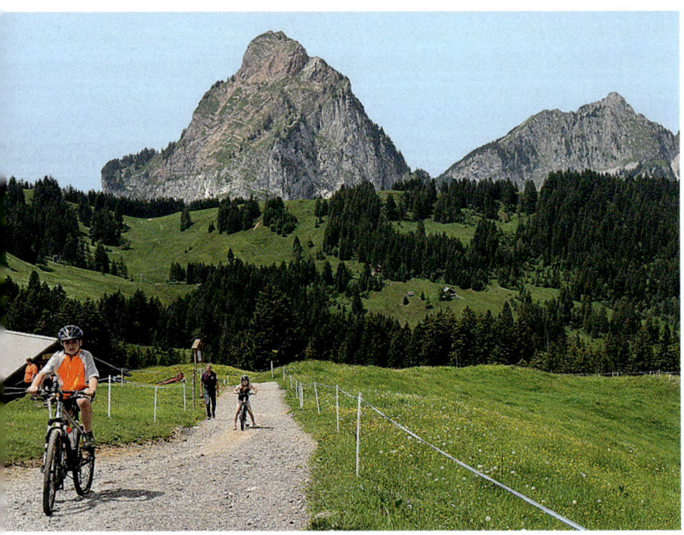

Höhe von 1922 Metern. Die Stoosbahn wurde 1933 erbaut und überbrückt auf 1383 Metern eine Höhendifferenz von 786 Metern. Mit 78 Prozent Steigung ist sie eine der steilsten Standseilbahnen der Welt. Die Zufahrt ist durch eine Straße (nur mit Spezialbewilligung) von Muotathal möglich.

An der Stoosbahn und am kleinen Stausee vorbei fahren wir auf der Hauptstraße leicht abwärts, bis wir die Abzweigung bei Selgis links hinauf nach Illgau erreichen. Nun folgt eine gleichmäßige, angenehme Auffahrt auf einer asphaltierten Straße. Wir passieren einen beleuchteten Tunnel und erreichen nach etwa drei Kilometern die Gemeinde Illgau. Sie liegt zwischen Muotathal und Ibergeregg. Ihre Topografie richtet sich zum Großteil in Richtung Süden und Südwesten hin und trägt deshalb zu Recht den Beinamen »Sonnenterrasse«. Illgau ist stark durch die Landwirtschaft geprägt; die Bauernhöfe sind weit verstreut, bis auf 1300 Meter Höhe werden sie das ganze Jahr über bewirtschaftet. Die Illgauer Volksmusik in ihrer Originalität ist im ganzen Land bekannt und in Kreisen der Volksmusikliebhaber ein Markenzeichen.

An der »Lourdes-Grotte« vorbei radeln wir durch die Ortschaft. Ab Kilometer 12 wird das Asphaltsträßchen schmäler. Die Auffahrt beschert uns tolle Ausblicke auf die gegenüberliegende Bergwelt, u. a. auf den 2282 Meter hohen Druesberg. Wir kreuzen mehrmals die Tragseile der Luftseilbahn Sankt Karl und biken mit gleichmäßiger Steigung über den Vorderen Oberberg bis zur Bergstation Sankt Karl. Kurz vor der Bergstation zweigen wir von der Asphaltstraße in einen singletrailartigen Wanderweg nach rechts ab; dieser ist gut fahrbar. Schon bald gelangen wir zum Gasthaus Oberberg.

Ab hier haben wir wieder Asphalt unter den Rädern und rollen leicht abwärts zur Abzweigung, die zum Ibergeregg führt. Spätestens jetzt wird uns bewusst, dass die Strecke zur Passhöhe Ibergeregg speziell bei Rennrad- und Motorradfahrern äußerst beliebt und dementsprechend frequentiert ist. Auf den nächsten 2,5 Kilometern genießen wir die Aussicht auf den immer näher kommenden Grossen Mythen und haben dann auch schon die Passhöhe erreicht.

Direkt nach dem Gasthaus Ibergeregg biegen wir links ab und müssen den Weg nur noch mit anderen Bikern und Wanderern teilen. Letztere sind speziell an den Wochenenden zwischen Ibergeregg und Haggenegg haufenweise unterwegs. Also wenn möglich diese Tour bitte nicht an den Wochenenden fahren. Auf diesem Streckenabschnitt müssen wir uns um Verpflegungsmöglichkeiten nicht sorgen, denn wir passieren mehrere schöne »Labstationen«. Bereits nach 500 Metern erreichen wir das Bergbeizli Sonnenhütte mit einladender Sonnenterrasse und nach einem weiteren

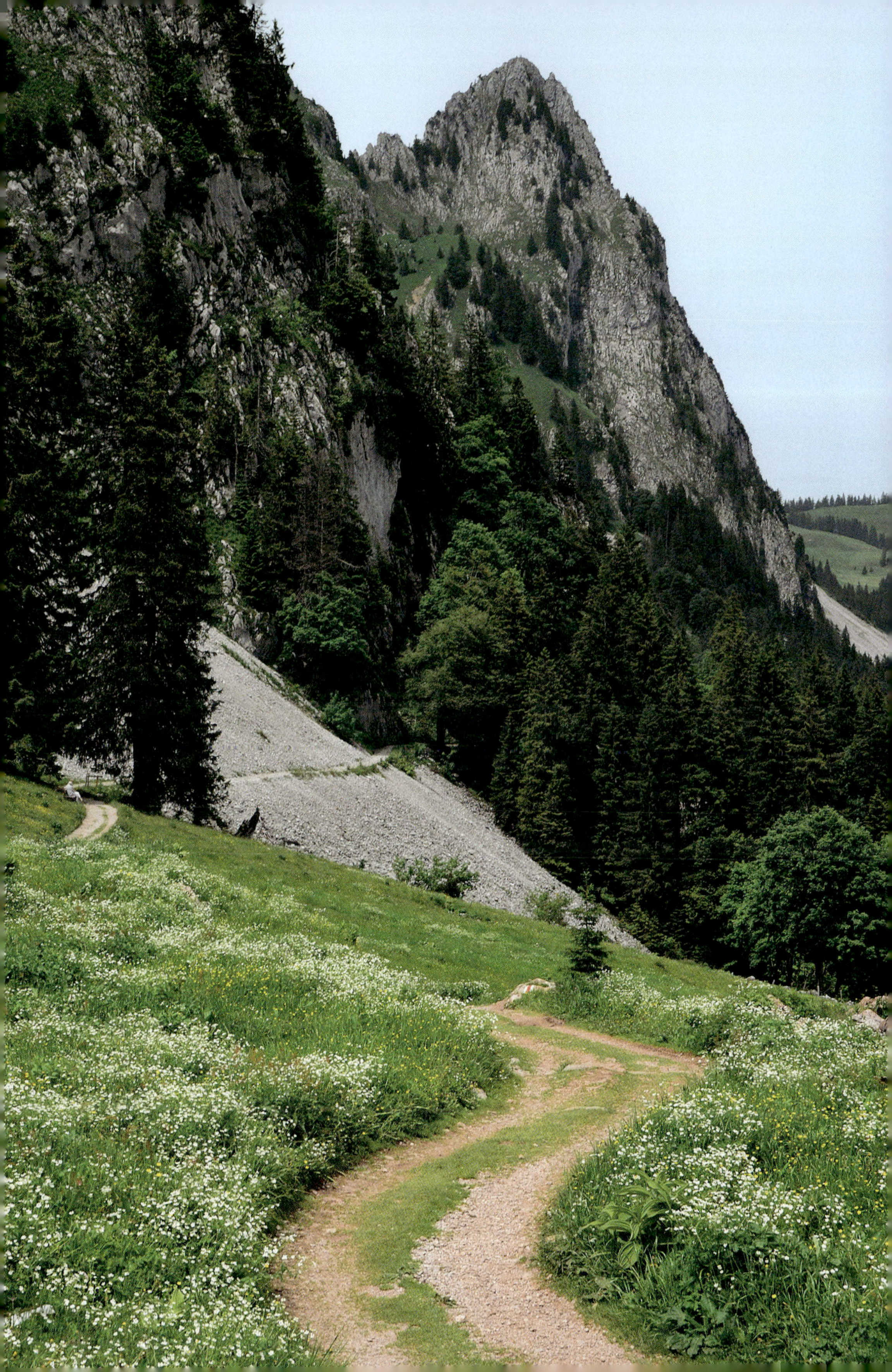

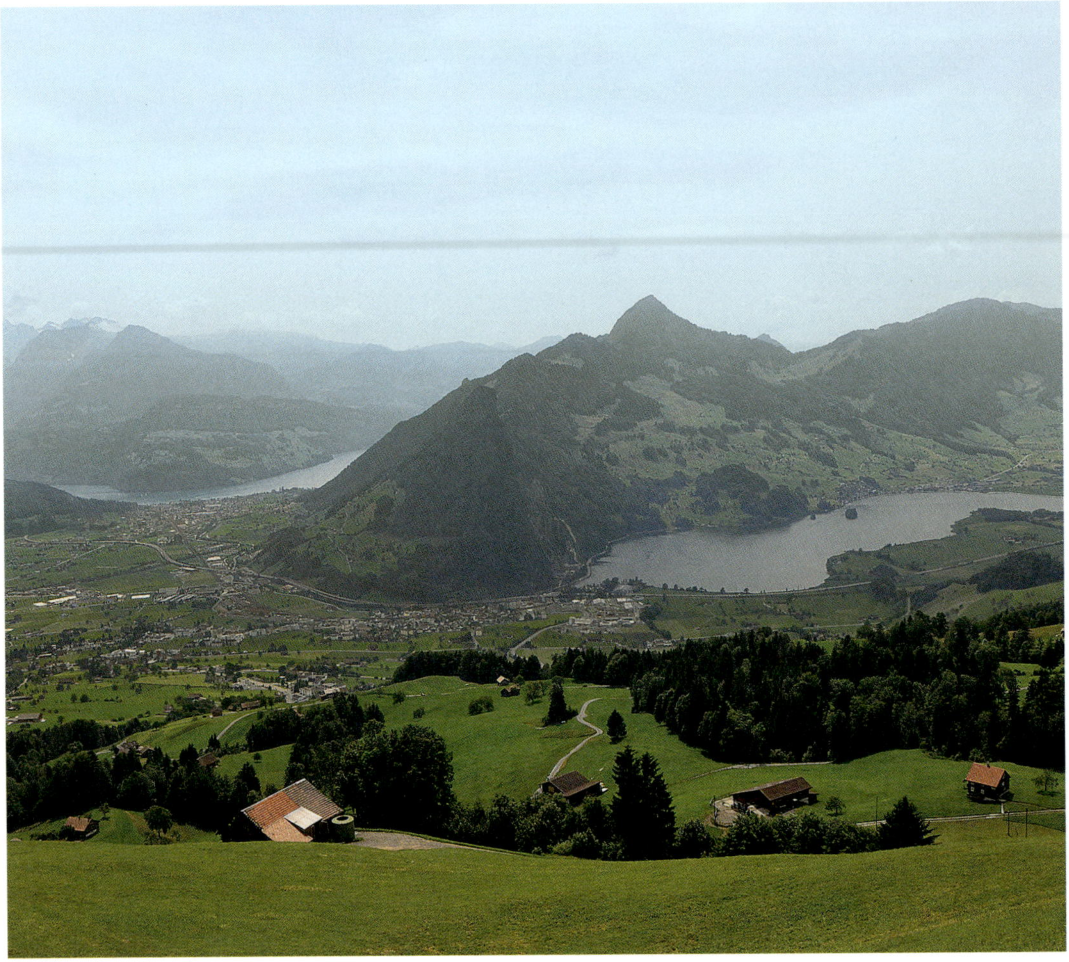

Weitläufiger Blick auf den Lauerzer- und den Vierwaldstättersee

Kilometer die Alpwirtschaft Zwäcken. Danach fahren wir, immer auf schönen Wegen mit toller Aussicht, am Müsliegg vorbei und nehmen noch eine kurze Steigung unter die Räder. Nach kurzem Auf und Ab erblicken wir bereits die Sonnenterrasse des Skihauses Holzegg. Hier kann ich eine Einkehr nur empfehlen: Eine unübertroffene Aussicht auf den direkt vor uns aufragenden Großen Mythen sowie auf den Vierwaldstättersee erwartet uns.

Der landschaftlich wunderschöne Höhenweg bringt uns weiter zum Berggasthaus und zur Bergstation der Luftseilbahn Brunni–Holzegg. In der lieblichen Bruder-Klaus-Kapelle auf der Holzegg findet jeweils sonntags bis 2. Oktober die Heilige Messe statt.

Nun führt der wildromantische Höhenweg direkt unter dem Großen Mythen entlang bis zur Alpwirtschaft »Zwüschet Mythen«. Die gemütliche »Besenbeiz« ist idyllisch eingebettet zwischen dem Großen und dem Kleinen Mythen. Neben Getränken werden hauptsächlich Produkte der eigenen Alp angeboten. Bis hierher ist der Höhenweg ohne größere Anstrengungen sehr gut fahrbar. Deshalb können wir Umgebung und Landschaft teilweise auch während der Fahrt genießen.

Zwischen »Zwüschet Mythen« und Haggenegg finden wir von kurzen Schiebepassagen über flowige Trailabschnitte bis hin zu Forststraßen und Wiesenwegen alles vor. Dieser Streckenabschnitt ist also sehr abwechslungsreich.

Nach ca. 2,8 Kilometern erreichen wir den historischen Ort Haggenegg am Fuß des Kleinen Mythen – ein Aussichtspunkt, von dem aus man einen schönen Rundblick über Vierwaldstätter- und Lauerzersee, über Rigi, Urirotstock und über den Talkessel von Schwyz genießen kann.

Auf der Haggenegg befindet sich neben dem gleichnamigen Berggasthaus mit gemütlicher Sonnenterrasse auch die Haggeneggkapelle, ein Kleinod von besonderer Art inmitten der Felswände des Kleinen-Mythen-Massivs und eines dichten Waldkranzes. Das kleine Heiligtum der Tochterkapelle von Maria Einsiedeln hat einen höchst interessanten geschichtlichen Ursprung. Zur Franzosenzeit, als fremde Truppen anno 1798 gegen Einsiedeln vorrückten, beschloss das Kloster, das Gnadenbild der »Schwarzen Muttergottes« während dreier Monate unweit der heutigen Kapelle zu vergraben, da man dieses vor den heranrückenden Franzosen schützen wollte. Da diese Stätte auch in späteren Jahren immer wieder verehrt wurde, beschlossen 1870 einige Anwohner, eine Kapelle zu bauen. Ihr Altarbild, gemalt von Karl Keller, stellte das »Vergraben des Gnadenbilds« dar.

Auf asphaltierten Nebenstraßen rollen wir nun nur noch abwärts. Wir können die Abfahrt richtig genießen und von den Mythen Abschied nehmen, bevor wir das idyllische Dorf Schwyz erreichen. Dieses hat seinen Ursprung nicht am Talboden, der früher von Überschwemmungen bedroht wurde, sondern am sanften, nach Süden gerichteten und windgeschützten Fuß der Mythen. Rund um das »Mutterdorf« scharen sich die »Filialen« Ibach, Seewen und Rickenbach. Ein verheerender Brand im Jahr 1642 vernichtete das damalige Schwyz fast vollständig. Nur wenige Häuser, darunter das sogenannte Bethlehem als ältestes Gebäude von Schwyz, blieben verschont. In barocker Manier entstand danach der Kern des heutigen Schwyz. Der prachtvolle Dorfplatz, umsäumt von der dominierenden Pfarrkirche, dem Rathaus und den Herrenhäusern, gilt als einer der schönsten Plätze der Schweiz. Hier finden kulturelle, religiöse und gesellschaftliche Großanlässe sowie mehrere Warenmärkte statt.

Zum typischen Charakter von Schwyz gehört aber nicht nur das historische Zentrum, sondern ebenso die am Rand des Dorfes verstreuten zahlreichen stattlichen Patrizierhäuser aus dem 17./18. Jahrhundert, teilweise kleine Schlösschen mit eigener Kapelle und Ringmauer – insgesamt ca. 30 Prachtbauten, die fast alle noch in Privatbesitz sind. Viele von ihnen sind Zeugen der einst blühenden »Reisläuferei« (fremde Kriegsdienste), die mancher Schwyzer Familie zu Ruhm und Reichtum verhalf.

Beim letzten Streckenabschnitt radeln wir abwechselnd auf Asphaltstraßen und Kieswegen dahin. Der Weg verläuft flach, teilweise entlang der Muota, und nach einigen Richtungswechseln erreichen wir wieder unseren Ausgangspunkt, den Hafen der Ortschaft Brunnen.

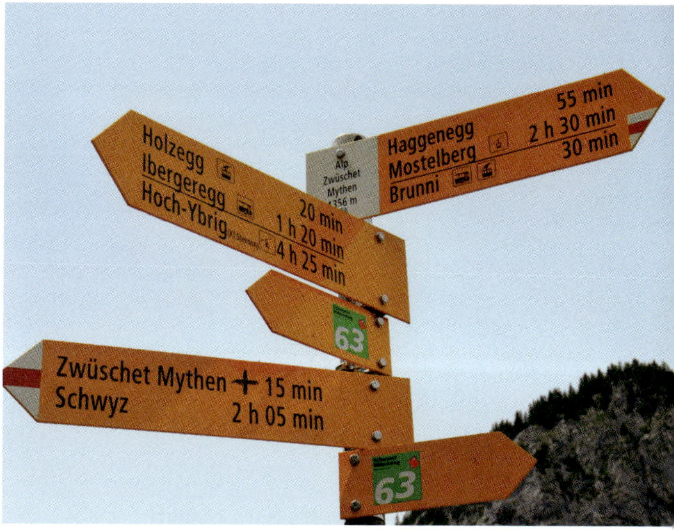

Ein hilfreicher Wanderwegweiser bei Zwüschet Mythen

Die Haggenegg-kapelle

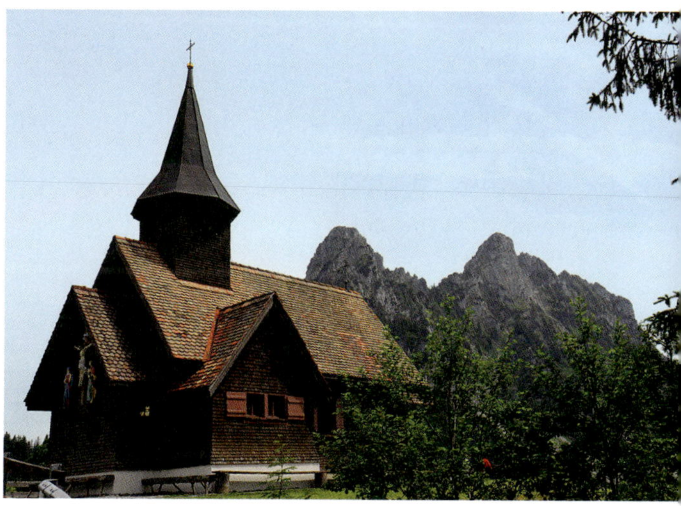

Routenbeschreibung

Tour 16 Mythen.gpx

WP | km | Hm | Route

1 | 0,00 | 450 | Start direkt am Hafen; Fahrt auf der Hauptstraße Richtung Bahnhof.

2 | 0,72 | 453 | Bahnhof; über die Gleisüberführung fahren.

3 | 1,07 | 455 | Geradeaus fahren.

4 | 1,30 | 453 | Rechts aufwärts weiter.

5 | 1,42 | 460 | Links Richtung Sporthalle halten.

6 | 3,68 | 507 | Rechts Richtung Morschach fahren.

7 | 4,18 | 548 | Links Richtung Muotathal fahren.

8 | 5,02 | 573 | Geradeaus leicht abwärts.

9 | 6,58 | 579 | Rechts Richtung Muotathal fahren – an der Stoosbahn vorbei.

10 | 7,93 | 563 | Links Richtung Illgau; bei km 10,5 beleuchtete Tunneldurchfahrt; bei km 11,00 Illgau – durch den Ort fahren.

11 | 11,72 | 833 | Lourdes-Grotte – aus Asphaltstraße weiter.

12 | 11,86 | 848 | Geradeaus Richtung Ibergeregg fahren.

13 | 12,01 | 862 | Links aufwärts fahren.

14 | 14,23 | 1056 | Rechts Richtung Ibergeregg fahren.

15 | 15,32 | 1146 | Geradeaus fahren.

16 | 15,40 | 1150 | Rechts Richtung Ibergeregg.

17 | 15,52 | 1160 | Rechts auf den Wanderweg – den Trail aufwärts fahren.

18 | 15,64 | 1170 | Bergstation der Luftseilbahn Sankt Karl – links Richtung Oberegg und Ibergeregg fahren.

19 | 16,10 | 1217 | Rechts auf den Wanderweg biegen.

20 | 16,32 | 1222 | Gasthaus Oberberg – geradeaus abwärts.

21 | 16,66 | 1191 | Rechts aufwärts fahren.

22 | 19,23 | 1406 | Passhöhe und Gasthaus Ibergeregg – nach dem Gasthaus links Richtung Oberiberg.

23 | 19,50 | 1414 | Links Richtung Holzegg und Haggenegg fahren.

24 | 19,72 | 1424 | Bergbeizli Sonnenhütte – geradeaus weiter.

25 | 20,76 | 1470 | Alpwirtschaft Zwäcken – links Richtung Holzegg.

26 | 21,17 | 1427 | Müsliegg – geradeaus Richtung Holzegg und Haggenegg.

27 | 21,56 | 1465 | Rechts Richtung Holzegg und Haggenegg.

28 | 22,00 | 1461 | Rechts fahren.

29 | 22,35 | 1425 | Geradeaus fahren.

30 | 22,41 | 1414 | Skihaus Holzegg – empfehlenswerte Einkehr mit Sonnenterrasse und toller Aussicht.

31 | 22,78 | 1405 | Bergstation der Luftseilbahn am Gasthaus Holzegg – geradeaus direkt unterhalb des Gasthauses vorbei.

32 | 22,85 | 1405 | Holzegg – halb rechts auf den Höhenweg Haggenegg fahren.

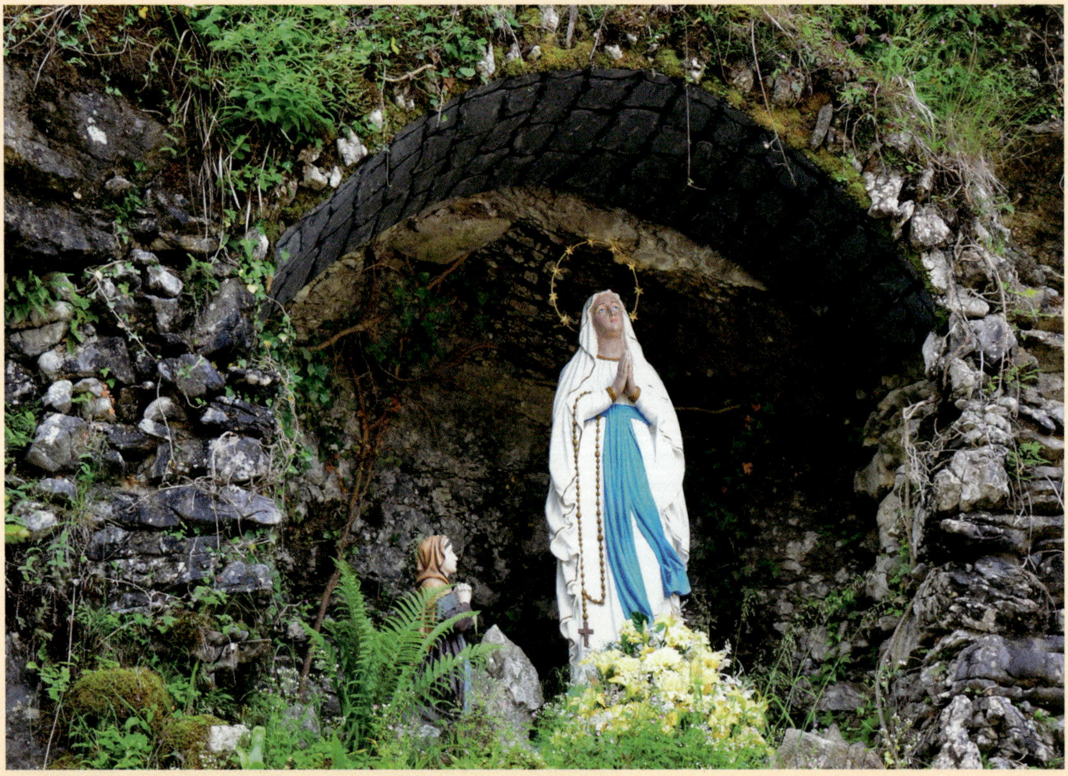

Die Lourdes-Grotte in Illgau

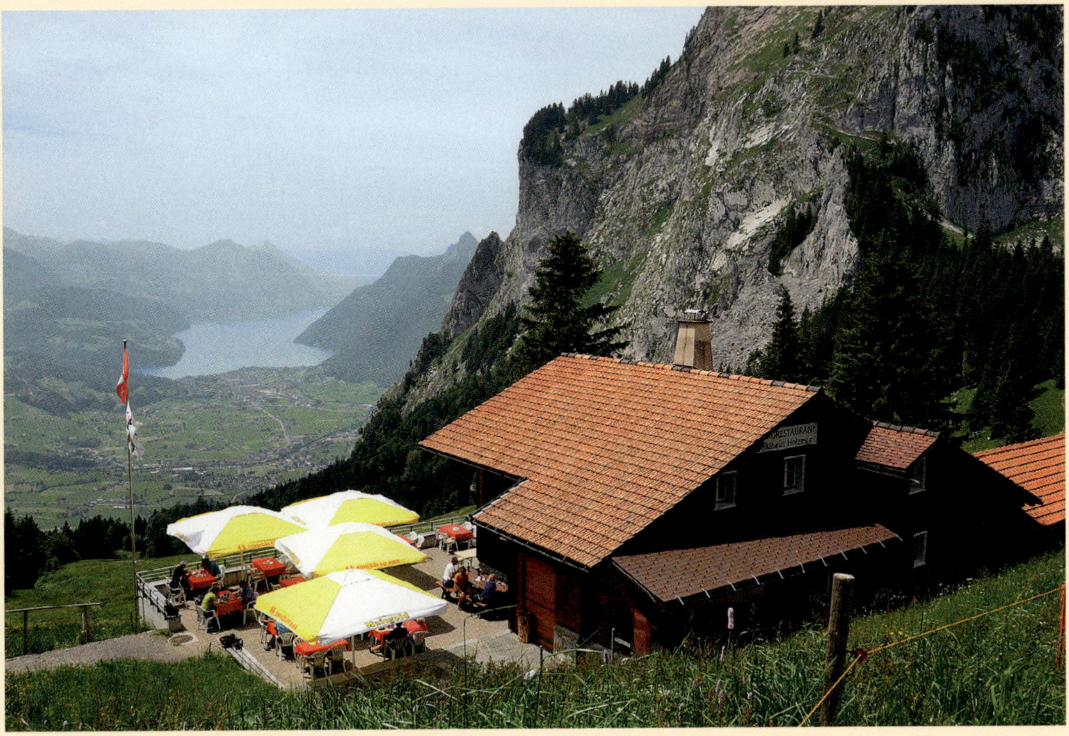

Skihaus Holzegg mit herrlichem Blick auf den Vierwaldstättersee

33 | 23,88 | 1354 | Alpe »Zwüschet Mythen« – rechts den Wanderweg abwärts.
34 | 23,91 | 1349 | Links Richtung Haggenegg fahren.
35 | 25,01 | 1287 | Links der Wanderwegmarkierung folgen.
36 | 25,42 | 1292 | Links auf der Schotterstraße aufwärts.
37 | 25,55 | 1304 | Rechts fahren.
38 | 26,01 | 1349 | Geradeaus – kurze Schiebestelle – und der Wanderwegmarkierung folgen; über einen schönen Wiesenweg leicht aufwärts.
39 | 26,48 | 1387 | Rechts zur Alpe Gummen fahren.
40 | 26,54 | 1390 | Links auf der asphaltierten Straße aufwärts.
41 | 26,80 | 1414 | Berggasthaus Haggenegg – Aussichtspunkt etwas oberhalb vom Gasthaus; geradeaus auf der asphaltierten Straße abwärts.
42 | 29,25 | 1110 | Links abwärts fahren.
43 | 32,98 | 628 | Links Richtung Schwyz halten.
44 | 33,03 | 626 | Rechts abwärts fahren.
45 | 33,77 | 557 | Rechts und dann gerade abwärts fahren.
46 | 33,89 | 544 | Die Zeughausstrasse überqueren und geradeaus fahren.
47 | 34,03 | 534 | Rechts fahren.
48 | 34,18 | 530 | Links leicht abwärts fahren.
49 | 34,25 | 525 | Geradeaus fahren – Beschilderung der Fahrrad- und Bikeroute.
50 | 34,36 | 514 | Rechts fahren.
51 | 34,80 | 497 | Geradeaus fahren – Wanderwegbeschilderung.
52 | 35,06 | 491 | Die Straße überqueren und der Beschilderung der Fahrrad- und Bikeroute geradeaus folgen.
53 | 35,55 | 474 | Links fahren.
54 | 35,82 | 469 | Rechts fahren.
55 | 35,86 | 469 | Links fahren.
56 | 35,92 | 468 | Links fahren.
57 | 36,21 | 467 | Rechts fahren – hinter dem Energiezentrum vorbei.
58 | 36,61 | 467 | Rechts fahren.
59 | 36,79 | 467 | Links und über die Brücke – den Fluss Muota überqueren.
60 | 36,86 | 467 | Auf der anderen Seite der Brücke rechts fahren.
61 | 36,94 | 462 | Rechts und durch die Unterführung.
62 | 37,26 | 464 | Links am Fluss Muota entlang – auf dem Wanderweg direkt am Fluss fahren.
63 | 37,53 | 463 | Rechts weiter auf dem Wanderweg.
64 | 38,82 | 456 | Links in die Wylenstrasse fahren.
65 | 39,12 | 451 | Die Straße überqueren und geradeaus weiter.
66 | 39,49 | 451 | Rechts Richtung See fahren.
67 | 40,00 | 450 | Ankunft in Brunnen direkt am See – Ende der Tour.

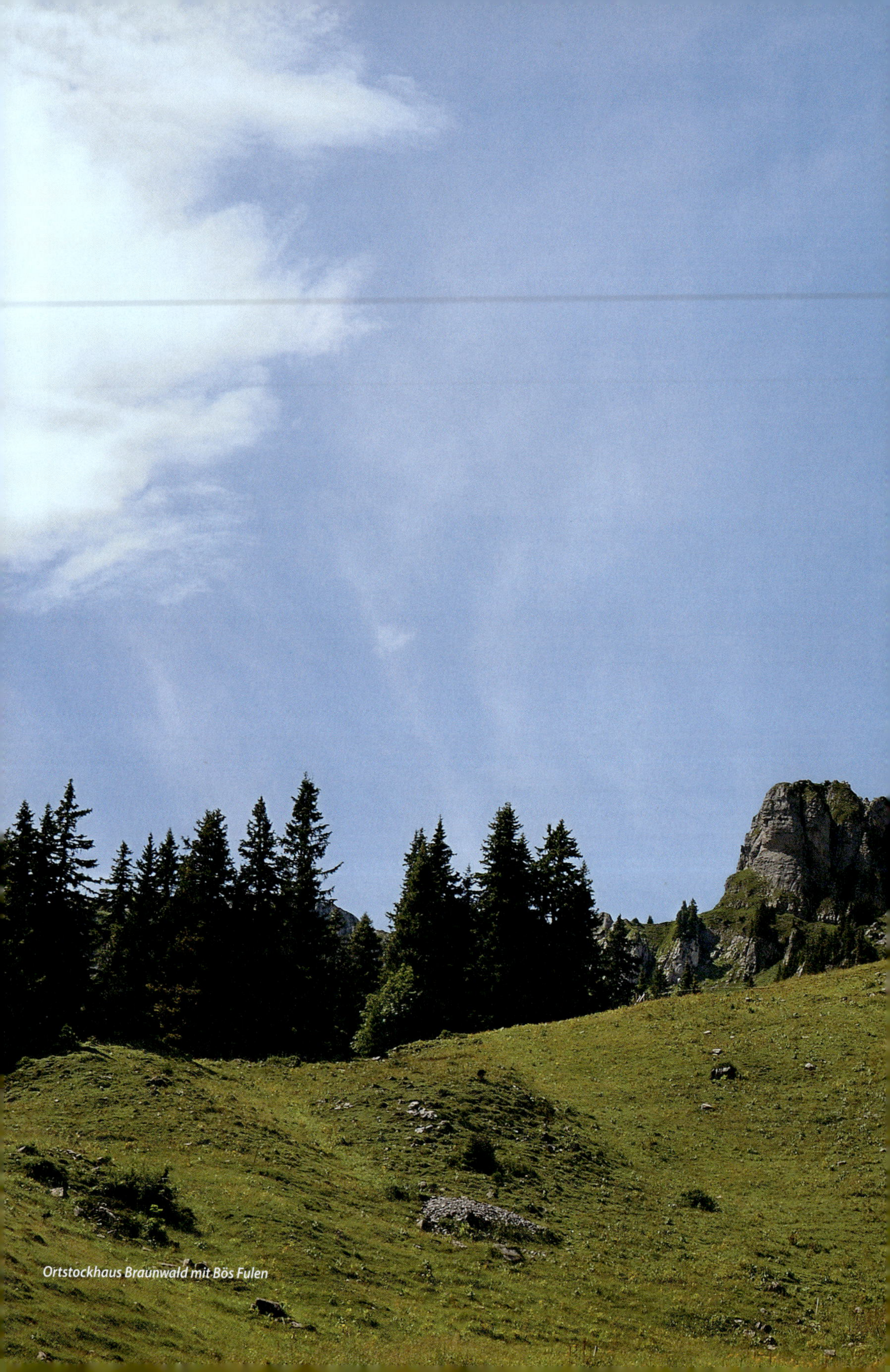

Ortstockhaus Braunwald mit Bös Fulen

Tagestouren im Kanton Glarus

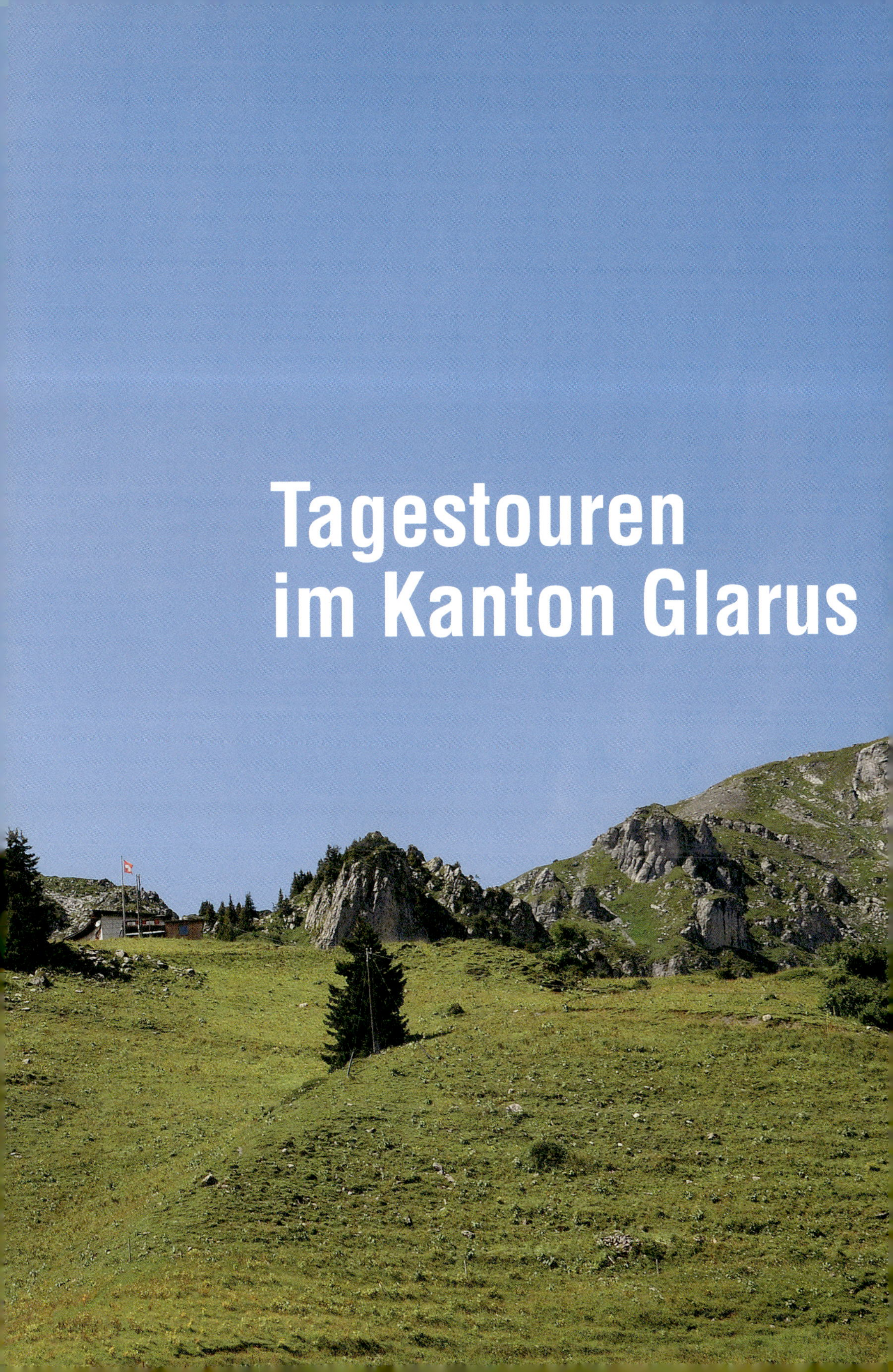

17 Fronalp

Über den Schabziger Höhenweg zur Fronalp

3	✪✪✪✪✪	1050	28	3.30
Schwierigkeit	Erlebniswert	Höhenmeter (in m)	Streckenlänge (in km)	Zeit (in h)

TOURENCHARAKTER

AUSGANGS-/ENDPUNKT
Bahnhof von Netstal

ANFAHRT
A 3 bis Ausfahrt 44/Niederurnen-Klausen-Glarus-Näfels, auf der Schnellstraße ca. 2,7 km geradeaus Ri. Näfels, durch die Bahnunterführung und bei der Ampel links ca. 1,5 km Ri. Klausen/Näfels, durch Näfels und am Ortsende beim Kreisverkehr die 2. Ausfahrt Ri. Glarus nehmen, ca. 2,8 km geradeaus, in Netstal beim Kreisverkehr 2. Ausfahrt Ri. Glarus, gleich nach dem VW-Autohaus »Sauter« links Ri. Industriezonen, nach 100 m halb links zu den Bahngleisen, direkt davor rechts zum Bahnhof, am Bahnhofsgebäude vorbei und beim Restaurant »Bahnhof« links; parallel zu den Bahngleisen gibt's hier kostenfreie Parkplätze

KONDITION
✪✪✪✪✪

FAHRTECHNIK
✪✪✪✪✪

ERLEBNISWERT
Fahrspaß: ✪✪✪✪✪ – angenehme Auffahrt bis zur Unteren Nüenalp; spannender Singeltrail bis Mullerenberg; die Abfahrt ist eine abwechslungsreiche Mischung aus Singletrail, Wiesenwegen und idealen Schotterstraßen
Landschaft: ✪✪✪✪✪ – großartige Ausblicke auf die Linthebene, den Oberen Zürichsee, Amden und das gesamte Glarnerland; grandiose Aussicht von der Terrasse des Naturfreundehauses Fronalp, bei guten Sichtverhältnissen sogar bis zum Tödi; die wunderbaren Almlandschaften der Ennetberge
Kultur und Geschichte: ✪✪✪✪✪ – das Kunsthaus Glarus (www.kunsthaus-glarus.ch); die »Glarner Hauptüberschiebung«; ein Geo-Stadtspaziergang durch Glarus (z. B. versteinerte Spiralschnecken aus der »Saurier-Zeit« am Rathausbrunnen); der prächtige Freulerpalast in Näfels, das bekannteste Gebäude des Kantons Glarus (www.freulerpalast.ch)

EINKEHRMÖGLICHKEITEN
Berggasthaus Alpenrösli, Mullern, CH-8753 Mollis, Tel. +41/(0)55/612 12 84, www.berggasthaus-alpenroesli.ch; Berggasthaus Fronalpstock, CH-8753 Mollis, Tel. +41/(0)55/612 10 22, www.stockhus.ch; Berggasthaus Naturfreundehaus Fronalp, CH-8753 Mollis, Tel. +41/(0)55/612 10 12, www.fronalp.ch

STRECKENPROFIL
Die Auffahrt bis zur Unteren Nüenalp (1263 m) können wir bis auf zwei kurze Abschnitte relativ kräfteschonend auf Asphalt zurücklegen. Dann kommen alle Trailliebhaber auf ihre Kosten: Ein beinahe durchgängig fahrbarer, erstklassiger Trail führt uns zum Mullerenberg. Die Abfahrt vom Naturfreundehaus Fronalp ist bis auf wenige Meter beim Haus und einen kurzen Abschnitt direkt vor Netstal komplett fahrbar; für nicht versierte Trailfahrer ergibt sich eine maximale Schiebestrecke von 1 km.

HÖCHSTER PUNKT
1389 m, Naturfreundehaus Fronalp

NIEDRIGSTER PUNKT
445 m, Mollis

TOURIST-INFO
Touristinfo Glarnerland, Raststätte A3, CH-8867 Niederurnen, Tel. +41/(0)55/610 21 25, info@glarnerland.ch, www.glarnerland.ch

LANDKARTEN
Swisstopo 5015 Toggenburg-Sarganserland, Landeskarte 1:50 000 (Zusammensetzungen)

GPS/ROADBOOK
Tour 17 Fronalp.gpx; Tour 17 Fronalp 500.gpx

Die großartige und abwechslungsreiche Tour führt durch herrliche Alplandschaften, begleitet von imposanten Bergen. Es bietet sich die Möglichkeit für eine kombinierte Bike- & Hike-Tour auf den Fronalpstock an.

Die Tour startet in der Gemeinde Netstal im Kanton Glarus. Dieser umfasst das Einzugsgebiet der Linth bis zum Walensee und die Linthebene westlich der Linth bis Bilten sowie den Kerenzerberg. Als sichtbarster Eingriff des Menschen zur Zähmung der Natur zeigt sich das imposante Linthwerk, welches das Antlitz der ganzen Region prägt. Die Linthkorrektion wird 1807 als erstes Nationalwerk der Schweiz in Angriff genommen: Die Linth wird in den Walensee geleitet und ihr Lauf in den Zürichsee kanalisiert. Zuvor floss sie, den Ausfluss des Walensees immer mehr zurückstauend, ungeregelt – die Linthebene versumpfend, Krankheit, Elend und Armut bringend – und träge dem Zürichsee zu.

Zu Beginn unserer Zeitrechnung gehört das Glarnerland zur Provinz Rätien. Die erste Talkirche wird im 6. Jahrhundert in Glarus gebaut. Um 700 wandern die Alemannen ein, deren Sprache sich aber erst im 11. Jahrhundert allgemein durchsetzt. Zu dieser Zeit

28 km	1050 Hm	Tagestour

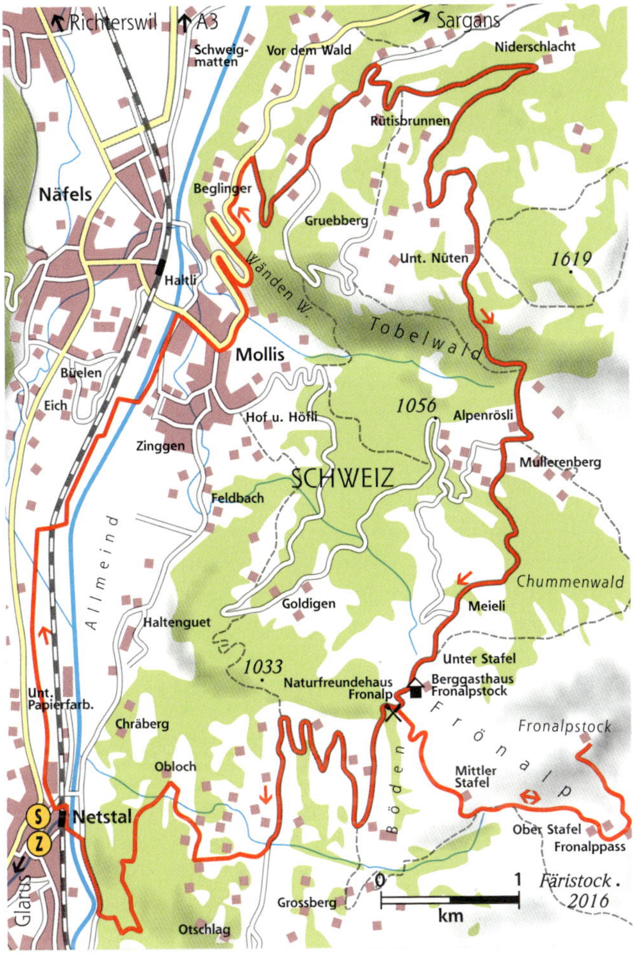

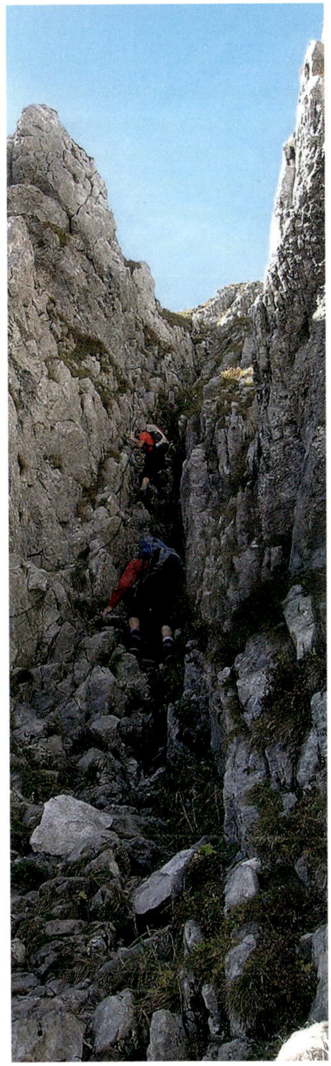

Schmale Aufstiegsstelle zum Fronalpstock (mit Ketten gesichert)

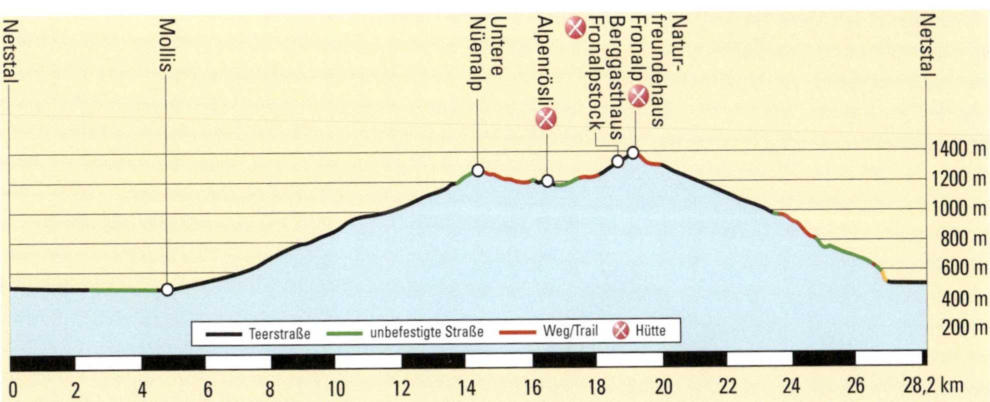

untersteht das Glarnerland dem Kloster Säckingen. Durch die Glarner Gemeindereform ist die Anzahl der Gemeinden von 25 auf drei (Stand 2011) reduziert worden. Es sind dies Glarus Süd, Glarus Nord und Glarus.

Große Höhenunterschiede prägen das Bild des Glarnerlands. Vom flachen Talboden auf 414 Metern Höhe steigt das Gelände bis auf über 3600 Meter (Tödi, 3614 m). Diese Gegensätze widerspiegeln sich im Klima. Es wechselt innerhalb weniger Kilometer von mild am Walensee mit seiner südländischen Pflanzenwelt zu hochalpin auf den vergletscherten Berggipfeln. Bläst der Föhn durchs Tal, können Temperaturrekorde gemessen werden. Das Tal ist nur nach Norden zur Linthebene hin geöffnet.

Netstal zählt ca. 2898 Einwohner und ist nur auf der westlichen (linken) Seite des Haupttals besiedelt. Das Dorfbild wird durch vier Hügel geprägt, die von einem prähistorischen Bergsturz vom Glärnisch (südwestlich von Glarus gelegener vergletscherter Gebirgsstock) herrühren.

Vom Bahnhof Netstal fahren wir auf dem Radweg durch eine weitläufige Wiesenfläche an der Linth entlang bis zur Gemeinde Mollis. Seit dem 1. Januar 2011 ein Bestandteil der neu gebildeten Gemeinde Glarus Nord, ist Mollis der westliche Ausgangspunkt der Kerenzerpassstraße, die an der Südflanke des Walensees entlang Richtung Rheintal führt. Ein Stück weit radeln wir von Mollis auf der Kerenzerstrasse in Richtung Filzbach.

Am Chappelen entfliehen wir dem motorisierten Verkehr und biegen auf eine Nebenstraße ab. Diese führt uns vorbei an Wälschbüel, Rütisbrunnen und durch den Schwigufelwald bis kurz vor die Alpe Unter Nüen. Die Auffahrt ist am Anfang etwas steiler, wird dann ab Kilometer 10,66 flacher und ist über längere Abschnitte angenehm schattig. Es eröffnen sich weite Ausblicke auf die Linthebene mit dem Linthkanal Richtung Obersee. Auf dem letzten Stück, kurz vor der Alpe, wechselt der Fahrbahnbelag zu Schotter; teilweise sind kurze, steile Rampen zu bewältigen.

Ab Unter Nüen werden wir mit dem Schabziger Höhenweg belohnt. Dieser führt von Habergschwänd bis zum Naturfreundehaus Fronalp. Er soll die Gäste über das erste Markenprodukt der Schweiz, dem »Glarner Schabziger«, informieren. Hierbei handelt es sich um einen nahezu fettfreien Käse, der aus entrahmter Kuhmilch entsteht. Der Schabzigerklee verleiht ihm seinen urwürzigen Geschmack und die grüne Farbe.

Für uns ist es jedoch ein genialer, uriger Singletrail in teilweise abschüssigem Gelände, der mit etwas Routine bis auf die eine oder andere »Schlüsselstelle« durchgängig fahrbar

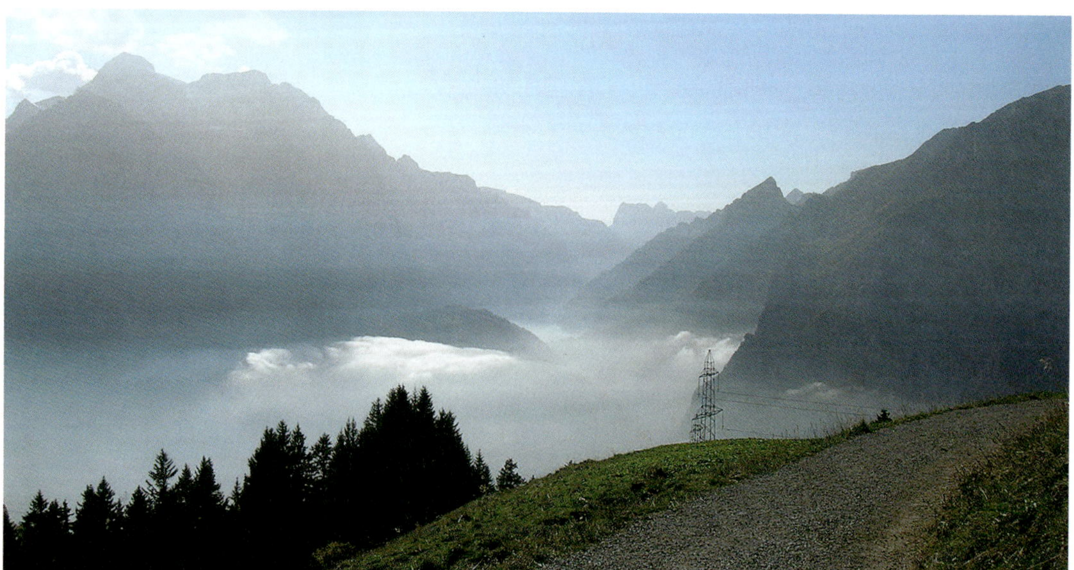

Die Auffahrt zur Alpe Mittler Stafel mit Blick Richtung Klöntalersee

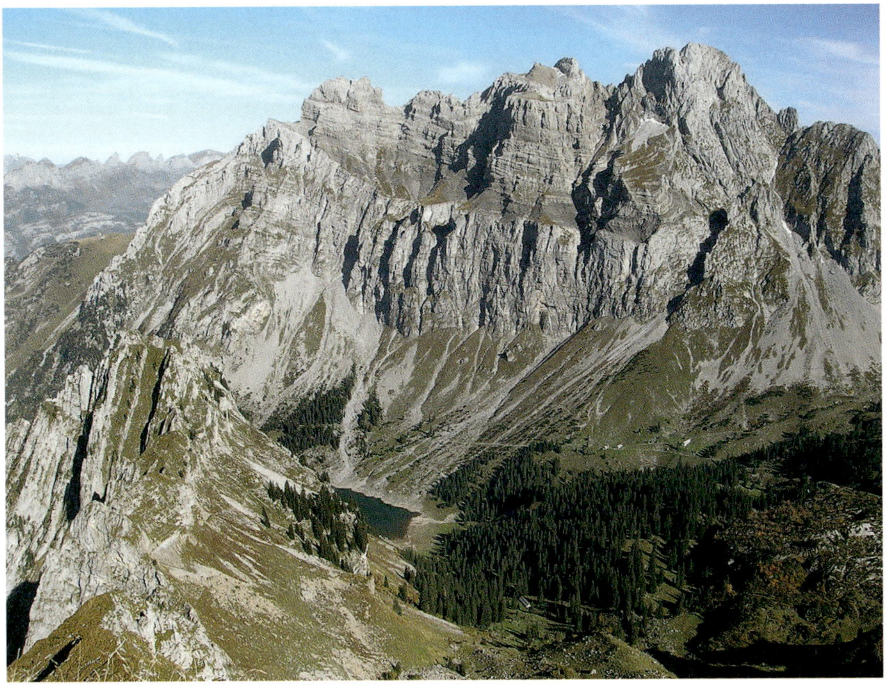

Herrliche Aussicht auf den Spaneggsee und Mürtschenstock

ist. Außergewöhnlich sind die schmalen Holzstege, die wir auf diesem Trail befahren.
Kurz nach Verlassen des Waldes erreichen wir Mullernberg und lassen das Berggasthaus Alpenrösli hinter uns. Beinahe über uns thront der imposante Fronalpstock. Auch das Naturfreundehaus Fronalp ist bereits in Sichtweite. Die Beschaffenheit der Wege wechselt jetzt zwischen Schotter, Wald- und Wiesenböden und – am Ende unseres Aufstiegs – Asphalt ab. Im Endanstieg gelangen wir zum Berggasthaus Fronalpstock (auch »Stockhus« genannt). Dort kann man sich u. a. mit Zigerspezialitäten kulinarisch verwöhnen lassen – z. B. werden Zigerhöreli mit Apfelmus, Zigerrahmschnitzel und »Ziger-Tiger« (Schweinesteak mit Zigerbutter) serviert.
Kurz danach erreichen wir das Naturfreundehaus Fronalp. Von der Sonnenterrasse haben wir einen grandiosen Ausblick auf Glärnisch, Klöntalersee, die Linthebene und auf viele Gipfel in einer faszinierenden Bergwelt – ein zauberhafter Platz für eine Einkehr.
Nun haben wir die Wahl, ob wir uns für Variante A entscheiden und den Gipfel des Fronalpstocks besteigen oder ob wir ab dem Naturfreundehaus Fronalp direkt die Abfahrt über die Ennetberge in Angriff nehmen.
Wer die Variante A wählt, fährt zunächst die Schotterstraße weiter bis zur »Fronalp-Mittler Stafel« (1584 m). Der Weg hat es in sich – einige steile Rampen sind zu bewältigen. Bei der Alpe lassen wir unser Bike stehen und wandern auf dem Wanderweg über die Alpe Ober Stafel

Wanderwegweiser auf dem Fronalppass

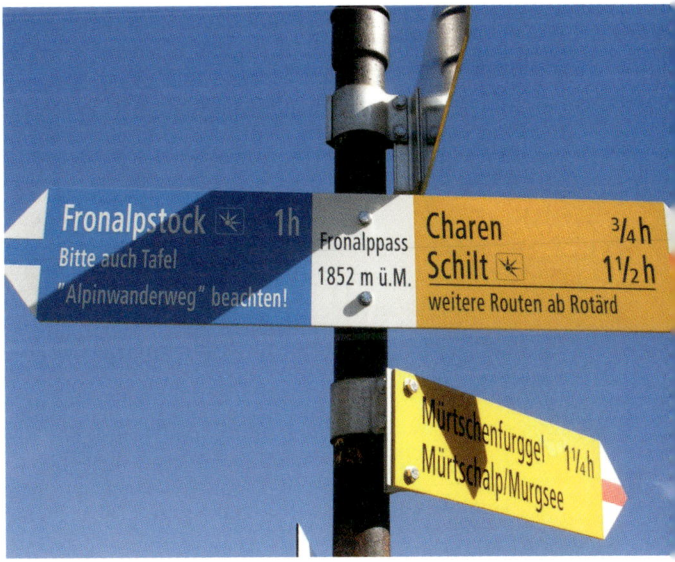

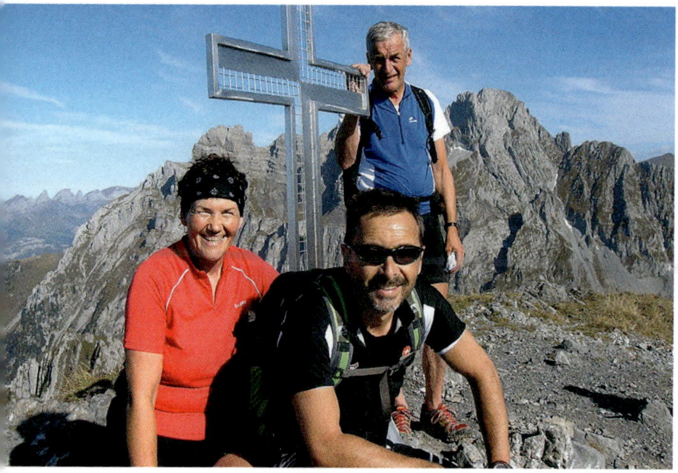

Freude nach der Gipfelbezwingung auf den Fronalpstock

Bild rechte Seite: Trailabfahrt vom Naturfreundehaus Fronalp in Richtung Ennetberg

(1816 m) und über den Fronalppass (1852 m) zum Gipfel des Fronalpstocks (2124 m). Die eindrucksvolle Rundumsicht ist die zusätzlichen 195 Höhenmeter mit dem Bike und die 540 Höhenmeter per pedes allemal wert! Kurz vor dem Gipfel verlangt der Aufstieg Trittsicherheit; außerdem ist das Tragen leichter Bergschuhe zu empfehlen. Die Aufstiegsscharte ist mit Ketten gesichert. Da der Rückweg auch der Aufstiegsweg ist, kann man jederzeit noch vor dem Erreichen des Gipfels umkehren.

Für welche Möglichkeit wir uns auch entscheiden – ab dem Naturfreundehaus Fronalp führt unsere Tour dann über den nächsten Trail abwärts Richtung Ennetberge. Nur ein oder zwei knifflige Stellen sind zu überwinden, dann ist der Trail sehr gut fahrbar und führt quer über eine Wiese bis zu einer Asphaltstraße. Auf dieser fahren wir entspannt abwärts und genießen die zauberhafte Aussicht zum Klöntalersee.

Nach der Parzelle Chängel biegen wir bei einem Wohnhaus rechts in die Hauseinfahrt hinein und folgen dem Bewirtschaftungsweg, der zwischen den Stallgebäuden durchführt. Achtung: Diese Abzweigung ist nicht als Wanderweg markiert! – trotzdem besondere Rücksichtnahme! Der Bewirtschaftungsweg führt nach dem Stallgebäude kurz aufwärts und danach abwärts, bis er vor einer großen Wiese endet. Außerhalb der Vegetationsperiode können wir auf direktem Weg die Wiese hinunterflitzen. Ansonsten bitte Rücksicht auf die Alpweiden nehmen und am Wiesenrand abfahren!

Im unteren Teil radeln wir links an der Bewirtschaftungshütte vorbei und nach links über die Lichtung und zwischen den Bäumen hindurch. Danach halten wir uns rechts abwärts und erreichen wieder einen Wanderweg. Dieser problemlos zu befahrende Trail führt am Ende über eine kleine Brücke (zwei Holzstämme, dazwischen mit Schotter befüllt) und noch einmal quer über eine Wiese. Nach Rücksprache mit der Besitzerin kann hier ohne Probleme quer über die Wiese bis zur Schotterstraße gefahren werden (toll!).

Diese führt anfangs in Serpentinen ziemlich steil abwärts. Durch einen kurzen, aber steilen Gegenanstieg wird die Abfahrt unterbrochen und führt dann in sehr gutem Zustand weiter abwärts bis zur Kalkfabrik (Steinbruch). Die gegenüberliegenden Berge sind jetzt ganz nahe und wirken sehr imposant.

Beim Steinbruch können wir alternativ auf der leider sehr staubigen Schotterstraße bis zur Asphaltstraße hinunterfahren oder die zwei kurzen aufgezeichneten und beschriebenen Trails nützen. Der erste Trail ist problemlos fahrbar. Nach kurzer Strecke erreichen wir wieder die Schotterstraße, um bald danach in den zweiten, etwas längeren Trail einzubiegen. Bei diesem Streckenabschnitt müssen wir das Bike etwa fünf Minuten abwärts schieben, bevor wir wieder auf der Asphaltstraße Richtung Netstal rollen können. Vis-à-vis vom Bahnhof fahren wir entlang der Bahngleise und erreichen nach wenigen Minuten wieder unseren Ausgangspunkt beim Bahnhof Netstal.

DIE »GLARNER HAUPTÜBERSCHIEBUNG«

Eines der berühmtesten Geotope der Glarner Alpen in den Schweizer Kantonen Glarus, Graubünden und St. Gallen ist die Glarner Hauptüberschiebung. Seit Juli 2008 gehört sie zum UNESCO-Weltnaturerbe. Sie zieht sich als gerade, meistens gelbliche Linie durch die Felswände und ist schon aus großer Entfernung erkennbar. 250–300 Mio. Jahre alte grünliche bis rötliche Verrucanogesteine wurden auf 35–50 Mio. Jahre alte bräunlichgraue, meist schiefrige Flyschgesteine geschoben. An den Tschingelhörnern mit dem Martinsloch in Elm ist die »Glarner Hauptüberschiebung« besonders gut sichtbar. Weitere Infos gibt's bei der Geschäftsstelle IG UNESCO-Weltnaturerbe, Tektonikarena Sardona, Städtchenstr. 45, CH-7320 Sargans, Tel. +41/(0)81/723 59 20, www.unesco-sardona.ch.

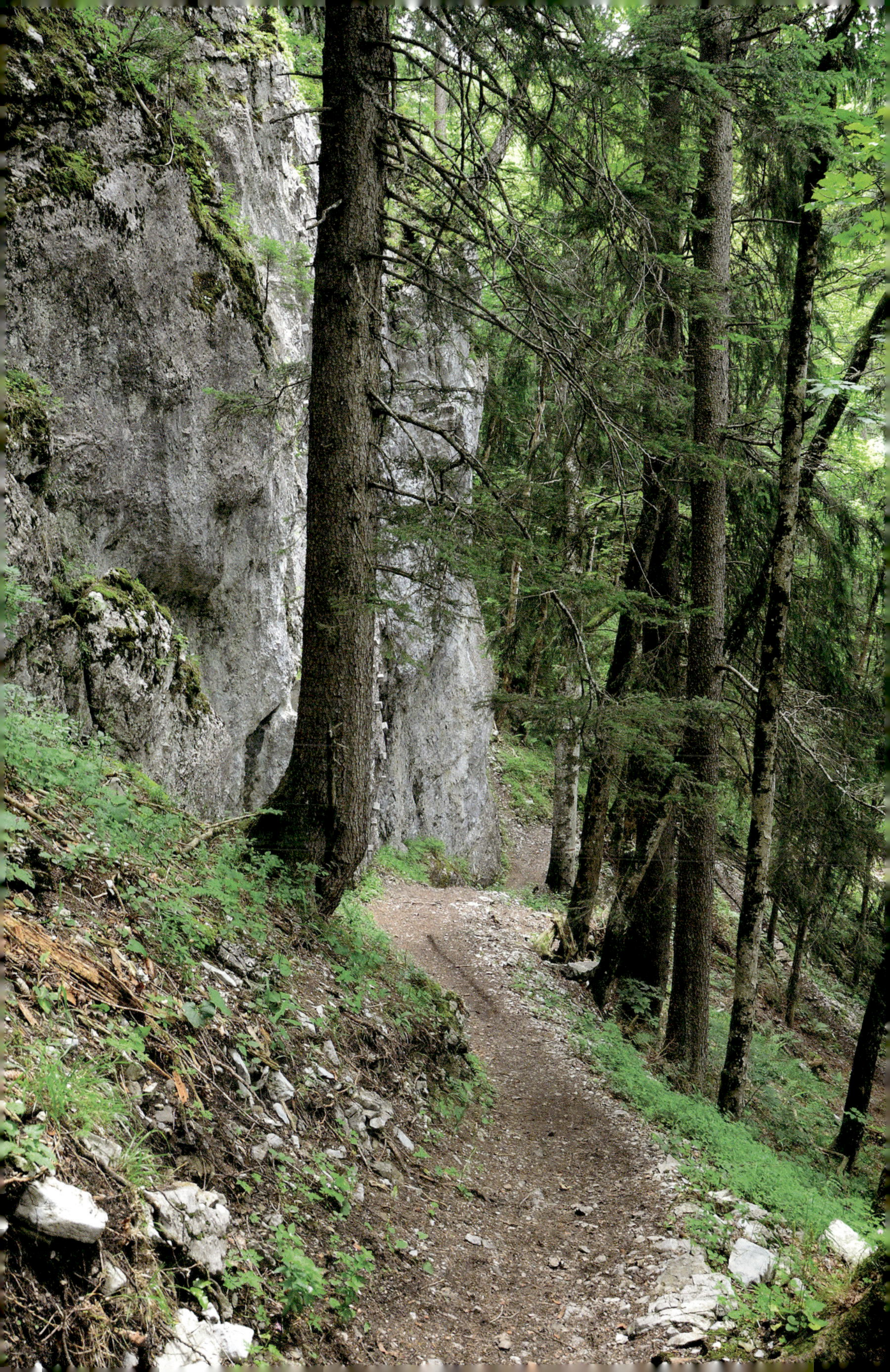

Routenbeschreibung

Tour 17 Fronalp.gpx

WP | km | Hm | Route

1 | 0,00 | 460 | Bahnhof Netstal – nach rechts am Bahnhof entlang; bei der Querstraße nach dem Bahnhof – bei den Bahnschranken – links und nach 10 m wieder rechts.

2 | 0,18 | 460 | Bei den Bahnschranken links fahren.

3 | 0,23 | 460 | Rechts in die Molliserstrasse; nach ca. 50 m, direkt nach einem Wohnhaus, rechts in einen markierten Wanderweg einbiegen.

4 | 0,26 | 460 | Rechts auf den markierten Wanderweg und zwischen verschiedenen Firmen durchfahren.

5 | 0,38 | 460 | Auf dem Fahrrad- und Fußgängerweg weiterfahren; zwischen COOP-Markt und COOP-Tankstelle durch.

6 | 0,59 | 460 | Die Straße überqueren und geradeaus, zwischen mehreren Firmen durch; wir verlassen das besiedelte Gebiet und fahren auf einem asphaltierten Feldweg durch Wiesen und Felder weiter Richtung Mollis; Radroutenmarkierung »4«.

7 | 2,46 | 455 | Rechts auf die Schotterstraße; die Bahngleise überqueren.

8 | 2,60 | 457 | Links auf der Schotterstraße Richtung Mollis; rechts parallel vom Bahngleis weiterfahren.

9 | 3,68 | 450 | Rechts auf der Schotterstraße weiter – Mountainbikeroute »2«; vor der Brücke links abwärts.

10 | 3,80 | 450 | Links parallel zur Linth in Richtung Mollis fahren.

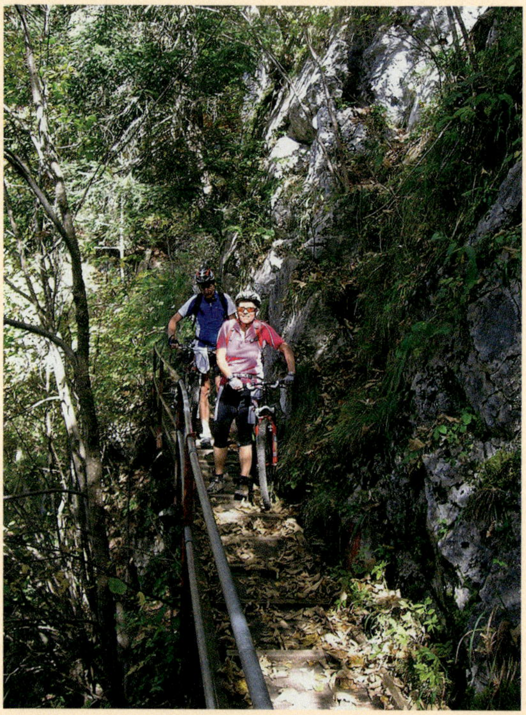

Auf dem Schabziger Höhenweg sind schmale Holzstege.

11 | 4,49 | 448 | Rechts auf der Hauptstraße durch die Gemeinde Mollis; vor der Kirche auf der Hauptstraße links aufwärts Richtung Filzbach.

12 | 7,55 | 604 | Chappelen – rechts auf eine asphaltierte Nebenstraße Richtung Britterwald–Filzbach fahren; die Straße führt etwas steiler aufwärts.

13 | 8,82 | 741 | Bei der Weggabelung links der Mountainbikemarkierung »25« folgen.

14 | 9,79 | 823 | Rechts aufwärts; Mountainbikemarkierung »25«.

15 | 10,66 | 918 | Links Richtung Filzbach/Talsee fahren; Mountainbikemarkierung »25«.

16 | 11,65 | 975 | Rechts im spitzen Winkel aufwärts.

17 | 14,35 | 1263 | Untere Nüenalp – geradeaus der weiß-rot-weißen Wegmarkierung über die Wiese abwärts folgen; Achtung, im Gras schlecht sichtbare Steine!

18 | 14,41 | 1251 | Kurz nach der Nüenalp bei der Eisenstange als Wegmarkierung (weiß-rot-weiß) halb rechts und oberhalb der Steinmauer entlang auf dem Singletrail in den Wald hinein; beim Verlassen des Waldes auf dem Weg geradeaus und über die Wiese aufwärts.

19 | 16,00 | 1189 | Vor dem Stallgebäude links auf dem Wanderweg ein kurzes Stück aufwärts; nach ca. 30 m erreichen wir eine Schotterstraße und fahren auf dieser links weiter aufwärts; weiß-rot-weiße Wegmarkierung am Geräteschuppen, an diesem links vorbei Richtung Mullern.

20 | 16,09 | 1193 | Mullernberg – rechts auf der asphaltierten Straße abwärts und nach ca. 100 m rechts halten Richtung Glarus.

21 | 16,31 | 1177 | Links aufwärts – Mountainbikemarkierung »2« – und in Richtung Berggasthaus Alpenrösli fahren.

22 | 16,44 | 1183 | Mullernberg/Alpenrösli; geradeaus unter dem Berggasthaus vorbei Richtung Fronalp.

23 | 16,67 | 1173 | Geradeaus auf dem Wanderweg; Mountainbikemarkierung »2«.

24 | 16,93 | 1162 | Auf der Schotterstraße links aufwärts Richtung Fronalp; Mountainbikemarkierung »2«.

25 | 17,48 | 1215 | Chummenwald – geradeaus auf dem Waldweg Richtung Fronalp – Mountainbikemarkierung »2«; der Waldweg geht in einen Wiesenweg über, und wir folgen der weiß-rot-weißen Wanderwegmarkierung halb rechts durch die Wiese; der Weg führt nach der Wiese über eine kurze, steile Auffahrt in den Wald hinein.

26 | 18,06 | 1235 | Meieli – auf der Asphaltstraße links aufwärts Richtung Fronalp.

27 | 18,60 | 1330 | Berggasthaus Fronalpstock – geradeaus weiter.

28 | 19,00 | 1389 | Naturfreundehaus Fronalp – links, unterhalb der Terrasse des Naturfreundehauses, auf dem Wanderweg abwärts Richtung Ennetberg.

29 | 19,28 | 1362 | Links der Mountainbikemarkierung »2« folgen.

30 | 19,32 | 1357 | Auf dem Trail links abwärts; der Trail wird bald zum flowigen Wiesentrail.

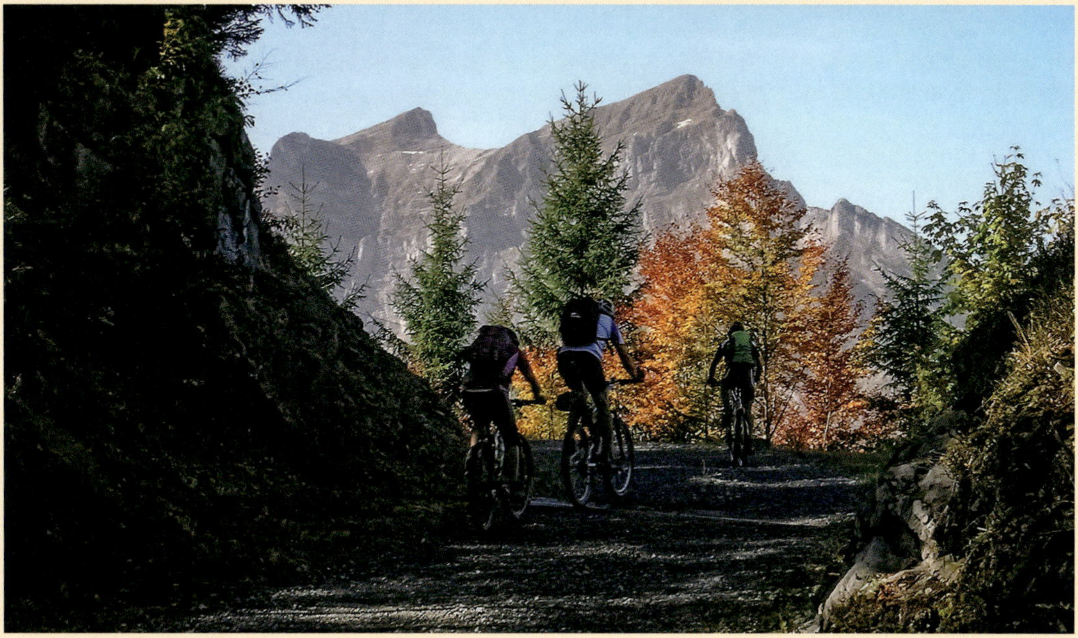

Auffahrt Richtung Unter Nüen

31 | 19,97 | 1296 | Auf der Asphaltstraße rechts abwärts; Mountainbikemarkierung »2«.

32 | 23,41 | 968 | Bei der Wohnhauseinfahrt rechts hinein, leicht abwärts und zwischen den Stallgebäuden durch, auf dem Bewirtschaftungsweg kurz aufwärts, dann abwärts; dem Bewirtschaftungsweg weiter folgen – bei der Wiesendurchfahrt auf hohes Gras achten und am Wiesenrand fahren; außerhalb der Vegetationsperiode direkt über die Wiese abwärts; im unteren Teil links an der Hütte vorbei und links durch die Lichtung zwischen den Bäumen durch; danach etwas rechts abwärts halten; am Waldrand erreichen wir einen Wanderweg (Singletrail); bei km 24,60 überqueren wir eine kleine Brücke; nach dem Durchqueren einer weiteren Wiese erreichen wir eine Schotterstraße.

33 | 24,74 | 792 | Links auf der Schotterstraße abwärts – im oberen Teil steil; es folgt ein kurzer, jedoch steiler Gegenanstieg; oben angelangt, wieder auf der Schotterstraße abwärts.

34 | 26,35 | 633 | Oberhalb vom Steinbruch rechts auf der Steinbruchstraße abwärts.

35 | 26,51 | 615 | Fietsch – linker Hand befindet sich der Steinbruch; wir fahren geradeaus auf dem Singletrail abwärts Richtung Kalkfabrik; der Singletrail kann auch auf der staubigen Schotterstraße umfahren werden; nach dem Erreichen der Schotterstraße links abwärts.

36 | 26,71 | 585 | Nach der Linkskurve rechts auf dem Singletrail bzw. Wanderweg abwärts – der Trail ist im oberen Bereich problemlos fahrbar, danach kommen sehr enge Spitzkehren, und wir müssen das Bike ca. 5 Min. hinunterschieben; alternativ kann der Trail auch auf der recht staubigen Schotterstraße umfahren werden.

37 | 26,95 | 470 | Auf der asphaltierten Straße rechts Richtung Netstal.

38 | 27,55 | 465 | Links zwischen den Garagenzeilen durch – Radwegbeschilderung; auf der Brücke die Linth überqueren.

39 | 27,67 | 460 | Rechts an den Bahngleisen entlang – vis-à-vis vom Bahnhof Netstal.

40 | 27,94 | 460 | Links die Bahngleise überqueren.

41 | 27,99 | 460 | Nach den Bahngleisen links zum Bahnhof.

42 | 28,17 | 460 | Bahnhof Netstal – Ende der Tour.

Variante A: Bike & hike auf den Fronalpstock

WP | km | Hm | Route

A01 | 0,00 | 1389 | Beim WP 28 links auf der Schotterstraße aufwärts.

A02 | 1,45 | 1584 | Fronalp-Mittler Stafel; Bike bei der Alpe zurücklassen, zwischen den Alpgebäuden durch und auf dem steilen, grobschottrigen Wanderweg geradeaus aufwärts Richtung Fronalpstock.

A03 | 2,47 | 1816 | Alpe Ober Stafel – auf dem Weg weiter geradeaus, der weiß-rot-weißen Markierung folgen.

A04 | 2,77 | 1852 | Fronalppass – links Richtung Fronalpstock; Beschilderung »Alpinwanderweg«.

A05 | 3,76 | 2124 | Gipfel Fronalpstock – retour am Aufstiegsweg bis zum Naturfreundehaus Fronalp (WP 28).

18 Längeneggpass – Lachengrat

Vom Oberseetal über den Längeneggpass ins Klöntal

4	✪✪✪✪✪	1600	51	4.30
Schwierigkeit	Erlebniswert	Höhenmeter (in m)	Streckenlänge (in km)	Zeit (in h)

TOURENCHARAKTER

AUSGANGS-/ENDPUNKT
Bahnhof von Näfels

ANFAHRT
A 3 bis Ausfahrt 44/Niederurnen–Klausen–Glarus–Näfels, auf der Schnellstraße ca. 2,7 km geradeaus Richtung Näfels, durch die Bahnunterfürung und bei der Ampel links, direkt nach der Shell-Tankstelle links Richtung Industrie-Nord und vor den Bahngleisen rechts Richtung Bahnhof; nach der Abzweigung gleich rechts gibt es kostenfreie Parkplätze.

KONDITION
✪✪✪✪✪

FAHRTECHNIK
✪✪✪✪✪

ERLEBNSIWERT
Fahrspaß: ✪✪✪✪✪ – lange, asphaltierte Auffahrtsstraße; knackige Rampen nach der Unteren Lachenalp; herrliche Abfahrt bis zum Klöntalersee; grandioser Singletrail entlang des Klöntalersees; rasante Abfahrt bis nach Glarus

Landschaft: ✪✪✪✪✪ – prächtige Almlandschaft im Oberseetal; herrliche Aussicht auf dem Längeneggpass; der bezaubernde Klöntalersee; zauberhafte Aussicht vom Berggasthaus Schwammhöhe

Kultur und Geschichte: ✪✪✪✪✪ – Stadtrundgang durch Näfels (s. Kasten); Kunsthaus Glarus (www.kunsthaus-glarus.ch); »Glarner Hauptüberschiebung« (www.unesco-sardona.ch; s. auch bei Tour 17); Geo-Stadtspaziergang in Glarus (s. Tour 17)

EINKEHRMÖGLICHKEITEN
Café-Konditorei Müller AG, Bahnhofstr. 11, CH-8752 Näfels, Tel. +41/(0)55/612 14 32, www.cafe-mueller.ch; Berghotel Obersee, Postfach 224, CH-8752 Näfels, Tel. +41/(0)55/612 10 73; Hotel-Restaurant Vorauen, Hinten am See, CH-8750 Klöntal, Tel. +41/(0)55/640 13 83, www.vorauen.ch; Gasthaus Klöntal im Plätz, CH-8750 Klöntal, Tel. +41/(0)55/640 13 74; Berggasthaus Schwammhöhe, Im Klöntal, CH-8750 Glarus, Tel. +41/(0)55/640 28 17, www.schwammhoehe.ch

STRECKENPROFIL
Lange, z. T. auch steile Auffahrt bis zur Ober Lachenalp; Schiebestück von ca. 25 Min. Mit einer problemlosen Abfahrt geht's ins Klöntal, dann folgen ein stellenweise kniffliger, aber genialer Singletrail am Klöntalersee und eine rasante Abfahrt nach Glarus.

HÖCHSTER PUNKT
1818 m, Längeneggpass

NIEDRIGSTER PUNKT
438 m, Näfels

TOURIST-INFO
Gemeinde Glarus Nord, CH-8867 Niederurnen, Tel. +41/(0)58/611 71 11, info@glarus-nord.ch

LANDKARTEN
Swisstopo 236 Lachen, Landeskarte 1:50 000

GPS/ROADBOOK
Tour 18 Längeneggpass – Lachengrat.gpx; Tour 18 Längeneggpass – Lachengrat 500.gpx

Diese Tour bietet dem Biker eine bunte Mischung: Anstrengend radelt man vom Oberseetal über den Längeneggpass ins Klöntal und bewältigt dabei steile Anstiege, kurze Schiebepassage, einen genialen Trail sowie eine rasante Abfahrt.

Diese recht anstrengende Tour starten wir in Näfels im Kanton Glarus. Der Ort zählt ca. 4170 Einwohner und ist wegen der Schlacht von 1388 das wohl bekannteste Dorf des Kantons. Es war die letzte Schlacht des Konflikts zwischen den Habsburgern und den Eidgenossen. Nach der Schlacht suchten beide Parteien den Frieden, der zunächst einmal auf sieben Jahre festgesetzt wurde. Bevor er abgelaufen war, wurde er 1394 um weitere 20 Jahre verlängert. Habsburg verzichtete auf alle Rechte in den acht alten Orten und hatte damit den Zugang zu den Alpenpässen verloren. Seither ist im Kanton Glarus jeder 1. Donnerstag im April ein kantonaler Feiertag, an dem die »Näfelser Fahrt« stattfindet. Bei dieser ziehen zahlreiche Einwohner Näfels an

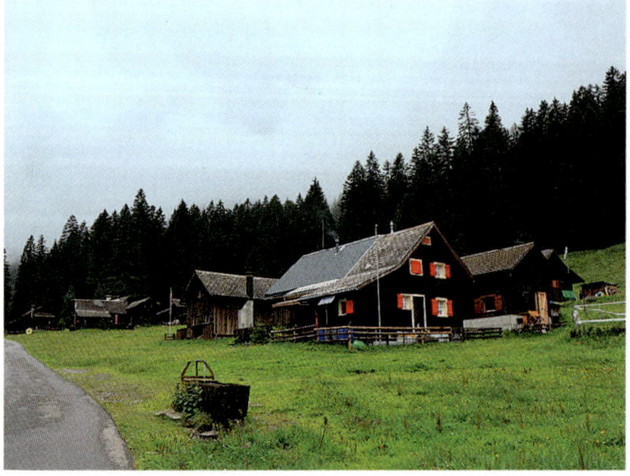

Sulzboden im Oberseetal

51 km	1600 Hm	Tagestour

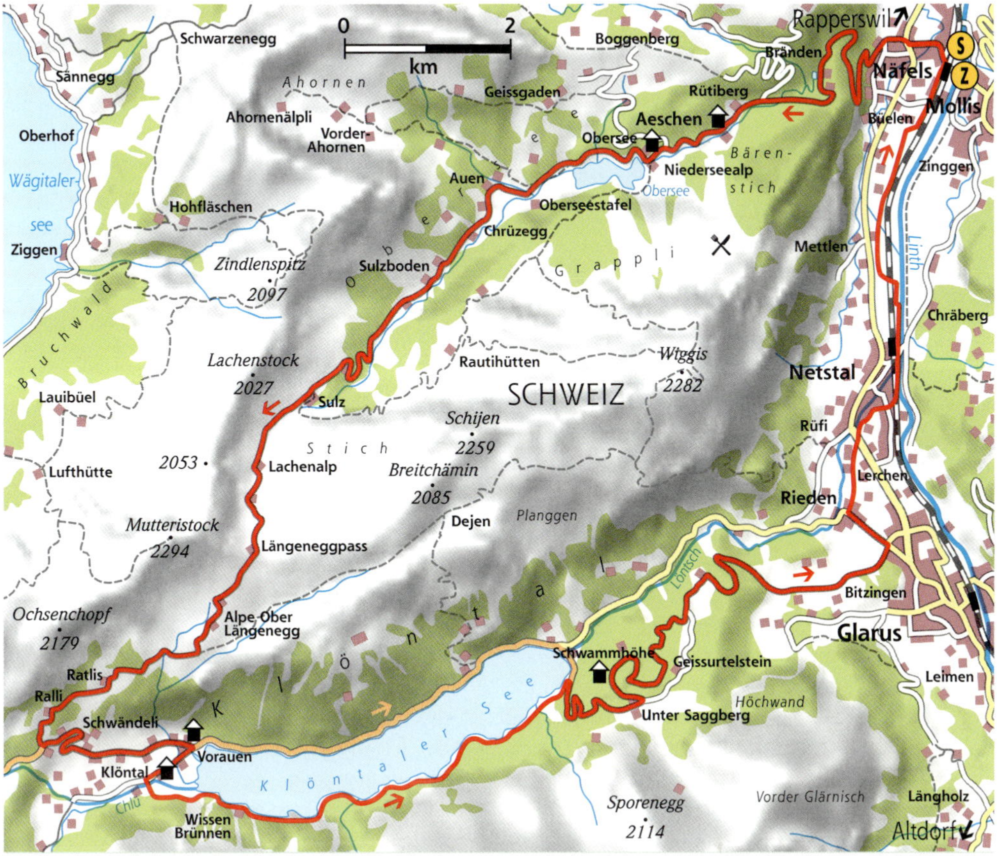

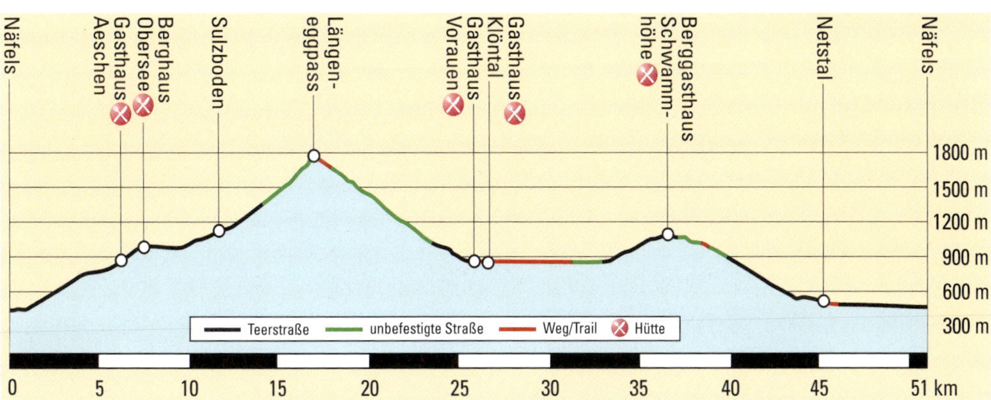

den elf Gedenksteinen entlang, um dann mit einer Feier der Schlacht zu gedenken.

Nun zu unserer Tour: Zunächst fahren wir auf einer asphaltierten Bergstraße ins Oberseetal. Die Straße steigt stetig an und führt zum großen Teil durch Schatten spendende Wälder. Auf einer Höhe von 750 Metern radeln wir am Haslensee vorbei, einem kleinen See, der im Herbst und oft schon im Sommer völlig trocken liegt. Zu dieser Zeit erkennt man an seinem schlammigen Boden die zahlreichen, regelmäßig geformten Trichteröffnungen, durch die

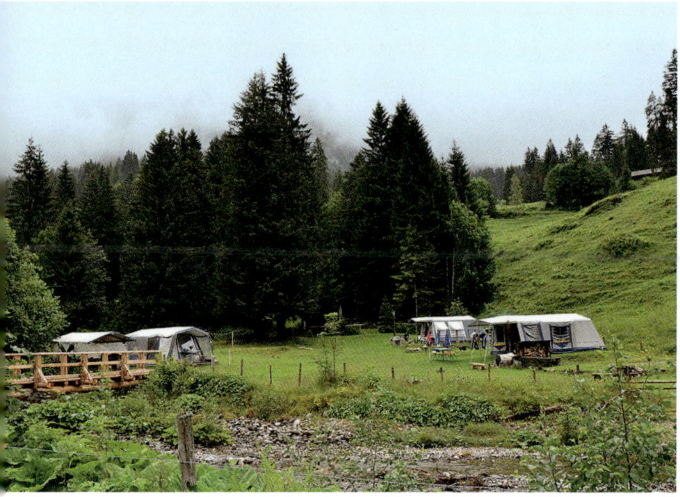

Der Campingplatz für Naturfreunde befindet sich neben dem Freibad von Näfels.

sein Wasser abfließt und oberhalb von Näfels in starken Quellen wieder zutage tritt.

Kurz darauf erreichen wir das Gasthaus Aeschen. Über eine etwas steilere Rampe gelangen wir zu dem idyllisch gelegenen Obersee, der dieser Talschaft den Namen gibt. Er liegt auf einer Höhe von 983 Metern und hat keinen sichtbaren Abfluss. Eine Einkehrmöglichkeit bietet das Berghotel Obersee.

Eine wildromantische Landschaft begleitet uns nun an der rechten Seeseite und immer tiefer ins Oberseetal hinein. Entlang des Sulzbachs gelangen wir zum urigen Schwimmbad und Campingplatz im Oberseetal. Die Steigungsprozente nehmen jetzt wieder etwas zu, und wir treten am Sulzboden vorbei. Ab Obertal – bis kurz vor Sulz – wird die Straße noch etwas steiler, sie ist jedoch asphaltiert. Dann wechselt der Fahrbahnbelag, und wir fahren auf einer Schotterstraße wiederum recht steil bis zur Unteren Lachenalp. Jetzt geht es richtig zur Sache: Zwischen Unterer und Oberer Lachenalp sind sehr fordernde Rampen zu bewältigen – ab und zu ein kurzes Stück zu schieben, ist hier absolut keine Schande.

Der Längeneggpass auf dem Lachengrat

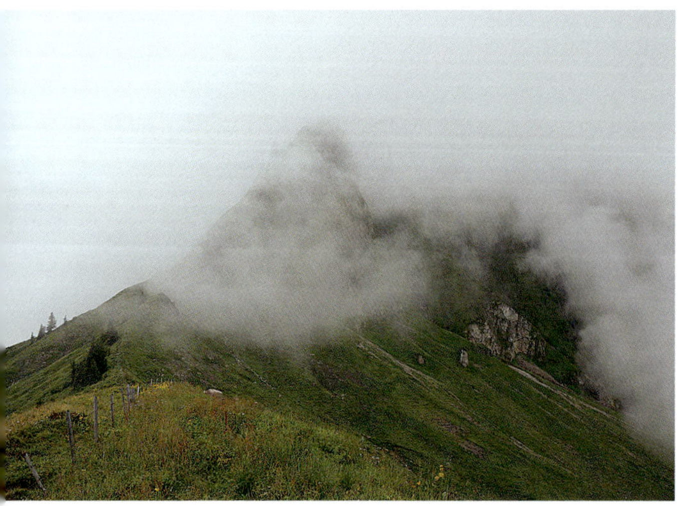

Hinter der Oberen Lachenalp beginnt das Schiebestück von ca. 25 Minuten. Es führt über eine steile Almwiese hinauf bis zum Längeneggpass (1818 m) auf dem Lachengrat. Von hier aus genießen wir eine schöne Aussicht auf die umliegenden Berge mit u. a. Schijen, Ochsenchopf und Mutteristock sowie ins Klöntal.

Nach einer kurzen Rast auf dem höchsten Punkt dieser Tour, bereiten wir uns auf die Weiterfahrt ins Klöntal vor. Ein Karrenweg zieht sich von der Klöntaler Seite bis direkt zum Lachengrat hinauf. Deshalb ist die Abfahrt zum Klöntalersee für uns auch durchgängig gut fahrbar. Im oberen Teil bis zur Alpe Ober Längenegg ist der Weg noch etwas rustikal und anspruchsvoller. Danach fahren wir auf einer gut ausgebauten Schotterstraße mit viel Spaß und schöner Aussicht abwärts.

Wir erreichen die Klöntalerstrasse, die über den Pragelpass führt, und fahren auf dieser abwärts bis zum Klöntalersee, einem Natursee, der durch einen Bergsturz entstand. Seit 1908 wird er für die Gewinnung von Elektrizität genutzt. Es handelt sich um den ältesten größeren Speichersee der Schweiz. Er ist bekannt für seine oft spiegelglatte Wasseroberfläche, in der sich die umliegenden Berge spiegeln. Viele halten ihn für einen der schönsten Seen der Schweiz.

Dort angekommen, können wir entweder im Restaurant Vorauen oder im Gasthaus Klöntal unseren Kalorien- und Flüssigkeitshaushalt wieder ins Lot bringen.

Um an das gegenüberliegende Ende des Klöntalersees zu gelangen, bieten sich uns zwei Möglichkeiten an: auf der linken (nördlichen) Seite des Sees auf der Fahrstraße entlang oder den »Megatrail« auf der rechten (südlichen) Seite des Sees. Achtung: Der Wanderweg auf der südlichen Seite ist von Wanderern stark frequentiert und mit einem allgemeinen Fahrverbot versehen! Bitte nur verwenden, wenn die Tour während der Woche gefahren wird und dann unter größter Rücksichtnahme auf Wanderer, Kinder, Hunde etc. Wenn der Weg noch nass ist, sind die Steine und Wurzeln stellenweise sehr rutschig – dann bitte unbedingt die Variante entlang der Kantonsstraße nehmen!

Bei der Staumauer am Rhodannenberg angelangt, nehmen wir noch den letzten Anstieg bis zum Berggasthaus Schwammhöhe in Angriff. Diese 250 Höhenmeter lohnen sich auf jeden Fall, denn neben der angenehmen Auffahrt ist die Aussicht auf den Klöntalersee unübertroffen. Nicht zuletzt lässt es sich auf dieser Sonnenterrasse herrlich rasten und die Natur genießen. Achtung: Wir fahren bei dieser Auffahrt ein kurzes Stück gegen eine einspurige Einbahnstraße. Es ist allerdings eine wenig befahrene Berg- und Nebenstraße und somit vertretbar.

Den restlichen Abfahrtsweg legen wir auf guten Schotter- und Asphaltstraßen zurück. Teilweise laden die relativ langen und kurvenlosen Abschnitte zu einer rasanten Fahrweise ein – bitte den Bremsweg nicht unterschätzen!

In der Gemeinde Glarus angekommen, rollen wir über Riedern und Netstal an der Linth entlang bis zu unserem Ausgangspunkt, dem Bahnhof in Näfels. Auf dieser Strecke können wir unsere Muskeln lockern und die Tour gemütlich ausklingen lassen.

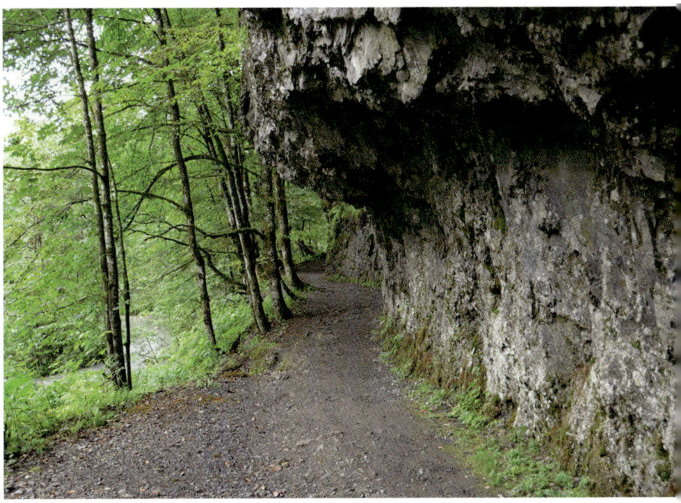

Wanderweg auf der südlichen Seeseite direkt unter dem Glärnisch

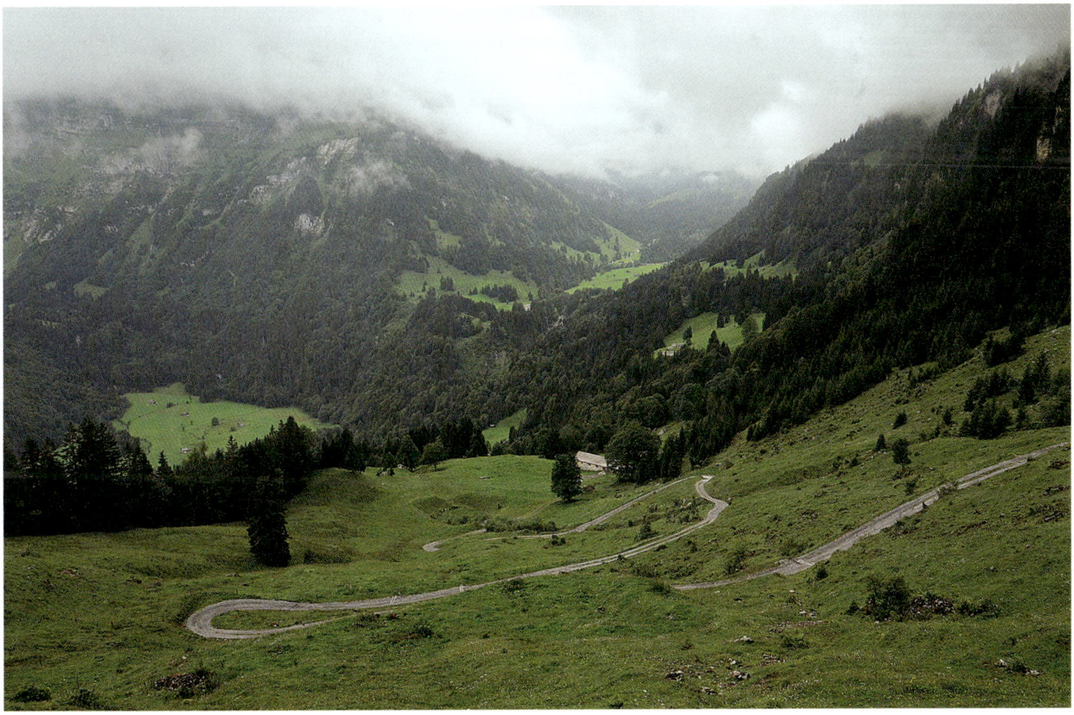

Serpentinenabfahrt zum Klöntalersee

Routenbeschreibung

Tour 18 Längeneggpass – Lachengrat.gpx

WP | km | Hm | Route

1 | 0,00 | 438 | Bahnhof Näfels; rechts an den Bahngleisen entlang.

2 | 0,04 | 438 | Links Richtung Näfels-Zentrum – Mountainbikemarkierung »Längeneggpass«; dann der Mountainbikemarkierung »304« folgen; auf der Hauptstraße geradeaus.

3 | 0,58 | 438 | Auf Hauptstraße rechts.

4 | 0,69 | 438 | Links Richtung Obersee; nach ca. 30 m links leicht bergauf; auf der Oberseestraße aufwärts; Mountainbikemarkierung »304«.

5 | 5,73 | 825 | Rütiberg – links Richtung Obersee; am EWN-Rütiberg vorbei.

6 | 6,19 | 860 | Gasthaus Aeschen – geradeaus weiter.

7 | 7,17 | 980 | Links Richtung Obersee fahren.

8 | 7,48 | 992 | Berghaus Obersee – auf der Asphaltstraße am Berghaus Obersee vorbei; an der rechten Seeseite entlang.

9 | 9,14 | 989 | Stafelbrücke – über die Brücke und rechts auf der schmalen Asphaltstraße weiter Richtung Schwimmbad.

10 | 11,66 | 1131 | Sulzboden – geradeaus weiter.

11 | 14,05 | 1372 | Sulz – rechts aufwärts und nach ca. 10 m links der Mountainbikemarkierung »304« folgen.

12 | 15,59 | 1563 | Lachenalp – der Wanderwegmarkierung folgen; links an der Alpe vorbei aufwärts; Mountainbikemarkierung »304«.

13 | 16,38 | 1666 | Beginn der Schiebepassage – rechts auf dem Wanderweg aufwärts; Markierung weiß-rot-weiß.

14 | 16,92 | 1818 | Längeneggpass – Lachengrat; Ende der Schiebepassage; durch das Gatter und ca. 20 m nach links; Mountainbikemarkierung »304«.

15 | 16,96 | 1816 | Im spitzen Winkel rechts auf dem Wanderweg abwärts.

16 | 17,92 | 1685 | Alpe Ober Längenegg – auf der Schotterstraße abwärts.

17 | 19,15 | 1554 | Rechts abwärts Richtung Hinter Klöntal.

18 | 22,98 | 1090 | Moos – links auf der Schotterstraße abwärts Richtung Netstal.

19 | 23,47 | 1025 | Schwändeli – auf der Asphaltstraße links abwärts Richtung Netstal.

20 | 25,77 | 851 | Klöntalersee – vor dem See rechts; zwischen dem Gasthaus Vorauen und dem Campingplatz auf der Straße Richtung Plätz.

21 | 26,42 | 862 | Am Gasthaus Klöntal vorbei.

22 | 26,58 | 863 | Links Richtung Seeweg; über die Brücke und geradeaus weiter.

23 | 26,78 | 862 | Links der Wanderwegbeschilderung folgen; auf der rechten Seeseite entlang.

24 | 31,23 | 856 | Nach der kleinen Brücke auf der Schotterstraße geradeaus weiter.

25 | 33,26 | 856 | Weiden – rechts im spitzen Winkel aufwärts Richtung Schwammhöhe.

26 | 35,71 | 1050 | Links aufwärts Richtung Berggasthaus Schwammhöhe.

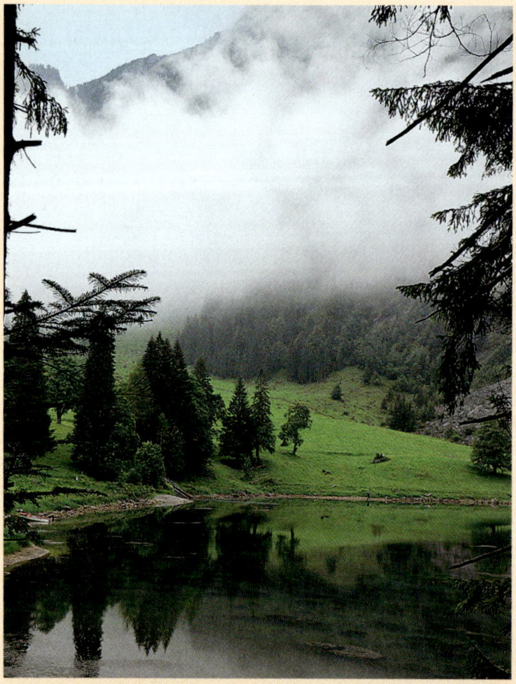

Wie in einem Spiegel sieht man die mächten Berge im Obersee.

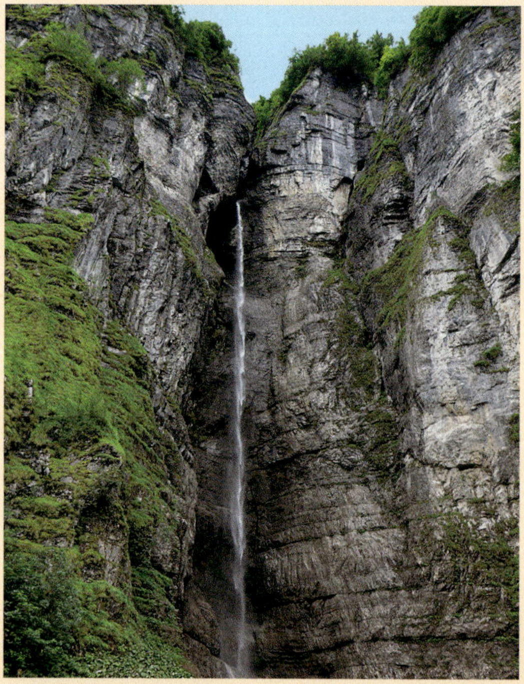

Beeindruckender Wasserfall

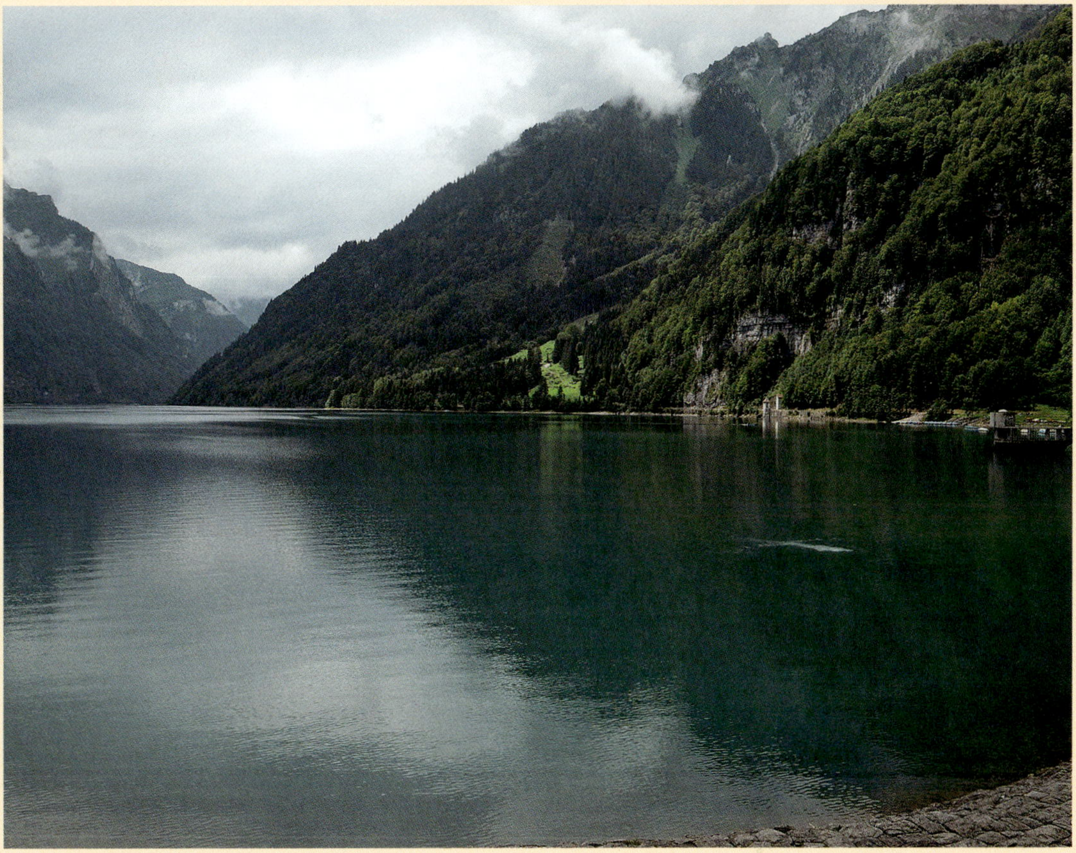

Der Klöntalersee mit Blick Richtung Hinter Klöntal

27 | 35,83 | 1058 | Bei der Weggabelung links aufwärts – gegen die Einbahnstraße fahren.
28 | 36,50 | 1095 | Berggasthaus Schwammhöhe – auf der Straße weiter leicht abwärts fahren.
29 | 37,14 | 1068 | Links auf der Schotterstraße leicht aufwärts; bis zum nächsten WP auf der Schotterstraße abwärts bleiben.
30 | 38,47 | 1015 | »Stellwaldhütte« – links Richtung »Netstal« und an der Hütte vorbei; bei km 38,80 Ende Singletrail und auf Schotterstraße rechts abwärts
31 | 39,81 | 906 | Links auf der Asphaltstraße abwärts.
32 | 43,56 | 532 | Links bis zur Hauptstraße fahren.
33 | 43,66 | 532 | Links fahren und auf der Hauptstraße Richtung Riedern.
34 | 44,24 | 544 | Rechts leicht abwärts Richtung Netstal.
35 | 45,13 | 498 | Netstal – links und auf der Hauptstraße leicht abwärts.
36 | 45,31 | 491 | Nach der Löntsch rechts auf dem Löntschweg entlang.
37 | 45,90 | 477 | Die Straße überqueren und auf dem Wanderweg geradeaus weiter.
38 | 46,01 | 475 | Direkt vor Garagentor nach links fahren; nach dem Gewerbebetrieb rechts und nach ca. 20 m vor den Gleisen links und am Bahnhof Netstal vorbei.
39 | 46,51 | 471 | Rechts die Bahngleise überqueren und nach ca. 50 m links; Radwegbeschilderungen »Niederurnen«, »Wattwil«.
40 | 46,60 | 471 | Links den Radwegbeschilderungen »Niederurnen« und »Wattwil« folgen und auf der linken Seite der Linth entlang; weiter der Radwegmarkierung folgen; vor dem Firmengelände links und zwischen den Bahngleisen und dem Firmengelände entlang.
41 | 47,62 | 464 | Links und die Bahngleise überqueren.
42 | 47,79 | 462 | Rechts und der Radwegmarkierung folgen Richtung Näfels; bei der 30 km/h-Zone geradeaus der Radwegmarkierung folgen.
43 | 49,73 | 450 | Rechts fahren – direkt vor den Bahngleisen links und an den Bahngleisen entlang.
44 | 50,00 | 447 | Die Straße überqueren und geradeaus weiter; wieder entlang der Bahngleise.
45 | 50,79 | 438 | Rechts und nach ca. 30 m vor den Bahngleisen links Richtung Bahnhof.
46 | 51,00 | 438 | Bahnhof Näfels – Ende der Tour.

19 Braunwald

Zu den 50 Serpentinen von Braunwald – Bikespaß pur!

3	✪✪✪✪✪	1400	36	4
Schwierigkeit	Erlebniswert	Höhenmeter (in m)	Streckenlänge (in km)	Zeit (in h)

TOURENCHARAKTER

AUSGANGS-/ENDPUNKT
Bahnhof in Schwanden

ANFAHRT
A 3 bis Ausfahrt 44/Niederurnen–Klausen–Glarus–Näfels, auf der Schnellstraße ca. 2,7 km geradeaus Ri. Näfels, durch die Bahnunterführung und bei der Ampel links, ca. 1,5 km Ri. Klausen/Näfels, durch Näfels und am Ortsende beim Kreisverkehr die 2. Ausfahrt Ri. Glarus, auf der Hauptstraße bleiben und durch die Ortschaften Glarus und Mitlödi, hinter Mitlödi links Ri. Elm/Sool/Industrie Tschächen, durch die Bahnunterführung und nach 300 m rechts zum Bhf. Schwanden; rechts vom Bahnhof befinden sind kostenpflichtige Parkplätze.

KONDITION
✪✪✪✪✪

FAHRTECHNIK
✪✪✪✪✪

ERLEBNISWERT
Fahrspaß: ✪✪✪✪✪ – abwechslungsreicher Singletrail, mit kurzen Schiebepassagen zwischen Bächialp und Unter Stafel; geniale Abfahrt – zuerst auf Schotterstraßen – bis Braunwald; unübertroffener Serpentinen-Singletrail bis oberhalb von Rüti; herrliche Bikewege entlang der Linth Richtung Schwanden
Landschaft: ✪✪✪✪✪ – zauberhaft faszinierende Bergwelt während der gesamten Tour; einzigartige Kombination von Almlandschaften, farbenprächtigen Blumenwiesen und dem autofreien Ferienort Braunwald
Kultur und Geschichte: ✪✪✪✪✪ – Abenteuerurlaub im »Tipizelt«; Kunsthaus Glarus (www.kunsthausglarus.ch); »Glarner Hauptüberschiebung« (www.unesco-sardona.ch, s. Tour 17); Geo-Stadtspaziergang in Glarus (s. Tour 17)

EINKEHRMÖGLICHKEITEN
Alp-Bergwirtschaft Bächialp, Bächistübli, CH-8775 Luchsingen, Tel. +41/(0)55/643 17 87, Mobil +41/(0)79/722 32 21; Berggasthaus Ortstockhaus, CH-8784 Braunwald, Tel. +41/(0)55/643 12 50, Mobil +41/(0)79/406 98 10, www.ortstockhaus.ch

STRECKENPROFIL
Fahrtechnisch einfacher, aber langer und fordernder Anstieg auf Asphalt- und Schotterstraßen bis zur Bächialp; Singletrail mit herrlichem Panorama bis Unter Stafel und eine sehr steile Schlussauffahrt bis zum Ortstockhaus. Dann folgen eine fahrtechnisch einfache Abfahrt bis Braunwald, ein anspruchsvollerer Serpentinen-Singletrail bis oberhalb von Rüti sowie die abwechslungsreiche Schlussetappe zum Ausrollen bis Schwanden.

HÖCHSTER PUNKT
1772 m, Ortstockhaus Braunwald

NIEDRIGSTER PUNKT
521 m, Schwanden

TOURIST-INFO
Braunwald-Klausenpass Tourismus AG, Dorfstr. 2, CH-8784 Braunwald, Tel. +41/(0)55/653 65 65, www.braunwald.ch

LANDKARTEN
Swisstopo 236 Lachen und 246 Klausenpass, Landeskarten 1:50 000

GPS/ROADBOOK
Tour 19 Braunwald.gpx;
Tour 19 Braunwald 500.gpx

Die eindrucksvolle Panoramatour erfreut das Bikerherz mit einem erstklassigen Serpentinen-Singletrail. Sie ist zwar konditionell fordernd, aber fahrtechnisch nicht allzu schwierig.

Die Tour startet beim Bahnhof Schwanden. Das Dorf liegt am Zusammenschluss von Linth und Sernf und bildet das Zentrum des Glarner Hinterlands. Schwanden zählt ca. 2580 Einwohner und wurde auch im Rahmen der Glarner Gemeindereform am 1. Januar 2011 zur neuen Gemeinde Glarus Süd zusammengelegt.

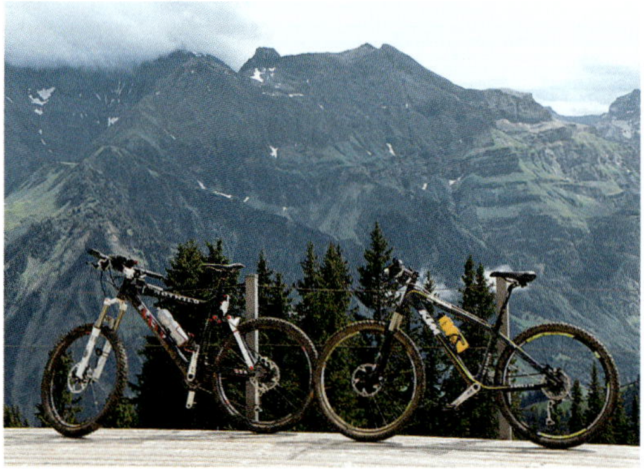

Blick von der Sonnenterrasse des Ortstockhauses

Zunächst fahren wir durch die Gemeinde in Richtung Westen. Die Straße führt uns durch den Weiler Thon und in weiterer Folge unter dem Guppen, dem Leuggelstock und dem Ijenstock vorbei. Stetig aufwärts und konditionell fordernd, jedoch fahrtechnisch einfach, treten wir – zunächst auf Asphalt, dann auf einer gut ausgebauten Schotterstraße – kräftig in die Pedale.

36 km	1400 Hm	Tagestour

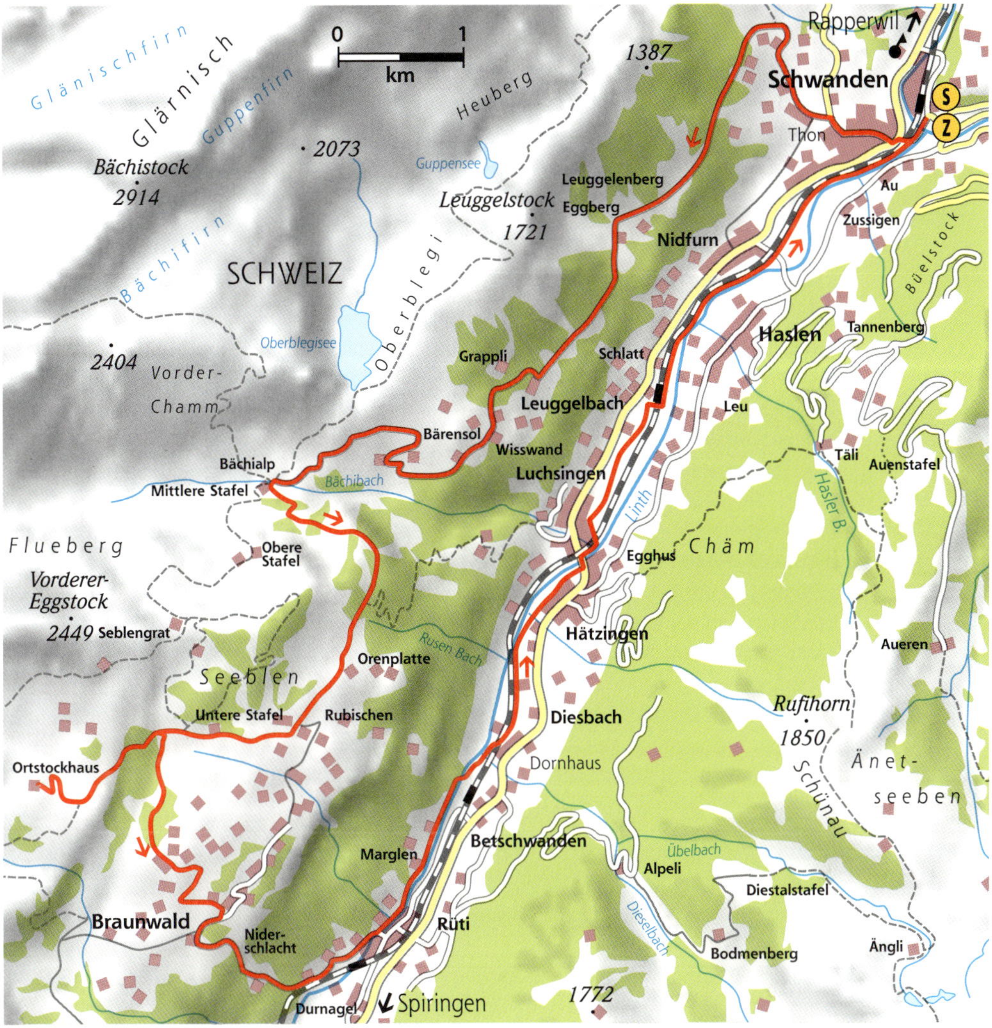

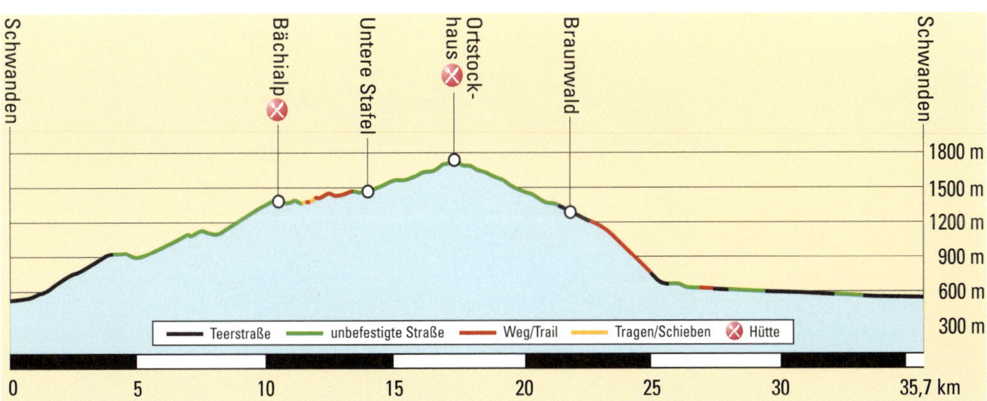

Etwa bei Kilometer 6,19 wird derzeit eine neue Schotterstraße gebaut und sollte nach Fertigstellung eine direkte Fahrverbindung Richtung Wisswand ermöglichen. Wir sind dieser Schotterstraße bis zum derzeitigen Ende gefolgt und haben dann das Rad über die Wiese schiebend bis Wisswand gequert. Ab 2013 ist, wie schon erwähnt, die Straße durchgängig befahrbar. Der Track kann dann in diesem Bereich vielleicht nicht genau stimmen. Da es dann sowieso keine andere Fahrmöglichkeit gibt, ist die Orientierung nicht problematisch.

Lediglich durch zwei kurze Abfahrten unterbrochen, erreichen wir nach ca. 900 absolvierten Höhenmetern die Alp-Bergwirtschaft Bächialp. Sie liegt inmitten einer grandiosen Berglandschaft – ein paradiesischer Ort, um eine wohlverdiente Pause einzulegen. Um uns scharen sich der First, der Bösbächistock, der Bös Fulen und der Eggstock. In der Wirtschaft kann man sowohl Alpkäse kaufen, als auch nach Anmeldung die Käseproduktion besichtigen. Wer diesen zauberhaften Ort erst am nächsten Tag wieder verlassen möchte, kann die Übernachtungsmöglichkeiten auf der Alp in Anspruch nehmen. Denjenigen, die genügend Zeit eingeplant haben, kann ich eine kurze Wanderung zum nahe gelegenen Oberblegisee nur empfehlen.

Nachdem wir viele tolle Eindrücke gewonnen haben, bereiten wir uns auf die Weiterfahrt vor – zumal alles, was wegetechnisch und landschaftlich jetzt noch vor uns liegt, das Bisherige in den Schatten stellt. Direkt nach der Alpe Mittler Stafel führt eine Schotterstraße aufwärts; von hier aus gönnen wir uns noch einen letzten Blick auf die Bächialp.

Jetzt freuen wir uns auf den nun folgenden abwechslungsreichen und reizvollen Singletrail. In wechselndem Auf und Ab zieht sich dieser am Hang entlang und beinhaltet auch die eine oder andere kurze Schiebepassage. Mit prächtigen Ausblicken auf die gegenüberliegenden Berge fahren wir am Eggstock entlang Richtung Unter Stafel. Kurz davor wechselt der Weg auf eine Schotterstraße.

Ab Unter Stafel führt diese wieder aufwärts entlang der Bruwaldalp Richtung Ober Stafel. Ab der Abzweigung Waldstraße erwarten uns noch ca. 350 Meter, die sehr steil sind. Doch dann haben wir den höchsten Punkt dieser Tour, das Ortstockhaus, erreicht. Es liegt unter den Eggstöcken, vor dem Höch Turm und

Fantastischer Panoramaweg Richtung Unter Stafel

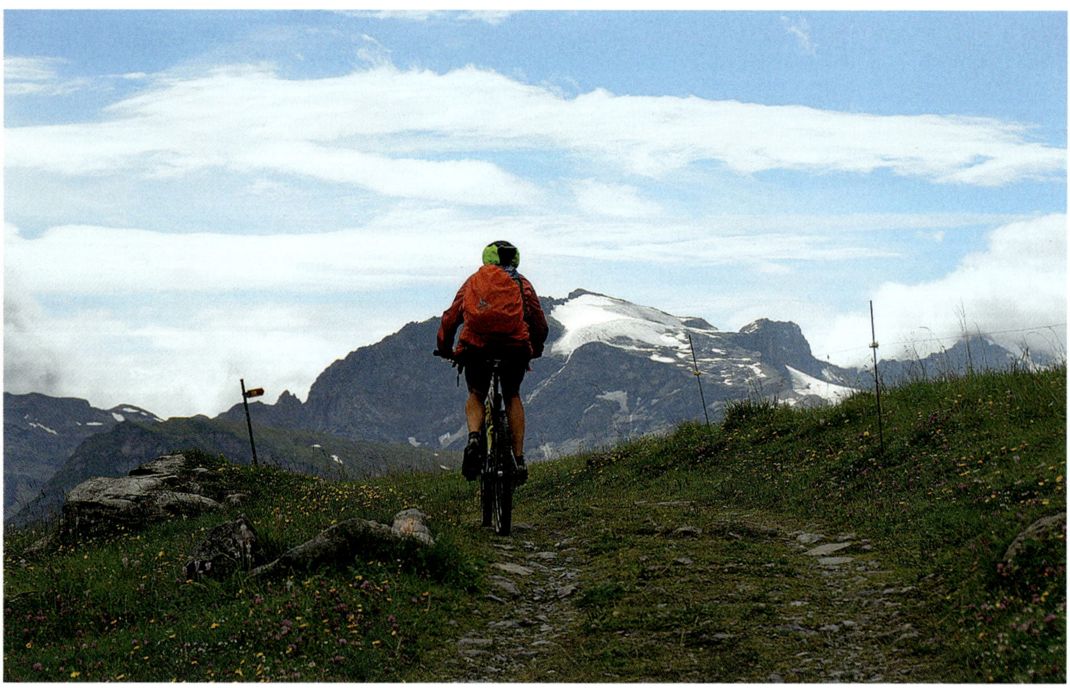

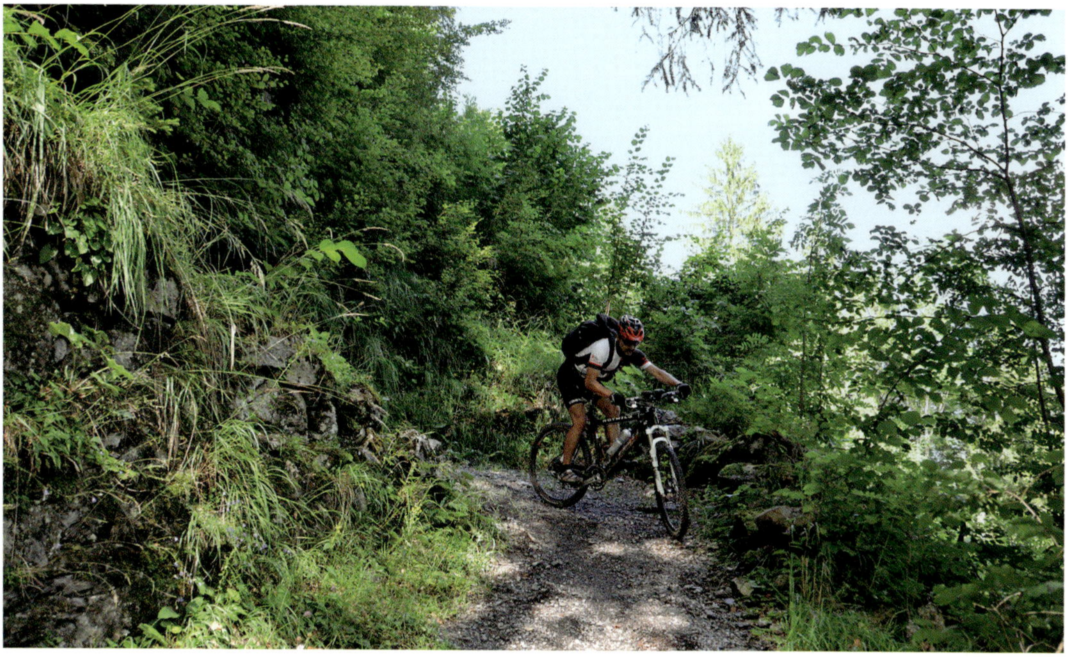

dem Ortstock. Die Aussicht ist genial – unzählige Berge sind zu bestaunen, wie z.B. der Glärnisch, der Bächistock, der Schattenstock, der Selbsanft bis hin zum Tödi, um nur einige zu nennen.

Nachdem wir uns satt gesehen haben, rollen wir auf unserer Auffahrtsroute bis zur ersten Senke zurück. Dort zweigen wir nach rechts ab und biken über eine Wiese auf die bereits sichtbare Schotterstraße. Diese führt uns kräfteschonend abwärts.

Auf der Strecke entdecken wir ein »Tipilager« mit Grillstelle. In diesen Tipizelten können wetterfeste Kids und Familien einen einwöchigen naturnahen Abenteuerurlaub buchen. Bald darauf erreichen wir den autofreien Ferienort Braunwald. Dieser Ort zählt ca. 320 Einwohner und ist nur mit der Braunwald-Standseilbahn von Linthal aus erreichbar. Braunwald ist Mitglied der »Gemeinschaft Autofreier Schweizer Tourismusorte« (GAST). Es lohnt sich auf jeden Fall, diesen besonderen Ferienort etwas näher zu betrachten.

Unsere Route führt etwas unterhalb vom Zentrum Braunwalds direkt am Sanatorium vorbei. Nun folgt der Wegabschnitt, der als absolutes Highlight dieser Tour bezeichnet werden kann. Am wunderschön gelegenen Bergkirchli beginnt der Bergweg nach Linthal. Dieser ist ein erstklassiger Singletrail, bei dem auf einer Länge von ca. 2,4 Kilometern ungefähr 50 problemlos fahrbare Serpentinen zu bewältigen sind. Großartig zieht sich dieser Trail in engen Kehren talwärts. Er führt unter der Braunwald-Bahntrasse durch bis kurz vor Rüti – sensationell!

Ab Rüti rollen wir auf abwechslungsreichen Radwegen immer an der Linth entlang bis zum Bahnhof in Schwanden. Total entspannt können wir die letzten Kilometer dahinradeln und die erlebten Eindrücke noch einmal gedanklich Revue passieren lassen.

Komplett fahrbar ist der einzigartige Serpentinen-Singletrail.

Ortstockhaus Braunwald

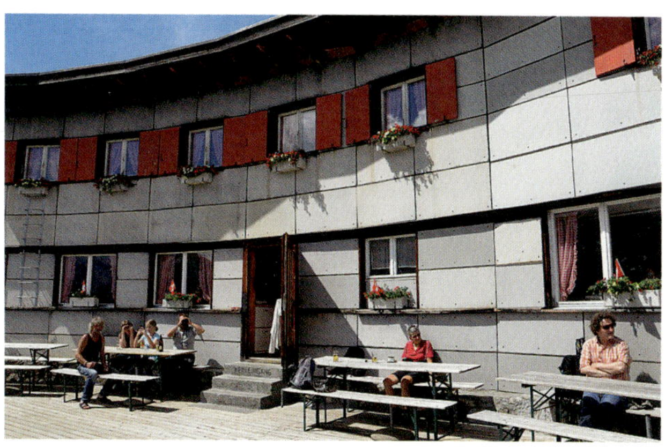

Routenbeschreibung

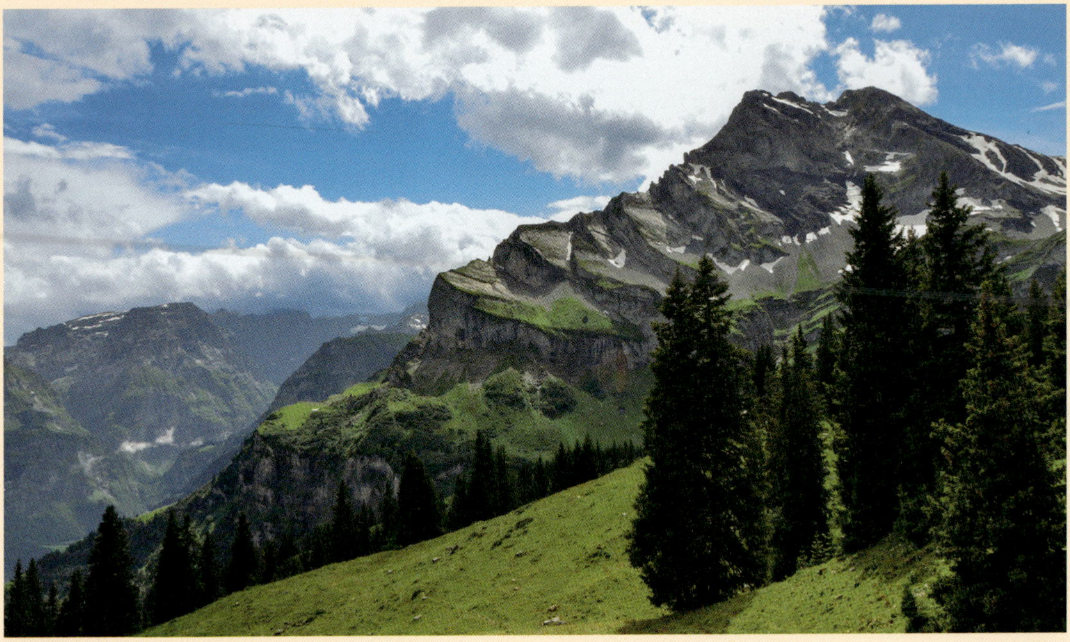

Ortstock

Tour 19 Braunwald.gpx

WP | km | Hm | Route

1 | 0,00 | 521 | Bahnhof Schwanden – rechts am Schwanderhof vorbei und der Radwegmarkierung »Ziegelbrücke, Glarus« folgen; die Linth überqueren und leicht aufwärts fahren.

2 | 0,34 | 533 | Rechts über die Bahngleise, nach 10 m die Straße überqueren und geradeaus aufwärts Richtung Schwändi; Mountainbikemarkierung »7«; zwischen den Häusern aufwärts Richtung Schwändi.

3 | 0,87 | 565 | Halb rechts aufwärts Richtung Im Thon.

4 | 1,16 | 591 | Thon – links der Mountainbikemarkierung »7« Richtung Nidfurn und Haslen folgen; rechts am »Waschhüsli« vorbei.

5 | 1,26 | 597 | Rechts aufwärts der Mountainbikemarkierung »7« folgen.

6 | 2,17 | 718 | Bei der Weggabelung links auf der Asphaltstraße aufwärts.

7 | 2,32 | 738 | Enneteggen – geradeaus der Mountainbikemarkierung »7« Richtung Braunwald folgen; nach der Alpwirtschaft Leuggelen rechts auf der Schotterstraße aufwärts; immer auf dieser bergan Richtung Braunwald fahren (neue Straße ist im Bau befindlich – kurz vor WP 8 wird der Weg bzw. die Straße erst noch erstellt; wir sind auf dem Wanderweg quer über die Wiese gelaufen).

8 | 7,29 | 1116 | Unter dem Wohnhaus vorbei; auf der Schotterstraße leicht bergan und dann abwärts; danach wieder aufwärts Richtung Unter Stafel.

9 | 9,14 | 1232 | Geradeaus Richtung Mittler Stafel.

10 | 10,47 | 1398 | Rechts zur Bächialp.

11 | 10,55 | 1400 | Bächialp – reizvolle Einkehrmöglichkeit vor schöner Bergkulisse; bis zum nächsten WP auf dem Zufahrtsweg retour.

12 | 10,64 | 1398 | Rechts auf der Schotterstraße abwärts Richtung Mittler Stafel; links an der Alpe vorbei und über die kleine Brücke; danach links der Mountainbikemarkierung Richtung »Braunwald« folgen.

13 | 11,38 | 1387 | Links auf dem Wanderweg leicht abwärts – zur Orientierung: Links ist eine kleine Brücke; die eine oder andere kurze Schiebepassage; immer dem Wanderweg Richtung Braunwald folgen; etwa ab km 13,40 geht der Singletrail in einen Schotterweg über.

14 | 13,96 | 1469 | Unter Stafel – rechts auf der Schotterstraße aufwärts (Mattwaldstraße) Richtung Ortstockhaus.

15 | 15,04 | 1575 | Bruwaldalp – geradeaus auf der Schotterstraße aufwärts Richtung Ortstockhaus.

16 | 15,16 | 1581 | Bei der Weggabelung links Richtung Ortstockhaus.

17 | 16,53 | 1667 | Rechts Richtung Ortstockhaus.

18 | 16,96 | 1715 | Waldstraße – links im spitzen Winkel steil aufwärts.

19 | 17,31 | 1772 | Ortstockhaus Braunwald – höchster Punkt dieser Tour; bis zum nächsten WP auf dem Auffahrtsweg retour.

20 | 19,24 | 1566 | Bevor die Schotterstraße wieder beginnt aufwärts zu führen, rechts über die Wiese abwärts – erkennbarer Wanderweg ohne Markierung, führt zur unten sichtbaren Schotterstraße.

21 | 19,43 | 1546 | Auf der Schotterstraße rechts abwärts und nach 20 m links der Mountainbikemarkierung »7« folgen.

22 | 20,90 | 1386 | Rechts unterhalb der Schule weiter; durch die Sagbergstrasse; Mountainbikemarkierung »7«.

23 | 21,33 | 1322 | Links abwärts – Mountainbikemarkierung »7«; nach ca. 20 m wieder links im spitzen Winkel abwärts.

24 | 21,48 | 1313 | Bei der Weggabelung rechts abwärts; Mountainbikemarkierung »7«; durch die Oberloochstrasse.

25 | 21,86 | 1267 | Direkt bei der Braunwaldbahn rechts auf der Asphaltstraße abwärts; durch die Niederschlachtstrasse.

26 | 22,28 | 1222 | Links auf der Asphaltstraße abwärts.

27 | 22,46 | 1190 | Höhenklinik – links Richtung Linthal und Rüti; direkt oberhalb der Reha-Klinik vorbei; vor der Kapelle führt der Weg steil abwärts – Bergweg nach Linthal; etwa bei km 24,00 fahren wir unter der Trasse der Braunwaldbahn durch.

28 | 24,58 | 749 | Grütt – geradeaus Richtung Rüti.

29 | 24,94 | 700 | Auf der Asphaltstraße abwärts.

30 | 25,76 | 620 | Hohlgand – geradeaus auf dem Friedliweg weiter; bei km 26,51 die Straße überqueren und auf dem Singletrail weiter; immer an der Linth entlang.

31 | 27,36 | 622 | Bei der kleinen Brücke die Linth überqueren und auf der anderen Seite links wieder an der Linth entlang; ab km 27,40 asphaltierter Radweg Richtung Schwanden – immer der Radwegbeschilderung folgen; durch das Betriebsgelände und eine schmale Radunterführung und auf der anderen Seite an den Bahngleisen entlang.

32 | 29,68 | 597 | Auf der Hauptstraße links Richtung Luchsingen; die Straße überqueren und auf dem Gehsteig fahren.

33 | 29,83 | 598 | Rechts auf dem Radweg Richtung Schwanden; durch die Bahnhofstrasse und am Bahnhof Luchsingen vorbei.

34 | 30,18 | 592 | Rechts auf dem schmalen Radweg (direkt nach einem Holzhaus) weiter.

35 | 31,38 | 577 | Rechts vor dem Firmengelände den Bach und die Bahngleise überqueren und danach links auf dem Radweg weiter.

36 | 32,46 | 543 | Gruebsteg – geradeaus auf dem Friedliweg weiter.

37 | 33,18 | 540 | Nidfurn-Haslen – rechts und nach ca. 10 m links auf dem Friedliweg weiter.

38 | 34,62 | 540 | Links und nach dem Gasthaus Raben rechts auf dem Radweg weiter.

39 | 34,87 | 535 | Die Straße überqueren und geradeaus auf der rechten Seite der Bahngleise leicht abwärts zum Bahnhof.

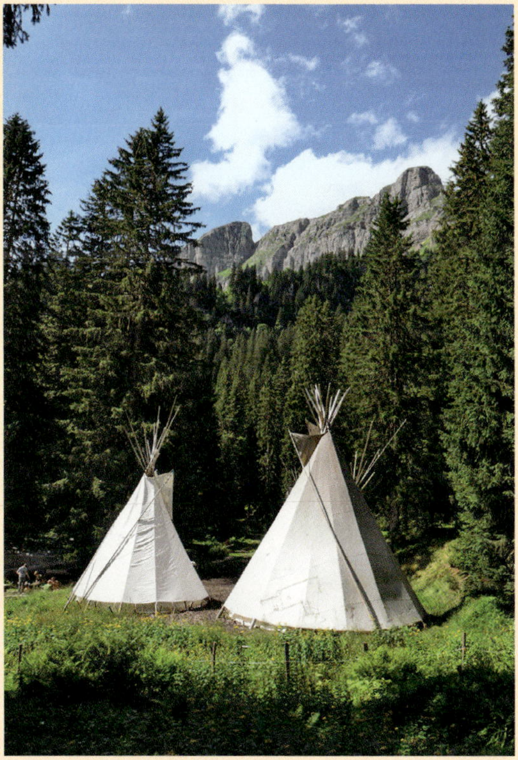

Abenteuerurlaub bei Braunwald

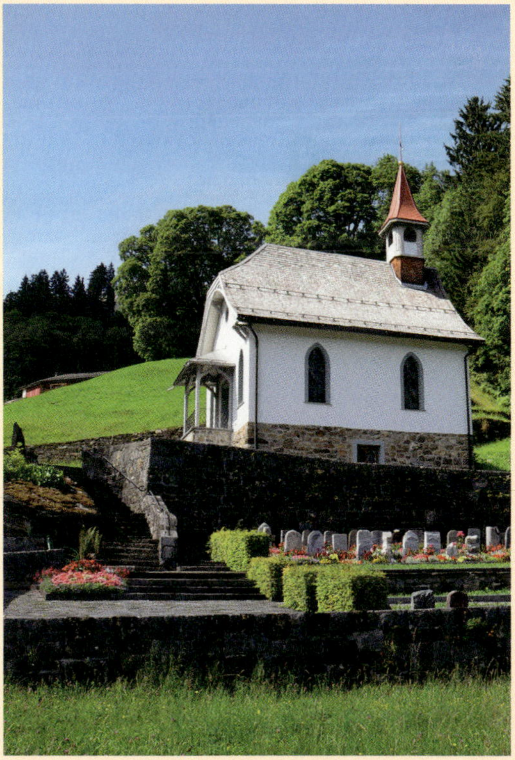

Die idyllische Kapelle und der Friedhof von Braunwald

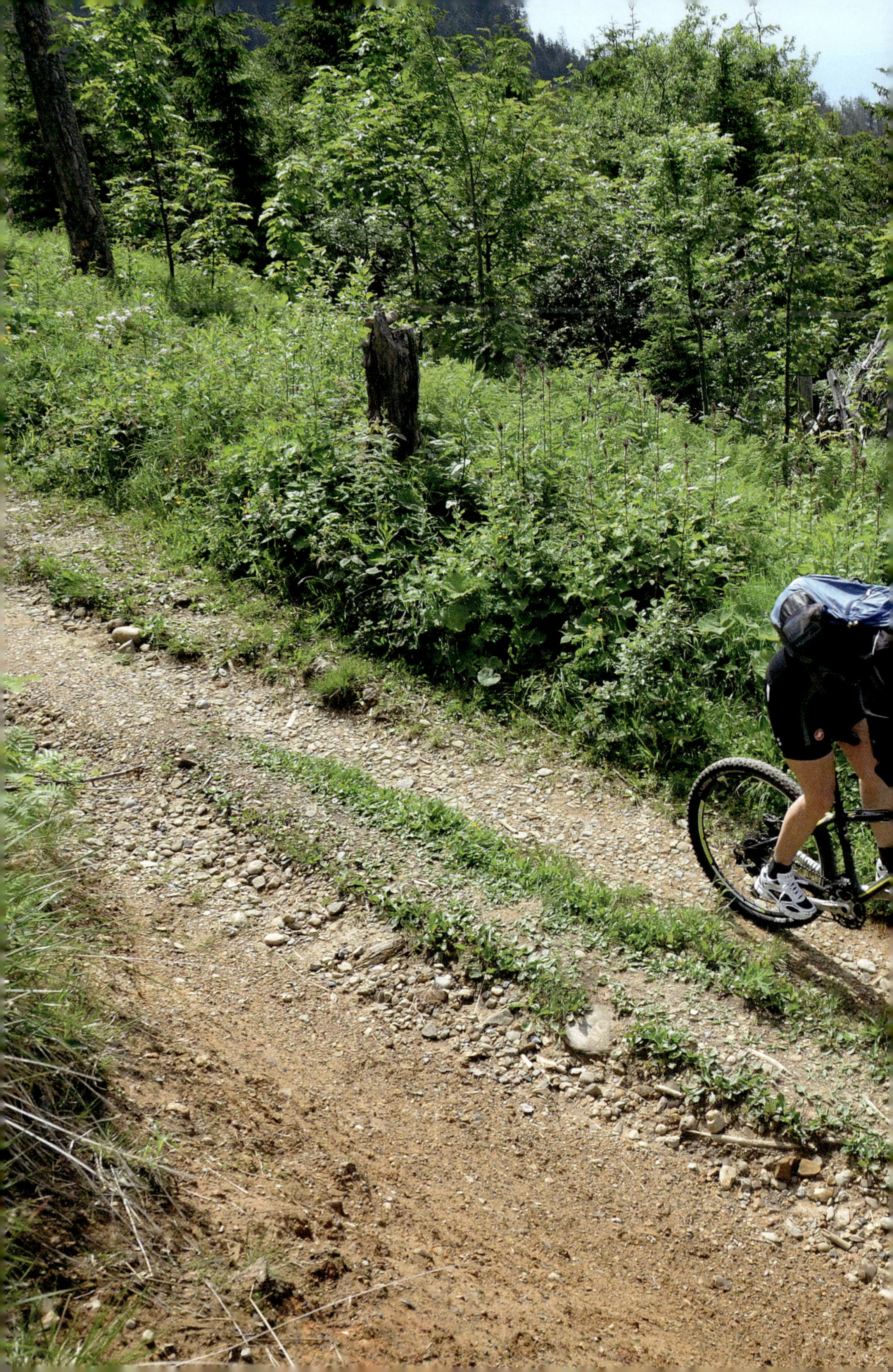

Tagestour im Kanton Zug

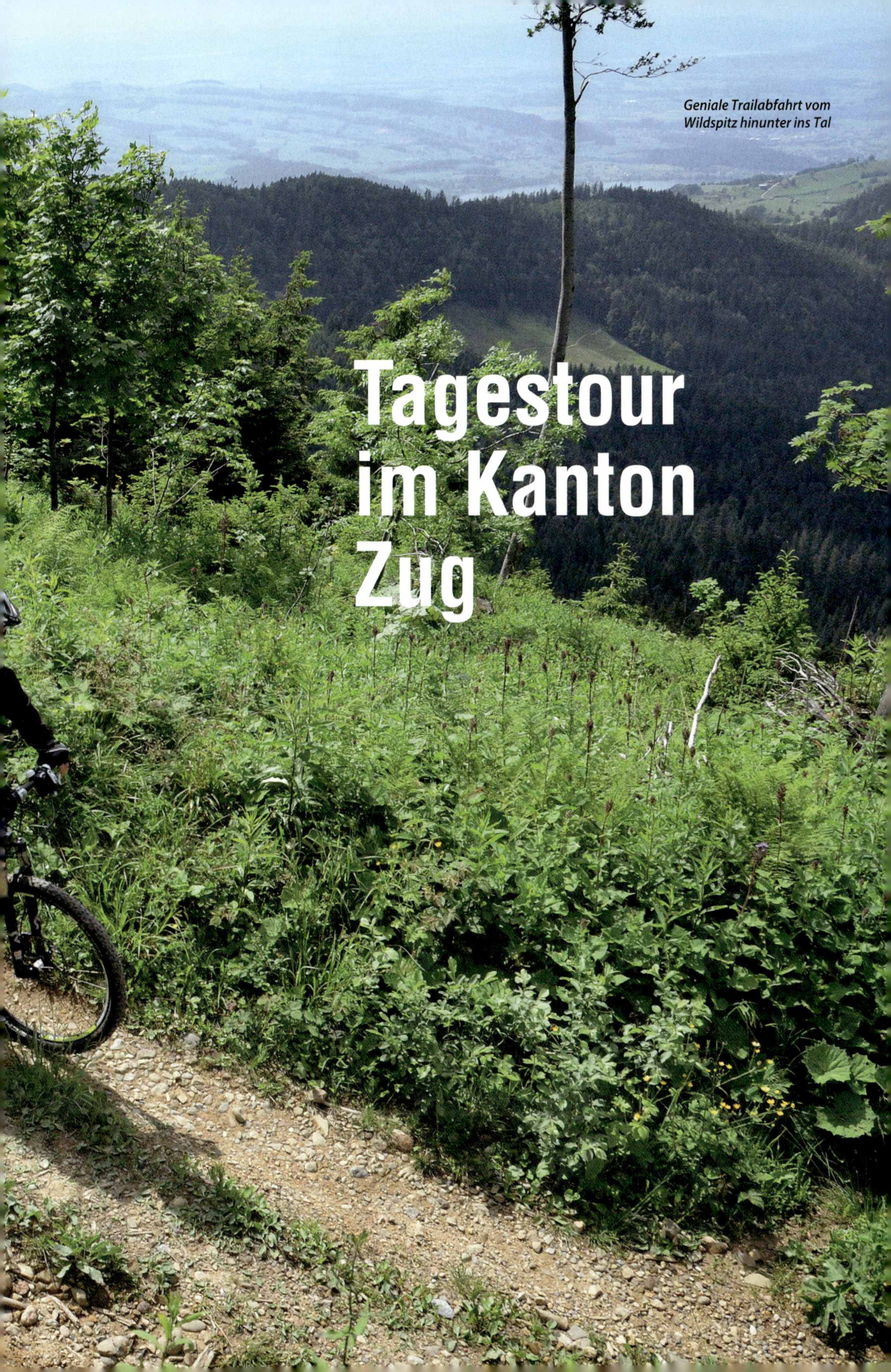

Geniale Trailabfahrt vom Wildspitz hinunter ins Tal

20 Wildspitz

Aussichtstour zwischen Ägerisee und Zugersee

2	★★★★☆	1300	54	4
Schwierigkeit	Erlebniswert	Höhenmeter (in m)	Streckenlänge (in km)	Zeit (in h)

TOURENCHARAKTER

AUSGANGS-/ENDPUNKT

»Zug – Baar« Haldenstraße

ANFAHRT

A 3 bis Ausfahrt 36/Wädenswil, gleich wieder rechts Ri. Wädenswil, beim Kreisverkehr die 1. Ausfahrt Ri. Zug/Luzern nehmen, 8 km auf der Zugerstrasse, beim Kreisverkehr Sihlbrugg die 3. Ausfahrt Ri. Zug/Luzern und beim nächsten Kreisverkehr die 2. Ausfahrt wieder Ri. Zug/Luzern nehmen, links in die Sihlbruggstrasse Ri. Zug/Luzern, in Baar beim Kreisverkehr 2. Ausfahrt geradeaus Ri. Zug/Luzern, links – Beschilderung »Evangel. Ref. Kirche« – in die Haldenstrasse; Parkplätze kurz nach der Abzweigung auf der linken Seite

KONDITION

★★★★☆

FAHRTECHNIK

★★★☆☆

ERLEBNISWERT

Fahrspaß: ★★★★☆ – angenehme Steigungen, flowige Wege entlang der Lorze und am Ufer des Ägerisees

Landschaft: ★★★★☆ – während der gesamten Tour immer wieder traumhafte Aussichtspunkte auf Ägeri- und Zugersee und auf das imposante Wildspitzpanorama

Kultur und Geschichte: ★★★☆☆ – die Höllgrotten (www.hoellgrotten.ch); eine Schifffahrt auf dem Zugersee (www.zugerseeschifffahrt.ch)

EINKEHRMÖGLICHKEITEN

Restaurant Höllgrotten, CH-6340 Baar, Tel. +41/(0)761/66 05; Alpwirtschaft Gehren, CH-6416 Steinerberg, Tel. +41/(0)832/10 39; Berggasthaus Wildspitz, Steinerberg, CH-6417 Sattel, Tel. +41/(0)832/11 39, www.wildspitz.ch; Restaurant Pfaffenboden, CH-6318 Walchwil ZG, Tel. +41/(0)758/15 06, www.pfaffenboden.ch

STRECKENPROFIL

Sehr abwechslungsreiches Auf und Ab bis zum Ägerisee; toller Uferweg entlang des Sees und eine gleichmäßige, angenehme Steigung bis zum Wildspitz. Zu Beginn der Abfahrt gibt's eine kurze, gut fahrbare Traileinlage, dann geht's über Forststraßen bis Zug.

HÖCHSTER PUNKT

1580 m, Wildspitz

NIEDRIGSTER PUNKT

448 m, Zug

TOURIST-INFO

Zug Tourismus, Reisezentrum Zug, Bahnhofplatz, CH-6304 Zug, Tel. +41/(0)41/723 68 00, www.zug-tourismus.ch; Infopoint Altstadt: Wunderbox, Fischmarkt 10, CH-6300 Zug, Tel. +41/(0)41/710 09 77, www.wunderbox-zug.ch

LANDKARTEN

Swisstopo 235 Rotkreuz und 236 Lachen, Landeskarten 1:50 000

GPS/ROADBOOK

Tour 20 Wildspitz.gpx;
Tour 20 Wildspitz 500.gpx

Die sehr liebliche Tour mit abwechslungsreichen Streckenabschnitten im Lorzentobel führt direkt entlang des Ägerisees. Es folgt eine technisch leichte Auffahrt bis zum Wildspitz, dann bringen zwei leichte Traileinlagen Abwechslung in die sonst sehr leichte Abfahrt – eine wahre Genießertour.

Der Start dieser Tour auf den Wildspitz ist die Gemeinde Baar. Die zentrale, verkehrstechnisch hervorragend erschlossene Lage mit der Nähe zu großen Zentren wie Zürich und Luzern ist wirtschaftlich von großer Bedeutung, jedoch nicht der einzige Vorzug, den Baar zu bieten hat. Die Bewohner von Baar wissen die landschaftliche Schönheit der Lorzenebene, eingebettet zwischen Albis und Zugerberg mit vielen Wäldern, Erholungs- und Freiräumen, sehr zu schätzen. Baar ist mit seinem vielfältigen kulturellen Leben, mit seiner festfreudigen Bevölkerung, mit der »Räbefasnacht«, der »Chilbi« und einem ausgeprägten Vereinsleben eine Gemeinde mit einer stolzen Tradition, aber auch mit Offenheit für

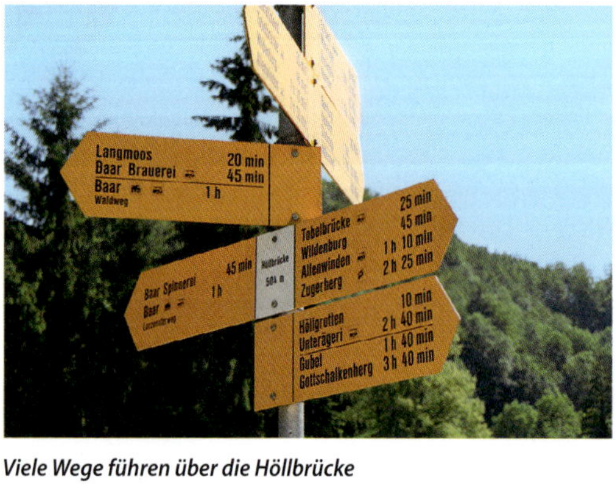

Viele Wege führen über die Höllbrücke

54 km	1300 Hm	Tagestour

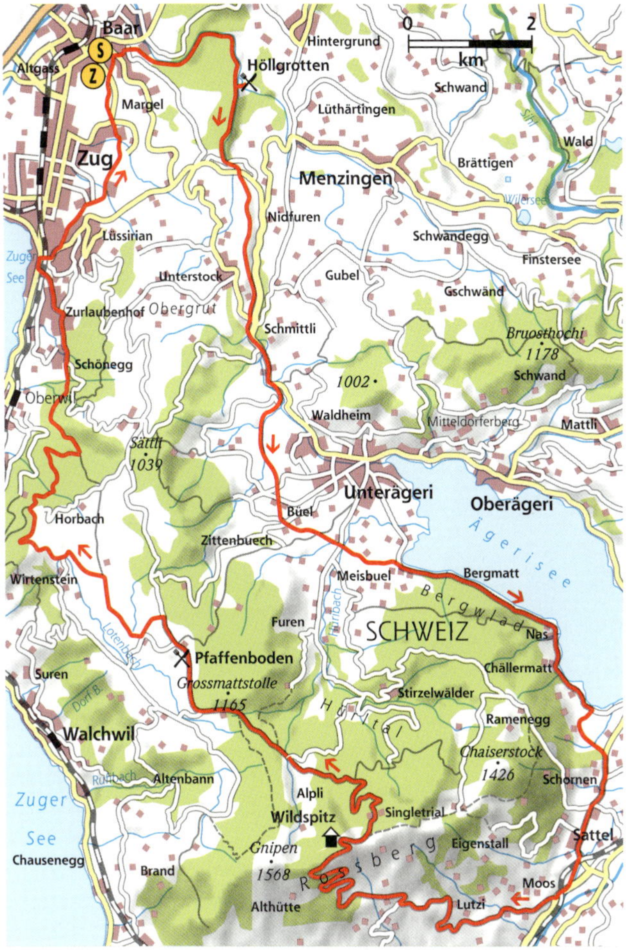

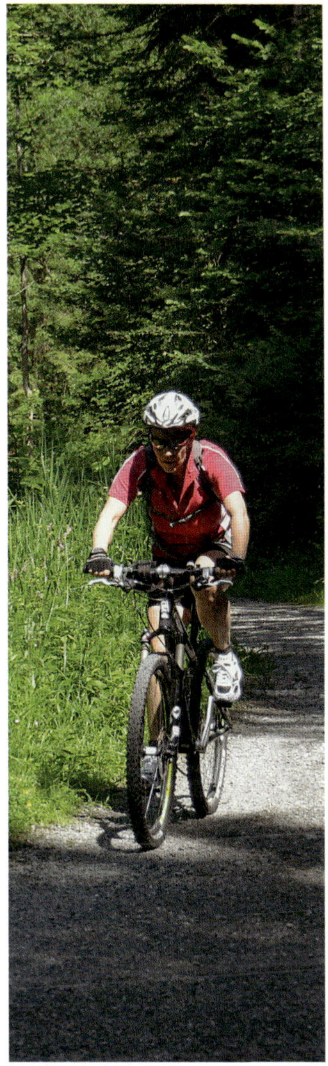

Romantischer Weg entlang der Lorze

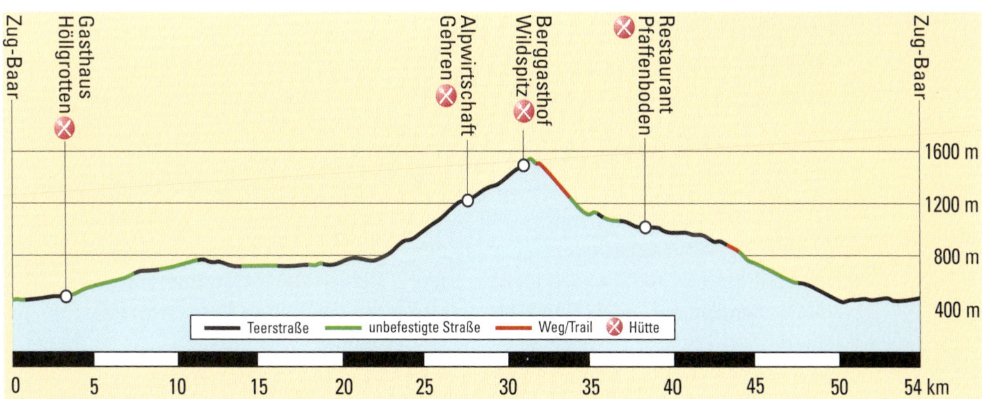

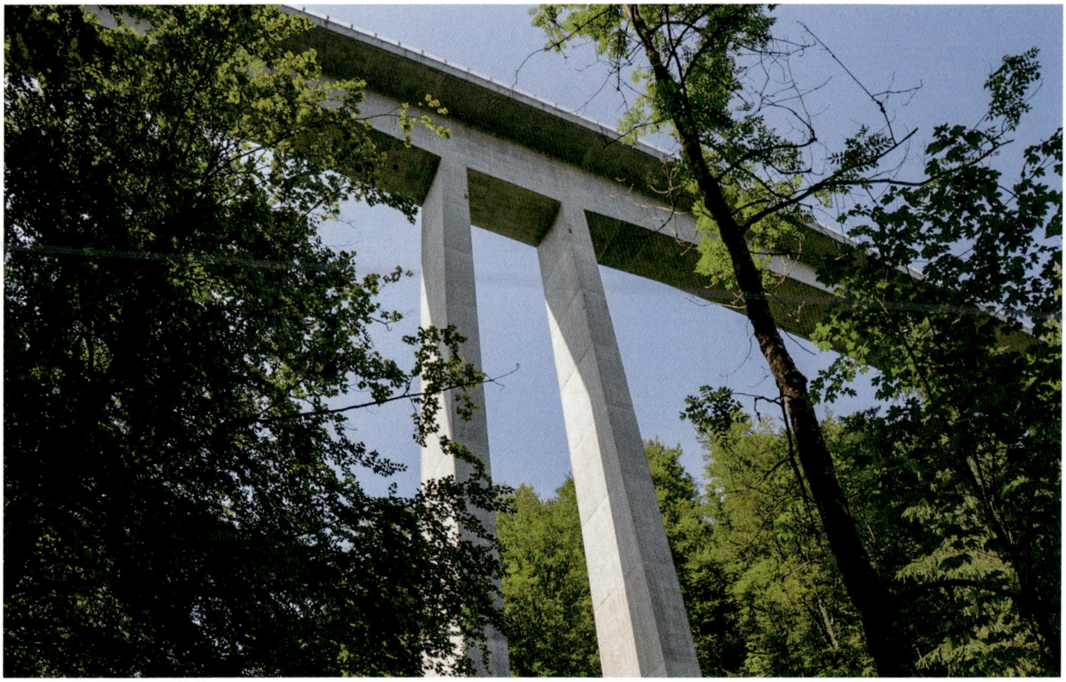

Die neueste der drei Lorzentobelbrücken

Neues. Sie hat fünf Ortsteile (Baar-Dorf, Blickensdorf, Deinikon, Inwil, Allenwinden, Walterswil) und ist mit ca. 22 700 Einwohnern die zweitgrößte Gemeinde des Kantons Zug.

Dieser liegt in der Zentralschweiz zwischen den Kantonen Zürich, Schwyz, Luzern und Aargau im Übergangsgebiet zwischen den Voralpen und dem Mittelland. Er ist der kleinste Kanton und zugleich auch einer der reichsten der Schweiz. Der Hauptfluss ist die Lorze, die dem voralpinen Ägerisee entspringt und zwischen Zug und Cham in den Zugersee mündet.

Die Gemeinde Baar liegt direkt neben der Stadt Zug, unweit des Zugersees. Bekannt ist der Zugersee durch seine Sonnenuntergänge: Auf seiner nördlichen Westseite gegenüber der Stadt Zug liegen keine Berge – somit ist der Horizont frei, und die Sonne versinkt bei einem Sonnenuntergang sprichwörtlich fast im See. Dies ist in der Schweiz selten, da der Blick auf den Horizont bei den meisten Seen durch Bergkämme oder Hügelketten versperrt ist.

Unsere Tour verläuft direkt zwischen Ägeri- und Zugersee; in der näheren Umgebung befinden sich noch der Zürichsee, der Siehlsee und der Vierwaldstättersee. Gleich zu Beginn rollen wir uns auf einer asphaltierten, verkehrsarmen Nebenstraße ein. Zahlreiche Bäume spenden uns kühlenden Schatten. Schon nach etwa drei Kilometern erreichen wir das Restaurant Höllgrotten. Hier haben wir die Möglichkeit, schon sehr frühzeitig etwaige kulinarische Gelüste zu stillen. Etwa 300 Meter weiter gelangen wir zum Eingang der Höllgrotten, wie die äußerst sehenswerten Tropfsteinhöhlen genannt werden.

Inmitten des wildromantischen Lorzentobels befinden sich Höhlen, die reichhaltig mit Tropfsteinformationen ausgeschmückt sind. Kleine Seen, Stalagmiten und Stalaktiten in den unterschiedlichsten Farbnuancen geben jeder Höhle ihren eigenen Charakter. Im Lauf der Jahrtausende von kalkhaltigen Quellen gebildet, wurden die Höllgrotten von Baar Ende des 19. Jahrhunderts beim Abbau von Tuffstein entdeckt. Die Temperatur in den Höhlen beträgt konstant rund 10 °C. Die Grotten sind mittels Treppen und Weglein gut begehbar.

Schon bald nach den Höllgrotten gelangen wir zu den drei Brücken im Lorzentobel. Sie sind Symbol für die Verbindung von Berg-

und Talgemeinden und repräsentieren drei Generationen im Brückenbau. Der gesamte Weg vom Restaurant Höllgrotten bis zum »Schmittli« führt an der Lorze entlang. Diese Gegend gilt als Naherholungsgebiet und lädt zum Spazieren, Biken und Skaten ein. Zahlreiche Feuerstellen bieten Möglichkeiten für ein Picknick.

Nach einer etwa zehn Kilometer langen wildromantischen und schattigen Fahrt durch den Lorzentobel verlassen wir den Wald. Eine liebliche Hügellandschaft entfaltet sich vor unseren Augen. Auf Nebenstraßen erreichen wir in sehr angenehmer Fahrt den Ägerisee. Hier radeln wir direkt am Seeufer entlang bis zum anderen Ende des Sees und erfreuen uns dabei an der wunderschönen Seenlandschaft. Sowohl an Camping- und Picknickplätzen, die sich direkt am See befinden, als auch an unberührten Seenabschnitten, rollen wir mit unseren Bikes vorbei.

Der Ägerisee entstand durch einen Gletscher. Sein Hauptzufluss ist der Hüribach, der Hauptabfluss ist die Lorze. Der Ägerisee wird seit 1992 als Trinkwasserreservoir benutzt. An seinem Seeufer fand am 15. November 1315 die erste Schlacht zwischen den Eidgenossen und den Habsburgern statt – die »Schlacht am Morgarten«. Bei Morgarten, direkt am Ägerisee, befindet sich das Morgarten-Denkmal, das an diese Schlacht erinnert.

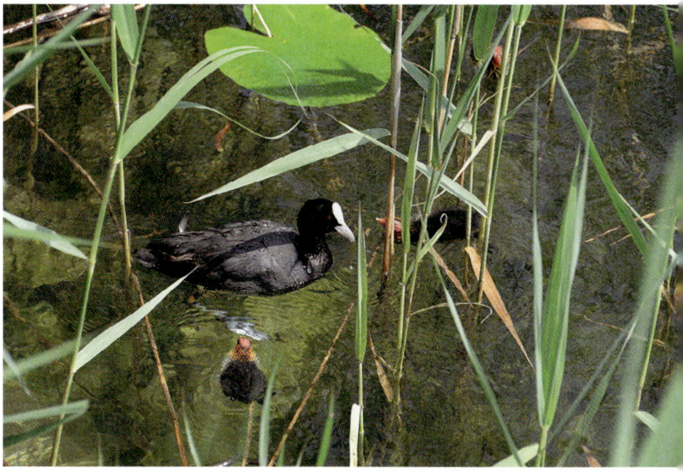

Die Mama behütet ihren Nachwuchs

Wir lassen den Ägerisee hinter uns, fahren durch die Gemeinde Schornen und kommen an der Schlachtkapelle Schornen vorbei. Kurz nach der Ortschaft Riedmatt biegen wir rechts ab und nehmen den langen Anstieg zur Wildspitz in Angriff. Dieser ist etwa neun Kilometer lang, und wir überwinden dabei einen Höhenunterschied von ca. 814 Metern. Die Straße ist durchgehend asphaltiert und weist eine gleichmäßige, angenehme Steigung auf. Auf einer Höhe von 1212 Metern bietet uns

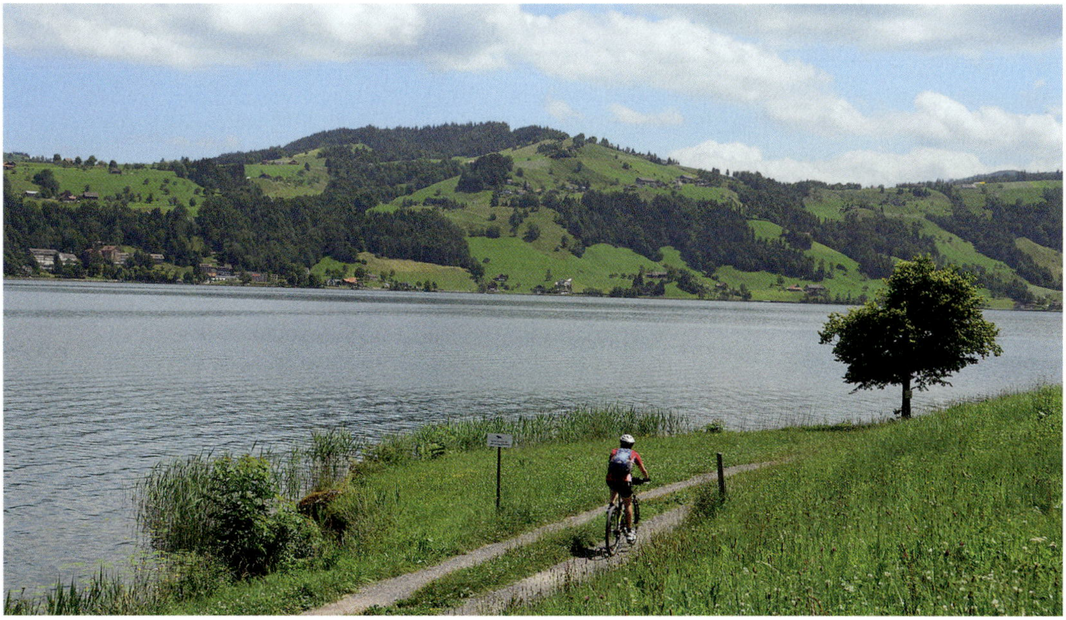

Entlang des Ägerisees

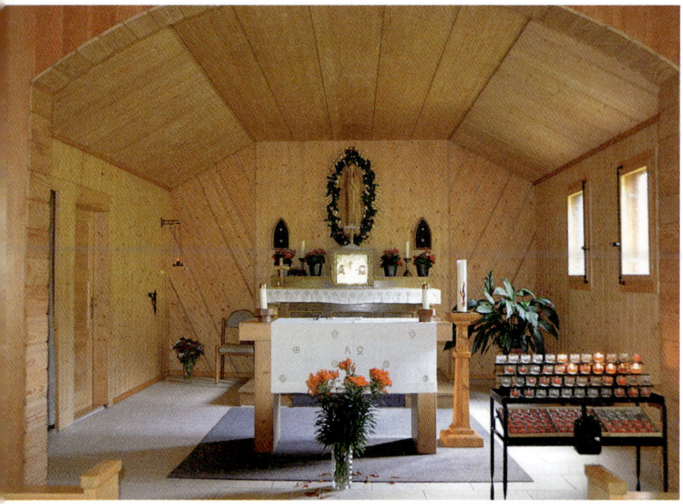

Die außergewöhnliche Innenansicht der Obhegkapelle

Bild rechte Seite: Bezaubernde Häuserzeile mit dem Kapuzinerturm in Zug

Eine von vielen Familienfeuerstellen in der Schweiz

die Obhegkapelle einen willkommenen Zwischenstopp.

Unmittelbar nach der Kapelle gelangen wir zur Alpwirtschaft Gehren mit ihrer einladenden Sonnenterrasse. Nach vier weiteren Kehren erreichen wir die Abzweigung zum Berggasthof Wildspitz. Hier erwartet uns ein SB-Restaurant. Der herrliche Rundumblick jedoch ist die Auffahrt zum Berggasthof allemal wert – bei guter Sicht können wir die Churfirsten, den 2901 Meter hohen Ruchen, den Bächistock (2914 m), den Tödi (3614 m) und den Großen Windgällen (3187 m), um nur einige zu nennen, erblicken.

Ein absolut sehenswertes Bergpanorama dürfen wir vom Wildspitz aus genießen, den wir zu Fuß in knapp zwei Minuten vom Berggasthof aus erreichen. Hier sind wir am höchsten Punkt unserer Tour angelangt.

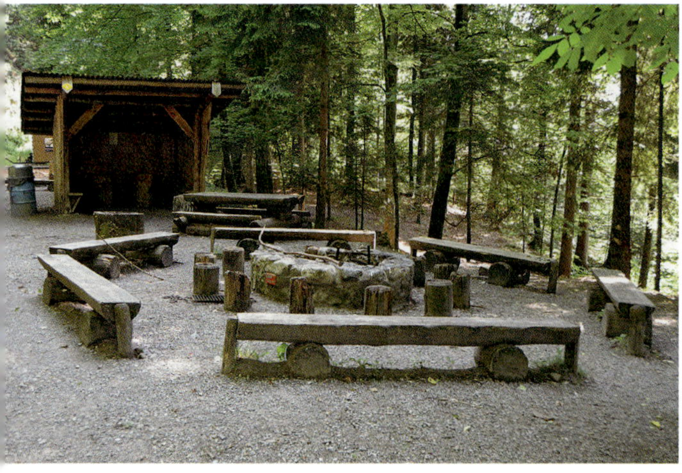

Nun bereiten wir uns auf die abwechslungsreiche Abfahrt vor. Nach der Abzweigung zur Auffahrt Richtung Wildspitz sind noch 13 Höhenmeter zu überwinden, bevor es dann abwärts geht. Schon bald biegen wir in einen gut fahrbaren Singletrail ein. Dieser weist eine Länge von ca. 2,5 Kilometern auf und bereitet uns richtig viel Spaß. Beinahe schwerelos gleiten wir ab Urzlenboden auf sehr gut präparierten Forst- bzw. auf asphaltierten Nebenstraßen talwärts und erreichen ohne große Mühe das Restaurant Pfaffenboden – ein genialer Ort, um sich auf der Sonnenterrasse die Hausspezialität »Älplermacaronen mit frischem Apfelmus« oder »Hacktätschli« schmecken zu lassen.

Gestärkt machen wir uns auf zum Schlussabschnitt dieser Tour. Vorbei am Buschenchappeli radeln wir über den Walchwiler Berg und den Lienisberg. Wir durchfahren einen kleinen, wildromantischen Tunnel und gelangen dann zum letzten kurzen Trailabschnitt. Dieser Trail weist nur ganz kurze Schiebestellen auf, ist sonst aber größtenteils flowig fahrbar.

Bei der Maitlischritthütte erreichen wir wieder eine Forststraße. Diese bringt uns, vorbei an einer für die Schweiz typischen »Familienfeuerstelle« und an eindrucksvollen Aussichtspunkten auf den Zugersee, ohne großen Kraftaufwand bis ins Zentrum der Stadt Zug. Falls noch etwas Zeit zur Verfügung steht, lohnt sich ein Besuch der Innenstadt und des Seeufers. Zug bietet außerdem einiges an Sehenswürdigkeiten, wie z. B. den Bahnhof Zug, das Rathaus, den »Zytturm«, die Liebfrauenkapelle, die Kirche St. Oswald oder Pulver-, Kapuziner-, Knopfli- und Huwilerturm. Auch Kunst- und Kulturfreunde (u. a. Kantonales Museum für Urgeschichte, Afrika- und Fischereimuseum, Kunsthaus Zug) kommen auf ihre Kosten.

Am Postplatz vorbei fahren wir durch die malerische Zuger Altstadt mit ihren Erkern und bunten Fassaden und treten zum letzten Mal ordentlich in die Pedale, bis wir beim Kapuzinerturm angelangt sind. Über Arbach und Inwil erreichen wir wieder unseren Ausgangspunkt in Baar.

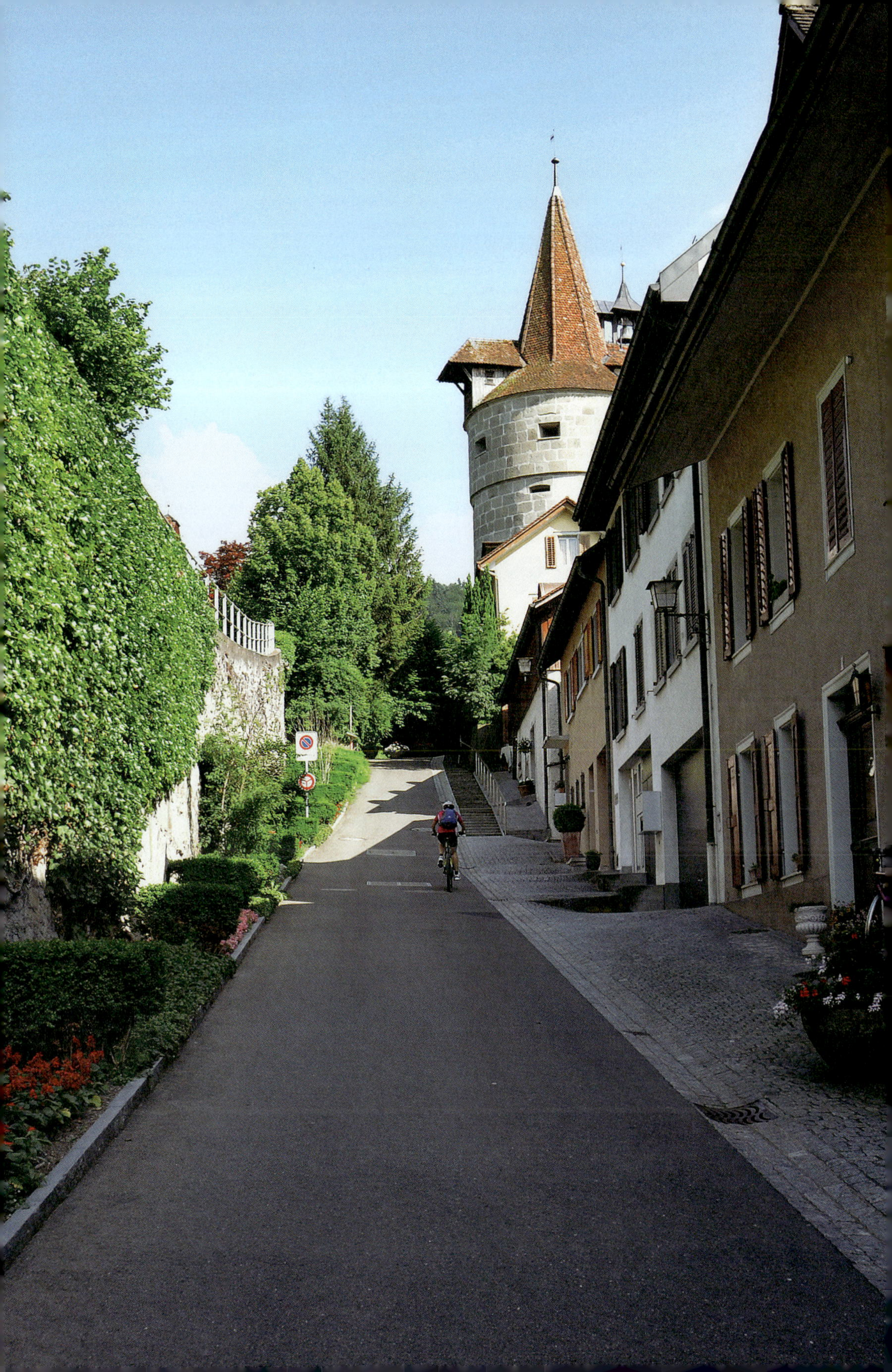

Routenbeschreibung

Tour 20 Wildspitz.gpx

WP | km | Hm | Route

1 | 0,00 | 458 | Bei der Parkplatzausfahrt links.

2 | 0,04 | 459 | Oberhalb des Parkplatzes links Richtung Höllgrotten.

3 | 0,77 | 468 | Rechts auf der asphaltierten Straße und leicht aufwärts.

4 | 1,03 | 472 | Geradeaus weiterfahren.

5 | 3,01 | 504 | Höllbrücke – geradeaus zum Restaurant Höllgrotten (Kaffeepause).

6 | 3,17 | 506 | Restaurant Höllgrotten – auf dem Weg zum WP 5 zurück.

7 | 3,29 | 504 | Direkt vor der Höllbrücke links fahren.

8 | 3,90 | 513 | Eingang Höllgrotte – geradeaus weiter.

9 | 4,46 | 540 | Direkt vor dem Viadukt, links über die Brücke Richtung Schmittli.

10 | 7,41 | 671 | Rechts auf der asphaltierten Straße weiter.

11 | 7,74 | 679 | Geradeaus durch Neuägeri fahren.

12 | 8,84 | 701 | Rechts über die Mühlischwändibrücke Richtung Wildspitz.

13 | 8,88 | 702 | Links auf dem Wanderweg Richtung Wildspitz – auf der rechten Bachseite entlang.

14 | 10,19 | 736 | Links leicht aufwärts fahren.

15 | 10,63 | 754 | Die Asphaltstraße überqueren und geradeaus weiter.

16 | 10,83 | 757 | Die Asphaltstraße überqueren und geradeaus weiter.

17 | 11,13 | 766 | Auf der asphaltierten Straße links leicht aufwärts.

18 | 11,23 | 767 | Geradeaus Richtung Panoramaweg Ägerital.

19 | 11,92 | 760 | Links leicht abwärts fahren.

20 | 12,22 | 751 | Geradeaus Richtung Maisbühl.

21 | 12,58 | 760 | Maisbüel – geradeaus Richtung Wilbrunnen.

22 | 13,29 | 728 | Rechts fahren.

23 | 17,88 | 727 | Rechts auf der Schotterstraße leicht aufwärts Richtung Forbach.

24 | 18,25 | 748 | Geradeaus – der Weg führt unter der Stadelauffahrt durch.

25 | 18,87 | 741 | Auf der asphaltierten Hauptstraße rechts.

26 | 20,82 | 778 | Direkt nach den Bahngleisen rechts.

27 | 20,94 | 757 | Links – direkt vor dem Bahnhof – und Richtung Wildspitz.

28 | 21,21 | 769 | Links leicht abwärts fahren.

29 | 21,30 | 764 | Rechts auf der Hauptstraße weiter.

30 | 21,59 | 766 | Rechts die Lutzistrasse aufwärts – direkt nach den Bahngleisen.

31 | 25,71 | 1049 | Rechts aufwärts fahren.

32 | 30,60 | 1514 | Links im spitzen Winkel aufwärts Richtung Wildspitz.

33 | 30,94 | 1580 | Berggasthof Wildspitz – auf dem Anfahrtsweg bis WP 34 retour.

34 | 31,24 | 1514 | Links auf der Schotterstraße aufwärts.

35 | 31,39 | 1527 | Links fahren.

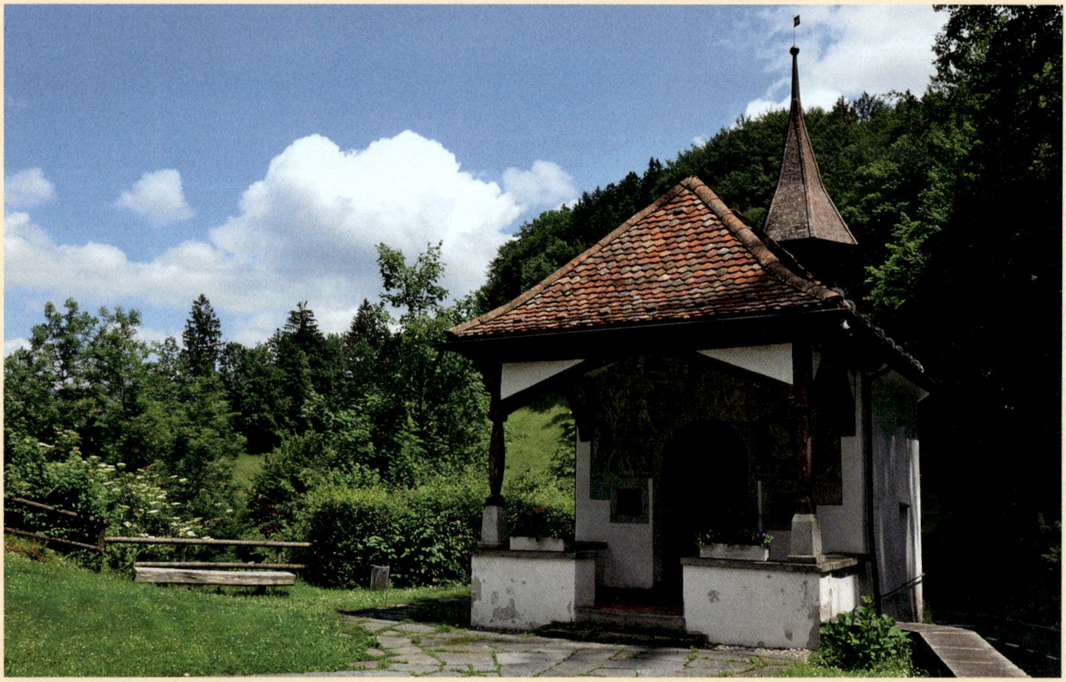

Die Schlachtkapelle Schornen

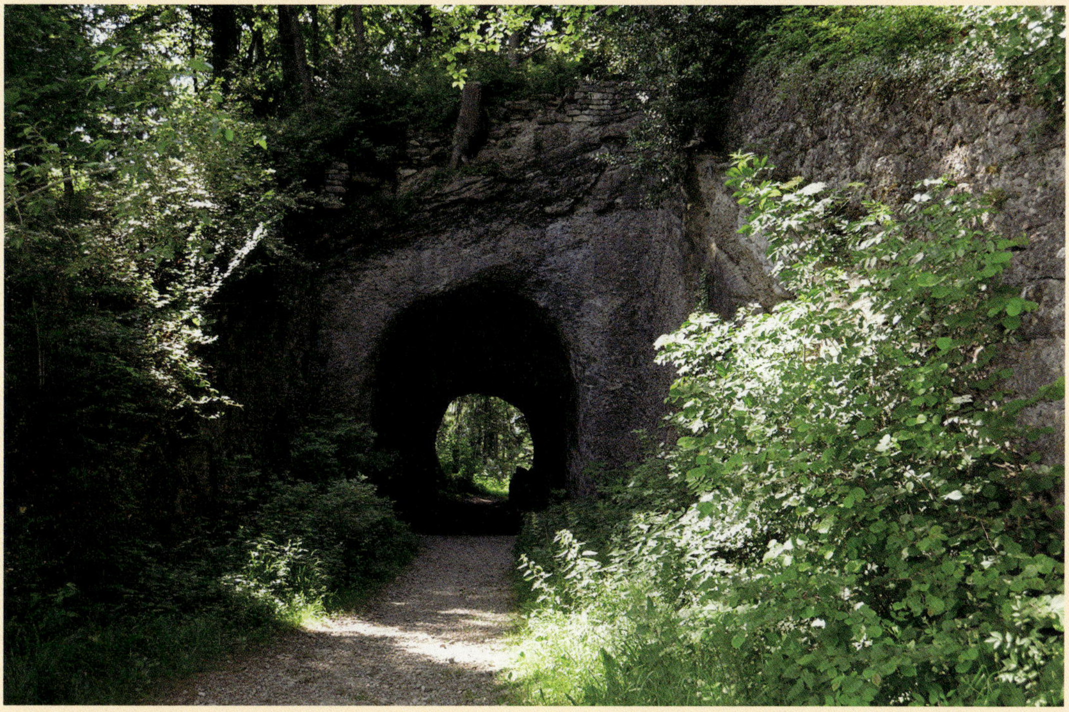

Urig romantische Abfahrt Richtung Zugersee

36 | 31,73 | 1493 | Links auf dem Singletrail abwärts.
37 | 34,23 | 1159 | Links auf der Schotterstraße abwärts.
38 | 35,47 | 1093 | Links auf der asphaltierten Straße abwärts.
39 | 35,73 | 1088 | Rechts fahren.
40 | 37,35 | 1033 | Rechts leicht aufwärts Richtung Pfaffenboden.
41 | 38,30 | 1028 | Restaurant Pfaffenboden – geradeaus weiter.
42 | 38,62 | 1021 | Geradeaus Richtung Zug.
43 | 39,21 | 986 | Schwändi – links Richtung Walchwil fahren.
44 | 39,79 | 980 | Früebüel – rechts Richtung Zugerbergbahn.
45 | 40,53 | 971 | Geradeaus fahren.
46 | 41,07 | 972 | Links leicht abwärts.
47 | 41,27 | 959 | Bei der Weggabelung rechts halten.
48 | 41,89 | 914 | Links fahren.
49 | 42,03 | 910 | Rechts – steile Rampe – und zwischen den Häusern durch.
50 | 42,23 | 919 | Direkt nach dem Stallgebäude rechts.
51 | 42,43 | 915 | Lienisberghöhe – links Richtung Zug.
52 | 42,89 | 879 | Rechts durch einen kleinen Tunnel.
53 | 43,38 | 844 | Links abwärts fahren.
54 | 43,93 | 750 | Maitlischritthütte – rechts Richtung Zug.
55 | 44,20 | 760 | In den Bächen – links Richtung Zug.
56 | 47,05 | 586 | Geradeaus Richtung Zug.
57 | 47,53 | 571 | Geradeaus – an der Zugerbergbahn vorbei.
58 | 48,52 | 511 | Links abwärts fahren.
59 | 49,50 | 440 | Rechts auf der Hauptstraße weiter.
60 | 49,90 | 435 | Postplatz – rechts fahren.
61 | 49,93 | 435 | Direkt vor der Post rechts und gleich wieder links – geradeaus aufwärts entlang einer schönen Häuserzeile Richtung Kapuzinerturm.
62 | 50,15 | 450 | Links aufwärts fahren.
63 | 50,37 | 458 | Geradeaus durch die Löberenstrasse.
64 | 50,86 | 467 | Geradeaus fahren.
65 | 50,99 | 470 | Geradeaus fahren.
66 | 51,15 | 465 | Geradeaus fahren.
67 | 51,65 | 459 | Links fahren – bei km 52,90 durch die Fahrradunterführung.
68 | 53,15 | 448 | Rechts auf dem Radweg weiter.
69 | 53,25 | 448 | Rechts auf dem Rad- und Fußweg Richtung Sihlbrugg.
70 | 53,75 | 455 | Die Straße überqueren und auf dem Radweg geradeaus weiter.
71 | 53,76 | 455 | Die Straße überqueren und auf dem Radweg geradeaus weiter.
72 | 53,77 | 455 | Rechts fahren.
73 | 53,97 | 457 | Rechts halten – auf dem Radweg zwischen den Wohnblocks durch.
74 | 54,05 | 458 | Links fahren.
75 | 54,15 | 458 | Rechts durch die Leihgasse fahren.
76 | 54,35 | 458 | Links, dann rechts zum Parkplatz und Ausgangspunkt zurück – Ende der Tour.

Keine milchgebenden, aber pflegeleichte Kühe beim Waldgasthaus Lehmen

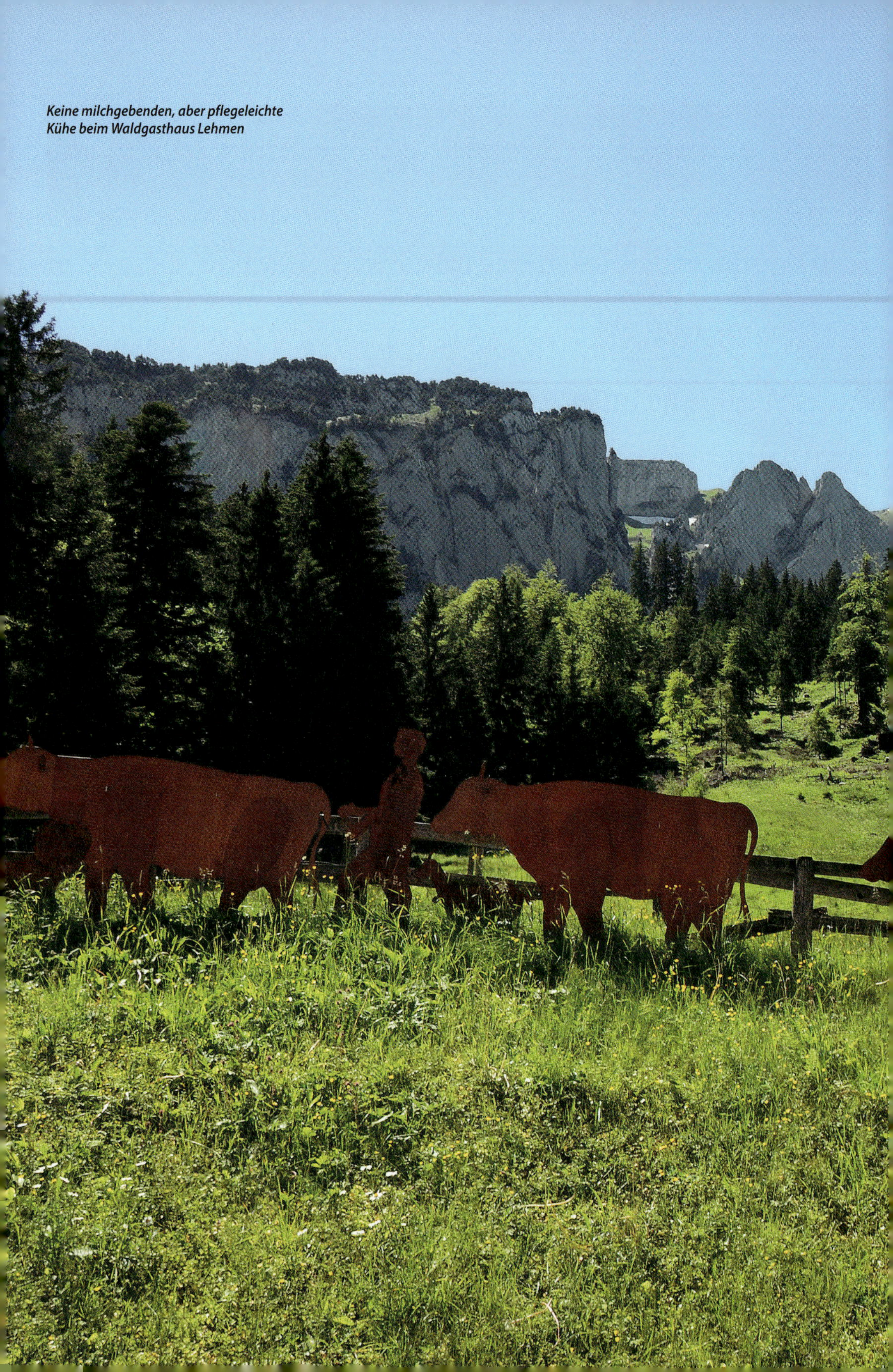

Tagestour im Kanton Appenzell

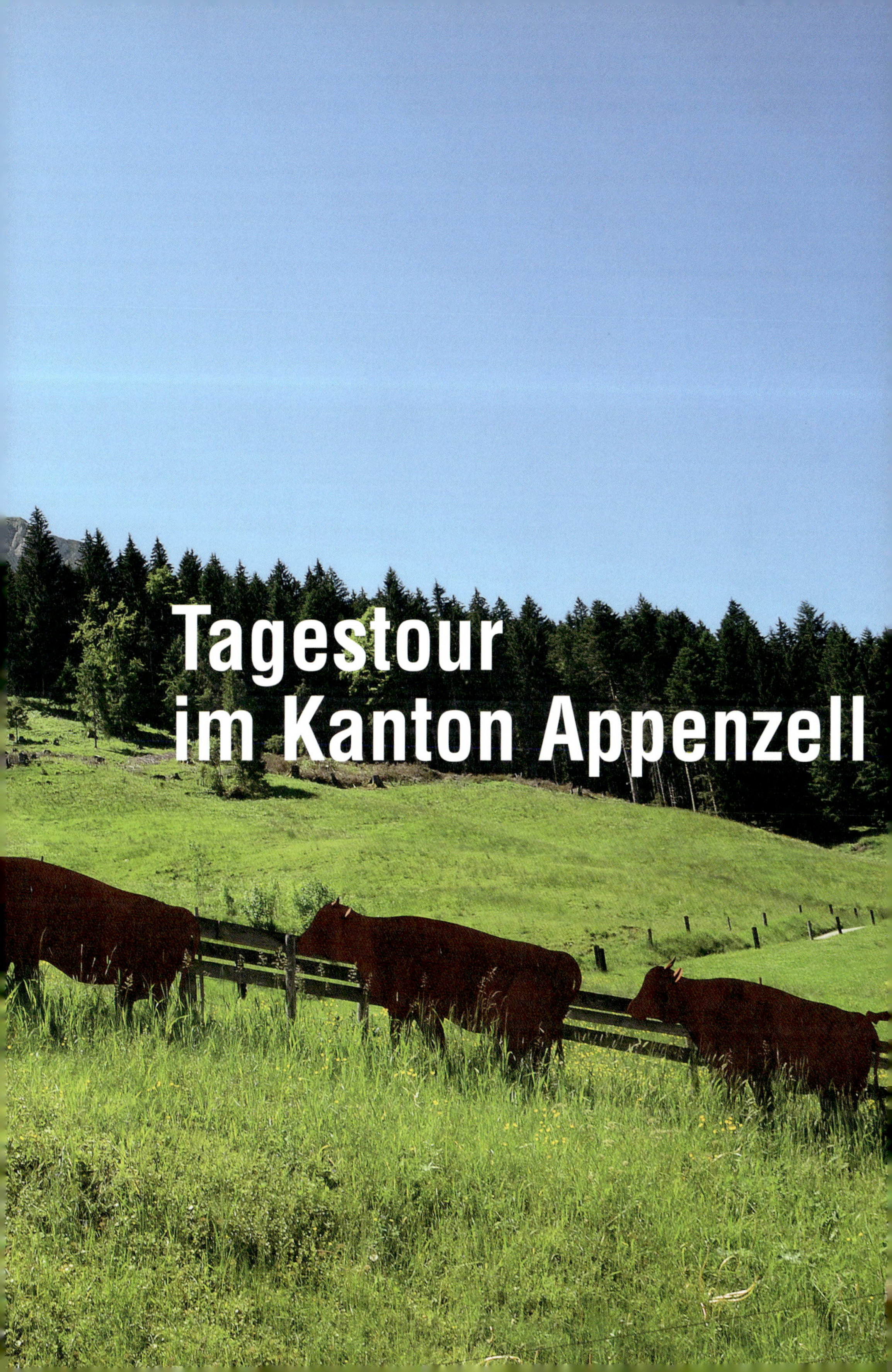

21 Rund um den Kronberg

Landschaftlich faszinierende und in jeder Beziehung fordernde Tour

4	✪✪✪✪✪	1530	41	5
Schwierigkeit	Erlebniswert	Höhenmeter (in m)	Streckenlänge (in km)	Zeit (in h)

TOURENCHARAKTER

AUSGANGS-/ENDPUNKT
Bahnhof in Urnäsch

ANFAHRT
A 1 bis Ausfahrt 80/St. Gallen-Winkeln, Ri. Herisau ausfahren, auf der Appenzeller- und danach auf der St. Gallerstraße bis Herisau. Immer auf der Hauptstraße bleiben und den Beschilderungen »Appenzellerland«/»Schwägalp«/»Urnäsch« folgen; bei der nächsten Abzweigung Ri. Waldstatt fahren, immer auf der Hauptstraße bis Urnäsch, dort bei der Hinweistafel »Bahnhof« links und gleich wieder links auf einen großen Parkplatz direkt oberhalb des Bahnhofs

KONDITION
✪✪✪✪✪

FAHRTECHNIK
✪✪✪✪✪

ERLEBNISWERT
Fahrspaß: ✪✪✪✪✪ – herausfordernde Singletrails zwischen Schwäg- und Hochalp

Landschaft: ✪✪✪✪✪ – traumhafte Landschaft, der Säntis begleitet uns während der gesamten Tour; atemberaubende Aussicht auf der Hochalp

Kultur und Geschichte: ✪✪✪✪✪ – das Kloster »Leiden Christi« in Jakobsbad (www.leidenchristi.ch); das Appenzeller Brauchtumsmuseum Urnäsch; »Hot Pot« – Badespaß im Holzfass

EINKEHRMÖGLICHKEITEN
Waldgasthaus Lehmen, CH-9057 Weissbad, Tel. +41/(0)71/799 13 48, www.lehmen.ch; Chammhaldenhütte, SAC Sektion Säntis, Waldstatt, Tel. +41/(0)71/351 66 88, Mobil +41/(0)79/704 17 42; Berggasthaus Hochalp, Hochalp 1278, CH-9107 Urnäsch, Tel. +41/(0)71/364 11 15

STRECKENPROFIL
Sehr abwechslungsreiche Streckenführung und Wegbeschaffenheiten: Zu Beginn und am Ende der Tour fahren wir auf Asphalt, dazwischen ausschließlich auf Schotterwegen und Trails. Steile, fahrbare Auffahrtsstellen sind zu bewältigen. Die Trails erfordern schon etwas Übung und Erfahrung. Die Schwierigkeiten befinden sich zwischen Schwäg- und Hochalp; hier ist mit mehreren kurzen Schiebestellen (Wurzeln und Absätze) und mit einem längeren Schiebestück von ca. 15 Min. zu rechnen.

HÖCHSTER PUNKT
1518 m, Hochalp

NIEDRIGSTER PUNKT
832 m, Urnäsch

TOURIST-INFO
Tourist-Info Urnäsch, Dorfplatz 6, CH-9107 Urnäsch, Tel. +41/(0)71/364 26 40, urnaesch@appenzellerland.ch, www.appenzellerland.ch

LANDKARTEN
Swisstopo 227 Appenzell, Landeskarte 1:50 000

GPS/ROADBOOK
Tour 21 Rund um den Kronberg.gpx; Tour 21 Rund um den Kronberg 500.gpx

Die Umrundung des Kronbergs direkt vor dem imposanten Säntis beinhaltet alles, was zu einer genialen Biketour dazugehört: eine schöne Landschaft, steile Anstiege, flowige und anspruchsvolle Trailabschnitte, kurze steile Anstiege und kurze Tragepassagen.

Wir starten diese Tour in der Gemeinde Urnäsch im Bezirk Hinterland des Kantons Appenzell Außerrhoden, am Fuß des Säntis. Appenzell Außerrhoden grenzt an die Kantone Appenzell Innerrhoden und St. Gallen. Die beiden Appenzell sind gänzlich vom Kanton St. Gallen umgeben. Der Fluss Urnäsch, von der Schwägalp her kommend, gab dem Dorf seinen Namen.

Urnäsch ist flächenmäßig die größte Gemeinde des Kantons und zählt ca. 3000 Einwohner. Bekannt geworden ist das Dorf durch seine Vielfalt an Bräuchen, wie z.B. »Silvesterchlausen« (Streit um die Kalenderreform), »Bloch« (Wald, Holz und Wasser), »Kirchhöri« (religiöse und politische Entwicklung).

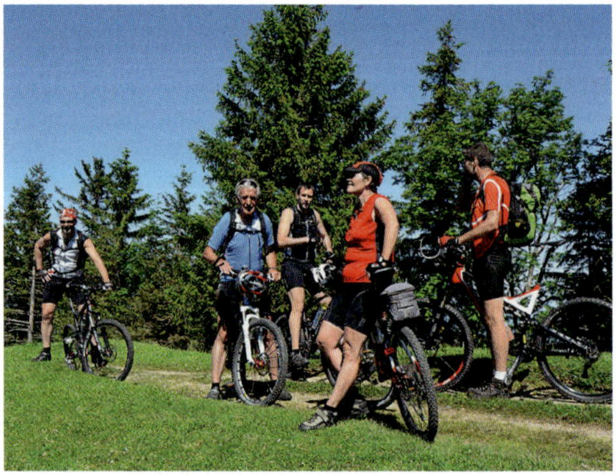

Endlich Rast nach einem kurzen, heftigen Anstieg

41 km	1530 Hm	Tagestour

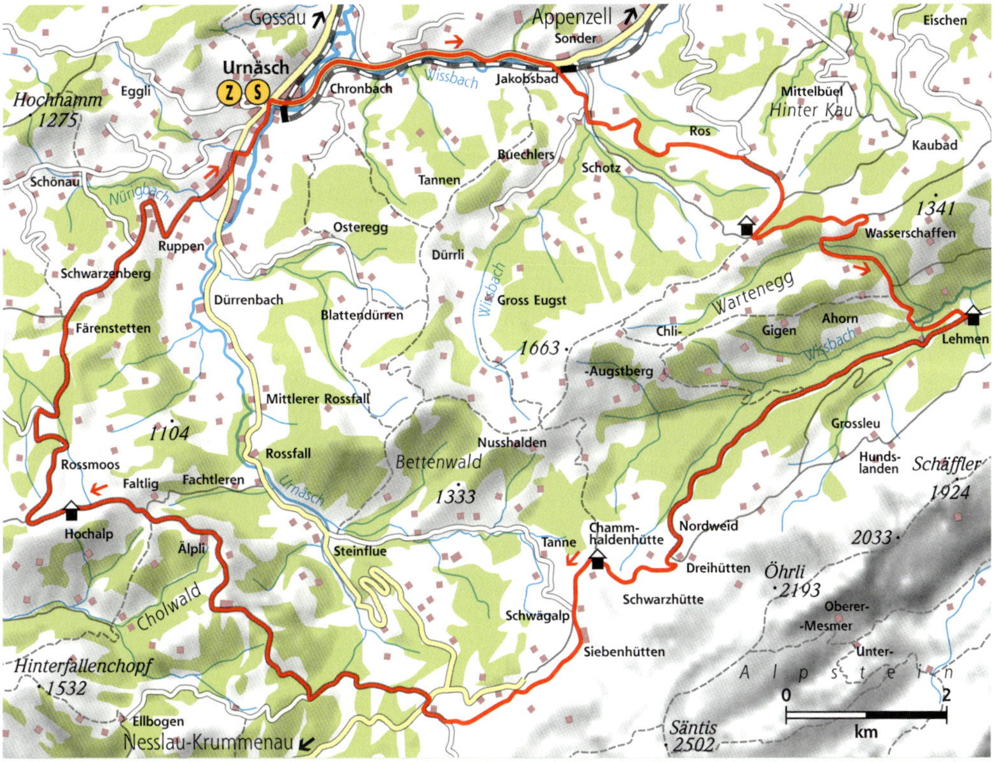

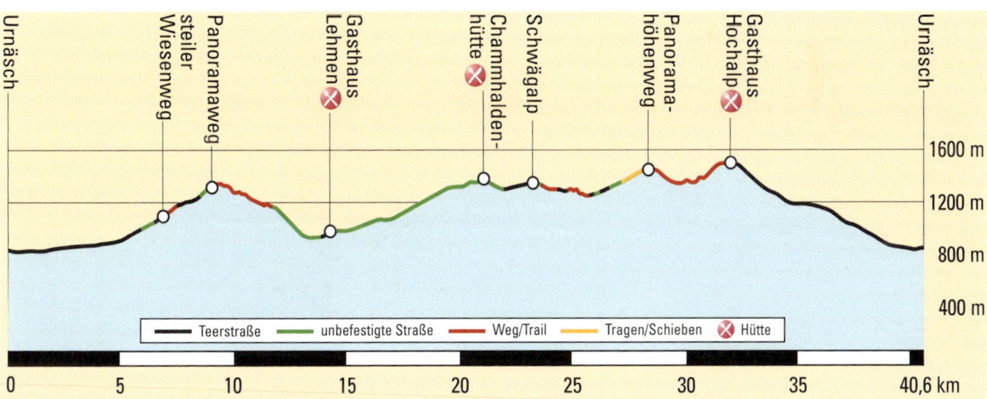

Die ersten 3,5 Kilometer fahren wir auf der Hauptstraße Richtung Jakobsbad, am Kloster »Leiden Christi« vorbei. Dieses lockere Einfahren ist genau richtig, um unsere Muskulatur in Schwung zu bringen.

Das Kloster »Leiden Christi« ist ein Kapuzinerinnenkloster unter der örtlichen Zuständigkeit des Bischofs von St. Gallen. Es wurde im Jahr 1851 gegründet und umfasst derzeit noch zehn Schwestern, die sich gemäß dem Wunsch der Klostergründerin, Johanna Rosa Bättig, besonders der Verehrung des »Kostbaren Blutes Christi im Hlst. Altarsakrament« widmen. Als äußeres Zeichen dieser Verehrung gürten sie sich mit einem roten Strick.

Der Landwirtschaftsbetrieb ist seit 2008 verpachtet. Die Kapuzinerinnen betreiben eine Klosterapotheke mit selbst hergestellten Kräuterheilmitteln, u. a. dem bekannten »Angelika-Likör«. Die heutige Klosterkirche wurde 1889/91 errichtet und 1980/81 renoviert. Hinter der Grabtafel, neben dem linken Seitenaltar, sind auch die Gebeine der Gründerin eingemauert. Ein Teil des Klostergartens ist öffentlich zugänglich. Das Kloster bietet drei Zellen für Frauen an, die für mindestens eine Woche abschalten und am Klosterleben teilnehmen wollen.

Unmittelbar neben dem Klostergelände liegt die Talstation der Luftseilbahn Jakobsbad–Kronberg. Hier biegen wir rechts ab und entfliehen dem Straßenverkehr. Auf angenehm zu fahrenden Nebenwegen gewinnen wir stetig an Höhe, genießen Landschaft und Aussicht. Ein steiler Wiesenweg unterbricht diese Kontinuität und treibt uns das erste Mal den Schweiß so richtig aus allen Poren.

Nach ca. 200 Metern flacht das Steilstück bereits wieder ab, und wir biken auf gut ausgebauten Nebenstraßen weiter bis nach Dornesslen. Ab hier wechseln sich Wiesenwege mit Trails ab. Wir befahren einen herrlichen Panoramahöhenweg mit traumhafter Sicht auf den Säntis und das Alpsteinmassiv. Der Alpstein ist eine Untergruppe der Appenzeller Alpen, und der Säntis mit einer Höhe von 2502 Metern ist dessen höchster Berg.

Nach kurzen Traileinlagen erreichen wir auf Nebenstraßen unsere erste wohlverdiente Einkehrmöglichkeit, das Waldgasthaus Lehmen. Auf der sonnigen Terrasse werden wir von einer freundlichen Bedienung empfangen. Wir genehmigen uns eine Stärkung, bevor wir auf der gut befahrbaren Schotter-

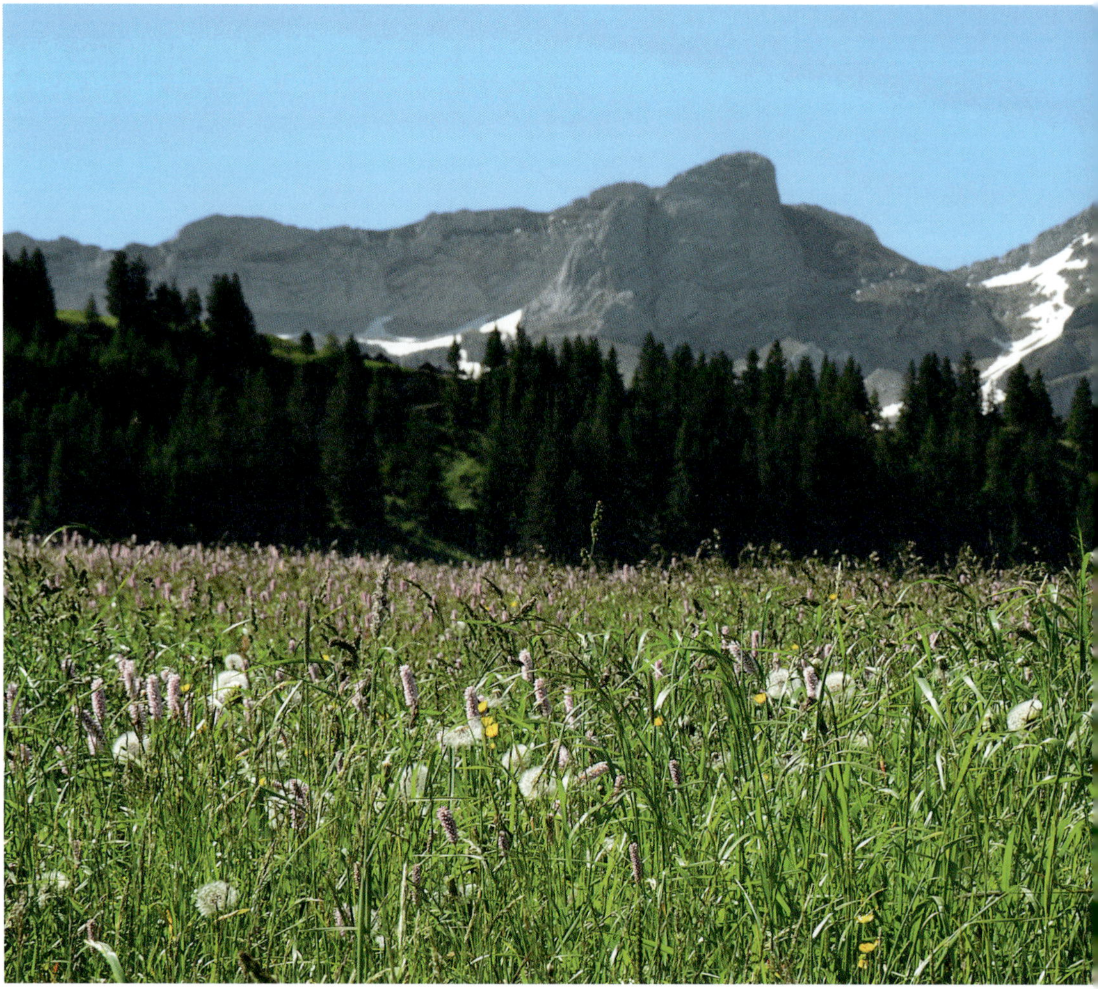

straße mit mäßiger Steigung Richtung Schwägalp weiterfahren. Kurz vor der Potersalp eröffnet sich uns ein imposantes Panorama – wir befinden uns direkt unter dem Säntis.
Bei der Alpe angekommen, biegen wir rechts ab und fahren direkt unter dem Bergmassiv entlang zur Chammhaldenhütte. Hier bietet sich eine weitere Einkehrmöglichkeit an inmitten einer imposanten Postkartenlandschaft.
Unsere Tour führt uns sehr angenehm weiter, immer noch direkt unterhalb des Säntis entlang, bis zur Schwägalp. Der Weg leitet uns etwas oberhalb des Berghotels Schwägalp vorbei. Von hier aus haben wir einen großartigen Blick auf die vielen orangefarbenen Sonnenschirme und die weitläufige Sonnenterrasse

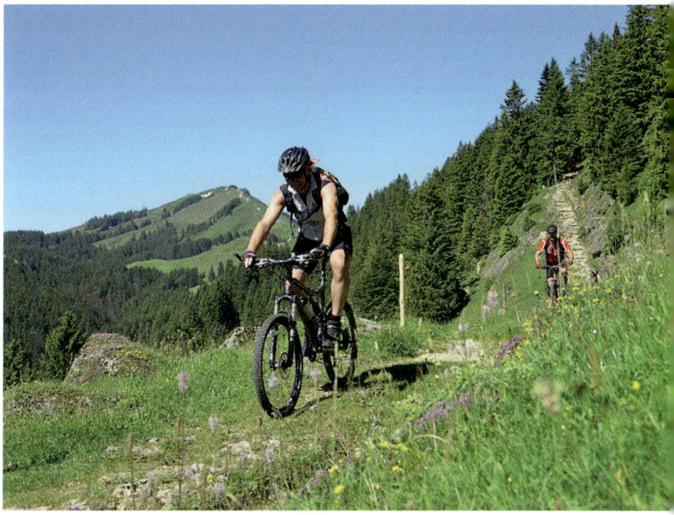

Technisch anspruchsvolle Abfahrt Richtung Lehmen

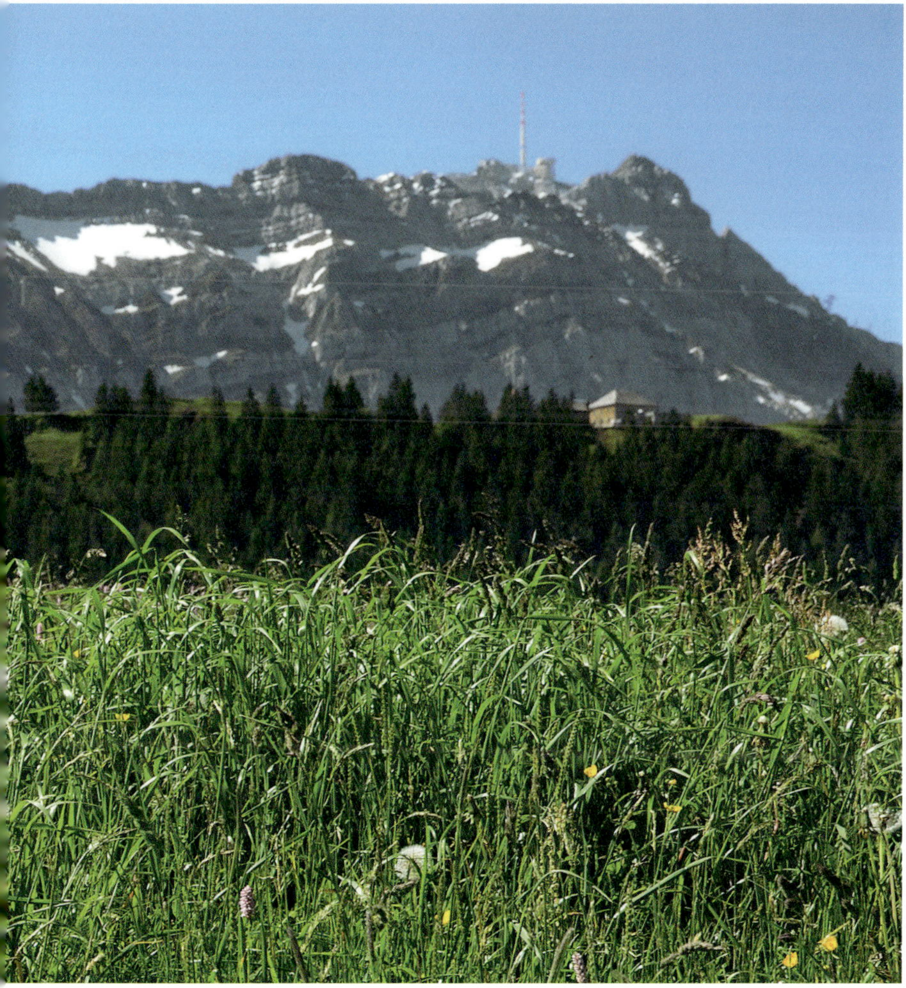

Blühende Wiese mit dem Säntis im Hintergrund

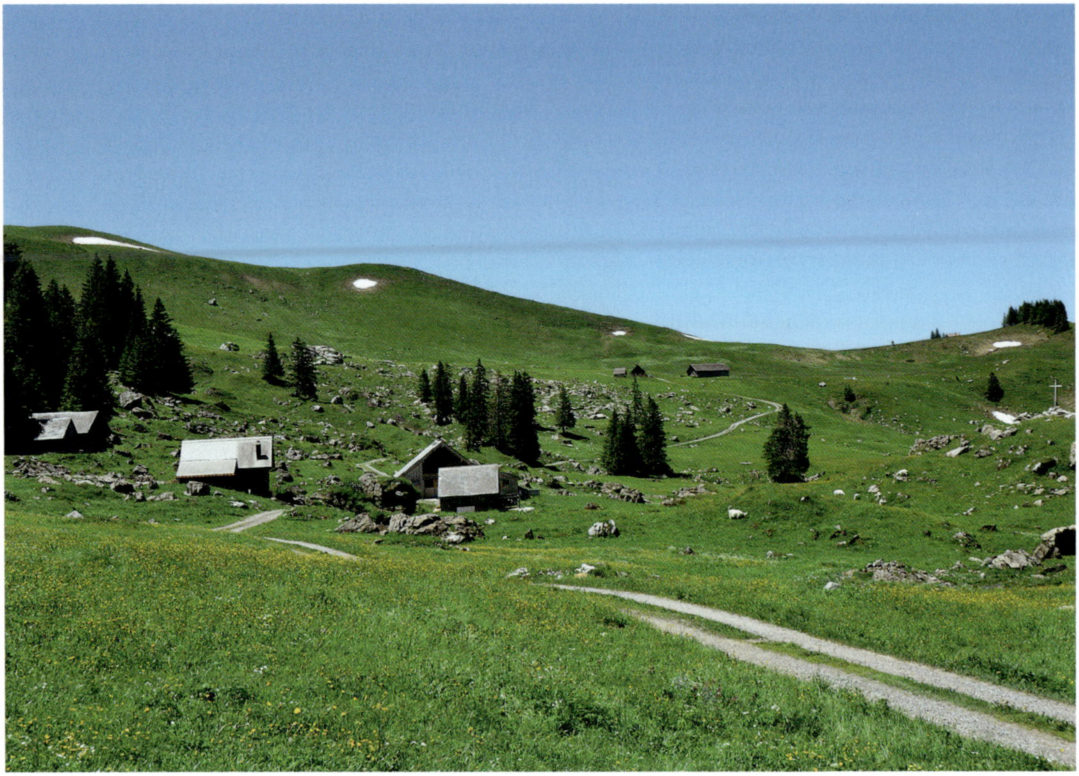

Sattgrüne Almwiesen auf der Poters- und Schwägalp

des Hotels. Durch den Säntis-Tourismus ist die Schwägalp geprägt von vielen Autoparkplätzen; sie ist auch bei den motorisierten Zweiradfahrern ein beliebtes Ausflugsziel und ein bekannter Treffpunkt. Hier befindet sich auch die Talstation der Luftseilbahn, die auf den Säntis führt.

Aus sicherer Entfernung beobachten wir dieses rege Treiben und fahren dann auf einem flowigen Trail zum Schwägalppass. Dieser liegt zwischen Nesslau-Neu St. Johann im Obertoggenburg im Kanton St. Gallen und Urnäsch im Kanton Appenzell Außerrhoden. Der eigentliche Scheitelpunkt auf 1300 Metern Höhe befindet sich etwas südwestlicher auf dem Gebiet der Gemeinde Nesslau-Krummenau.

Am Schwägalppass können wir uns nun zwischen einem verwurzelten Singletrail und einer gut fahrbaren Variante entscheiden. Bei der Trailvariante gibt es immer wieder kurze Stellen, die nicht fahrbar sind. Ansonsten ist es ein interessanter Waldtrail.

Wer die gut fahrbare Variante wählt, tritt ein kurzes Stück auf der Schwägalppassstraße Richtung Nesslau, bevor er rechts zum Chräzerenpass abbiegt. Hier treffen beide Varianten wieder zusammen.

Ab dem Chräzerenpass führt uns eine gut ausgebaute Forststraße zum längsten Schiebestück Richtung Hochalp. Direkt nach der Abzweigung auf den Wanderweg müssen wir das Bike etwa 15 Minuten durch einen Wald hinaufschieben. Belohnt werden wir mit einem traumhaften Panoramaweg und einer herrlichen Aussicht. Die Landschaft und das Panorama bleiben bis zur Hochalp unübertroffen – die Wegbeschaffenheit jedoch fordert uns von nun an in jeder Beziehung.

APPENZELLER BRAUCHTUMSMUSEUM

Das Appenzeller Brauchtumsmuseum ist in einem über 400 Jahre alten Appenzellerhaus. Themen sind die bäuerliche Kultur, das Handwerk des Appenzellerlands und das bis heute lebendige Brauchtum. Auch altes Handwerk wird ausgestellt. Appenzeller Brauchtumsmuseum, CH-9107 Urnäsch, Tel. +41/(0)71/364 23 22, www.museum-urnaesch.ch

Der Spicher mit seinen 1520 Metern Höhe wird beinahe umrundet. Bis zur Hochalp befahren wir nur noch Trails und Wanderwege, die abschnittsweise auch sehr schmal und steil sind. Auf diesem Wegabschnitt bleibt es uns nicht erspart, unser Bike das eine oder andere Mal auch kurz zu schieben. Mit etwas Kondition und Routine aber bereitet uns dieser sehr anstrengende Wegabschnitt viel Spaß. Der letzte Anstieg ab der Alpe Oberer Chenner, kurz unterhalb des Gasthauses Hochalp, bringt unsere Oberschenkel noch ein letztes Mal zum Glühen, bevor wir die unbeschreibliche Rundumsicht genießen können. Das Gasthaus Hochalp liegt auf einem Plateau, und somit ist die Fernsicht nach allen Seiten hin gewährt. Die Rückseite der Churfirsten und das Säntis-Massiv können von der Sonnenterrasse aus bewundert werden.

Von der Hochalp rollen wir auf der asphaltierten Zufahrtsstraße abwärts und verlieren über einige steile Serpentinen rasch an Höhe. Eine angenehm fahrbare Asphaltstraße bringt uns, vorbei an der Alp Nasen und am Hochmoor Paradisli, rasch Richtung Urnäsch, unserem Ausgangspunkt.

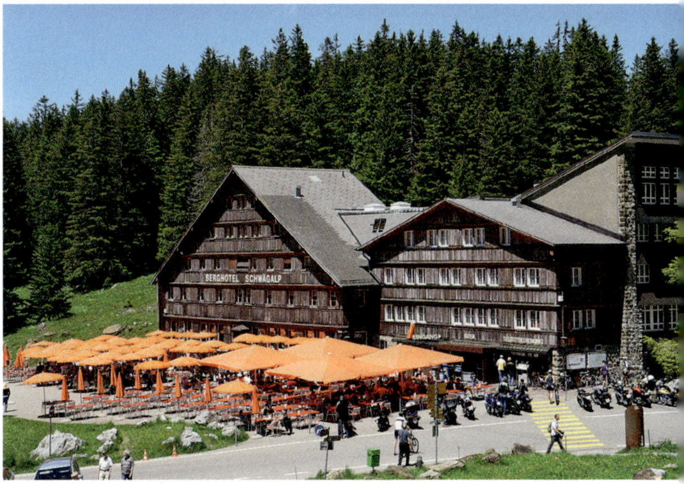

Das Berghotel Schwägalp – wir bleiben in sicherer Entfernung.

HOT POT – BADESPASS IM HOLZFASS

Bei diesem besonderen Badespaß wird ein Holzfass mit frischem Quellwasser gefüllt und mit Feuer aufgeheizt. »Hot Pot«-Badespaß im Holzfass, Heidi und Sigi Broger, Berg 503, Zürchersmühle, CH-9107 Urnäsch, Tel. +41/(0)71/364 12 23, Mobil +41/(0)79/460 68 52.

Der Blick zurück auf den endlosen Singletrail

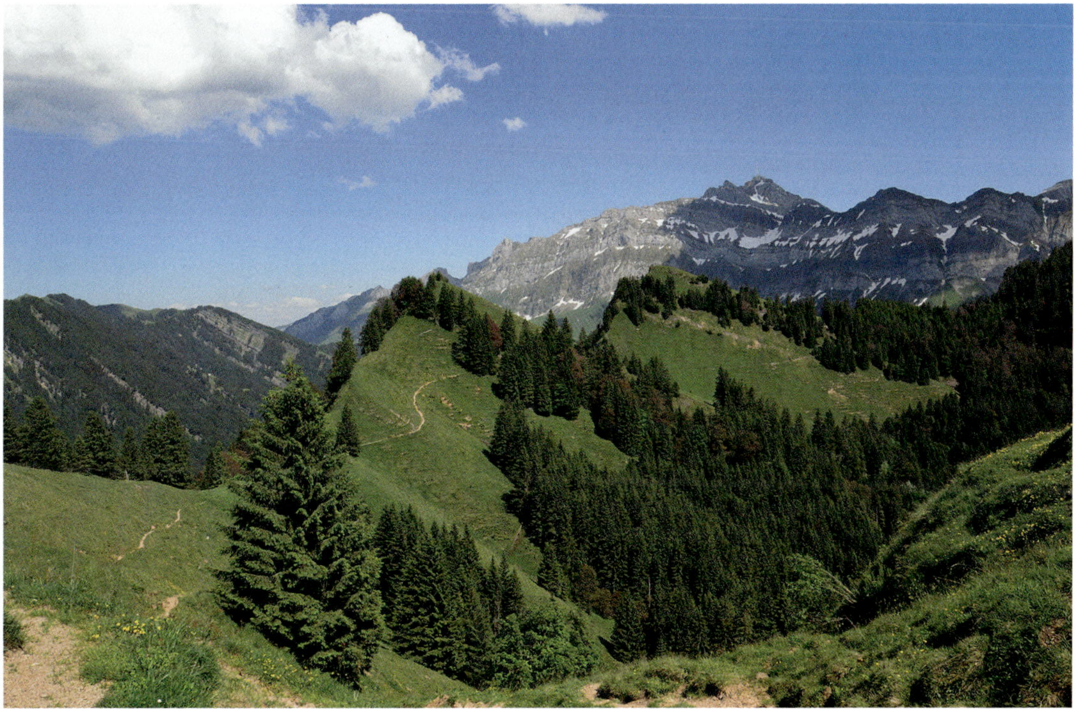

Routenbeschreibung

Tour 21 Rund um den Kronberg.gpx

WP | **km** | **Hm** | Route

1 | **0,00** | **832** | Start in Urnäsch beim Parkplatz direkt oberhalb des Bahnhofs.

2 | **0,03** | **832** | Ausfahrt Parkplatz – links abwärts.

3 | **3,72** | **868** | Rechts leicht aufwärts; an der Kronbergseilbahn vorbei.

4 | **4,31** | **883** | Rechts leicht aufwärts.

5 | **4,51** | **888** | Geradeaus fahren.

6 | **4,72** | **897** | Links im spitzen Winkel aufwärts.

7 | **5,19** | **937** | Rechts aufwärts fahren.

8 | **5,70** | **972** | Rechts aufwärts fahren.

9 | **6,42** | **1053** | Links durch die Gschwendlistraße.

10 | **6,59** | **1064** | Rechts aufwärts fahren.

11 | **6,91** | **1096** | Auf dem Wiesenweg geradeaus steil aufwärts.

12 | **7,45** | **1180** | Links unterhalb des Hofs durch die Wiese weiter.

13 | **7,52** | **1182** | Rechts aufwärts fahren.

14 | **8,96** | **1323** | Links im spitzen Winkel aufwärts; vor der Hütte rechts aufwärts.

15 | **9,01** | **1329** | Links auf dem Wiesenweg aufwärts.

16 | **10,57** | **1272** | Rechts über die Wiese steil abwärts (weglos).

17 | **10,65** | **1262** | Rechts auf dem Wiesenweg abwärts.

18 | **11,40** | **1182** | Links auf dem Singletrail abwärts und den Bach überqueren.

19 | **11,48** | **1213** | Links auf dem Singletrail abwärts.

20 | **11,58** | **1149** | Auf dem Weg durch die Wiese fahren.

21 | **11,70** | **1179** | Auf der Schotterstraße links abwärts.

22 | **12,57** | **1039** | Geradeaus auf der Schotterstraße weiter.

23 | **12,66** | **1036** | Geradeaus Richtung Lehmen fahren.

24 | **13,05** | **974** | Links auf der Schotterstraße abwärts.

25 | **13,44** | **945** | Über die Brücke und geradeaus auf der Schotterstraße weiter.

26 | **14,25** | **981** | Gasthaus Lehmen – rechts aufwärts Richtung Schwägalp.

27 | **15,20** | **990** | Links aufwärts fahren.

28 | **16,65** | **1065** | Links aufwärts Richtung Schwägalp.

29 | **18,58** | **1233** | Geradeaus aufwärts fahren.

30 | **19,83** | **1340** | Potersalp – rechts Richtung Schwägalp.

31 | **20,54** | **1375** | Rechts fahren.

32 | **21,07** | **1395** | Chammhaldenhütte – geradeaus Richtung Schwägalp.

33 | **21,94** | **1312** | Links Richtung Schwägalp fahren.

34 | **23,23** | **1361** | Schwägalp – links auf der Schotterstraße parallel zur Asphaltstraße weiter.

35 | **23,62** | **1352** | Rechts abwärts fahren.

36 | **24,66** | **1300** | Auf der Hauptstraße rechts fahren.

37 | **24,71** | **1297** | Links auf dem Wanderweg Richtung Hemberg.

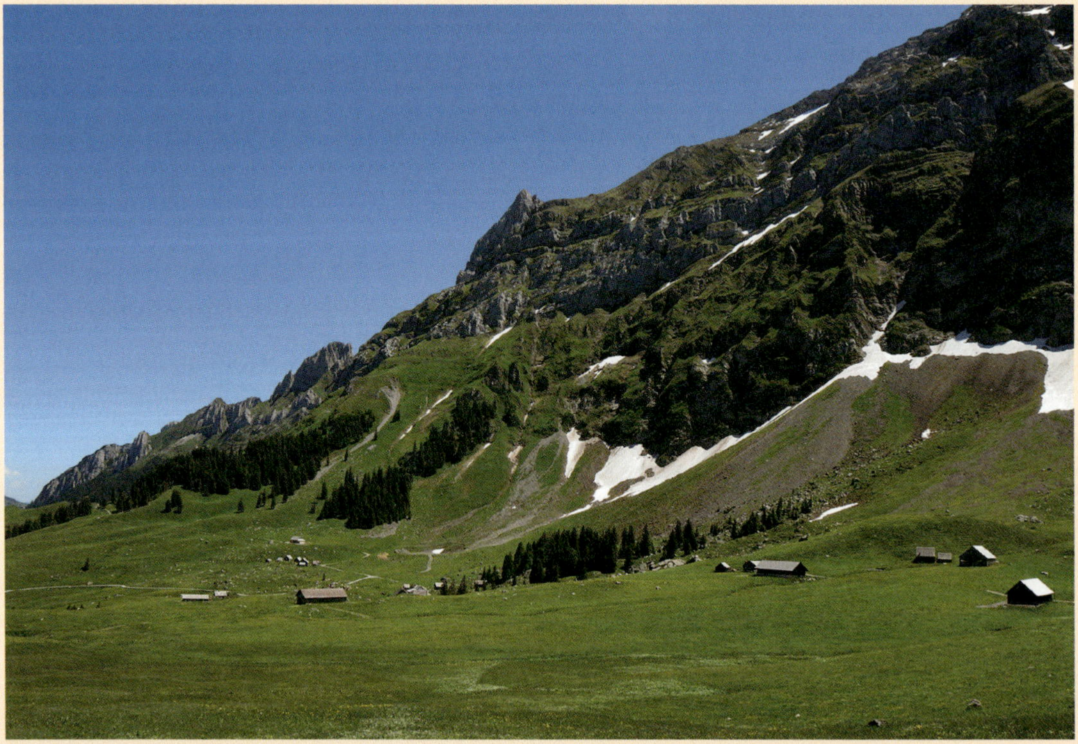

Schneereste unter dem Säntis

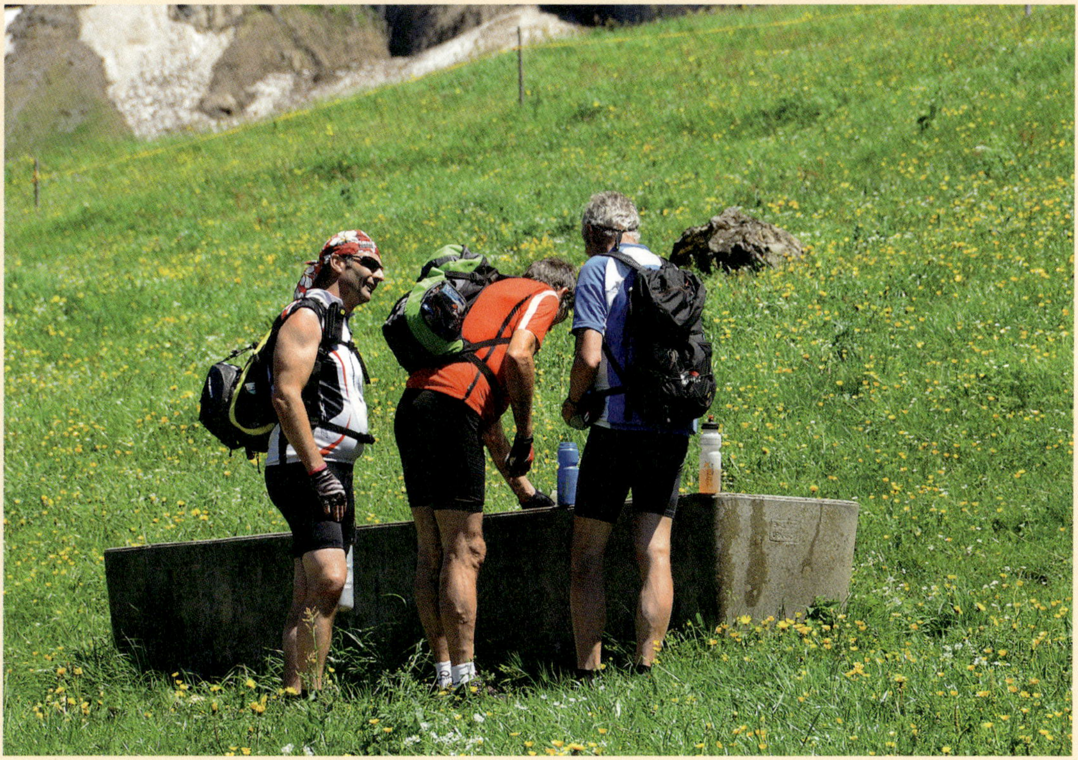

Jede Wasserstelle wird als Durstlöscher genutzt.

38 | 24,82 | 1298 | Links auf dem Wanderweg steil aufwärts.
39 | 24,95 | 1318 | Links auf dem Singletrial weiter.
40 | 25,82 | 1271 | Rechts auf der asphaltierten Straße leicht aufwärts Richtung Hochalp.
41 | 26,61 | 1319 | Rechts Richtung Hochalp fahren.
42 | 27,06 | 1335 | Links auf dem Wanderweg steil aufwärts.
43 | 27,20 | 1360 | Rechts auf dem Wanderweg aufwärts.
44 | 28,29 | 1471 | Links Richtung Hochalp fahren.
45 | 28,33 | 1471 | Links fahren.
46 | 28,69 | 1462 | Rechts abwärts Richtung Hochalp.
47 | 29,74 | 1355 | Links auf dem Wanderweg steil aufwärts.
48 | 30,75 | 1392 | Links Richtung Hochalp fahren.
49 | 30,85 | 1412 | Rechts auf dem Bewirtschaftungsweg steil aufwärts Richtung Hochalp.
50 | 31,95 | 1518 | Gasthaus Hochalp – geradeaus weiterfahren.
51 | 34,42 | 1220 | Rechts fahren.
52 | 38,70 | 883 | Links fahren.
53 | 39,45 | 862 | Links auf der Hauptstraße weiter.
54 | 39,67 | 862 | Rechts fahren.
55 | 39,83 | 853 | Links fahren.
56 | 40,50 | 859 | Rechts fahren.
57 | 40,53 | 859 | Rechts und gleich wieder links zum Ausgangspunkt fahren.
58 | 40,61 | 832 | Ausgangspunkt erreicht – Ende der Tour.

Variante A: Tour 21 Rund um den Kronberg.gpx

WP | km | Hm | Route
A01 | 24,66 | 1300 | Bei WP 36 links die Hauptstraße hinunter Richtung Nesslau.
A02 | 25,71 | 1182 | Rechts auf der Schotterstraße weiter; nach ca. 200 m asphaltiert.
A03 | 27,33 | 1234 | Wir erreichen beim WP 40 wieder den Basistrack – geradeaus weiter.

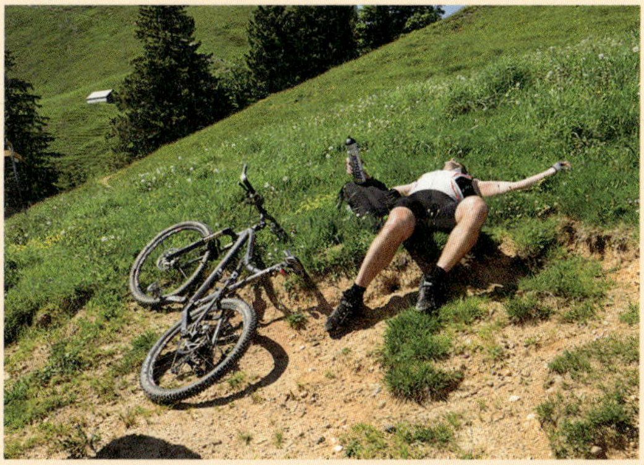

Der Trail hat ihn geschafft ...

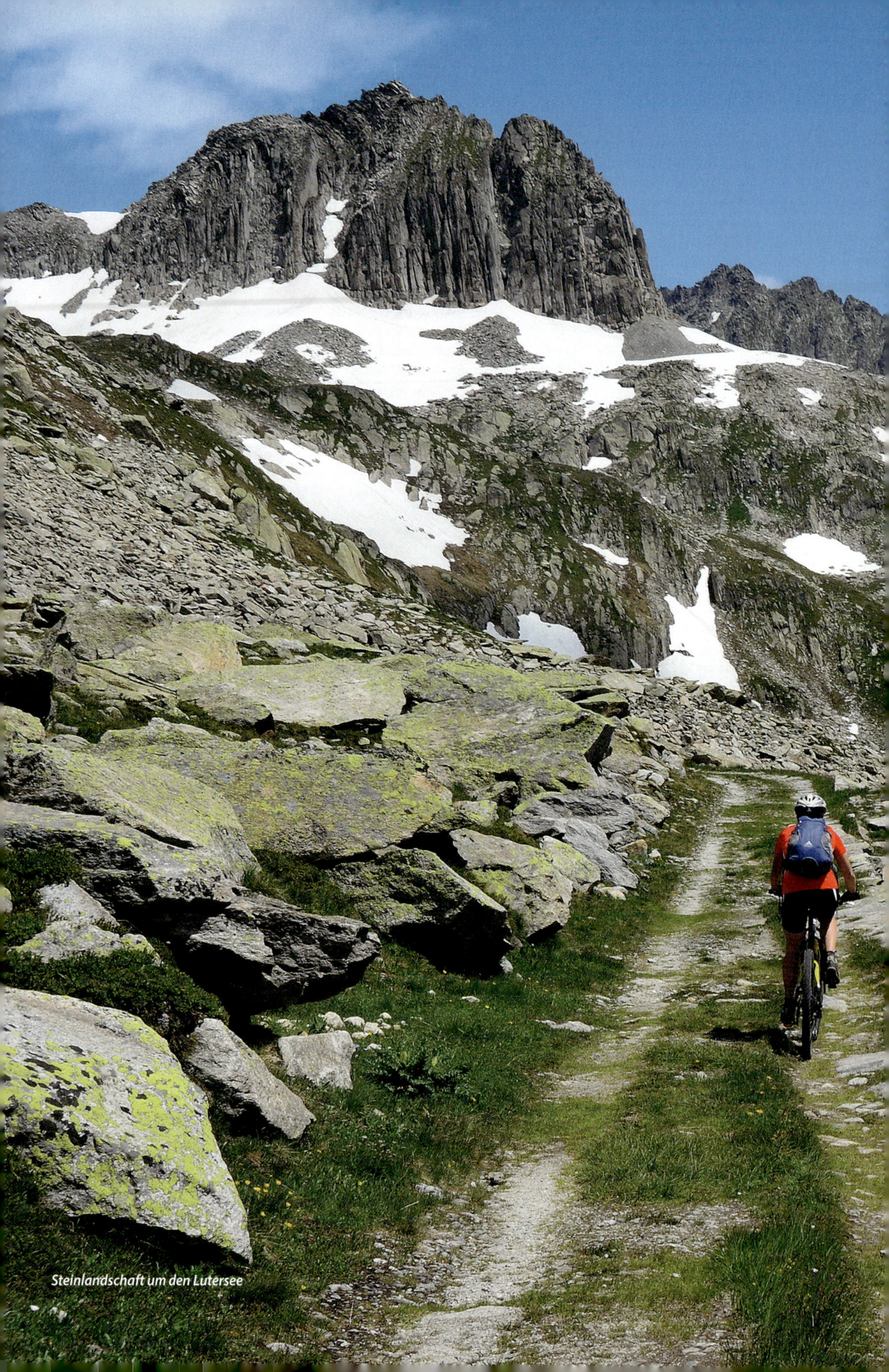

Steinlandschaft um den Lutersee

Tagestour im Kanton Uri

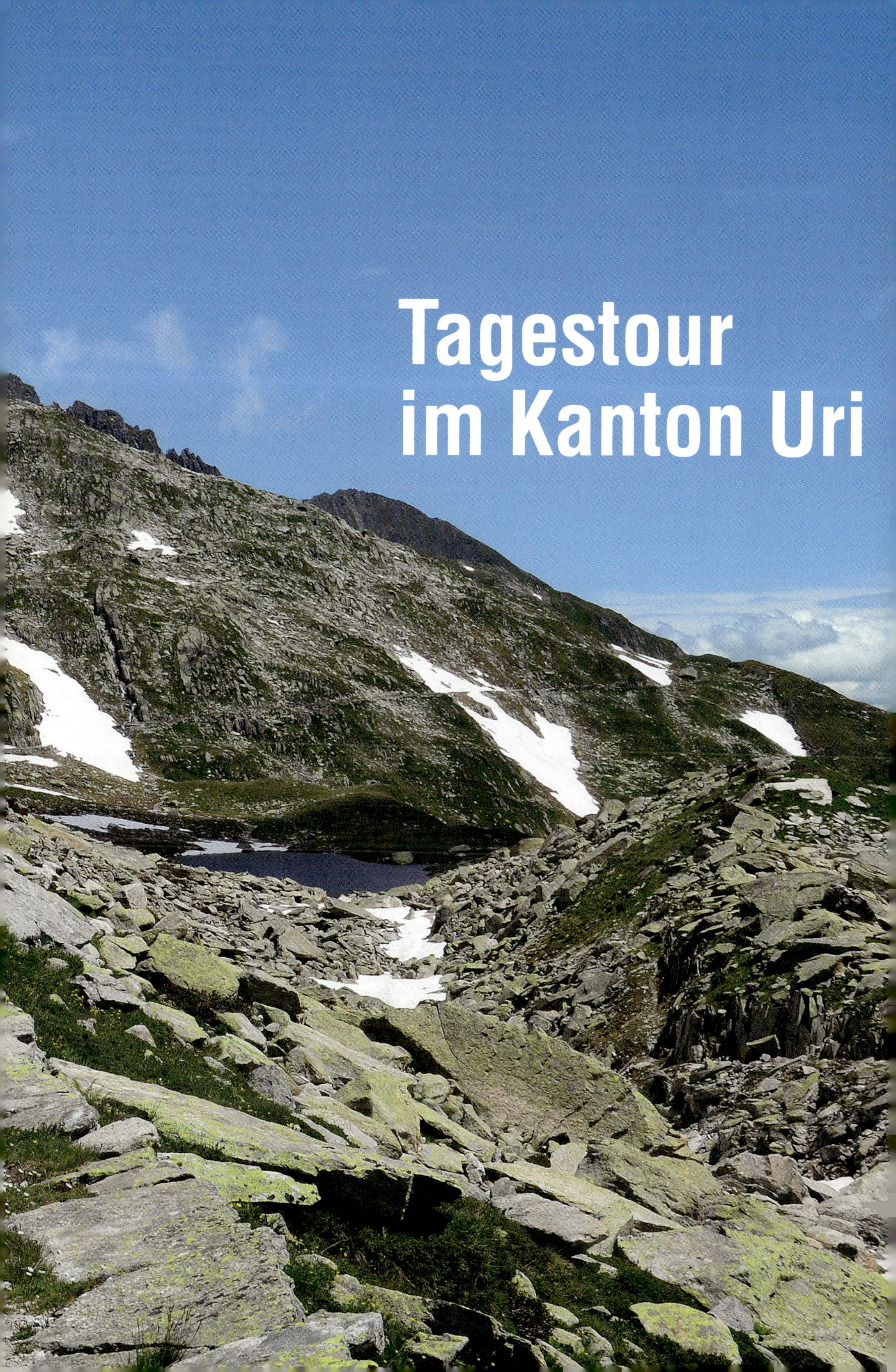

22 Lutersee

Lange Auffahrt zum kristallklaren Lutersee und fordernde Trailabfahrt

4	✪✪✪✪✪	1290	30	4
Schwierigkeit	Erlebniswert	Höhenmeter (in m)	Streckenlänge (in km)	Zeit (in h)

TOURENCHARAKTER

AUSGANGS-/ENDPUNKT

Göschenen

ANFAHRT

A 2 bis Ausfahrt 40/Göschenen, beim Kreisverkehr rechts und durch die Unterführung Richtung Göschenen; 200 m nach der Unterführung auf der linken Seite, direkt an den Bahngleisen, gibt es gebührenpflichtige Parkplätze.

KONDITION

✪✪✪✪✪

FAHRTECHNIK

✪✪✪✪✪

ERLEBNISWERT

Fahrspaß: ✪✪✪✪✪ – gut fahrbare Wege und Straßen; eine urige Bergstraße, teils mit großen Steinplatten versehen, in genialer Umgebung; absolut fordernder Singletrail durch das Riental bzw. als Alternative auf dem Auffahrtsweg retour

Landschaft: ✪✪✪✪✪ – imposante und geschichtsträchtige Landschaft in der Schöllenenschlucht bei der Teufelsbrücke; schöne Ausblicke auf Andermatt, Richtung Furka und auf die umliegende Bergwelt; ruhig gelegener, glasklarer, idyllischer Bergsee in genialer Berglandschaft

Kultur und Geschichte: ✪✪✪✪✪ – die Schöllenenschlucht mit der Teufelsbrücke; das Suworow-Denkmal; der Rundweg Schöllenen; der Visierstollen »Louis Favre« in Göschenen

EINKEHRMÖGLICHKEITEN

Bäckerei Rieser im Zentrum von Göschenen, direkt nach der Brücke; Restaurant Nätschen, Oberalpstrasse, CH-6490 Andermatt, Tel. +41/(0)41/887 13 54

STRECKENPROFIL

Stetige, aber angenehme Auffahrt bis zum Lutersee über einfach zu befahrene Wege und Straßen in genialer Umgebung. Die Abfahrt kann man entweder auf dem 7 km langen, anstrengenden und sehr anspruchsvollen Singletrail (nur für geübte und technisch versierte Biker!) oder alternativ auf dem Auffahrtsweg bewältigen.

HÖCHSTER PUNKT

2380 m, beim Lutersee

NIEDRIGSTER PUNKT

1091 m, Göschenen

TOURIST-INFO

Verkehrsverein Göschenen, CH-6487 Göschenen, Tel. +41/(0)41/885 12 16, www.goeschenen.ch

LANDKARTEN

Swisstopo 5001 Gotthard, Landeskarte 1:50 000 (Zusammensetzungen)

GPS/ROADBOOK

Tour 22 Lutersee.gpx;
Tour 22 Lutersee 500.gpx

Die interessante und landschaftlich wunderschöne Tour führt durch die geschichtsträchtige Schöllenenschlucht bis zum Lutersee auf 2382 Metern Höhe. Die Rückfahrt kann entweder über einen sieben Kilometer langen fordernden Singletrail oder problemlos auf der Auffahrtsroute erfolgen. Wenn es sich zeitlich einrichten lässt, sollte man diese Tour nicht an schönen Wochenenden fahren.

In Göschenen beginnt diesmal unsere Tour. Das Dorf liegt im Oberen Reusstal im Kanton Uri; es grenzt im Westen an die Walliser Gemeinde Obergoms und an die Berner-Oberländer-Gemeinde Gadmen, im Norden an Wassen, im Osten an Gurtnellen und im Süden an Andermatt, Hospental und Realp. Die Bevölkerung spricht hier eine hochalemannische Mundart; beinahe die gesamte Einwohnerschaft spricht aber als tägliche Umgangssprache Deutsch.

Auf dem Göschener Gemeindegebiet befindet sich neben dem Nordportal des zwischen 1872 und 1882 erbauten Gotthardtunnels der Gotthardbahn auch das Nordportal des Gotthard-Straßentunnels, der 1980 eröffnet wurde. Der Bahnhof von Göschenen ist auch Ausgangs-

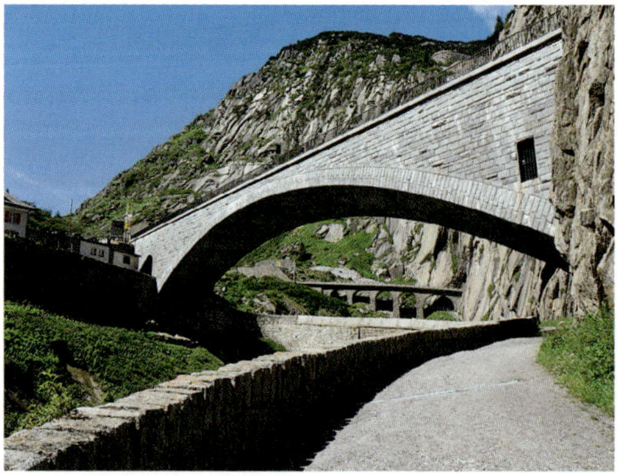

Die Teufelsbrücke über die Schöllenenschlucht

30 km	1290 Hm	Tagestour

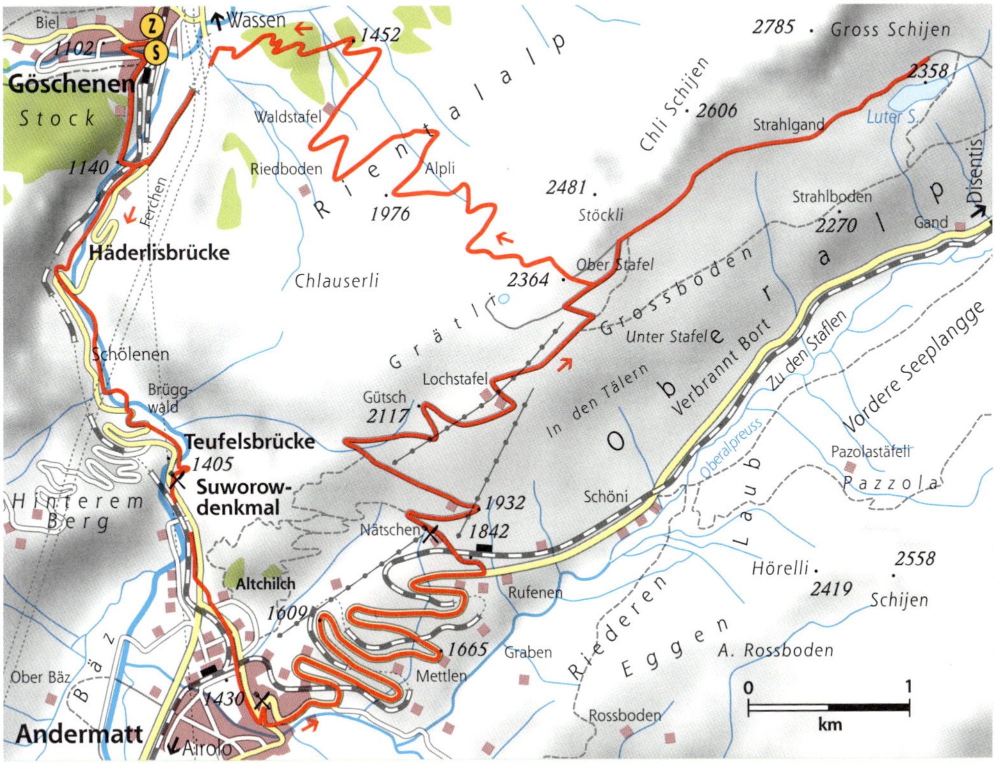

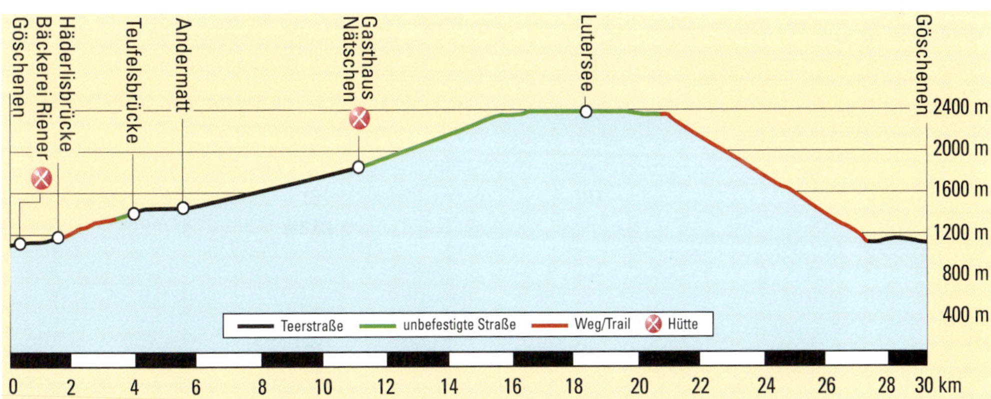

punkt der Schöllenenbahn (heute: Matterhorn-Gotthard-Bahn), einer meterspurigen Zahnradbahn hinauf nach Andermatt, die durch das enge Tal der Reuss führt.

Als Abfahrtspunkt wählen wir die Parkplätze am Ortsanfang, direkt neben den Bahngleisen. Zunächst radeln wir in den Ort und genehmigen uns – direkt nach der Brücke über die Göschener Reuss – in der Bäckerei Rieser noch einen Cappuccino und eine frisch gebackene Aprikosenwähe (sehr empfehlenswert!). Dann fahren wir gestärkt ein kurzes Stück auf der Hauptstraße Richtung Andermatt, ehe wir rechts auf einen Wanderweg abbiegen und über die dreibogige Häderlisbrücke auf die andere Seite der Reuss gelangen.

Nun erwartet uns lediglich ein kurzes Schiebestück, bevor der Weg sehr interessant an der wilden Reuss entlang Richtung Schöllenenschlucht führt. Leider lässt der Satel-

DIE SAGE ZUR TEUFELSBRÜCKE

Einer Sage zufolge wurde die erste Teufelsbrücke (nomen est omen) vom Teufel errichtet. Die Urner scheiterten nämlich immer wieder an der Errichtung einer Brücke, und so rief ein Oberhaupt der Landsgemeinde schließlich ganz verzweifelt aus: »Do sell der Tyfel e Brigg bue!« (Da soll der Teufel eine Brücke bauen!). Kaum ausgesprochen, stand dieser schon vor der Urner Bevölkerung und schlug ihnen einen Pakt vor: Er würde die Brücke bauen und als Gegenleistung dafür die Seele desjenigen bekommen, der als Erster die Brücke überquere. Nachdem der Teufel die Brücke gebaut hatte, schickten die schlauen Urner einen Geißbock über die Brücke. Der Teufel war über diesen Trick sehr erzürnt und holte einen haushohen Stein, mit dem er die Brücke zerschlagen wollte. Es begegnete ihm aber eine fromme Frau, die ein Kreuz auf den Stein ritzte. Den Teufel verwirrte das Zeichen Gottes so sehr, dass er beim Werfen des Steines die Brücke verfehlte. Der Stein fiel die gesamte Schöllenenschlucht bis unterhalb des Dorfes Göschenen hinab und wird seitdem Teufelsstein genannt.

1973 wurde der rund 2000 t schwere Teufelsstein mit einem Budget von 300 000 Franken um 127 m verschoben, um der Gotthardautobahn Platz zu machen. Die Verschiebung des Teufelssteins wird in einer modernen Erweiterung der Volkssage für die unerklärliche Häufung von Verkehrsunfällen auf Kilometer 17 des Gotthard-Straßentunnels verantwortlich gemacht.

litenempfang in dieser Schlucht sehr zu wünschen übrig – orientierungsmäßig ergeben sich dadurch aber keine Probleme, denn es gibt nur diesen einen Weg. Teilweise parallel zur Hauptstraße fahren wir Richtung Andermatt, überqueren die Hauptstraße dann auch und bewegen uns oft oberhalb der Straßengalerien weiter. Auf der linken Seite sehen wir imposante Wasserfälle, die aus großen Höhen in die Reuss stürzen. Einige Kehren später erblicken wir auf der gegenüberliegenden Seite das in die Felswand gemauerte Steinkreuz, das Suworow-Russendenkmal. Es erinnert an die russischen Soldaten, die in der Schöllenenschlucht am 25. September 1799 unter General Alexander Wassiljewitsch Suworow gegen französische Truppen heldenhaft gekämpft hatten.

Auch die Teufelsbrücke über die Schöllenenschlucht verdient unseren Respekt und bringt uns zum Staunen. Wir befinden uns hier auf einem geschichtsträchtigen und legendären Platz, den damals alle Reisenden gezwungenermaßen passieren mussten und wo einst heftige Schlachten stattfanden.

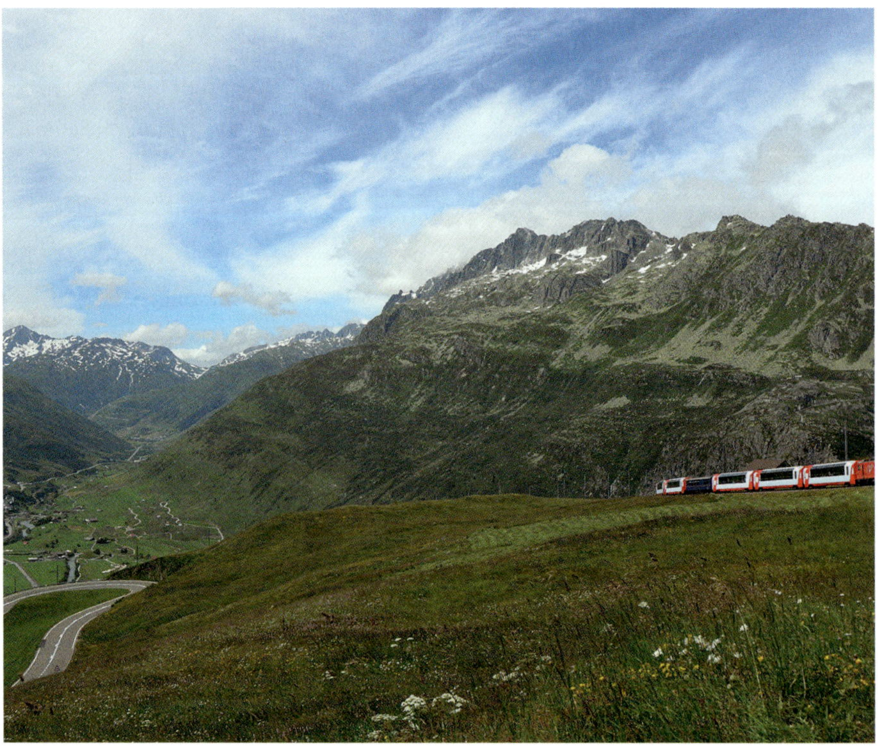

Der Glacier Express oberhalb von Andermatt schlängelt sich durch die Bilderbuchlandschaft der Schweiz.

Von der ursprünglichen, zwischen 1828 und 1830 errichteten Teufelsbrücke sind heute nur noch Fundamentreste vorhanden; die neue Teufelsbrücke wurde 1955/56 erbaut. Das an die Felswand gemalte Teufelsbild wurde vom berühmten, aus dem Ursenental stammenden Maler und Dichter Heinrich Danioth geschaffen. Am Anfang des nördlichen Parkplatzes befindet sich der Eingang zum 560 Meter langen Rundgang, der neue Einblicke in die Schöllenenschlucht ermöglicht, mit vielen Eindrücken und einer atemberaubenden Aussicht auf die alte und die neue Teufelsbrücke und einem Durchgang durch einen alten, stillgelegten Militärstollen. Infotafeln entlang des Weges geben Auskünfte über die Geschichte dieses Ortes.

Wir verlassen diesen geschichtsträchtigen Ort und fahren durch das Urner Loch nach Andermatt.

Im Jahr 1707 sprengte der Tessiner Baumeister Pietro Morettini einen Durchgang von 64 Metern Länge in den Fels, das Urner Loch. Es war 2,7 Meter hoch und fast ebenso breit, eine großartige Leistung seiner Zeit. Doch erst nachdem 1818 bis 1830 Urner und Tessiner vereint den Weg ausgebaut hatten, war er durchgehend für Wagen befahrbar.

Andermatt (an der Wiese) ist Hauptort des Urserentals und reicht bis hinauf zum Oberalppass, der die Kantonsgrenze zu Graubünden bildet; außerdem ist der Ort ein Wintersportgebiet und Kurort. Beim Kreisverkehr in Andermatt biegen wir in die Oberalppassstrasse ab. Schnell gewinnen wir an Höhe, und bereits nach wenigen Kehren genießen wir den tollen Ausblick auf Andermatt und Richtung Furka.

Wir bleiben auf dieser Asphaltstraße und fahren, bis auf eine kleine Tunnelumfahrung, auf dieser weiter bis nach Nätschen, wo wir nach links von der Oberalppassstrasse abbiegen. Beim Restaurant Nätschen haben wir die letzte Möglichkeit, uns zu verpflegen.

Hier zweigen wir nach Norden in eine Güterstraße ab und nehmen auf der gut ausgebauten Naturstraße die gleichmäßige Steigung durch steindurchsetzte Alpweiden in Angriff. Entlang der Route entdecken wir immer wieder militärische Bauten aus der Zeit des Kalten Krieges, welche an die turbulente Vergangenheit erinnern.

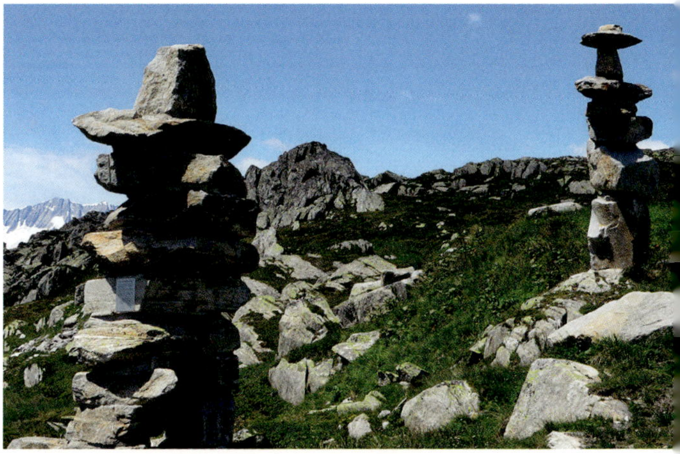

Steinfiguren im Gebiet Grossboden/Gütsch

RUNDWEG SCHÖLLENEN

Ausgangspunkt des 560 m langen Rundwegs ist der Parkplatz oberhalb der beiden Teufelsbrücken. Nachdem man die alte Teufelsbrücke der Kommerzialstraße von 1830 überquert hat, gelangt man durch den alten Militärstollen auf die Ostseite der Schöllenenschlucht, die dem Wanderer einen imposanten Einblick in die Schlucht und die beiden Teufelsbrücken gewährt. Über einen kurzen Aufstieg führt der Rundweg zum »Begegnungsplatz«. Weiter geht es über die Brücke beim Bahnübergang der Matterhorn-Gotthard-Bahn ans Ufer der tosenden Reuss. Durch die Unterführung des Matterhorn-Gotthard-Bahn-Viadukts gelangt man dann wieder zum Ausgangspunkt des Rundwegs zurück.

Herrlicher Panoramaweg Richtung Lutersee

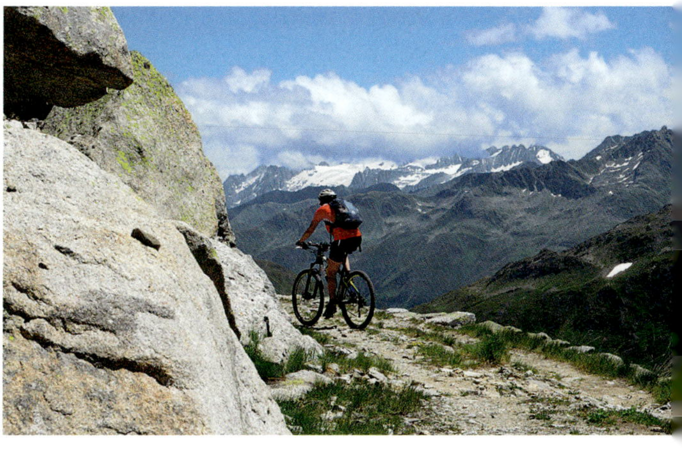

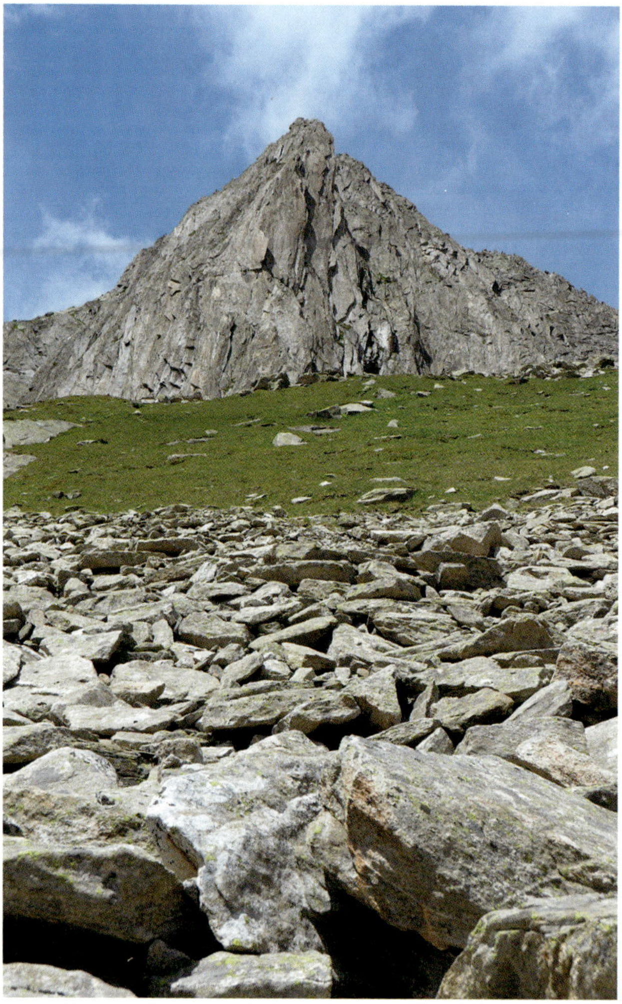

Mächtiger Schijen

Auf dem Stöckli bietet sich eine weitere kurze Rast an. Wir lassen das Auge über das Urserental schweifen und genießen die Aussicht ins Tal – im Hintergrund zeigen sich die rotierenden Windräder (Windstrom für 400 Haushalte) auf dem Gütsch.

VISIERSTOLLEN LOUIS FAVRE GÖSCHENEN

Der sehr gut erhaltene Visierstollen befindet sich im Bahnhofsareal Göschenen. Im leer stehenden Gewölbe mit dem rund 115 m langen Tunnel kann eine Ausstellung zum Thema »Gotthardtunnelbau« besichtigt werden. Themenschwerpunkte sind unter anderem die Vermessungstechnik, die Anstrengungen und Erschwernisse der Tunnelarbeiter, das Leben in Göschenen sowie die Macher des Tunnels.

Eine gut ausgebaute Schotterstraße führt nun mit gleichmäßiger Steigung Richtung Lutersee. Bei Ober Stafel biegen wir rechts ab; vor uns können wir den Oberalpsee erkennen. Ab Kilometer 16,50 ist die Schotterstraße mit immer gröberen Steinen und mit Felsplatten belegt. Dann haben wir unser Endziel erreicht: Rechts unter uns liegt der im Sonnenlicht türkis schimmernde Lutersee. Zusammen mit dem Groß Schijen, dem Unghürstöckli und dem Schneehüenerstock zeigt sich uns hier eine unberührte Gebirgskulisse.

Nachdem wir die wunderschönen Eindrücke wie ein Schwamm aufgesogen haben, fahren wir auf demselben Weg bis zum Stöckli (WP 19) zurück. Hier zweigen wir zur Trailabfahrt über das Riental ab.

Hinweis: An dieser Stelle möchte ich erwähnen, dass nur geübte und technisch versierte Biker die sehr anspruchsvolle Abfahrt ins Riental wählen sollten! Auf diesem sieben Kilometer langen Trail vernichten wir 1300 Höhenmeter auf technisch fordernder Strecke. Weniger geübte Fahrer wählen hier besser den Auffahrtsweg nach Nätschen, Andermatt und bis nach Göschenen!

Der Einstieg zum Trail ist als Wanderweg Riental markiert. Jedoch ist er ein wenig versteckt, meist noch mit Gras bewachsen und außerdem schlecht beschildert. Zu Beginn ist der Trail sehr steil. Er führt auf seinen sieben Kilometern Länge über Wegabschnitte mit größeren Steinen, großen und kleineren Steinplatten sowie Gras- und Waldabschnitten und leitet uns dabei vorbei am Älpli, Riedboden und Waldstafel. Im unteren Teil fahren wir durch den Chrüzliwald. Sicherheitshalber sollte man hier bei den Spitzkehren, dem stellenweise lockeren Gestein und den Abgründen lieber einmal zu viel absteigen als einmal zu wenig! Denn dieser Trail fordert permanent die volle Konzentration und die gesamte Muskulatur, sodass Ermüdungserscheinungen das Risiko eines Sturzes noch erhöhen.

Der Downhilltrail endet bei Steglaui beim Abstellgleis des Göschener Bahnhofs. Am Ende der Tour strampeln wir noch ein kurzes Stück auf der Hauptstraße aufwärts, ehe wir rechts nach Göschenen abbiegen und dem Auffahrtsweg zurück zum Ausgangspunkt folgen.

Tour 22 Lutersee.gpx

WP | **km** | **Hm** | Route

1 | 0,00 | 1091 | Ortsanfang Göschenen – Parkplätze neben den Bahngleisen; Fahrt auf der Hauptstraße Richtung Bahnhof Göschenen.

2 | 0,14 | 1091 | Links über die Brücke und nach der Bäckerei Rieser links aufwärts – Beschilderung der Mountainbikeroute.

3 | 0,38 | 1099 | Rechts aufwärts und am Hotel Krone vorbei.

4 | 1,16 | 1129 | Rechts Richtung Andermatt – auf dem Gehsteig entlang der Hauptstraße.

5 | 1,56 | 1160 | Rechts auf dem Wanderweg zur Häderlisbrücke – Mountainbikeroute »406« und »Route 1«; der Weg führt nach der Häderlisbrücke steil aufwärts; kurze Schiebepassagen!

6 | 3,14 | 1337 | Die Bikeroute führt immer auf einem gut fahrbaren Wanderweg aufwärts; stets der Mountainbikeroutenbeschilderung folgen.

7 | 3,92 | 1413 | Restaurant an der Teufelsbrücke – Suworow-Denkmal; der Mountainbikemarkierung »406« bzw. »1« folgen; auf der Hauptstraße aufwärts Richtung Andermatt und durch den Tunnel fahren.

8 | 4,62 | 1443 | Bei der Weggabelung rechts leicht abwärts und nach 20 m links durch die Radunterführung – Mountainbikeroutenmarkierung »1«; nach der Unterführung fahren wir rechts bis zur Hauptstraße und überqueren diese.

9 | 4,95 | 1442 | Links Richtung Andermatt/Airolo/Gotthardpass; auf der Hauptstraße entlang und am Bahnhof vorbei, immer geradeaus; vorbei am Tourist-Infocenter.

10 | 5,55 | 1454 | Beim Kreisverkehr links Richtung Oberalppass; bis zum nächsten WP auf der Oberalppassstrasse aufwärts fahren.

11 | 7,96 | 1615 | Vor dem Tunnel Grind rechts auf einem Wiesenweg den Tunnel umfahren.

12 | 10,91 | 1827 | Nätschen – links Richtung Lutersee; Wanderwegmarkierung weiß-rot-weiß; letzte Einkehrmöglichkeit im Gasthaus Nätschen.

13 | 12,65 | 2015 | Teufelstalboden – geradeaus fahren.

14 | 15,24 | 2294 | Links aufwärts Richtung Göschenen und Riental; Beschilderung der Mountainbikeroute »411«.

15 | 15,46 | 2319 | Rechts auf der Schotterstraße aufwärts.

16 | 15,67 | 2342 | Geradeaus der Beschilderung Mountainbikeroute (hat hier keine Nummerierung) folgen.

17 | 16,44 | 2362 | Links aufwärts fahren.

18 | 18,21 | 2382 | Lutersee – auf dem Anfahrtsweg wieder retour bis WP 19.

19 | 20,76 | 2346 | Rechts aufwärts zur Trailabfahrt; Alternative: ohne Trailabfahrt den gesamten Auffahrtsweg wieder retour.

20 | 20,93 | 2361 | Links abwärts auf dem Wanderweg »Riental«.

21 | 27,84 | 1115 | Ende des Trails – auf der asphaltierten Straße links.

22 | 28,14 | 1116 | Links zur Hauptstraße und auf dieser entlang rechts aufwärts.

23 | 28,60 | 1149 | Rechts auf dem Auffahrtsweg wieder retour zum Parkplatz – am Hotel Krone vorbei, links abwärts, bei der Bäckerei Rieser vorbei, über die Brücke und beim Weißen Rössl rechts vorbei.

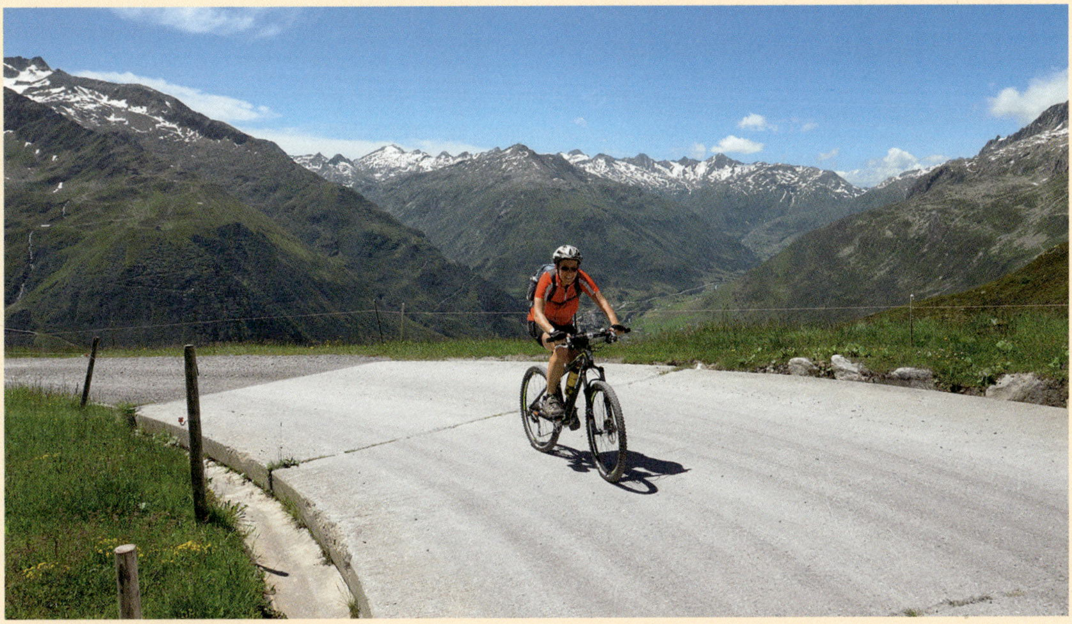

Aussichtsreiche Auffahrt Richtung Ober Stafel

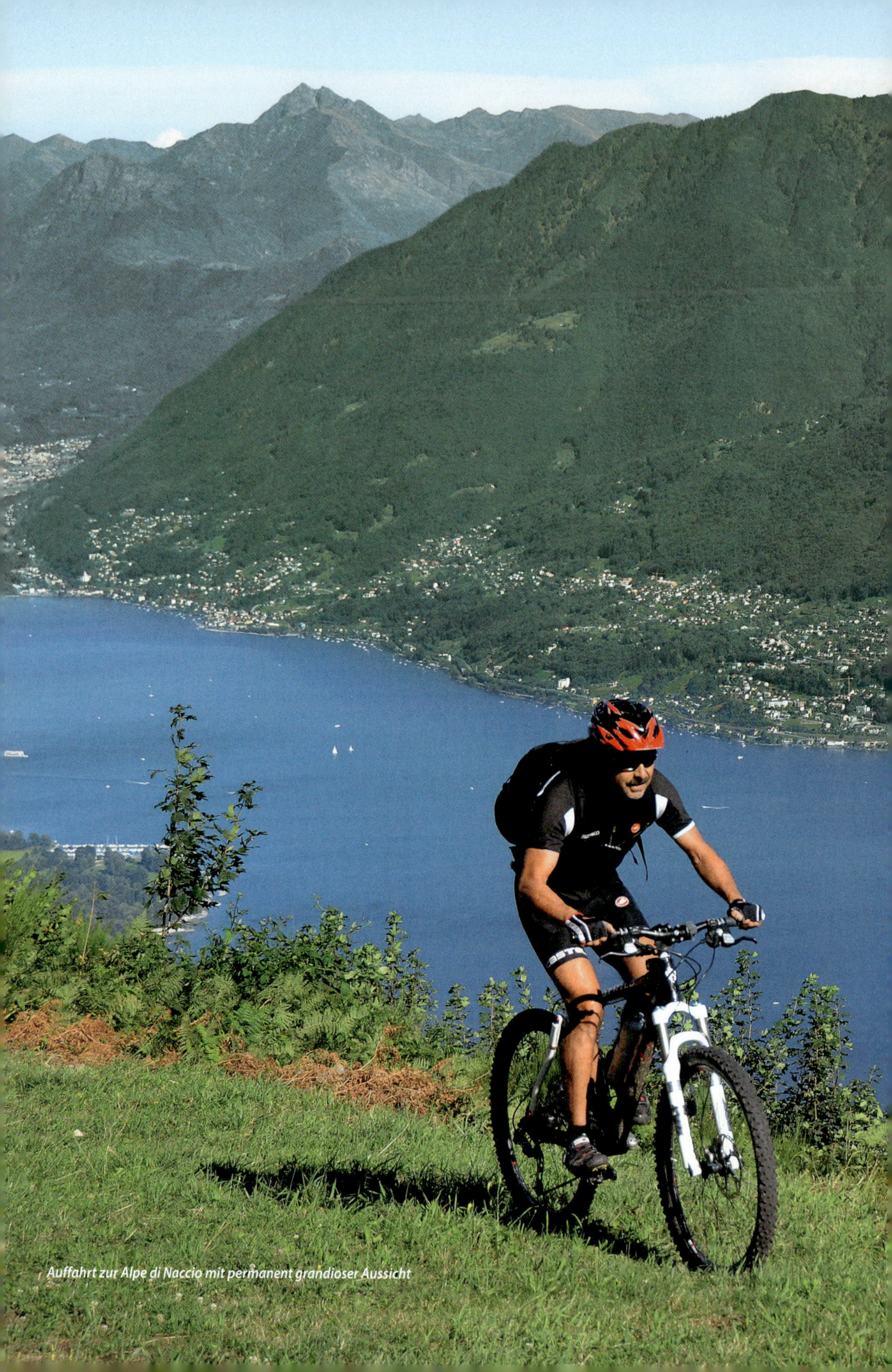

Auffahrt zur Alpe di Naccio mit permanent grandioser Aussicht

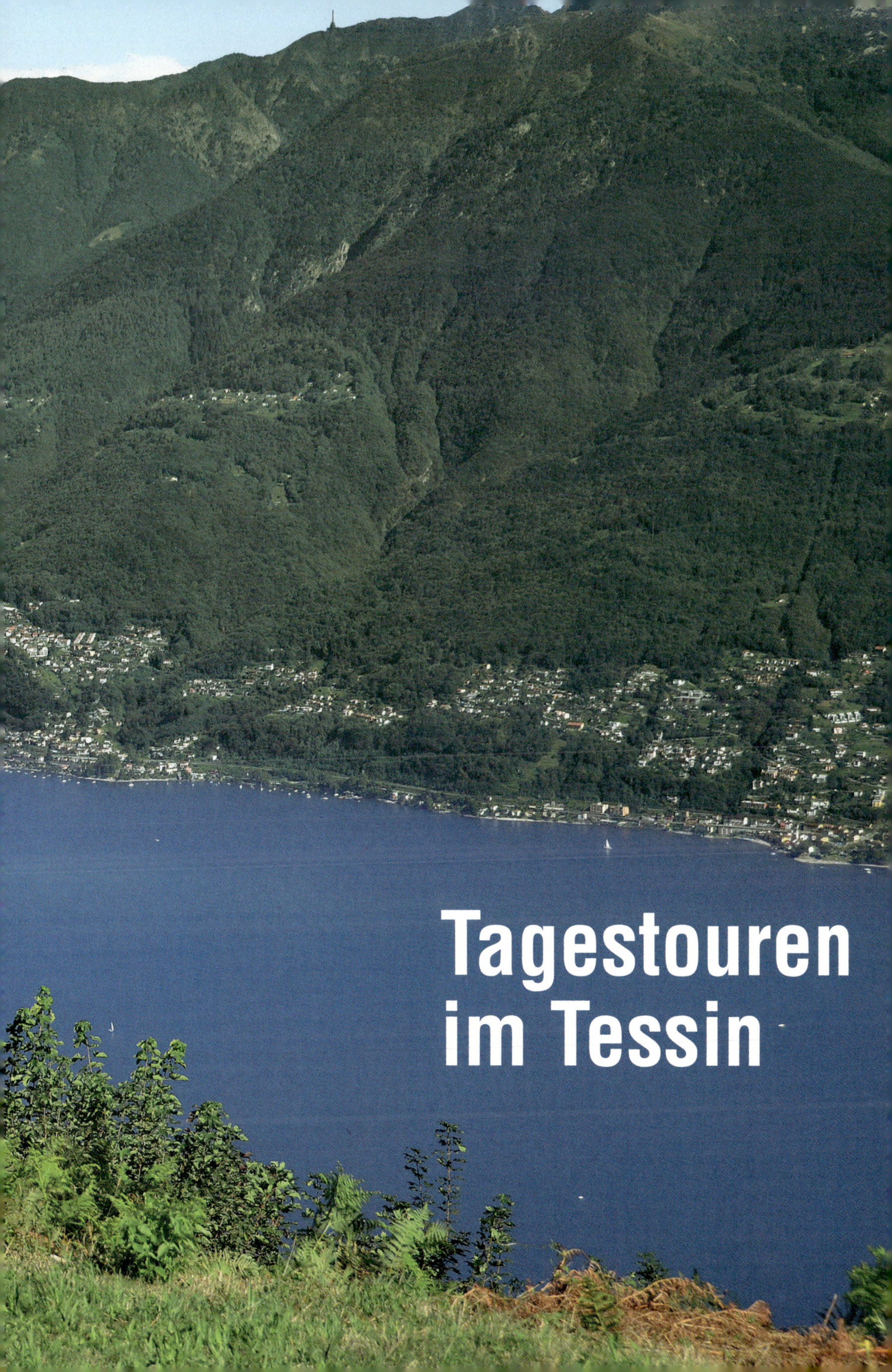
Tagestouren
im Tessin

23 Passo Scimfuss

Eindrucksvolle Rundtour über den legendären Gotthardpass

2	✪✪✪✪✪	1220	33	3.30
Schwierigkeit	Erlebniswert	Höhenmeter (in m)	Streckenlänge (in km)	Zeit (in h)

TOURENCHARAKTER

AUSGANGS-/ENDPUNKT
Airolo, vor dem Bahnhof

ANFAHRT
A 2 bis Ausfahrt 51/Airolo, Richtung Airolo abzweigen, am Ende der Straße rechts abbiegen und nach der Ortseinfahrt rechts Richtung Bahnhof; nach 100 m gebührenfreie Parkplätze links und rechts der Straße

KONDITION
✪✪✪✪✪

FAHRTECHNIK
✪✪✪✪✪

ERLEBNISWERT
Fahrspaß: ✪✪✪✪✪ – imposante Auffahrt auf der legendären Gotthardpassstraße; einsames Panoramasträßchen auf den Passo Scimfuss und wildromantische Abfahrt zurück nach Airolo
Landschaft: ✪✪✪✪✪ – die überwältigende Baukunst der Gotthardpassstraße; unberührte, sehr wilde Landschaft und Ausblicke auf der Fahrt Richtung Alpe Pontino; die Abfahrt durchs wildromantische Val Canaria
Kultur und Geschichte: ✪✪✪✪✪ – das Museum Forte di Airolo (www.festung-oberland.ch); die Gotthard-Schaukäserei; das Nationale St.-Gotthard-Museum

EINKEHRMÖGLICHKEITEN
Gastro San Gottardo – Ospizio, CH-6780 Airolo, Tel. +41/(0)91/869 12 35, Mobil. +41/(0)79/481 88 66, www.passosangottardo.ch; Bäckerei-Cafe Beffa, CH-6780 Airolo, Tel. +41/(0)91/869 17 45, www.panettoni.ch

STRECKENPROFIL
Einfache und beeindruckende Auffahrt mit durchwegs gleichbleibender, angenehmer Steigung auf der alten Gotthardpassstraße; schönes Auf und Ab in unberührter Natur über den Passo Scimfuss bis zur Alpe Pontino. Anfangs steile und etwas ruppige Abfahrt, dann gut zu fahrende Schotterstraße durchs Val Canaria mit zwei kleinen Gegenanstiegen vis-à-vis der großen Felsstürze kurz vor Airolo. Ab km 21,85 führt ein grober, steiler Weg ein kurzes Stück abwärts – Luft aus den Reifen lassen!

HÖCHSTER PUNKT
2242 m, Passo Scimfuss

NIEDRIGSTER PUNKT
1143 m, Bahnhof Airolo

TOURIST-INFO
Leventina Turismo, Via Stazione 22, CH-6780 Airolo, Tel. +41/(0)91/869 15 33, info@leventinaturismo.ch, www.leventinaturismo.ch

LANDKARTEN
Swisstopo 5001 Gotthard, Landeskarte 1:50 000 (Zusammensetzungen)

GPS/ROADBOOK
Tour 23 Passo Scimfuss.gpx;
Tour 23 Passo Scimfuss 500.gpx

Die fahrtechnisch einfache Tour verläuft auf der historischen Gotthardpassstraße und führt uns in eine faszinierende Bergwelt.

Der Startort dieser Tour ist Airolo, eine Gemeinde am oberen Ende des Valle Leventina, 55 Kilometer nördlich von Bellinzona und am südlichen Fuß des Gotthardpasses. Westlich davon erstreckt sich das Bedrettotal, von dem man über den Nufenenpass in den benachbarten Kanton Wallis gelangt.

Airolo liegt auf 1176 Metern Höhe und zählt ca. 1550 Einwohner. Nach dem Jahr 1000 ist die Geschichte von Airolo mit jener des Gotthardpasses verbunden. Obwohl die Ortschaft durch den Kontakt mit dem Süden und dem Norden große wirtschaftliche Vorteile hatte, war dies auch mit Nachteilen verbunden. Verschiedene Heere zogen durch das Dorf und die Urner setzten es in Brand, um angebliche Diebstähle zu rächen. Um die Mitte des 13. Jahrhunderts zählte Airolo ca. 600–650 Einwohner und verfügte über beträchliche wirtschaftli-

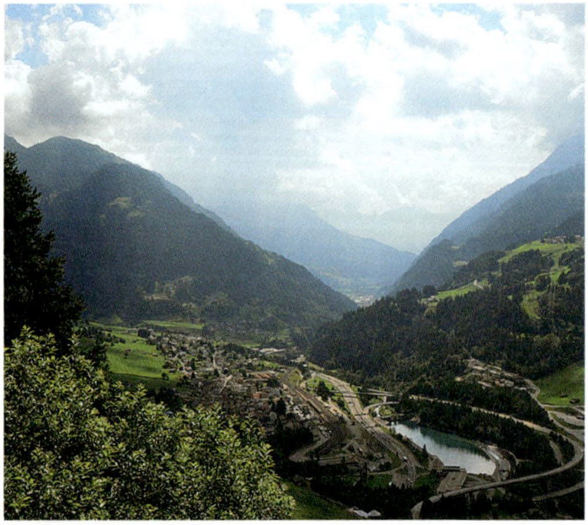

Airolo: Blick Richtung Valle Leventina

33 km	1220 Hm	Tagestour

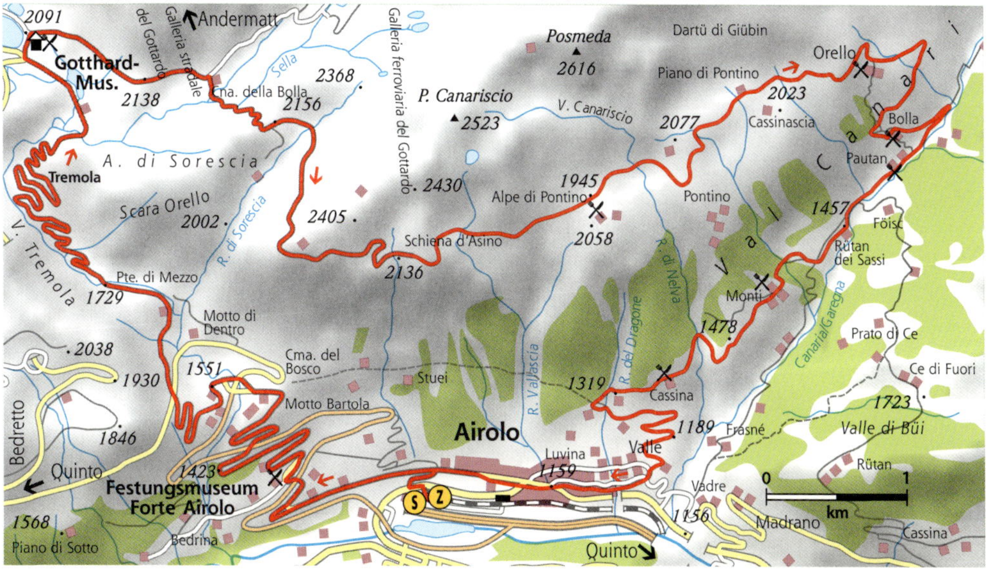

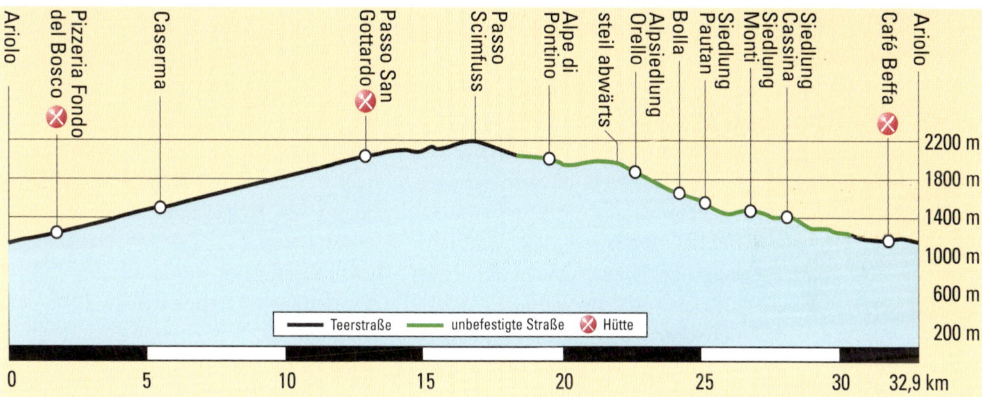

che Ressourcen. Im 18. Jahrhundert kamen viele Reiche aus ganz Europa in die Alpen und so auch nach St. Gotthard. Ihre Erfahrungen hielten sie in Reisetagebüchern mit schönen Bildern fest.

Wir verlassen Airolo und begeben uns auf die historische Passstraße zum Gotthardpass. Bereits im Mittelalter entstand ein Saumweg, der seit seiner Entstehung abschnittweise ausgebaut wurde. Noch gegen Ende des 17. Jahrhunderts wurde der Gotthardweg mit Granitrollsteinen und Gneisplatten gepflastert und zur Straße ausgebaut. 1775 fuhr erstmals ein Engländer, der Geologe Greville, über den Gotthard. Er hatte darauf bestanden, auf vier Rädern zu reisen. Um seinen Plan verwirklichen zu können, hatte er eine Begleitung von 78 Mann, die an den schwierigsten Stellen die Kutsche zerlegten, um das Hindernis trugen und wieder zusammenbauten. Greville war aber nur eine Ausnahme, die meisten Reisenden zogen Pferd oder Sänfte vor oder überquerten den Gotthard zu Fuß, so wie Johann Wolfgang von Goethe, der den Pass dreimal überquerte. Ab Ende des 18. Jahrhunderts konnte der Weg auch von den Kutschen der Gotthardpost befahren werden. Reste des alten Saumwegs sind heute noch an manchen Stellen zu sehen, so beispielsweise in der Nähe des Hospizes oder bei der Totenkapelle.

Die ersten Kehren der Gotthardpassstraße sind ziemlich lang gezogen. Aber wenn man bei jeder Kurve einen Blick auf den Stausee von Airolo riskiert, erkennt man, wie schnell man an Höhe gewinnt. Und dieses Gefühl beflügelt! Mit gleichbleibender Steigung zieht sich die

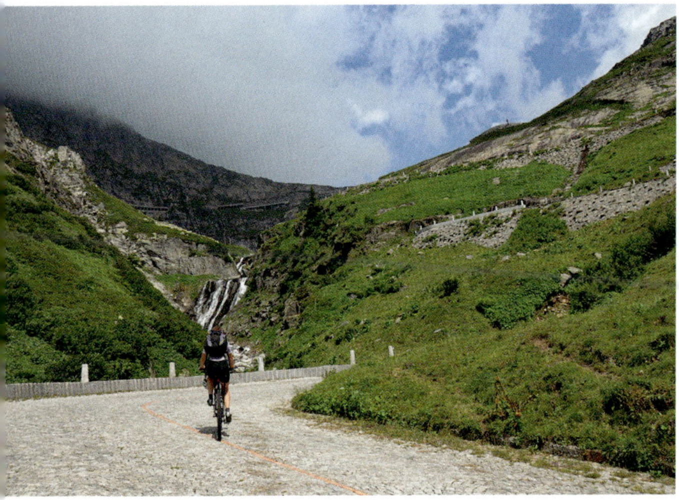

Reizvolle Auffahrt auf der historischen, mit Kopfstein gepflasterten Tremolastraße zum Gotthardpass

Straße aufwärts, und nach etwas mehr als zwei Kilometern passieren wir die Pizzeria Fondo del Bosco. Da es für eine Pizza doch noch entschieden zu früh ist, fahren wir weiter.

Schon bald spüren wir die ersten Pflastersteinabschnitte unter unseren Rädern. Die kopfsteingepflasterte Tremolastraße ist das längste Straßenbau-Denkmal der Schweiz. Die auf der Südflanke angelegte Serpentinenstraße verbindet Airolo mit dem Gotthardpass. Postkutschen-Fahrten, wie in der ersten Hälfte des 19. Jahrhunderts, werden über diesen kurvenreichen und wildromantischen Pfad angeboten.

Kurz vor dem Erreichen des Gotthardpasses erblicken wir ein riesiges Denkmal. Die Skulptur wurde 1928 von Fausto Agnelli für den im Dienst des Vaterlandes in der Gotthardregion abgestürzten Waadtländer Flieger Guex erstellt. Rechts davor ist das Hotel San Gottardo und dahinter das gleichnamige Hospiz. Dieses wurde bereits 1431/32 vergrößert. Im 17. Jahrhundert ließ Erzbischof Federico Borromeo von Mailand das Hospiz ausbauen und durch eine Priesterwohnung ergänzen. Ab 1685 wurde das Gasthaus von Kapuzinern geführt, die wegen des extremen Wetters die Sondergenehmigung erhielten, Schuhe zu tragen.

Bild rechte Seite: Alte und Neue Gotthard-Passstraße

Vom Ende des 18. Jahrhunderts ist ein Bericht überliefert, in dem über die Bewirtung von mittellosen Reisenden berichtet wird. So hatte der Wirt jedem ein Stück Brot, etwas mageren Käse und ein wenig süßen Wein zu geben, zur Mittagszeit gab es dann noch eine geschmalzte Suppe. Auch bot man Nachtlager und nötigenfalls auch Pflege an. Jährlich sollen um die 4000 Arme auf diese Weise verpflegt worden sein.

Bei Kämpfen zwischen Russen und Franzosen wurde das Hospiz 1799 zerstört, und die Kapuziner wurden abberufen. 1830 ging das Gebäude an den Kanton Tessin über, der es erneuerte und ein Hotel und Zollgebäude bauen ließ. Betreut wurde das Hospiz fortan durch Felice Lombardi aus Airolo, dessen Familie bis 1972 dort wirtete. 1866 eröffnete Lombardis Sohn neben dem Hospiz das Hotel Monte Prosa, um vornehme Gäste standesgemäß bewirten zu können. 2005 wurde das Hospiz als Folge eines Architekturwettbewerbs oberhalb des ersten Stockwerks entkernt. Der Giebel wurde erhöht, und neben das betonierte Treppenhaus wurde eine bis unter das Dach reichende Holzkonstruktion gebaut.

Nach einer Stärkung im Hotel San Gottardo fahren wir ein kurzes Stück am Lago della Piazza entlang und biegen danach rechts Richtung Airolo ab. Auf einem schmalen Asphaltsträßchen fahren wir durch eine unberührte Landschaft und lassen bereits nach wenigen Metern die ganze Hektik und den touristischen Trubel, der am Gotthardpass herrscht, hinter uns. Farbenprächtige Alpenblumen und beinahe zahme Murmeltiere begleiten uns bis zum höchsten Punkt dieser Tour, dem Passo Scimfuss. Dieser Pass ist ein kleiner Übergang in exponierter Lage und ein genialer Aussichtsbalkon. Die Ausblicke gehen tief hinab ins Valle Leventina, auf die Gotthard-Straßen und hinüber zu den markanten Dreitausendern Piz Campo Tencia und Piz Basodino.

AIROLO – CASEIFICIO DEL GOTTARDO

Ein Paradies für Käseliebhaber! In der Käserei Gottardo in Airolo kann man viele verschiedene Käsesorten probieren. Es ist aber auch möglich, einen Käselaib selbst zu formen, den man nach der Reifung direkt nach Hause geliefert bekommt. Caseificio dimostrativo del Gottardo SA, CH-6780 Airolo, Tel. +41/(0)91/869 11 80

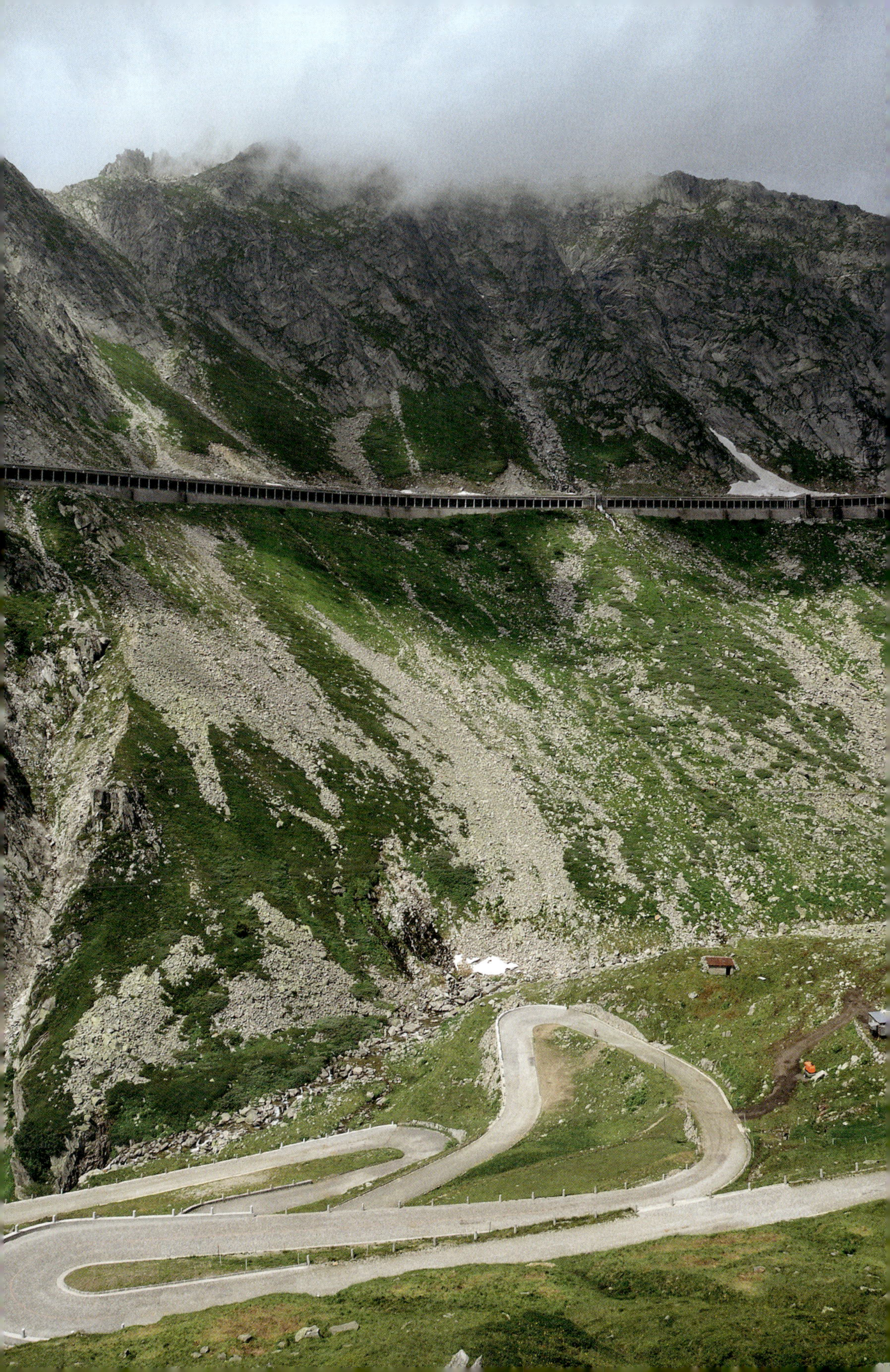

NATIONALES ST.-GOTTHARD-MUSEUM

Direkt auf dem Pass in 2100 m Höhe, steht das Nationale St.-Gotthard-Museum. Die Besucher erfahren unter anderem, wie wichtig die Erschließung dieser Straße für die Bevölkerung des umliegenden Gebietes war und immer noch ist. Das Gebäude diente auch als Zollposten und als Unterkunft für Reisende, die mit Postkutschen unterwegs waren. Carlo Peterposten, Direktor St.-Gotthard-Museum, CH-6780 Gotthard, Tel. +41/(0)91/869 15 25, www.passosangottardo.ch

Der Passo Scimfuss ist auch von historischer Bedeutung. Im sogenannten Zweiten Koalitionskrieg 1799–1802 zwischen Napoleon und seinen europäischen Machtrivalen (Österreich, Russland und Großbritannien; Preußen blieb neutral) kam es zu schweren Kämpfen am Gotthardpass. Im September 1799 hatten sich die Franzosen am Beginn der Tremola und am Pass verbarrikadiert. Die gegnerischen Truppen unter dem russischen General Suworow erreichten trotzdem siegreich den Gotthard, weil sie Truppen in schwierigem Gelände am Berghang entlang und über den Passo Scimfuss überraschend in den Rücken der Franzosen bringen konnten.

Auf gut ausgebauter Straße fahren wir nun abwärts bis zur Alpe Pontino, dann geradeaus weiter über Buco di Pontino bis nach Piano di Pontino. Immer der Mountainbike- und Wanderwegmarkierung folgend, führt der Weg kurz vor der Alpsiedlung Orello steiler abwärts. Hier fordert die Wegbeschaffenheit volle Konzentration. Ein Tipp: Bei solchen Wegabschnitten ist weniger Luft in den Reifen sehr zu empfehlen!

Wir passieren die Alpsiedlung Orello. Der Weg ist nicht mehr so steil und wird zunehmend besser. Nun befinden wir uns im wildromantischen Val Canaria. An der Wegmarkierung »Bolla« fegen wir vorbei, und weiter abwärts führt uns der Weg talauswärts, direkt neben dem Gebirgsbach Canaria/Garegna und durch die Siedlung Pautan. Nun fahren wir an einem wilden Tobel vorbei. Unser Blick richtet sich auf einen massiven Felssturz, der auf der gegenüberliegenden Seite zu sehen ist. Dann bremst ein kurzer Gegenanstieg, durch einen Felssturz verursacht, unsere lockere Fahrt ein. Mit einem ehrfürchtigen Blick nach oben durchfahren wir diese Stelle recht zügig. Ab der Siedlung Monti führt die Straße wieder angenehm talauswärts.

Kurz vor Airolo meistern wir noch einmal zwei kurze Gegenanstiege, bevor uns der Weg entlang einer am Hang liegenden Wiese Richtung Airolo bringt. Im Zentrum angekommen, genehmigen wir uns im Café Beffa noch einen Cappuccino und eine vorzügliche Crèmeschnitte. Glücklich und voll von überwältigenden Eindrücken, radeln wir gestärkt zu unserem Parkplatz kurz vor dem Bahnhof zurück.

Überwältigendes Panorama auf dem Passo Scimfuss

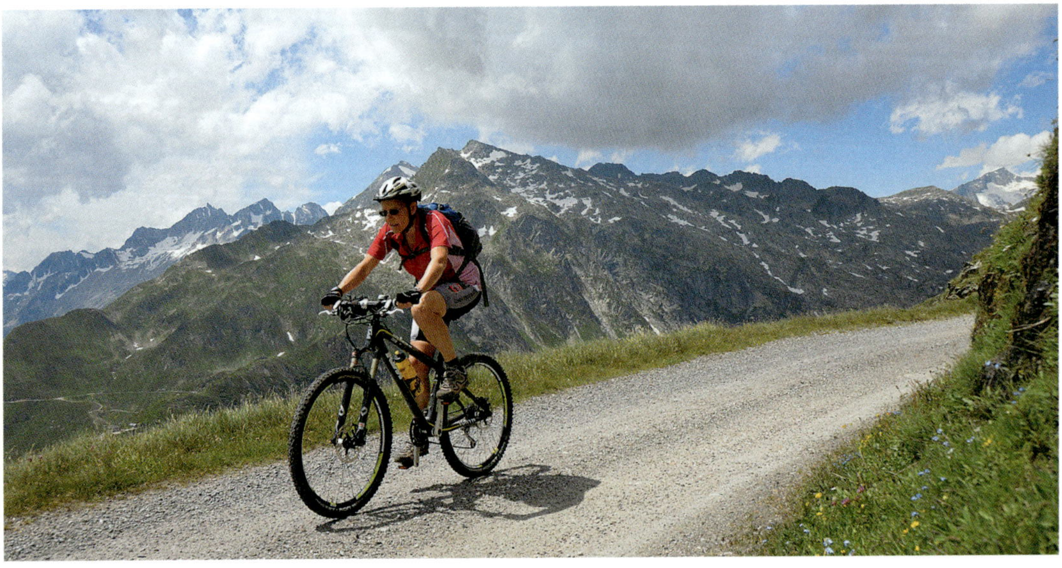

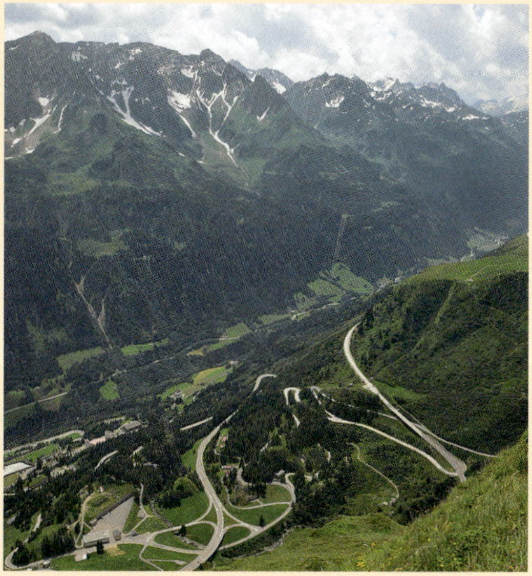

Blick in das Val Bedretto

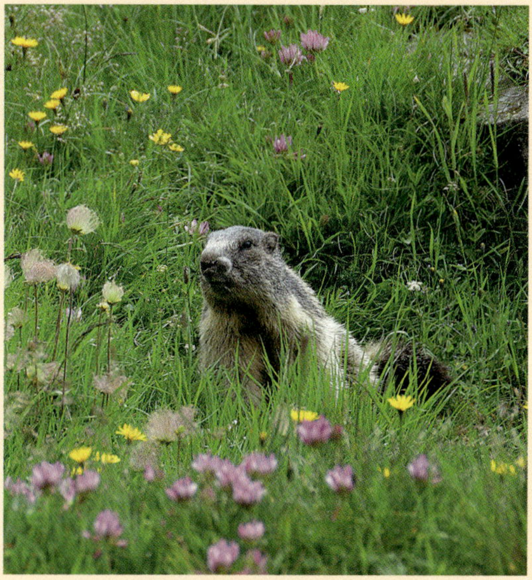

Man ist unter ständiger Beobachtung.

Tour 23 Passo Scimfuss.gpx

WP | km | Hm | Route

1 | 0,00 | 1143 | Vom Parkplatz leicht aufwärts Richtung Hauptstraße.

2 | 0,08 | 1148 | Die Hauptstraße überqueren und geradeaus Richtung Passo San Gottardo; auf der asphaltierten Straße bleiben.

3 | 0,51 | 1175 | Wir erreichen neben der BP-Tankstelle die Via San Gottardo und fahren links aufwärts Richtung Passo San Gottardo – 12 km bis zur Passhöhe.

4 | 1,78 | 1244 | Rechts auf der Passstraße aufwärts; bei km 2,39 passieren wir das Restaurante Pizzeria Fondo del Bosco; immer der Fahrradroutenmarkierung »3« folgen.

5 | 5,45 | 1527 | Motto Bartola – Caserma; durch die Unterführung und weiterhin der Fahrradroutenmarkierung »3« folgen.

6 | 12,92 | 2091 | Passo San Gottardo – wir fahren geradeaus am Albergo San Gottardo vorbei; links sehen wir den Lago della Piazza.

7 | 13,07 | 2091 | Lago della Piazza – rechts Richtung Airolo; Beschilderung der Mountainbikeroute; schmales asphaltiertes Sträßchen.

8 | 14,50 | 2144 | Cassina della Bolla – rechts auf der asphaltierten Straße leicht abwärts Richtung Airolo.

9 | 17,46 | 2173 | Rechts auf der asphaltierten Straße abwärts; Beschilderung der Mountainbikeroute.

10 | 18,06 | 2121 | Vor der Hauseinfahrt rechts und auf der asphaltierten Straße abwärts; weiß-rot-weiße Wanderwegmarkierung.

11 | 19,46 | 2054 | Alpe di Pontino – geradeaus der Wanderwegmarkierung weiß-rot-weiß folgen.

12 | 20,23 | 1992 | Buco di Pontino – geradeaus Richtung Piano di Pontino der Mountainbikemarkierung folgen.

13 | 21,79 | 2017 | Bei der Weggabelung den unteren Weg rechts nehmen – Wanderwegmarkierung weiß-rot-weiß an der Hütte; zuerst führt der Weg noch durch hohes Gras, danach führt ein grober Schotterweg ein kurzes Stück steil abwärts – Luft aus den Reifen lassen! Ab km 22,15 wird der Weg wieder etwas flacher.

14 | 22,58 | 1918 | Orello – links abwärts der Wanderwegmarkierung folgen; bei km 24,15 fahren wir an den Hütten von Bolla vorbei; ab Bolla wird die Schotterstraße zunehmend besser.

15 | 24,67 | 1624 | Val Canaria – rechts abwärts Richtung Airolo; bei km 25,11 erreichen wir die Siedlung Paután.

16 | 26,15 | 1485 | Abzweigung nach rechts nicht verpassen! Leicht aufwärts der Beschilderung der Mountainbikeroute folgen; bei km 26,75 erreichen wir die Siedlung Monti und fahren geradeaus weiter.

17 | 28,08 | 1425 | Cassina – geradeaus Richtung Airolo.

18 | 30,41 | 1239 | Links auf der asphaltierten Straße abwärts fahren.

19 | 30,72 | 1208 | Links abwärts – Beschilderung der Mountainbikeroute.

20 | 30,87 | 1193 | Rechts auf der breiteren Straße weiter.

21 | 31,62 | 1180 | Airolo – rechts auf der Hauptstraße durch den Ort fahren bis zur BP-Tankstelle.

22 | 32,35 | 1189 | Nach der BP-Tankstelle links abwärts; auf dem Auffahrtsweg retour Richtung Parkplatz.

23 | 32,79 | 1152 | Die Straße überqueren und geradeaus zum Parkplatz.

24 | 32,88 | 1143 | Parkplatz – Ende der Tour.

24 Sassariente

Fordernde Bike- & Hiketour zu einem prächtigen Aussichtsgipfel

5	✪✪✪✪✪	1680 inkl. Hikestrecke	35 ohne Hikestrecke	5 inkl. Hikestrecke
Schwierigkeit	Erlebniswert	Höhenmeter (in m)	Streckenlänge (in km)	Zeit (in h)

TOURENCHARAKTER

AUSGANGS-/ENDPUNKT
Bahnhof in Tenero

ANFAHRT
A 13 bis Ausfahrt Tenero, dann Richtung Ortszentrum; beim Bahnhof Tenero befinden sich Gratisparkplätze.

KONDITION
✪✪✪✪✪

FAHRTECHNIK
✪✪✪✪✪

ERLEBNISWERT
Fahrspaß: ✪✪✪✪✪ – Auffahrt auf schattigen Asphaltsträßchen und forderndem Uphill-Singletrail; genussvoller Hike-Abschnitt bis zum Gipfel; anspruchsvolle Abfahrt auf tollen, herausfordernden Trails
Landschaft: ✪✪✪✪✪ – die bezaubernden Siedlungen Monti di Ditto und Monti di Motti; das grandiose Gipfelerlebnis auf dem Sassariente; die unbeschreiblichen Aussichten auf den Lago Maggiore, die Magadinoebene, den Monte Tamaro, den Pizzo di Vogorno und den Cima dell'Uomo; unterschiedliche Nadelwälder und unberührte Natur
Kultur und Geschichte: ✪✪✪✪✪ – die Galleria Matasci; das Weinmuseum Matasci; die Wallfahrtskirche Fraccia

EINKEHRMÖGLICHKEITEN
Osteria Grotto, Monti Motti, CH-6596 Gordola, Tel. +41/(0)91/745 01 96; Ristorante Grotto, Romitaggio, CH-6597 Agarone, Tel. +41/(0)91/859 15 77, www.romitaggio.ch

STRECKENPROFIL
Angenehme, schattige Auffahrt auf einer schmalen Asphaltstraße bis Monti di Motti. Anstrengender und technischer Uphill-Singletrail bis zur Alpe di Foppiana; Wanderung auf den Sassariente mit unübertroffenem Gipfelerlebnis; technischer und fordernder Downhill-Singletrail bis nach Curogna. Hinweis: Fahrradschloss und eventuell Turnschuhe für den Aufstieg auf den Gipfel mitnehmen!

HÖCHSTER PUNKT
1768 m, Gipfel des Sassariente

NIEDRIGSTER PUNKT
203 m, Tenero

TOURIST-INFO
Tourist Office Tenero e Val Verzasca, Via al Giardino 3, CH-6598 Tenero, Tel. +41/(0)91/745 16 61, www.tenero-tourism.ch

LANDKARTEN
Swisstopo 276 Val Verzasca, Landeskarte 1:50 000

GPS/ROADBOOK
Tour 24 Bike und hike auf den Sassariente.gpx; Tour 24 Bike und hike auf den Sassariente 500.gpx

Die absolute Traumtour führt vom Lago Maggiore aus auf einen der eindrucksvollsten Berge hoch über der Magadinoebene – den Sassariente.

Diese Tour starten wir in Tenero im Kanton Tessin. Das Feriendorf liegt direkt am Lago Maggiore, am Eingang zum Verzascatal und am Rand der Magadino-Ebene. Diese erstreckt sich vom nördlichen Ende des Lago Maggiore bis zur Kantonshauptstadt Bellinzona. Entstanden ist die Magadino-Ebene durch die Sedimente, die der Ticino hier ablagerte. Bis zur Flusskorrektur zwischen 1888 und 1912 war die Gegend ein unzugängliches Sumpfland, voller Krankheitskeime und allenfalls vereinzelt von Schafhirten als Weidefläche genutzt. Alle Dörfer liegen heute, vor Überschwemmungen geschützt, am Rand der Ebene auf erhöhten Schwemmkegeln der Seitenbäche. Die südalpinen Berge stehen auf beiden Seiten Spalier. Die Gegend, vom mediterranen Klima geprägt, wird gegen Norden hin durch die Berge abgeschirmt und ist im Süden von einem herrlichen See umgeben.

In Tenero befindet sich das eidgenössische Sportzentrum Centro nazionale della gioventù – ein wahres Sportlerparadies! Tennis, Wassersportarten, Leichtathletik, Fußball u. v. m. kann hier trainiert werden. Für Kunstinteressierte bieten sich die Galleria Matasci, das Weinmuseum (Via Stazione 6, CH-6598 Tenero, Tel. +41/(0)91/735 60 11, info@matasci-vini.ch) und die Wallfahrtskirche Fraccia an.

Vom Bahnhof Tenero fahren wir auf verkehrsarmen Nebenstraßen und Radwegen Richtung Gordola. Nachdem wir die Hauptstraße überquert haben, zweigen wir sofort links ab Richtung Molini. Auf einer schmalen Nebenstraße gewinnen wir rasch an Höhe und können bald die bezaubernde Aussicht auf den Lago Maggiore genießen. An sonniger Hanglage zieht sich dieses Sträßchen Richtung Sasso Fenduto und in weiterer Folge wieder etwas abwärts nach Bugaro, Piandessio und Agarone.

35 km	1680 Hm	Tagestour

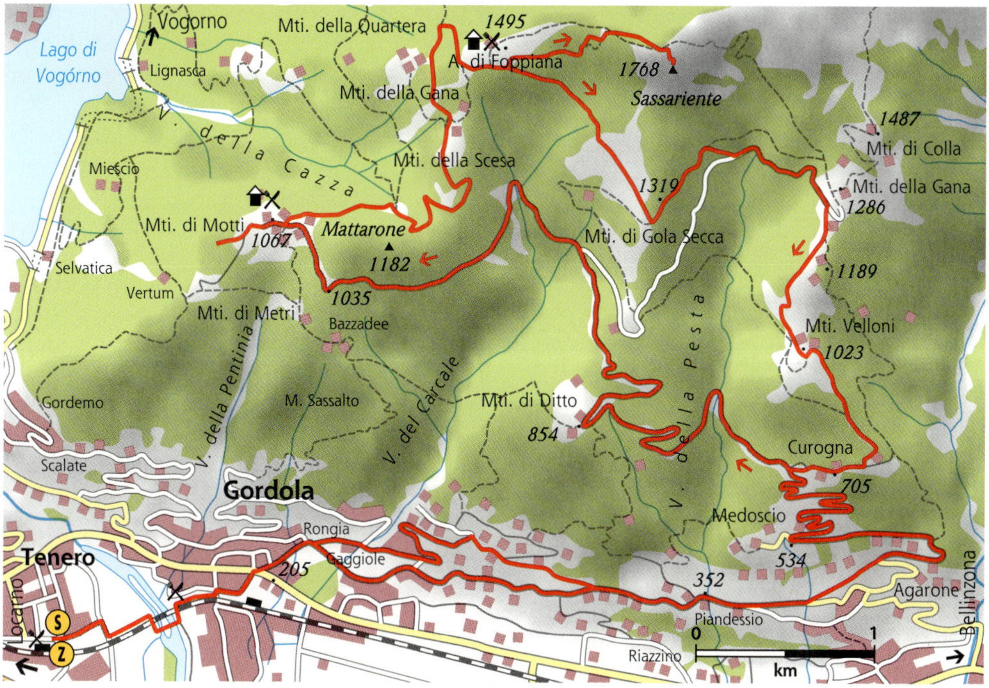

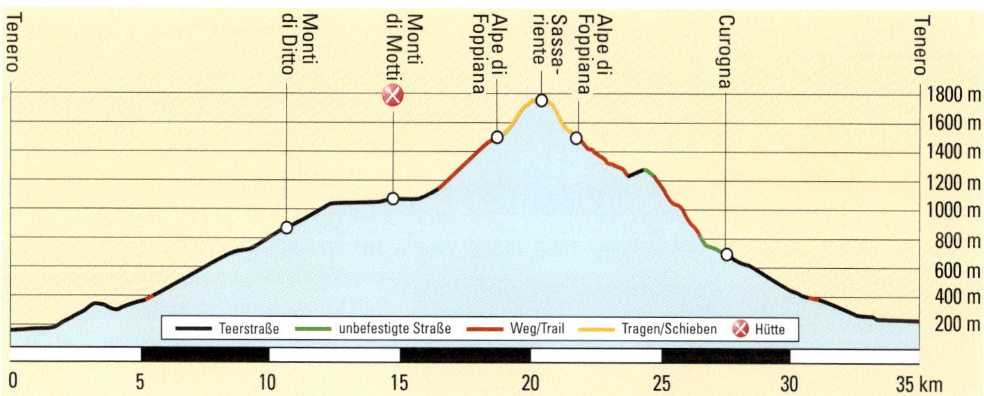

Direkt bei der Osteria Romitaggio verlassen wir die Asphaltstraße und biegen links von der Osteria in einen unscheinbaren Fußweg. Dieser führt stellenweise sehr steil und mit kleinen Stufen versehen am sonnigen Hang entlang aufwärts – teilweise direkt an Privatgrundstücken vorbei und mit fantastischer Aussicht. Auf diese Weise umfahren wir ein Stück der Asphaltstraße und gelangen nach dem kurzen Trail wieder auf die Auffahrtsstraße.

Vorwiegend durch Schatten spendende Wälder zieht sich die schmale Straße gleichmäßig in angenehmen Serpentinen aufwärts. Auf dem kleinen Bänkchen vor der Siedlung Curogna machen wir eine kurze Pause. An diesem Punkt kreuzen sich die Routen von Auf- und Abfahrt: Wir kommen am Ende unserer Singletrail-Abfahrt durch Curogna durch und fahren ab hier auf dem Auffahrtsweg abwärts. Aber bis dahin dauert es noch ein Weilchen ...

Das Bergsträßchen führt uns weiter, und nach ein paar Serpentinen öffnet sich der Wald und wir erreichen die malerische Siedlung Monti di Ditto auf einer Höhe von 850 Metern. Das urige, malerische Dörfchen mit seinen

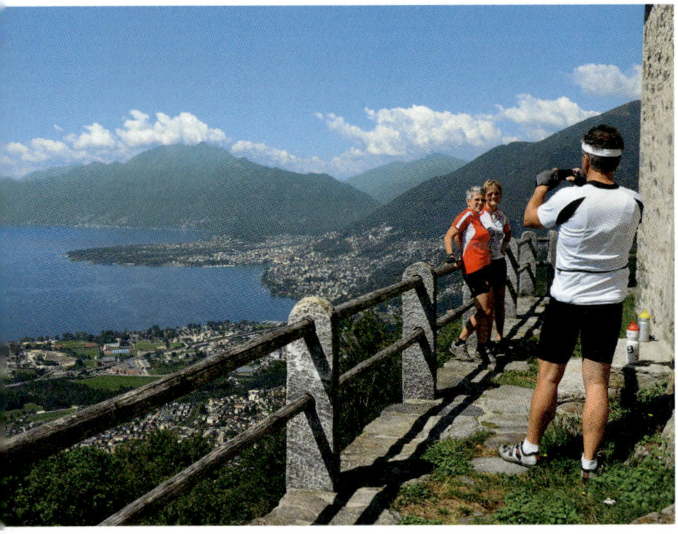

Bei der Kapelle auf Monti di Ditto

Bild rechte Seite: Das Gipfelkreuz auf dem Sassariente

Bikespaß auf Monti di Motti

aus Steinen in Schichtbauweise gefertigten Häusern (Rusticos) wirkt wie aus einem fernen Jahrhundert. Auch die zentrale Telefonzelle für dieses Dorf ist einzigartig. Von der Kapelle öffnet sich uns ein fantastischer Ausblick auf Tenero, Locarno, Ascona und die Hanglagen links und rechts des Lago Maggiore. Sich etwas Zeit zu nehmen, um sich Monti di Ditto und die uns dargebotene Aussicht etwas genauer zu betrachten, ist absolut empfehlenswert.

Nach einer Stärkung aus unserem Biker-Rucksack führt die Straße gleichmäßig weiter aufwärts bis zur Abzweigung nach Monti della

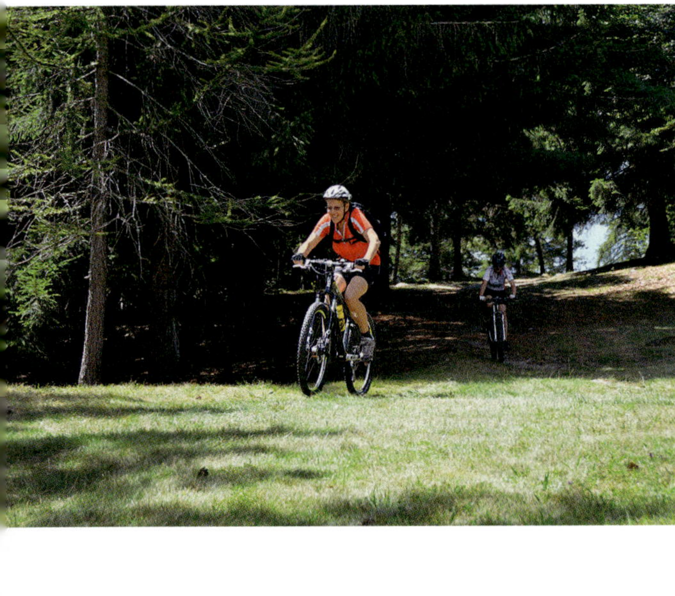

Gana. Wir lassen die Abzweigung unbeachtet und halten uns geradeaus. Die Straße wird etwas flacher, die Landschaft urig und wildromantisch. In einer Rechtskurve kurz vor Monti di Motti hat man das Gefühl, ins Leere zu fahren. Wiederum erwartet uns eine atemberaubende Aussicht!

Kurz darauf haben wir Monti di Motti erreicht und rollen geradeaus weiter, der Beschilderung zum Aussichtspunkt folgend. Vorbei am kleinen Teich, fahren wir am Ende der Feriendhäusersiedlung rechts über eine Wiese kurz aufwärts und erreichen dann den herrlichen Aussichtspunkt von Monti di Motti. Dort knipsen wir ein paar Erinnerungsfotos und genehmigen uns anschließend in der Osteria Monte Motti eine wohlverdiente Stärkung, die deshalb äußerst wichtig ist, weil der anspruchsvollste Teil der Tour noch vor uns liegt.

Direkt nach der Osteria fahren wir auf der Asphaltstraße rechts Richtung Sassariente. Am Ende der Asphaltstraße lassen wir noch etwas Luft aus unseren Reifen, um Traktion und Sicherheit zu erhöhen. Dann biegen wir in den Wanderweg Richtung Alpe di Foppiana ab. Diesen Weg mit dem Bike zu befahren, erfordert viel Kondition und Routine. Wenn beides vorhanden ist, ist er jedoch eine absolute Herausforderung. Hut ab vor demjenigen, der diesen Wanderweg ohne Schiebeeinheiten bewältigt!

Bei der Wegmarkierung »Alpe di Foppiana« ist mit Biken endgültig Schluss, und wir deponieren unsere Räder am Wegrand – ab hier wandern wir zum Gipfel des Sassariente. Der Weg führt anfangs sehr angenehm durch den schattigen Wald und wird danach etwas steiler; er ist aber auf der gesamten Strecke sehr gut begehbar. Auf unserem Anstieg treffen wir auf die eindrückliche Trockenmauer der

VARIANTE

Das Bike kann auch am Ende der asphaltierten Straße abgestellt werden, um von dort aus zu Fuß den Gipfel des Sassariente zu erreichen. Danach auf dem Auffahrtsweg wieder retour. Die schwierige Auffahrt auf dem Wanderweg und der anspruchsvolle Singletrail fallen somit weg.

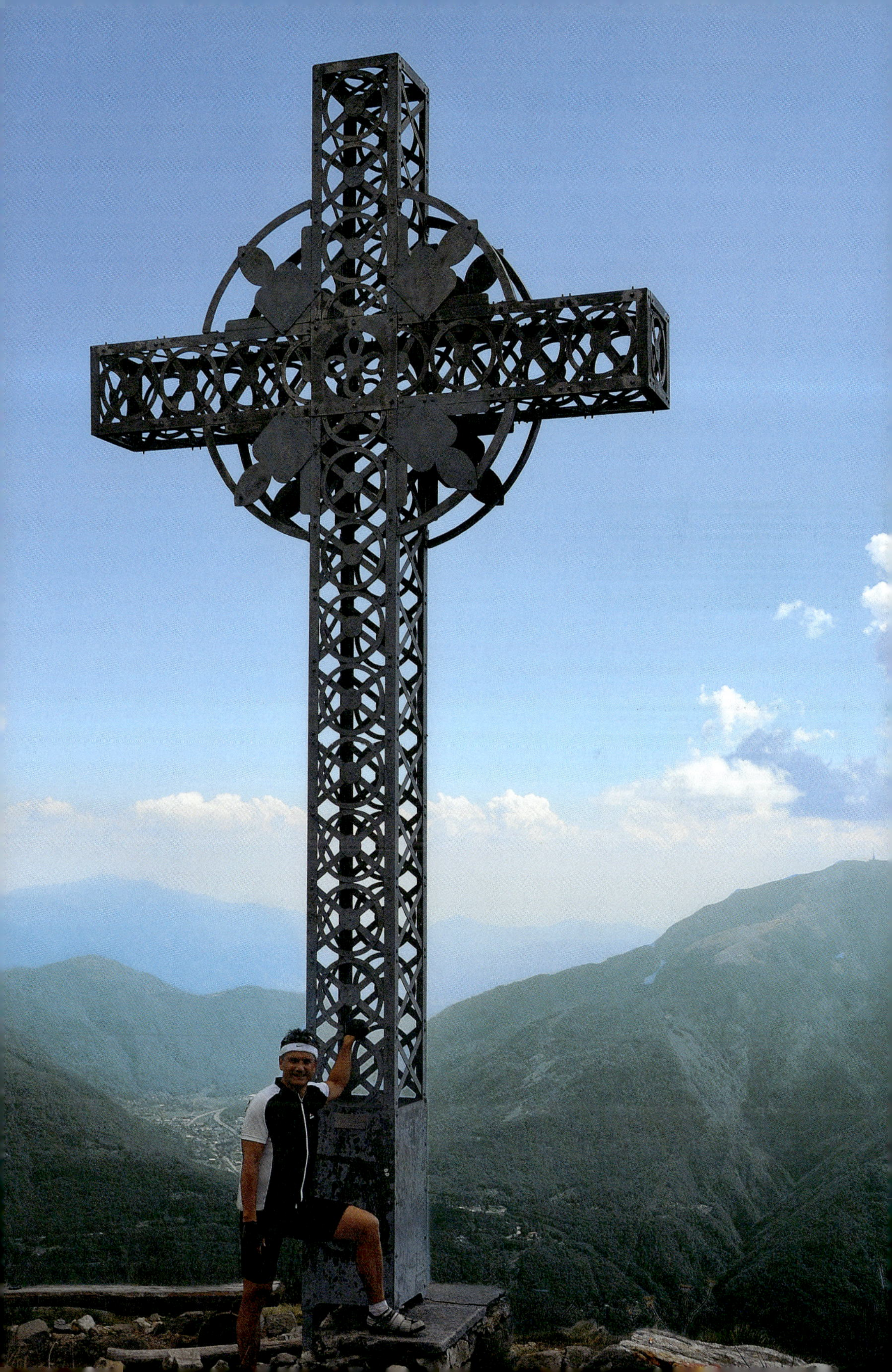

Bild rechte Seite: Abstieg vom Sassariente

Polen, die »muraglia polacca«. Diese zieht sich über mehr als einen Kilometer auf dem Grat zur Cima di Sassello entlang. Sie wurde von polnischen Internierten zum Schutz gegen Waldbrände und gefräßige Ziegen errichtet. Heute wird sie auch als Weg zur Cima di Sassello genutzt.

Plötzlich stehen wir vor dem Felszahn des Sassariente und erblicken schon das Gipfelkreuz. Doch der Schein trügt – zunächst wandern wir auf der Ostseite wieder hinunter, ehe wir den steilen Schlussanstieg in Angriff nehmen können. Im Jahr 2009 wurde der Weg zum Gipfel an einigen heiklen Stellen entschärft, sodass nun auch der oberste Wegabschnitt einfacher zu bewältigen ist. Um den Aufstieg zu erleichtern, wurden an verschiedenen Stellen überhängende Wanderstege, Tritte, Stützbalken und Drahtseile angebracht. So erreichen wir relativ problemlos den Gipfel.

Der Sassariente ist einer der eindrucksvollsten Berge hoch über der Magadino-Ebene. Unser Blick schweift vom Gipfel über den oberen Lago Maggiore und über einen Teil des Alpenbogens mit der stets schneebedeckten Kette des Monte-Rosa-Massivs und der Walliser Viertausender. Auch die Berge über dem Verzasca- und dem Maggiatal sind von dieser Höhe aus gut sichtbar.

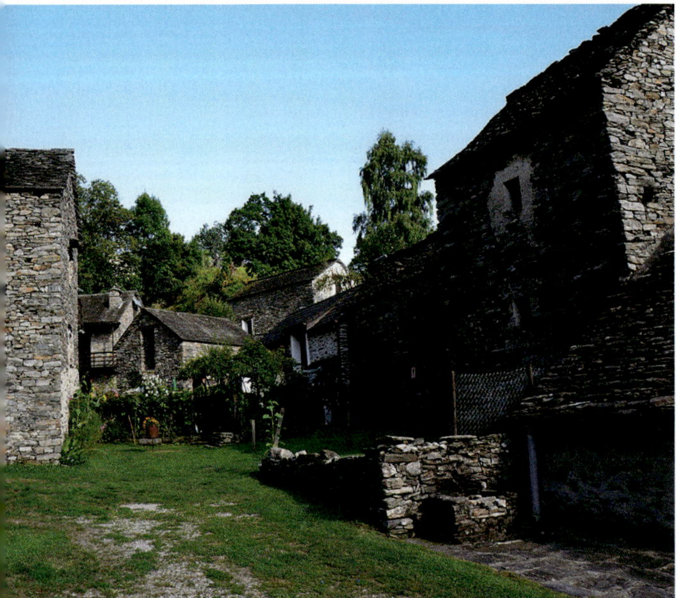

Curogna: ein typisches Tessiner Bergdorf

GALLERIA MATASCI

Kunst im Weingut: Mario Matasci sammelt und fördert zeitgenössische Kunst aus Norditalien und dem Tessin – interessierten Besuchern zeigt er seine Gemäldekollektion. Galleria Matasci, Via Verbano 6, CH-6598 Tenero, Tel. +41/(0)91/735 60 11, www.matasci-vini.ch

Nach einer langen und gemütlichen Gipfelrast geht es auf demselben Weg wieder retour bis zu unseren Bikes auf der Alpe di Foppiana. Beim Abstieg fasziniert uns der Blick auf die gegenüberliegende Seite des Val della Porta und die einsamen, hoch gelegenen Alpgebäude unterhalb des Pizzo di Vogorno.

Ausgerüstet mit langen Handschuhen, Knie- und Ellenbogenschützern, nehmen wir höchst konzentriert die fordernde Singletrail-Abfahrt in Angriff. Mit einem absoluten Flowgefühl fahren wir bis zu den Monti di Gola Secca und anschließend weiter bis zu einer schmalen Asphaltstraße. Bis auf kurze Passagen, die wir sicherheitshalber schiebend zurücklegen, ist der gesamte Trail fahrbar.

Auf der Asphaltstraße fahren wir bis kurz vor die Siedlung Monti della Gana leicht aufwärts und biegen in eine Schotterstraße ab. Nach ca. 400 Metern schieben wir ein kurzes Stück abwärts und befahren dann einen weiteren tollen Singletrail, der uns an den Siedlungen Monti Pianelle und Monti Velloni vorbeiführt.

Auf der Wiese unterhalb der Hütten von Monti Velloni biegen wir sofort links in einen Wanderweg ab. Dieser beinhaltet im oberen Bereich einige sehr enge und steile Spitzkehren. Danach wird auch dieser Trail flowig, und wir erreichen – mit glühenden Bremsscheiben – etwas oberhalb der Siedlung Curogna eine Schotterstraße, der wir abwärts bis zu dieser Siedlung folgen. Es lohnt sich, hier kurz anzuhalten und diese zauberhaften, liebevoll gepflegten Rusticos zu betrachten.

Etwas weiter unten biegen wir in die schmale Asphaltstraße, auf der wir bereits zum Monti di Motti gefahren sind. Wir folgen ihr, uns immer abwärts haltend, bis nach Gaggiole und erreichen in weiterer Folge wieder den Bahnhof in Tenero.

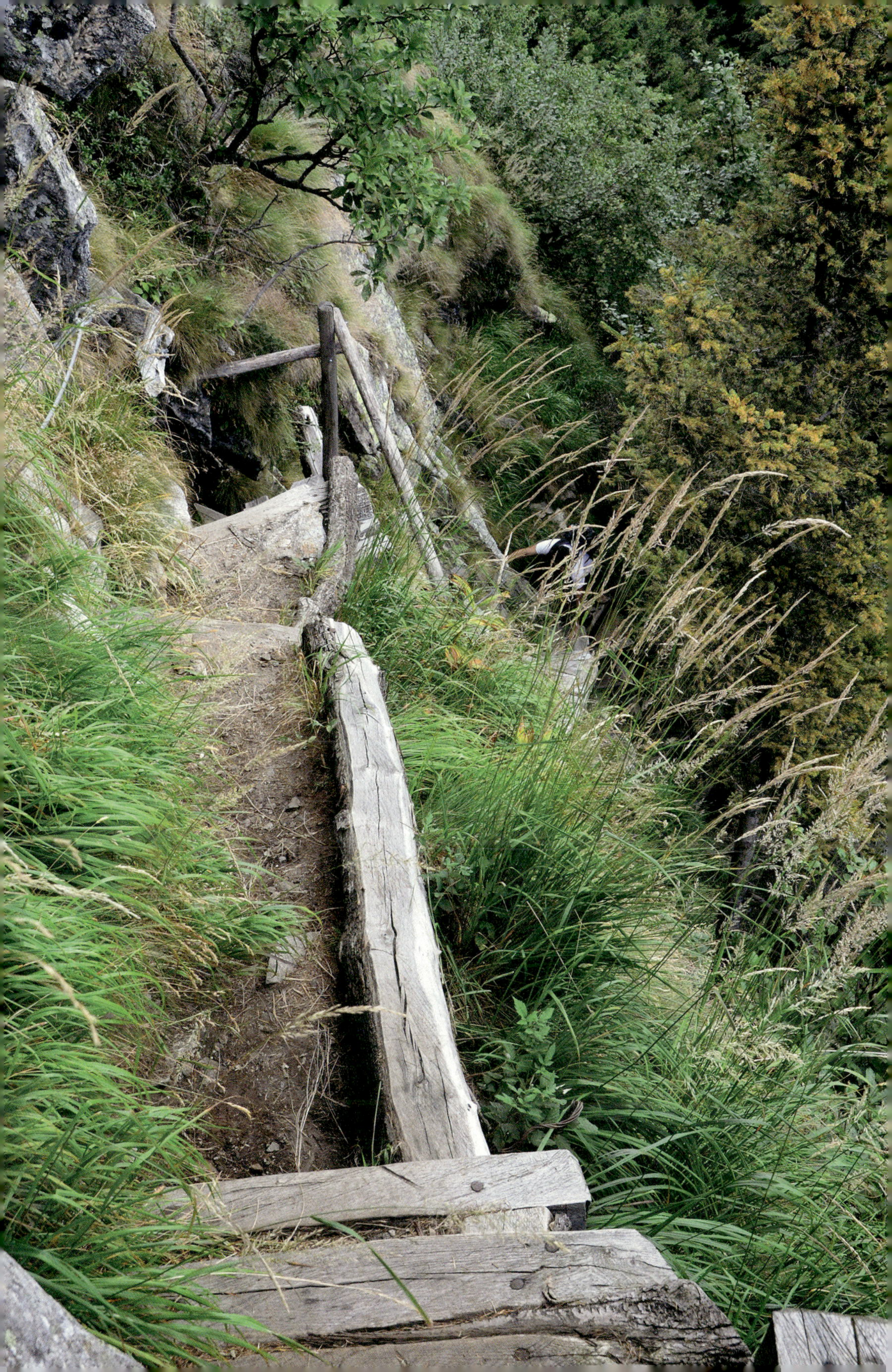

Routenbeschreibung

Tour 24 Bike und hike auf den Sassariente.gpx

WP | km | Hm | Route

1 | 0,00 | 203 | Bahnhof in Tenero – auf der Hauptstraße rechts, nach der Rechtskurve durch die Bahnunterführung und gleich danach links auf den Radweg Richtung Gordola.

2 | 0,45 | 203 | Nach der Bahnunterführung links im spitzen Winkel auf den Radweg nach Gordola und über die schon sichtbare weiße Brücke.

3 | 0,84 | 206 | Die weiße Brücke überqueren und danach rechts leicht aufwärts.

4 | 0,98 | 207 | Bei dem kleinen Brunnen mit zwei Bänken links zur Straße und dann wieder links; nach der Rechtskurve an den Bahngleisen entlang.

5 | 1,32 | 207 | Bei der Querstraße links und die Bahngleise überqueren; nach den Gleisen rechts Richtung Via Stazione und nach ca. 50 m links halten.

6 | 1,64 | 207 | Auf der Hauptstraße rechts und nach ca. 10 m halb links abzweigen Richtung Montedato.

7 | 2,02 | 217 | Links auf der Via Mulini Richtung Molini.

8 | 2,74 | 275 | Links aufwärts fahren.

9 | 3,53 | 349 | Rechts leicht abwärts Richtung Sasso Fenduto.

10 | 4,40 | 306 | Nach dem Erreichen der Querstraße links aufwärts.

11 | 5,18 | 350 | Bei der Weggabelung links leicht aufwärts Richtung Agarone.

12 | 5,55 | 362 | Vor dem Ristorante Romitaggio links steil aufwärts – teilweise über flache Stufen; nach dem Erreichen

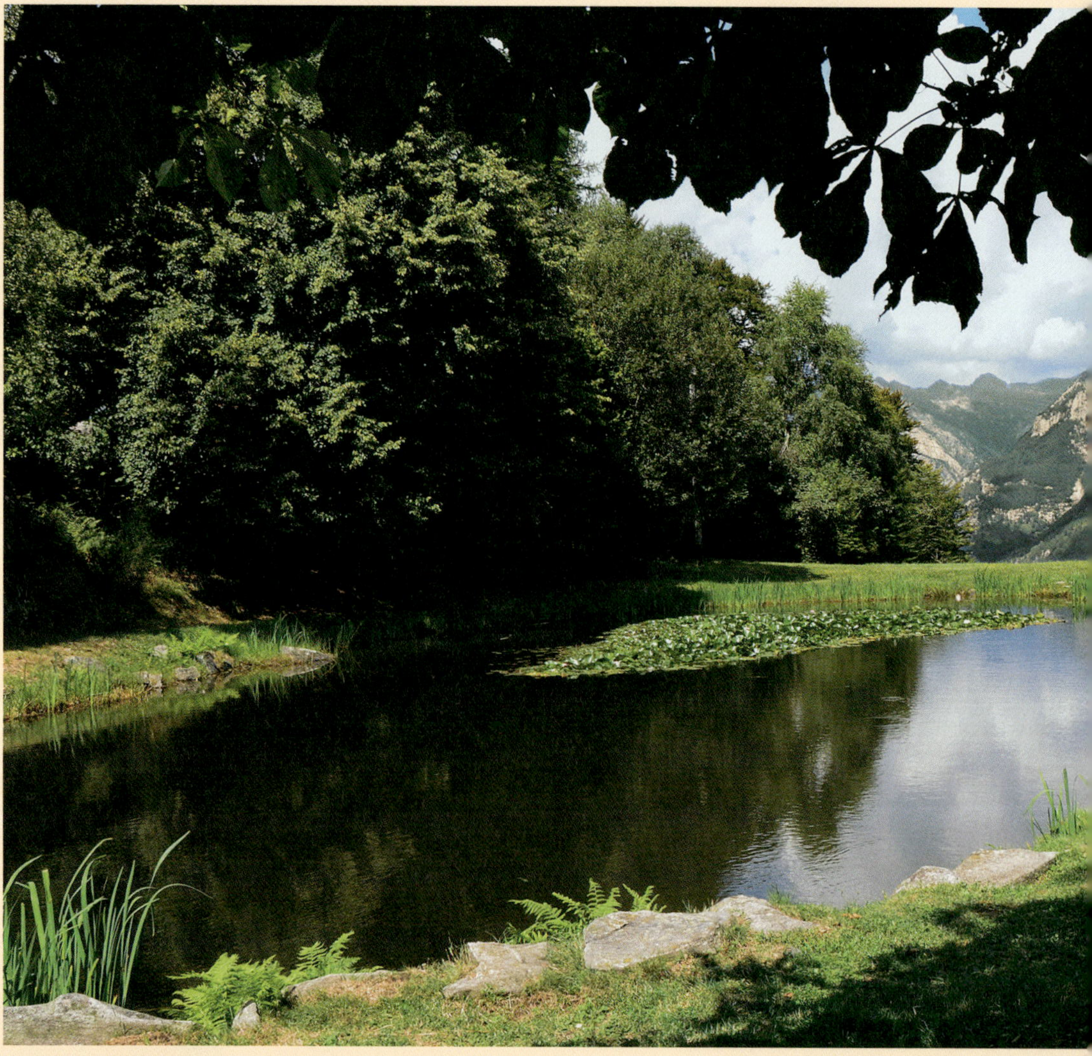

Naturteich auf Monti di Motti

der Zufahrtsstraße rechts bis zur Auffahrtsstraße vorfahren.
13 | 6,01 | 399 | Auf der Auffahrtsstraße links bergan.
14 | 7,40 | 532 | Rechts Richtung Monti Motti fahren.
15 | 11,44 | 853 | Monti di Ditto – sehenswertes Dorf mit herrlicher Aussicht bei der Kapelle; danach auf der Asphaltstraße weiter aufwärts.
16 | 13,39 | 1025 | Geradeaus weiterfahren.
17 | 15,82 | 1061 | Monti di Motti – geradeaus weiter der Beschilderung bis zum Aussichtspunkt folgen, dann auf demselben Weg retour; Weiterfahrt direkt nach der Osteria rechts aufwärts Richtung Sassariente.
18 | 17,73 | 1136 | Links auf dem Wanderweg Richtung Alpe di Foppiana steil aufwärts – der weiß-rot-weißen Wanderwegmarkierung folgen; steiler und nicht leicht zu befahrender Wanderweg.

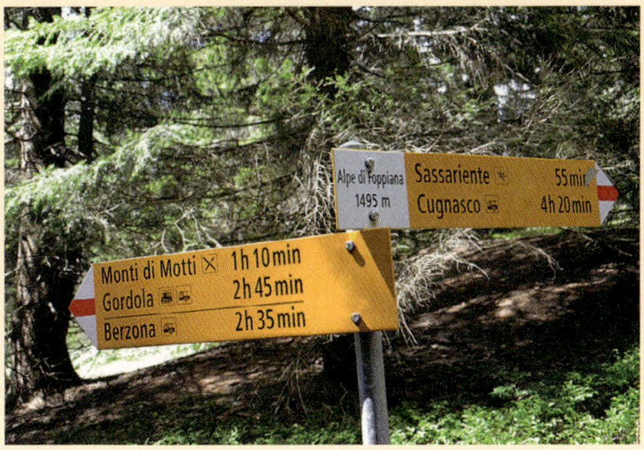

Der Wegweiser auf die Alpe di Foppiana, wo auch die Hikestrecke auf den Sassariente beginnt

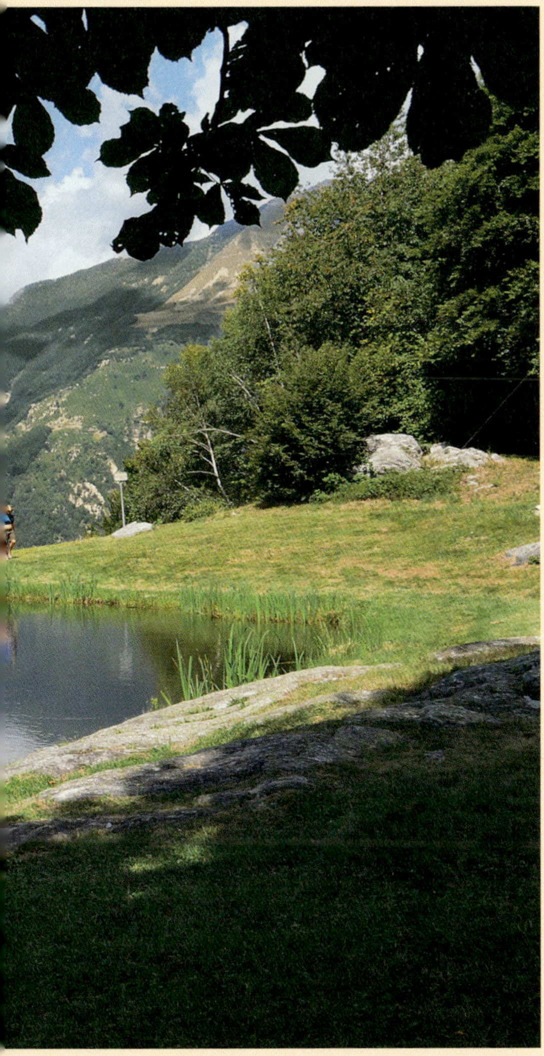

19 | 18,92 | 1310 | Bei der Weggabelung rechts aufwärts.
20 | 20,05 | 1495 | Alpe di Foppiana – das Mountainbike zurücklassen und zu Fuß auf dem Wanderweg links bergan Richtung Sassariente; auf dem Anstiegsweg wieder retour bis zur Alpe, dann wieder im Sattel rechts auf dem Singletrail (Wanderweg) Richtung Monti della Gana.
21 | 21,34 | 1323 | Links im spitzen Winkel auf dem Singletrail direkt unterhalb der Hütte weiter.
22 | 21,90 | 1277 | Bei der Weggabelung rechts abwärts.
23 | 22,16 | 1229 | Auf der Asphaltstraße links aufwärts.
24 | 22,82 | 1276 | Auf der Schotterstraße rechts abwärts.
25 | 23,23 | 1162 | Rechts Richtung Cugnasco zwischen den Steinhütten durch und auf dem Singletrail abwärts; kurze Schiebepassage von ca. 10 m.
26 | 23,97 | 1010 | Monti Velloni – geradeaus Richtung Cugnasco; zwischen den Steinhütten der Wegmarkierung folgen.
27 | 24,00 | 998 | Nach den Hütten bei der Wegmarkierung im Gras links auf dem Singletrail abwärts.
28 | 25,41 | 720 | Auf der Forststraße rechts abwärts.
29 | 25,88 | 696 | Curogna – auf der Asphaltstraße links abwärts (Auffahrtsweg).
30 | 29,10 | 414 | Auf der Nebenstraße rechts aufwärts und nach ca. 10 m links auf dem Wanderweg abwärts (Auffahrtsweg).
31 | 29,60 | 379 | Auf der Asphaltstraße rechts abwärts.
32 | 30,85 | 327 | Geradeaus abwärts fahren.
33 | 33,00 | 220 | Auf der Hauptstraße rechts und nach ca. 10 m die Straße überqueren.
34 | 33,05 | 220 | Links in die Nebenstraße Richtung Stazione einbiegen.
35 | 33,35 | 222 | Links über die Bahngleise.
36 | 33,38 | 222 | Nach den Bahngleisen rechts an den Gleisen entlang.
37 | 33,65 | 220 | Rechts und über die weiße Brücke.
38 | 34,20 | 210 | Auf der Hauptstraße im spitzen Winkel rechts und durch die Bahnunterführung; nach der Unterführung links halten und bis zum Bahnhof fahren.
39 | 34,67 | 203 | Tenero von Bahnhof – Ende der Tour.

25 Alpe Cardada

Traumtour auf den Hausberg von Locarno

4	✪✪✪✪✪	1379	44	4
Schwierigkeit	Erlebniswert	Höhenmeter (in m)	Streckenlänge (in km)	Zeit (in h)

TOURENCHARAKTER

AUSGANGS-/ENDPUNKT
Hafen von Locarno

ANFAHRT
A 13 bis Ausfahrt Orselina, auf der Via S. Gottardo weiter und in Locarno links über die Via della Stazione Richtung Bahnhof - einen der zahlreichen Parkplätze im Zentrum von Locarno benützen; der Hafen liegt unterhalb des Bahnhofs direkt am Lago Maggiore.

KONDITION
✪✪✪✪✪

FAHRTECHNIK
✪✪✪✪✪

ERLEBNISWERT
Fahrspaß: ✪✪✪✪✪ – gleichmäßige, schattige Auffahrt; genialer Panorama-Singletrail zur Alpe Cardada; langer Singletrail bis Contra; entspannte Schlussetappe entlang des Lago Maggiore
Landschaft: ✪✪✪✪✪ – überwältigende Ausblicke auf den Lago Maggiore; tolle Höhenstraße entlang der zauberhaften Örtchen Brione und Orselina; die Tessiner Dörfchen mit ihren für die Gegend bekannten Rusticos; die romantisch abgelegenen Gegenden
Kultur und Geschichte: ✪✪✪✪✪ – Locarno mit z. B. der Piazza Grande im Zentrum, der Altstadt, dem Castello Visconteo und dem Kakteengarten in der Nähe des Seeufers; Madonna del Sasso in Orselina

EINKEHRMÖGLICHKEITEN
Osteria La Riva, Via alla Riva 19, CH-6648 Minusio, Tel. +41/(0)91/743 20 93; Hotel-Restaurant Monte Brè, CH-6605 Locarno, Tel. +41/(0)91/756 60 40, www.hotelmontebre.ch; Capanna Cardada, Tel. +41/(0)91/743 77 37; Capanna lo Stallone (Alpe Cardada), Da Nita e Ciano, Casella postale 4, CH-6600 Locarno, Tel. +41/(0)91/743 61 46, www.stallone.ch; Albergo Colmanicchio (Cardada), CH-6600 Cardada, Tel. +41/(0)91/751 18 25, www.colmanicchio.ch; Grotto al Ritrovo, CH-6645 Brione s/Minusio, Tel. +41/(0)91/743 55 95

STRECKENPROFIL
Langer, schattiger Anstieg mit gleichbleibender Steigung auf schmaler Asphaltstraße, dann ein genialer Panorama-Singletrail, gefolgt von einem anspruchsvollen, durchgängig fahrbaren Singletrail bis nach Contra; zum Schluss entspanntes Dahinradeln am Ufer des Lago Maggiore bis nach Locarno

HÖCHSTER PUNKT
1486 m, Alpe Cardada

NIEDRIGSTER PUNKT
197 m, Locarno

TOURIST-INFO
Lago Maggiore Tourist Office, Largo Zorzi 1, CH-6600 Locarno, Tel. +41/(0)91/791 00 91, www.locarno.ch

LANDKARTEN
Swisstopo 276 Val Verzasca, Landeskarte 1:50 000

GPS/ROADBOOK
Tour 25 Alpe Cardada.gpx;
Tour 25 Alpe Cardada 500.gpx

Die absolute Traumtour auf den Hausberg von Locarno bietet ein überwältigendes Panorama und einen genialen Singletrail.

Wir starten diese Tour beim Hafen in Locarno (15 000 Einwohner), das am Nordufer des Lago Maggiore und am Ostrand des Maggia-Deltas liegt. An den Hang oberhalb der Stadt schmiegen sich das Quartier Monti della Trinita und die Gemeinde Orselina.

Locarno ist der Hauptort des gleichnamigen Bezirks des Kantons Tessin. Das Stadtgebiet ist mit den weiterhin selbstständigen Gemeinden Muralto und Minusio zusammengewachsen. Locarno gilt als der wärmste Ort der Schweiz und als die nördlichste Ortschaft mit mediterranem Klima an einem See. Deshalb gedeihen hier unzählige südländische Pflanzen wie Palmen und Zitronenbäume. In der Magadino-Ebene wird sogar erfolgreich Reis angepflanzt. Vom Hafen aus radeln wir der Uferpromenade entlang Richtung Minusio. Kurz

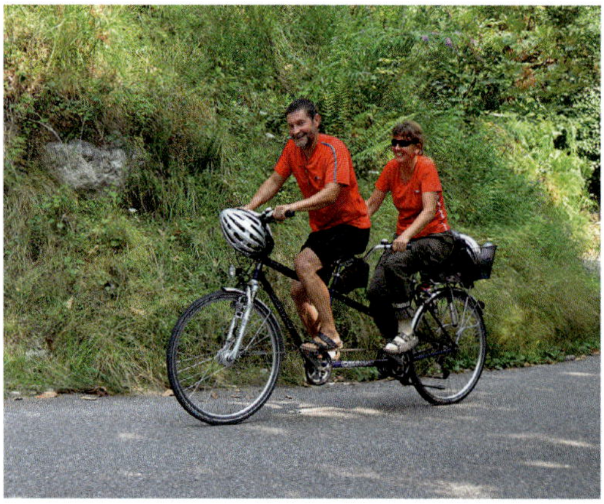

»Zweimotorig« in Richtung Monte Brè

44 km | **1379 Hm** | **Tagestour**

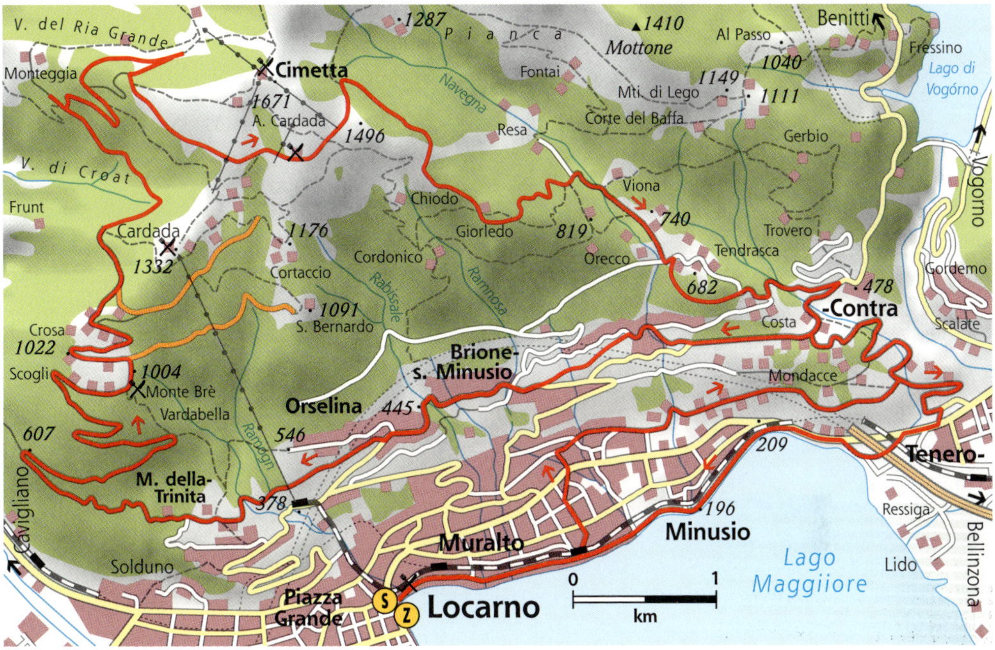

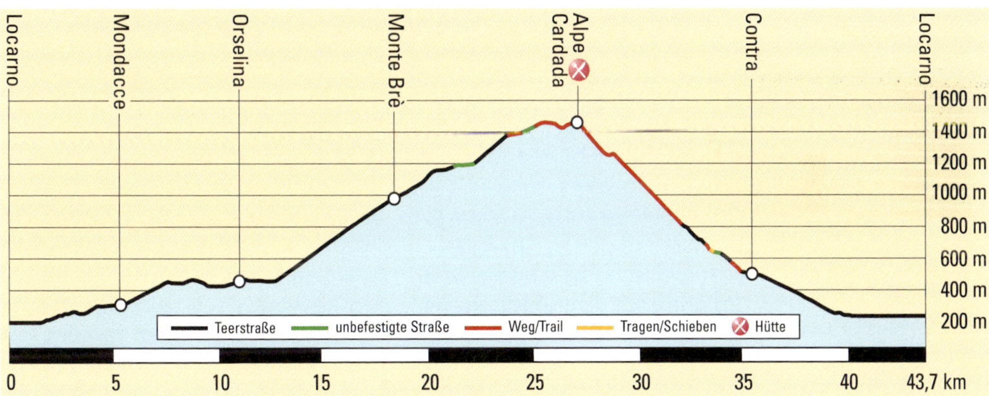

vor der Osteria La Riva biegen wir links ab und schlängeln uns durch schmale Gassen und Nebenstraßen bis nach Mondacce. Dort erreichen wir die Auffahrtsstraße, die uns Richtung Costa-Contra führt.

Kurz vor Contra biegen wir links in eine wunderbare Höhenstraße ein, auf welcher wir nach Brione und in weiterer Folge nach Orselina gelangen. Etwa 100 Meter nach dem Ortsschild »Brione«, direkt auf dem Scheitelpunkt der Straße, erblicken wir auf der rechten Seite einen romantisch schönen Wasserfall – eine reizvolle Gelegenheit, die Beine noch einmal im kristallklaren Wasser etwas abzukühlen.

In Orselina angelangt, fahren wir direkt nach der Pfarrkirche, die dem heiligen Bernhard, dem Schutzpatron von Orselina, gewidmet ist und mitten im Dorf steht, rechts ein kurzes Stück ziemlich steil aufwärts.

MADONNA DEL SASSO IN ORSELINA

Das Sanktuarium ist die Hauptsehenswürdigkeit von Locarno und zugleich der beliebteste Wallfahrtsort der italienischsprachigen Schweiz. Wallfahrtskirche Madonna del Sasso, Via Santuario 2, CH-6644 Orselina, Tel. +41/(0)91/743 62 65, www.madonnadelsasso.org

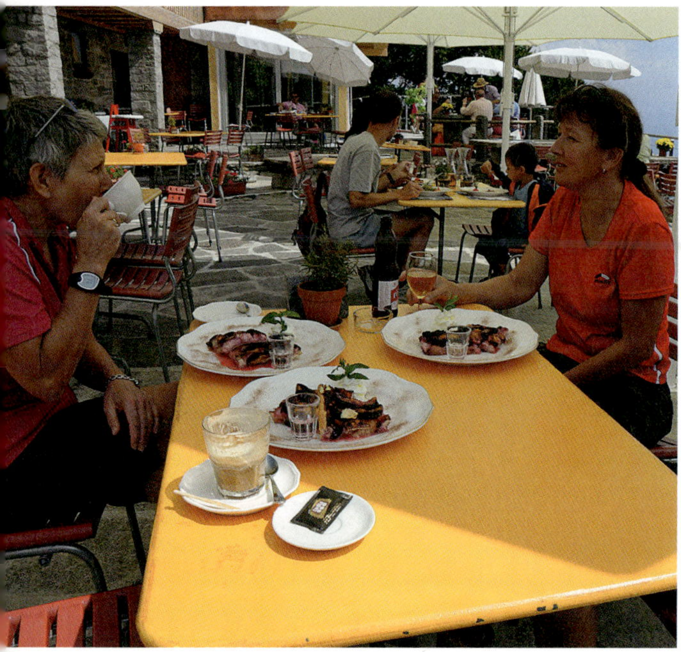

CASTELLO VISCONTEO

Das Schloss Castello Visconteo in Locarno stammt aus dem Jahr 998 und war früher die Residenz der Mailänder Familie Visconti. Es befindet sich im Zentrum der Stadt, am Rand der Altstadt. 1342 griffen die Visconti von Mailand das Gebäude von der Seeseite aus an und nahmen es ein; ihnen verdankt es seinen Namen. Davor diente es den Kaisertreuen Capitanei Orelli als Wohnsitz. Heute ist nur noch ein Fünftel der ursprünglichen Burg vorhanden; aus der Gründungszeit stehen nur noch die Grundmauern. Das Schloss verfügt über einen Innenhof aus dem 15. Jh. und über verschiedene Säle, die mit Intarsien verziert sind. Heute wird es als archäologisches Museum genutzt und kann für Veranstaltungen mit bis zu 400 Personen gemietet werden. Via B. Rusca 5, CH-6600 Locarno, Tel. +41/(0)91/756 31 70, www.locarno.ch

Die Terrasse des Colmanicchio: Café Speziale mit selbst gemachtem Caféeis und hausgebackenem Zwetschkenkuchen mit Zwetschkenschnaps – einfach köstlich!

Bild rechte Seite: Aussichtsplattform in Cardada

Die Albergo Colmanicchio in Cardada

Mit zauberhafter Aussicht auf den Lago Maggiore erreichen wir Monti della Trinita und zweigen nach rechts Richtung Monte Brè ab. Das schmale Asphaltsträßchen führt in gleichbleibender, angenehmer Steigung etwa sechs Kilometer durch schattige Wälder zum Aussichtsberg über dem Lago Maggiore. Auf der Straße begegnen uns nur wenige Autos, da sie nur bis Brè führt – also praktisch eine Sackgasse ist.

In Brè angelangt, biegen wir in der letzten scharfen Linkskurve vor dem gleichnamigen Restaurant Monte Brè rechts Richtung San Bernardo ab. Dieses kleine malerische Dorf (1096 m) liegt noch etwas höher als Brè. Der Weg führt zu einem wunderbaren Aussichtspunkt direkt über Locarno, mit fantastischer Aussicht auf u. a. die Magadino-Ebene, die Maggia, Ascona, Cannobio, Ronco und die Brissago-Inseln.

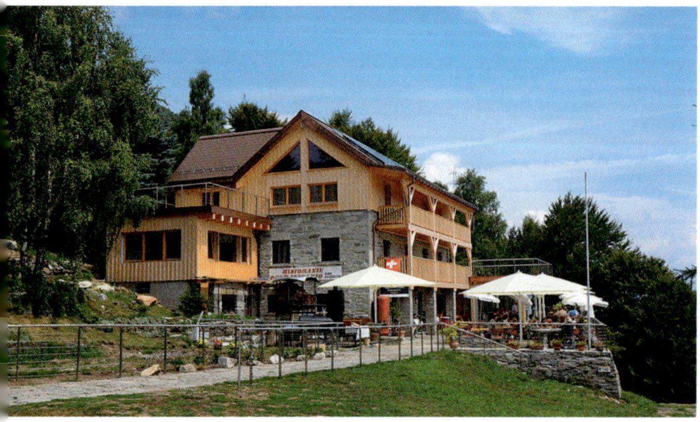

Nach einer kurzen Pause radeln wir auf demselben Weg bis zur Abzweigung zurück. Kurz darauf erreichen wir das Zentrum von Brè, dem kleinen Ort oberhalb von Locarno auf 1000 Metern Höhe. Der Weg führt uns an einem kleinen Kirchlein vorbei und wird nun etwas steiler. Am Ende dieser steileren Passage haben wir die Möglichkeit, rechts auf den Dachsweg einzubiegen und einen Abstecher zur Mittelstation Cardada zu machen. Dieses Asphaltsträßchen führt ca. 1,5 Kilometer am Hang entlang. Am Ende der Straße lassen wir unsere Bikes zurück und wandern zu Fuß zur Cardada-Mittelstation. Auf dieser Hike-Passage gelangen wir auf den Panorama-Rundweg, der uns zur eindrucksvollen Aussichtsplattform führt. Im neu renovierten Albergo Colmanicchio bietet sich die Möglichkeit einzukehren. Auf der Sonnenterrasse kann man z. B. einen Café speziale und einen selbst gemachten Zwetschkenkuchen genießen.

Von dort aus wandern wir abwärts und erreichen bald wieder unsere Bikes, um auf dem

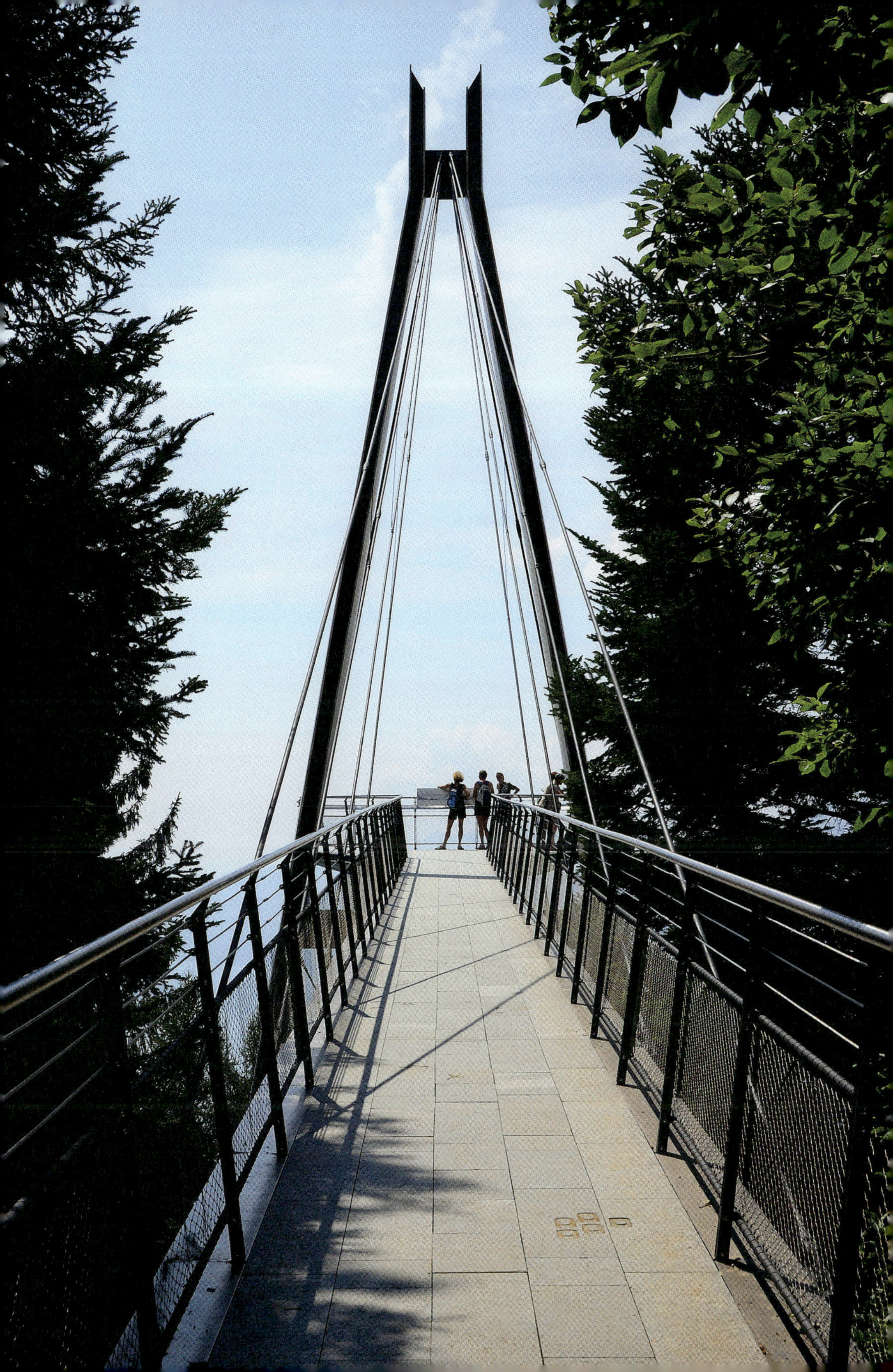

LOCARNO

Das eigentliche Herz der Stadt ist die Piazza Grande im Zentrum; um sie herum spielt sich das geschäftliche und das kulturelle Leben ab. In den letzten Jahren erlangte die Piazza Grande Berühmtheit wegen des Internationalen Film-Festivals und den Konzerten unter freiem Himmel. An der Nordseite der Piazza finden wir die aus den letzten Jahrhunderten stammenden Arkaden, die einen typisch lombardischen Einfluss zeigen. Die Altstadt entwickelte sich besonders zwischen dem 16. und dem 17. Jh.; die architektonischen Strukturen verdienen durchaus eine nähere Betrachtung. Die Nähe der Piazza Grande rückt diesen Stadtteil in die Mitte des öffentlichen Lebens.

Bild rechte Seite: Typisch steiniger Tessiner Singletrail ab der Alpe Cardada – erstklassig!

Auffahrtsweg wieder zur Abzweigung zurückzufahren.

Ein kurzes Stück führt die Straße noch auf Asphalt weiter aufwärts, dann wechselt der Fahrbahnuntergrund kurzzeitig zu Schotter. In diesem Bereich weist die Straße keine nennenswerte Steigung auf und zieht sich, hoch über dem Maggiatal, am Hang entlang. Noch ein letzter steilerer Abschnitt auf Asphalt, dann erreichen wir die Abzweigung zum ersten Singletrail Richtung Alpe Vegnasca.

Kurz nach der kleinen romantischen Kapelle, die mitten im Wald steht, führt eine Schotterstraße zur nächsten Abzweigung. Ab hier beginnt ein Highlight dieser Tour: der Panorama-Singletrail. Er zieht sich über etwa zwei Kilometer um die Cimetta herum bis zur Alpe Cardada. Stellenweise ist er ein schmaler Singletrail, dann wieder ein etwas breiterer Wanderweg. Die Strecke ist sehr gut fahrbar,

Capanna lo Stallone (Alpe Cardada)

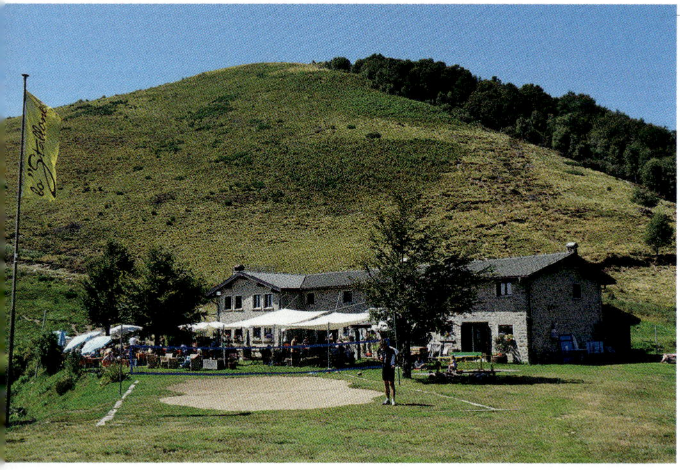

immer verbunden mit einer grandiosen Aussicht auf den Lago Maggiore.

An der Capanna Cardada mit ihrer beinahe über Locarno schwebenden Terrasse radeln wir vorbei. Unser vorläufiges Ziel, die Alpe Cardada, erreichen wir nach wenigen Minuten. Im Berggasthaus Capanna Lo Stallone, dessen Spezialität Polentagerichte sind, setzen wir uns unter die bunten Sonnenschirme. Die Alpe Cardada ist ein wahrhaft paradiesischer Platz: eine weitläufige Wiese, die direkt am Hang zum Lago Maggiore bei einem großen Betonkreuz endet und eine unbeschreibliche Aussicht bietet. Absolute Glückszustände stellen sich bei uns ein! Nicht zuletzt, weil der Megatrail ins Val Resa noch auf uns wartet.

Nach einer ausgiebigen Rast machen wir uns an die fordernde, jedoch reizvolle Abfahrt. Dieser Trail ins Val Resa ist als offizielle Mountainbikeroute beschildert. Direkt bei der Alpe Cardada führt er – immer fordernd, jedoch jederzeit beherrschbar – etwa fünf Kilometer abwärts.

Wir lassen das Örtchen Viona links liegen und gelangen zum Grotto al Ritrovo. Auch hier lockt uns eine einladende Terrasse noch mal zu einer Pause. Dann biegen wir im kleinen Örtchen Tendrasca, direkt vor der Osteria Al Matro, rechts auf einen weiteren Singletrail ab. Jetzt können wir noch die Technik des Treppenfahrens etwas üben. Zuerst fahren wir über eine kleine Holzbrücke, dann folgt eine kurze Schiebepassage, und schon geht es wieder flott abwärts.

Nach vier Kehren biegen wir ein letztes Mal von der Asphaltstraße auf einen kurzen Singletrail ab. Er führt uns zu einer schmalen Asphaltstraße, auf der wir direkt in das Örtchen Contra gelangen.

Leicht abwärts fahrend erreichen wir Costa und biegen auf unserem Auffahrtstrack Richtung Tenero ab. An Mondacce vorbei erreichen wir Tenero und pullen auf kürzestem Weg zum Ufer des Lago Maggiore. An diesem entlang können wir gemütlich auf dem Radweg die eindrucksvolle Tour ausklingen lassen. In der Osteria La Riva in Minusio füllen wir unsere inzwischen wieder entleerten Speicher auf. Von dort aus sind wir in wenigen Minuten wieder am Hafen von Locarno.

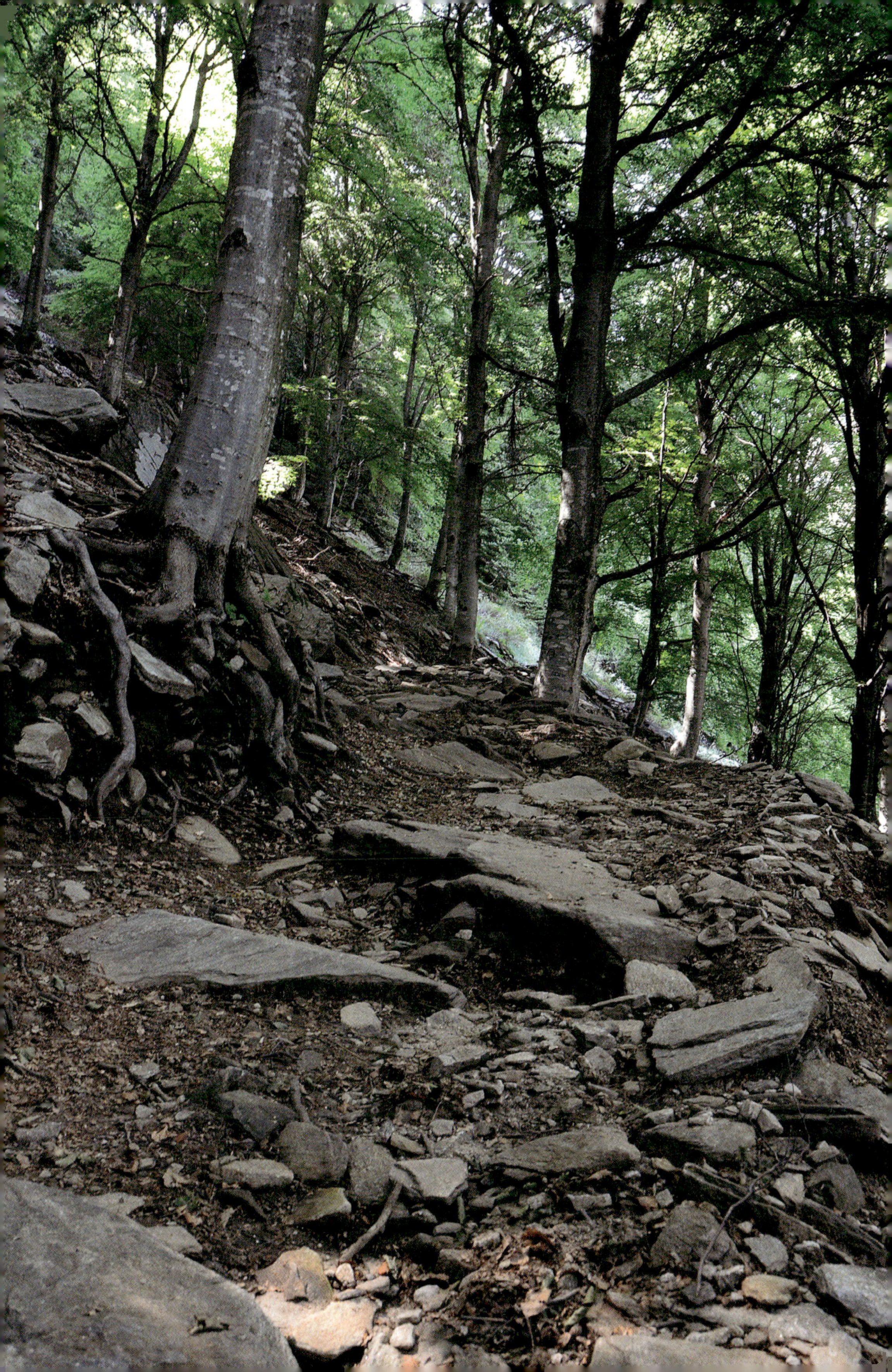

Routenbeschreibung

Tour 25 Alpe Cardada.gpx

WP | km | Hm | Route

1 | 0,00 | 196 | Hafen von Locarno – Fahrt nach rechts Richtung Minusio; am Lago Maggiore entlang der Radwegmarkierung »Bellinzona« folgen.

2 | 1,52 | 197 | Direkt vor der Osteria La Riva links aufwärts, die Bahngleise überqueren und danach links durch die Ciesa di S. Quirico.

3 | 1,79 | 211 | Rechts in die Via Rivapiana und geradeaus, beim Brunnen links aufwärts und dann rechts halten, die Via Rivapiana geradeaus aufwärts, die Hauptstraße überqueren und weiterhin geradeaus aufwärts fahren.

4 | 2,36 | 237 | Rechts und nach ca. 30 m links aufwärts.

5 | 2,47 | 241 | Auf der Hauptstraße rechts und nach ca. 50 m die Straße überqueren und geradeaus aufwärts.

6 | 2,67 | 251 | Rechts aufwärts – links an der Schule Minusio vorbei und geradeaus aufwärts.

7 | 2,92 | 259 | Rechts und immer geradeaus leicht aufwärts.

8 | 5,26 | 317 | Mondacce – auf der Asphaltstraße links aufwärts Richtung Costa.

9 | 7,39 | 477 | Costa-Contra – links Richtung Brione und Orselina weiter.

10 | 10,96 | 452 | Orselina – nach der Pfarrkirche rechts steil aufwärts durch die Via Patocchi.

11 | 12,72 | 459 | Rechts aufwärts Richtung Monte Brè.

12 | 18,40 | 1008 | Monte Brè – geradeaus weiter.

13 | 20,06 | 1141 | Geradeaus aufwärts fahren.

14 | 22,18 | 1210 | Rechts auf der Asphaltstraße aufwärts.

15 | 23,74 | 1391 | Links im spitzen Winkel auf dem Singletrail in den Wald.

16 | 24,62 | 1428 | Alpe Vegnasca – auf der Schotterstraße rechts Richtung Cardada.

17 | 25,11 | 1462 | Links steil aufwärts – Wanderwegmarkierung »Cardada«.

18 | 26,41 | 1448 | Bei der Weggabelung links aufwärts Richtung Alpe Cardada.

19 | 26,72 | 1474 | Geradeaus Richtung Alpe Cardada fahren.

20 | 27,11 | 1484 | Alpe Cardada – der Mountainbikemarkierung folgen; rechts neben der Alpe führt der markierte Singletrail abwärts.

21 | 27,20 | 1467 | Links der Wanderwegmarkierung folgen.

22 | 27,51 | 1427 | Rechts im spitzen Winkel auf dem Singletrail weiter.

23 | 32,10 | 807 | Auf der Asphaltstraße abwärts.

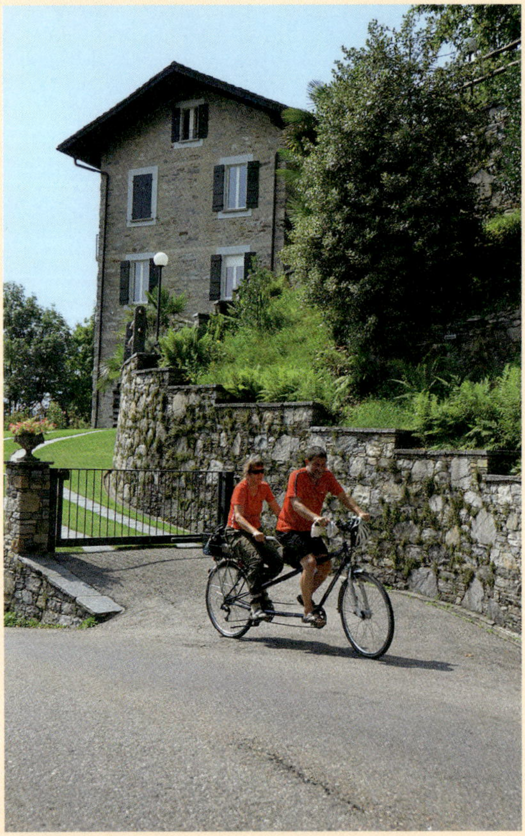

Auch das Tandem ist in Monte Brè angekommen.

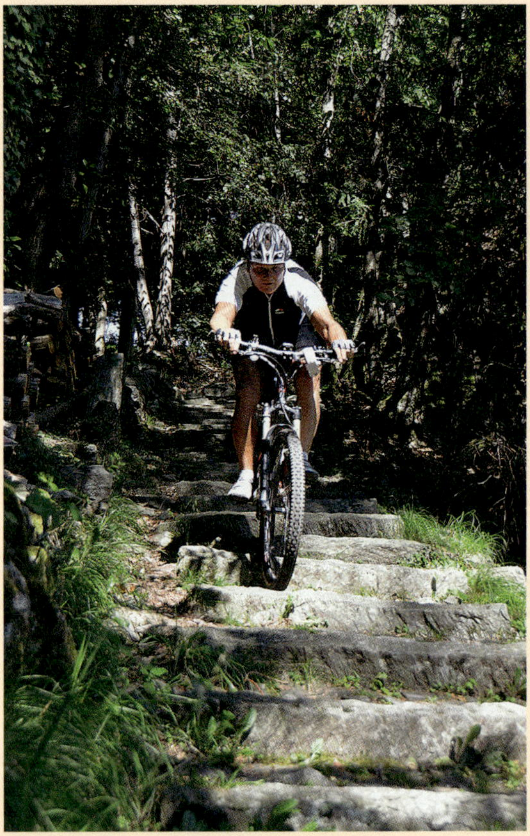

Achtung Stufe! Hier ist höchste Konzentration gefragt.

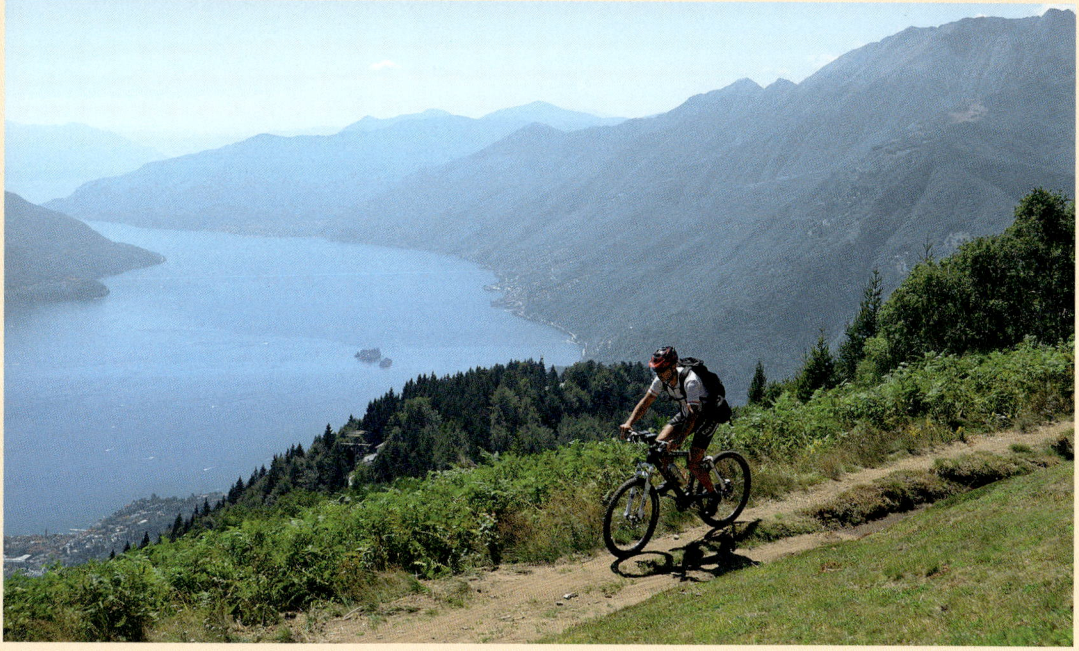

Trail mit Ausblick auf den Lago Maggiore

24 | 33,23 | 678 | Vor der Osteria Al Matro rechts auf den Wanderweg abbiegen – Singletrail mit einigen Stufen.
25 | 33,40 | 651 | Links über die schmale Holzbrücke – kurzes Schiebestück; nach Erreichen der Schotterstraße geradeaus, etwas später auf einer Asphaltstraße.
26 | 33,99 | 620 | Auf der Asphaltstraße abwärts Richtung Contra.
27 | 34,45 | 568 | Links im spitzen Winkel auf den Singletrail abbiegen – »Sente del Costa« (direkt beim Verkehrsspiegel in der Rechtskurve).
28 | 34,91 | 507 | Auf der Asphaltstraße links Richtung Contra.
29 | 35,36 | 494 | Contra – rechts abwärts fahren.
30 | 35,92 | 479 | Links abwärts Richtung Tenero fahren.
31 | 38,11 | 334 | Links abwärts Richtung Tenero fahren.
32 | 39,38 | 246 | Beim Kreisverkehr in Tenero rechts Richtung Locarno/Minusio.
33 | 39,72 | 243 | Direkt beim Schild »Minusio, Locarno 5 km« links auf den markierten Wanderweg abbiegen; durch die Bahnunterführung.
34 | 39,85 | 243 | Rechts und durch die Autobahnunterführung, danach rechts immer auf dem Radweg Richtung Locarno bleiben; der Radweg verläuft direkt am Lago Maggiore entlang; wir erreichen unsere Auffahrtsroute.
35 | 42,25 | 222 | Links auf dem Radweg weiter.
36 | 43,14 | 221 | Auf dem Radweg geradeaus und weiterhin am See entlang.
37 | 43,64 | 220 | Links Richtung Locarno-Hafen.
38 | 43,78 | 218 | Locarno-Hafen – Ende der Tour.

Variante A: San Bernardo; Tour 25 Alpe Cardada.gpx

WP | km | Hm | Route
A01 | 18,20 | 998 | In der Linkskurve, direkt vor Brè, rechts Richtung San Bernardo – schöner Aussichtspunkt. Dieselbe Strecke wieder zurückfahren. Wieder beim WP A01 angekommen, rechts aufwärts fahren.

Variante B: Cardada-Mittelstation; Tour 25 Alpe Cardada.gpx

Start der Variante B beim WP 13 (kleiner Parkplatz oberhalb von Monte Brè):

WP | km | Hm | Route
B01 | 0,00 | 1141 | Bei WP 13 (kleiner Parkplatz oberhalb von Monte Brè) rechts im spitzen Winkel auf dem Dachsweg Richtung Mittelstation Cardada.
B02 | 1,45 | 1243 | Bikes abstellen und zu Fuß im spitzen Winkel auf dem Wanderweg Richtung Mittelstation Cardada weiter.
Bei der Mittelstation Cardada gibt es verschiedene Möglichkeiten, zu einer Aussichtsplattform zu gelangen. Es gibt auch einen beschilderten Rundweg.
Schlussendlich wieder bis zu den Bikes und auf der Auffahrtsroute retour bis zum WP 13.
B03 | 2,90 | 1141 | Wieder beim WP 13 angekommen, geradeaus aufwärts weiter.

26 Arcegno – Alpe di Naccio

Aussichtstour zum Pozzuolo-Pinocchio und zu den Grashängen der Alpe di Naccio

3	●●●●○	1290	41	4
Schwierigkeit	Erlebniswert	Höhenmeter (in m)	Streckenlänge (in km)	Zeit (in h)

TOURENCHARAKTER

AUSGANGS-/ENDPUNKT
Seepromenade von Ascona

ANFAHRT
A 13 bis Ausfahrt Ascona, auf der Viale Monte Verità Richtung Zentrum von Ascona, vor der Fußgängerzone links in die Viale Barolomeo Papio, beim Kreisverkehr über die 1. Ausfahrt in die Via Circonvallazione; beim nächsten Kreisverkehr gibt es gebührenpflichtige Parkplätze direkt vor der Seepromenade.

KONDITION
●●●●○

FAHRTECHNIK
●●●●○

ERLEBNISWERT
Fahrspaß: ●●●○○ – angenehme, aber lange Auffahrt auf schmalen Asphaltsträßchen; Panorama-Singletrail der Spitzenklasse; flowige Abfahrt bis nach Ascona
Landschaft: ●●●●○ – grandiose Panoramatour hoch über dem Lago Maggiore; wildromantische Täler und naturbelassene Gegenden
Kultur und Geschichte: ●●●○○ – die Altstadt von Ascona im alten Ortszentrum Borgo; die Kirche San Pietro e Paolo (16. Jh.), deren Glockenturm das Wahrzeichen von Ascona ist; der Monte Verità; das Festival der Straßenkünstler; »Jazz-Ascona«, das größte Hot-Jazz-Festival Europas; die Musikwochen von Ascona

EINKEHRMÖGLICHKEITEN
Hotel Al Ponte Antico, CH-6656 Intragna-Golino, Tel. +41/(0)91/785 61 61, www.ponteantico.ch;
Grotto Lauro, Via Ceu, CH-6618 Arcegno, Tel. +41/(0)91/791 42 96, www.grotto-lauro.ch;
Grotto Ginestra, Monti di Ronco s/Ascona, Tel. +41/(0)79/233 83 52

STRECKENPROFIL
Angenehmes Einfahren entlang der Melezza und sanfte, wildromantische Auffahrt bis Arcegno; langer Asphaltanstieg bis nach dem Pozzuolo-Kirchlein; steiler, fahrbarer Uphill-Singletrail bis kurz vor die Alpe di Naccio, dann erstklassiger Panorama-Singletrail mit einigen kurzen Schiebepassagen bis Cavallascio; über die Höhenstraße mit grandiosem Panorama bis zur Auffahrtsstraße, dann folgen eine zügige Abfahrt und ein genialer asphaltierter Wanderweg bis Ascona.

HÖCHSTER PUNKT
1395 m, Alpe di Naccio

NIEDRIGSTER PUNKT
196 m, Ascona

TOURIST-INFO
Lago Maggiore Tourist Office, CH-6600 Locarno, Tel. +41/(0)84/809 10 91, info@ascona-locarno.com

LANDKARTEN
Swisstopo 276 Val Verzasca, Landeskarte 1:50 000

GPS/ROADBOOK
Tour 26 Arcegno – Alpe di Naccio.gpx;
Tour 26 Arcegno – Alpe di Naccio 500.gpx

Schöne Sträßchen durch wildromantische Gegenden, ein fordernder Singletrail mit einer kurzen Schiebepassage und eine wunderbare Panoramastraße kennzeichnen diese Tour zur Alpe di Naccio, die immer von einer grandiosen Aussicht begleitet wird. Top!

Wir starten in Ascona, direkt beim Kreisverkehr an der Seepromenade bzw. beim Parkplatz schräg vis-à-vis vom Hotel Castello. Ascona ist eine politische Gemeinde im Kanton Tessin; sie zählt ca. 5000 Einwohner und ist der am tiefsten gelegene Ort der Schweiz: Er liegt auf 196 Metern Höhe am Nordufer des Lago Maggiore.
Ascona wird oft als »Perle des Lago Maggiore« bezeichnet und ist für seine Altstadt, die südländische Seepromenade mit den Straßencafés und das milde Klima bekannt – ein international berühmter Ferienort am Delta des Flusses Maggia!
Wir verlassen Ascona auf direktem Weg und halten uns Richtung Losone. Kurz nach dem Kreisverkehr zwi-

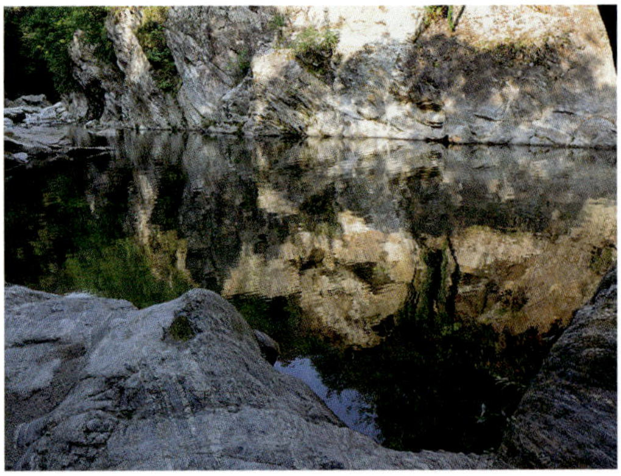

Glasklare Naturbucht bei Golino

41 km	1290 Hm	Tagestour

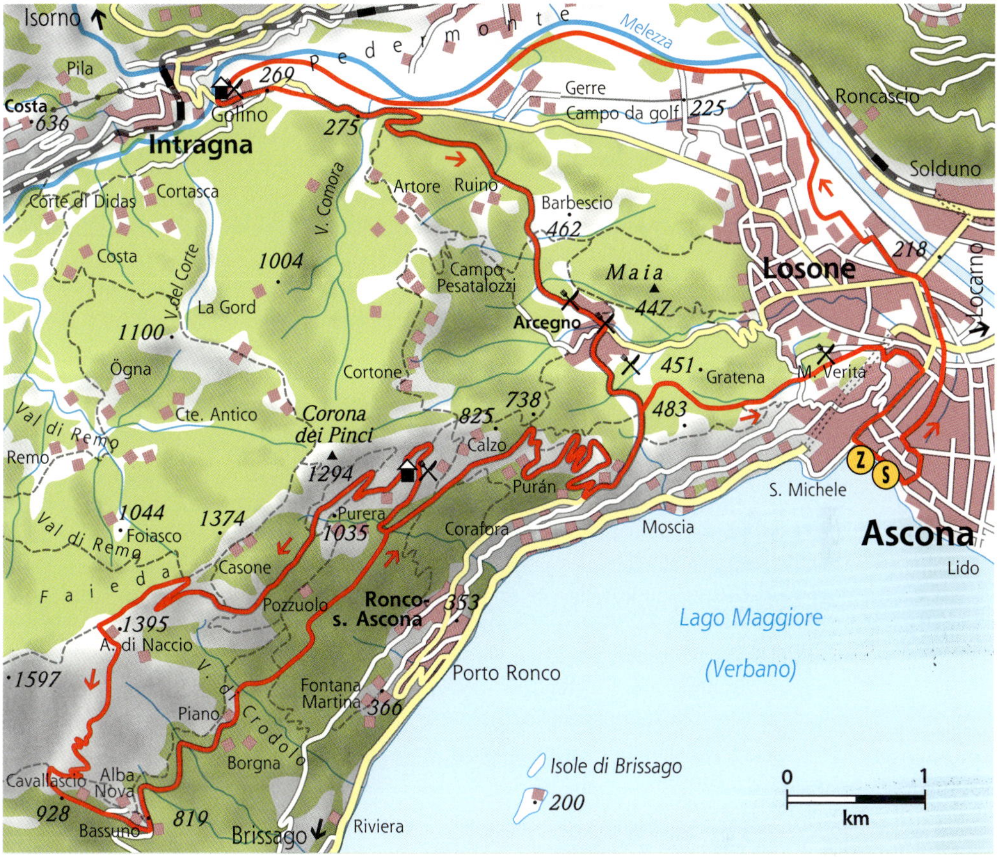

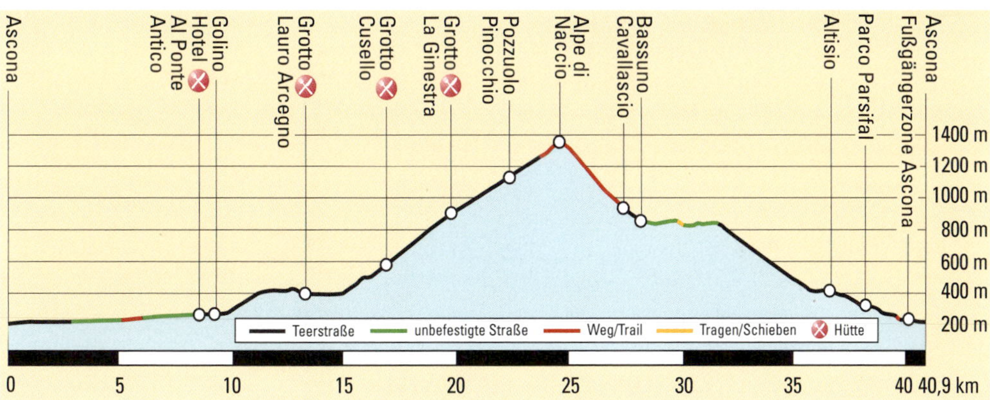

schen Locarno und Ascona biegen wir bereits auf eine Nebenstraße ab und entfliehen dem Straßenverkehr. Wir radeln gemütlich entlang der Maggia durch Losone und gelangen zu einem angenehm zu befahrenden Radweg. Dieser führt uns durch ein Naherholungsgebiet von Locarno-Ascona, und wir folgen ihm an der linken Uferseite der Melezza. Die Melezza durchfließt das Centovalli und mündet bei Ponte Brolla in die Maggia.

Der Weg zieht sich abwechslungsreich durch bewaldetes Gebiet bis nach Golino. Trails, Waldböden und schmale

Schotterstraßen wechseln sich ab. Wir biegen nicht links in das Örtchen Golino ab, sondern fahren auf der Schotterstraße am Ufer entlang bis zum Ende der Straße. Dort erwartet uns ein wahrlich beeindruckendes Plätzchen: Auf der rechten Seite befindet sich ein kleiner, romantischer Sandstrand mit einer herrlichen Bucht, in deren glasklarem Wasser sich die Umgebung spiegelt. Auf der linken Seite lädt die mit Glyzinien bewachsene Laube des Hotels Al Ponte Antico zu einer ersten Pause ein.
Danach schieben wir unsere Bikes über einige Stufen hinauf bis zur Hauptstraße, die ins Centovalli führt, und fahren am oberen Ortsrand wieder an Golino vorbei. Schon bald verlassen wir die Hauptstraße und biegen nach rechts in ein wildromantisches Tal. Ein sehr schmales, rustikales Asphaltsträßchen führt in schattigen Serpentinen aufwärts. An einem prächtigen Aussichtspunkt mit tollem Blick auf den Golfplatz bei Losone und am Ferienlager Campo Pestalozzi vorbei erreichen wir Arcegno. Im »Grotto Lauro« bietet sich uns die zweite reizvolle Einkehrmöglichkeit – ein rustikales, aber auch edles und somit äußerst interessantes »Grotto«.

Cappuccino trinken in der Grotto Lauro in Arcegno gehört einfach dazu.

Von dort aus führt uns eine beinahe flach verlaufende Panoramastraße, mit Aussicht bis nach Cannobio, zur nächsten Abzweigung Richtung Monti di Ronco. Die Asphaltstraße schlängelt sich in steilen Serpentinen zwischen eindrucksvollen und teilweise pompösen Villen aufwärts. So mancher Blick nach unten auf einen erfrischend blau schimmernden Pool lässt kurzfristig den Wunsch nach einer Ganzkörpererfrischung aufkommen.
Vor einer öffentlichen Grillstelle zweigen wir nach rechts ab und fahren steil aufwärts. Wiederum prachtvolle Villen bestaunend, die beinahe schon Schlössern gleichen, erreichen wir die Kneippanlage auf dem Colle san Marco. Hier können wir zumindest unseren heißen Fußsohlen eine Kühlung verschaffen, bevor wir den langen Anstieg Richtung Alpe di Naccio in Angriff nehmen.
Ziemlich gleichmäßig zieht sich die Straße, oft durch Schatten spendenden Wald, in Serpentinen aufwärts. Etwa bei Kilometer 16,88 kommen wir am »Grotto Cusello« vorbei, welches jeweils samstags und sonntags geöffnet hat. Drei Kilometer weiter erreichen wir das »Grotto La Ginestra« – die schöne Aussicht,

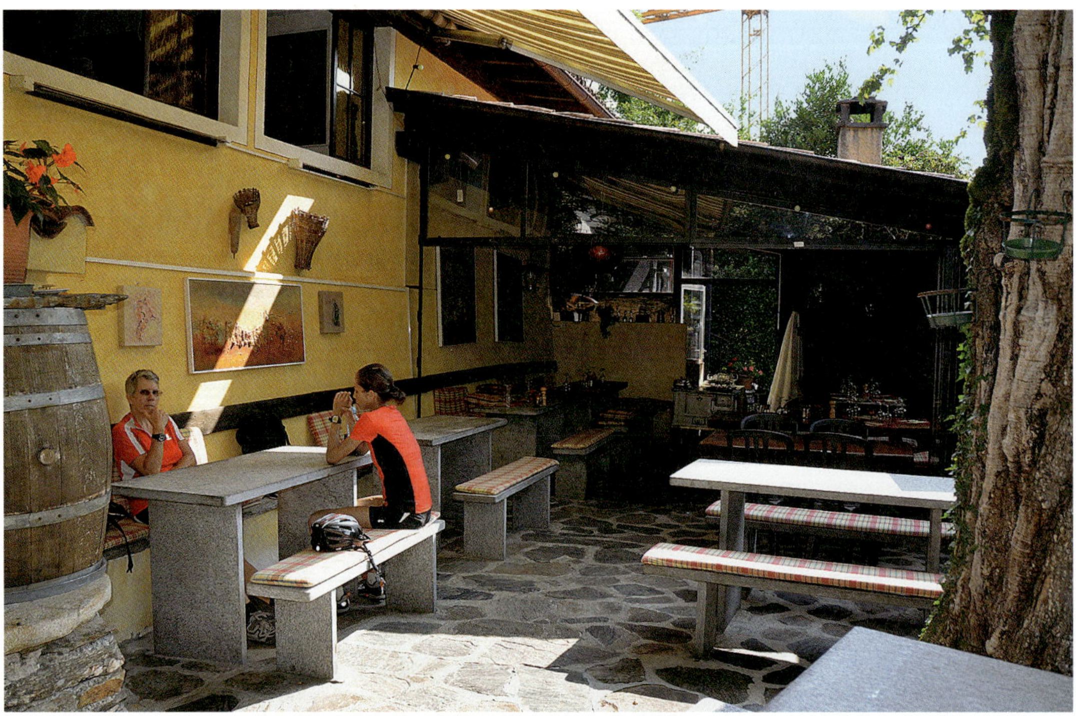

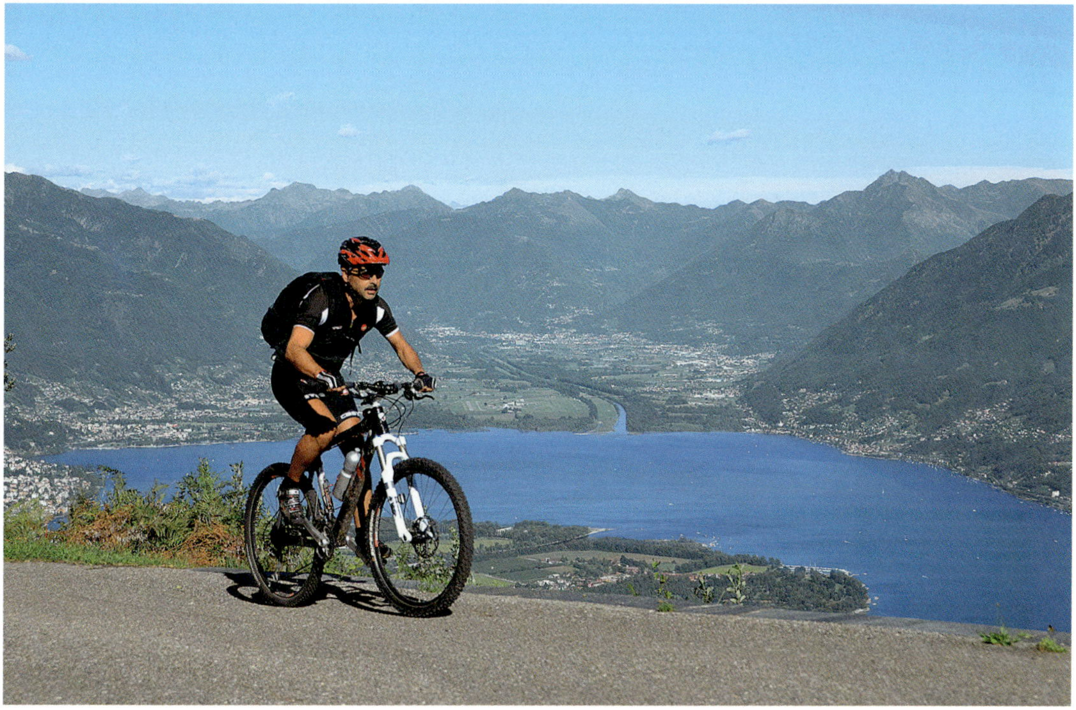

Auffahrt zur Alpe di Naccio mit grandioser Permanentaussicht

eine reizvolle Sonnenterrasse und die letzte Möglichkeit zur Einkehr sprechen für eine Pause.

Mit konstanter Steigung führt danach das Sträßchen weiter aufwärts. Nach den am Straßenrand deponierten Schubkarren zu schließen, müssen sich in dieser Gegend mehrere versteckt gelegene Ferienhäuser befinden. Oberhalb des lauschig gelegenen Örtchens Purera und kurz nach der Straßensperre, die wir durch ein Gittertor passieren, erreichen wir Pozzuolo. Dort ragt ein übergroßer, aus Holz gefertigter Pinocchio in die Höhe. Ein paar Stufen weiter oben steht eine urige kleine Kapelle mit einer unübertroffenen Aussicht auf den Lago Maggiore. Die Magadino-Ebene, die umliegenden Berge und der See, bis hinunter nach Luino, können von diesem Aussichtspunkt aus bestaunt werden – der ideale Ort, um den restlichen Proviant, der sich vielleicht noch im Rucksack befindet, zu verzehren.

Nun führt uns eine neu verlängerte Straße bis zum Scheitelpunkt hinauf, wo sich die Abzweigung auf den Wanderweg zur Alpe di Naccio befindet. Dieser Wanderweg stellt sich als größtenteils fahrbarer Trail heraus. Kurz nach der Abzweigung gelangen wir zu einer Wanderwegbeschilderung und fahren geradeaus aufwärts. Der markierte Wanderweg führt außerhalb des Waldes am Waldrand entlang aufwärts – und einige Meter weiter rechts führt ein fahrbarer Weg parallel bergan. Zum einen ist dieser Weg für Biker besser fahrbar, zum anderen befindet er sich im schattigen Wald. Die letzten 50 Meter vor der Wanderwegmarkierung »Alpe di Naccio« bringen wir schiebend hinter uns und haben dann den höchsten Punkt dieser Tour erreicht. Auf der rechten Seite erscheinen die Berge des Centovalli, die ein wunderbares Profil bilden.

MONTE VERITÀ, DER BERG DER WAHRHEIT

Der Monte Verità war in den ersten beiden Jahrzehnten des 20. Jh. der Sitz einer lebensreformerischen Künstlerkolonie, die heute als eine der Wiegen der Alternativbewegung gilt. Im Frühjahr 2006 wurde ein Teepark eröffnet; die Teepflanzen können hier auch erworben werden. Ein Zen-Garten und ein Tee-Haus ergänzen den Park. Heute ist der Berg Seminarstätte der Universitäten von Luzern und Zürich. Ein Museum zeigt die Geschichte der alternativen Kolonie und ihrer Gründer.

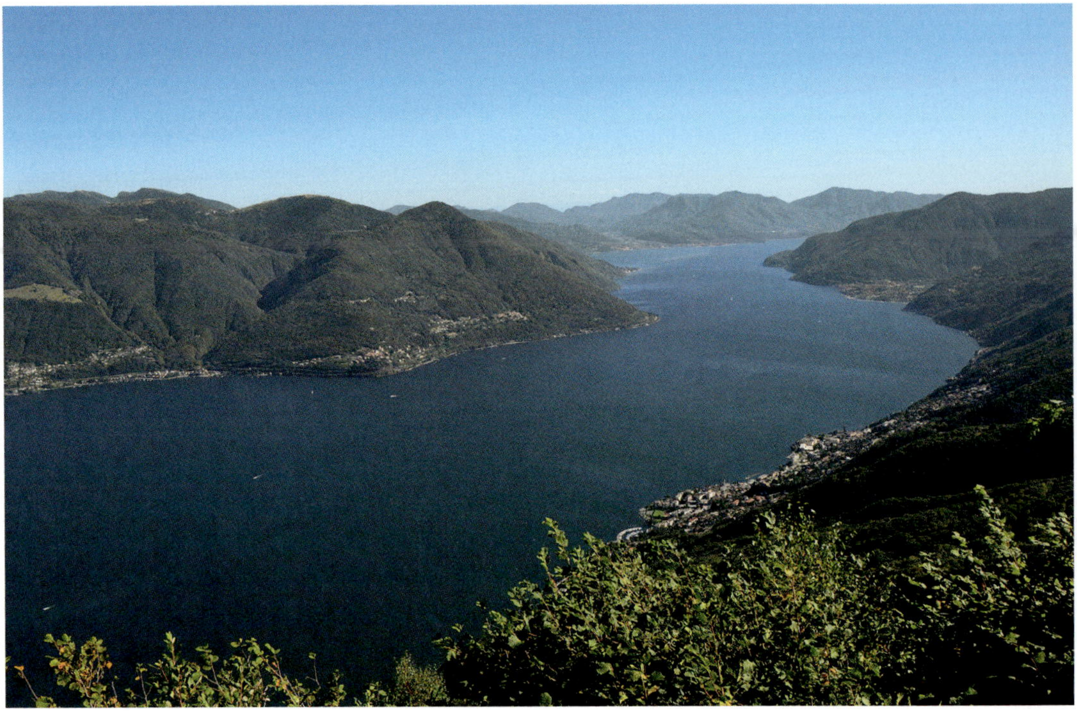

Der Lago Maggiore mit Brissago, Cannobio und Luino

Das Gelände wird nur noch von Ziegen »sauber« gehalten, und die Rhododendronsträuche haben die Hänge überschwemmt. Wir lassen uns etwas Zeit und saugen die Eindrücke dieser wundervollen Aussicht in uns auf: der Kamm, der den Pizzo Leone mit der Corona die Pinci verbindet, die Auffahrtsstraße, die sich wie ein graues Band den Hang hinaufschlängelt, Brissago, Cannobio, der Lago Maggiore und vieles mehr.

Für die Abfahrt ziehen wir sicherheitshalber unsere langen Handschuhe, Knie- und Ellenbogenschoner an. Wir folgen dem Wanderweg zwischen den Steinhäusern hindurch und queren gegen Süden die Alpmulde. Dieser Pfad wurde von den Sennen angelegt, um das Vieh auf diesen Flecken guten Bodens zum Weiden zu führen. Der Trail ist zu Beginn nicht durchgängig flowig und zwingt uns an manchen Stellen kurz vom Bike. Er ist technisch sehr anspruchsvoll, weil er im oberen Bereich sehr schmal ist und stellenweise durch abschüssiges Gelände führt. Da er auf der ganzen Länge phänomenale Ausblicke bietet, kommt uns ein erzwungenes gelegentliches Absteigen aber sehr entgegen.

Die Abzweigungen zur Alpe di Morghegno lassen wir links liegen und halten uns weiterhin gegen Süden abwärts. Die wilden Hänge des Gridone begleiten uns ein Stück talwärts, und nach einigen Spitzkehren erreichen wir Rovere. Jetzt haben wir auch wieder Asphalt unter den Rädern. Wir fahren durch einen Schatten spendenden Wald angenehm abwärts Richtung Bassuno und biegen auf Höhe der ersten Rechtskehre nach links in eine Schotterstraße ab. Diese Straße wurde zur Feuerbekämpfung angelegt und zieht

KUNST UND MUSIK IN ASCONA

Festival der Straßenkünstler: Jeweils im Mai finden über 100 kostenlose Vorführungen aller Art statt. In den Gassen und auf der Piazza von Ascona führen Künstler aus der ganzen Welt ihre Künste vor.

Jazz-Ascona: Das größte Hot-Jazz-Festival Europas – im Juni/Juli treten weltberühmte Artisten am Seeufer von Ascona auf.

Musikwochen Ascona: Von August bis Oktober findet das renommierteste Musikfestival im Tessin statt, mit Sinfonie-Konzerten, Kammermusik-Abenden und Recitals einzelner Instrumente in den Kirchen Collegio Papio in Ascona und San Francesco in Locarno.

sich quer über den Hang, bis wir unsere Auffahrtsroute wieder erreichen. Knapp unterhalb der Siedlung Piano endet die Straße, deshalb müssen wir hier das Bike einige Stufen in ein Tobel hinunterschieben und auf der anderen Seite wieder hinauf. Danach setzt sich die urige, beinahe schon verwachsene Schotterstraße fort – ohne nennenswerte Steigungen, jedoch mit Dauerausblick auf den Lago.

Wir erreichen unsere asphaltierte Auffahrtsroute und fahren auf dieser abwärts bis nach Brumo und links weiter Richtung Arcegno. Auch hier können wir das mediterrane Flair der südländischen Vegetation und der glanzvollen Villen noch einmal genießen. Bei der Wanderwegbeschilderung »Altisio«, kurz vor Arcegno, biegen wir nach rechts in einen asphaltierten Wanderweg ab. Dieser bringt uns zum Parco Parsifal, der in unmittelbarer Nähe vom Monte Verità liegt.

Beim Parco Parsifal überqueren wir leicht schräg die Straße und fahren auf dem weiterführenden asphaltierten Wanderweg in Richtung Ascona. Achtung: Dieser Weg führt durch einen Fitnessparcours und wird auch von vielen Familien und Wanderern genützt – äußerste Rücksichtnahme und ganz moderate Fahrweise sind hier angesagt!

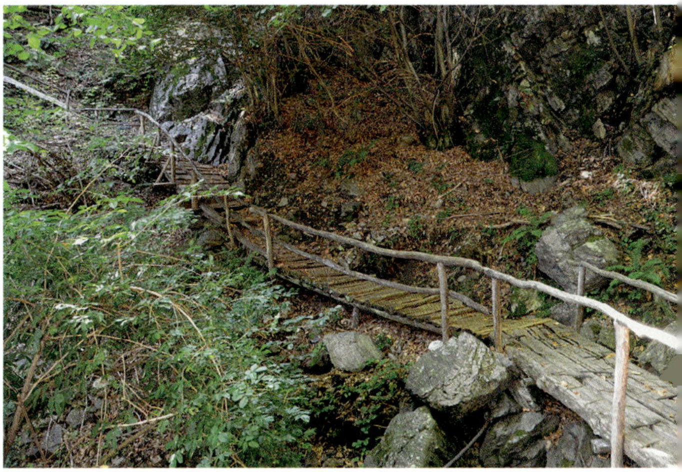

Urige Holzbrücke

Am Ende des Wanderwegs rollen wir weiter abwärts und erreichen über einige Treppenstufen die Hauptstraße, die ins Zentrum von Ascona führt. Auf dieser fahren wir den Radweg entlang, bis wir zur Fußgängerzone und zu den malerischen, engen Gassen von Ascona gelangen. An der Seepromenade entlang erreichen wir dann wieder unseren Ausgangspunkt beim Hotel Castello.

Abfahrtstrail von der Alpe di Naccio

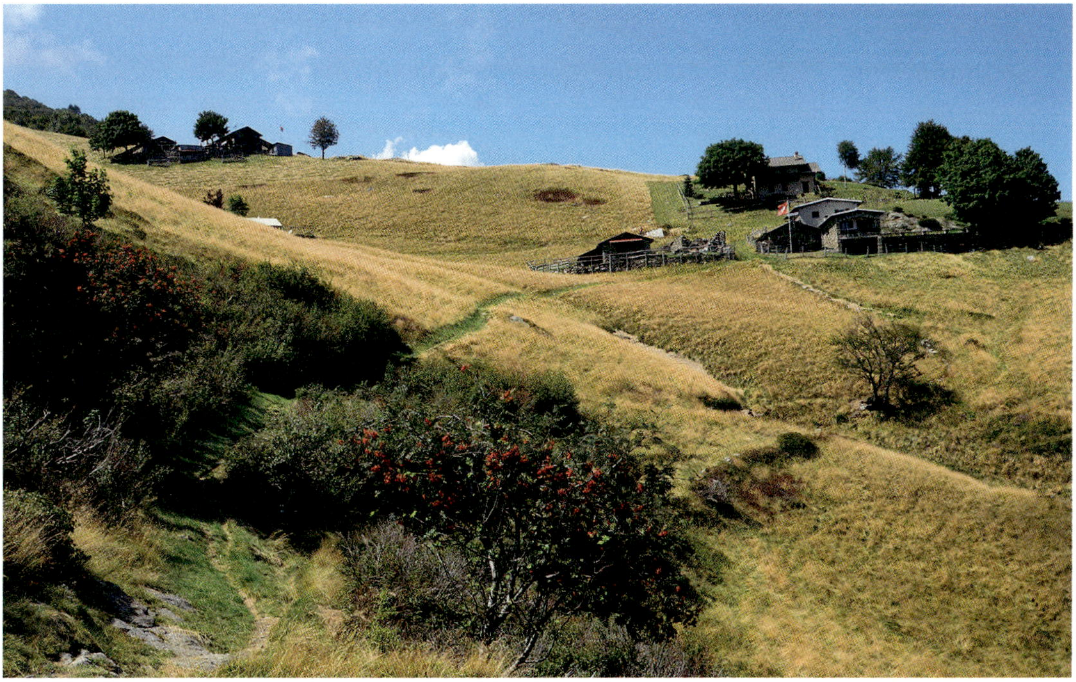

Routenbeschreibung

Tour 26 Arcegno – Alpe di Naccio.gpx

WP | km | Hm | Route

1 | 0,00 | 198 | Beim Kreisverkehr am Ende der Fußgängerzone, vis-à-vis vom Hotel Castello starten; rechts leicht aufwärts Richtung Locarno.

2 | 0,29 | 203 | Beim Kreisverkehr links Richtung Locarno und Brissago.

3 | 0,49 | 207 | Rechts auf dem Radweg der Hauptstraße folgen und vor dem COOP rechts; immer der Beschilderung »Locarno, Brissago« folgen bis zum Kreisverkehr zwischen Ascona und Locarno; die Straße überqueren und Richtung Centovalli, Brissago und Losone weiter, dabei am Manor vorbei; bei der Ortstafel »Losone« nach links die Straße überqueren.

4 | 1,78 | 214 | Die Straße überqueren und auf dem Radweg halb rechts Richtung Saleggi fahren; vor uns sehen wir die Firma Diamond.

5 | 1,97 | 212 | Rechts in die Via dei Pioppi einbiegen, rechts an der Firma Diamond vorbei; wir fahren links am Fußballplatz vorbei und folgen der Straße vor dem Albergo Losone nach links.

6 | 2,35 | 213 | Direkt vor der Schule nach rechts abbiegen.

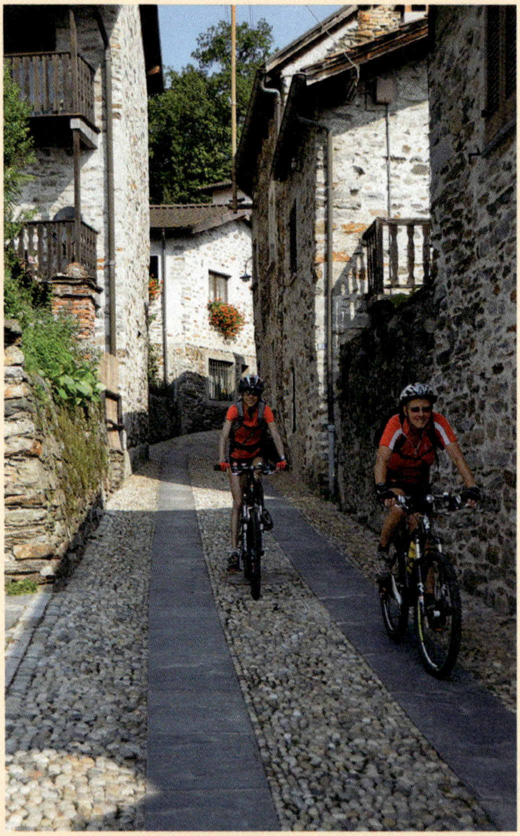

Arcegno – ein reizvolles Tessiner Dorf

7 | 2,65 | 216 | Direkt nach der Schule erreichen wir einen kleinen Kreisverkehr und fahren nach links, oberhalb der Schule vorbei.

8 | 2,85 | 216 | Rechts auf den weiß geschotterten Radweg abbiegen – Radwegbeschilderung »Maggia, Tegna, P. Brolla«; bis zum nächsten WP auf diesem Radweg bleiben.

9 | 5,02 | 229 | Direkt bei der Brücke geradeaus und kurz nach der Brückenabfahrt bei der Weggabelung nach rechts auf einen Singletrail abbiegen; bei km 8,54 steht links das Hotel Al Ponte Antico, rechts liegt ein zauberhafter, kleiner Natursandstrand mit einer schönen Bucht.

10 | 8,58 | 263 | Am Ende des Schotterwegs müssen wir das Bike über einige Treppenstufen hinauf zur Straße schieben. Achtung: Die Straße hat keinen Gehsteig, wir befinden uns, oben angelangt, sofort auf der Fahrstraße!

11 | 8,59 | 270 | Auf der Asphaltstraße links Richtung Zentrum von Golino – nicht über die Brücke fahren.

12 | 9,76 | 277 | In der Rechtskurve nach rechts auf ein schmales, steiles Asphaltsträßchen abbiegen.

13 | 13,18 | 389 | Einkehrmöglichkeit: links zur »Grotto Lauro« in die Via Ceu abbiegen und nach ca. 20 m links in die Einfahrt hinein – rustikales, schönes »Grotto« mit origineller Speisekarte; zurück auf dem kurzen Weg bis zur Straße und dann nach links Richtung Kirche abbiegen.

14 | 13,30 | 395 | Direkt vor der Kirche rechts leicht aufwärts in die Via Ronco.

15 | 14,93 | 404 | Rechts steil aufwärts Richtung Monti di Ronco; bis zum nächsten WP auf dieser Straße bleiben; etwa bei km 15,08 in die Linkskurve aufwärts fahren.

16 | 15,50 | 463 | Rechts direkt vor dem öffentlichen WC und der Grillstelle Richtung Colle San Marco über die Via Colle San Marco steil aufwärts fahren.

17 | 15,77 | 503 | Auf dem kleinen Parkplatz links halten und am Eisenzaun entlang um den Hügel herumfahren; an einer Kneippanlage vorbei auf dem schmalen Asphaltsträßchen leicht aufwärts durch den Wald.

18 | 16,05 | 503 | Auf der Auffahrtsstraße rechts aufwärts Richtung Monti di Ronco; bei km 16,88 befindet sich links das »Grotto Cusello« (Sa/So geöffnet).

19 | 19,10 | 844 | Rechts aufwärts; bei km 19,73 befindet sich das »Grotto La Ginestra«.

20 | 21,79 | 1102 | Etwas oberhalb des Wendeplatzes den Durchgang bei der Straßensperrung passieren und weiter aufwärts Richtung Alpe di Naccio fahren.

21 | 22,31 | 1181 | Pozzuolo – großer Pinocchio aus Holz und kleine Kapelle, ein idealer Rastplatz mit grandioser Aussicht; dann geradeaus weiter Richtung Alpe di Naccio fahren.

22 | 23,72 | 1294 | Am Scheitelpunkt der Straße, kurz vor dem Ende der Asphaltstraße, links im spitzen Winkel auf dem Wanderweg steil aufwärts.

23 | 23,80 | 1302 | Bei der Wanderwegmarkierung geradeaus Richtung Alpe di Naccio – herrlicher Panorama-Singletrail direkt oberhalb des Lago Maggiore; ein besser fahrbarer Wanderweg verläuft einige Meter vom Waldrand entfernt

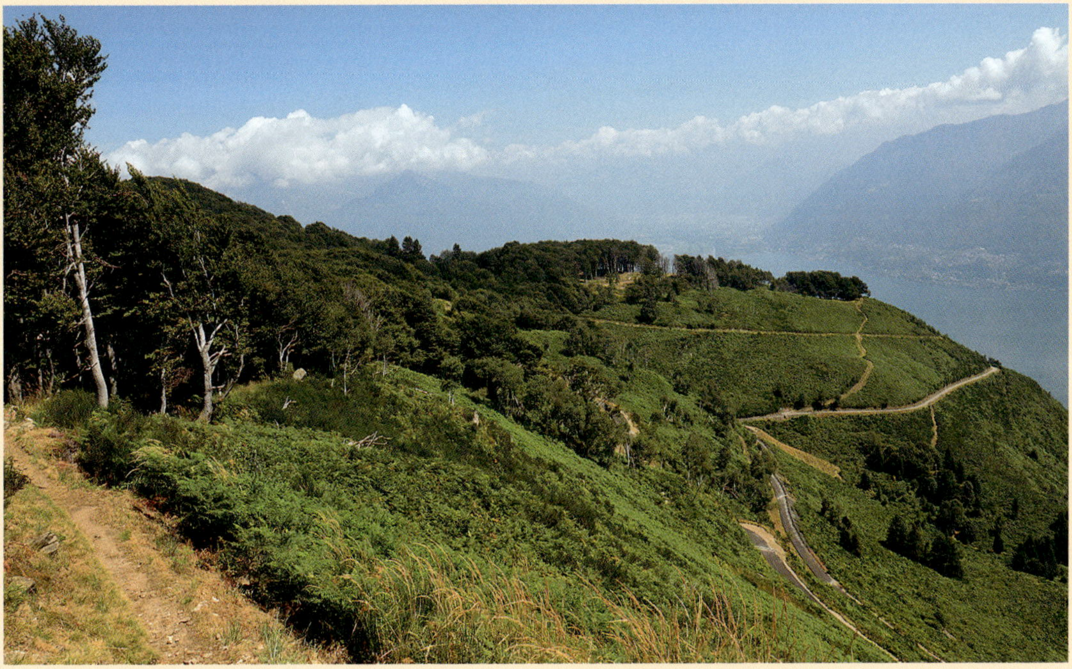

Auffahrtstrail zur Alpe di Naccio

im Wald parallel zum markierten Wanderweg aufwärts; die letzten Meter vor der Wegmarkierung »Alpe di Naccio« sind schiebend zurückzulegen.

24 | 24,54 | 1395 | Alpe di Naccio – links auf dem Wanderweg Richtung Brissago; der Wanderweg führt unterhalb vom Brunnen vorbei, Wanderwegmarkierung weiß-rot-weiß; der Weg führt dann zwischen den Hütten hindurch und quer über die Wiese hinab bis zur nächsten, bereits sichtbaren Wanderwegtafel; nun der Wanderwegmarkierung Richtung Cortone und Morghegno folgen.

25 | 25,18 | 1287 | Morghegno – rechts abwärts Richtung Brissago und Bassuno.

26 | 26,69 | 1061 | Im spitzen Winkel rechts abwärts der Wanderwegmarkierung folgen.

27 | 27,06 | 1003 | Bei der Wanderwegmarkierung im spitzen Winkel links Richtung Brissago und nach ca. 50 m bei der Weggabelung rechts abwärts; bei km 27,36 erreichen wir Cavallascio – Ende des Singletrails; auf der Asphaltstraße abwärts Richtung Brissago.

28 | 28,12 | 887 | Bassuno – links auf die Schotterstraße Richtung Purera und Ascona abbiegen; bei km 29,63 wird die Schotterstraße zunehmend mit Gras bewachsen und geht in einen Singletrail über; dieser Wanderweg zieht sich leicht aufwärts, und ab km 29,85 beginnt ein Schiebestück über Treppen hinunter und auf der anderen Seite wieder hinauf; bei km 30,00 Ende des Schiebestück; bis zum nächsten WP dieser Schotterstraße folgen.

29 | 31,59 | 866 | Auf der Asphaltstraße abwärts – am Auffahrtsweg retour.

30 | 34,67 | 528 | Rechts um die Kurve abwärts fahren.

31 | 35,21 | 491 | Rechts abwärts – am Auffahrtsweg retour.

32 | 35,80 | 430 | Auf der Asphaltstraße links Richtung Arcegno – am Auffahrtsweg retour.

33 | 36,66 | 401 | Altisio – rechts auf dem asphaltierten Wanderweg abwärts (»Sentiero delle Betulle« Richtung Monte Verità und Ascona); immer auf dem Asphaltweg Richtung Monte Verità bleiben.

34 | 38,18 | 300 | Parco Parsifal – schräg die Straße überqueren und auf dem asphaltierten Wanderweg Richtung Ascona zuerst steil aufwärts-, dann abwärts fahren.

35 | 38,85 | 294 | Bei der Wanderwegmarkierung geradeaus Richtung Ascona.

36 | 39,00 | 284 | Ende des Singletrails; auf der Straße links abwärts.

37 | 39,05 | 275 | Rechts auf dem »Sentiero Pianezze« weiter – Wanderwegbeschilderung »Ascona«.

38 | 39,39 | 210 | Ascona – rechts Richtung Fußgängerzone fahren.

39 | 39,83 | 210 | Geradeaus in die Fußgängerzone und Richtung Seepromenade hinunterfahren.

40 | 40,15 | 203 | Seepromenade – links halten und an der Seepromenade entlangfahren.

41 | 40,61 | 198 | Ende der Fußgängerzone; Ankunft beim Hotel Castello – Ende der Tour.

27 San Lucio

Panorama-Singletrail auf dem Scheitelpunkt zwischen der Schweiz und Italien

3	✪✪✪✪✪	1190	34	4
Schwierigkeit	Erlebniswert	Höhenmeter (in m)	Streckenlänge (in km)	Zeit (in h)

TOURENCHARAKTER

AUSGANGS-/ENDPUNKT
Sonvico, vis-à-vis der Post (Posta)

ANFAHRT
A 2 bis Ausfahrt 49/Lugano-Nord, nach 900 m beim Kreisverkehr geradeaus und wieder auf die Autobahn Ri. Massagno/ Breganzona auffahren, beim nächsten Kreisverkehr die 1. Ausfahrt Ri. Massagno/Breganzona nehmen, nach 200 m links Ri. Massagno/Savosa/Vezia, an der 2. Ampel rechts Ri. Lugano, nach 400 m halb links Ri. Krankenhaus (H), am Ende der Straße links in die Via Tesserete. Nach 1,1 km am Ende der Straße links Ri. Tesserete/Sonvico, nach 500 m links in die Via Sonvico Ri. Sonvico, nach 2,1 km am Ende der Straße in Cadro links, in Dino über Serpentinen hinauf nach Sonvico, kurz vor der Kirche, vis-à-vis der Post, in die Parkgarage fahren

KONDITION
✪✪✪✪✪

FAHRTECHNIK
✪✪✪✪✪

ERLEBNISWERT
Fahrspaß: ✪✪✪✪✪ – fahrtechnisch einfache Auffahrt mit einigen steileren Abschnitten; genialer Höhenweg ab San Lucio bis Bocchetta di S. Bernardo; Abfahrt über aussichtsreiche Bewirtschaftungswege und flowige Singletrails
Landschaft: ✪✪✪✪✪ – rustikale Almlandschaften; herrliche Blicke auf San Lucio und immer wieder super Aussichten auf Comer und Luganer See; die weitläufige Bergwelt während der gesamten Abfahrt
Kultur und Geschichte: ✪✪✪✪✪ – der »Historisch-naturalistische Themenweg Sonvico«

EINKEHRMÖGLICHKEITEN
Osteria Da Davide, Piazza Grande, Strecia di Муriné, CH-6968 Sonvico, Tel. +41/(0)91/930 06 18; Rifugio San Lucio, I-22010 Cavargna, Tel. +39/0335/47 61 29

STRECKENPROFIL
Auffahrt auf teils ruppigen Wegabschnitten bis San Lucio; genialer, gut fahrbarer Panoramahöhenweg direkt entlang der Landesgrenze Italien–Schweiz bis zur Bocchetta di S. Bernardo; dann folgt eine abwechslungsreiche Abfahrt auf Bewirtschaftungswegen und flowigen Singletrails.

HÖCHSTER PUNKT
1596 m, kurz nach Bocchetta di S. Bernardo

NIEDRIGSTER PUNKT
597 m, Sonvico

TOURIST-INFO
Tourismusinformation Lugano, CH-6900 Lugano, Tel. +41/(0)58/866 66 00, info@luganoturismo.ch, www.luganoturismo.ch

LANDKARTEN
Swisstopo 286 Malcantone und 287 Menaggio, Landeskarten 1:50 000

GPS/ROADBOOK
Tour 27 San Lucio.gpx;
Tour 27 San Lucio 500.gpx

Die schöne, aussichtsreiche Tour führt bis zur Landesgrenze nach Italien und bietet imposante Ausblicke auf den Luganer und den Comer See. Die abwechslungsreiche Abfahrt ist mit gut fahrbaren Singletrails garniert.

Diese Tour beginnt etwas oberhalb von Lugano in der Gemeinde Sonvico, das auf 603 Metern Höhe liegt und eine politische Gemeinde im Kreis Sonvico, Bezirk Lugano, des Kantons Tessin ist. Sie liegt an der Grenze zu Italien und am Eingang zum Val Colla. Dieses Tal erstreckt sich, tief eingeschnitten in die Südtessiner Berge, von der Stadt Lugano nordwärts bis hinauf zur Italienischen Grenze.

Sonvico besteht aus den Ortsteilen Sonvico und Dino und hat ca. 1900 Einwohner. Sehr bequem und komfortabel können wir unseren Pkw in der Tiefgarage direkt vis-à-vis der Post im schattigen Untergeschoss der Tiefgarage parken. Auch die Parkgebühren von 1 CHF/2 Std. sind für Schweizer Tarife ganz in Ordnung.

Wir fahren mit unseren Bikes an der Post vorbei und biegen gleich links ab. Durch sehr schmale Gassen kurbeln wir oberhalb der Kirche vorbei und erreichen kurz darauf wieder die Hauptstraße Richtung Bogno. Nach wenigen Metern verlassen wir diese auch schon wieder und nehmen nun den relativ steilen Anstieg zum Aussichtspunkt M. Roveraccio in Angriff.

Jetzt heißt es die Kräfte einzuteilen, denn etwas mehr als zwei Kilometer treten wir auf einem rustikalen Weg mit teilweise grobem Schotter und Steinen in die Pedale. Dieser Weg zieht sich in Serpentinen über 260 Höhenmeter hinauf. Der dichte Wald spendet uns dabei aber wohltuenden Schatten. Rechts des Weges können wir beinahe meterhohen Farn entdecken.

34 km	1190 Hm	Tagestour

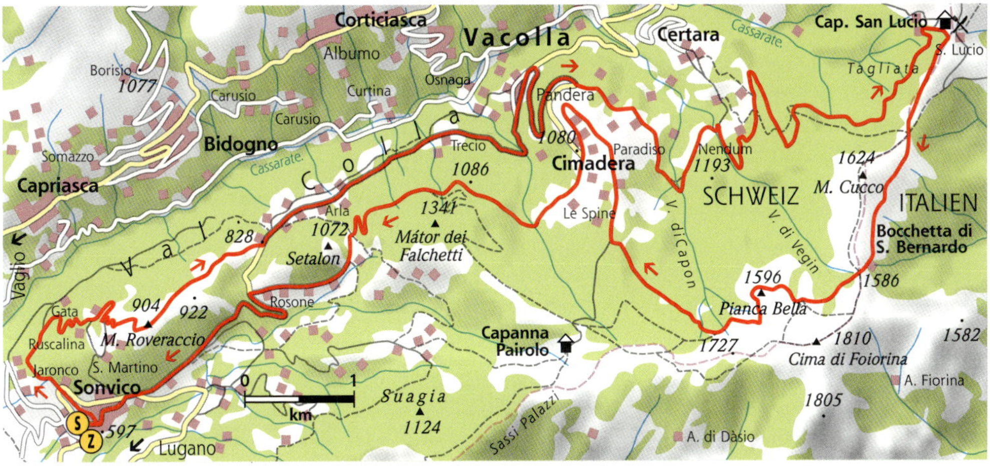

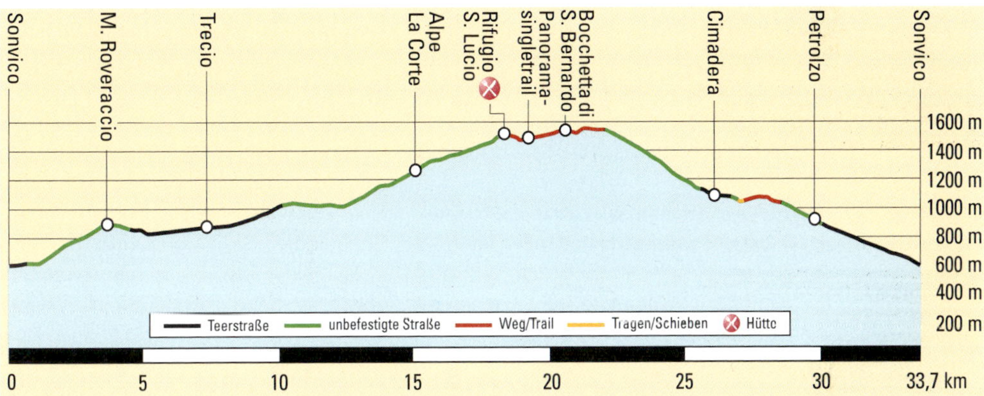

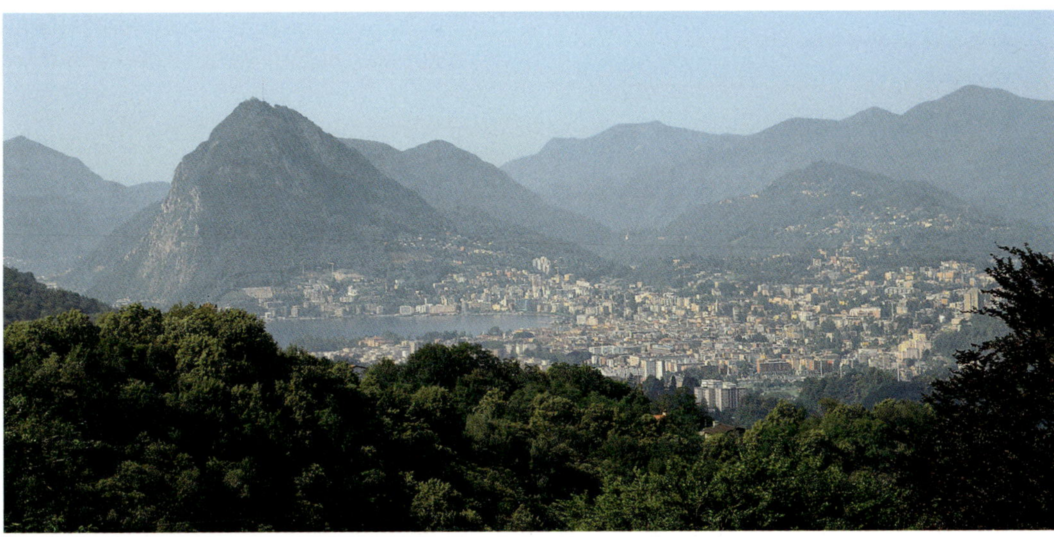

Blick auf Lugano mit dem San Salvatore im Hintergrund

LEGENDE DES HEILIGEN SAN LUICO

Der Legende nach hatte ein Senn namens Uguzzo oder Luguzzo ein offenes Herz für die Armen – ein zu offenes nach Meinung seines Herrn, der ihn deshalb entließ. In Wirklichkeit soll aber Lucio lediglich aus der Molke nochmals Käse hergestellt haben, den er an die Armen verteilte. Lucio war offenbar nicht nur barmherzig, sondern auch ein guter Käser. Er fand rasch eine neue Anstellung und war weiterhin so erfolgreich und barmherzig. Sein alter Herr aber ließ ihn aus Ärger und Neid umbringen. Heute gilt San Lucio als Schutzheiliger der Käser.

Beim Verlassen des Walds eröffnet sich uns eine grandiose Aussicht auf die gegenüberliegenden Berge und Almen: Neben dem baumfreien Gipfel des Monte Bar sind auch die beeindruckenden Felszacken der Denti della Vecchia zu erkennen.

Kurz danach erreichen wir den Aussichtspunkt M. Roveraccio, von wo aus wir die wunderbare Aussicht auf den Golf von Lugano mit dem mächtigen San Salvatore dahinter genießen können.

Nach der Pause fahren wir zuerst über ein kurzes Wiesenstück aufwärts und rollen dann auf einer Schotterstraße sehr angenehm abwärts. Bei der Kapelle Madonna d'Arla erreichen wir wieder die Hauptstraße Richtung Bogno und fahren auf dieser, vorbei an zwei »Grotti«, tiefer ins Val Colla hinein. Die verkehrsarme Straße weist eine minimale Steigung auf.

Wir passieren das Örtchen Treció und überqueren einige wildromantische Tobel. Nun lassen wir das Örtchen Piandera links liegen und biegen kurz danach rechts Richtung Cimadera ab. Bei Gardada verlassen wir die asphaltierte Straße und biegen links in eine Schotterstraße ab. Anfangs zieht sich dieser Weg ziemlich flach immer tiefer ins Val Colla hinein. Nach ca. 2,5 Kilometern wird die Strecke dann anhaltend steiler. Etwas oberhalb der Alpe La Corte flacht der Weg wieder ab, und die Wegbeschaffenheit wird besser. Kurz vor San Lucio fordern die letzten 100 Höhenmeter noch einiges von uns ab. Belohnt werden wir dann mit der romantischen Kapelle San Lucio, einer überwältigenden Rundumsicht und einer Einkehrmöglichkeit im Rifugio San Lucio.

Schon in alten Zeiten war der San-Lucio-Pass Pilgern und Händlern bekannt. Er trägt ein reiches Volkswissen an Geschichten rund um die Schmuggler, die mit ihren vollgepackten »Bricolle« (einer Tasche aus Jute, grob vernäht, durch Karton versteift und mit zwei Riemen für den Transport) auf der ständigen Flucht in

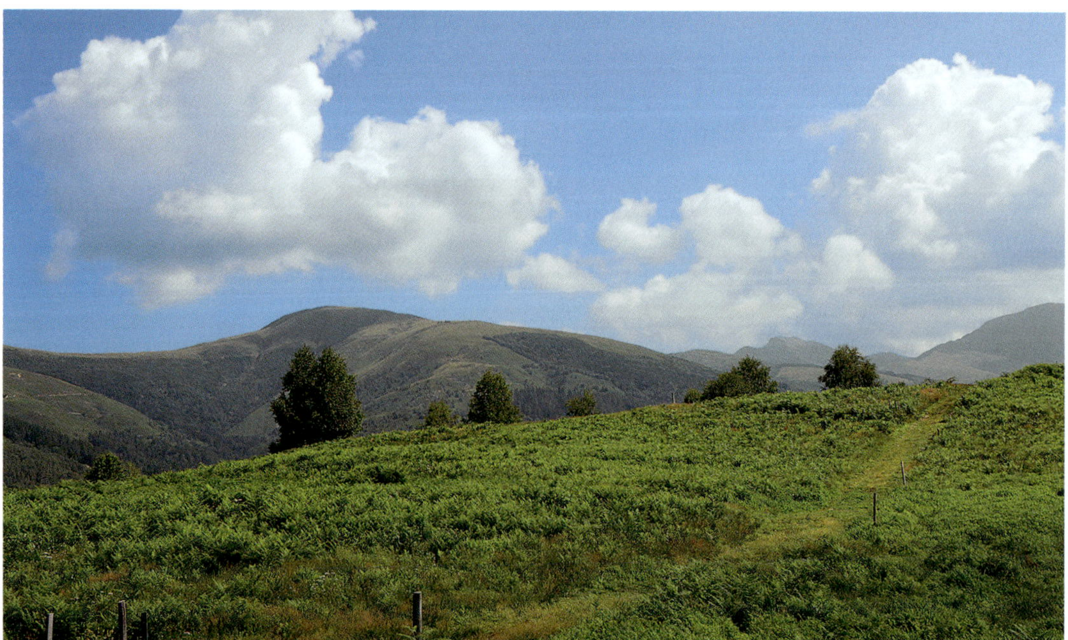

Beim Aussichtspunkt Monte Roveraccio angekommen.

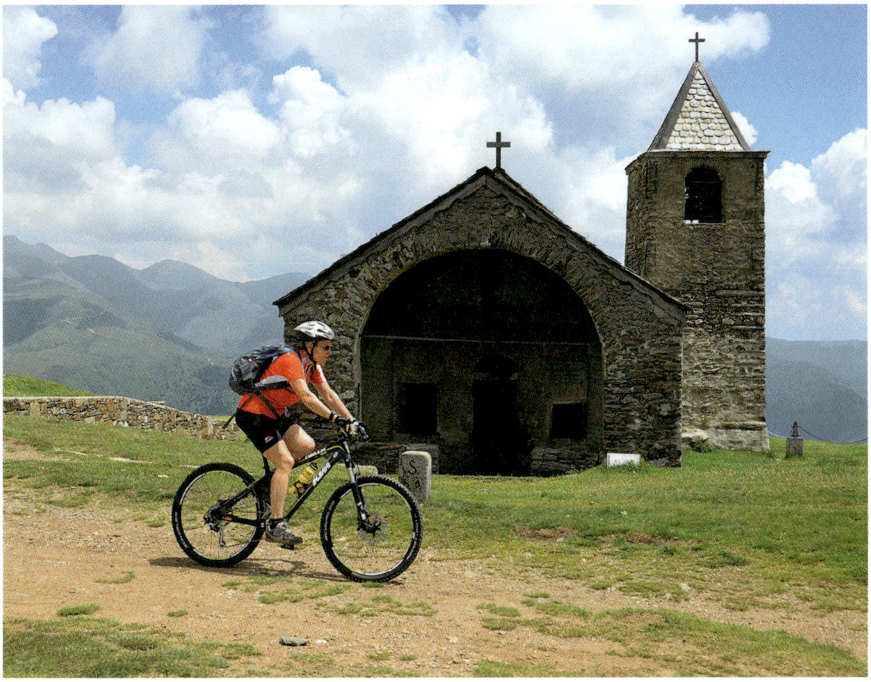

San Lucio

den Wäldern und entlang seiner Gebirgskämme unterwegs waren. Bereits auf italienischer Seite steht die alte, sehenswerte Kapelle San Lucio. Sie ist reich mit Fresken ausgeschmückt, die teilweise erst kürzlich – anlässlich einer Restauration – wieder zum Vorschein gebracht wurden. Hier wird am 12. Juli und am 16. August das Fest des San Lucio (oder San Uguzo) gefeiert, der als Schutzpatron der Sennen gilt und hier ermordet worden sein soll. Bis zu 3000 Menschen sollen an den Festivitäten jeweils teilnehmen.
Da wir diese Tour so richtig auskosten möchten, treten wir zum Rifugio San Lucio hinauf. Dieses war in der Vergangenheit eine Kaserne der Grenzwache; nach einer Generalrestauration können hier nun seit dem Sommer 2000 bis maximal 50 Personen beherbergt werden. Den Gästen werden einheimische Spezialitäten, typischer Käse und Wild angeboten. In Verbindung mit dem traumhaften Panorama ist das einfach nur genial!
Nach einer ausgiebigen Pause auf der Sonnenterrasse bereiten wir uns auf die Weiterfahrt vor. Direkt unterhalb der Kapelle biegen wir in der Kehre links auf einen genialen Panorama-Singletrail ab. Dieser ist durchgängig fahrbar und zieht sich über eine Distanz von etwa zwei Kilometern entlang der Landesgrenze Schweiz–Italien bis zur Bocchetta di S. Bernardo. Im Dunst, weit entfernt, ist der Comer See zu erkennen.
Ab der Bocchetta di S. Bernardo führt unser Weg auf einem weiterhin gut fahrbaren Singletrail durch den Wald abwärts. Ein grobschottriger Gegenanstieg bremst unsere Singletrailabfahrt jäh ein – wir müssen noch einige Höhenmeter bis zum höchsten Punkt dieser

Genialer Trail Richtung Bocchetta di S. Bernardo

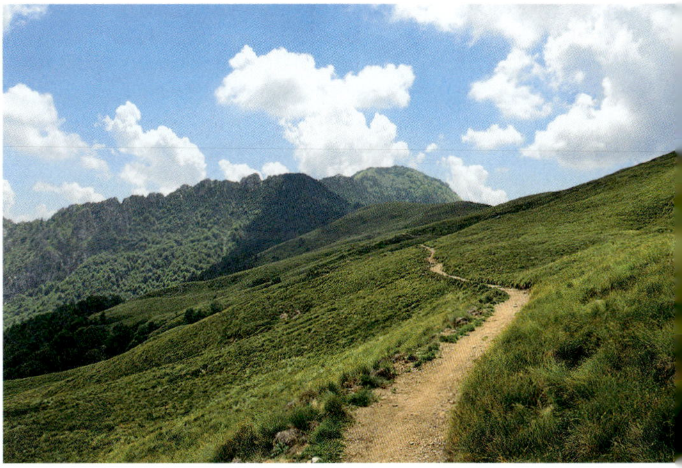

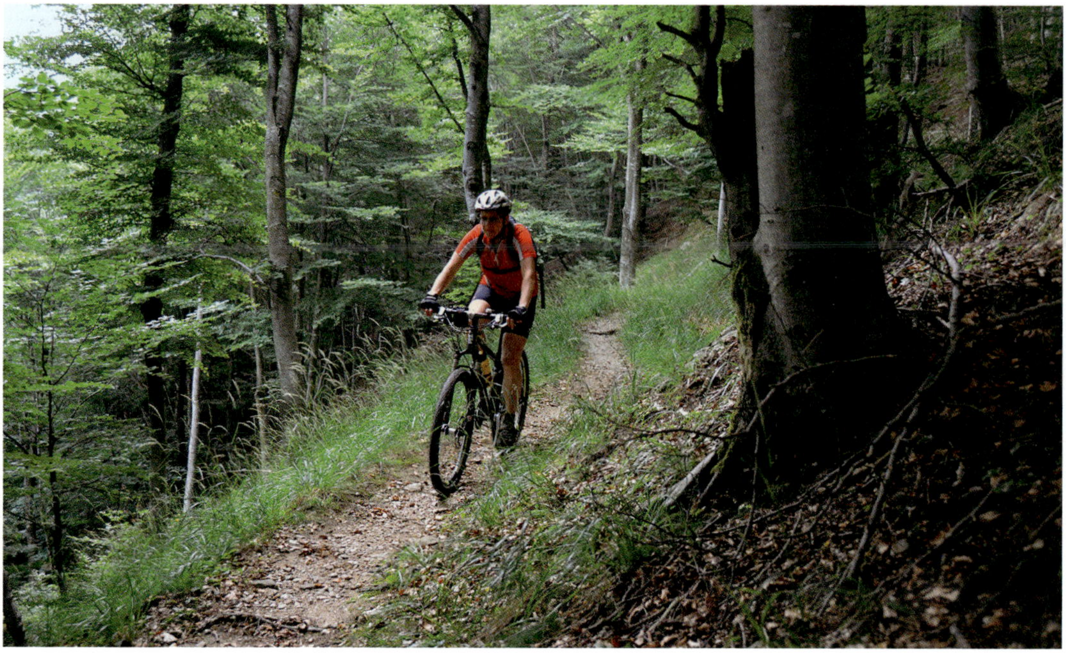

Flowiger Trail Richtung Pètrolzo

Tour hinter uns bringen! Am Ende dieses kurzen Anstiegs fahren wir über ein Wiesenstück, danach geht es auf einem Karrenweg zuerst flach, dann abwärts weiter – wieder begleitet von der traumhaften Aussicht auf den Monte Bar und im Rückblick auf San Lucio.

Nach einer längeren Abfahrt auf einer Schotterstraße erreichen wir Cimadera. Dort biegen wir in eine Seitenstraße ein, die sich gleichmäßig dahinschlängelt und immer mehr mit Gras bewachsen ist. Am Ende dieser Straße beginnt ein Wanderweg. Einige Stufen tragen wir unser Bike Richtung Bachbett hinunter, dann können wir bis zu einer kleinen, urigen Brücke auf einem Singletrail biken.

Auf der anderen Seite des Tobels erwartet uns noch einmal ein kurzes Schiebestück. Der Weg führt an einem bunkerähnlichen Gebäude vorbei; danach ist er, bis auf zwei oder drei kurze Stellen, in Form eines spaßigen Singletrails sehr gut fahrbar. Am Anfang leicht steigend, danach ziemlich flach zieht sich der Trail am Hang entlang. Zuerst auf Waldboden, dann durch hohes Gras und schlussendlich wieder auf Waldboden, bereitet dieser Trail noch einmal so richtig viel Spaß.

Wir gelangen zu einer Schotterstraße, rollen auf dieser in Serpentinen abwärts und in der Folge am niedlichen Örtchen Petrolzo vorbei. Die Schotterstraße geht in eine kleine Asphaltstraße über. Kurz nach Rosone erreichen wir die Hauptstraße und gleiten auf dieser angenehm abwärts bis nach Sonvico.

Bei der Raiffeisenkasse in Sonvico angelangt, erblicken wir auf der linken Seite die Osteria Da Davide – den urigen Gastgarten kann ich als Einkehrstation am Ende dieser Tour nur empfehlen. Etwa 150 Meter unterhalb von Da Davide befindet sich unsere Tiefgarage, wo wir nun in einen wohltemperierten Pkw werden einsteigen können.

THEMENWEG SONVICO

Entlang des historischen-naturalistischen Themenweges werden sowohl Naturelemente als auch lokale Besonderheiten hervorgehoben. Der Themenweg soll zum Nachdenken anregen: über die Beziehungen zwischen den Lebewesen dieser Welt und über die Rolle, die wir Menschen in der Veränderung des fragilen Gleichgewichts unserer Umwelt, spielen. Vergangenheit und Gegenwart werden ständig gegenübergestellt. Die Route wurde in Funktion der vier Elemente Wasser, Feuer, Erde und Himmel angelegt. Die Beobachtungspunkte sind mit nummerierten Tafeln gekennzeichnet, die ausführliche Beschreibungen enthalten. Er ist besonders für Familien gedacht sowie für alle, die gerne ihre Umwelt beobachten (Infos unter www.lugano-tourism.ch).

Tour 27 San Lucio.gpx

WP | km | Hm | Route

1 | 0,00 | 597 | Bei der Tiefgaragenausfahrt vis-à-vis der Post rechts leicht aufwärts Richtung Kirche.

2 | 0,08 | 607 | Links oberhalb der Kirche durch die schmale Gasse und zwischen den Häusern aufwärts über die Strada di Maestran.

3 | 0,45 | 611 | Wir erreichen die asphaltierte Hauptstraße und fahren auf dieser rechts aufwärts.

4 | 0,54 | 618 | Links in die asphaltierte Nebenstraße Strada de Cadrigna einbiegen und vorbei an einem Fußballplatz.

5 | 1,28 | 630 | Rechts steil aufwärts Richtung San Martino.

6 | 1,51 | 667 | Rechts um die Kurve und weiterhin steil aufwärts.

7 | 2,38 | 772 | Bei der Wegschranke rechts auf dem groben Schotterweg aufwärts.

8 | 3,12 | 829 | Direkt vor der Hauseinfahrt links aufwärts.

9 | 3,24 | 848 | Links der Wanderwegmarkierung folgen; wir verlassen jetzt den Wald und erreichen offenes Gelände.

10 | 3,57 | 891 | Ca. 80 m geradeaus zum Aussichtspunkt M. Roveraccio.

11 | 3,65 | 891 | Aussichtspunkt mit schönem Blick auf Lugano mit dem Hausberg San Salvatoro und den Lago di Lugano – wir fahren über die Wiese aufwärts Richtung Sonvico.

12 | 3,75 | 900 | Rechts auf der Schotterstraße abwärts.

13 | 5,14 | 828 | Madonna d'Arla – auf der asphaltierten Straße links aufwärts Richtung Sonvico und Cimadera; vorbei an einer kleinen Kapelle und zwei »Grottos« fahren wir ins Val Colla hinein.

14 | 8,34 | 895 | Nicht links in die Ortschaft Piandera hinein, sondern rechts auf der Hauptstraße leicht aufwärts.

15 | 8,78 | 915 | Rechts aufwärts Richtung Cimadera.

16 | 10,15 | 1035 | Gardada – links auf der Schotterstraße Richtung Certara und Bogno; Markierung »Pista di Fondo« (Langlaufloipe).

17 | 12,60 | 1034 | Rechts auf der Schotterstraße aufwärts Richtung Cap. S. Lucio.

18 | 13,09 | 1083 | Auf der Schotterstraße links und weiterhin steil aufwärts.

19 | 14,11 | 1173 | Rechts auf der Schotterstraße aufwärts Richtung Cap. S. Lucio.

20 | 14,47 | 1212 | Rechts auf der Schotterstraße steil aufwärts; der Mountainbikemarkierung folgen.

21 | 15,21 | 1292 | Nach der Alpe La Corte links weiter steil aufwärts Richtung Cap. S. Lucio.

22 | 17,66 | 1449 | Rechts aufwärts Richtung Cap. S. Lucio.

23 | 18,21 | 1527 | Cap. S. Lucio – an der Kapelle vorbei und hinauf zum Rifugio S. Lucio.

24 | 18,33 | 1554 | Rifugio S. Lucio –Einkehrmöglichkeit; zurück zur Kapelle S. Lucio.

25 | 18,48 | 1532 | In der ersten Kurve unterhalb von S. Lucio links von der Schotterstraße auf einen Singletrail abbiegen; an einem kleinen Bildstock vorbeifahren; gut fahrbarer Panorama-Singletrail.

26 | 19,20 | 1505 | Auf dem Singletrail weiter aufwärts fahren.

27 | 20,59 | 1586 | Bocchetta di S. Bernardo – geradeaus auf dem Singletrail abwärts Richtung Alpe Bolla und Cimadera.

28 | 22,74 | 1516 | Rechts abwärts Richtung Cimadera.

29 | 24,15 | 1335 | Rechts im spitzen Winkel abwärts Richtung Cimadera und Bogno.

30 | 25,33 | 1174 | Geradeaus abwärts fahren.

31 | 26,29 | 1114 | Cimadera – links auf der asphaltierten Straße leicht abwärts, Straße mit Straßenschild für eine 20 km/h-Beschränkung und ein Hinweisschild für einen Parkplatz; ab km 26,96 über einige Stufen hinunter, dann folgt ein Singletrail mit kurzem Schiebestück; danach gut fahrbar bis zu einer schmalen Brücke und auf der anderen Seite des Tobels das Bike hochschieben; der Weg führt an einem bunkerähnlichen Gebäude links vorbei; danach ist der Trail bis auf zwei, drei kurze Stellen flowig fahrbar.

32 | 28,56 | 1063 | Auf der Schotterstraße rechts abwärts Richtung Sonvico.

33 | 29,76 | 928 | Petrolzo – links abwärts Richtung Sonvico.

34 | 31,05 | 819 | Auf der asphaltierten Hauptstraße links abwärts Richtung Sonvico.

35 | 33,33 | 655 | Halb links abwärts Richtung Kirche – Straße: Stradón.

36 | 33,49 | 646 | Bei der Casa Lauretana vorbei und links abwärts.

37 | 33,66 | 627 | Vor der Raiffeisenbank rechts abwärts, dann links an der Kirche vorbei.

38 | 33,77 | 680 | Tiefgarageneinfahrt – Ende der Tour.

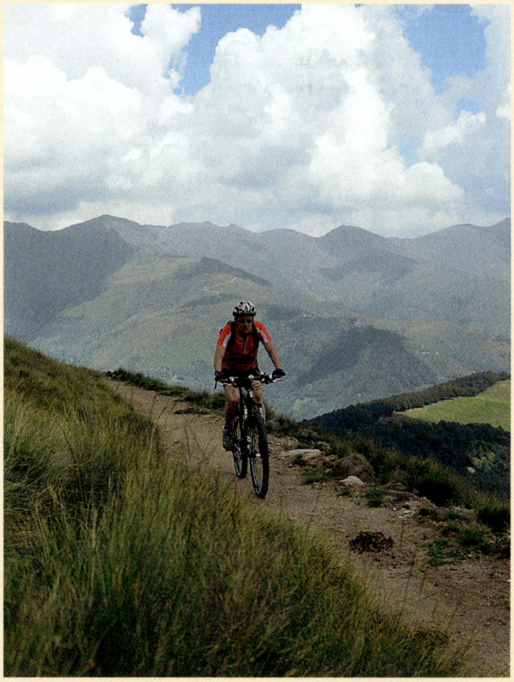

Der Trail von San Lucio in Richtung Bocchetta di S. Bernardo

28 Monte Tamaro

Zu einem der beliebtesten Ausflugsorte im Dreieck Lugano–Bellinzona–Locarno

5	✪✪✪✪✪	1500	37	4–5
Schwierigkeit	Erlebniswert	Höhenmeter (in m)	Streckenlänge (in km)	Zeit (in h)

TOURENCHARAKTER

AUSGANGS-/ENDPUNKT
Rivera, Talstation der Monte-Tamaro-Bergbahn

ANFAHRT
Über die A 2 von Bellinzona oder Lugano kommend bis Ausfahrt 48/Rivera–Monte Ceneri, auf der Bundesstraße rechts Richtung Rivera und kurz nach der Ortseinfahrt Rivera rechts zur Monte-Tamaro-Bergbahn abbiegen

KONDITION
✪✪✪✪✪

FAHRTECHNIK
✪✪✪✪✪

ERLEBNISWERT
Fahrspaß: ✪✪✪✪✪ – unkomplizierter, am Ende steiler Anstieg zur Capanna Tamaro; Flow pur auf der über 12 km langen Singletrailabfahrt
Landschaft: ✪✪✪✪✪ – faszinierendes Panorama der Voralpenlandschaft, der Seen und der Alpengipfel bei der Capanna Tamaro
Kultur und Geschichte: ✪✪✪✪✪ – die Kirche Santa Maria degli Angeli vom Architekten Mario Botta auf der Alpe Foppa; der »Kulturweg« auf dem Monte Tamaro

EINKEHRMÖGLICHKEITEN
Snack-Bar bei der Mittelstation der Tamaro-Bergbahn; Capanna Tamaro, Tel. +41/(0)91/946 10 08, Mobil +41/(0)79/708 68 94, www.utoe.ch

STRECKENPROFIL
Lange, durchgängig steile Auffahrt bis auf Höhe der Alpe Foppa, danach bis zur Capanna Tamaro noch steilere Auffahrt auf grobem Untergrund; dann folgt die großartige, flowige, 12 km lange Singletrailabfahrt bis Monti di Torricella und durch abwechslungsreiches Gelände bis ins Tal.

HÖCHSTER PUNKT
1888 m, kurz nach der Capanna Tamaro

NIEDRIGSTER PUNKT
437 m, kurz nach Vira

TOURIST-INFO
Tourismusinformation Lugano, CH-6900 Lugano, Tel. +41/(0)58/866 66 00, info@luganoturismo.ch, www.luganoturismo.ch

LANDKARTEN
Swisstopo 286 Malcantone, Landeskarte 1:50 000

GPS/ROADBOOK
Tour 28 Monte Tamaro.gpx;
Tour 28 Monte Tamaro 500.gpx

Die faszinierende Biketour überwältigt mit ihren traumhaften Panoramaschauen und der absoluten Mega-Trailabfahrt.

Diese Tour starten wir in Rivera, direkt bei der Talstation der Monte-Tamaro-Bergbahn. Die Gemeinde Rivera befindet sich etwa in der Mitte zwischen der Kantonshauptstadt Bellinzona und dem regionalen Wirtschaftszentrum Locarno im Kanton Tessin. Sie liegt am südlichen Fuß des geschichtsträchtigen Monte Ceneri und östlich vom größeren Monte Tamaro. Die Gotthardautobahn A 2 schneidet den Ort in zwei Teile. Im Jahr 2007 wurden die fünf Gemeinden im Vedeggiotal, in Bironico, Camignolo, Medeglia, Sigirino und Rivera zur Gemeinde Monteceneri zusammengeschlossen.

Zunächst folgen wir der Mountainbikerouten-Beschilderung. Gleich zu Beginn der Tour erwarten uns drei kurze, steile Rampen, die unseren Kreislauf ordentlich in Schwung bringen. Vorbei an rustikalen Tessiner Steinhäusern (»Rustico« genannt) führt der Weg Richtung Monte Ceneri. Auf der rechten Seite können wir bereits das Militärgelände erkennen.

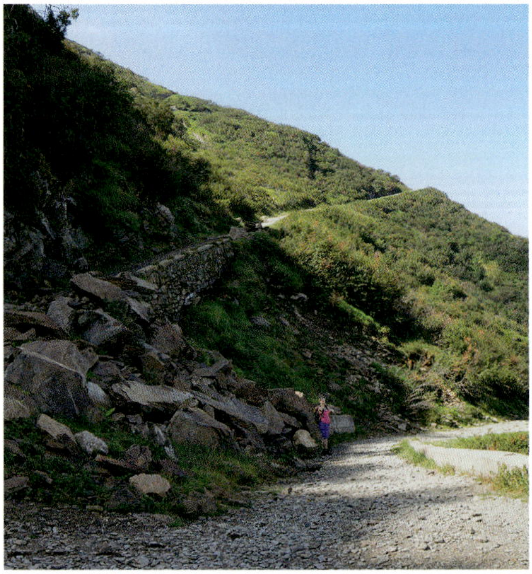

Serpentinenartiger Auffahrtsweg zur Capanna Tamaro

37 km	1500 Hm	Tagestour

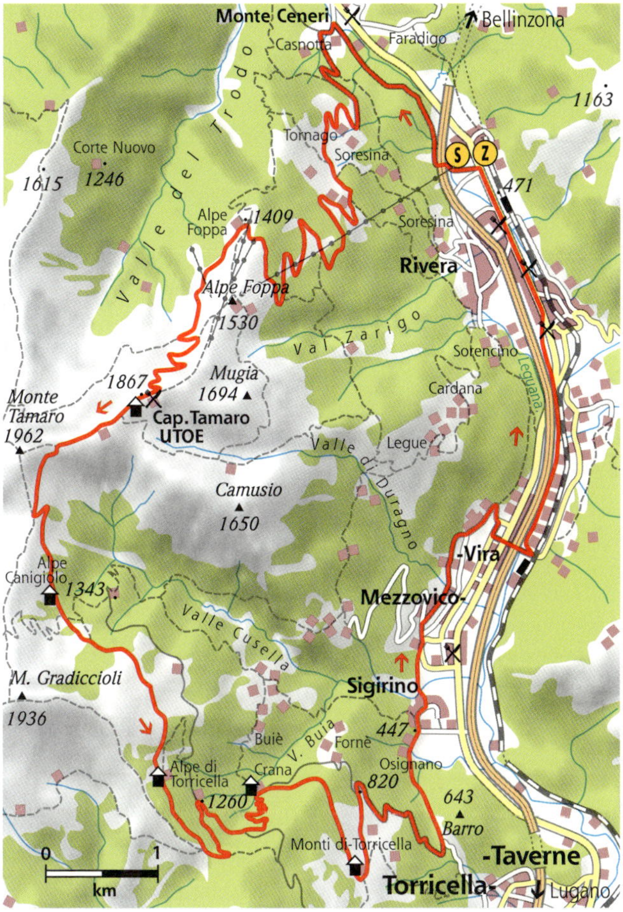

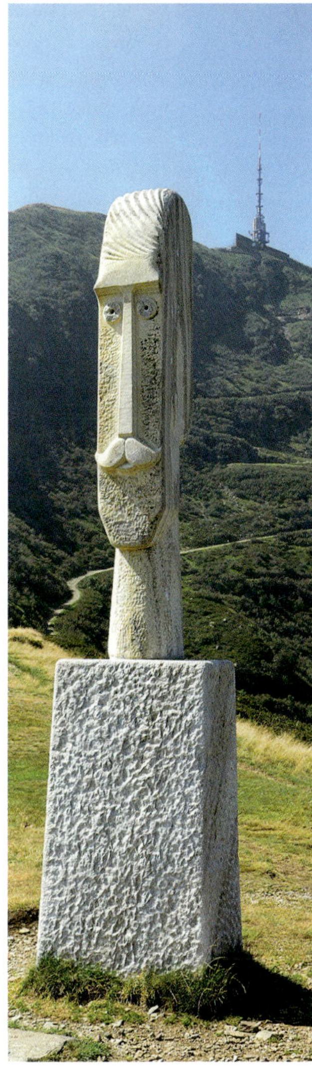

»Monolithisches Totem: Il Guardiano del Tempio

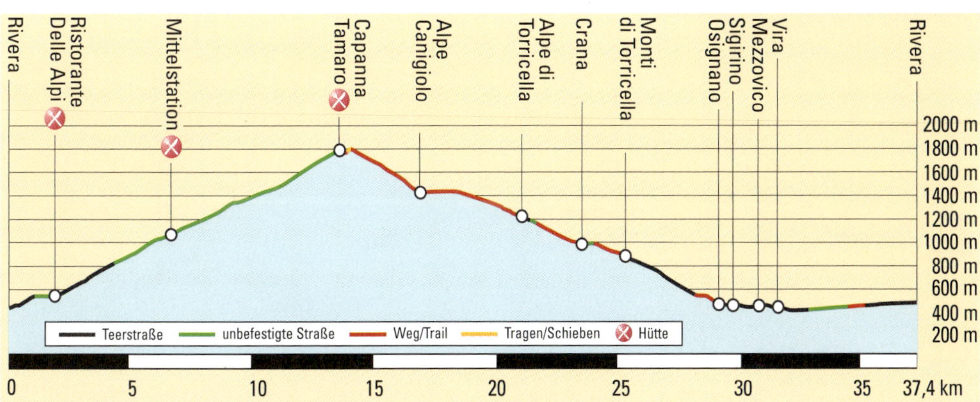

Der Monte Ceneri ist ein auf 554 Metern Höhe liegender Pass, der die Magadino-Ebene mit dem Vedeggiotal verbindet. Seine besondere Bedeutung für den Verkehr liegt darin, dass er die einzige innerschweizerische Verbindung zwischen dem nördlichen Kantonsteil Sopraceneri und dem südlichen Kantonsteil Sottoceneri bildet. Neben der Hauptstraße wird diese Barriere vom Autobahntunnel der A 2 und einem Eisenbahntunnel der Gotthardbahn unterquert. Ein weiterer Eisenbahntunnel, der Ceneri-Basistunnel zwischen Camorino bei Bellinzona und Vezia bei Lugano, wird derzeit gebaut. Des Weiteren ist um den Sendeturm des Monte Ceneri ein ausgedehnter Waffenplatz der Schweizer Armee angesiedelt. Auch das Grenadier-Kommando 1 (Gren Kdo 1) und das Armee-Aufklärungsdetachement befinden sich dort.

Direkt beim Restaurante Delle Alpi beginnt dann die lange Auffahrt. Im unteren Teil zieht sich eine schmale Asphaltstraße durch Schatten spendenden Wald in zahlreichen Serpentinen aufwärts. Dabei sind teilweise sehr steile, kurze Rampen zu überwinden – kein Wunder, dass an den Hängen des Monte Tamaro im Jahr 2003 die Mountainbike-Weltmeisterschaften stattfanden.

Am Maiensäß Monti di Spina und an waghalsigen Rampen und Manövern der Downhill-Szenerie vorbei erreichen wir Piano di Mora, die Mittelstation der Monte-Tamaro-Bergbahn. Dort wurden ein Adventure-Park, ein Bike-Park und eine Infostelle mit einer Snack-Bar angelegt. Im Restaurant bietet sich die Möglichkeit zu einer Einkehr. Außerdem sollten auf jeden Fall die Trinkflaschen noch einmal aufgefüllt werden.

Mit unverminderter Steigung führt die stellenweise grobe Schotterstraße weiter aufwärts. Kurz vor der Alpe Foppa wird die Fahrstraße etwas flacher, dann fahren wir direkt unter der Corte di Sopra vorbei. Beim Alpgebäude angelangt, folgen wir nicht der Mountainbikemarkierung über die Wiese steil links hoch zum SB-Restaurant Alpe Foppa, sondern umfahren dieses auf der rechten Seite des Hangs. Etwas weiter oben erreichen wir dann die steile Auffahrtsstraße zur Capanna Tamaro. Hier stellen wir unsere Bikes ab und wandern zum Aussichtspunkt beim vier Meter hohen monolithischen Totem und zur sehens-

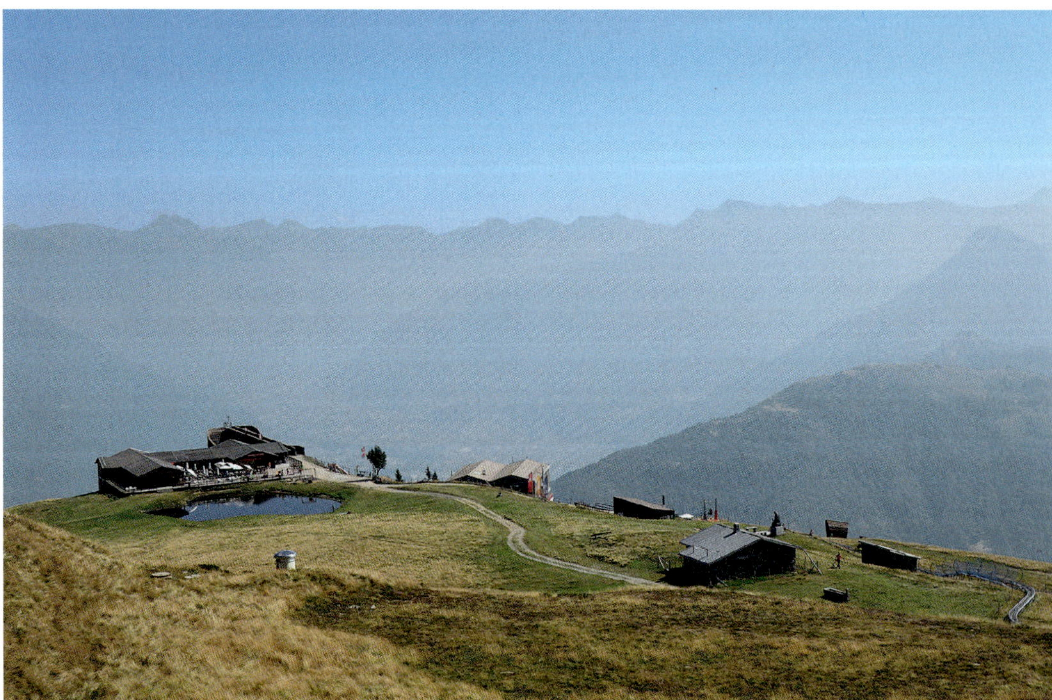

Alpe di Foppa

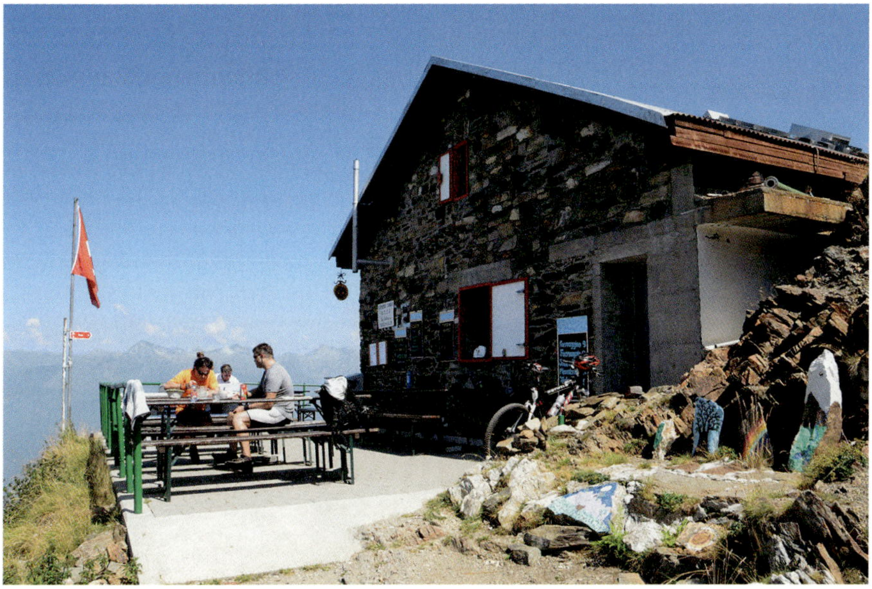

Die Sonnenterrasse der Capanna Tamaro

werten Kirche Santa Maria degli Angeli, direkt neben dem SB-Restaurant Alpe Foppa.

Nach dieser beeindruckenden, kurzen Rundwanderung, machen wir uns auf den anstrengenden Streckenabschnitt zur Capanna Tamaro. In steilen Serpentinen zieht sich die grobe Schotterstraße zur großen Richtfunkstation der Swisscom hinauf. Immer wieder fordern größere Absätze unsere Uphill-Fahrtechnik und unsere restlichen Kräfte. Wenn wir die Antennenanlage umfahren haben, eröffnet sich uns ein eindrucksvolles Panorama.

Herrlicher Blick von der Capanna Tamaro zur Alpe di Foppa

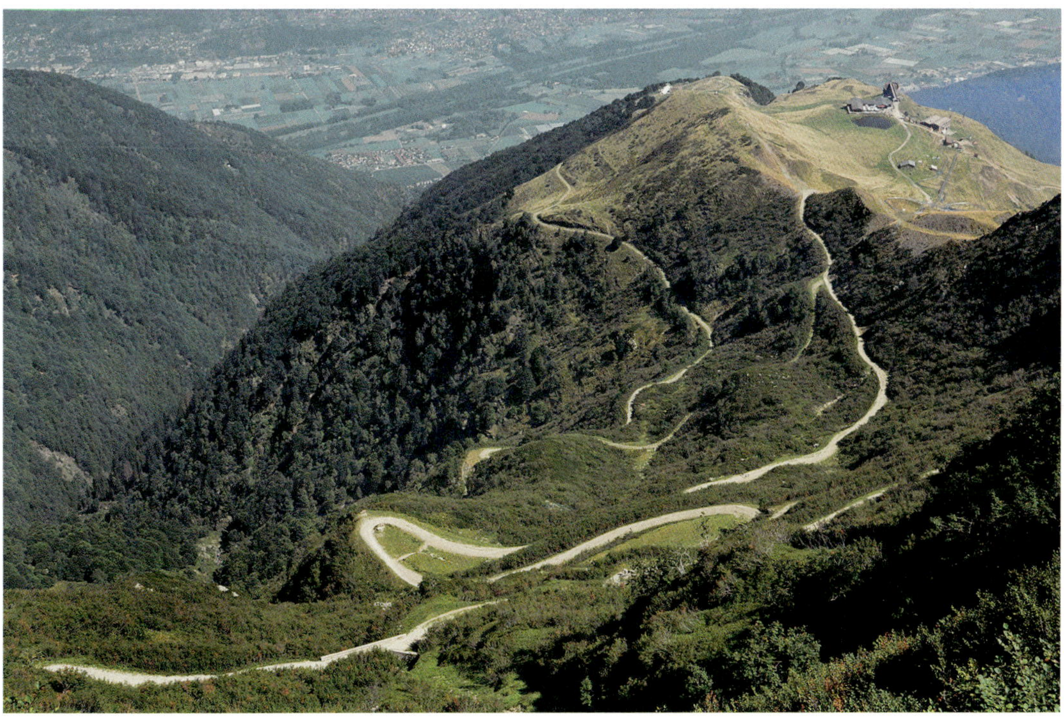

Bild rechte Seite: Wildromantische Täler werden durchfahren.

SANTA MARIA DEGLI ANGELI

Die moderne Marienkirche des Architekten Mario Botta wurde aus Granit und Porphyr zwischen 1992 und 1994 erbaut. Sie steht auf der Alpe Foppa am Rand eines Abhangs, von dem aus sich eine außergewöhnliche Rundumsicht eröffnet. Zur Kapelle führt ein 65 Meter langer begehbarers Viadukt, das aus dem Berg entspringt.

Die kräftezehrende Auffahrt wird auf der Capanna Tamaro großzügig belohnt: einerseits durch die große Auswahl an selbst gebackenen Kuchen und die gastfreundliche Bedienung, andererseits durch das überwältigende Panorama.

Die Capanna Tamaro ist ein Holzbau aus dem Jahre 1941, wurde 1953 renoviert und 1988 vergrößert. Die Berghütte liegt direkt unter dem Gipfel des Pizzo Tamaro. Von ihr und ihrer unmittelbaren Umgebung aus, genießt man eine wunderbare Sicht auf den Talboden: im Norden auf Bellinzona und die Obertäler, im Süden auf Lugano mit dem Luganer See und im Westen auf den Lago Maggiore. Die Berghütte wird besonders von Wanderern besucht und ist auch ein Durchgangspunkt für die Gratüberquerung Tamaro–Lema, auf der man über den Panoramaweg Miglieglia erreichen kann.

Diese Kuh muss man nicht melken!

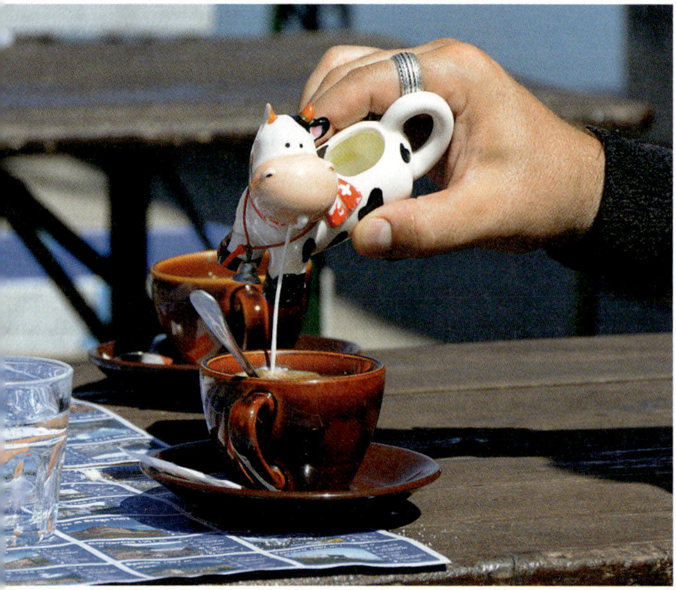

Nach der Pause schieben wir unsere Bikes zunächst über die Sonnenterrasse der Capanna Tamaro und folgen dann dem Weg Richtung Monte Tamaro/Monte Lema. Der Trail ist zu Beginn an der einen oder anderen Stelle sehr technisch, außerdem wird die Fahrt durch ein kurzes Schiebestück unterbrochen. Vor dem Schlussanstieg zum Monte Tamaro wenden wir uns nach links, schieben über fünf Stufen hinunter und biegen in einen Singletrail Richtung Alpe di Torricella ein. Der obere Teil des Wanderwegs ist recht anspruchsvoll und beinhaltet die eine oder andere nicht fahrbare Spitzkehre. Danach stellt sich permanentes Trailvergnügen mit höchstem Flowfaktor ein: kilometerlanges Trailfahren auf unterschiedlichen Terrains – steinigere Passagen mit höheren Absätzen wechseln sich mit Wiesen- und Waldtrails ab, und durch malerische, urtümliche Landschaften, Kastanienwälder, vorbei an Ruinen und blühenden Pflanzen geht's dahin. Trailspaß pur!

Wir gelangen zur Alpe Canigiolo und füllen unsere Trinkflaschen noch einmal mit kühlendem, frischem Brunnenwasser auf. Bis zur Alpe di Torricella fahren wir ausschließlich auf flowigen Trails. Auch danach wird der Fahrspaß lediglich durch zwei kurze Straßenabschnitte unterbrochen. Schlussendlich erreichen wir mit einem Lächeln im Gesicht die Monti di Torricella.

Von hier aus führt uns eine schmale, romantische Asphaltstraße kurvenreich durch Kastanienwälder abwärts. Etwas oberhalb der Gemeinde Torricella biegen wir noch einmal links in einen reizvollen Singletrail ein. Wir durchfahren eine wildromantische, naturbelassene Schlucht und erreichen, zwei kleine Bachüberquerungen und wenige kurze Schiebestellen später, Osignano und Sigirino. Durch winzige, urige Tessiner Dörfchen führt unser Weg weiter bis nach Mezzovico und Vira.

Nach Erreichen der Talsohle wechseln wir auf die gegenüberliegende Seite der Autobahn und fahren auf dem Radweg bis nach Bironico. Das letzte kurze Stück bis zu unserem Ausgangspunkt in Rivera legen wir dann ganz entspannt entlang der Hauptstraße zurück.

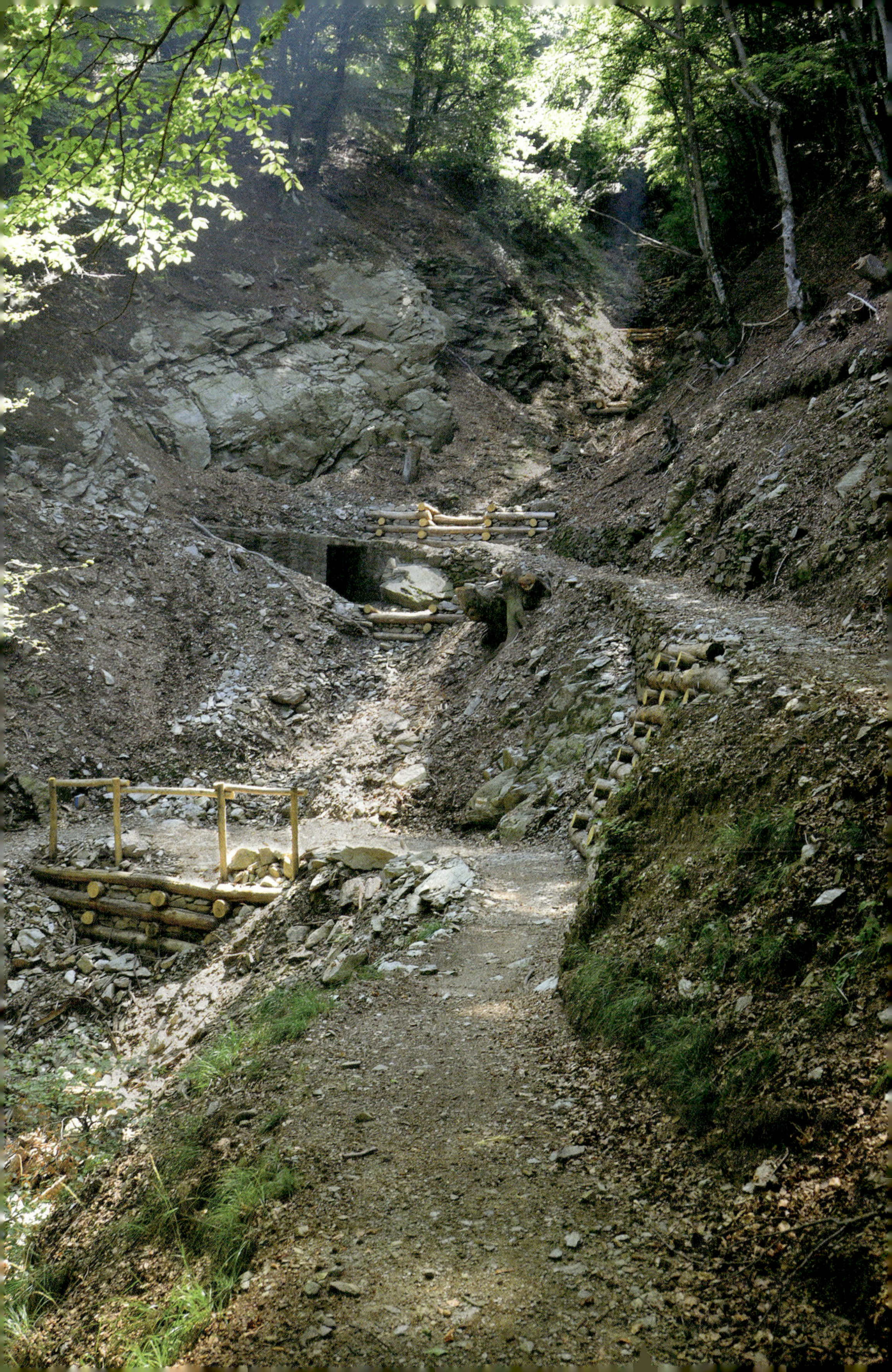

Routenbeschreibung

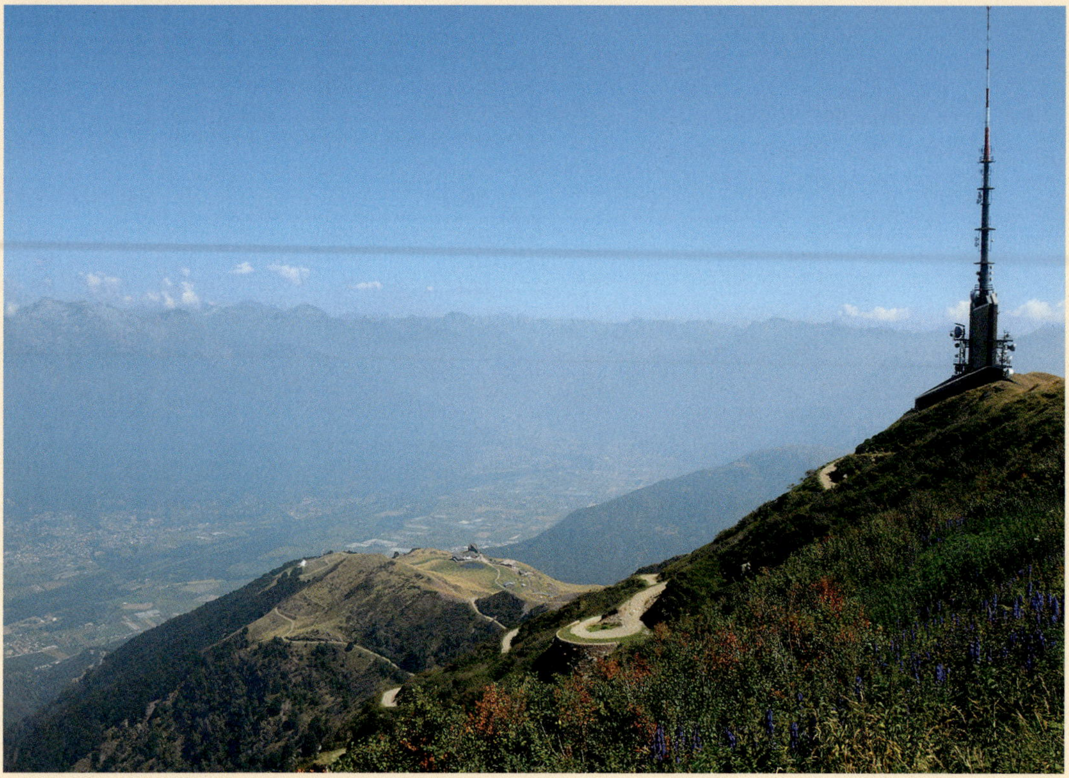

Sendeturm Monte Tamaro – bei klarer Sicht ein unbeschreiblicher Weitblick

Tour 28 Monte Tamaro.gpx

WP | km | Hm | Route

1 | 0,00 | 455 | Talstation der Monte-Tamaro-Bergbahn – am Gebäude vorbei Richtung Autobahn fahren.

2 | 0,05 | 460 | Rechts Richtung Monte Ceneri fahren, der Mountainbikemarkierung »Capanna Tamaro« folgen; die Straße führt unterhalb der Autobahn hindurch.

3 | 0,27 | 480 | Geradeaus Richtung Monte Ceneri; auf der Asphaltstraße leicht abwärts fahren.

4 | 1,88 | 557 | Direkt beim Restaurante Delle Alpi links aufwärts Richtung Cappanna Tamaro – Mountainbikerouten-Beschilderung »Capanna Tamaro«; bei km 2,12 befindet sich das »Grotto Ceneri«.

5 | 3,04 | 690 | Geradeaus fahren.

6 | 4,68 | 886 | Bei der Weggabelung links und nach ca. 20 m der Mountainbikemarkierung »Monte Tamaro« folgen.

7 | 6,67 | 1129 | Piano di Mora, Mittelstation der Tamaro-Bergbahn – Möglichkeit zur Einkehr und um die Trinkflaschen aufzufüllen; geradeaus weiter Richtung Capanna Tamaro fahren.

8 | 9,67 | 1406 | Halb links der Wanderwegmarkierung folgen – nicht links der Mountainbikemarkierung über die Wiese hinauf folgen! Wir umfahren die Alpe Foppa.

9 | 11,41 | 1562 | Rechts aufwärts Richtung Capanna Tamaro.

10 | 13,60 | 1855 | Capanna Tamaro – das Bike über die Terrasse schieben.

11 | 13,92 | 1868 | Das Bike geradeaus hinaufschieben Richtung Monte Tamaro/Monte Lema; bei km 14,04 Ende des Schiebestücks.

12 | 14,53 | 1840 | Links abwärts auf dem Wanderweg Richtung Alpe di Torricella und über fünf Stufen.

13 | 15,43 | 1731 | Bei der Trailgabelung links abwärts Richtung Alpe di Torricella.

14 | 15,52 | 1717 | Im spitzen Winkel links abwärts; der Mountainbikerouten-Beschilderung folgen.

15 | 15,97 | 1663 | Bei der Trailgabelung links abwärts; nicht der Wanderwegbeschilderung folgen!

16 | 16,88 | 1495 | Alpe Canigiolo – einladender Pausenplatz mit erfrischendem Brunnenwasser – geradeaus weiter.

17 | 16,96 | 1503 | Bei der Trailgabelung rechts aufwärts und der Mountainbikerouten-Beschilderung folgen.

18 | 20,14 | 1380 | Auf dem Singletrail links abwärts.

19 | 20,30 | 1358 | Im spitzen Winkel auf dem Singletrail links abwärts Richtung Alpe di Torricella.

20 | 21,09 | 1256 | Alpe di Torricella – auf der Asphaltstraße rechts abwärts Richtung Arosio.

21 | 21,66 | 1226 | Links auf dem Singletrail abwärts Richtung Torricella – Wanderwegmarkierung.

22 | 22,96 | 1098 | Achtung, Abzweigung nicht verpassen! Links im spitzen Winkel auf dem Singletrail abwärts.

23 | 23,55 | 1039 | Crana – auf der Schotterstraße rechts abwärts.

24 | 23,68 | 1029 | Bei der Weggabelung rechts auf der Schotterstraße aufwärts.

25 | 24,04 | 1054 | Bei der Weggabelung links auf dem Singletrail abwärts; nach ca. 100 m an einem Brunnen vorbei und links abwärts.

26 | 25,29 | 927 | Monti di Torricella – links Richtung Torricella.

27 | 26,12 | 850 | Bei der Weggabelung rechts abwärts Richtung Torricella.

28 | 28,13 | 594 | In der Rechtskurve links auf den Wiesentrail Richtung Osignano und Sigirino abbiegen.

29 | 29,10 | 508 | Osignano – zwischen den urigen Häusern hindurch und geradeaus am Brunnen vorbei, der Wanderwegmarkierung Richtung Sigirino und Mezzovico folgen; nach ca. 5 m rechts und wieder links durch die Häuser durch und direkt zur Kirche hinauffahren; rechts direkt an der Kirche führt der Wanderweg vorbei.

30 | 29,34 | 496 | Nach der Kirche geradeaus leicht aufwärts.

31 | 29,43 | 502 | Auf der Kuppe geradeaus und leicht abwärts.

32 | 29,52 | 497 | Auf dem Wanderweg geradeaus zwischen den Häusern durch; nach ca. 10 m geradeaus fahren.

33 | 29,62 | 493 | Links auf den Wanderweg abbiegen – nicht rechts der Straße folgen! Über eine kleine Brücke und auf der gegenüberliegenden Seite das Bike einige Stufen hinauftragen.

34 | 29,71 | 501 | Auf der Asphaltstraße rechts der Wanderwegmarkierung folgen.

35 | 30,05 | 477 | Links in die Seitenstraße biegen und der Wanderwegmarkierung folgen.

36 | 30,13 | 476 | Bei dem Haus mit den blauen Fensterläden rechts in die Via Gaggio; auf dem schmalen Fußweg links direkt am Haus vorbei.

37 | 30,25 | 470 | Mezzovico – auf der Fahrstraße links leicht abwärts, dann auf der Hauptstraße durch den Ort; die schmale Straße führt zwischen den Häusern durch; wir fahren die Via Loreto entlang und an der Schule vorbei.

38 | 31,35 | 465 | Bei der Weggabelung die Via Loreto links aufwärts; bei km 31,52 kommen wir zur Piazza Vira.

39 | 31,86 | 453 | Rechts abwärts Richtung Lugano und Bellinzona.

40 | 32,03 | 444 | Vor der Hauptstraße, direkt bei der Iveco-Werkstatt, rechts; Wanderwegbeschilderung.

41 | 32,20 | 440 | Via Stazione – links Richtung Industriezone 3+4; Fahrradroutenbeschilderung; auf der Brücke über die Autobahn.

42 | 32,55 | 445 | Nach der Autobahnbrücke links der Fahrradroutenbeschilderung folgen.

43 | 32,69 | 437 | Vor dem Bach links und der Fahrradroutenbeschilderung folgen; unter der Brücke durch und gleich rechts auf den Fahrradweg abbiegen; auf der kleinen Brücke den Bach überqueren und rechts parallel zur Autobahn weiter; bei km 34,00 wechseln wir auf die andere Seite des Bachs und fahren rechts parallel zum Bach weiter.

44 | 34,46 | 455 | Links über die kleine Brücke und durch die Unterführung; am Bach entlang weiterfahren.

45 | 35,18 | 464 | Am Ende des Radwegs rechts zur Hauptstraße fahren.

46 | 35,24 | 462 | Auf der Hauptstraße links Richtung Rivera.

47 | 36,99 | 459 | Links Richtung Bergbahn Monte Tamaro.

48 | 37,08 | 459 | Rechts direkt vor dem »Splash und Spa Tamaro« Richtung Bergbahn Monte Tamaro fahren.

49 | 37,17 | 458 | Links direkt nach dem »Splash und Spa Tamaro« Richtung Bergbahn-Talstation.

50 | 37,33 | 458 | Talstation der Monte-Tamaro-Bergbahn – Ende der Tour.

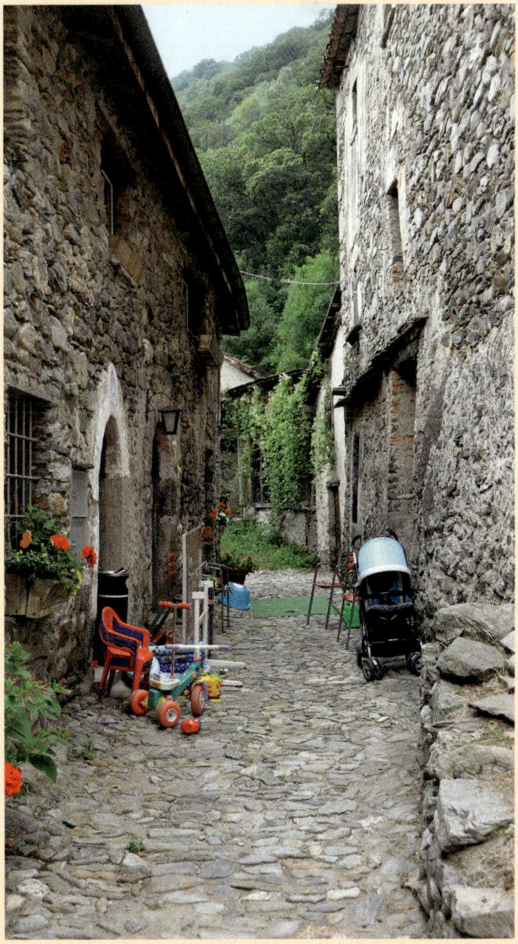

Die schmalen Gassen von Sigirino

29 Malcantone

Auf flowigen Waldtrails durch den Malcantone zwischen Caslano und Arosio

3	✪✪✪✪✪	1006	37	4
Schwierigkeit	Erlebniswert	Höhenmeter (in m)	Streckenlänge (in km)	Zeit (in h)

TOURENCHARAKTER

AUSGANGS-/ENDPUNKT
Caslano, an der Seepromenade beim Brunnen

ANFAHRT
A 2 bis Ausfahrt 49/Lugano-Nord–Ponte Tresa, immer der Beschilderung »Ponte Tresa« folgen, durch Agno durch und am Luganer See entlang bis nach Magliaso, nach der Brücke über die Magliasina beim Kreisverkehr die 3. Ausfahrt Richtung Lido/Via Golf und schnurgerade Richtung Seepromenade; auf einem der zahlreichen Parkplätze rund um Caslano parken

KONDITION
✪✪✪✪✪

FAHRTECHNIK
✪✪✪✪✪

ERLEBNISWERT
Fahrspaß: ✪✪✪✪✪ – über 10 km flowig fahrbare Waldtrails, überwiegend in abwechslungsreichem Auf und Ab
Landschaft: ✪✪✪✪✪ – liebliche Gegend mit schönen Ausblicken während der gesamten Tour
Kultur und Geschichte: ✪✪✪✪✪ – das Schokolademuseum Alprose in Caslano; das Museo della Pesca (Fischereimuseum) in der Villa Carolina in Caslano; der »Sentiero del Castagno« bei Arosio; der Parco naturale del Monte Caslano

EINKEHRMÖGLICHKEITEN
Grotto Sgambada, CH-6939 Altomalcantone/Arosio, Tel. +41/(0)91/600 32 42, www.grottosgambada.ch

STRECKENPROFIL
Die gesamte Tour verläuft in den Buchen- und Kastanienwäldern des Malcantone. Die Höhe gewinnen wir auf einer angenehm zu befahrenen, verkehrsarmen Asphaltstraße. Danach bewegen wir uns immer zwischen 700–900 m Höhe. Abwechslungsreiche Wege und ein hoher, flowiger Singletrailanteil erfreuen jeden Biker. Zum Abschluss rundet dann eine flotte Asphaltabfahrt die Tour ab.

HÖCHSTER PUNKT
913 m, kurz nach dem »Grotto Sgambada«

NIEDRIGSTER PUNKT
272 m, Caslano

TOURIST-INFO
Malcantone Turismo, Piazza Lago 7, Casella postale 245, CH-6987 Caslano, Tel. +41/(0)91/606 29 86, www.malcantone.ch

LANDKARTEN
Swisstopo 286 Malcantone, Landeskarte 1:50 000

GPS/ROADBOOK
Tour 29 Malcantone Waldtrails.gpx; Tour 29 Malcantone Waldtrails 500.gpx

Über zehn Kilometer problemlos fahrbare Trails: Das macht die Runde auch ideal zur Trainingstour für Traileinsteiger und Liebhaber flowiger Waldtrails. Mit einer maximalen Höhe von etwas über 900 Metern eignet sie sich ideal als Frühjahrs- oder Herbsttour und für weniger warme Sommertage.

Wir starten diese Tour im zauberhaft gelegenen Örtchen Caslano, einer politischen Gemeinde im Circolo Magliasina im Distretto di Lugano (Kanton Tessin). Die Gemeinde liegt auf einer Halbinsel im Luganer See. Der höchste Punkt ist der Monte Caslano mit einer Höhe von 526 Metern. Der Ort besitzt einen reizvollen alten Dorfkern, eine kleine, feine Seepromenade und ist durch die Lugano-Ponte-Tresa-Bahn an den öffentlichen Verkehr angeschlossen. Die Gemeinden Ponte Tresa, Magliaso und Caslano sind so stark verbaut und ineinander verwachsen, dass man die Gemeindegrenzen kaum erkennt.

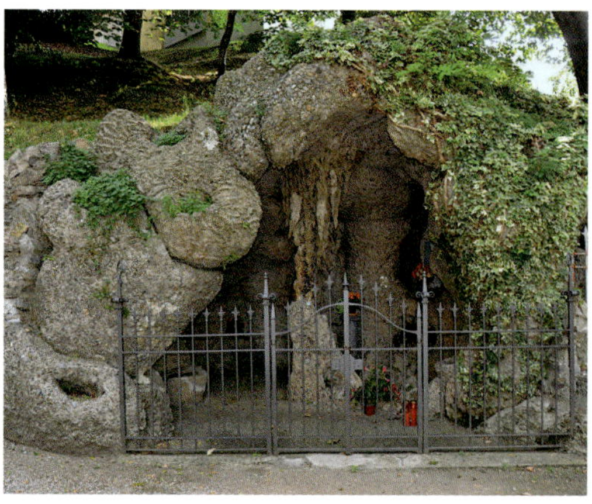

Die Höhlengrotte Vicolo alla Grotta

Die Region liegt in der Malcantone-Ebene und erstreckt sich vom Golf von Agno am Luganer See über eine sanft geschwungene, dicht bewachsene Hügel-

37 km	1006 Hm	Tagestour

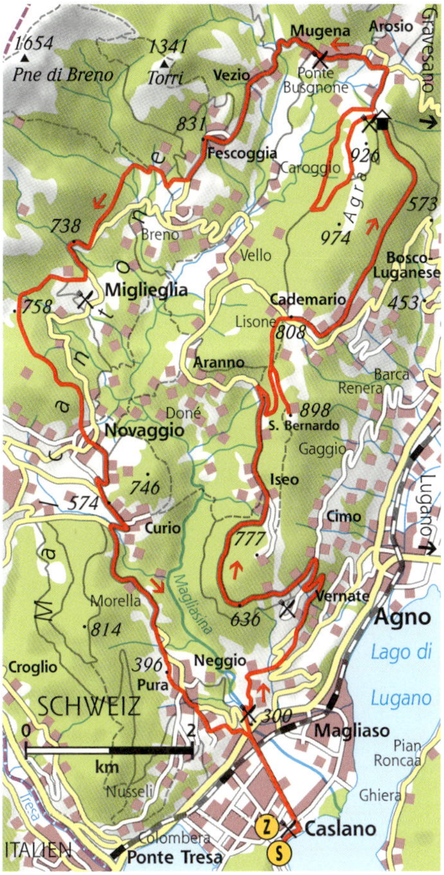

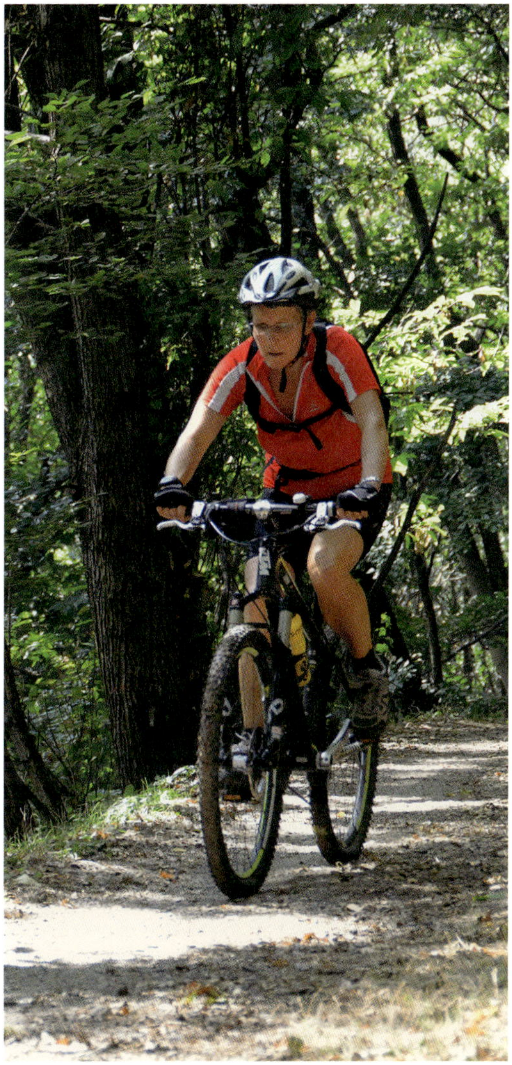

Einzigartige Waldtrails Richtung Grotto Sgambada

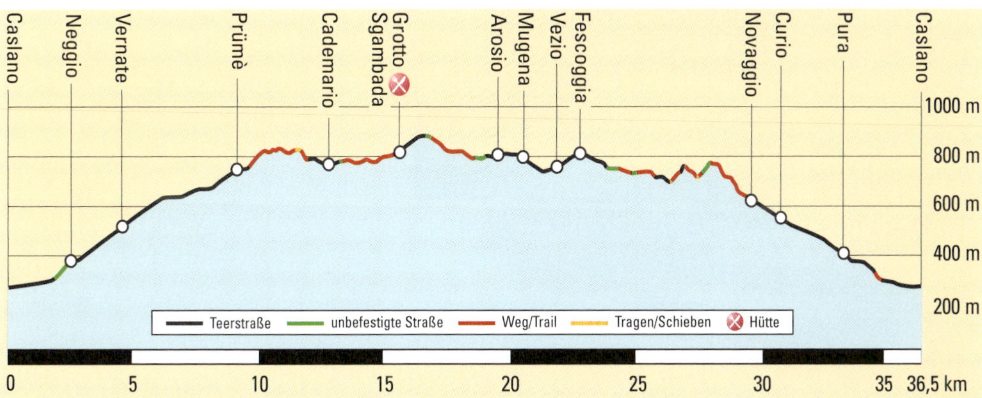

SENTIERO DEL CASTAGNO

Der Themenweg bei Arosio führt über eine Länge von 15 km durch die fünf Dörfer des Alto Malcantone. Dabei kann man Interessantes über den Anbau des Kastanienbaums und die Kastanienwälder erfahren. Acht didaktische Stationen sind im Gelände markiert. Auf dem Rundweg folgt man den gelben Schildern mit dem Kastaniensymbol. Weitere Infos gibt's unter www.malcantone.ch

Bild rechte Seite: Ein altes Tessiner Gebäude

landschaft bis zum Monte Lema hinauf. Seinen Namen hat das Malcantone von den zahlreichen »magli«, den Hammerschmieden, die sich früher in den Tälern des Malcantone fanden. Die einst dicht besiedelte Region mit schon prähistorischer Besiedlung wird vom Flüsschen Magliasina durchflossen, an dem früher Bleiglanz, Zink und etwas Gold und Silber abgebaut wurde.

Lange war die Esskastanie der »Brotbaum« für die Menschen der Region: das Holz zum Bauen und Heizen, die Blätter und Zweige als Futter für die Ziegen und die Früchte als Nahrung für Mensch und Tier. Die nahrhaften und lagerfähigen Früchte wurden vielseitig genutzt, vor allem aber zu Mehl für Brot und Nudeln verarbeitet.

Malerische Tessiner Dörfer, schmale Bergstraßen und ausgedehnte Kastanienwälder prägen diese Region, die besonders für Wanderer und Biker attraktiv ist. Noch heute werden die uralten Kastanienhaine gepflegt. Dicke, knorrige Bäume, die Füße in einem braungelben Teppich von Farnen, verwandeln das Bergtal in eine Parklandschaft. Der »Sentiero del castagno« (s. Kasten) bei Arosio weist den Weg von Hain zu Hain und informiert über die Kastanienkultur im Malcantone.

Die Grotto Sgambada in Altomalcantone

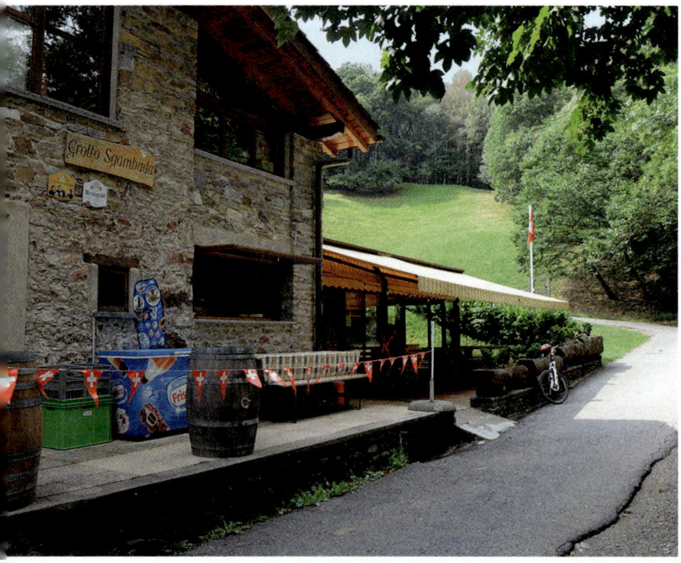

Unsere Route führt an Magliaso vorbei und aufwärts Richtung Neggio. Auf einem mit kleinen, runden Steinen faszinierend gepflasterten Sträßchen gewinnen wir rasch an Höhe, und schon bald eröffnet sich uns ein großartiger Ausblick in Richtung San Salvatore und Monte Brè.

Am Ortsende von Neggio, direkt bei einer Höhlengrotte, führt uns ein Wanderweg in Serpentinen weiter aufwärts Richtung Vernate. Wir radeln an typischen Tessiner Steinhäusern (Rusticos) vorbei und tauchen etwas oberhalb von Vernate in einen prächtigen Buchen- und Kastanienwald ein. Auf der verkehrsarmen, schattigen Straße fahren wir bis nach Prüme. Dieser Streckenabschnitt, vorbei am zauberhaften Dörfchen Iseo, bietet keine fahrtechnischen Highlights. Auch die Sicht ist durch die Schatten spendenden Buchen- und Kastanienbäume stark eingeschränkt. Deshalb können wir uns in diesem Abschnitt wieder einmal auf unseren runden Tritt, die Trittfrequenz und den Pulsschlag konzentrieren und ganz bewusst die Bewegungsabläufe auf dem Bike fühlen.

Auf der links gegenüber liegenden Seite erblicken wir die Bergbahn auf den Monte Lema und das Örtchen Miglieglia.

Bei Prüme biegen wir dann in ein reizvolles Nebensträßchen ab, wo wir, von zauberhafter Aussicht begleitet, zwischen einigen Villen durchfahren. Am Ende des Wegs biegen wir auf einen herrlichen Waldtrail ab. Dieser Uphill-Singletrail ist leicht fahrbar und nur mit einigen wenigen Wurzelpassagen versehen. Beim WP 15 können wir einen Abstecher zum Aussichtspunkt S. Bernardo machen, wobei wir das letzte kurze Stück über einige Stufen zu Fuß zurücklegen. Am Aussichtspunkt befindet sich auch die kleine Kapelle; hier bietet sich durchaus eine kleine Pause zum Panoramagenießen an.

Danach radeln wir auf dem Auffahrtsweg zurück und biegen beim WP 20 rechts in einen

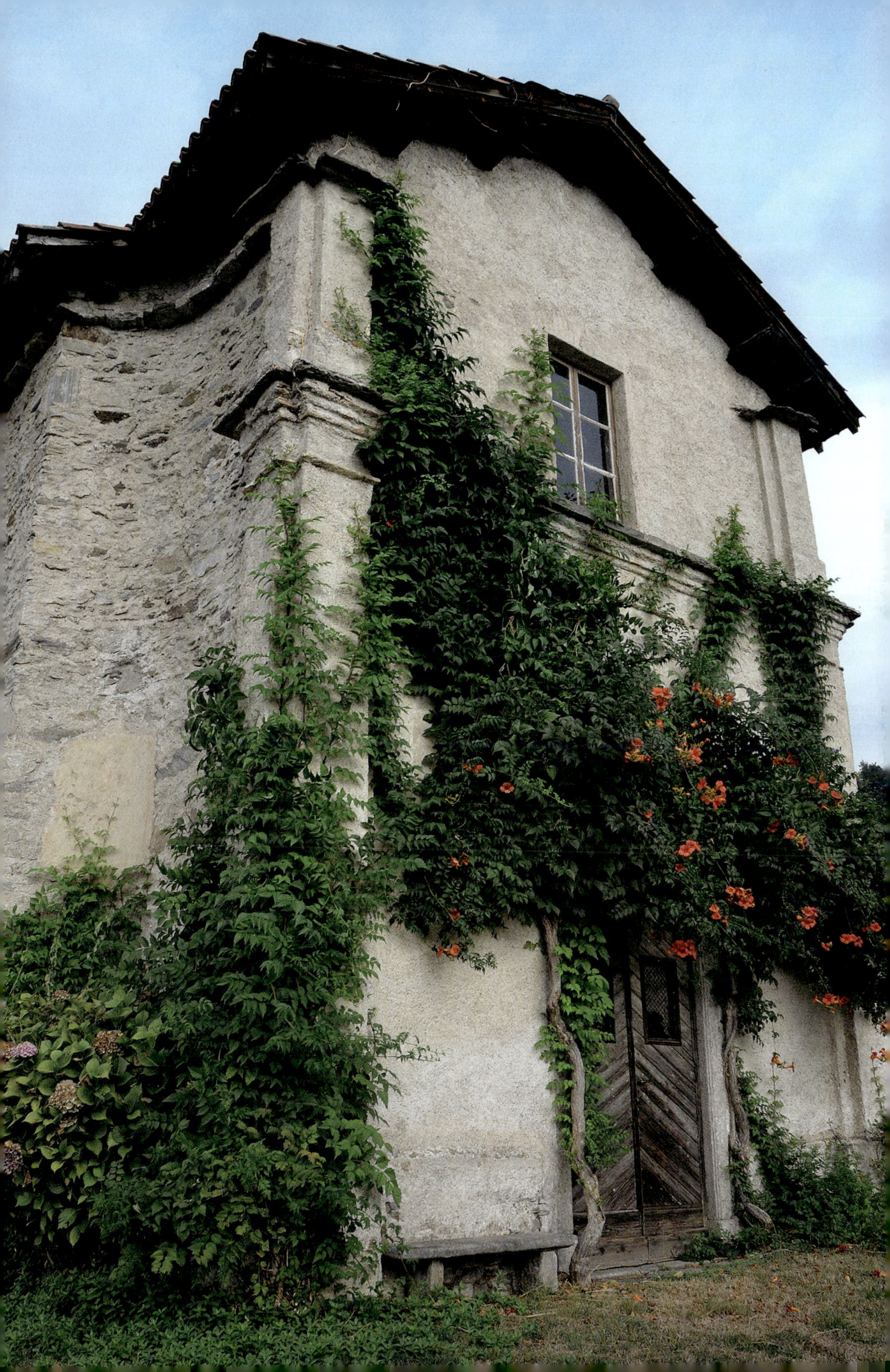

> **SCHOKOLADEMUSEUM ALPROSE**
>
> Das süße Museum in Caslano präsentiert die Welt der Schokolade von den Anfängen bis in unsere Tage. Chocolat Alprose SA, Via Rompada 36, CH-6987 Caslano, Tel. +41/(0)91/611 88 88, www.alprose.ch

weiteren Singletrail ein. (Wer den kurzen Abstecher zur Kapelle S. Bernardo nicht machen möchte, kann gleich von WP 15 über WP 20 weiterfahren.) Bei Cademario erreichen wir wieder eine Asphaltstraße. In einer Linkskurve entdecken wir einen grandiosen Aussichtspunkt mit Sicht auf den Luganer See.

Nach einem kurzen, steilen Anstieg erreichen wir den nächsten exzellenten Waldsingletrail – Flow pur! Er zieht sich zügig fahrbar in permanentem Auf und Ab durch den Wald bis kurz vor der urigen Einkehrmöglichkeit »Grotto Sgambada«. Dort lassen wir unser Flowgefühl bei einem Cappuccino noch etwas nachwirken und treten dann auf einer schmalen Asphaltstraße angenehm aufwärts. Teilweise dem »Sentiero filosofi« folgend, erreichen wir bei der Wegmarkierung »Costa della Viscarda« wieder einen Waldtrailabschnitt der Spitzenklasse. Nur ein kurzer Gegenanstieg mit einer Schiebestelle von etwa fünf Metern bremst die ansonsten durchgängig zügige Trailfahrt.

Beim WP 36 gelangen wir dann wieder auf die Asphaltstraße und sausen links abwärts nach Arosio. Wer diesen Trailabschnitt auslassen möchte, kann direkt vom WP 29 bzw. vom »Grotto Sgambada« geradeaus abwärts auf der Asphaltstraße zum WP 36 fahren und dort die Tour fortsetzen.

Von Arosio aus fahren wir auf der verkehrsarmen Asphaltstraße durch mehrere typische Tessiner Dörfer. An Mugena, Vezio, Fescoggia rollen wir vorbei und bewundern die alten Steinhäuser; auch frei laufende Ziegen auf der Straße sind hier keine Seltenheit.

Kurz vor dem Örtchen Breno zweigen wir wieder auf eine Nebenstraße ab. Vor uns erblicken wir die Monte-Lema-Bergbahn aus nächster Nähe. Schon bald erreichen wir die Abzweigung in den nächsten Singletrailabschnitt, der stellenweise parallel zur Straße

Die Uferpromenade von Caslano

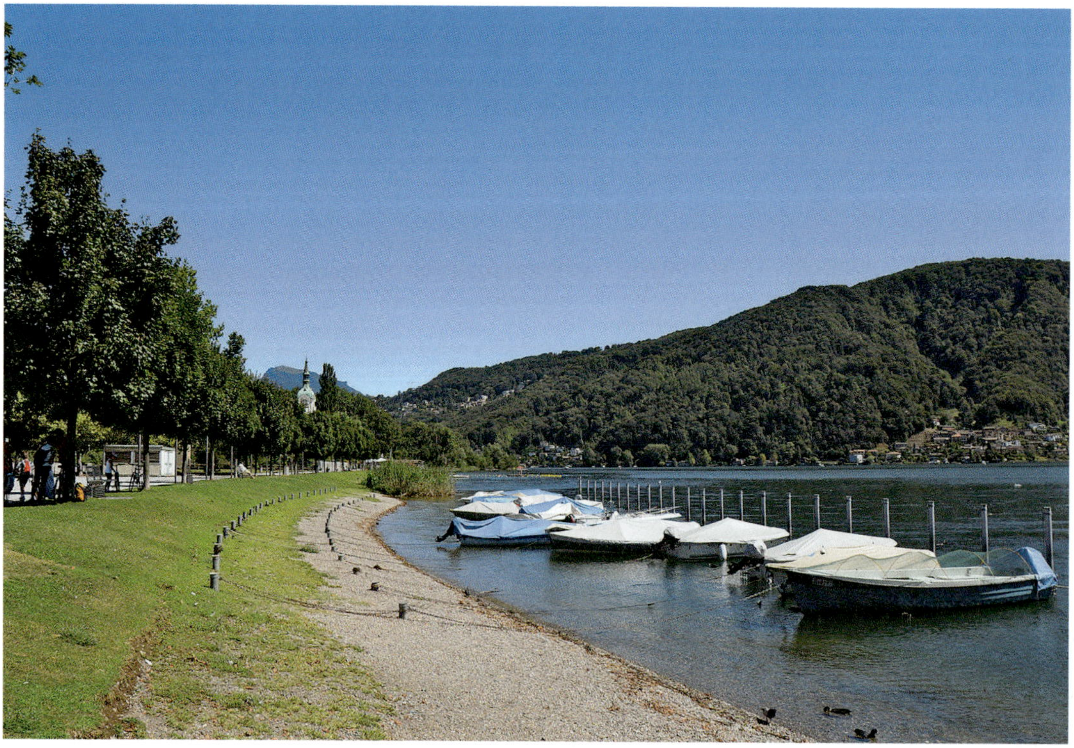

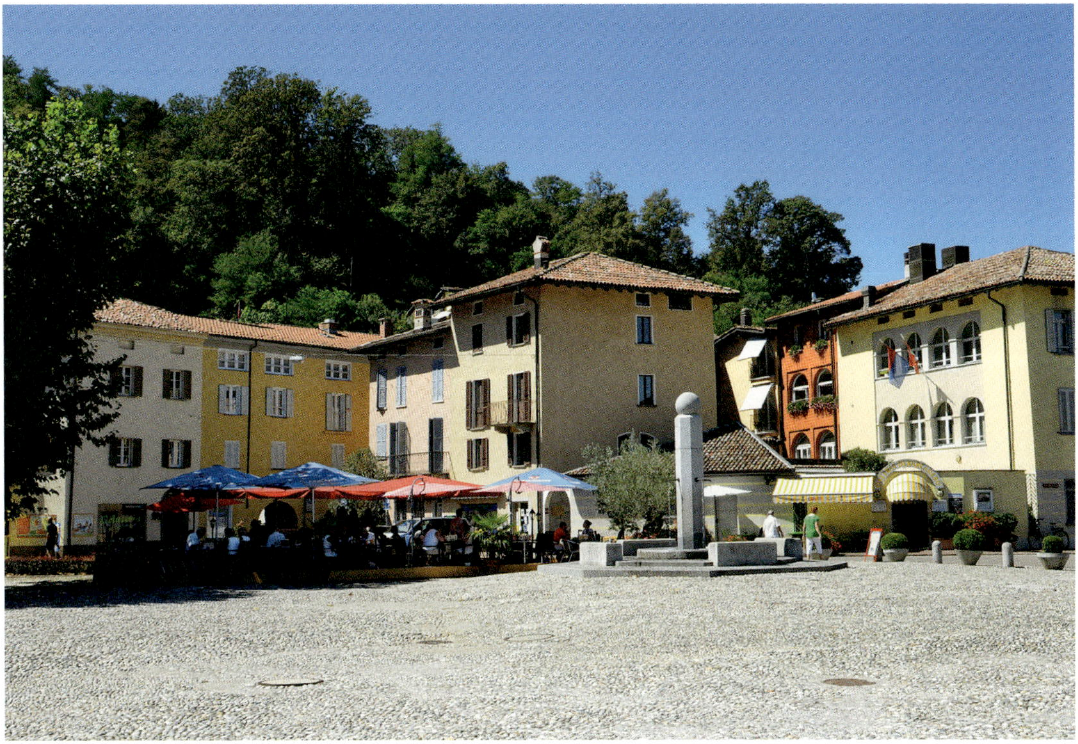

Piazza von Caslano direkt am Lago du Lugano

verläuft und wiederum durchgängig viel Flowpotenzial enthält. Auf der Asphaltstraße zieht es sich auf einigen Kurven zügig abwärts, bevor eine kurze Schiebepassage von wenigen Metern uns zum nächsten Trail führt. Etwas oberhalb des typischen Tessiner Bergdorfs Miglieglia, in dem die Seilbahn auf den Monte Lema ihren Ausgangspunkt hat, tauchen wir noch einmal in einen einzigartigen Singletrail ein. Dieser wird durch die höheren Absätze und das losere Gestein etwas anspruchsvoller, ist jedoch nicht allzu steil.

Grundsätzlich sind alle Trails dieser Tour im Uphill und im Downhill nicht steil, ziehen sich in abwechslungsreichem Auf und Ab durch die Wälder und sind bis auf wenige kurze Stellen durchgängig flowig und problemlos fahrbar. Für Trailanfänger und -liebhaber eine kurze Trainingsrunde und ideal zum Üben.

Wir erreichen Novaggio und fahren durch die engen Gassen der kleinen Ortschaft. Eine zügige Abfahrt bringt uns unterhalb des Zentrums von Curio vorbei bis nach Pura. Dieses kleine Örtchen überrascht uns mit einer kurzen, aber fein markierten Fußgängerzone, die sich um die Pfarrkirche Sankt Martin erstreckt. Diese Kirche wurde bereits 1352 erwähnt, 1580 auf die heutige Größe erweitert und in den Jahren 1642–1643 im barocken Stil umgebaut und mit einem Turm ergänzt.

Rechts an der Kirche vorbei fahren wir abwärts Richtung Magliaso. Auf Nebenstraßen und nach einem letzten kurzen Singletrail erreichen wir wieder den uns schon bekannten Kreisverkehr. Auf der Via Golf radeln wir wieder schnurgerade bis zur Seepromenade beim Lido in Caslano und gelangen entlang der Promenade zu unserem Ausgangspunkt beim Brunnen zurück.

PARCO NATURALE DEL MONTE CASLANO

Der Monte Caslano ist als eine Naturlandschaft von besonderem Reiz strengstens geschützt und zeichnet sich durch unterschiedliche geologische und botanische Besonderheiten aus. Der 5 km lange Lehrpfad (251 Hm/ca. 2 Std.) am Monte Caslano ist mit 15 Infotafeln ausgestattet und informiert über Flora und Fauna der Gegend. Auf dieser Wanderung genießt man auch eine herrliche Aussicht auf die Bucht von Caslano und von Agno, auf die Seeenge von Lavena Ponte Tresa und bis nach Italien.

Routenbeschreibung

Tour 29 Malcantone Waldtrails.gpx

WP | km | Hm | Route

1 | 0,00 | 272 | Caslano, Seepromenade beim Brunnen; links an der Seepromenade entlang Richtung Lido Comunale fahren.

2 | 0,25 | 272 | Direkt vor dem Lido Comunale links in die Via Golf und geradeaus bis zum Kreisverkehr.

3 | 1,58 | 298 | Beim Kreisverkehr die 1. Ausfahrt Richtung Lugano/Agno nehmen, die Magliasina überqueren und gleich danach links Richtung Zoo fahren.

4 | 1,67 | 299 | Links in die Via ai Mulini und Richtung Zoo fahren, dann am Zoo vorbei.

5 | 1,90 | 304 | Rechts in die Strada Regina und steil aufwärts – Wanderwegmarkierung »Neggio«; der Straßenbelag wechselt von Asphalt zu kleinen, runden Pflastersteinen.

6 | 2,53 | 381 | Neggio – an der Piazza San Domenico rechts Richtung Kirche fahren.

7 | 2,79 | 379 | Direkt vor der Höhlengrotte links auf dem asphaltierten Wanderweg steil aufwärts über die Vicolo alla Grotta Richtung Agno; der Weg führt in Serpentinen steil aufwärts.

8 | 2,98 | 402 | Auf der Asphaltstraße rechts abwärts und nach ca. 10 m links in den Wanderweg Via ai Guasti einbiegen; durch die Barriere durch Richtung Agno.

9 | 3,34 | 431 | Links auf der schmalen Asphaltstraße aufwärts; links am Haus vorbei.

10 | 3,56 | 455 | Rechts auf der Asphaltstraße aufwärts Richtung Vernate.

11 | 4,53 | 526 | Rechts Richtung Cademario fahren (links kommt man ins Zentrum von Vernate).

12 | 4,88 | 551 | Links aufwärts Richtung Iseo fahren.

13 | 9,15 | 758 | Prüme – dort, wo die Straße wieder abwärts führt, biegen wir in spitzem Winkel nach rechts in eine schmale Asphaltstraße; Sackgasse.

14 | 9,65 | 774 | Kurz vor dem Wendeplatz biegen wir links im spitzen Winkel in einen Wanderweg ein (4 Stufen) – Uphill-Singletrail.

15 | 10,31 | 837 | Bei der Wanderwegbeschilderung rechts Richtung San Bernardo – kurzer Abstecher zum Aussichtspunkt mit Kapelle; wer San Bernardo auslassen möchte, kann direkt bei WP 20 geradeaus weiterfahren.

16 | 10,42 | 830 | Rechts leicht aufwärts Richtung San Bernardo.

17 | 10,76 | 845 | Bei der Wegbeschilderung geradeaus Richtung San Bernardo; das Bike vor dem Treppenaufstieg zurücklassen und zu Fuß weitergehen.

18 | 10,96 | 898 | San Bernardo – kleine Kapelle und aussichtsreicher Rastplatz; auf dem Aufstiegsweg retour bis zum Bike und dann auf dem Aufstiegsweg bis zum WP 16 zurück.

19 | 11,19 | 839 | Links auf dem Auffahrtsweg zurück bis zum WP 16.

20 | 11,28 | 830 | Rechts auf dem Singletrail Richtung Cademario.

21 | 11,48 | 854 | Bei der Singletrail-Gabelung links in die Strada Verde Richtung Cademario fahren.

22 | 11,56 | 859 | In der Linkskurve rechts auf dem nicht markierten Singletrail abwärts; bei km 11,80 gelangen wir zu einer Lichtung, einer kleinen Brücke mit Pumpbrunnen und Bank; geradeaus weiter abwärts fahren.

23 | 12,00 | 807 | Beim Hotel Cacciatori und beim Spa die Straße überqueren und geradeaus leicht aufwärts Richtung Mugena; rechts am Centro Scolastico vorbei.

24 | 12,24 | 815 | Bei der Wanderwegmarkierung rechts abwärts Richtung Cademario.

25 | 12,81 | 780 | Wanderwegmarkierung »Cademario« – bei der Straßengabelung links aufwärts Richtung Arosio; nach der Kurve ein kurzes Stück steil aufwärts.

26 | 13,12 | 800 | Bei der Weggabelung links leicht aufwärts; der Wanderwegmarkierung folgen.

27 | 13,27 | 785 | Wanderwegmarkierung »Prevat« – bei der Weggabelung rechts auf die Schotterstraße und den Singletrail Richtung Arosio; immer geradeaus auf dem Trail bleiben.

28 | 15,37 | 831 | Bei der Singletrail-Gabelung links aufwärts.

29 | 15,52 | 842 | Auf der Asphaltstraße links in die Strada Verde Richtung Alpe di Agra; am »Grotto Sgambada« vorbei.

30 | 15,59 | 846 | Bei der Weggabelung rechts Richtung Lisone und Cademario.

31 | 16,54 | 909 | Bei der Wanderwegmarkierung rechts fahren.

32 | 16,64 | 913 | Rechts auf dem »Sentiero filosofi« Richtung Lisone.

33 | 16,84 | 907 | Bei der Weggabelung rechts abwärts Richtung Lisone.

34 | 17,35 | 840 | Bei der Wanderwegmarkierung »Costa della Viscarda« rechts auf dem Singletrail Richtung Arosio.

35 | 18,65 | 831 | Auf der Schotterstraße geradeaus Richtung Arosio.

36 | 19,12 | 837 | Auf der Asphaltstraße links Richtung Arosio.

37 | 19,53 | 830 | Arosio – links Richtung Mugena und Breno fahren.

38 | 23,46 | 805 | Direkt nach dem Ortsschild »Breno« rechts im spitzen Winkel Richtung Alpe Mageno fahren und nach ca. 10 m links auf der schmalen Asphaltstraße leicht abwärts.

39 | 23,83 | 779 | Rechts auf der Schotterstraße leicht abwärts; nach ca. 100 m geradeaus auf der Schotterstraße weiter.

40 | 24,16 | 784 | Bei der Weggabelung links abwärts Richtung Tortoglio und Miglieglia.

41 | 24,25 | 779 | Bei der Wanderwegbeschilderung rechts in den Singletrail einbiegen; bei km 24,52 eine kleine Brücke überqueren.

42 | 24,83 | 757 | Bei der Wanderwegbeschilderung und der Weggabelung rechts aufwärts Richtung Miglieglia und Novaggio; ab km 25,00 auf dem Singletrail parallel zur Straße weiter.

43 | 25,62 | 757 | Bei der Trailgabelung links abwärts zur Straße fahren.

44 | 25,67 | 745 | Auf der Asphaltstraße rechts Richtung Miglieglia.

45 | 26,39 | 722 | Nach einigen Kurven auf der Asphaltstraße, bei der Wanderwegmarkierung auf der linken Straßenseite, auf dem Wanderweg rechts fahren – das Bike ein kurzes Stück Richtung Astano/Monte Lema hochschieben.

46 | 26,53 | 744 | Bei der Wanderwegmarkierung rechts fahren und oberhalb des Spielplatzes vorbei.

47 | 26,76 | 765 | Auf der schmalen Asphaltstraße rechts aufwärts, direkt unter den Tragseilen der Monte-Lema-Bergbahn.

48 | 26,93 | 783 | Links auf dem Singletrail abwärts Richtung Astano und Novaggio; bei km 27,45 erreichen wir eine kleine Brücke und müssen das Bike auf der anderen Seite einige Stufen hinaufschieben.

49 | 27,63 | 758 | Bei der Wanderwegmarkierung rechts auf die Schotterstraße Richtung Astano abbiegen und nach ca. 10 m links auf der Schotterstraße steil aufwärts.

50 | 27,92 | 797 | Geradeaus auf dem Singletrail in den Wald hinein (links das Ende des Zauns eines Ferienhauses); bei km 28,33 wird der Trail kurzzeitig etwas anspruchsvoller.

51 | 29,42 | 667 | Auf dem schmalen Asphaltsträßchen weiter in das kleine Örtchen Novaggio.

52 | 29,47 | 662 | Bei der Weggabelung links durch die schmale Gasse zwischen den Häusern auf der Al Pissarotino abwärts.

53 | 29,50 | 657 | Rechts auf die Ra Strècia – nach ca. 20 m links abwärts und sofort wieder rechts, dann noch einmal links abwärts fahren.

54 | 29,60 | 646 | Novaggio – links an der Kirche vorbei Richtung Lugano.

55 | 29,69 | 642 | Die Straße überqueren und geradeaus Richtung Lugano und Curio; auf dieser Straße immer abwärts bis zum nächsten WP fahren.

56 | 33,29 | 424 | Nach der Ortseinfahrt Pura, direkt nach der Linkskurve, rechts in die Via Poschiesa einbiegen.

57 | 33,48 | 419 | Direkt oberhalb der Kirche links in die Fußgängerzone einbiegen; beim Brunnen rechts an der Kirche vorbei abwärts.

58 | 33,63 | 404 | Auf der Hauptstraße rechts abwärts fahren.

59 | 33,86 | 394 | Rechts in die Seitenstraße Via della Vite einbiegen – Hinweisschild »Alberghi-Hotels«; nach ca. 50 m an der Straßengabelung links fahren und immer abwärts halten.

60 | 34,27 | 379 | Bei der Weggabelung links halten und ein kurzes Stück entgegen der Einbahnstraße hinunterfahren.

61 | 34,58 | 346 | Bei der Stopp-Markierung, direkt in der Linkskurve, rechts auf den Wanderweg abbiegen; an der Hausmauer entlang bis zur Straße fahren.

62 | 34,87 | 309 | Beim Kreisverkehr die 2. Ausfahrt in die Via Golf Richtung Lido Seepromenade nehmen – ab jetzt auf dem Auffahrtsweg retour bis zum Ausgangspunkt.

63 | 36,20 | 272 | Direkt am See rechts und am See entlang bis zum Aufgangspunkt beim Brunnen.

64 | 36,46 | 272 | Caslano, Seepromenade beim Brunnen – Ende der Tour.

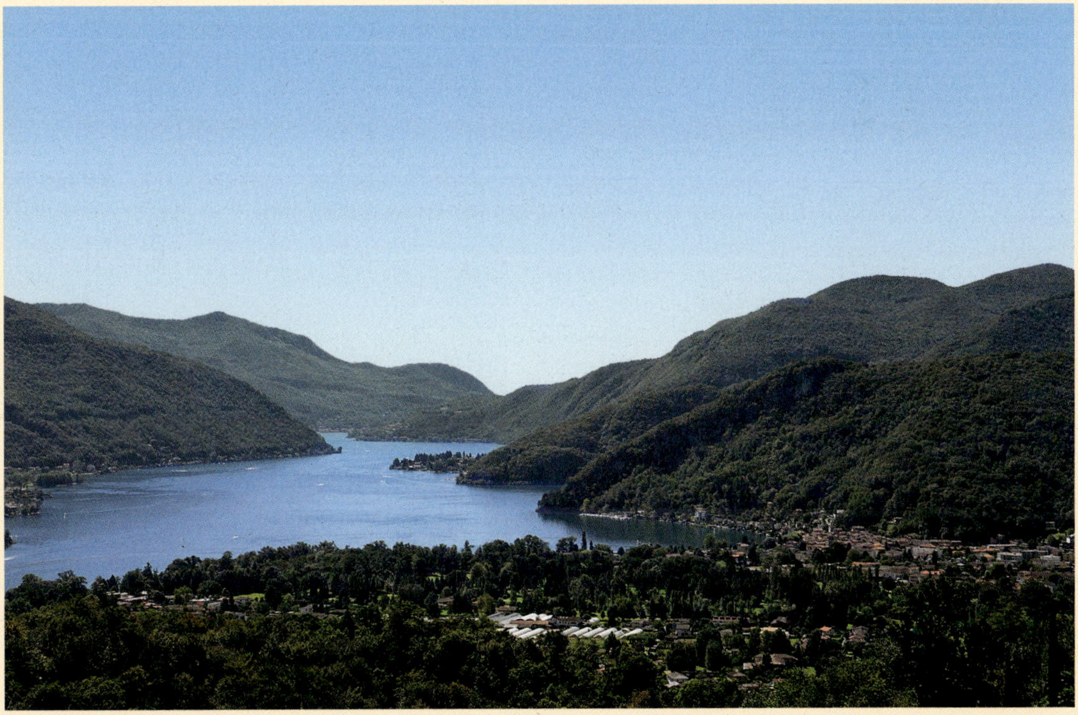

Der Lago di Lugano

30 Bellavista

Auf Nebenstraßen und endlosen Singletrails zum grandiosen Aussichtspunkt

3	✪✪✪✪✪	1181	35	4
Schwierigkeit	Erlebniswert	Höhenmeter (in m)	Streckenlänge (in km)	Zeit (in h)

TOURENCHARAKTER

AUSGANGS-/ENDPUNKT
Bahnhof von Mendrisio

ANFAHRT
A 2 bis Ausfahrt 52/Varese–Stabio, weiter Richtung Mendrisio, beim Kreisverkehr Richtung Mendrisio, beim nächsten Kreisverkehr bei der 2. Ausfahrt ausfahren, beim folgenden Kreisverkehr die 1. Ausfahrt Richtung Bahnhof und beim nächsten Kreisverkehr die 2. Ausfahrt Richtung Bahnhof nehmen; gebührenpflichtige Parkplätze in der Nähe des Bahnhofs

KONDITION
✪✪✪✪✪

FAHRTECHNIK
✪✪✪✪✪

ERLEBNISWERT
Fahrspaß: ✪✪✪✪✪ – traumhafte Auffahrt, teils auf asphaltierten, kleinen Nebenstraßen, teils auf sehr gut fahrbaren Uphill-Singletrails; Abfahrt wahlweise auf Asphaltstraße oder auf durchgängig fahrbarem Singletrail
Landschaft: ✪✪✪✪✪ – urige Tessiner Örtchen und eine fantastische Aussicht bei Bellavista
Kultur und Geschichte: ✪✪✪✪✪ – die Altstadt von Mendrisio mit ihren engen Gassen; die Galerie Baumgartner (permanente Ausstellung von Modelleisenbahnen); das Kunstmuseum im alten Servitenkloster; der Club del San Gottardo – Verein zur Erhaltung von historischen Einsenbahnfahrzeugen; die Breggiaschluchten in Castel San Pietro

EINKEHRMÖGLICHKEITEN
Grotto La Balduana, Bellavista, Monte Generoso, Tel. +41/(0)91/646 25 28; Osteria La Peonia, Monte Generoso, Alpe di Mendrisio, Tel. +41/(0)91/646 98 88; Stationsbuffet auf Bellavista, von März bis Nov. geöffnet (März/April/Mai/Nov. nur am Wochenende und an Festtagen bzw. nur bei schönem Wetter; Juni–Okt. täglich)

STRECKENPROFIL
Einzigartige Auffahrt nach Bellavista über abwechslungsreiche, immer schmäler werdende Asphaltstraßen und über einen unübertroffenen, sehr gut fahrbaren Uphill-Singletrail; die Abfahrt bewältigt man entweder auf einem durchgängig fahrbaren Singletrail oder – als Variante – auf der Asphaltstraße.

HÖCHSTER PUNKT
1214 m, Bellavista

NIEDRIGSTER PUNKT
328 m, Mendrisio

TOURIST-INFO
Ente Turistico del Mendrisiotto e Basso Ceresio, Via Luigi Lavizzari 2, CH-6850 Mendrisio, Tel. +41/(0)91/641 30 50, info@mendrisiottoturismo.ch, www.mendrisiottoturismo.ch

LANDKARTEN
Swisstopo 5007 Locarno–Lugano, Landeskarte 1:50 000 (Zusammensetzungen)

GPS/ROADBOOK
Tour 30 Bellavista.gpx; Tour 30 Bellavista 500.gpx

Die wunderschöne Tour führt auf abgeschiedenen Nebenstraßen und über zehn Kilometer Uphill- und Downhillsingletrails zu einem der schönsten Aussichtspunkte in dieser Gegend.

Diese Tour startet in Mendrisio, das sich im südlichsten Teil des Kantons Tessin befindet. Mendrisio ist eine politische Gemeinde und Hauptort sowohl des gleichnamigen Kreises als auch des Bezirks des Kantons Tessin. Er liegt etwa 18 Kilometer südlich von Lugano und ist etwa fünf Kilometer von der Grenze zu Italien entfernt. In der Form eines gedachten Dreiecks, dessen Ecken in Lugano, Como und Varese liegen, erstreckt sich die kleine Region bis zum malerischen Gebiet Bellavista auf dem Monte Generoso und darüber hinaus. Mendrisio, das zu Recht als »Il Magnifico Borgo« (»der prächtige Ort«) bezeichnet wird, zählt ca. 12 100 Einwohner und liegt auf einer Höhe von 367 Metern.
Am Bahnhof von Mendrisio treten wir in die Pedale, verlassen bereits nach wenigen Metern die Hauptstraße, fahren leicht aufwärts und biegen bald in eine

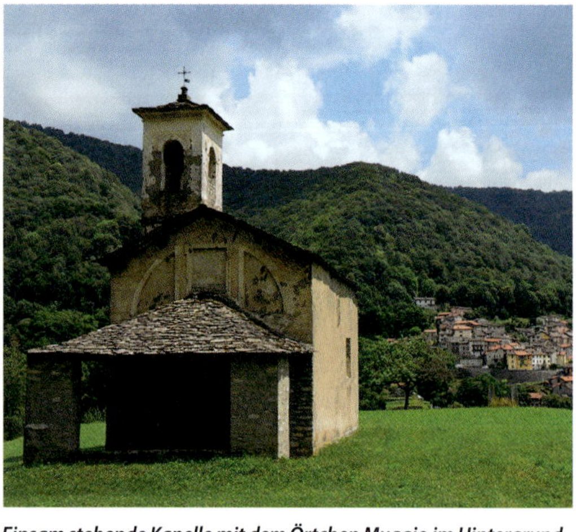

Einsam stehende Kapelle mit dem Örtchen Muggio im Hintergrund

35 km	1181 Hm	Tagestour

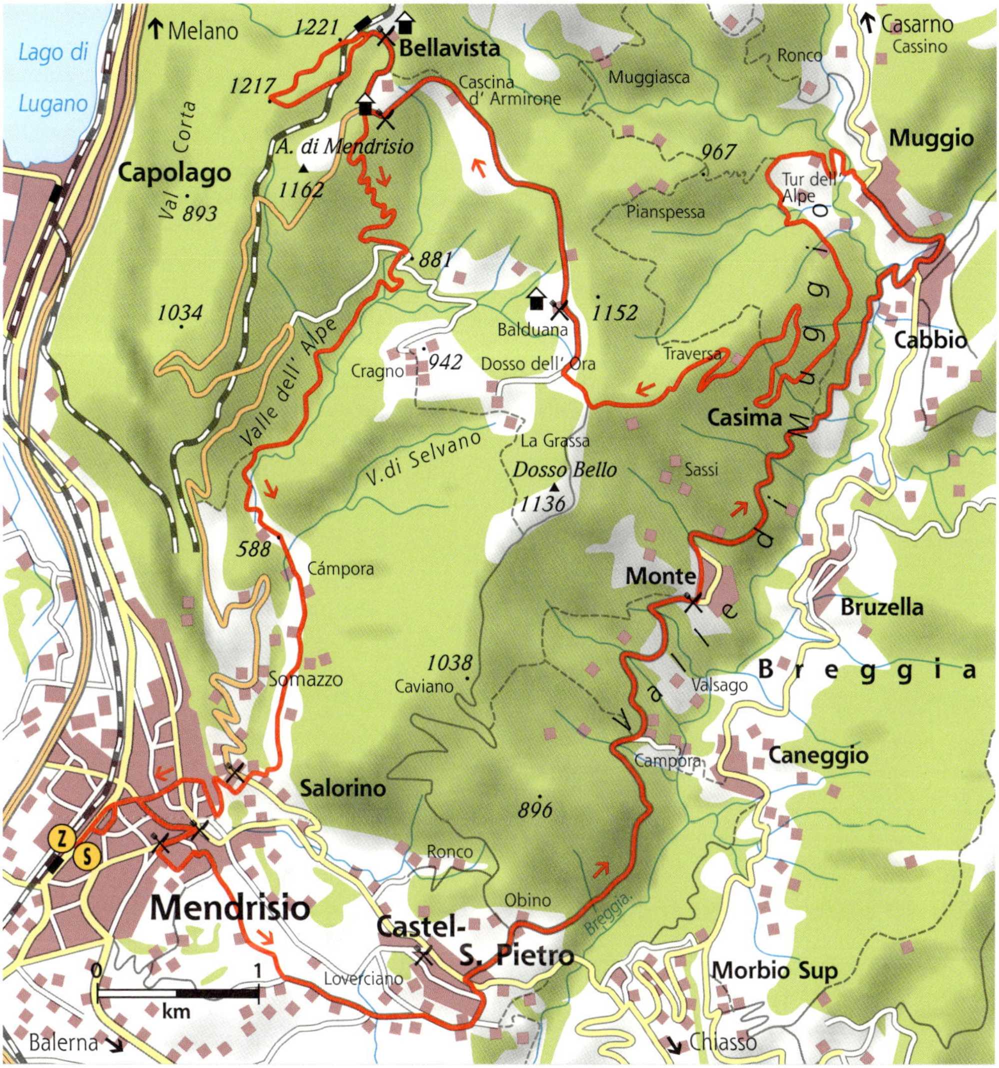

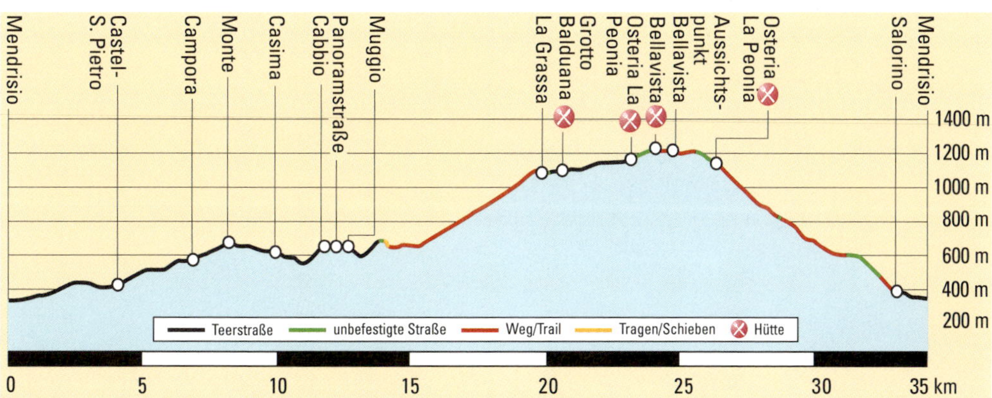

kurze Fußgängerzone ein. Weiter geht es in leichtem Auf und Ab auf schmalen Nebenstraßen dahin. Im kleinen Örtchen Castel San Pietro kommen wir an der Roten Kirche (Chiesa Rossa) vorbei; die besondere Farbtönung der Kirche geht wahrscheinlich auf den Bischof von Como zurück, der 1599 diese Farbe anordnete.

Auf der linken Talseite rollen wir nun durch das Valle di Muggio und passieren dabei mehrere kleine Dörfchen wie Campora, Monte, Casima und Cabbio, bis wir in Muggio ankommen. Bei Kilometer 6,75 erblicken wir auf der gegenüberliegenden Talseite die kleine Ortschaft Caneggio.

Je weiter wir in das Tal hineinfahren, umso schmaler wird die Straße. Kurz vor Cabbio, nach einer kleinen Brücke, erwartet uns eine steile, rampenartige Auffahrt, bei der uns glücklicherweise zahlreiche Bäume wohltuenden Schatten spenden. Ohne nennenswerte Steigung fahren wir auf einer aussichtsreichen Panoramastraße von Cabbio bis Muggio und können tolle Ausblicke genießen.

In Muggio radeln wir unter einem Parkplatz (wie eine Unterführung) durch und biegen gleich danach in eine kleine Nebenstraße, die parallel zur Hauptstraße verläuft. Sie führt unter der Straße hindurch und windet sich in engen Kehren in einen wildromantischen Tobel hinab. Die Straße wird dabei immer schmaler und uriger.

Unten angekommen, überqueren wir eine kleine Brücke und radeln genauso steil, wie das Sträßchen nach unten führte, auch wieder aufwärts. Im Schatten der Bäume gewinnen wir bald die verlorenen Höhenmeter zurück und gelangen zur Wegmarkierung »Tur S. Gio-

Komplett fahrbarer Waldtrail mit vielen Kehren

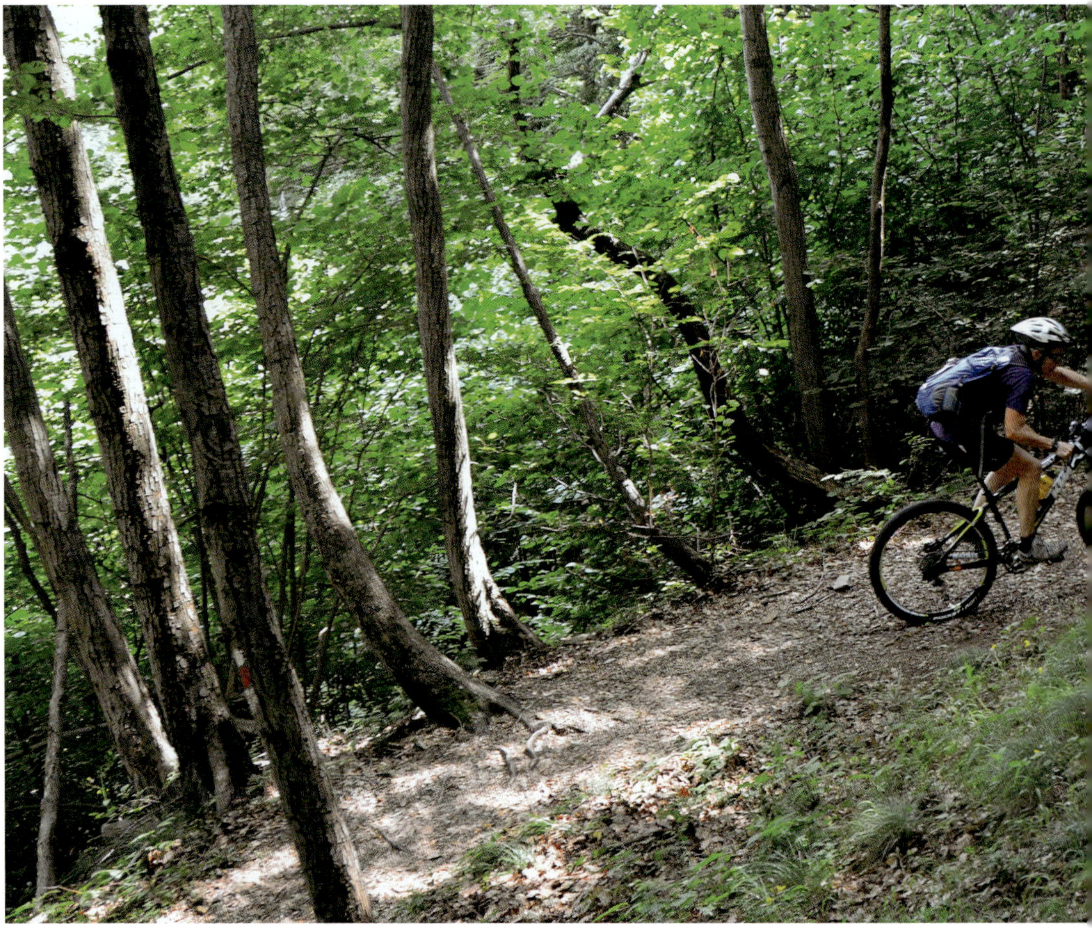

vanni«. Unsere Route verläuft nach ca. 300 Metern steil rechts abwärts. Den kurzen Abschnitt bis zur Bachüberquerung schieben wir aus Sicherheitsgründen unser Bike bis auf die andere Seite des Bachs.

Nun beginnt ein Streckenabschnitt, der jedes Bikerherz höher schlagen lässt. Ein knapp sechs Kilometer langer Uphill-Singletrail zieht sich durch den schattigen Wald hinauf bis nach La Grassa. Im unteren Teil sind vereinzelte, sehr kurze Schiebepassagen unumgänglich. Danach verläuft der Trail auf kaum verwurzeltem Waldboden. Er weist eine gleichbleibende Steigung auf und ist komplett fahrbar – ein Wegabschnitt, wie er in dieser Form sicherlich nur sehr selten zu finden sein wird.

In La Grassa angelangt, fahren wir auf einer Asphaltstraße mit sehr angenehmer Steigung

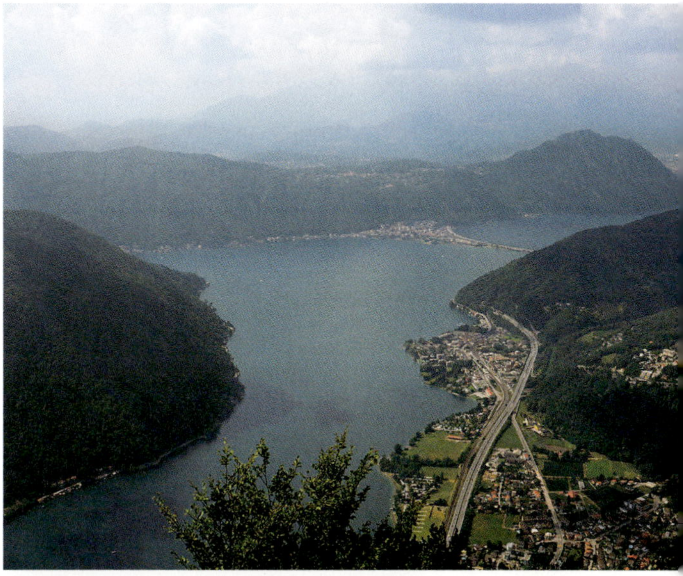

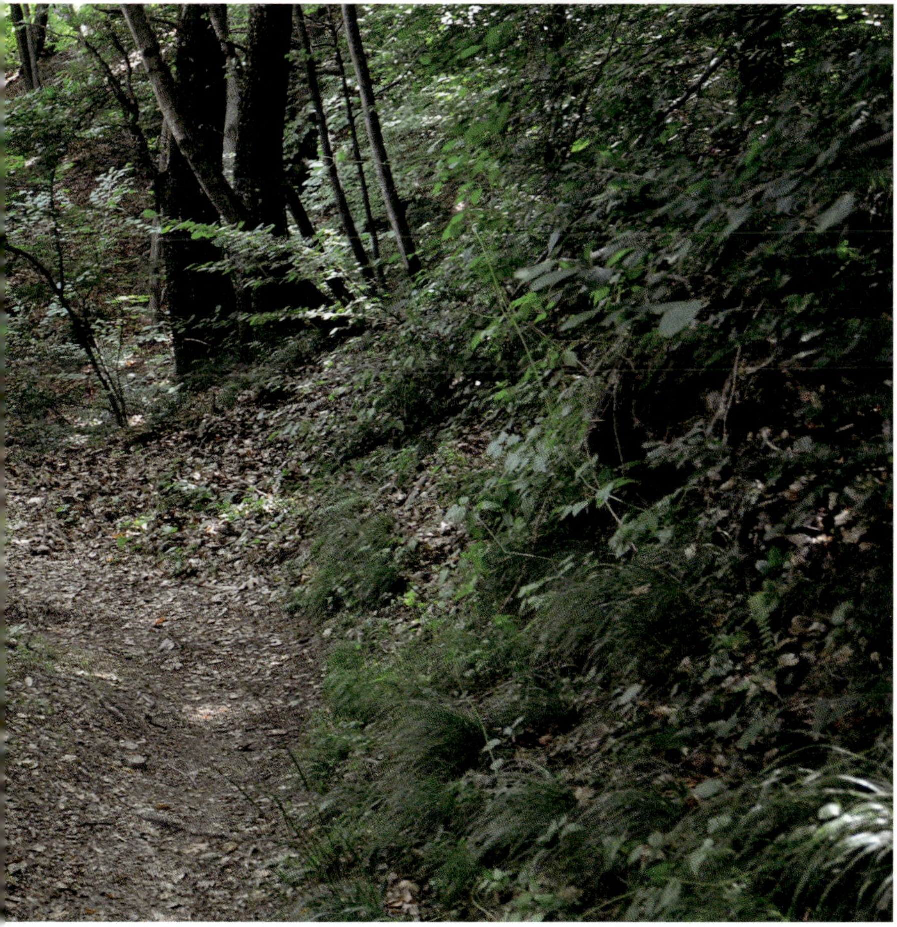

Grandioser Blick auf den Lago di Lugano

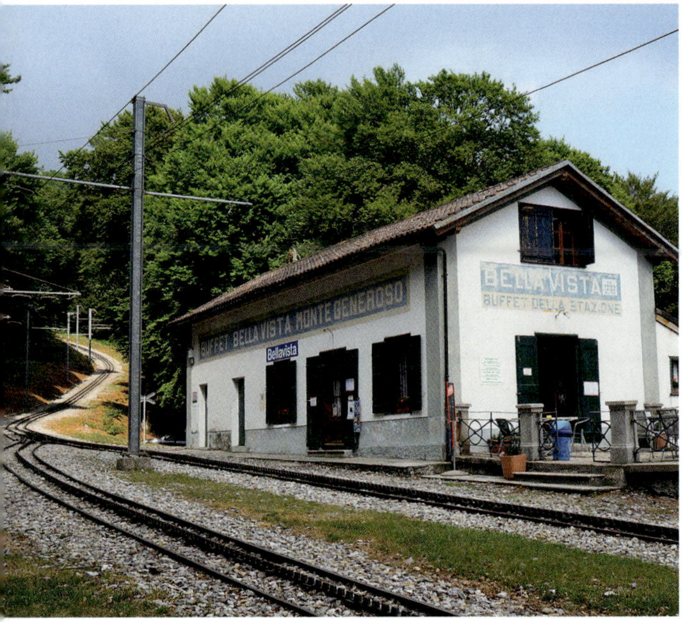

Stationsbuffet auf Bellavista

bis zum »Grotto La Balduana«. Uns hat der Cappuccino im Garten des »Grotto« sehr gut geschmeckt, und die Anlage dieser Labstation hat uns ausgezeichnet gefallen.

Nachdem die Koffeinreserven wieder aufgefüllt sind, treten wir auf der Asphaltstraße weiter in die Pedale, bis wir die Osteria La Peonia erreicht haben. Unser Weg führt uns rechts aufwärts Richtung Bellavista. Hier wechselt die asphaltierte Straße zu einer Schotterstraße, die ebenfalls eine sehr angenehme Steigung aufweist. Nach einer kurzen Strecke durch den Wald erreichen wir Bellavista, die Station der Zahnradbahn auf den Monte Generoso.

Die Monte-Generoso-Bahn ist die einzige Schweizerische Schmalspur-Zahnradbahn südlich der Alpen. Seit 1890 führt sie von Capolago hinauf auf den Monte Generoso. 1982 wurde nach einer umfangreichen Sanierung der elektrische Betrieb mit vier Doppel-Triebwagen aufgenommen. Seit mehreren Jahren kann zudem wieder mit Dampf auf den Berg gefahren werden. Eine Dampflokomotive wurde zwischenzeitlich betriebsfertig aufgearbeitet und wird regelmäßig für Sonderfahrten sowie für einzelne Fahrten eingesetzt.

Wer möchte, kann von der Station Bellavista zu Fuß auf den Monte Generoso wandern. Dabei ist ein Höhenunterschied von 400 Metern zu bewältigen.

Bild rechte Seite: Der schmale Trail führt durch hohen Farn und Gräser.

Wir überlassen diese Variante aber lieber den Wanderern und überqueren mit unseren Bikes die Gleise der Zahnradbahn. Danach fahren wir auf einem Singletrail zum Aussichtspunkt Bellavista. Bei guter Sicht haben wir von hier einen atemberaubenden Ausblick auf den Luganer See und die grandiose Bergwelt rundherum.

Nachdem wir die Aussicht genossen haben, biken wir in einer kleinen Schleife wieder auf einem Singletrail weiter. Etwas unterhalb der Station erreichen wir bald wieder die Gleise der Zahnradbahn. Wir überqueren diese noch einmal, und ein weiterer Singletrail führt uns direkt unterhalb der Station vorbei und zurück zu unserem Auffahrtsweg. Diesem folgen wir abwärts, bis wir wieder die Osteria La Peonia erreichen.

Nun folgt zum krönenden Abschluss noch ein Downhill-Singletrail der flowigen Art. Wer kein Freund von Singletrailabfahrten ist, kann mit der Variante A auf der asphaltierten Straße bis nach Salorino abfahren. Alle Trailliebhaber biegen direkt hinter der Osteria La Peonia in den Trail ein, der uns über knapp fünf Kilometer bis kurz vor Salorino bringt. Dieser Streckenabschnitt ist ein gut fahrbarer Karrenweg und beinhaltet sehr flowige Streckenabschnitte mit feinem Waldboden. Lediglich von einer kurzen Schotterwegpassage unterbrochen, erreichen wir dann sehr glücklich und mit Freude erfüllt das Dorf Salorino, das sich oberhalb von Mendrisio auf der Straße zum Monte Generoso befindet und herrliche Aussichten bietet.

Salorino wird im 14. Jahrhundert durch den Bau einer Kirche erwähnt. Im Jahr 2004 wurde Salorino ein Ortsteil von Mendrisio. Von hier aus schlängeln wir uns ganz entspannt durch kleine Gassen und Straßen nach Mendrisio, wo wir wieder unseren Ausgangspunkt am Bahnhof erreichen – nach einer Tour, die insgesamt mehr als zehn Kilometer gut fahrbare Singletrails aufweist, sowohl uphill als auch downhill. Dazu gesellt sich noch eine fantastische Aussicht auf dem Aussichtspunkt Bellavista – bei schönem Wetter ein perfekter Biketag!

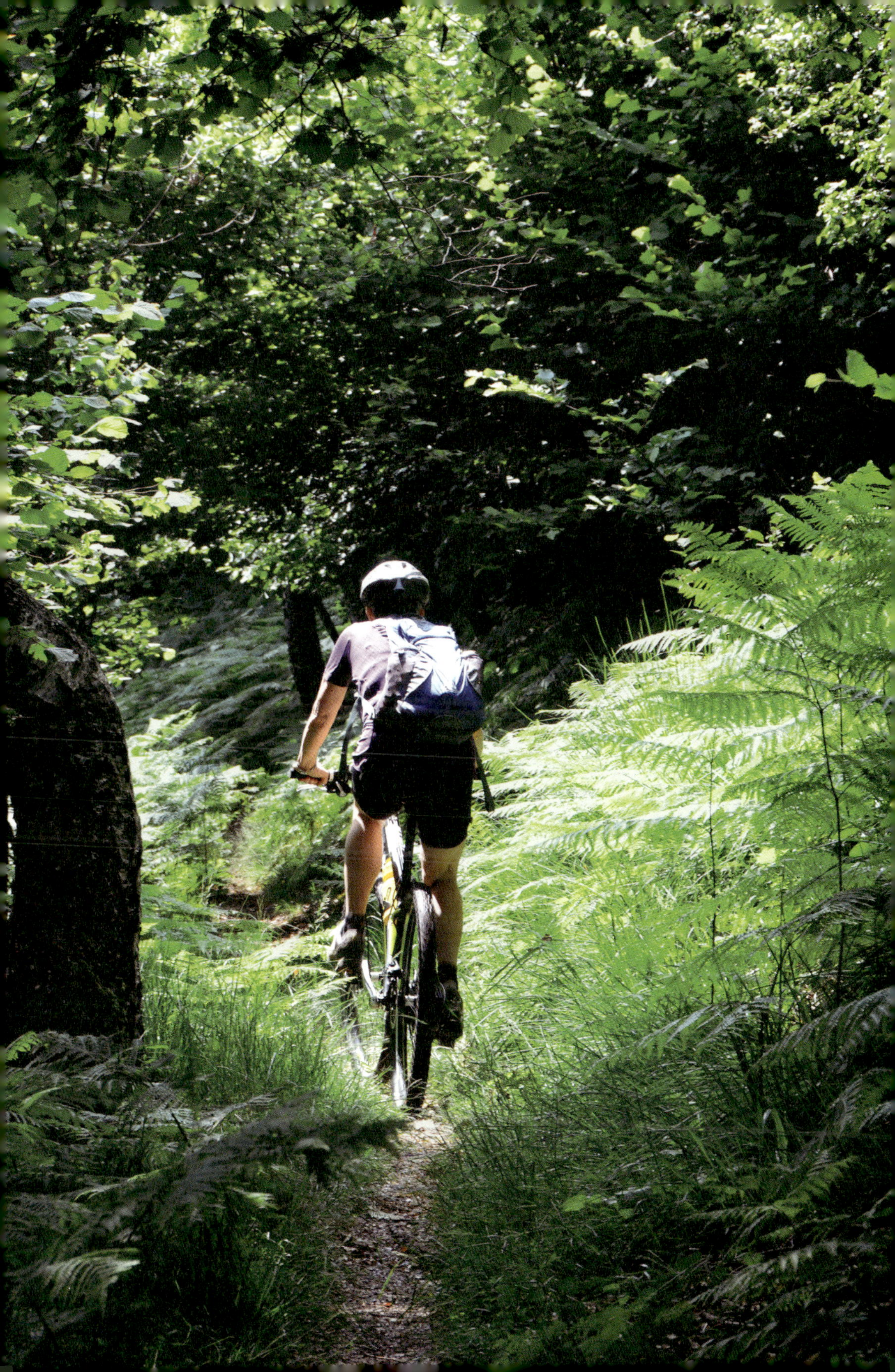

Routenbeschreibung

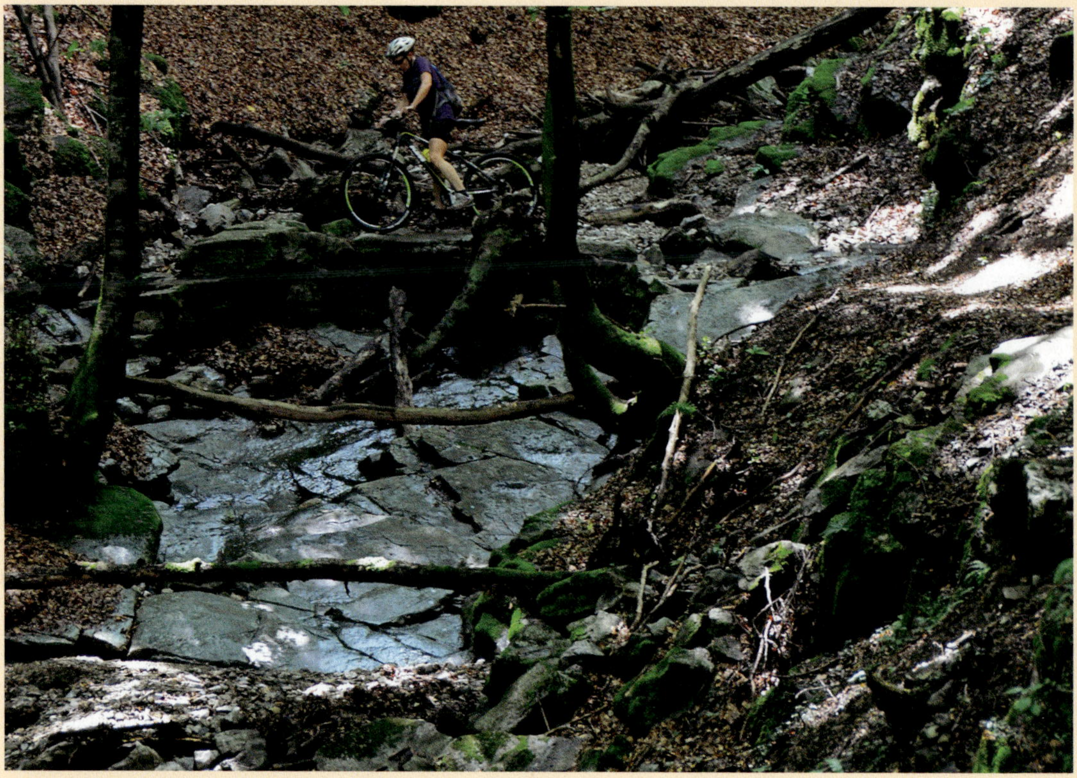

Bachüberquerung in wildromantischer Schlucht

Track 30: Bellavista Tour 30.gpx

WP | km | Hm | Route

1 | 0,00 | 328 | Bahnhof Mendrisio; auf der Hauptstraße links Richtung Lugano.

2 | 0,35 | 331 | Rechts aufwärts fahren.

3 | 0,43 | 335 | Links aufwärts Richtung Lugano.

4 | 0,59 | 345 | Rechts in die Via Praella fahren.

5 | 0,75 | 342 | Beim Kreisverkehr Richtung Monte Generoso und Valle di Muggio fahren.

6 | 1,00 | 361 | Rechts in die Fußgängerzone fahren.

7 | 1,21 | 364 | Links fahren.

8 | 1,27 | 363 | Links aufwärts fahren.

9 | 1,44 | 375 | Links fahren.

10 | 1,60 | 377 | Rechts aufwärts fahren.

11 | 1,68 | 386 | Links aufwärts fahren.

12 | 1,89 | 403 | Geradeaus leicht aufwärts fahren.

13 | 2,70 | 431 | Links leicht abwärts halten.

14 | 2,83 | 424 | Die Straße überqueren und geradeaus fahren.

15 | 3,30 | 412 | Links fahren.

16 | 3,39 | 408 | Rechts fahren.

17 | 3,64 | 417 | Rechts fahren.

18 | 3,83 | 411 | Links leicht aufwärts Richtung Municipio.

19 | 3,98 | 423 | Links aufwärts fahren.

20 | 4,01 | 426 | Castel S. Pietro – rechts aufwärts fahren.

21 | 4,13 | 436 | Links aufwärts fahren.

22 | 4,25 | 448 | Rechts leicht aufwärts fahren.

23 | 4,34 | 453 | Rechts Richtung Casima und Monte fahren.

24 | 11,65 | 634 | Rechts in die Ortschaft Cabbio.

25 | 11,76 | 645 | Links aufwärts fahren.

26 | 11,81 | 646 | Geradeaus fahren.

27 | 12,56 | 649 | Muggio – nach dem Parkplatz oberhalb der Straße (Unterführung) rechts parallel zur Straße abwärts und durch die Straßenunterführung.

28 | 13,84 | 686 | Tur S. Giovanni – geradeaus Richtung Casima fahren.

29 | 14,10 | 677 | Halb rechts den Wanderweg steil abwärts fahren – kurzes Schiebestück!

30 | 14,17 | 650 | Auf dem Singletrail links abwärts Richtung Bach fahren und auf der anderen Bachseite weiter.

31 | 14,50 | 650 | Geradeaus und nach ca. 10 m rechts steil hinauf – Wanderwegmarkierung; kurzes Schiebestück.

32 | 15,26 | 655 | Auf dem Singletrail rechts steil aufwärts.

33 | 16,23 | 747 | Geradeaus aufwärts fahren.

34 | 16,77 | 795 | Geradeaus Richtung Bellavista.

35 | 18,25 | 944 | Geradeaus fahren.

36 | 18,58 | 975 | Links im spitzen Winkel aufwärts.

37 | 19,97 | 1090 | La Grassa – rechts auf der Schotterstraße aufwärts.

38 | 20,28 | 1092 | Rechts fahren.

39 | 20,60 | 1093 | »Grotto Balduana« – geradeaus weiter.

40 | 21,16 | 1099 | Bei der Weggabelung links leicht aufwärts.

41 | 23,15 | 1153 | Rechts aufwärts Richtung Bellavista.

42 | 24,04 | 1216 | Bellavista, Zahnradbahnstation – die Gleise überqueren und links auf dem Wanderweg leicht abwärts Richtung Aussichtspunkt.

43 | 24,70 | 1209 | Aussichtspunkt Bellavista – für den Rückweg auf dem Singletrail rechts leicht abwärts Richtung Mendrisio Statione fahren.

44 | 25,23 | 1199 | Die Gleise der Zahnradbahn wieder überqueren und auf dem Singletrail weiter – der Weg führt unter der Station Bellavista vorbei, und wir kommen schlussendlich wieder auf den Auffahrtsweg.

45 | 25,57 | 1209 | Auffahrtsweg – auf der Schotterstraße wieder hinunter bis WP 37 La Grassa bzw. Osteria La Peonia.

46 | 26,30 | 1090 | La Grassa – halb links direkt hinter der Osteria La Peonia auf dem Singletrail Richtung Somazzo und Valle dell'Alpe abwärts.

47 | 27,97 | 969 | Geradeaus der weiß-rot-weißen Wanderwegmarkierung folgen.

48 | 28,40 | 907 | Bei der Weggabelung rechts abwärts.

49 | 28,63 | 882 | Auf der Schotterstraße links aufwärts.

50 | 28,68 | 884 | Auf dem Singletrail rechts abwärts – dieser verläuft parallel zur Straße.

51 | 30,55 | 687 | Geradeaus fahren.

52 | 30,66 | 684 | Links Richtung Somazzo und Salorino fahren.

53 | 31,40 | 606 | Bei der Weggabelung links auf dem Weg zwischen den Gebäuden hindurch.

54 | 31,45 | 604 | Auf der Schotterstraße links Richtung Salorino und Mendrisio.

55 | 32,53 | 579 | Rechts auf dem groben Karrenweg abwärts.

56 | 32,98 | 507 | Rechts auf dem Singletrail abwärts – rechts am Haus vorbei und dann zwischen den Häusern hindurch.

57 | 33,09 | 489 | Salorino – rechts abwärts fahren.

58 | 33,16 | 476 | Rechts auf der asphaltierten Straße weiter.

59 | 33,22 | 476 | Links steil abwärts Richtung Mendrisio.

60 | 33,52 | 434 | Links abwärts Richtung Mendrisio.

61 | 33,79 | 389 | Rechts fahren.

62 | 33,86 | 388 | Geradeaus fahren.

63 | 34,03 | 383 | Links abwärts fahren.

64 | 34,14 | 376 | Links auf der Hauptstraße leicht abwärts.

65 | 34,56 | 351 | Geradeaus fahren.

66 | 34,77 | 350 | Rechts abwärts fahren.

67 | 34,84 | 328 | Auf der Hauptstraße links zum Bahnhof.

68 | 34,98 | 328 | Bahnhof Mendrisio – Ende der Tour.

Variante A: Tour 30 Bellavista.gpx

45 | 25,57 | 1209 | Rechts auf der Asphaltstraße 8,6 km abwärts bis nach Salorino. Beim WP 59 rechts und dem Roadbook weiter folgen.

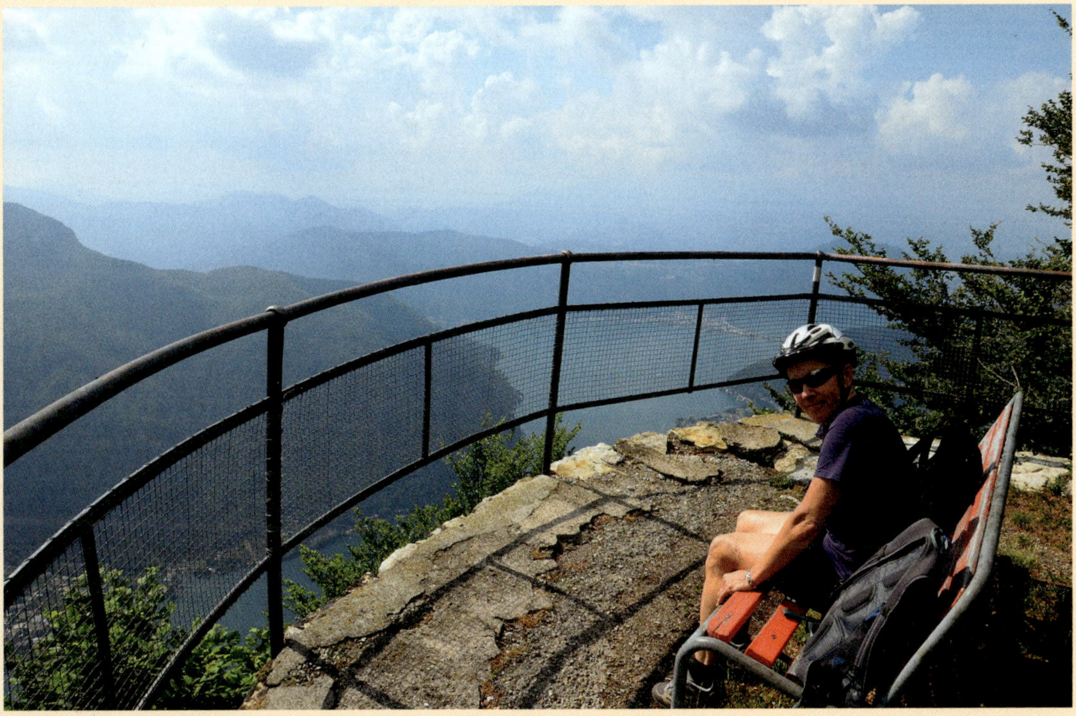

Aussichtspunkt bei Bellavista

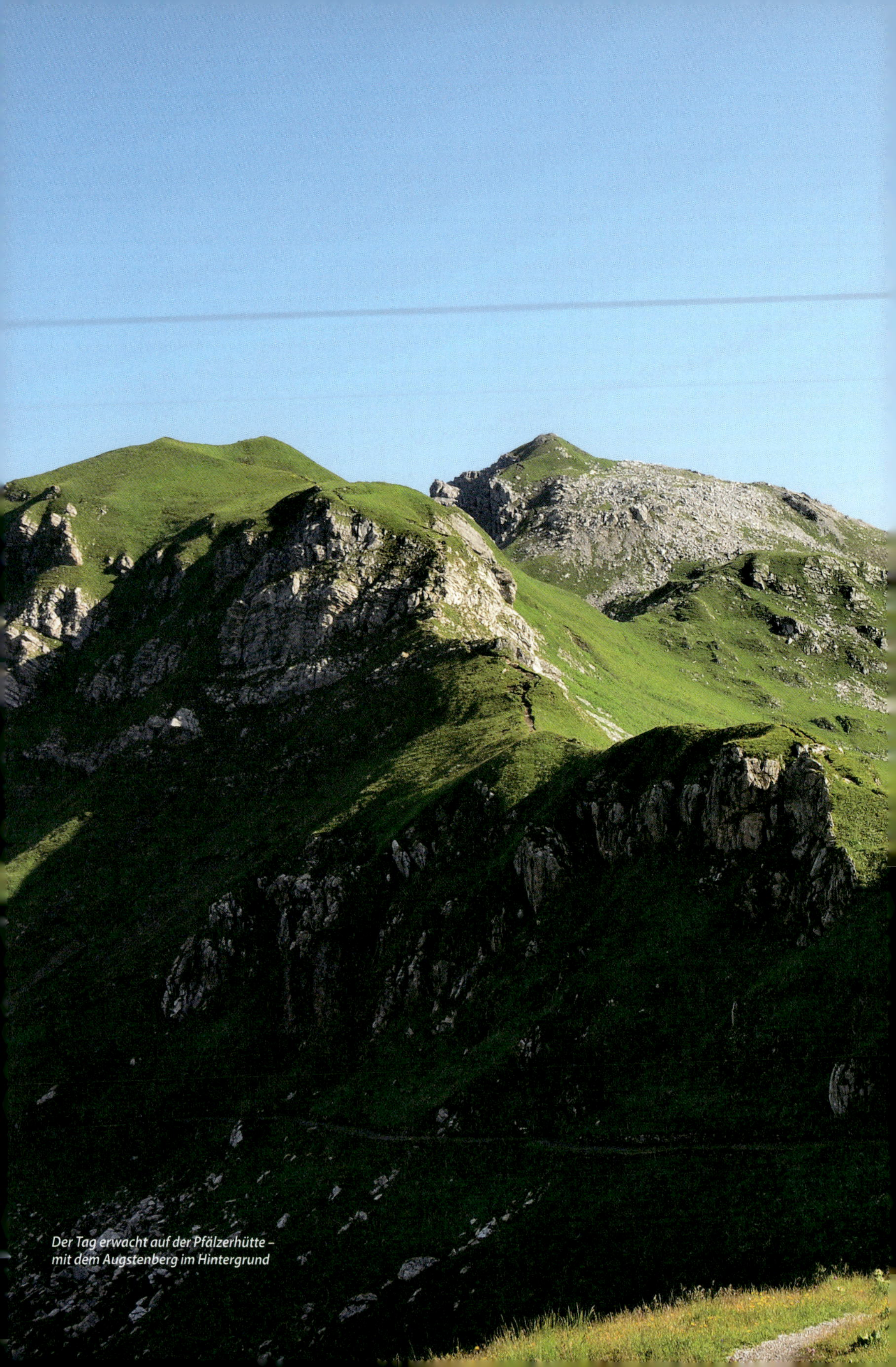

Der Tag erwacht auf der Pfälzerhütte – mit dem Augstenberg im Hintergrund

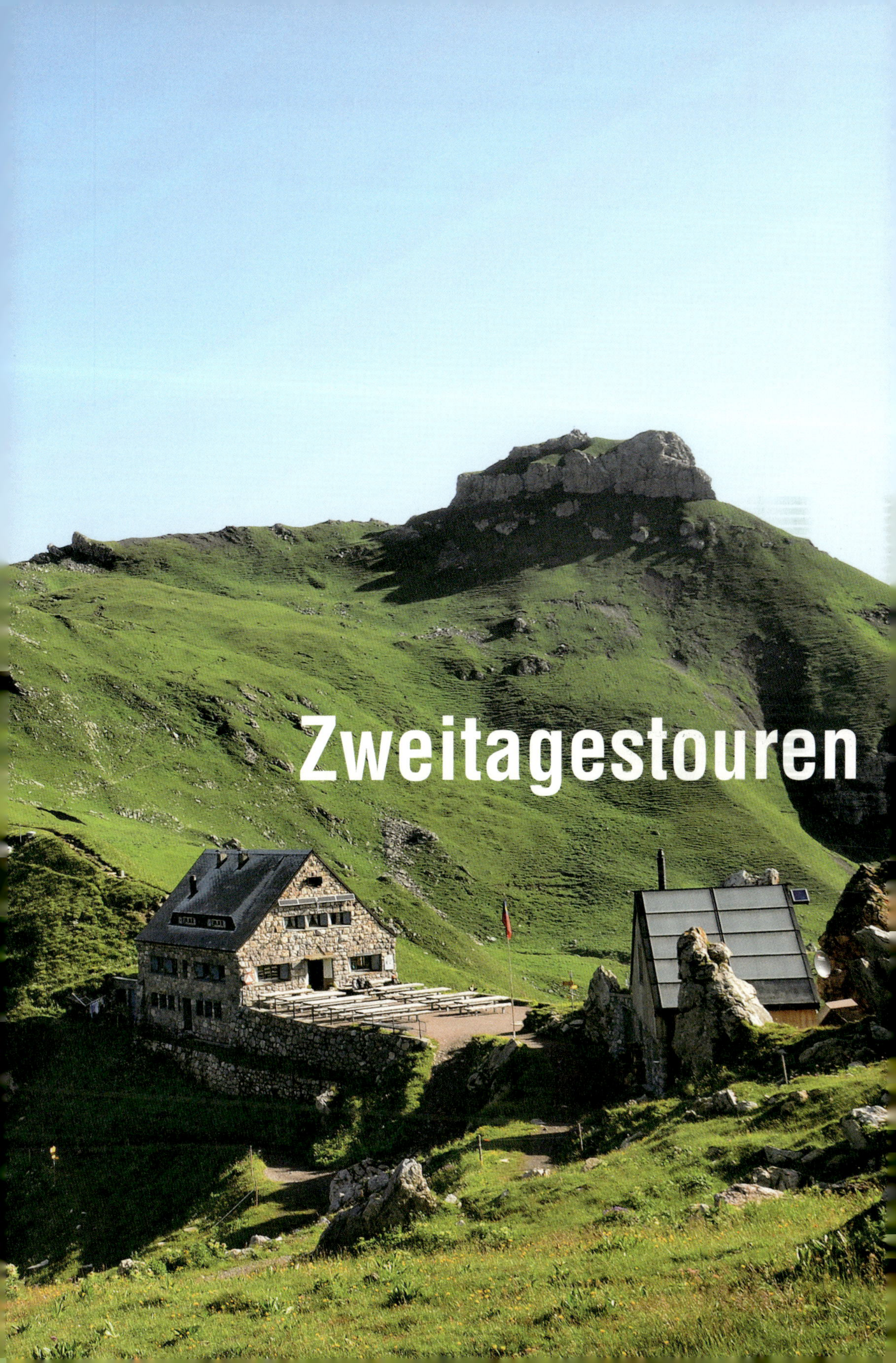

Zweitagestouren

31 Pfälzerhütte

Dreiländertour Schweiz–Liechtenstein–Vorarlberg zur Pfälzerhütte

Schwierigkeit	Erlebniswert	Höhenmeter (in m)	Streckenlänge (in km)	Zeit (in h)
3	✪✪✪✪✪	1. Tag: 2011; 2. Tag: 887	1. Tag: 47; 2. Tag: 50	1. Tag: 5; 2. Tag: 4

TOURENCHARAKTER

AUSGANGS-/ENDPUNKT
Kirche in Sennwald

ANFAHRT
Aus Richtung St. Margrethen kommend über die A 13 bis Ausfahrt 5/Oberriet, Richtung Rüthi, rechts auf die Rheinstraße, beim Kreisverkehr die 2. Ausfahrt nehmen und auf der Staatsstraße 13 bis Sennwald fahren; die Kirche befindet sich auf der linken Seite. Oder aus Richtung Sargans kommend über die A 13 bis Ausfahrt 7/Haag, Richtung Wildhaus/Bendern/Gams, links auf die Rheinstraße, rechts auf die Staatsstraße 13 und nach Sennwald (Kirche dann auf der rechten Seite)

KONDITION
✪✪✪✪✪

FAHRTECHNIK
✪✪✪✪✪

ERLEBNSIWERT
Fahrspaß: ✪✪✪✪✪ – mehrere flowige Trailabschnitte; herausfordernder Anstieg zur Pfälzerhütte; lange Abfahrt bis nach Latz; rasante Abfahrt von Gampelün bis nach Frastanz
Landschaft: ✪✪✪✪✪ – immer wieder traumhafte Ausblicke ins Tal und auf die umliegenden Berge; mehrere kleine Dörfer und Maiensässe; imposante Berg- und Pflanzenwelt auf der Pfälzerhütte; weitläufige, eindrucksvolle Landschaft Richtung Mattajoch
Kultur und Geschichte: ✪✪✪✪✪ – der Kulturweg in Schaan (Liechtenstein), eine Reise durch die Schaaner Geschichte (www.schaan.li); die Schattenburg in Vorarlberg (Österreich)

EINKEHRMÖGLICHKEITEN
Berggasthaus Matu, Matustr. 4, FL-9497 Triesenberg, Tel. +423/(0)78/734 62 57; Berggasthaus Sücka, Sückastr. 41, FL-9497 Triesenberg (Steg), Tel. +423/(0)263/ 25 79, www.suecka.li; Pfälzerhütte, Rotenbodenstr. 30, FL-9497 Triesenberg, Tel. +423/(0)262/24 59 (privat), Tel. +423/(0)263/36 79 (Hütte); Berghaus Mattajoch, Dorfstr. 20, A-6710 Nenzing, Tel. +43/(0)680/312 51 08, Mobil +43/(0)664/131 47 75, www.gamp.at

STRECKENPROFIL
1. Tag: Lockeres Einrollen bis nach Ruggell im Fürstentum Liechtenstein; kurzer steiler Anstieg und abwechslungsreiche Streckenführung über den Eschnerberg; entspannte Fahrt durch Riedflächen bis Schaan; flowiger Singletrail bis zum Schloss Vaduz; großartiger Uphill-Singletrail bis Triesenberg; längere Auffahrt auf Asphalt- und Schotterstraßen, mit kurzem Schiebestück bis zum Berggasthaus Matu; unübertroffener Singletrail bis Sücka; langer, am Ende steiler Anstieg zur Pfälzerhütte
2. Tag: Kurze Abfahrt auf der Auffahrtsstrecke, dann reizvoller Uphill-Singletrail zur Tälihöhe; kurzes Schiebestück abwärts Richtung Malbun; prächtiger Wanderweg hinauf zum Sassfürkle und zum Mattlerjoch; noch einmal ein kurzes Schiebestück und eine angenehme Abfahrt bis zur Gampalpe; lange, entspannte Abfahrt nach Frastanz; sehenswerte Stadtrunde in Feldkirch; Schlussanstieg und prächtiger Streckenabschnitt auf dem Schellenberg mit flowigem Abschluss-Singletrail; lockeres Endstück über die Grenze nach Sennwald

HÖCHSTER PUNKT
2108 m, Pfälzerhütte

NIEDRIGSTER PUNKT
433 m, Ruggell

TOURIST-INFO
Tourist-Info Werdenberg, Bahnhofplatz 2, CH-9471 Buchs, Tel. +41/(0)81/740 05 40, touristinfo@werdenberg.ch, www.werdenberg.ch

LANDKARTEN
Swisstopo 227 Appenzell, 228 Hoher Freschen, 237 Walenstadt, 238 Montafon, Landeskarten 1:50 000

GPS/ROADBOOK
Tour 31 Pfälzerhütte gesamt.gpx; Tour 31 Pfälzerhütte gesamt 500.gpx

Eine äußerst eindrucksvolle und abwechslungsreiche Zweitagestour im Dreiländereck Schweiz–Liechtenstein–Vorarlberg: Imposante Bergkulissen und unberührte Naturlandschaften begleiten uns auf dieser Tour. Alle Trails und Wegabschnitte sind sehr gut fahrbar. Übernachtet wird auf 2108 Meter hoch gelegenen und gut geführten Pfälzerhütte.

Startpunkt dieser Dreiländertour ist bei der evangelisch-reformierten Kirche Sennwald in der Schweiz. Die Gemeinde Sennwald liegt mitten im Rheintal und grenzt im Süden an die Gemeinden Buchs und Gams, im Osten an das Fürstentum Liechtenstein, im Norden an die Rhode Lienz (eine Exklave der Gemeinde Altstätten) und im Westen an Rüte und Wildhaus. Der größte Teil dieser Zweitagestour befindet sich auf Liechtensteiner Gebiet.
Liechtenstein ist ein am Rhein gelegener Binnenstaat, umgeben von den Schweizer Kantonen St. Gallen und Graubünden sowie dem österreichischen Bundesland

47/50 km	2011/887 Hm	Zweitagestour

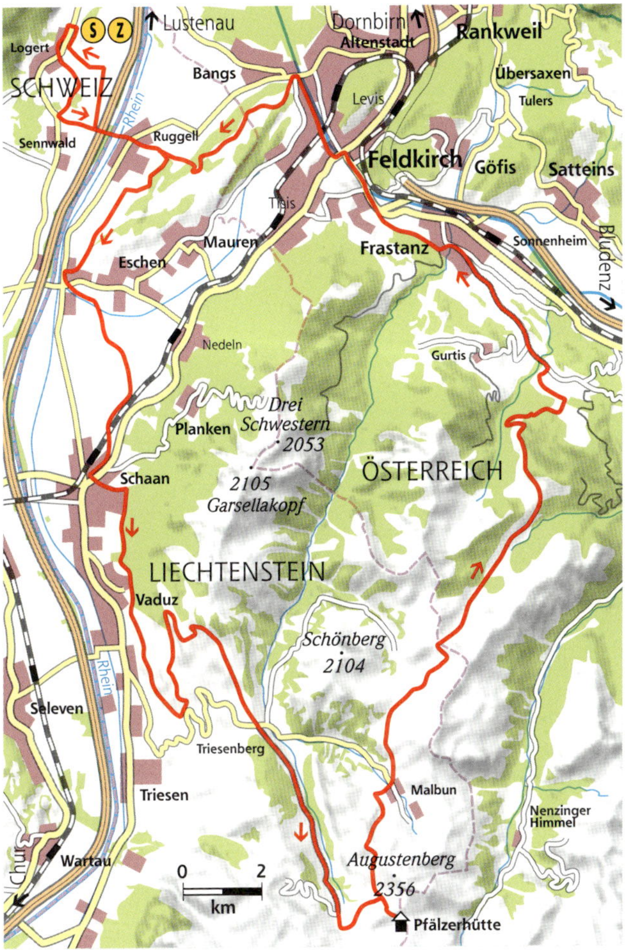

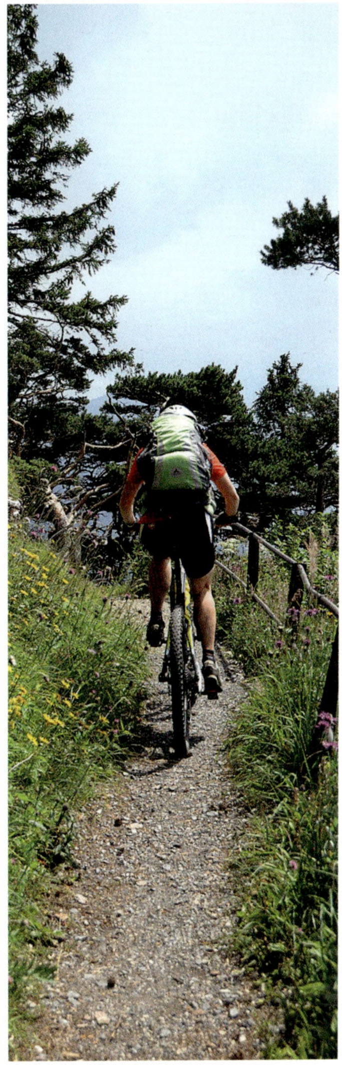

Megatrail vom Feinsten Richtung Sücka

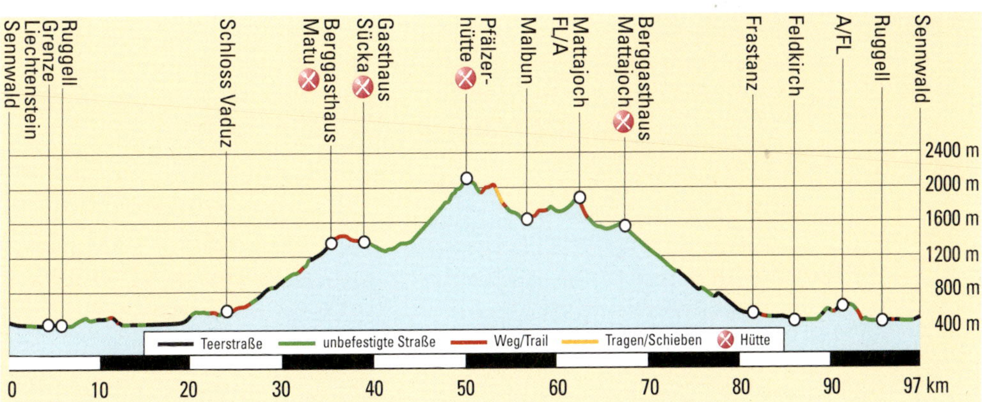

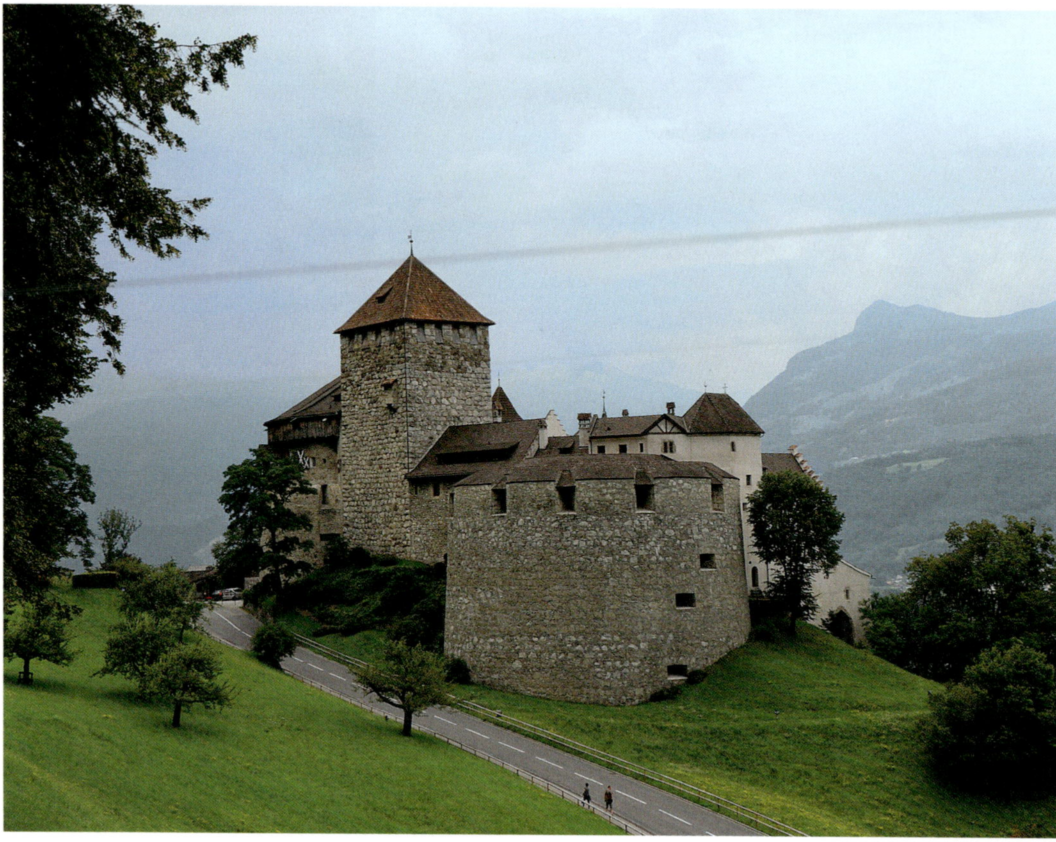

Das Schloss Vaduz im Fürstentum Liechtenstein

Vorarlberg. Die Staatsgrenze zur Schweiz entspricht dem Rheinverlauf, während die südliche sowie die östliche Staatsgrenze vom Alpen-Hochgebirge, dem Rätikon, geprägt ist. Die Grenze zu Österreich verläuft größtenteils auf dem Gebirgsgrat.

Liechtenstein ist mit rund 36 000 Einwohnern der kleinste deutschsprachige Staat und gleichzeitig der einzige Staat, in dem Deutsch die alleinige Amts- und Landessprache ist. Das Fürstentum wurde mit der Gründung des Rheinbunds im Jahr 1806 faktisch unabhängig und ist seit der Einführung eines Zollvertrags im Jahr 1923 verwaltungsmäßig und wirtschaftlich eng mit der Schweiz verbunden. Die Fürstenmonarchie ist Mitglied der Vereinten Nationen (UNO) und des Europäischen Wirtschaftsraums (EWR), andererseits aber nicht in der Europäischen Union (EU).

Rund die Hälfte des liechtensteinischen Staatsgebiets ist von Gebirge bedeckt; das Land liegt dabei vollständig im Rätikon.

1. Tag Bereits nach wenigen Kilometern auf unserer Tour passieren wir die Grenze zum Fürstentum Liechtenstein und biegen nach der Gemeinde Ruggell auf einen Singletrail auf den Eschnerberg ab.

Der Eschnerberg ist etwa sieben Kilometer lang und zwei Kilometer breit und erstreckt sich entlang des Rheins. Der südliche Teil des Berges liegt im Liechtensteiner Unterland, der kleinere, nördliche Teil befindet sich im Bezirk Feldkirch. Er gehört zu den ältesten Siedlungsplätzen im Rheintal. Auf der rechten Seite können wir den imposanten Hohen Kasten, die Alpe Rohr und die Stauberen erkennen.

Abwechslungsreich führt die Tour nun über den Eschnerberg, bis wir beim Weiler Bendern die Talsohle wieder erreichen. Auf dem Kirchhügel von Bendern schworen 1699 die Männer aus dem Liechtensteiner Unterland erstmals dem Fürsten von Liechtenstein die Treue. Durch ein weitläufiges Riedstück radeln wir bis zur Gemeinde Schaan, der mit rund 5800 Einwohnern bevölkerungsreichsten Gemeinde im Fürstentum Liechtenstein. Beim Turm der St.-Laurentius-Kirche führt unser Weg aufwärts. Vorbei an der Kapelle St. Maria zum Trost auf Dux erreichen wir bald den Fürstenweg. Diesem folgen wir leicht abwärts und zweigen dann in einen flowigen Singletrail ab. Über den Letzi- und den Quadretschaweg gelangen wir zum Wohnsitz der fürstlichen Familie, dem imposanten Schloss Vaduz. Es ist ca. 700 Jahre alt und seit 1712 im Besitz der Fürsten von Liechtenstein.

Etwas oberhalb des Schlosses biegen wir in den romantischen Grüschaweg, ein erstklassiger Uphill-Singletrail, der größtenteils durch den schattigen Wald von Vaduz nach Triesenberg führt. Es eröffnen sich uns grandiose Blicke ins Rheintal, und ganz weit entfernt können wir den Klang der Geschäftigkeit vom Tal herauf mit seinem Rauschen, Hupen und Geklirr wahrnehmen.

Hoch über dem Rheintal, einem Adlerhorst gleich, liegt die Walsergemeinde Triesenberg vor uns. Sie ist die höchstgelegene und flächenmäßig größte Gemeinde im Fürstentum. Die Einheimischen sind stolz auf ihre Walser-

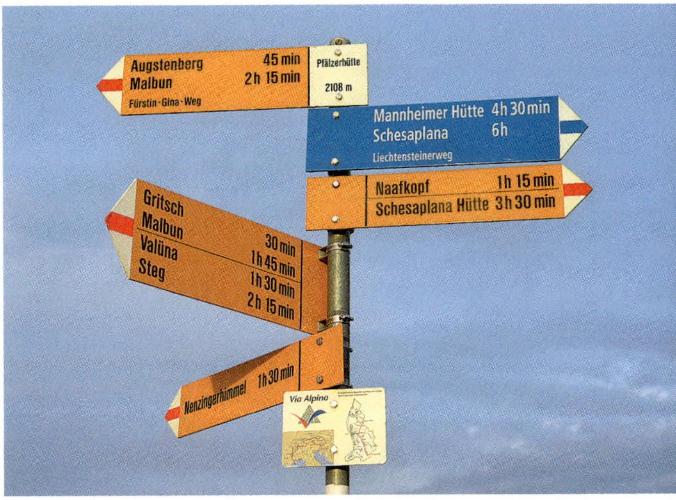

Wegweiser auf der Pfälzerhütte

Herkunft und sprechen einen noch gut erhaltenen Walser-Dialekt.

Am Ortsrand von Triesenberg vorbei fahren wir über Rotaboda zum Maiensäss Hinder Prufatscheng, einem schönen Plätzchen mit grandioser Aussicht, wo sich Fuchs und Hase Gute Nacht sagen. Drei Kehren und ein Wiesenstück weiter aufwärts erwartet uns im Töbeli ein kurzes Schiebestück von etwa fünf Minuten.

Die Auffahrt mit wundervoller Aussicht bei Prufatscheng

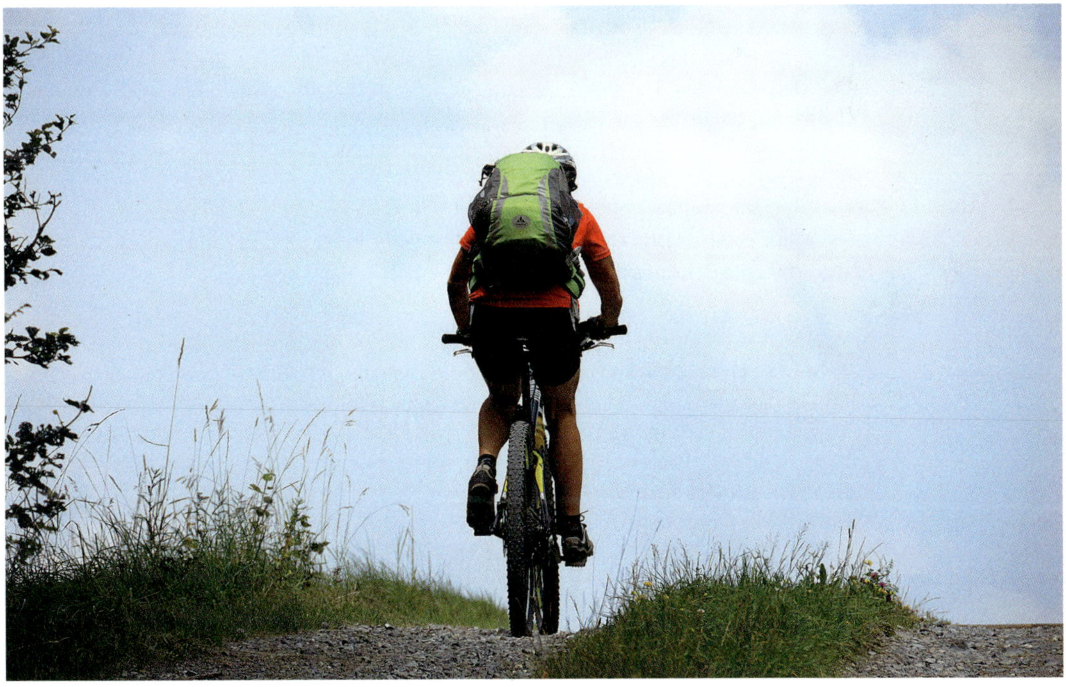

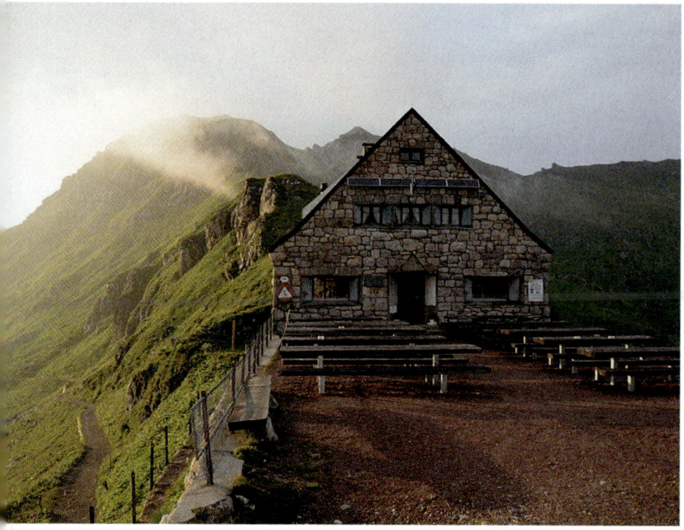

Die letzten Sonnenstrahlen auf der Pfälzerhütte

Am Ende der Schiebestelle verlassen wir den Wald und werden umgehend mit einer herrlichen Aussicht auf das Rheintal und auf die Liechtensteiner Alpen belohnt. Über Vorder Prufatscheng gelangen wir nach Masescha. Jetzt haben wir einige Höhenmeter auf der Asphaltstraße Richtung Gaflei vor uns, können uns aber schon auf eine entspannte Einkehr auf der Sonnenterrasse des Berggasthauses Matu freuen.

Ausgeruht und gestärkt erwartet uns nach der Rast ein knapp drei Kilometer langer Singletrail der absoluten Spitzenklasse. Er zieht sich etwas oberhalb des Berggasthauses Matu bis kurz vor den Tunnel Sücka am Hang entlang und ist zur Gänze flowig fahrbar. Bitte unbedingt auf Wanderer Rücksicht nehmen und ab und zu die schöne Aussicht genießen! Wir durchfahren den kurzen Tunnel und erblicken auf der gegenüberliegenden Seite die Gemeinde Steg unter uns. Noch ein kurzes Stück fahren wir abwärts, dann sind wir beim Berggasthaus Sücka angelangt. Vielleicht noch einen Cappuccino auf der Sonnenterrasse?

Am Stausee Steg und am Gänglesee vorbei fahren wir das Saminatal hinauf und gelangen entlang des Valüner Bachs zur Alpe Valüna – die letzte Möglichkeit, den Flüssigkeitshaushalt auszugleichen, bevor der lange und immer steiler werdende Anstieg bis zur Pfälzerhütte beginnt.

Es liegen nun noch ca. 700 Höhenmeter auf etwa sechs Kilometern Länge vor uns. Die Zufahrtsstraße ist in einem sehr guten Zustand, sodass sich die große Vielfalt von Alpenblumen wie Anemone, Türkenbund, Enzian und Alpenrose während der Auffahrt in Ruhe bewundern lässt.

Über Obersäss gelangen wir zur Gritschalpe. Jetzt liegen noch die steilsten Rampen dieser Auffahrt vor uns. Erst auf einer Höhe von 2055 Metern sehen wir die Pfälzerhütte vor uns, und die letzten 50 Höhenmeter ziehen sich dann relativ flach den Hang entlang. Endlich ist das Tagesziel Bettlerjoch mit der Pfälzerhütte erreicht!

Von der Pfälzerhütte bietet sich uns ein grandioser Ausblick auf die Berge des Rätikons. Auch die Abendstimmung und die Bergsilhouetten beim Sonnenuntergang haben uns sehr beeindruckt. Die Alpenvereinshütte wird von einem professionellen Team geführt, das Essen ist lecker und die Portionen sind riesig. Die Zimmer und WC-Anlagen sind sehr sauber.

DIE PFÄLZERHÜTTE

Sie ist eine Schutzhütte des Liechtensteiner Alpenvereins und liegt auf dem Bettlerjoch, nördlich des Naafkopfs, auf einer Höhe von 2108 Metern, unmittelbar an der österreichischen Staatsgrenze. Die Hütte wurde 1927 von Bergsteigern aus der Pfalz – daher die Namensgebung – errichtet. 1950 ging sie in den Besitz des Liechtensteiner Alpenvereins über. Oberhalb der Hütte, am Weg zum Naafkopf, gibt es einen kleinen Klettergarten mit Routen vom 4. bis zum 7. Schwierigkeitsgrad.

Die Schutzhütte ist von ca. Mitte Juni bis ca. Mitte Oktober durchgehend bewirtschaftet. Es stehen 11 Betten, 51 Lager und weitere 20 Notlager im Nebengebäude sowie ein Gruppenraum für 20–25 Personen zur Verfügung. Der Winterraum im Nebengebäude ist ohne Schlüssel zugänglich und bietet Platz für vier Personen. Es steht kein Notfalltelefon zur Verfügung.

Bild rechte Seite: Das »Wilde Männli« auf dem Walser Sagenweg am Triesenberg

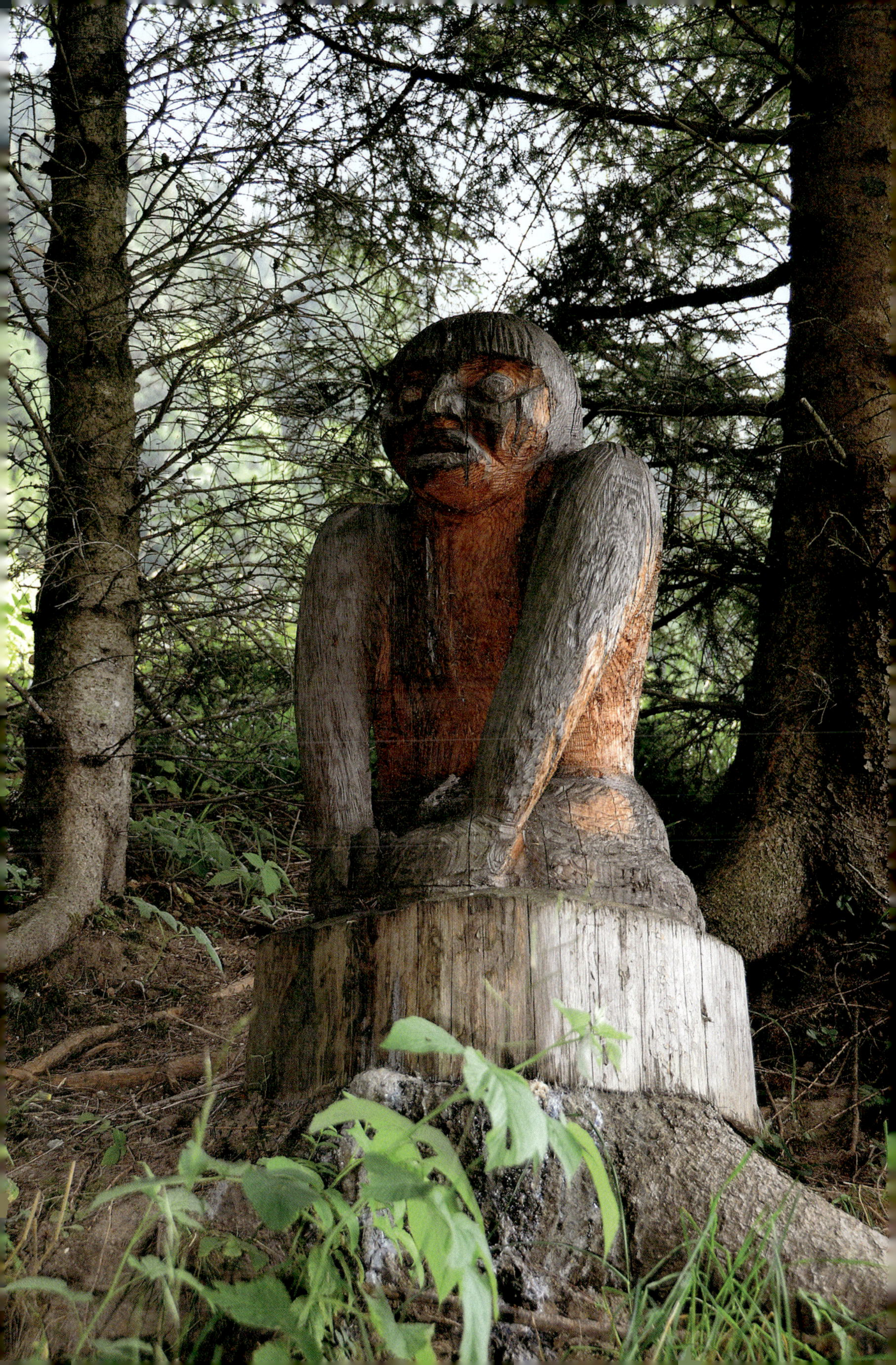

2. Tag Nach einer erholsamen Nacht und einem stärkenden Frühstück machen wir uns bei strahlendem Sonnenschein und angenehmen Temperaturen auf den zweiten Teil unserer Tour. Anfangs fahren wir auf dem Aufstiegsweg abwärts bis zur Abzweigung Tälihöhi, etwas oberhalb der Gritschalpe. Ein fahrbarer Singletrail führt unterhalb des Augstenbergs zur Tälihöhi. Durch das Vaduzer Täli geht es nun abwärts Richtung Malbun. Der obere und der untere Teil dieses Trails lassen sich für geübte Singletrailer noch fahren, dazwischen müssen wir das Bike ca. 10–15 Minuten hinunterschieben.

Am Ende des Trails rollen wir auf der Panoramastraße abwärts, bis wir Malbun erreichen.

Kurzes Schiebestück beim Vaduzer Täli in Richtung Malbun

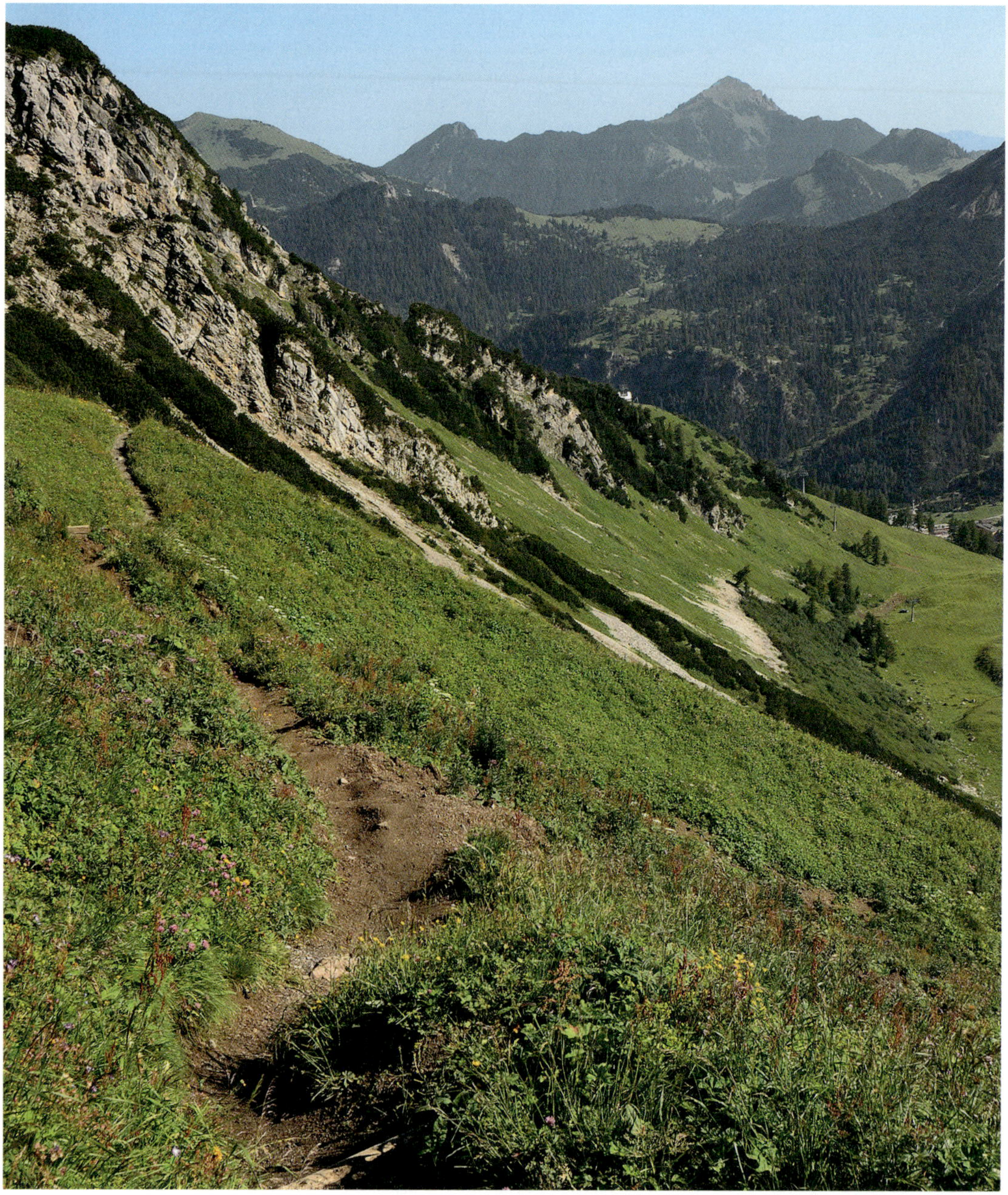

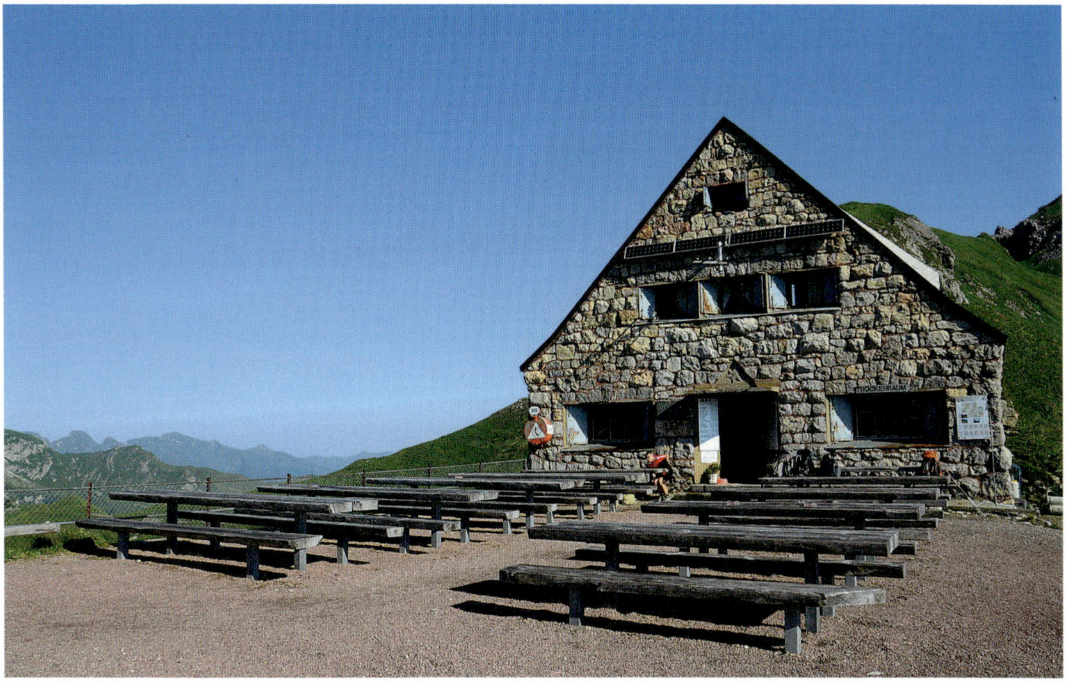

Die Pfälzerhütte – bereit für die kommenden Gäste

Beim Alpenhotel Malbun treten wir – ziemlich steil – aufwärts und biegen nach ca. 150 Metern, bei der Friedenskapelle, links in den prächtigen Sassweg ein. Es handelt sich hier ist im wahrsten Sinn des Wortes um einen »Märchenweg« am Fuße des Ochsenkopfmassivs. Auf zehn Tafeln wird das Märchen von »Lisa und Max auf der Bergwanderung« erzählt. Ebenso märchenhaft ist es, diesen Weg mit dem Mountainbike zu befahren. Der Sassweg schmiegt sich an den Hang, überwindet Tobel fast mühelos und gibt immer wieder herrliche Blicke über das Tal und auf die Bergwelt – sogar bis in die Schweiz – frei.

Kurz vor dem Sassfürkle führt eine Schotterstraße bis zum Mattafürkle. Von hier aus müssen wir unsere Bikes über eine Wiese zum Mattajoch hinaufschieben. Oben angelangt, überschreiten wir bei einem Drehkreuz die Grenze zwischen Liechtenstein und Vorarlberg. Von hier oben können wir bereits unser nächstes Zwischenziel, die Vordergampalpe erkennen.

Der Weg dorthin führt zuerst als Singletrail über ein Wiesengelände steil abwärts bis zur Mattleralpe. Der Großteil dieses Wiesenwegs ist für etwas geübte Singletrailer fahrbar; an

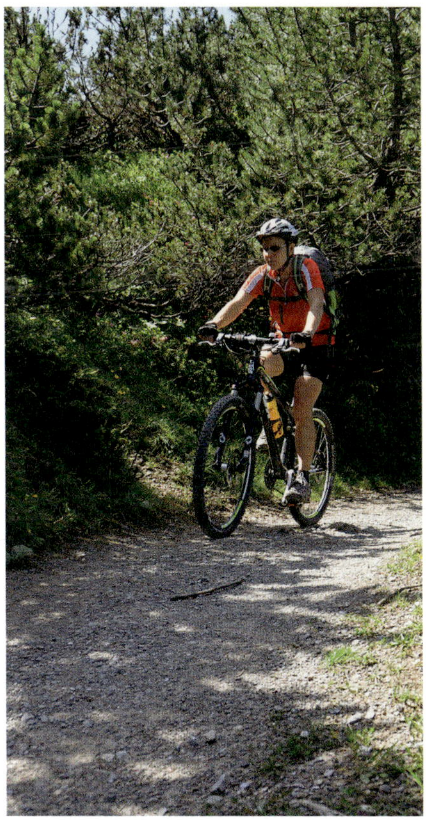

Genussvoller Wegabschnitt Richtung Sassfürkle

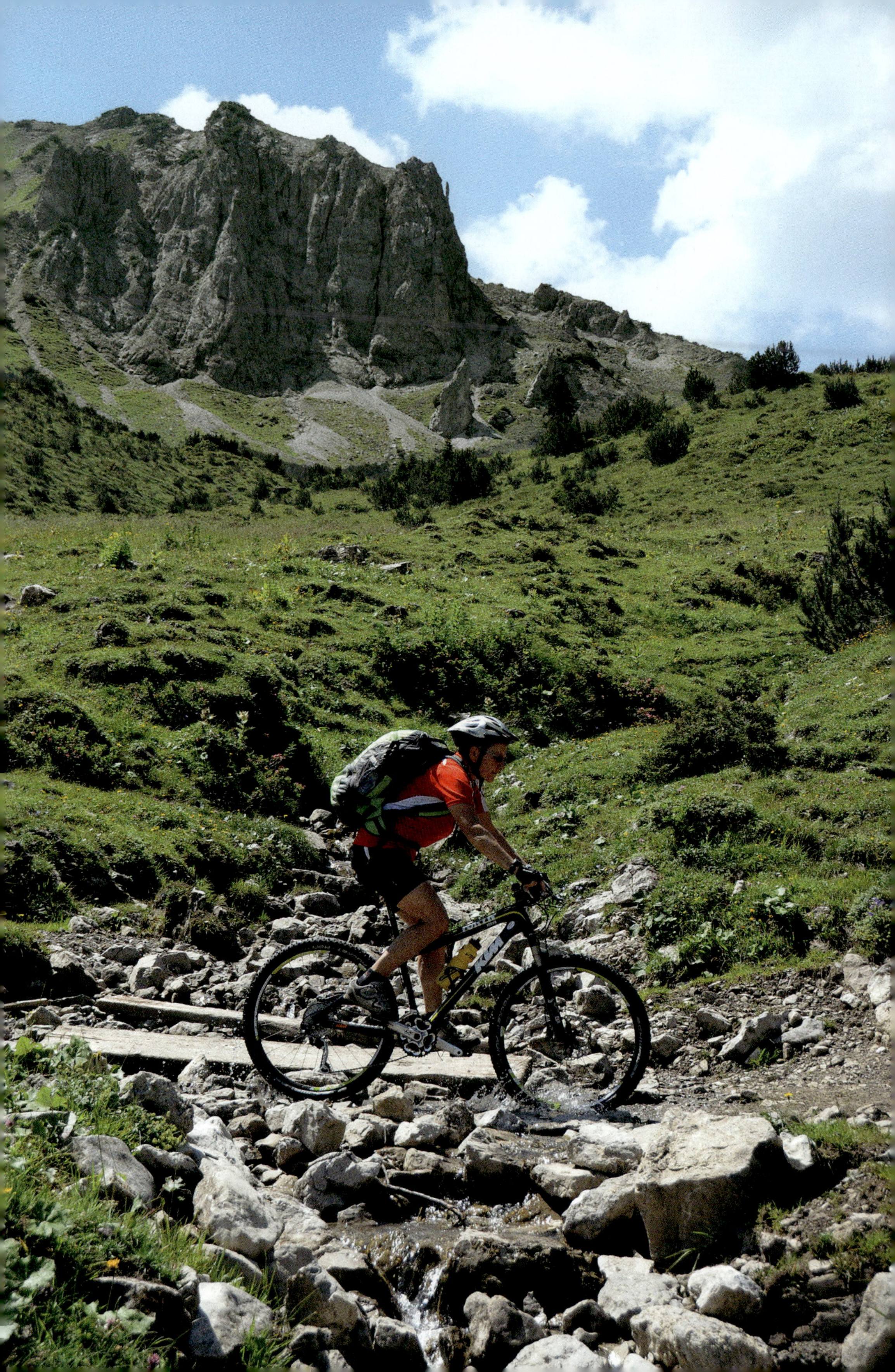

DIE SCHATTENBURG

Die Schattenburg in Vorarlberg (Österreich), ehemals Sitz der Grafen von Montfort, ist heute das Wahrzeichen der Stadt Feldkirch. Sie thront über der Altstadt und ist mit dieser durch die ehemalige Stadtmauer verbunden. Die hochmittelalterliche Burg ist eine der besterhaltenen Burganlagen Mitteleuropas. Erbaut wurde sie im 12. Jh. Sie diente Hugo I. von Montfort zur Sicherung von Stadt und Verkehr über die Pässe nach Süden und Osten. Der Name »Schattenburg« geht auf die Wehrvorrichtungen der Burg (schaten = Schutz) zurück. Sie verfügt über eine der bedeutendsten historischen Waffensammlungen Österreichs. Heimatpflege- und Museumsverein Feldkirch, Burggasse 1, A-6800 Feldkirch, Tel. +43/(0)5522/719 82, www.schattenburg.at

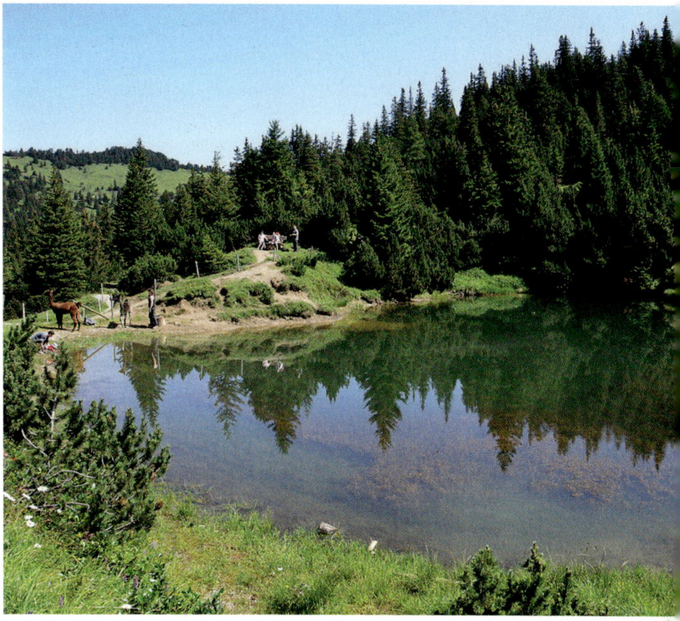

Das idyllisch gelegene Sass-Seeli oberhalb von Malbun

einigen Stellen mit zu hohen Absätzen muss das Bike aber kurz geschoben werden.
Ab der Mattleralpe fahren wir auf einer Schotterstraße zuerst abwärts bis zur Innerbergalpe, danach leicht aufwärts bis zur Vordergampalpe. Da nun der anstrengendste Teil dieses Tages hinter uns liegt, können wir auf jeden Fall eine Einkehr im Berghaus Mattajoch empfehlen.
Gestärkt bereiten wir uns auf die lange Abfahrt Richtung Frastanz vor. Etwas oberhalb der Parzelle Latz biegen wir in einen Bewirtschaftungsweg ein und biken auf dieser Nebenstraße bis direkt nach Latz. So müssen wir nur ein kurzes Stück auf der asphaltierten Straße bis nach Gampelün leicht aufwärts fahren.
Ab der Geländekuppe geht es in rasanter Fahrt auf der Asphaltstraße bis nach Frastanz. Auf dem schmalen Weg zwischen Kirche und Friedhof fahren wir am Rathaus vorbei und dann auf dem Singletrail am Spondenwaldrand und am Frastanzer Ried entlang. Wir erreichen den Radweg nach Feldkirch und rollen auf diesem bis kurz vor den Ambergtunnel. Dort biegen wir ab und genießen die Fahrt durch die Feldkircher Innenstadt bis zum Churer Tor.
Feldkirch ist mit ca. 31 000 Einwohnern die zweitgrößte Stadt Vorarlbergs und Sitz zahlreicher Institutionen. Dazu zählen u. a. das Landesgericht Feldkirch, die Finanzlandesdirektion, die Wirtschaftskammer Vorarlberg, die Arbeiterkammer Vorarlberg, das größte Landeskrankenhaus Vorarlbergs, das Vorarlberger Landeskonservatorium und das Landesvermessungsamt. Seit 1968 ist Feldkirch Diözesanstadt sowie Bischofssitz und seit 2007 auch Hochschulstadt.
Über einen angenehmen Radweg an der Ill entlang gelangen wir bis kurz vor den Ortsteil Feldkirch-Nofels. Hier erwarten uns die letzten Höhenmeter hinauf auf den Schellenberg. Vorbei an Schüttenacker und Oberfresch überqueren wir die Landesgrenze zwischen Vorarlberg und Liechtenstein. Über Hinter-Schellenberg fahren wir bis kurz vor Mittler-Schellenberg und biegen dann zum Abschluss in den Hänseleweg ein. Noch einmal folgt ein außergewöhnlich flowiger Singletrail, der beinahe ohne Kurven bis in Rheintal führt. Achtung: Er verläuft teilweise durch abschüssiges Gelände!
Im Rheintal angekommen, passieren wir nach der Gemeinde Ruggell wieder die Grenze zwischen Liechtenstein und der Schweiz. Entlang des Werdenberger Binnenkanals fahren wir entspannt nach Sennwald, unserem Ausgangspunkt, zurück.

Bild linke Seite: Bachüberquerung bei der Abfahrt Richtung Gampalpe

Routenbeschreibung

Tour 31 Pfälzerhütte 1 Tag.gpx

WP | km | Hm | Route

1 | 0,00 | 457 | Evang.-ref. Kirche in Sennwald – auf der Hauptstraße links leicht abwärts.

2 | 0,86 | 435 | Links in die Erlenstraße abbiegen; bis zum nächsten WP auf dieser asphaltierten Nebenstraße bleiben.

3 | 1,81 | 430 | Rechts auf der Schotterstraße weiter.

4 | 2,83 | 433 | Auf der Asphaltstraße links und nach 20 m wieder links Richtung Ruggell, durch die Autobahnunterführung und den Rhein überqueren; beim Kreisverkehr die 3. Ausfahrt Richtung Feldkirch nehmen.

5 | 5,20 | 432 | Rechts Richtung Schellenberg fahren, dann links an der Kirche vorbei; der Beschilderung »Schellenberg« folgen; bis zum nächsten WP auf dieser Straße bleiben.

6 | 6,34 | 433 | Rechts auf dem Singletrail steil aufwärts Richtung Brüchliswald – Mountainbikemarkierung.

7 | 6,98 | 500 | Brüechliswald – geradeaus Richtung Schellenberg und Ruine Untere Burg fahren.

8 | 7,19 | 493 | Rechts aufwärts Richtung Ruggell und Studa – Mountainbikemarkierung.

9 | 7,64 | 526 | Studa – geradeaus leicht abwärts Richtung Ruggell fahren.

10 | 8,03 | 489 | Tälewald – links der Mountainbikebeschilderung »Sargans, Bendern« folgen.

11 | 8,27 | 491 | Rechts der Mountainbikebeschilderung folgen; bis zum nächsten WP auf diesem Hauptweg bleiben.

12 | 9,41 | 504 | Auf der Asphaltstraße rechts abwärts Richtung Bendern – Mountainbikemarkierung.

13 | 9,70 | 496 | Links Richtung Eschen fahren – Mountainbikemarkierung.

14 | 10,10 | 527 | Rechts der Mountainbikemarkierung folgen; die Schotterstraße geht in einen Wiesenweg und Singletrail über; bis zur Kirche Bendern fahren und auf der Hauptstraße rechts an der Kirche vorbei.

15 | 11,35 | 453 | Direkt in der Rechtskurve links auf den Singletrail abbiegen – Mountainbikemarkierung; links am Kreisverkehr vorbei und auf dem Gehsteig weiter bis zum nächsten Kreisverkehr; dort bleiben wir auf der linken Seite und wechseln dann beim Zebrastreifen auf die andere Straßenseite; links an der Hauptstraße entlang fahren – Mountainbikemarkierung »48«.

16 | 11,76 | 445 | Rechts auf der Nebenstraße Aeule weiter – Mountainbikemarkierung »48«; bei km 11,97 halb links in den Brüelweg, Mountainbikemarkierung »48«, einbiegen.

17 | 12,72 | 442 | Auf der Asphaltstraße rechts – Mountainbikemarkierung »48«; bis zum nächsten WP rechts am Graben entlangfahren.

18 | 13,73 | 444 | Bei der Weggabelung links fahren.

19 | 14,33 | 444 | Auf der Asphaltstraße rechts fahren; bei km 16,44 überqueren wir die Bahngleise und fahren auf der Eschner Straße leicht aufwärts.

20 | 17,51 | 464 | Auf der Hauptstraße rechts Richtung Zentrum von Schaan.

21 | 17,80 | 461 | Nach dem Turm links aufwärts Richtung Wildschloß – die Duxgass geradeaus aufwärts fahren, vorbei am Gemeinschaftszentrum.

22 | 18,43 | 524 | Bei der Weggabelung links aufwärts; links am Kloster vorbei.

23 | 19,13 | 587 | Fürstenweg – rechts im spitzen Winkel auf die Schotterstraße; bis zum nächsten WP immer der Moun-

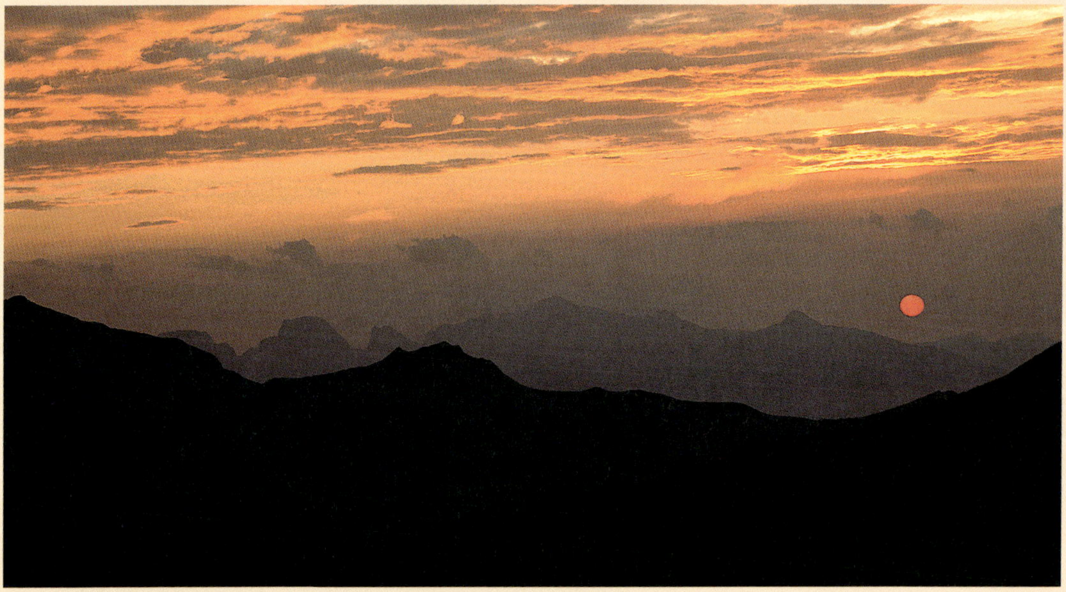

Abendstimmung auf der Pfälzerhütte – die Sonne ist nur noch ein kleiner roter Punkt.

tainbikebeschilderung Richtung Schloss Vaduz folgen; oberhalb des Steinbruchs vorbei.

24 | 21,06 | 569 | Direkt bei dem Summstein links kurz aufwärts; es folgt eine Bachdurchfahrt; Beginn des Singletrails.

25 | 21,30 | 579 | Direkt am Ende des Tennisplatzes links auf dem Singletrail leicht aufwärts; entlang eines Bienenlehrpfads.

26 | 21,42 | 571 | Bei der Weggabelung links auf dem Singletrail weiter; zweimal eine Schotterstraße überqueren und geradeaus auf dem Singletrail weiter; auf der Asphaltstraße ca. 5 m links aufwärts und dann vis-à-vis der Blockhütte links auf dem Singletrail weiterfahren; vier Stufen hinauf.

27 | 21,93 | 567 | Ende des Singletrails – auf der Schotterstraße links aufwärts.

28 | 22,17 | 590 | Letzi – bei der Weggabelung rechts Richtung Schloss Vaduz fahren.

29 | 22,70 | 576 | Schloss Vaduz – auf der Asphaltstraße links aufwärts Richtung Triesenberg.

30 | 23,45 | 637 | Rechts in den Grüschaweg einbiegen – zwischen zwei großen Steinen hindurch.

31 | 25,20 | 713 | Bei der Weggabelung links leicht aufwärts – durch offenes Gelände fahren.

32 | 25,95 | 776 | Links auf der Asphaltstraße aufwärts – Wanderwegbeschilderung.

33 | 26,04 | 790 | Rechts die Litzistraße aufwärts fahren.

34 | 26,23 | 811 | Links in die Haldastraße und hinauf bis zur Hauptstraße; bei km 26,73 erreichen wir die Schlossstraße und fahren auf dieser ein kurzes Stück rechts aufwärts.

35 | 26,85 | 864 | Links im spitzen Winkel in die Gschindstraße.

36 | 27,06 | 869 | Links in die Untere Gschindstraße; bei km 27,60 die Stiege hinauf; der Beschilderung »Walser Sagenweg« aufwärts bis Rotaboda folgen.

37 | 28,15 | 928 | Rotaboda – rechts aufwärts Richtung Gaflei fahren.

38 | 28,33 | 970 | Links aufwärts fahren.

39 | 28,60 | 980 | Rotaboda – geradeaus der Wanderwegbeschilderung folgen und durch die Prufatschengstraße fahren.

40 | 30,10 | 1107 | Hinder Prufatscheng – rechts aufwärts Richtung Sücka; bei der letzten Heuhütte führt der Weg über die Wiese aufwärts; danach Singletrail und Schiebestück (ca. 7 Min.); nach dem Schiebestück auf der Schotterstraße weiter.

41 | 31,79 | 1240 | Masescha – auf der Asphaltstraße links aufwärts Richtung Sücka.

42 | 32,55 | 1327 | Foppa – links Richtung Gaflei fahren.

43 | 33,51 | 1444 | Beim Berggasthaus Matu – rechts aufwärts fahren.

44 | 33,57 | 1448 | Berggasthaus Matu – aufwärts bis zur nächsten Wanderwegmarkierung fahren.

45 | 33,66 | 1465 | Rechts in den Singletrail einbiegen; Wanderwegbeschilderung »Sücka«.

46 | 34,80 | 1495 | Auf dem oberen Singletrail Richtung Sücka fahren.

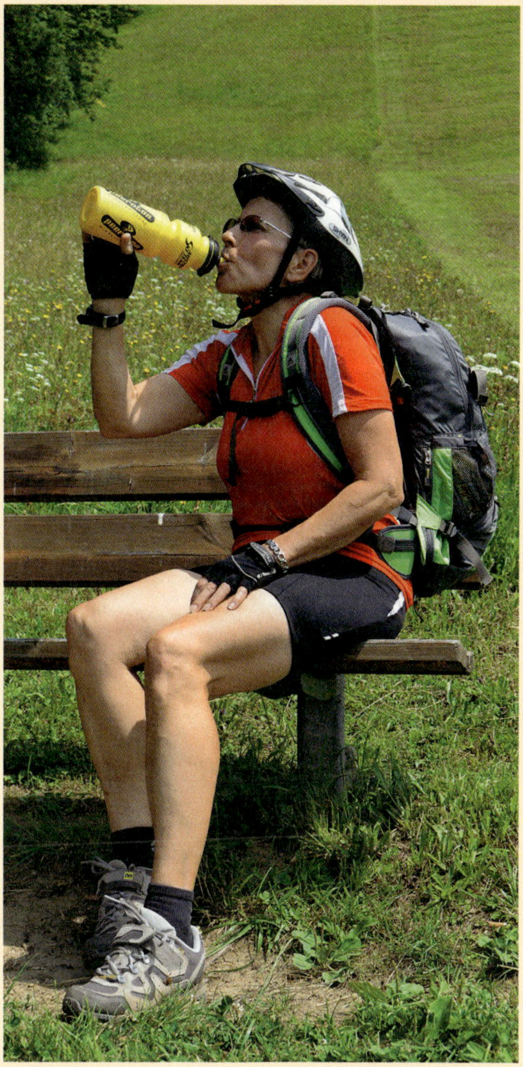

Nach der kurzen Schiebepassage muss der Flüssigkeitshaushalt ausgeglichen werden.

47 | 34,99 | 1483 | Silum – die Schotterstraße überqueren und geradeaus auf dem Singletrail weiter.

48 | 36,49 | 1415 | Auf der Asphaltstraße steil aufwärts Richtung Sücka fahren; Tunneldurchfahrt.

49 | 36,63 | 1434 | Rechts Richtung Pfälzerhütte fahren.

50 | 36,94 | 1402 | Sücka – geradeaus Richtung Gasthaus Sücka fahren.

51 | 37,00 | 1409 | Gasthaus Sücka – geradeaus fahren.

52 | 37,38 | 1403 | Bei der Weggabelung auf dem linken Weg leicht abwärts Richtung Steg fahren.

53 | 38,72 | 1324 | Rechts Richtung Pfälzerhütte fahren; der Wanderwegmarkierung »Pfälzerhütte« folgen.

54 | 47,13 | 2108 | Pfälzerhütte.

Tour 31 Pfälzerhütte 2 Tag.gpx

55 | 0,00 | 2108 | Auf dem Auffahrtsweg wieder abwärts.

56 | 1,57 | 1938 | Geradeaus auf dem Singletrail Richtung Tälihöhi und Malbun.

57 | 3,09 | 2053 | Rechts auf dem Singletrail abwärts; Schiebestück von max. 20 Min.

58 | 4,23 | 1778 | Ende des Singletrails; auf der Schotterstraße rechts abwärts Richtung Malbun.

59 | 5,27 | 1714 | Rechts auf der Schotterstraße abwärts.

60 | 6,24 | 1607 | Rechts nach Malbun fahren.

61 | 6,37 | 1613 | Die Straße überqueren und geradeaus auf der Asphaltstraße links des Alpenhotels Malbun steil aufwärts.

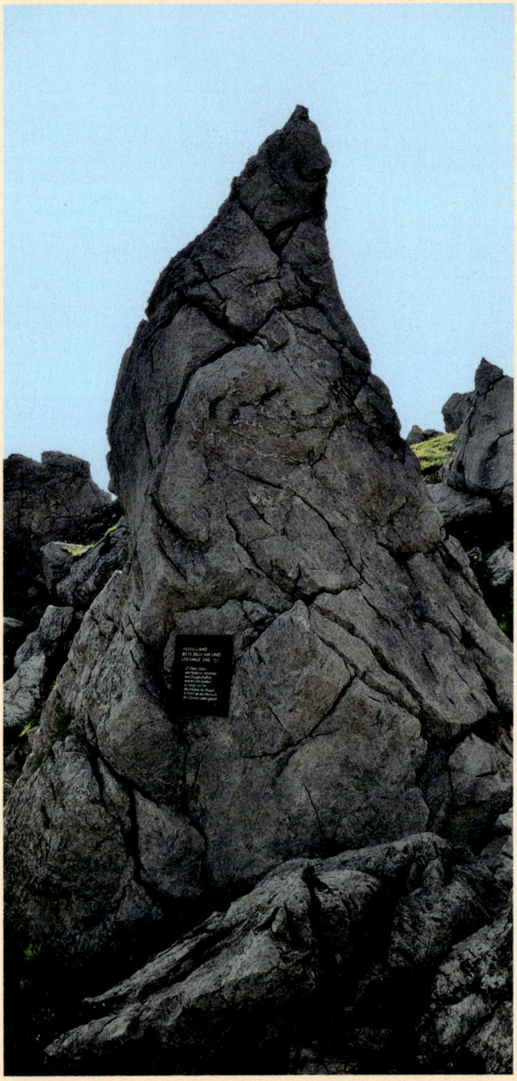

Innehalten

62 | 6,53 | 1636 | Links auf den Wanderweg abbiegen und nach ca. 5 m rechts Richtung Mattajoch; beim kleinen Gebirgssee Sass-Seeli (zwei Drehkreuze) geradeaus fahren.

63 | 8,75 | 1726 | Rechts auf der Schotterstraße aufwärts Richtung Mattajoch und Gampalpe.

64 | 9,20 | 1785 | Sassfürkle – geradeaus auf der Schotterstraße abwärts Richtung Mattajoch.

65 | 9,72 | 1732 | Rechts auf der Schotterstraße Richtung Mattajoch und Gampalpe; bis zum nächsten WP auf dieser Schotterstraße bleiben.

66 | 11,88 | 1840 | Mattafürkle – rechts auf dem Wanderweg aufwärts Richtung Galinakopf; Beginn des Schiebestücks.

67 | 11,93 | 1844 | Vom Wanderweg nach rechts abzweigen und quer über die Wiese fahren.

68 | 12,11 | 1865 | Mattajoch – durch das Drehkreuz und auf dem Singletrail abwärts.

69 | 13,09 | 1656 | Ende des Singletrails – auf der Schotterstraße abwärts Richtung Gamp.

70 | 17,12 | 1564 | Gamp – links auf der Schotterstraße abwärts Richtung Gurtis.

71 | 25,07 | 802 | Links auf der Schotterstraße Richtung Gurtis; Wanderwegbeschilderung.

72 | 25,93 | 807 | Beschlingerberg – geradeaus abwärts Richtung Frastanz.

73 | 26,58 | 742 | Auf der Hauptstraße links abwärts; ein kurzes Stück auf der Hauptstraße fahren.

74 | 27,37 | 750 | Rechts leicht abwärts Richtung Frastanz.

75 | 30,46 | 528 | Frastanz – auf der Hauptstraße links leicht aufwärts Richtung Kirche.

76 | 30,68 | 538 | Links aufwärts Richtung Frastafeders – zur Kirche hinauf und rechts zwischen Kirche und Friedhof auf dem schmalen Fußweg abwärts; an der Hauptstraße beim Rathaus links die Brücke überqueren; nach der Brücke links den Amerlügenerweg hinauf.

77 | 31,09 | 528 | Links den Amerlügenerweg aufwärts.

78 | 31,40 | 547 | Rechts leicht abwärts durch die Kreuzgasse; nach ca. 20 m links in den Spondaweg einbiegen; bei der Fahrverbotstafel geradeaus fahren auf den Singletrail.

79 | 32,11 | 502 | Geradeaus auf der Schotterstraße Richtung Fellengatter und Maria Ebene.

80 | 32,54 | 490 | Geradeaus auf dem asphaltierten Radweg weiter.

81 | 33,63 | 492 | Rechts und beim Gasthaus Freihof vorbei abwärts.

82 | 33,75 | 487 | Rechts und nach ca. 30 m links der Radwegbeschilderung »Feldkirch« folgen; über eine kleine Brücke und parallel zur Hauptstraße auf dem Radweg fahren.

83 | 34,96 | 470 | Vor dem Ambergstraßentunnel links und nach ca. 10 m rechts die Straße überqueren und in die Innenstadt von Feldkirch fahren.

84 | 35,72 | 465 | Beim Churer Tor die Straße überqueren und geradeaus weiterfahren.

85 | 36,10 | 463 | Links über die Brücke und bis zur Ampel vorfahren; bei der Ampel die Straße überqueren und auf

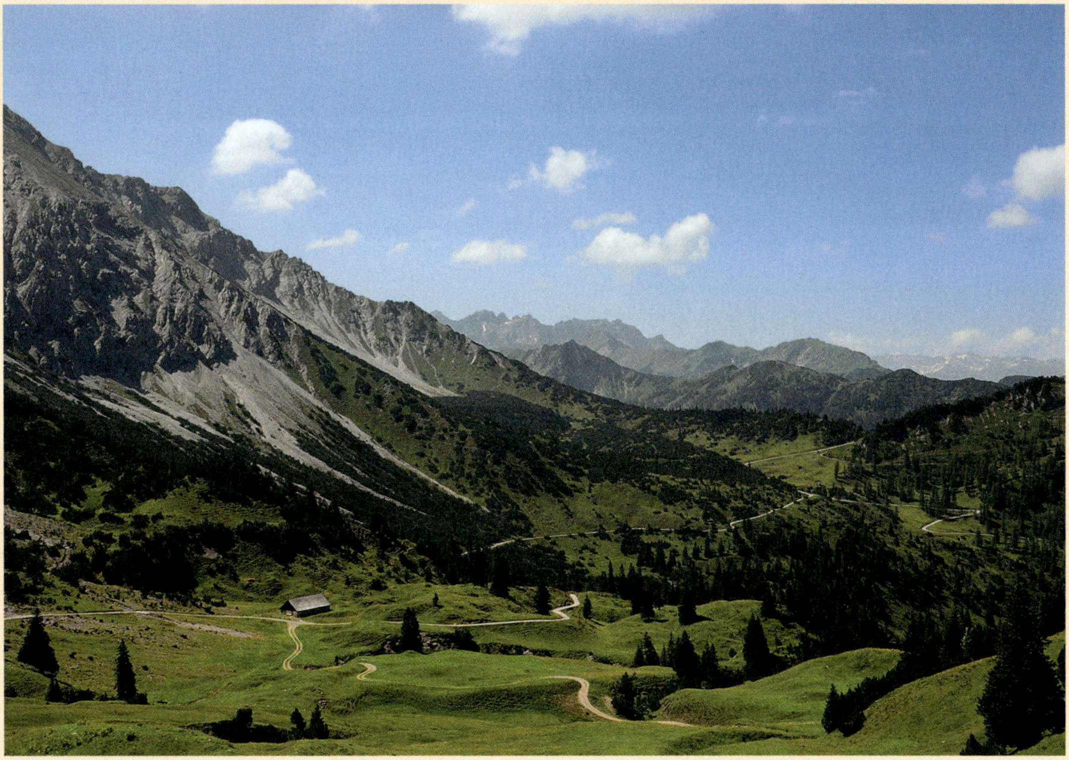

Der Blick zurück Richtung Malbun

dem Radweg links an der Ill entlang; Radwegmarkierung »35«.

86 | 37,73 | 454 | Links im spitzen Winkel auf dem Wanderweg zur Hauptstraße hinunter.

87 | 37,80 | 450 | Die Straße überqueren und geradeaus fahren.

88 | 37,93 | 451 | Rechts bis zur Hauptstraße, links auf dem Gehsteig bis zum Kreisverkehr; beim Kreisverkehr links abbiegen Richtung Schellenberg und nach ca. 20 m WP 89.

89 | 38,25 | 449 | Im spitzen Winkel links aufwärts.

90 | 38,30 | 449 | Rechts im spitzen Winkel auf dem Wanderweg steil aufwärts.

91 | 38,82 | 512 | Geradeaus aufwärts Richtung Schellenberg.

92 | 39,44 | 581 | Rechts abwärts Richtung Fresch und Nofels.

93 | 39,91 | 538 | Nofels-Oberfresch – links auf der Asphaltstraße leicht aufwärts; die Grenze nach Liechtenstein passieren.

94 | 40,76 | 611 | Hinterer Schellenberg – rechts Richtung Mittlerer Schellenberg.

95 | 40,88 | 606 | Rechts den Kapellenweg aufwärts – direkt zur Kapelle hinauf und an der Kapelle vorbei, danach leicht abwärts.

96 | 41,47 | 618 | Rechts auf der Schotterstraße abwärts – Wanderwegbeschilderung; nach ca. 30 m bei der Weggabelung rechts leicht aufwärts.

97 | 41,82 | 610 | Bei der Weggabelung links leicht aufwärts.

98 | 42,14 | 617 | Kurz vor Mittlerer Schellenberg auf der Asphaltstraße rechts abwärts.

99 | 42,48 | 595 | Rechts im spitzen Winkel in den Singletrail einfahren – Wanderwegmarkierung; nach ca. 5 m durch die Spitzkehre.

100 | 42,67 | 567 | Direkt nach zwei Spitzkehren auf dem Singletrail rechts abwärts – Hänseleweg.

101 | 43,28 | 440 | Auf der Schotterstraße links fahren.

102 | 43,78 | 440 | Rechts fahren.

103 | 44,08 | 441 | Geradeaus auf dem Radweg links der Straße entlang (Hinfahrtsweg), weiter Richtung Ruggell; an der Kirche Ruggell vorbei, bei Querstraße links und beim Kreisverkehr die 1. Ausfahrt Richtung Schweiz nehmen; nach der Brücke links und durch die Autobahnunterführung.

104 | 46,38 | 438 | Direkt nach der Brücke rechts, noch vor der Kelag AG.

105 | 47,88 | 437 | Links auf der Asphaltstraße weiter; durch die Eisenbahnunterführung und geradeaus Richtung Sennwald.

106 | 48,98 | 448 | Auf der Hauptstraße rechts zur Evang.-ref. Kirche in Sennwald.

107 | 49,58 | 469 | Evang.-ref. Kirche in Sennwald – Ende der Tour.

32 Durannapass und Strelapass

Weissfluh-Umrundung auf prächtigen Singletrails in hochalpiner Umgebung

Schwierigkeit	Erlebniswert	Höhenmeter (in m)	Streckenlänge (in km)	Zeit (in h)
3	✪✪✪✪✪	1. Tag: 1580; 2. Tag: 1300	1. Tag: 44; 2. Tag: 31	1. Tag: 5; 2. Tag: 4

TOURENCHARAKTER

AUSGANGS-/ENDPUNKT

Tourist-Information in Arosa

ANFAHRT

A 13 bis Ausfahrt 16/Chur-Nord, Richtung Arosa, nach ca. 800 m beim Kreisverkehr die 2. Ausfahrt Richtung Chur nehmen und immer der Beschilderung »Arosa« folgen; Parkmöglichkeit in der Parkgarage Ochsenbühl direkt nach der Tourist-Information in Arosa

KONDITION

✪✪✪✪✪

FAHRTECHNIK

✪✪✪✪✪

ERLEBNISWERT

Fahrspaß: ✪✪✪✪✪ – angenehme Auffahrt zum Durannapass; großartiger Wiesentrail bis zum Grünsee; rasante Abfahrt Richtung Birchenbüelen; flowiger Trail und knackige Anstiege Richtung Davos; absolut einzigartiger Panoramatrail unter dem Schiahorn bis zum Strelapass; flowiger Trail entlang des Hauptertälibachs bis kurz vor Jatz

Landschaft: ✪✪✪✪✪ – gegensätzliche Landschaftsbilder zwischen der zauberhaften Landschaft rund um Davos, dem sanften Übergang auf dem Durannapass und den hochalpinen Landschaften in der Gegend um den Strelapass

Kultur und Geschichte: ✪✪✪✪✪ – der Alpengarten Arosa-Maran mit einer Versuchsstation der ETH Zürich; die Käserei Alp Maran; die multimedialen Wasserspiele auf dem Obersee; der Badeplausch am Untersee; das Walserdorf Medergen; das Bergkirchli aus dem 15. Jh.; das Schanfigger Heimatmuseum; das Langwieser Viaduk; die Erdpyramiden; das Gründjitobel-Viadukt; das Kirchner Museum Davos; zur Kultur in Davos s. Kasten

EINKEHRMÖGLICHKEITEN

Berggasthaus Strassberg, CH-7057 Langwies, Tel. +41/(0)81/374 22 32, Mobil +41/(0)79/685 51 57, www.berggasthaus-strassberg.ch; Von-Sprecher-Haus direkt am Davosersee, Prättigauerstr. 6, CH-7260 Davos Dorf, Tel. +41/(0)81/416 31 77, www.vonsprecherhaus.ch; Parsenn Sporthotel Davos Dorf, Promenade 152, CH-7260 Davos Dorf, Tel. +41/(0)81/416 32 32, www.hotel-parsenn.ch; Strelapass Berghütte, Tel. +41/(0)81/415 52 67 oder +41/(0)78/814 60 70, www.schatzalp.ch; Berggasthaus Heimeli, CH-7057 Sapün, Tel. +41/(0)81/374 21 61, www.heimeli.ch

STRECKENPROFIL

Sanfte Auffahrt und Übergang auf dem Durannapass; knackiges Auf und Ab um Davos; fordernder Anstieg und unübertroffener Panorama-Singletrail in hochalpinem Gelände rund um den Strelapass; kurze Schiebepassage vom Strelapass abwärts Richtung Langwies (ca. 20 Min.); flowige Singletrail- und rasante Schotterstraßenabfahrt bis nach Langwies

HÖCHSTER PUNKT

2350 m, Strelapass

NIEDRIGSTER PUNKT

1233 m, zwischen Litzirüti und Langwies bei der ARA

TOURIST-INFO

Arosa Tourist-Information, Sport- und Kongresszentrum Arosa, CH-7050 Arosa, Tel. +41/(0)81/378 70 20, www.arosa.ch; Davos Tourismus, Talstr. 41, CH-7270 Davos Platz, Tel. +41/(0)81/415 21 21, www.davos.ch

LANDKARTEN

Swisstopo 5002 Chur–Arosa–Davos, Landeskarte 1:50 000 (Zusammensetzungen)

GPS/ROADBOOK

Tour 32 Durannapass – Strelapass gesamt.gpx; Tour 32 Durannapass – Strelapass gesamt 500.gpx

Die imposante und abwechslungsreiche Tour rund um das Weissfluh-Massiv bietet eine erstklassige Mischung aus sanften und hochalpinen Landschaften und ist trotzdem fahrtechnisch nicht schwierig.

Unsere zweitägige Tour starten wir bei der Tourist-Information in Arosa, einer politischen Gemeinde im Kreis Schanfigg, Bezirk Plessur des Kantons Graubünden. Benannt ist der Bezirk nach dem ihn durchquerenden Fluss Plessur. Bis weit ins 19. Jahrhundert hinein blieb Arosa ein weit abgeschiedenes Bauerndörfchen, denn durch das enge Plessurtal nach Chur bestand keine Straße.

Die wichtigste Verbindung zur Außenwelt waren die beschwerlichen Passwege nach Davos. Im Jahr 1850 war die Bevölkerung auf 52 Einwohner abgesunken. Der Aufschwung setzte erst ab 1883 ein, als Arosa vom deutschen Arzt Dr. Otto Herwig, der in Davos von einem Lungenleiden geheilt wurde, als Luftkurort entdeckt wurde. Bereits 1888 wurde ein erstes Sanatorium eröffnet. Ab 1900 gesellte sich langsam der Wintersport hinzu – heute besitzt der Ferien- und Erholungsort, die höchstgelegene Siedlung im Schanfigg, ein bekanntes und schneesicheres Skigebiet mit über 70 Pistenkilometern.

44/31 km	1580/1300 Hm	Zweitagestour

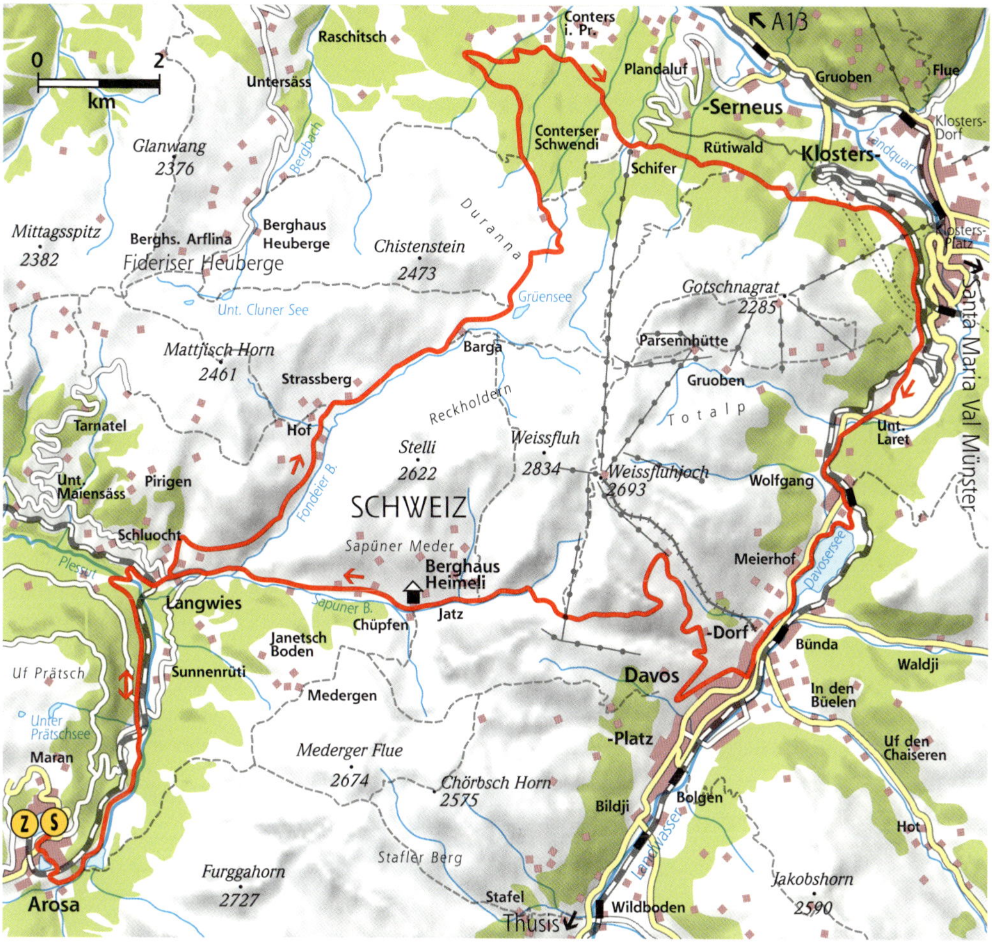

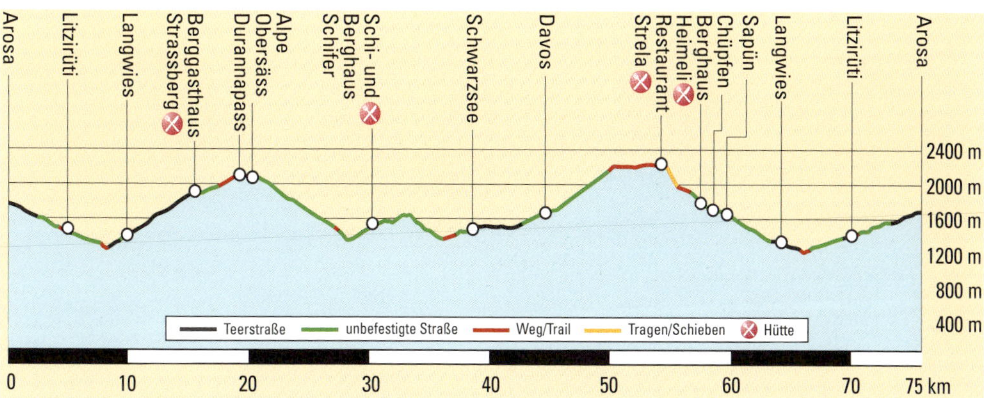

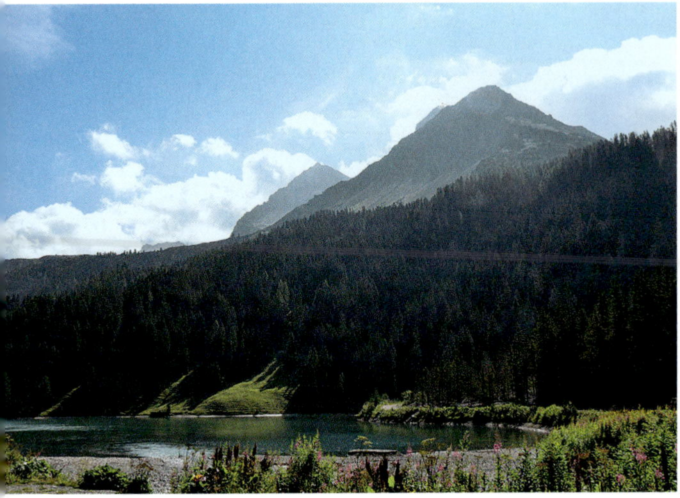

Stausee Isel bei Arosa

1. Tag Zu Beginn unserer Tour rollen wir fast nur bergab. Vorbei am Stausee Arosa, bestaunen wir die Erosionen auf der gegenüberliegenden Seite. Diese erhielten die Nummer »3« auf dem Weg des »Lernpfades Arosa/Langwies«, einem spannenden und lehrreichen Lehrpfad für Familien, Vereine und Schulen, der die Gelegenheit bietet, das Thema »Naturgefahren und Schutzwald« auf spielerische Art und Weise selbst zu erleben.

Der Stausee Arosa existiert seit 1897 und liegt unweit der Grünseen im Gebiet Isel/Schluck an der Plessur, rund 100 Höhenmeter unterhalb des Untersees. Gestaut wird er durch die rund zwölf Meter hohe Staumauer Schwellwuhr; er wird von der Arosa Energie betrieben und dient der Stromproduktion und nicht, wie vielleicht vermutet, der künstlichen Skipistenbeschneiung.

Immer an der Bahntrasse entlangfahrend, passieren wir den Bahnhof Litzirüti und fahren bis zum Bahnhof Langwies. Langwies liegt 14 Kilometer (Luftlinie) östlich von Chur im hinteren Schanfigg, dort, wo sich drei Quelltäler zum fortan in westlicher Richtung ziehenden Haupttal vereinen: von Süden das Arosertal mit dem Oberlauf der Plessur, von Osten das Sapün und von Nordosten das Fondei.

Am Bahnhof Langwies beginnt unsere Auffahrt zum Durannapass. Auf der Nebenstraße herrscht kaum Verkehr, die Steigung ist sehr angenehm, und wir sind umgeben von farbenprächtigen Alpenblumen.

Ausblick von Strassberg entlang des Fondeier-Baches Richtung Langwies

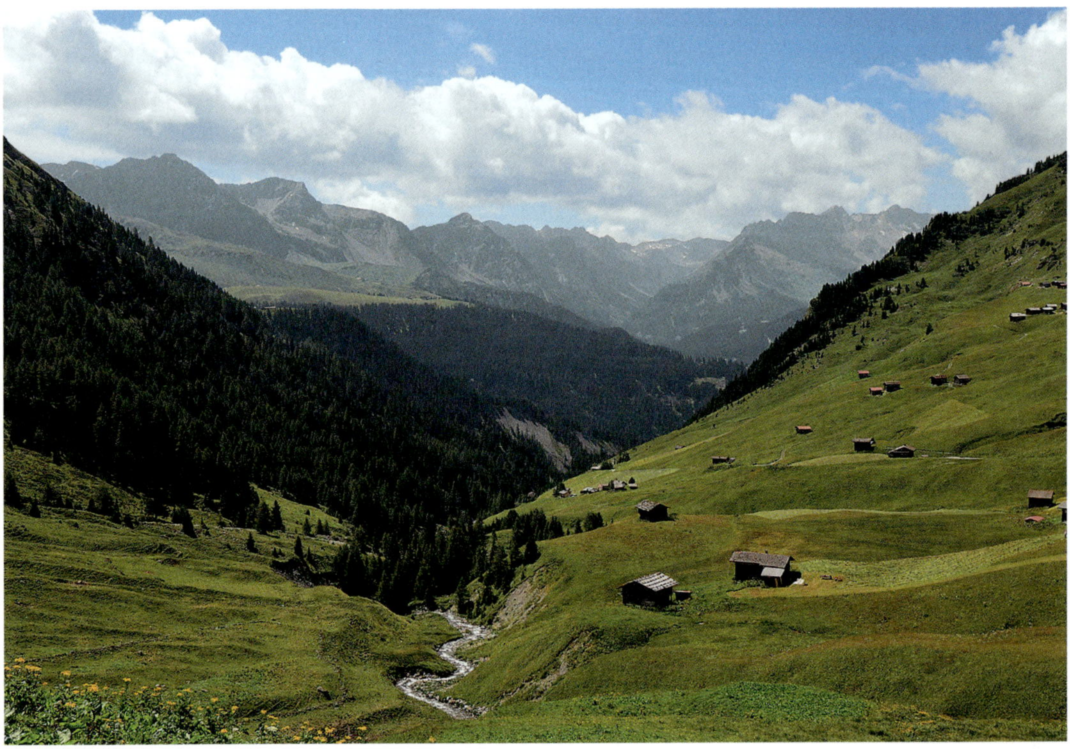

LANGWIESER SEHENSWÜRDIGKEITEN

Der 1914 fertig gestellte Langwieser Viadukt der Rhätischen Bahn, eine Stahlbetonkonstruktion, die in einer Höhe von 62 m die Plessur und den Sapünerbach überspannt, ist das Wahrzeichen von Langwies. Sehenswert sind auch die »Steinmannli« genannten Erdpyramiden und das Gründjitobel-Viadukt. Bis zur Reformation hieß die reformierte Dorfkirche Marienkirche. Die Frauen dürfen angeblich beim Gottesdienstbesuch immer als Erste zum Abendmahl gehen, weil sie, im seither sogenannten Frauentobel, 1622 die anrückenden österreichischen Truppen zurückschlugen.

ALPENGARTEN MARAN

Im Alpengarten Maran (1850 m) wachsen charakteristische Pflanzenarten aus verschiedenen alpinen Lebensräumen, wie z. B. die sehr seltene Schachbrettblume, die in den Alpen schon fast verschwunden ist. Im Sommer bietet der Kurverein Arosa regelmäßig Führungen durch diesen einzigartigen Alpengarten an. Direkt nebenan, auf einem 4000 m^2 großen terrassenförmigen Gelände, ist die alpine Versuchsstation der ETH Zürich. Hier gibt es eine kulturhistorisch wertvolle Sammlung alter Kartoffelsorten. Die Witterungsbedingungen sind in Maran sehr rau, deshalb ist es möglich, unbeeinflusst von Krankheiten wie Kraut- und Knollenfäule oder Viruskrankheiten, Versuche mit Kartoffel- und Futterpflanzen zu machen. Im Sommer werden regelmäßig kostenlose Führungen organisiert. Infos unter Tel. +41/(0)81/378 70 20.

Ab etwa Kilometer 12,3 wird die Straße schmäler und uriger. Nachdem wir durch die langen Galerien gefahren sind, können wir bereits auf der Anhöhe die Walsersiedlung Strassberg erkennen. Im Berggasthaus Strassberg im Fondei auf 1919 Metern Höhe bietet sich uns die erste Möglichkeit zur Einkehr. Leider ist am Dienstag Ruhetag – deshalb fotografieren wir die alten dunkelbraunen, liebevoll gepflegten Holzhäuser und lesen die Sinnsprüche an den Häuserfronten. Die meisten dieser Sprüche handeln von der Bitte an Gott, er möge das Haus und seine Bewohner beschützen.

Dann fahren wir auf einem Schotterweg bis zum Sattel weiter, wo uns ein knackiger An-

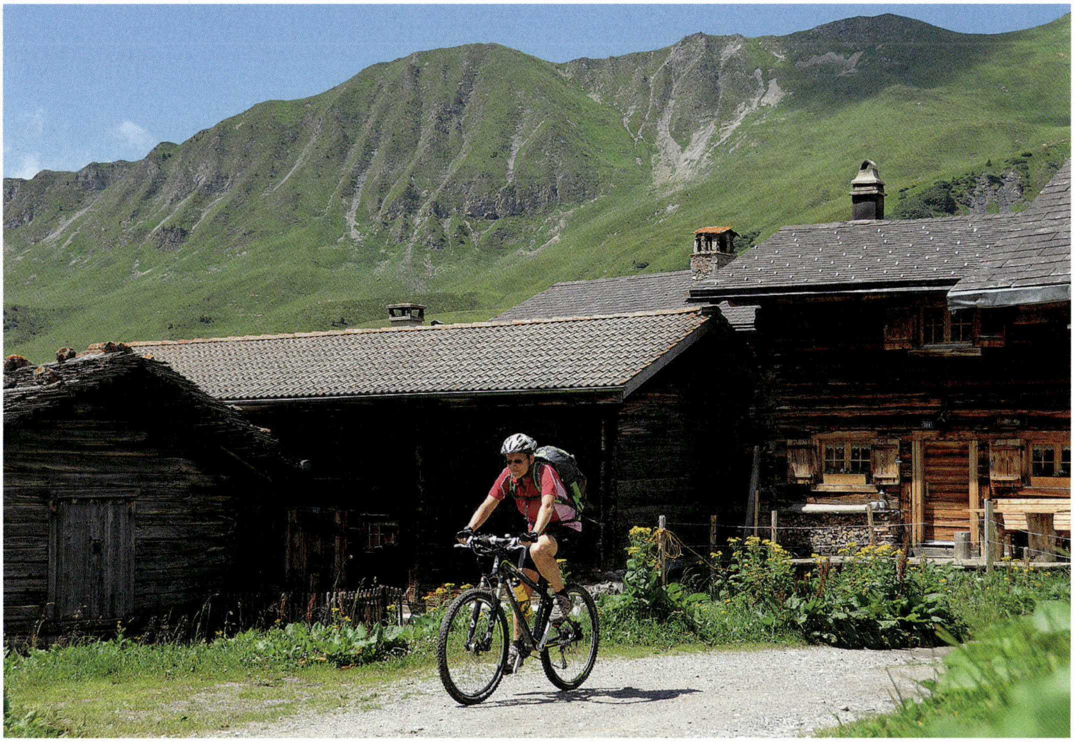

Fahrt durch die urige Walsersiedlung Strassberg

Bild rechte Seite: Weitläufiges Alpgebiet auf dem Durannapass

OBER- UND UNTERSEE

Obersee – multimediale Wasserspiele: Die multimedialen Wasserspiele sind die größten Wasserspiele Europas – eine Sinfonie aus Licht und Musik. In den Monaten Juni bis Oktober werden sie mehrmals wöchentlich aufgeführt.
Badeplausch am Untersee: Der Untersee bietet der ganzen Familie herrlichen Badespaß. Hier, auf 1800 m Höhe, findet man sogar einen Sandstrand wie am Meer!

stieg erwartet. Bevor wir dann schlussendlich den Durannapass erreichen, überqueren wir eine kräftezehrende Wiesenmatte und genießen dabei dennoch den grandiosen Rundumblick.

Der Durannapass (2117 m) verbindet Langwies im Schanfigg mit Conters im Prättigau und bildet mit dem benachbarten Casannapass, von dem er durch den Grünsee getrennt ist, den östlichsten Punkt der Hochwangkette. Auffallend am Durannapass ist seine sattelförmige Breite, die ausgangs des Fondei beginnt und bis ins Prättigau reicht.

Am Grünsee legen wir eine kurze Pause ein und erfreuen uns am mitgetragenen Proviant. Es herrscht eine friedliche Stille – bis auf das Kuhglockengeläute, das Rauschen der Gebirgsbäche und das Pfeifen der Murmeltiere.

Der Weiterweg vom Durannapass bis zur Alpe Obersäss ist sehr schlammig und nass, und besonders nach Regenperioden ist die Strecke in einem schlechten Zustand. Dann aber gleiten wir ein glatte Schotterstraße hinunter, und wie das so ist – nach einer tollen Abfahrt folgt der nächste Aufstieg. Hierbei strampeln wir auch wieder eine Schotterstraße hinauf, die gut ausgebaut ist und eine angenehme Steigung aufweist.

Hinter Cavadürli führt der Weg auf der rechten Seite der Bahngleise entlang aufwärts. Es handelt sich um einen breiteren Singletrail, der problemlos fahrbar ist, aber auch kurze, steile Anstiege beinhaltet. Wir erreichen den

Malerisch gelegener Grünsee in der Nähe des Durannapasses

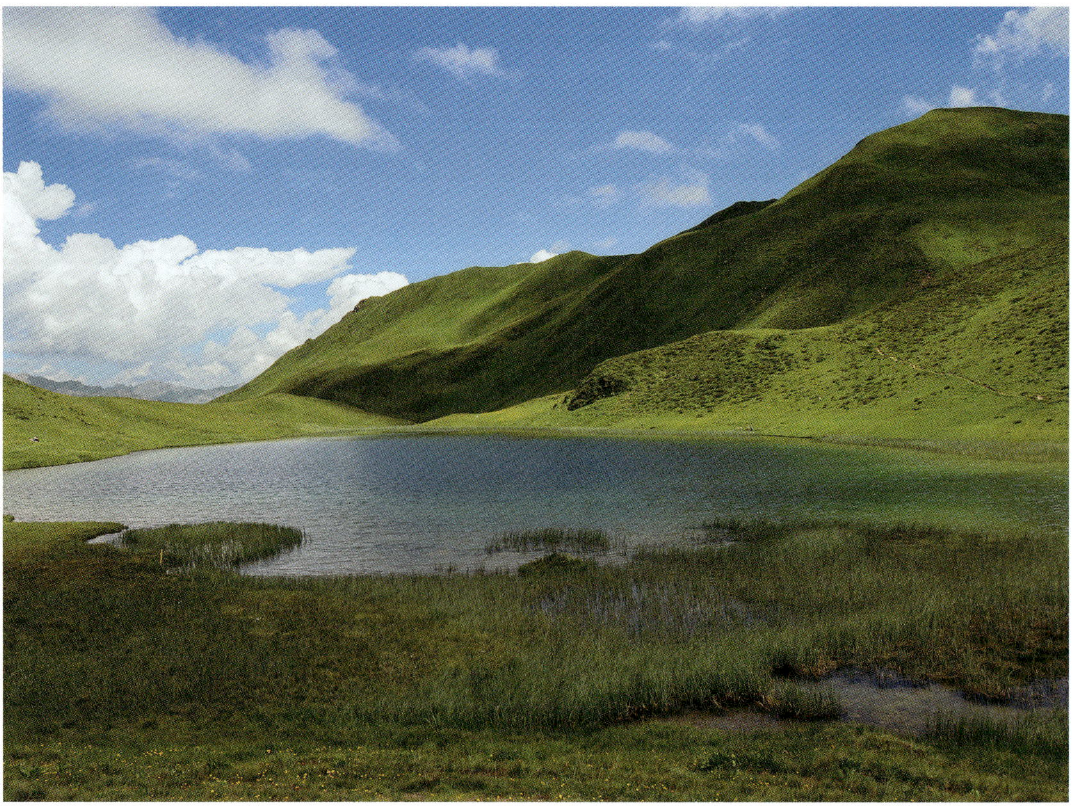

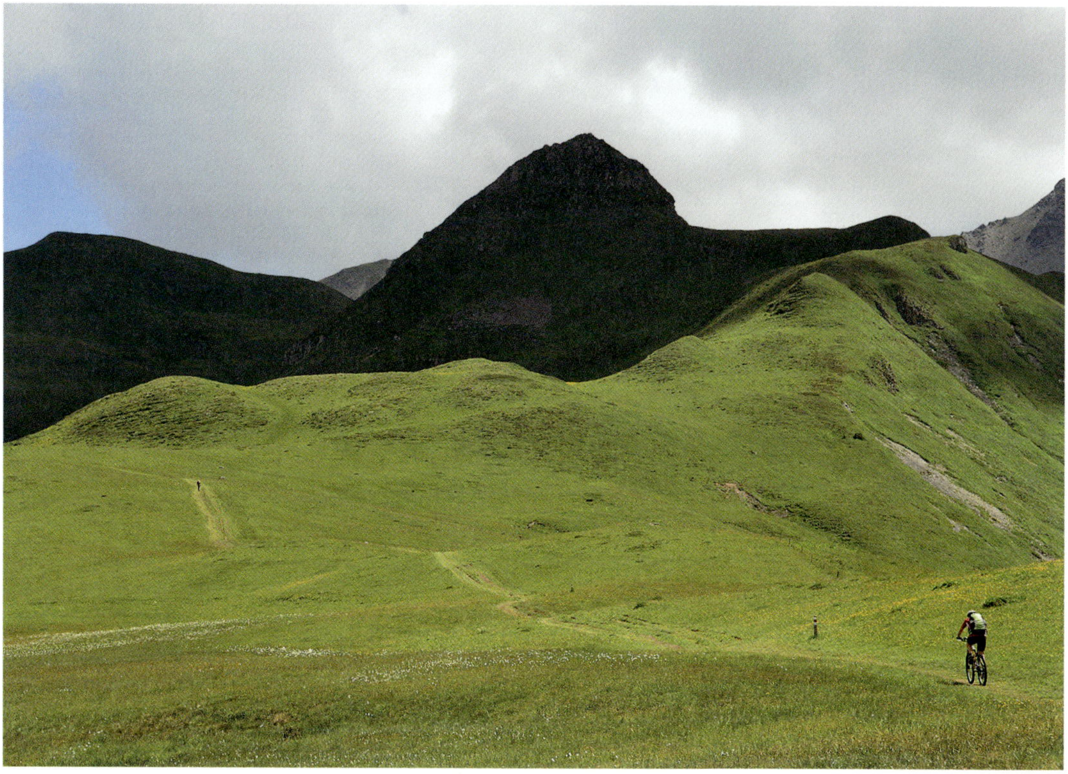

Schwarzsee in Ober Laret und fahren ein kurzes Stück auf asphaltierter Straße, biegen dann aber gleich in einen weiteren Singletrail ab. Es folgt ein abwechslungsreiches Auf und Ab.

Nachdem wir den Wolfgangpass hinter uns gelassen haben, fällt unser Blick auf den Davosersee. Im besten Haus am Platze, nämlich dem Von Sprecher Haus, übernachten wir. Es ist die einzige Unterkunft, die so nahe am See liegt. Der Blick über die Wasseroberfläche und auf die umliegende Bergwelt ist überwältigend. Die Zimmer sind gemütlich und sehr sauber, und das Personal ist freundlich und hilfsbereit. Und erst das Essen – ein Gedicht!

Die Landschaft Davos (in der Ortsmundart Tafaas) umfasst beinah das gesamte Landwassertal im Schweizer Kanton Graubünden. Die politische Gemeinde mit zahlreichen Siedlungen besteht aus den sechs Fraktionen Davos Dorf, Davos Platz, Frauenkirch, Glaris, Monstein und Wiesen. Seit Mitte des 19. Jahrhunderts entwickelte sich Davos zu einem bekannten Luftkurort und Wintersportgebiet.

KULTURELLES DAVOS

Thomas Mann machte Davos mit seinem 1924 erschienenen, später auch verfilmten Roman »Der Zauberberg« in der deutschsprachigen Welt berühmt. Das im Buch beschriebene Sanatorium war das Waldsanatorium, das heute als Waldhotel Davos (ehemals Waldhotel Bellevue) geführt wird. Der berühmte deutsche Expressionist und Mitbegründer der Künstlervereinigung »Brücke« Ernst Ludwig Kirchner verbrachte die Jahr 1917–38 in Davos. Davos wird auch im Roman »Stiller« von Max Frisch erwähnt. Julika, die Frau der Hauptfigur, ist Tuberkulosepatientin und hält sich hier eine Zeit lang auf.

Haupterwerbszweig in der Gegend um Davos war bis zur zweiten Hälfte des 19. Jh. die Viehzucht. 1853 entdeckten Alexander Spengler und später Willem Jan Holsboer das wohltuende und gesundheitsfördernde Klima der erregerarmen Höhenluft, die besonders für Lungenkranke (z. B. bei Tuberkulose und Asthma) heilsam ist. Die Eröffnung der Eisenbahnlinie von Landquart nach Davos im Jahre 1890 beschleunigte die Entwicklung des Ortes: Hotels, Pensionen, Sanatorien und Villen wuchsen wie Pilze aus dem Boden. Damit wurde Davos als Luftkurort weltbekannt. Heute ist es ein Zentrum für Sport und Kongresse von Wirtschaft und Wissenschaft und bietet ein vielfältiges Kulturangebot. Mehr Infos unter www.davos.ch

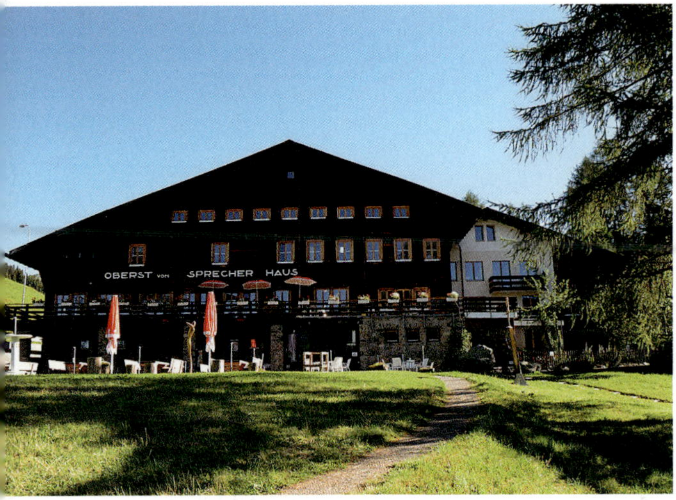

Oberst-von-Sprecher-Haus direkt am Davoser See

Bild rechte Seite: Felsenweg in Schiawang

Herrliche Aussicht und farbenprächtige Alpenflora Richtung Strelapass

2. Tag Ein Blick aus dem Fenster – die Bergspitzen spiegeln sich im dunklen Wasser des Davosersees. Die Sonne scheint, vom Touristenrummel ist noch nichts zu bemerken; lediglich ein paar Jogger rennen den Seeweg entlang. Einfach überwältigend! Im Aufenthaltsraum des Hotels trinken wir Orangensaft und Kaffee, lassen uns das knusprige Baguette sowie Butter, Marmelade, Käse und Wurst schmecken und runden das Ganze noch mit einem Joghurtmüsli ab. So gestärkt freuen wir uns schon darauf, was für Überraschungen dieser Tag wohl für uns bereithalten wird.

Am See entlang zu fahren ist nicht erlaubt, deshalb treten wir locker auf dem Radweg bis

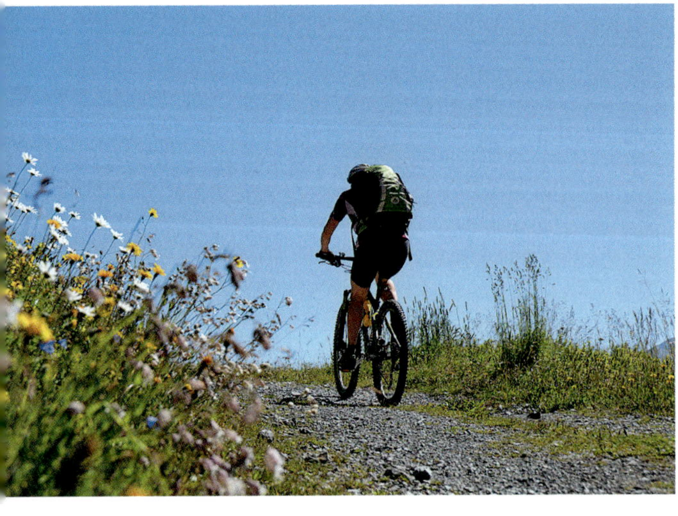

KÄSEREI ALP MARAN

In der Käserei Alp Maran erfährt man, wie aus der frischen Milch der Alpkühe der Aroser Bergkäse entsteht. Die Produkte kann man gleich im Laden bei der Alpkäserei kaufen. Käserei Alp Maran, CH-7050 Arosa, Tel. +41/(0)81/377 22 77

zum Ende des Sees und erreichen Davos. Am Ende des Dorfs biegen wir – mit Blick auf das unter uns liegende Davos – in die Bobbahnstrasse, die noch an frühere Zeiten erinnert. Der Weg schlängelt sich nun in angenehmer Steigung durch den Wald. Parallel dazu verläuft der Wanderweg, der von etlichen Fußgängern benutzt wird. Wir entscheiden uns für den Panoramaweg, denn bereits nach der ersten Kurve macht der Weg seinem Namen alle Ehre: Auf der linken Seite türmen sich imposante Felsenwände auf, vor uns stürzt der Schiabach talwärts. Eine schmale Steinbrücke lädt zum Fotografieren ein.

Je mehr wir an Höhe gewinnen, desto weiter wird die Sicht, und wir genießen ein einzigartiges Bergpanorama. Besonders faszinierend ist der praktisch horizontal verlaufende Wanderweg »Schiawang«. Er verläuft direkt unter dem Großen und dem Kleinen Schiahorn und ist bis auf ein paar einzelne Stellen gut fahrbar.

Diesem Weg folgend erreichen wir den Strelapass auf 2352 Metern Höhe. Der Pass liegt im Kanton Graubünden und verbindet Davos mit Sapün/Langwies im Schanfigg. Er war seit dem 14. Jahrhundert eine der klassischen Routen der Walser – von ihm her wurden Arosa, Langwies und das gesamte hintere, das sogenannte innere Schanfigg besiedelt. Der Name »Strela« leitet sich von lateinisch »striga« bzw. vom Rätoromanischen »stria« (Hexe) ab. Der Strelapass ist Teil des Schanfigger Höhenwegs.

Im Bergrestaurant genehmigen wir uns eine wohlverdiente Pause und stärken uns mit einem Kaffee und einem Maronitörtle. Sogar ein Liegestuhl war noch für uns frei, um dieses wunderbare Bergpanorama vom höchsten Punkt aus genießen zu können. Ein herrlicher Rundumblick bietet sich uns auf Weiss-

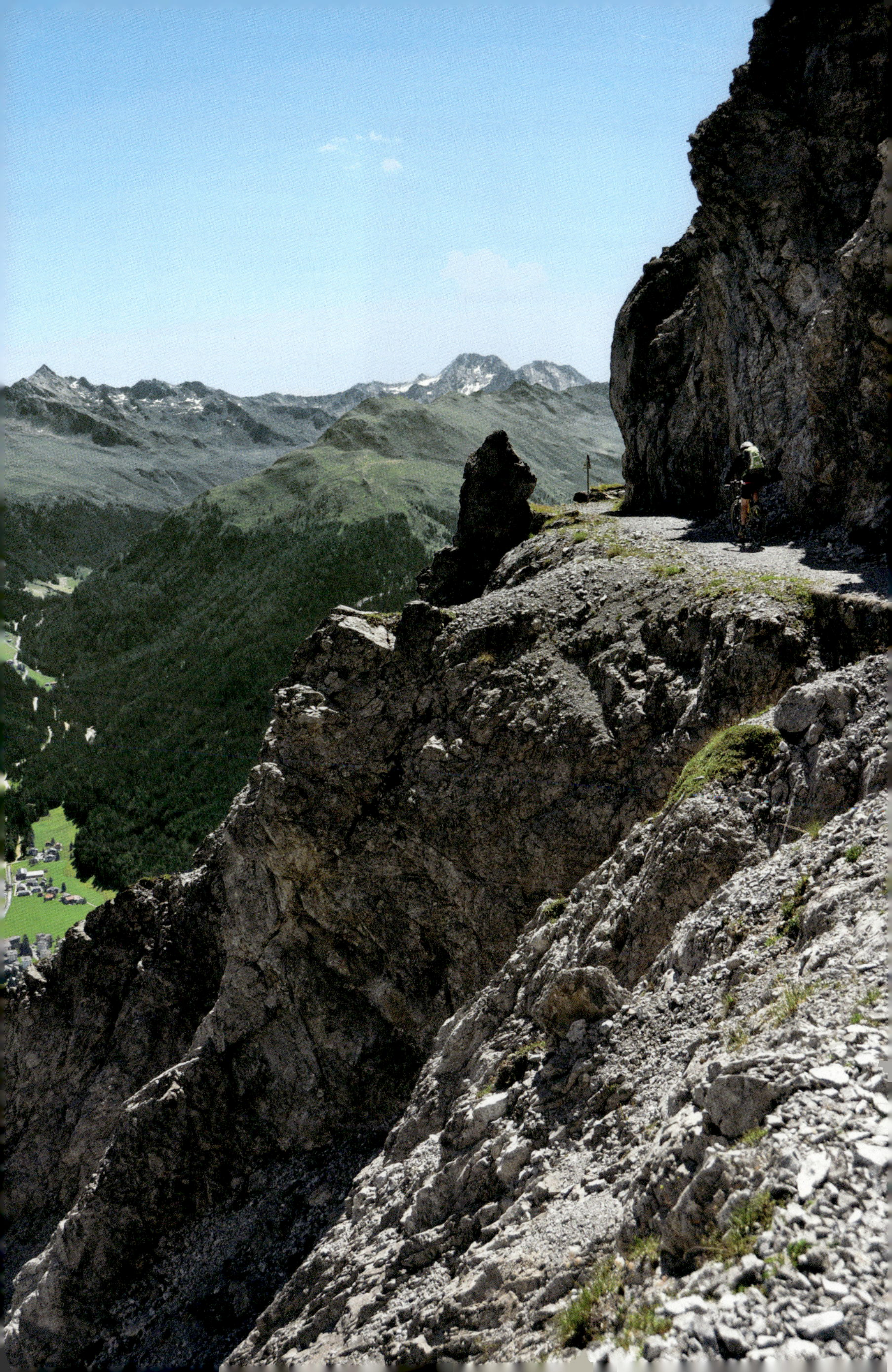

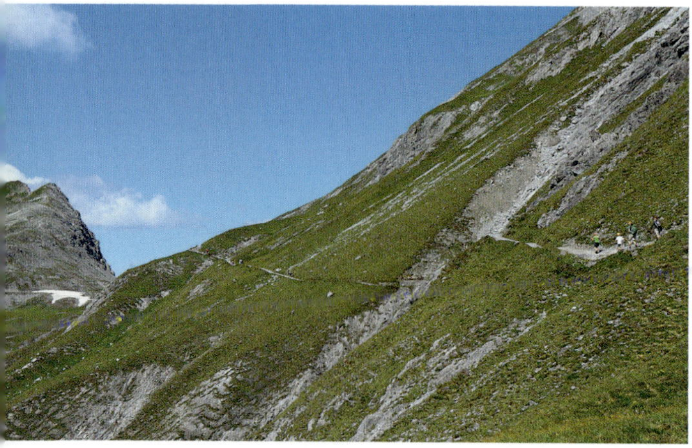

DAS BERGKIRCHLI

Das Bergkirchli liegt in Innerarosa, direkt bei der Talstation der Sesselbahn Carmenna. Es ist die älteste Kirche von Arosa, wurde 1492 erbaut und liegt auf 1900 m. Mithilfe der Einwohner von Prätsch und Maran konnten die Aroser dieses schöne schindelgedeckte Kirchlein bauen. Sie weihten es den zwei Heiligen Barbara und Jodokus. Eine Hausorgel wurde im Jahre 1762 eingebaut. Regelmäßig finden romantische Bergkirchli-Konzerte statt.
Infos unter www.arosakultur.ch

Langer, gut fahrbarer, Singletrail bis zum Strelapass

fluh, Haupter Horn, Chüpfenflue, Großes und Kleines Schiahorn und natürlich auf die Strela, um nur einige Berge zu nennen.

Jetzt bereiten wir uns auf die Abfahrt vor: d. h. Helm und Handschuhe anzuziehen, denn zu Anfang ist der Wanderweg sehr anspruchsvoll! Je nach Fahrkönnen ist eine Schiebepassage von bis zu maximal 20 Minuten angesagt. Das Gehen ist, wenn man sich genug Zeit lässt, ein Genuss, weil der Blick auf die Berggipfel, die uns ständig begleiten, einfach fantastisch ist.

Wenn wir den Abstieg geschafft haben, rollt das Bike praktisch von alleine auf einem Singletrail dahin, zunächst am Haupterällibach, dann am Sapüner Bach entlang. Auf einer Schotterstraße erreichen wir den Berggasthof Heimeli, der sich als eine besondere Gelegenheit für eine letzte Einkehr anbietet. Das über 300 Jahre alte Walserhaus auf über 1800 Metern Höhe, das früher als Bauernhof diente, wird seit etwa 100 Jahren als Gasthaus geführt. Auf der Speisekarte finden wir Bündner Spezialitäten wie »Bündner Gerstensuppe« oder »Älpler Makkaroni« mit hausgemachtem Apfelmus, und zum Dessert kann man sich sogar noch »Gletscherfantasien« auf der Zunge zergehen lassen.

Überwältigende Aussicht auf Davos und den Davoser See

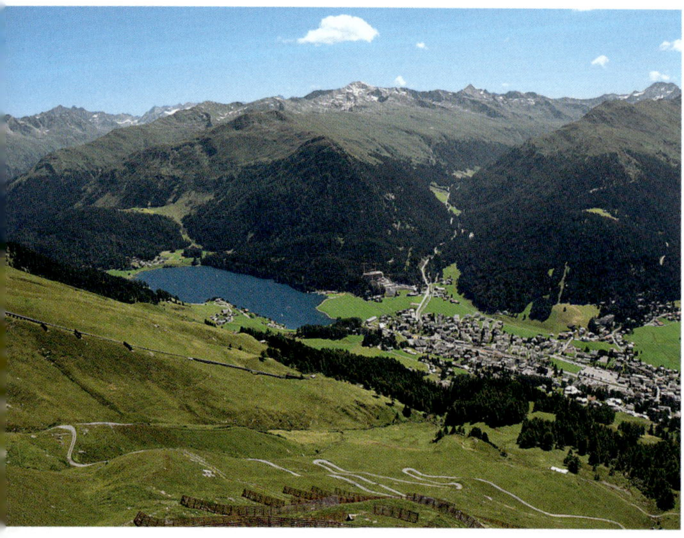

In Sapün, einer Alp und ehemaligen Walsersiedlung auf dem Gebiet der Gemeinde Langwies, sehen wir uns etwas genauer um – es lohnt sich.

Die Siedlung liegt in einem Trogtal quer zum Tal Schanfigg in Graubünden, unterhalb von Arosa. Der Name »Sapün« wird auf die altromanische Urform »Sampugn« zurückgeführt, was Kuhschelle (»symphoniu«) bedeutet. Im 17. Jahrhundert wurden im Hochtal Sapün 51 über 16 Jahre alte Personen männlichen Geschlechts gezählt, was einer Gesamtbevölkerung von rund 250 Menschen entspricht. Heute ist Sapün ganzjährig nur noch von vier Familien bewohnt. Trotz intensiv betriebener Landwirtschaft (umfassende Selbstversorgung mit Nahrungsmitteln und Viehzucht) in bis über 2000 Meter Höhe (u. a. mit großzügigen Bewässerungsanlagen), mussten immer wieder Sapüner auswärts ihren Lebensunterhalt verdienen.

Ab Beginn des 18. Jahrhunderts gab es in Sapün eine Schule, und 1848 wurde durch die Nachbarschaft Sapün das Schulhaus gebaut.

Bis 1873 wurde darin regelmäßig Schule gehalten; ab dann mussten die Sapüner Kinder nach Langwies Platz zur Schule gehen. Im Untergeschoss des Schulhauses wurde bis 1898 eine genossenschaftlich organisierte Sennerei geführt; dort wurde 1963 eine Dorfwäscherei eingerichtet. Auch findet sich in einem Nebenraum die Ausstellung von alten milchwirtschaftlichen Gerätschaften, die auf Voranmeldung hin besichtigt werden kann.

1875 erhielt Sapün eine PTT-Postablage und 1886 die Zufahrtsstraße von Langwies Platz entlang des Sapünerbachs. 1920 baute das Elektrizitätswerk Davos eine Starkstromleitung von Davos über den Strelapass nach Lüen – bei dieser Gelegenheit wurde auch Sapün elektrifiziert. Seit 1969 erfolgt die elektrische Versorgung durch das Elektrizitätswerk Arosa. Die Davos Klosters Bergbahnen AG betreibt im Sapün mit der Luftseilbahn Weissfluhgipfel und dem Skilift Haupertäli zwei Wintersportanlagen.

Das heute einzig ganzjährig bewohnte Gebäude ist der Gasthof Heimeli auf Jatz, ein typisches Walserhaus (Baujahr 1707), das sommers wie winters für Bewirtung und Übernachtungen offen steht.

SCHANFIGGER HEIMATMUSEUM

Das Schanfigger Heimatmuseum ist im Eggahaus, einem der ältesten Häuser von Arosa, untergebracht. Es steht in der Nähe des Bergkirchlis und wurde erstmals um 1550 urkundlich erwähnt. Das Museum bietet u. a. heimatkundliche Sammlungen, Pflanzen- und Holzsammlungen, eine Sammlung der wildlebenden Tiere der Umgebung, Druckschriften aus dem Schanfigg und Arosa und eine eindrückliche Fotosammlung über die Entwicklung von Arosa in den letzten 100 Jahren.

Nachdem wir Sapün hinter uns gelassen haben, fahren wir durch eine wildromantische Schlucht, wo wir den tosenden Sapünerbach überqueren. Bald erreichen wir Langwies, von wo aus wir auf derselben Strecke wie am Vortag nach Arosa zurückkehren.

Blick zurück auf das Sapüner Hocht

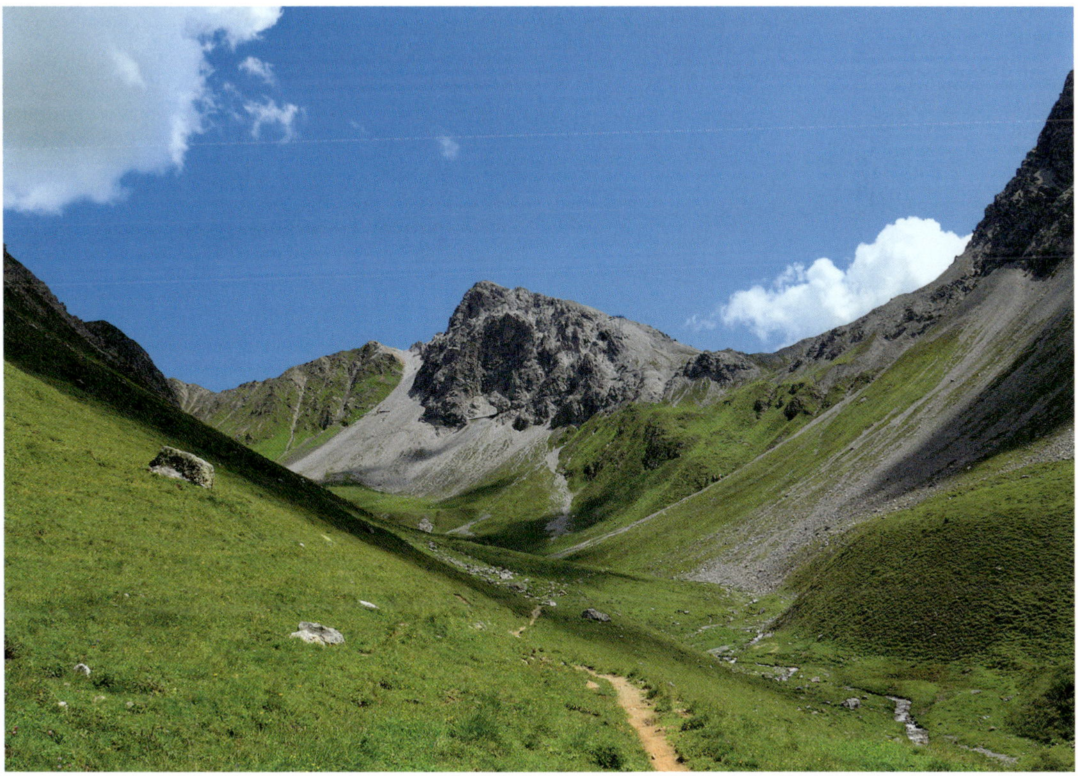

Routenbeschreibung

Tour 32
Durannapass – Strelapass 1 Tag.gpx

WP | km | Hm | Route

1 | 0,00 | 1732 | Tourist-Information Arosa – links Richtung Zentrum Arosa und am Arosasee entlangfahren.

2 | 0,29 | 1732 | Links Richtung »Alle Bikerouten« – beim Kreisverkehr leicht abwärts; bei der Weggabelung beim Restaurant Strandbad rechts abwärts, die Bahngleise überqueren und rechts weiter abwärts.

3 | 1,32 | 1655 | Geradeaus Richtung Litzirüti – den Mountainbikemarkierungen folgen; auf der linken Seite am Stausee entlangfahren.

4 | 2,49 | 1610 | Am Ende des Stausees geradeaus – Mountainbikemarkierungen »630« und »635«; bei der Weggabelung nach ca. 100 m halb rechts leicht abwärts Richtung Litzirüti; am Bach entlang abwärts und dabei immer der Beschilderung »Litzirüti« und den Mountainbikemarkierungen »630«/»635« folgen.

5 | 4,03 | 1505 | Nach der Wegmarkierung »Litzirüti« links auf dem Singletrail aufwärts Richtung Bahngleise; auf dem Singletrail an den Bahngleisen entlang und der weiß-rot-weißen Wanderwegmarkierung folgen.

6 | 4,71 | 1463 | Beim Bahnhof Litzirüti die Bahngleise und nach ca. 50 m auch die Straße überqueren und geradeaus fahren.

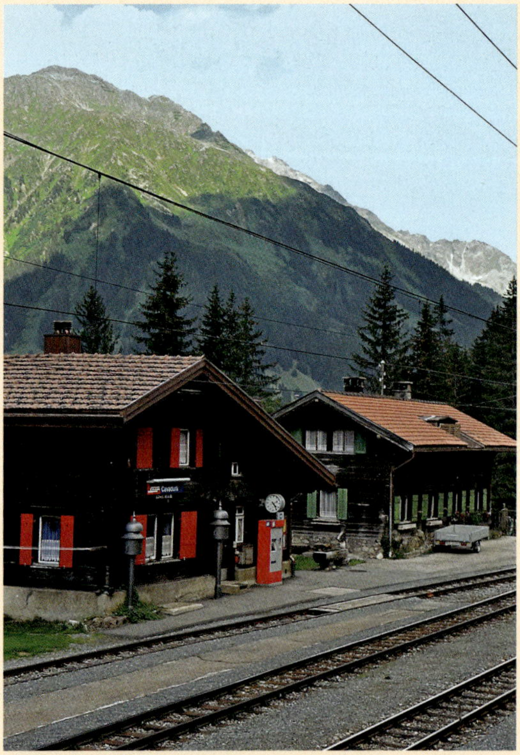

Der Miniaturbahnhof Cavadürli

7 | 4,85 | 1460 | Bei der Weggabelung rechts leicht abwärts Richtung Langwies – Mountainbikemarkierungen »631«, »632«; weiter rechts abwärts fahren; die Straße geht in einen Wanderweg über; etwas später bei der Holzbrücke die Plessur überqueren und bei der Kläranlage Palätsch-Langwies im spitzen Winkel auf der Asphaltstraße aufwärts – Mountainbikemarkierungen »631«, »632«

8 | 9,23 | 1317 | Bahnhof Langwies – direkt nach dem Bahnhof rechts aufwärts, Mountainbikemarkierung »631«, und Richtung Durannapass fahren.

9 | 9,41 | 1342 | Bei der Weggabelung rechts auf den Wanderweg – Markierung »Alle anderen Richtungen«; am Bach entlang aufwärts fahren.

10 | 9,72 | 1380 | Langwies – die Straße überqueren und geradeaus aufwärts; der Mountainbikemarkierung »631« folgen.

11 | 10,84 | 1492 | Nigg's Egg – bei der Weggabelung rechts Richtung Berggasthaus Strassberg; Mountainbikemarkierung »631«.

12 | 12,34 | 1671 | Höhrüfi – bei der Weggabelung rechts; Mountainbikemarkierung »631«.

13 | 15,15 | 1884 | Rechts aufwärts – Mountainbikemarkierung »631«.

14 | 15,44 | 1904 | Berggasthaus Strassberg – bei der Weggabelung rechts der Mountainbikemarkierung (Schild mit Biker) folgen.

15 | 15,58 | 1919 | Strassberg – bei der Weggabelung rechts auf dem Schotterweg weiter.

16 | 17,64 | 1970 | Sattel – links steil aufwärts Richtung Durannapass.

17 | 19,08 | 2117 | Durannapass – links der Mountainbikemarkierung »631« folgen Richtung Obersäss; über einen Wiesentrail weiter.

18 | 19,20 | 2117 | Grünsee – auf dem Zufahrtsweg zurück zum Durannapass.

19 | 20,28 | 2053 | Duranna, Obersäss – rechts am Alpgebäude vorbei der Mountainbikemarkierung folgen; bis zum nächsten WP auf der Schotterstraße abwärts bleiben; Mountainbikemarkierung »631«.

20 | 23,18 | 1805 | Bei der Weggabelung rechts leicht abwärts.

21 | 27,05 | 1444 | Rechts abwärts Richtung Sagen; Karrenweg, Mountainbikemarkierung »631«.

22 | 27,67 | 1342 | Auf der Schotterstraße rechts aufwärts; Mountainbikemarkierung »631«.

23 | 29,95 | 1558 | Halb rechts aufwärts Richtung Schifer.

24 | 30,08 | 1565 | Direkt vor der Schiferbahn links leicht abwärts und über die Brücke; nach dem Erreichen der Asphaltstraße links aufwärts.

25 | 30,27 | 1563 | Schi- und Berghaus Schifer – weiter der Mountainbikemarkierung »631« folgen.

26 | 30,64 | 1548 | Rechts aufwärts fahren.

27 | 31,83 | 1632 | Geradeaus Richtung Serneuser-Schwendi fahren; Mountainbikemarkierung »631«.

28 | 32,26 | 1631 | Serneuser-Schwendi – geradeaus abwärts fahren; Mountainbikemarkierungen »631«, »329«.
29 | 35,20 | 1352 | Cavadürli – vis-à-vis vom Bahnhof Cavadürli rechts auf der Schotterstraße aufwärts Richtung Tschessboden; Mountainbikemarkierung »631«.
30 | 35,74 | 1390 | Die Straße überqueren und geradeaus Richtung Davos.
31 | 36,96 | 1459 | Links auf dem Wanderweg abwärts Richtung Ried.
32 | 37,53 | 1488 | Links auf der Schotterstraße weiter.
33 | 37,93 | 1479 | Nach kurzer Abfahrt rechts Richtung Laret-Station – Mountainbikemarkierung »631«; am Brunnen und am großen Gebäude vorbei zur Bahnhofstation Davos Laret; die Bahngleise überqueren und nach der Station rechts fahren; links am Schwarzsee entlang und durch die Gemeinde Unter-Laret.
34 | 39,62 | 1522 | Die Asphaltstraße überqueren und auf der anderen Seite geradeaus fahren; nach der kleinen Brücke rechts auf dem Singletrail aufwärts Richtung Davos Dorf und Davosersee – Mountainbikemarkierung »631«.
35 | 40,96 | 1614 | Rechts und auf der beschilderten Mountainbikeroute bleiben; auf der linken Seite an der Straße entlang.
36 | 41,28 | 1631 | Wolfgang – direkt nach dem Restaurant Kulm links Richtung Davos Dorf, nach ca. 50 m vor den Bahngleisen rechts abwärts und beim Bahnhof Davos-Wolfgang rechts der Mountainbikemarkierung abwärts folgen.
37 | 41,39 | 1625 | Hinter dem Bahnhof rechts auf dem Singletrail abwärts – Mountainbikemarkierung; auf dem Wanderweg links parallel zur Straße weiter.
38 | 42,34 | 1572 | Auf der Asphaltstraße links fahren.
39 | 42,56 | 1568 | Rechts im spitzen Winkel kurz abwärts und am Seeufer entlang Richtung Davos Dorf.
40 | 43,30 | 1568 | Von Sprecher Haus, direkt am Davosersee – Übernachtungsmöglichkeit.

Tour 32
Durannapass – Strelapass 2 Tag.gpx

40 | 0,00 | 1568 | Von Sprecher Haus – auf dem Radweg parallel der Hauptstraße Richtung Davos-Zentrum; immer auf dem Radweg bleiben; links an der Galerie vorbei.
41 | 1,55 | 1568 | Ortsanfang Davos – beim Zebrastreifen die Straße überqueren und rechts aufwärts, durch Davos fahren.
42 | 3,00 | 1575 | Direkt vor der Firma Raumdesign Escher rechts aufwärts – Mountainbikemarkierungen »646«, »631«, »332«; bis zum nächsten WP auf der Asphaltstraße bleiben.
43 | 3,50 | 1608 | Geradeaus auf der Schotterstraße (Bobbahnstrasse) den Mountainbikemarkierungen folgen.
44 | 5,41 | 1771 | Auf der Schotterstraße rechts Richtung »Davoser Alpentour, Panoramaweg«, Mountainbikemarkierung »646«.
45 | 6,29 | 1850 | Büschalp – links der Mountainbikemarkierung »646« folgen.
46 | 8,99 | 2200 | Geradeaus der Mountainbikemarkierung »646« folgen.

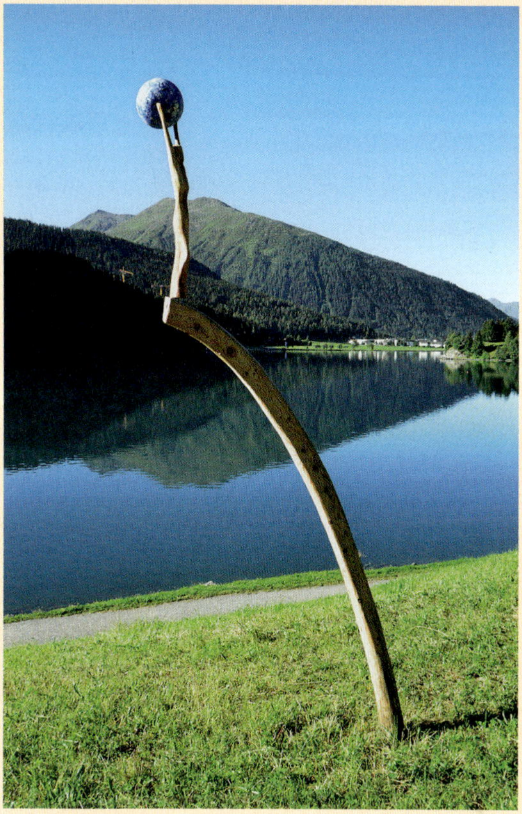

Kunst am Davoser See

47 | 9,63 | 2289 | Links auf dem Wanderweg aufwärts Richtung Panoramaweg und Strelapass; Singletrail; etwas weiter oben der Mountainbikemarkierung »646« Richtung Strelapass und Panoramaweg folgen.
48 | 12,89 | 2345 | Restaurant Strela – geradeaus weiter.
49 | 12,93 | 2350 | Beim Schilderbaum der Mountainbikemarkierung »631« folgen und rechts Richtung Langwies; nach ca. 200 m Beginn des Schiebestücks (ca. 20 Min.).
50 | 14,06 | 2078 | Ende des Schiebestücks und Beginn des Singletrails.
51 | 15,03 | 2002 | Ende des Singletrails – auf der Schotterstraße links abwärts; Mountainbikemarkierung »631« Richtung Langwies
52 | 15,87 | 1831 | Jatz, Berghaus Heimeli – geradeaus fahren.
53 | 16,39 | 1763 | Chüpfen – geradeaus Richtung Langwies.
54 | 17,28 | 1747 | Sapün – geradeaus Richtung Langwies.
55 | 20,59 | 1402 | Säge Langwies – rechts auf der Asphaltstraße Richtung Langwies.
56 | 21,08 | 1399 | Langwies – links abwärts Richtung Arosa; auf dem Anfahrtsweg retour bis nach Arosa.
57 | 30,91 | 1732 | Tourist-Information Arosa – Ende der Tour.

Register

Impressum

Danksagung

Ich möchte mich bei allen meinen Weggefährten auf diesen Touren recht herzlich bedanken – ganz besonders bei meiner Frau Ulla, die mich auf vielen Touren begleitet und tatkräftig unterstützt hat.

Verantwortlich: Dr. Johannes Abdullahi
Lektorat: Anette Späth, Breisach
Layout: BUCHFLINK Rüdiger Wagner, Nördlingen
Layoutkonzept Umschlag: Sabine Fuchs, München
Repro: Cromika/LUDWIG:media
Kartografie: Kartographie Huber, München
Herstellung: Alexander Knoll
Printed in Slovenia by Florjancic

★★★★★

Sind Sie mit diesem Titel zufrieden? Dann würden wir uns über Ihre Weiterempfehlung freuen. Erzählen Sie es im Freundeskreis, berichten Sie Ihrem Buchhändler, oder bewerten Sie bei Onlinekauf. Und wenn Sie Kritik, Korrekturen, Aktualisierungen haben, freuen wir uns über Ihre Nachricht an Bruckmann Verlag, Postfach 40 02 09, D-80702 München oder per E-Mail an lektorat@verlagshaus.de.

Unser komplettes Programm finden Sie unter www.bruckmann.de

In diesem Buch wird aus Gründen der besseren Lesbarkeit das generische Maskulinum verwendet. Weibliche und anderweitige Geschlechteridentitäten werden dabei ausdrücklich mitgemeint, soweit es für die Aussage erforderlich ist.

Empfehlung der Redaktion
Sie sind auf der Suche nach weiterführender Literatur? Dann empfehlen wir Ihnen den Titel »MTB-Training« von Tim Böhme und Jochen Haar. Oder Sie werfen einen Blick in die Zeitschrift BERGSTEIGER. Hier werden Sie bestimmt fündig.

Bildnachweis:
Alle Fotos im Innenteil und auf dem Umschlag stammen vom Autor Klaus Honer.
Umschlagvorderseite: Bike-Trail oberhalb vom Lago Maggiore (Tour 24)
Umschlagrückseite: Keine milchgebenden, aber pflegeleichte Kühe beim Waldgasthaus Lehmen im Kanton Appenzell

Die Deutsche Nationalbibliothek verzeichnet diese Publikation in der Deutschen Nationalbibliografie; detaillierte bibliografische Daten sind im Internet über http://dnb.d-nb.de abrufbar.

Überarbeitete Neuauflage

ISBN 978-3-7343-2450-5

Originalausgabe mit dem Titel »Biken Schweiz Ost«, ISBN 978-3-7654-5920-7 © 2013